JN441160

वज्रच्छेदिका प्रज्ञापारमिता सूत्र ध्यान गाथा

Vajracchedikā Prajñāpāramitā Sūtra Dhyāna Gāthā

༄༅།། འཕགས་པ་ཤེས་རབ་ཀྱི་ཕ་རོལ་ཏུ་ཕྱིན་པ་རྡོ་རྗེ་གཅོད་པ་ཞེས་བྱ་བ་ཐེག་པ་ཆེན་པོའི་མདོ། བསམ་གཏན ཚིགས་སུ་བཅད་པ།།

金剛般若波羅密經 禪頌

붓다의 길
금강경 선송

元堂無一

Ārya Vajra Aranya
阿羅 金剛 阿蘭若

成佛之道
金剛經 禪頌

元堂無一

복
혜갖춘
무상불법
청정심에
귀의하
여
반야지혜
참나완성 부처되는 말씀이며
육백부의 반야경중 불교사상 진수이니
마음깨침 성스러운부처님의 오체로서
경중의경 말씀 중에 아니런가
자비 존귀 하여 로운
석가 가장 바른 세존
법문 깨달 음인 중에
고귀 무장 무에 하여
금강 법문 이며 같이
능단 분별 여읜 하고
맑고 빛나
상없 으며
사바 최상승의지혜완성 중생
상여 이룩 경전이니 금강반야 니라 의면
부처 깨달 바라 음을 중생
들아 옳고 밀경 바른 니니
위가 우 리 없는
모 두
와즈라는금강이며 중득 체디까는능단이여
쁘라즈냐 빠라미따 하자 무분별지 완성하며
수뜨라는 모든중생 부처되란 말씀이니
가자가자 우리모두 부처되러 어서가자

空來 · 磨空 · 眞空 · 空去

金剛經 禪頌

空來法輪 磨空無相 眞空妙有 空去常轉

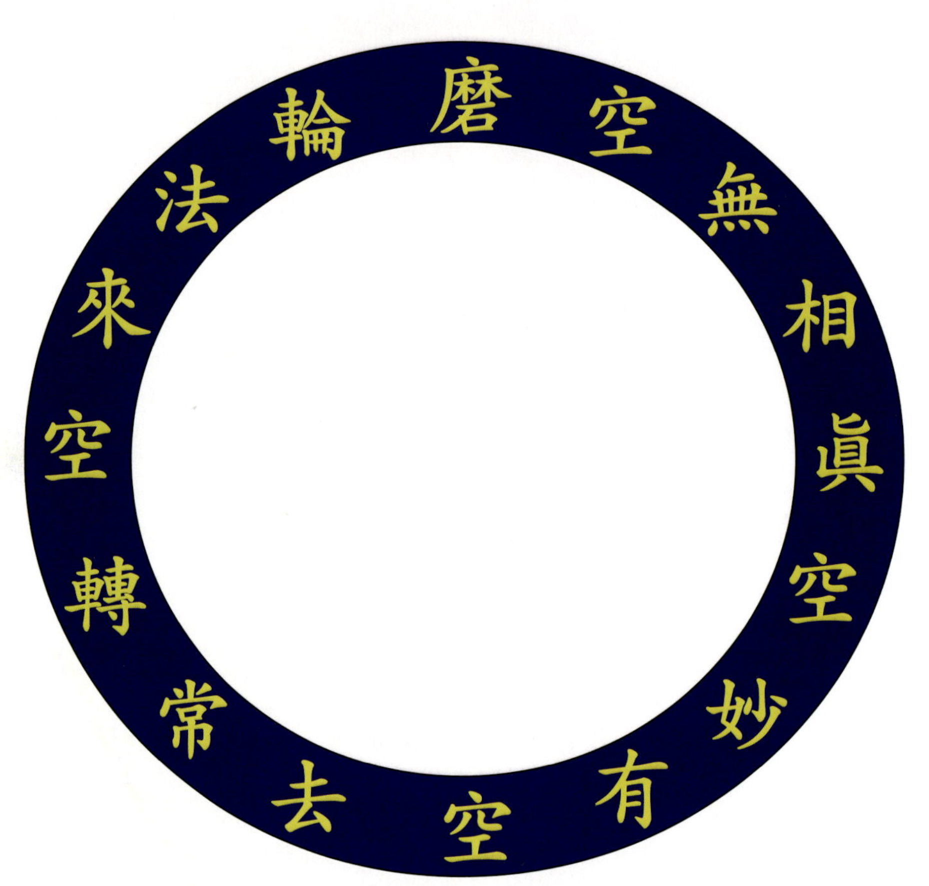

빈몸으로 진리라는 수레바퀴 타고와서
공닦으니 사상물론 일체상이 무상이라
색상여읜 참된공이 묘하게도 있음알고
진공마저 두고가며 무상진리 전하란다

元堂無一

붓다의 길

금강경 선송

스와하
수록따위샤야위샤야
빠라미따야이옴이리따이쉬라
강경만뜨라나모바가와띠쁘라즈냐
법상마저내지말고상여의고교화하라금
다위의갖춤적정하고이치와상하나이니
상없으니굶고멸함모두없어탐욕없고집착없
준다교화하되 교화 없고진리의몸
음없어청정마음선법 닦아 복과지혜못견
상을다여읜다법설하나 설함 없고가히법을얻
하나로봐법제모 두교화하여색과
장능히다맑힌다 궁극 에는나도없이모든것을
상을떠나적멸 드니 금강경의수지공덕업
르침존중한다 법과 같이받아지녀
고불국정토장엄하라무위복은수승하니참가
없어법에의해나타난다일체의상다여의
상보라바른믿음희유하니얻음없고설함
뜻은머뭄없는모행이다진여이치실
무띠가법청하네대승불교마른
금강법회열리나니수
금강경

法爐香讚

법로
아문심로헌법향우주법계보몽훈제불해회실요문 향 찬 불타수처결상운정성진의십방은삼세제불현전신
我們心爐獻法香宇宙法界普蒙熏諸佛海會悉遙聞 法爐香讚 佛陀隨處結祥雲精誠眞意十方般三世諸佛現全身

金剛般若波羅密經

何
非以用
護 有故布
應念羅 想須施
時掌 云諸三 非菩若爲
次長恭薩 何菩藐須 無提有人應
尊第老敬善子住薩三菩藐若想若善演作老
食乞須而付善云善菩提若有我菩男説如須丘
五時已菩白囑女何付提諸卵色皆薩子不是菩
比十着還提佛諸人降囑心菩 令有善取觀
丘人衣至在言 發伏諸應薩生若入我女於
孤衆俱持本大 阿其菩如摩若無無相人相
衛獨千爾鉢處衆 耨心薩是訶胎色餘人發如
一國園二時入飯中 多佛汝住薩生若涅相菩如佛提尼夷阿
是時祇與百世舍食卽希菩羅言今如應若有槃衆薩不説及優一修皆
如我佛樹大 衛訖從有薩三善諦是如濕想而生心動是諸婆切羅大受
聞在給 大收座世世藐哉聽降是生若滅相者何 聞歡奉
舍 城衣起尊尊三善當伏降 度壽持以 世佛喜行
乞鉢偏如善菩哉爲其伏 之者於故 比塞間所信
食洗袒來男提須汝心其若無如相此一經丘優天説
於足右善 心菩説唯心化想是卽經切已比婆人
其已肩護 提善然所生若滅非乃有長
城敷右念 如男世有 度菩至爲
中座膝諸 汝子尊一 無薩四法
而着菩 所善願切 量須句如
坐地 説女樂衆 無菩偈夢
合 如人欲生 數提等幻
來發聞之 無若受泡
善阿佛 邊有持影
耨告 衆人讀如
多 生以誦露
實滿爲亦
無無人如
衆量演電
生阿説
得僧其
滅祇福
度世勝
者界彼
七云
寶何
持

金剛經無相圖
금강경무상도

금	강	경	의	무	상	법	회	열	린	인	연	어	떠	반	야	전	하	려	니	수	부	띠	가	일	어	나	서
경	하	설	법	라	따	기	근	천	사	만	팔	니	한	편	여	문	법	강	금	게	옵	거	즐	여	시	래	오
밀	기	부	처	님	이	사	위	국	의	기	원	시	가	방	옵	께	서	모	든	보	살	중	생	제	도	여	른
라	위	과	식	종	일	다	었	시	오	아	정	으	아	에	소	래	모	래	여	가	석	다	도	하	당	라	무
바	함	들	의	빠	뜨	라	를	들	으	돌	사	앉	난	후	서	여	든	이	는	무	상	정	등	착	부	니	륜
야	인	구	공	후	없	별	차	천	시	시	계	고	타	친	금	다	보	한	하	야	려	스	정	도	하	느	땅
반	가	비	양	신	이	음	식	귀	고	다	시	펴	는	펼	강	었	살	선	나	게	들	다	각	고	되	하	에
강	부	의	들	으	평	서	빌	부	사	사	었	리	부	야	의	쭈	보	니	이	떻	머	며	마	하	넓	게	대
금	처	명	고	입	등	가	되	빈	위	정	다	자	처	반	문	여	호	하	까	어	무	르	음	착	고	리	고
다	일	십	가	사	하	어	들	성	대	원	공	에	님	상	들	일	하	족	해	서	고	하	발	야	밝	스	합
니	상	오	사	가	게	공	양	받	아	기	양	좌	께	실	어	한	고	부	공	제	일	수	부	띠	은	다	장
합	그	백	바	존	세	니	나	었	되	가	시	자	이	도	가	유	보	살	보	체	일	로	으	음	마	을	하
행	가	이	루	거	두	시	고	발	씻	은	후	사	와	정	니	희	살	피	어	이	와	같	이	그	마	음	여
서	운	천	일	에	때	느	어	라	노	었	들	이	같	발	부	서	고	추	갖	두	모	의	위	며	하	경	공
어	데	금	강	반	야	드	러	났	다	무	심	만	행	탁	처	님	이	이	르	시	되	수	부	띠	야	큰	마
들	독	만	게	구	사	녀	지	경	이	이	인	여	선	자	로	스	스	은	들	살	보	는	키	으	일	을	음
받	송	경	다	설	하	시	어	마	치	나	니	수	부	남	의	마	저	긇	어	보	살	이	라	이	름	한	다
서	하	강	법	가	인	것	줄	여	하	설	법	해	띠	선	마	착	하	게	들	반	열	여	무	여	하	화	수
면	며	금	설	같	고	또	한	번	개	구	름	위	와	낸	음	집	리	온	갖	망	상	모	든	번	뇌	교	부
으	타	이	하	슬	하	야	해	명	설	게	과	을	비	음	가	명	가	고	중	살	보	고	없	래	윤	두	띠
믿	인	님	여	이	느	같	고	물	거	하	도	남	구	마	짐	생	이	키	생	없	느	니	라	본	회	모	야
고	설	처	주	라	니	상	꿈	은	품	여	같	들	비	살	다	로	없	으	분	생	에	후	나	생	고	가	어
하	해	부	겠	니	라	환	과	법	과	여	을	게	구	보	음	므	고	일	별	중	도	한	라	중	통	내	떤
뻐	준	라	다	느	현	고	같	든	같	로	지	떻	니	자	같	니	한	정	없	도	제	도	는	살	반	라	사
기	다	니	는	같	상	계	의	모	음	으	니	어	우	하	이	아	량	칠	어	중	생	제	나	보	복	하	람
고	하	느	관	와	자	림	그	론	물	상	마	다	바	다	항	살	없	욕	오	여	매	에	상	도	하	도	한
들	자	하	념	집	착	하	지	말	고	무	땅	나	새	한	복	보	는	중	생	제	도	서	원	해	니	제	량
씀	그	야	여	하	관	이	같	와	이	들	히	어	우	시	받	된	참	착	집	상	사	은	같	와	이	생	없
말	러	하	면	사	구	게	복	저	복	보	다	뛰	바	보	아	난	태	습	화	사	생	이	색	삼	상	중	는
등	라	수	아	간	인	신	천	상	세	든	모	와	이	워	채	득	가	보	칠	에	들	계	세	의	기	승	아

金剛般若波羅密經

一	時	佛	在	祇	園	精	舍	善	現	起	請					如	理	實	見
行	奉	受	信	經	密	羅	波	若	般	剛	正					施	一	是	諸
同	觀	諸	心	非	心	法	界	通	化	金	覺					布	合	名	相
體	一	薩	菩	是	眞	我	無	竟	無	滅	修					相	知	相	非
								究	相	無	心					無	見	理	相
								障	福	相	大					住	不	合	正
								業	德	無	乘					無	生	一	信
								淨	離	住	正					行	是	來	希
不	可	思	議	受	持	讀	經	能	色	無	宗	菩	薩	無	相	妙	名	如	有
德	所	說	非	身	色	名	是	相	離	念	無	眞	非	化	應	相	法	名	法
功	說	是	名	善	法	受	持	讀	誦	不	受	不	貪	威	儀	寂	靜	故	尙
經	是	善	塔	佛	如	敎	正	重	福	德	爲	無	顯	說	無	得	無	捨	應
持	名	行	廟					尊	智	福	法								
見	說	心	如					勝	無	我	依								
知	法	淨	法					福	比	無	法								
來	無	得	受					爲	衆	滅	出								
如	上	可	持					無	生	無	生	無	上	正	覺	聖	人	四	果
滅	正	法	說					等	濟	斷	無	覺	正	上	無	相	非	身	一
寂	覺	無	福					偈	度	化	無	所	化	以	相	不	見	法	相
相	離	多	甚					句	四	心	生	住	無	土	淨	嚴	莊	相	無

金剛經法界圖
금강경법계도

성	스	러	운	부	처	님	의	말	씀	중	에	진	리	마	저	버	리	나	니	법	아	닌	법
다	진	라	니	느	없	생	중	도	제	도	존	다	이	라	하	중	존	을	침	르	가	의	취
한	리	승	의	지	혜	완	성	경	전	해	귀	있	름	음	법	부	처	나	온	경	전	게	할
행	에	상	띠	부	수	다	었	시	이	도	하	수	하	달	게	구	사	며	내	음	이	구	손
봉	도	최	가	증	득	하	자	계	니	제	여	볼	여	깨	를	다	여	의	고	마	다	사	가
아	머	원	일	두	부	에	어	사	금	생	가	습	지	원	설	을	장	를	불	이	무	나	깨
받	무	여	어	모	처	때	느	정	강	중	장	모	혜	여	해	상	엄	토	국	없	쟁	이	침
고	름	별	나	리	님	이	기	원	반	류	바	래	완	을	주	든	하	되	머	묾	삼	전	없
믿	이	분	서	우	따	미	라	빠	야	구	큰	여	성	상	는	모	여	하	행	수	매	경	는
화	없	며	위	의	갖	춰	법	청	하	니	깨	야	경	고	무	위	복	은	수	승	하	니	모
교	는	이	문	법	애	무	장	무	인	음	달	어	전	있	별	차	서	법	위	무	현	성	든
생	보	시	행	하	여	라	모	든	상	을	여	의	으	로	간	직	하	고	상	을	여	읜	적
중	니	나	루	이	각	정	상	무	아	닦	법	선	어	내	음	마	이	없	묾	머	해	통	멸
원	사	이	없	으	므	로	실	체	없	는	그	음	금	여	여	래	니	라	우	주	법	계	청
여	구	감	리	진	며	하	화	교	이	없	자	마	강	하	아	무	다	하	량	무	은	덕	정
을	게	고	의	욕	집	착	없	는	복	별	리	정	반	름	의	생	제	도	자	비	방	공	한
상	를	오	몸	탐	은	상	든	모	덕	분	가	청	야	이	법	중	찰	관	래	여	편	그	데
라	설	이	상	로	끊	며	없	고	그	도	일	서	빠	야	통	니	모	음	그	니	법	는	설
마	한	같	없	므	어	지	어	없	무	제	합	고	라	어	달	이	든	마	이	하	계	히	할
지	공	공	으	니	아	이	집	수	엇	는	상	치	미	의	하	음	마	이	름	름	두	맑	법
내	덕	허	니	상	으	로	는	볼	에	없	의	깨	따	여	면	보	살	이	라	이	루	다	이
저	무	함	라	래	여	까	리	하	비	생	모	을	경	을	상	과	색	고	하	화	고	장	있
마	엇	과	도	못	견	주	리	제	도	중	습	법	을	받	아	지	니	나	니	모	든	업	겠
상	법	니	이	름	이	견	지	상	사	며	이	는	없	이	것	을	얻	주	우	정	청	가	는

金剛經文樣圖

간행사 · 서문

팔
십년대
한국불교
천육백년 대회참가
해인사와화엄사와 직지사등순례하며
대학생불교연합회 산해원의지도교수
인재불사삼십여년 금강경을강설했다
사십년전지리산의 범어원전구마라집
국사암서만난스승공에서와 뮐러번역근간으로직역하고
공닦으며진공으로묘유알고 Vajracchedikā Prajñāpāramitā Sūtra Mantra 의역하여사자게송나투느니
추운겨울냉골도량공도벗고공이되니 वज्रच्छेदिका प्रज्ञापारमिता सूत्र मन्त्र 대불련을비롯하여사바모든중생들이
이언진여마공선사금강경을이르노라 금강반야바라밀경 진언 금강선송독송하며모든상을다여의라
금강선송간행함은부처님의법을전해 나 namo 모 부처님이가섭에게세곳에서마음전해
모든상을다여의고부처되란뜻이오니 바가 bhagavatī 와띠 아난존자상나화수우바국다존자거쳐
선남선녀금강선송독송하고요해하여 쁘라즈냐 빠 prajñāpāramitāyai 라미타야이 이십칠조반야다라존자에게이르나니
한중생도남김없이붓다의길이루소서 옴 이리따 이 oṃ īrita iṣira śruta 시라 슈루따 달마에게부촉하되동으로가법전하라
보디달마면벽구년부처님법전하고자 위샤야 viṣaya viṣaya 위샤야 일자무식나무꾼이부처님법깨닫고자
불립문자교외별전직지인심견성성불 스 svāhā 와 행자로서방아찧다보디나무없음알고
혜가대사승찬대사도신대사 하 오조법하본래부터무일물임
홍인대사선종오조능가경을 밝히나니머묾없이마음내어
종지로서법전했다 금강경을전하란다
육조혜능불조혜명 부처님법전하고자
해동동국조계종도 금강경을소의경전
범소유상개시허망 법상응사하황비법
공래마공 공거이니
무상무주
묘유니
라

金剛經 禪頌 刋行辭
금강경 선송 간행사

팔십년대 한국불교 천육백년 대회참가
해인사와 화엄사와 직지사등 순례하며
한국대학 대불련의 오개대학 지도교수
인재불사 삼십여년 금강경을 강설했다

사십년전 지리산의 국사암서 만난스승
공에서와 공닦으며 진공으로 묘유알고
추운겨울 냉골도량 공도벗고 공이되니
이언진여 마공선사 금강경을 이르노라[1]

범어원전 구마라집 뮐러번역 근간으로[2]
직역하고 의역하여 사자게송 나투느니
대불련을 비롯하여 사바모든 중생들이
금강선송 독송하며 모든상을 다여의라

금강선송 간행함은 부처님의 법을전해
모든상을 다여의고 부처되란 뜻이오니
선남선녀 금강선송 독송하고 요해하여
한중생도 남김없이 붓다의길 이루소서

불기 2557년 12월
아라금강아란냐
원당무일

---

1) 마공선사(磨空禪師)는 계사년(불기 2557년) 엄동설한(嚴冬雪寒)의 밤! 바닷가의 불도 넣지 아니한 추운 골방에서, 평소 걸치고 있던 겉옷과 속옷마저 모두 벗고, 100여 년 전 평양에서 스승이 전한 주장자만 들고 빈 몸으로 방을 나서, 공(空)으로 돌아갔다. 이는 우주 삼천대천세계의 이치를 "공에서 와(空來) 공을 닦고(磨空) 진공(眞空)으로 묘하게 있음(妙有)을 보이다가 공으로 돌아감(空去)을 말없이 전한 것이니", 언어문자 여읜 '이언진여(離言眞如)'의 법이 아닌가? 원효대사도 『대승기신론소(大乘起信論疏)』에서, "진리는 말을 떠나 있으면서(離言眞如), 진리는 말에 의하여 나타난다(依言眞如)."라고 하였으니, 그 의미하는 바가 심장(深藏)하며, 이는 곧 저자가 30여 년 법문을 해오던 금강경의 핵심적인 내용을 금강경선송(金剛經禪頌)으로 출간하게 된 연유(緣由)가 되었다.

2) 본 저서는 산스끄리뜨어 원전과 티베트본 및 구마라집(鳩摩羅什)의 한역본(漢譯本), 그리고 막스 뮐러{Friedrich Max Müller, Clarendon Press, 1881: *Vagrakkhedikā(Vajracchedikā Prjñāpāramitā: The diamond-cutter)*}와 에드워드 콘즈(Edward Conze, 1958, London, England: *Buddhist Wisdom Books: The Diamond Sutra and The Heart Sutra*)의 영역본(英譯本)과 『金剛般若經六譯本(금강반야경육역본)』 및 『金剛般若波羅密經五家解(금강반야바라밀경오가해)』의 한역본(漢譯本) 등을 저본(底本)으로 하였다.

金剛經 禪頌 序文
금강경 선송 서문

부처님이 가섭에게 세곳에서 마음전해[3)]
아난존자 상나화수 우바국다 존자거쳐[4)]
이십칠조 반야다라 존자에게 이르나니
달마에게 부촉하되 동으로가 법전하라

보디달마 면벽구년 부처님법 전하고자
불립문자 교외별전 직지인심 견성성불[5)]

---

3) 석가모니(शाक्य मुनि Śākyamuni: 釋迦牟尼) 부처님(बुद्ध Buddha: 佛陀・佛)의 가르침은 마음과 말씀으로 전하였다. 부처님의 마음(佛心)은 선(ध्यान dhyāna: 禪)으로 가섭(महाकश्यप Mahākāśyapa: 摩訶迦葉・迦葉・大飮光・大迦葉・大龜氏)존자에게, 부처님의 말씀(佛言)은 교(शास्त्र śāstra: 敎)로 아난다(आनन्द Ānanda: 阿難陀・阿難・無染・歡喜・慶喜)존자에게 각각 전해졌다. 부처님이 가섭에게 세곳에서 마음으로써 마음(以心傳心)을 전한 것을 '삼처전심(三處傳心)'이라고 한다. ① 첫 번째 마음을 전한(一處傳心) 것은 부처님이 영축산에서 설법하실 때이다. 영축산으로 법문을 듣기 위하여 모인 영산당시(靈山當時) 대중들에게, 부처님이 아무런 말없이 연꽃 한 송이를 들어 보이시자, 가섭이 빙그레 미소를 지었다는 '영산회상거염화(靈山會上擧拈華)'이다. ② 두 번째 마음을 전한(二處傳心) 것은 부처님이 다자탑 앞에서 설법하실 때이다. 다자탑 앞(多子塔前)으로 법문을 듣기 위하여 모인 대중들보다, 뒤늦게 도착한 가섭에게, 부처님이 앉으신 자리의 반을 내어주셨다는 '다자탑전분반좌(多子塔前分半座)'이다. ③ 세 번째 마음을 전한(三處傳心) 것은 부처님이 꾸시나가르(कुशीनगर Kushinagar) 사라쌍수 아래(沙羅雙樹下)에서 열반에 드신 때이다. 사라쌍수 아래서 열반에 드신 부처님전에 늦게 도착한 가섭에게, 관 밖으로 두발을 내어 보이셨다는 '사라쌍수하곽시쌍부(沙羅雙樹下槨示雙趺)'이다. 부처님께서는 가섭에게 '정법안장(正法眼藏) 열반묘심(涅槃妙心) 실상무상(實相無相)'의 미묘한 법문(微妙法門)을 부촉하였다.

4) 부처님의 법을 이어받은 제1조 가섭(महाकश्यप Mahākāśyapa: 迦葉)존자는 "법이라는 본래 법(法法本來法)은 법도 없고 법아님도 없음이라(無法無非法). 어찌 한 법 가운데 법과 법 아닌 것이 있으랴!(何於一法中 有法有不法)"라고 아난다에게, 제2조 아난다(आनन्द Ānanda: 阿難陀)존자는 "본래 있음의 법을 전했더니(本來付有法), 전한 뒤엔 없음의 법이라 하더라(付了言無法). 제 각각 깨달았으니(各各須自悟), 깨달은 뒤엔 없음의 법마저 없더라(悟了無無法)."라고 상나화수에게, 제3조 상나화수(शाणवासि Śāṇavāsi: 商那和修・舍那婆斯)존자는 "법이 아니요 마음 또한 아니며(非法亦非心), 마음이 없고 법 또한 없도다(無心亦無法). 이 마음의 법을 말할 때에(說是心法時), 이 법은 마음의 법 또한 아니다(是法非心法)."라고 우바국다에게, 제4조 우바국다(उपगुप्त Upagupta: 優婆鞠多・優波毱多)존자는 "마음은 본래부터 마음이니(心自本來心), 본래 마음에는 법이 없도다(本心非有法). 법도 있고 본래의 마음도 있으나(有法有本心), 마음도 아니요 본래의 법도 아니로다(非心非本法)."라고 … 제27조 반야다라(प्रज्ञातार Prajñātāra: 般若多羅)존자는 "마음 바탕에서 온갖 종자가 생겨나고(心地生諸種), 인연 있는 일로 인하여 다시 이치가 생김이라(因事復生理). 수행의 열매가 무르익어 깨달음이 원만해지니(果滿菩提圓), 꽃이 피어나고 세계가 일어나도다(華開世界起)."라고 달마에게, 제28조 보디달마(बोधिधर्म Bodhidharma: 菩提達磨・達磨)존자는 "내가 본래 이 땅에 온 이유는(吾本來玆土) 법을 전하여 미혹한 중생들을 구제하려 함이니(傳法救迷情). 한 송이 꽃에 다섯 잎이 열리니(一花開五葉) 열매는 자연히 맺히게 되리라(結果自然成)."라고, 부처님의 법은 게송으로 전하여 왔다.

5) 남천축 향지국(dakṣiṇā-patha Kāncipūra: 南天竺 香至國)의 셋째 왕자로 태어나, 인도에서 부처님의 제28조가 된 보디달마존자는 제27조 반야다라존자의 "내가 열반에 든 뒤에 동(東)으로 가서 법(法)을 전하라."라는 부촉을 받아, 인도를 떠나 3년에 걸쳐 동쪽나라인 중국으로 왔다. 그런데 왜? 인도는 부처님이 태어나서 깨달음을 증득하고 열반에 드신 곳인데, 어찌하여, 부처님의 깨달음을 인가(認可) 받은 제28조인 보디달마존자는 인도를 떠나 동으로 왔을까? 이것은 선문(禪門)에서 그 유명한 "조사가 서쪽에서 온 까닭은(祖師西來意)?"이라는 화두(話頭)이다. 스승의 부촉으로 보디달마존자는 인도에서 중국으로 건너와, 중국 선종의 초조가 되었다. 선종의 초조(初祖)인 달마대사(達磨大師・菩提達磨尊者) 이래 선불교의 4대 종지는 첫째로 "문자를 세우지 않고(不立文字) 그 경지에서, 둘째로 교학 밖에 따로 전하여(敎外別傳) 일체법이 청정하고 평등하다는 도리를 몸과 마음으로 체험하고 참된 깨달음에 대한 궁극적인 지혜를 통하여 제법 삼매에도 집착함이 없이 청정한 실상을 보아, 셋째로 사람의 마음을 바로 가리킴으로써(直指人心) 수행자 자신의 마음을 직관하여, 넷째로 본래 성품을 보아 부처를 이루게 한다(見性成佛)."라는 것이었다. 선불교의 4대종지인 "① 불립문자(不立文字) ② 교외별전(敎外別傳) ③ 직지인심(直指人心) ④ 견성성불(見性成佛)"이라는 표현에 있어서, "① 문자를 세우지 않고(不立文字), ② 교학 밖에 따로 전하여(敎外別傳)"라는 구절은 부정의 방식을 통하여 선의 종지(禪之宗旨)를 나타내고, "③ 사람의 마음을 바로 가리킴으로써(直指人心), ④ 성품을 보아 부처를 이루게 한다(見性成佛)."라는 구절은 긍정의 방식을 통하여 선의 종지(禪之宗旨)를 나타낸 것이다. 이를테면 긍정과 부정에 매이지 아니하고 융합하고 초월하는 중도의 방식으로 선의 종지를 나타낸 것이다.

혜가대사 승찬대사 도신대사 홍인대사
선종오조 능가경을 종지로서 법전했다6)

일자무식 나무꾼이 부처님법 깨닫고자
행자로서 방아찧다 보디나무 없음알고
오조법하 본래부터 무일물임 밝히나니7)
머뭄없이 마음내어 금강경을 전하란다8)

---

6) 『능가경(लंकावतार सूत्र Laṅkāvatāra Sūtra・랑까-와따-라 수-뜨라: 楞伽經・入楞伽經・大乘入楞伽經・楞伽阿跋陀羅寶經)』의 산스끄리뜨 본래의 이름을 직역하면, "성스러운 정법 '랑까-와따라'라고 불리는 대승경전(Ārya-saddharma-laṅkāvatāra-nāma-mahāyana-sūtra・아-리아 삿다르마 랑까-와따-라 나-마 마하-야나 수-뜨라: 大乘楞伽阿跋陀羅寶經)"이며, 이 『능가경』은 부처님이 능가산(Laṅkā: 楞伽山)에서 대혜보살(समन्तभद्र बोधिसत्त्व Samantabhadra Bodhisattva: 大慧菩薩)을 통하여 여래장(如來藏)・연기(緣起)의 이치를 설한 선종의 근간이 되는 중요한 경전이다.
중국 선종의 초조인 달마대사(達磨大師)는 2조 혜가에게 『능가경』 제4권을 전하며, "이 경전을 너에게 부촉한다. 이 경전은 '여래심지 요문(如來心地要門)'이며, 모든 중생을 개시오입(開示悟入)하게 할 것이다. 중국에는 오직 이 경이 있을 뿐이니, 이에 의지하여 수행한다면 스스로 증득(證得)하고 세상을 구원할 수 있을 것이다."라고 당부하였다. 혜가(慧可)는 3조 승찬(僧粲)에게, 승찬은 4조 도신(道信)에게, 도신은 5조 홍인(弘忍)에게 각각 법으로 전하였다(師資相承)는 『능가경』에는 『반야경』・『법화경』・『화엄경』・『열반경』 등 대승경전의 사상이 종합・정리되어 있다. 『금강경』과 함께, 선종의 소의경전(所依經典)이라 할 수 있으며, 『능가경』의 중심적인 교리라고 할 수 있는 사상은 '오법(五法)・삼성(三性)・팔식(八識)・이무아(二無我)'로 요약할 수 있다.
『능가경』의 중심적인 교리 중에서, 첫째, 모든 법의 자성을 분별하여 다섯 가지로 나눈 '오법(五法)'은 ① 명(नाम nāma・나-마: 名) ② 상(निमित्त nimitta・니밋따: 相) ③ 분별(विकल्प vikalpa・위깔빠: 分別) ④ 정지(सम्यग्ज्ञान samyagjñāna・삼약즈냐-나: 正智) ⑤ 여여(तथाता tathātā・따타-따-: 如如・眞如)의 다섯 가지 법을 뜻하고, 둘째, 우주의 세 가지 모습이나 상태를 나타내는 '삼성(三性)'은 세 가지의 성품인 ① 변계소집성{परिकल्पित लक्षण parikalpita-lakṣaṇa(svabhāva)・빠리깔삐따 랄끄샤나(스와바-와): 偏計所執性・假想的存在形態(妄想的事物)} ② 의타기성{परतन्त्र लक्षण paratantra-lakṣaṇa(svabhāva)・빠라딴뜨라 랄끄샤나(스와바-와): 依他起性・因緣所生法} ③ 원성실성{परिनिष्पन्न लक्षण pariniṣpanna-lakṣaṇa(svabhāva)・빠리니슈빤나 랄끄샤나(스와바-와): 圓成實性・無性所顯眞如}을 나타내고, 셋째, '팔식{अष्टविज्ञान aṣṭavijñāna・아쉬따위즈냐-나: 八識(眼識・耳識・鼻識・舌識・身識・意識・末那識・阿賴耶識)}'은 ① 진식(जाति विज्ञान jātivijñāna・자-띠위즈냐-나: 眞識) ② 현식(ख्याति विज्ञान Khyātivijñāna・키야-띠위즈냐-나: 現識)의 2종이나 ③ 불별사식(वस्तु प्रतिकल्प विज्ञान vastu-prativikalpa-vijñāna・와스뚜 쁘라띠위깔빠 위자-냐나: 分別事識)을 포함한 3종을 의미하며, 넷째, '이무아(二無我)'는 아공(我空)인 ① 인무아(पुद्गलनैरात्म्य नैरात्म्य pudgala-nairātmya・뿌드갈라 나이라-뜨미야: 人無我)와 법공(法空)인 ② 법무아(धर्म नैरात्म्य dharma-nairātmya・다르마 나이라-뜨미야: 法無我)의 2종을 뜻한다. 『성유식론』에 의하면, '이무아(二無我)' 중에, 인무아(人無我)의 경지에 이르면 아집(我執)인 번뇌장(煩惱障)이 소멸되어 니르바나(निर्वाण nirvana: 涅槃・解脫)가 성취되고, 법무아(法無我)의 경지에 이르면 법집(法執)인 소지장(所知障)이 소멸되어 쁘라즈냐(प्रज्ञा prajñā: 般若・智慧)가 성취된다.

7) 선종(禪宗)의 법문을 이어받은 5조(五祖) 홍인(弘忍)대사는 5조의 의발을 전수함에 있어서, 신수(神秀)의 "몸은 보디의 나무요(身是菩提樹), 마음은 밝은 거울 같나니(心如明鏡臺), 때때로 부지런히 털고 닦아서(時時勤拂拭), 티끌과 먼지 끼지 않게 하라(莫使有塵埃)!"라는 게송에 대하여, 혜능(慧能)의 "보디는 본래 나무가 없고(菩提本無樹), 밝은 거울 또한 받침대가 없다네(明鏡亦非臺). 본래 한 물건도 없거늘(本來無一物), 어느 곳에 먼지와 티끌이 있겠는가(何處惹塵埃)?"라는 게송을 보고, 즉각 그가 옳고 바른 뜻을 가지고 있다는 것을 알아, 그를 불러 『금강경』을 강론하니, 혜능이 한 번 듣고 모두 깨우쳐 그날 밤에 가사와 법을 전수받았다.

8) 싯다르타(सिद्धार्थ गौतम Siddhārtha Gautama・싯다-르타 고따마: 悉達多 喬達摩・釋迦族之聖者)는 6년 동안의 고행을 마치고서, 아슈왓타(삡빨라){अश्वत्थ aśvattha: 阿說他・阿輸陀・菩提樹・覺樹・道(場)樹・佛樹(पिप्पल pippala: 畢鉢羅)}나무 아래에서 아눗따라삼약삼보디(अनुत्तरा सम्यक सम्बोधि Anuttarā-samyak-sambodhi: 阿耨多羅三藐三菩提・無上正等正覺)를 증득하여 부처님(बुद्ध Buddha・붓다: 佛陀・佛)이 되신 후에 21일간은 『화엄경(Mahāvaipulya Buddhāvataṃsaka Sūtra: 大方廣佛華嚴經)』, 8년간은 『아함경(Āgama Sūtra: 阿含經)』, 12년간은 『방등경(Vaitulya-Sūtra: 方等經)』을 각각 설하셨으며, 21년 되는 해부터 21년 동안 4처(四處)에서 16회(十六會)에 걸쳐 설하신 가장 방대한 분량인 600부에 달하는 『대반야경(Mahāprajñāpāramitā-Sūtra: 大般若經・大般若波羅蜜經・大般若波羅蜜多經・大品般若經・大慧度經)』을 설하신바, 그 가운데 『금강경』은 2처(二處: 祇園精舍)에서 아홉 번 모여(九會) 설하신 『대반야경(大般若經)』 제600권 중 제577권인 『능단금강분(能斷金剛分)』에 속한다.
『금강반야바라밀경{वज्रच्छेदिका प्रज्ञापारमिता सूत्र Vajracchedikā Prajñāpāramitā Sūtra: 金剛經・金剛般若經・金剛般若波羅密經(鳩摩羅什・菩提流支・眞諦)・金剛能斷般若波羅密經(達磨笈多)・佛說能斷金剛般若波羅密多經(義淨)・大般若波羅蜜多經 第九能斷金剛分(玄奘)・大乘能斷金剛般若波羅密多經(直譯)}』은 간결한 문장을 통하여 대반야부 경전의 핵심이 되는 대승불교의 대표적인 경전으로, 대한불교조계종의 소의경전(所衣經典)이자! 공사상을 담고 있는 대승불교의 어머니와 같은 경전이라고 칭송되며, 선종에서 선사들이 선의 경지에서 이 경을 해석하여 선의 경전(禪之經典)이라고도 한다. 그러나 『금강반야바라밀경』은 용수보살(नागार्जुन बोधिसत्त्व Nāgārjuna

육조혜능 불조혜명 부처님법 전하고자
해동동국 조계종도 금강경을 소의경전
범소유상 개시허망 법상응사 하황비법[9]
공래마공 공거이니 무상무주 묘유니라[10]

불기 2557년 12월 8일
영암정사
원당무일

---

bodhisattva: 龍樹菩薩) 등 중관(मध्यमिक madhyamika: 中觀)학파의 사상적 토대가 되기도 한 것, 삼론종(三論宗)의 길장(吉藏)스님의 『금강경의소(金剛經義疎)』, 『법화경(法華經)』을 소의경전으로 삼는 천태지의(天台智顗)대사가 『금강경소(金剛經疎)』를 지어서 유포시킨 것, 그리고 『화엄경(華嚴經)』의 '일체유심조(一切唯心造)'의 이치를 증득하고 통불교(通佛敎)를 주창하는 신라 원효대사가 『금강경소(金剛經疎)』를 저술한 것, 뿐만 아니라 화엄종(華嚴宗)과 그 밖의 많은 선지식들이 이 경에 대하여 해설서를 내거나 소중하게 다루어 왔으니, 『금강경』은 선은 물론 선교의 경전이자! 이른바 모든 종파와 선교를 초월한 경전이라 할 것이다. 이 경이 모든 종파를 초월하여 수지독송(受持讀誦)되고 있는 것은 아공법집(我空法執)의 소승(小乘)으로 하여금 아공법공(我空法空)의 대승(大乘)에 바로 이르게 하는 동시에 공에 대한 집착(空執)마저도 떠난 구공(俱空)의 도리로 들어가게 하는 근본경전(根本經典)이 되기 때문이다. 중국선종의 제5조인 홍인대사(弘忍大師)가 '마땅히 머무는 바 없이 그 마음을 내어라(應無所住 而生其心).'라는 금강경 법문을 하자! 그 자리에서 깨달아, 제6조 혜능(慧能)이 되었으며, 그 이후로 중국남종선의 소의경전이 되었다. 혜능은 금강경의 대의를 '무상(無相)으로 종을 삼고(無相爲宗) 무주(無住)로 체를 삼고(無住爲體) 묘유(妙有)로 용을 삼는다(妙有爲用).'라고 말하며 '달마가 서쪽에서 온 이래(自從達磨西來), 이 경의 뜻을 전하여(爲傳此經之意), 사람들로 하여금 이치를 깨쳐 견성을 하게 했다(令人悟理見性).'라고 말하고 있다. 구마라집(鳩摩羅什)·보디류지(菩提流支)·진제(眞諦)·달마급다(達摩笈多)·현장(玄奘)·의정(義淨)의 6종의 한역(漢譯)과 티베트역(西藏譯)외에도, 영어·독일어·프랑스어·스웨덴어·러시아어·헝가리어·네덜란드어·포르투갈어·이탈리아어·베트남어·몽골어·중국어·일본어·한국어 등으로 번역되었다. 『금강경』은 그 주석서가 800 여종이 되는 등 이 경에 대한 세계인의 관심은 지대하며, 『금강경』은 철학적·과학적·종교적이면서도 초철학적·초과학적·초종교적으로 동서양을 비롯한 전 세계의 학계와 종교계 등에 가장 널리 알려진 경전이기도 하다.

9) 무릇 있는바 상(凡所有相)은 모두 허망한 것이니(皆是虛妄), 진리도 마땅히 버려야 하거늘(法尙應捨), 하물며 진리 아닌 것에 있어서랴(何況非法)!

10) 공에서 왔다(空來)가 공을 닦고(磨空) 공으로 돌아가니(空去), 모든 상이 없고(無相) 머무를 바도 없는(無住) 그 가운데(眞空) 묘하게 있느니라(妙有). '진공묘유(眞空妙有)'라 함은 진여(眞如)라는 공의 도리(空之道理)와 일체만유(一切萬有)의 모든 법의 도리(諸法道理)가 함께 온전하게 갖추어져 있음을 의미한다. 진여라 함은 소승에서 말하는 유(有)에 관하여 상대적으로 없는(無) 공이 아니라 아집(我執)과 법집(法執)을 여읜 곳에서 묘하게 나타나는 것(妙有)이므로 진공(眞空)의 자리이며, 그 체(體)는 생멸 변화 없는 항상 불변하는 실재로서, 만유를 모두 포함하고 모든 것이 원만하게 실제 그 성품으로 이루어져 있어, 원성실성(圓成實性)이라 한다.

目 次
목 차

Ⅰ. 法爐香讚
법로향찬

아문심로헌법향(我們心爐獻法香)
우주법계보몽훈(宇宙法界普蒙熏)
제불해회실요문(諸佛海會悉遙聞)
불타수처결상운(佛陀隨處結祥雲)
정성진의십방은(精誠眞意十方般)
삼세제불현전신(三世諸佛現全身)

저희이제 마음향로 진리향불 사르나니
우주법계 진리의향 온누리에 가득하고
불해회상 붓다법음 아득하게 들리나니
나투신곳 곳곳마다 상서로운 구름맺고
저희들의 정성참뜻 시방법계 가득하니
삼세붓다 거룩한몸 이자리에 나투소서

Ⅱ. 淨三業眞言
정삼업진언

雙膝長跪己 合掌虛心住 쌍슬장궤이 합장허심주
誠心盡陳說 三業一切衆 성심진진설 삼업일체중

我從過去世 流轉於生死 아종과거세 유전어생사
我今大聖尊 盡心而懺悔 아금대성존 진심이참회
如先佛所懺 我今亦如是 여선불소참 아금역여시

願承加持力 衆生悉淸淨 원승가지력 중생실청정
以此大敬故 自他獲無垢 이차대경고 자타획무구

무릎꿇고 몸을세워 합장하고 마음비워
성심으로 삼업짓는 이들에게 말하느니

한량없는 과거세에 나고죽음 유전타가
저가이제 대성현께 마음다해 참회하니
부처님이 참회했듯 저도또한 같습니다

바라건대 가지력은 모든중생 청정하게
크게공경 함으로써 번뇌없게 하옵소서

Oṃ svabhāva śuddhā sarvadharma svabhāva śuddhohaṃ
옴 스와바-와 슛다- 사르와다르마 스와바-와 슛도항 (세번)
唵 娑婆婆婆 修多 薩婆達摩 娑婆婆婆 修度含

(1) 淨身業眞言(정신업진언)

Oṃ śutāri śutāri śumari śumari svāhā
옴 슈따-리 슈따-리 슈마리 슈마리 스와-하- (세번)
唵 修多利 修多利 修摩利 修摩利 娑婆訶

(2) 淨口業眞言(정구업진언)

Oṃ śūri śūri mahā śūri śūśūri svāhā
옴 슈-리 슈-리 마하- 슈-리 슈-슈-리 스와-하- (세번)
唵 修利 修利 摩訶 修利 修修利 娑婆訶

(3) 淨意業眞言(정의업진언)

Oṃ vajra dahāha hoḥ
옴 와즈라 다하-하 호호 (세번)
唵 嚩日囉 怛訶賀 斛曷

Ⅲ. 八金剛 팔금강11)

봉정 청제재금강(奉請 青除災金剛)12)
봉정 벽　독금강(奉請 碧　毒金剛)13)
봉정 황수구금강(奉請 黃隨求金剛)14)
봉정 적성화금강(奉請 赤聲火金剛)15)

11) 팔금강(八金剛)은 '근본비나야잡사경(根本毘奈耶雜事經)'에 의하면 수닷따장자(Sudatta śreṣṭhin: 須達多長者・給孤獨長者)가 기원정사(Jetavana Vihāra: 祇園精舍)를 세우고 고운 빛깔의 그림으로 장엄하기 위하여 부처님께 문의를 하자, "문의 양쪽에 집장야차(執杖野叉)를 만들라!"라고 하신 말씀에서 유래된 것이다. 사찰문 좌우에 서서 여의주와 긴 창 그리고 도끼와 금강저를 들고 문을 지키는 신장(神將)의 역할을 한다. 시대와 장소에 따라 이들 모습은 다양하게 나타나고 있는데, 인도에서는 나신・중앙아시아에서는 무장한 무사 모습 등을 하고 있으나, 경주 불국사 석굴암 전면에 금강역사가 서 있는 모습은 '손에 아무것도 들고 있지 않아서' 마치 "어떠한 상에도 매이지 말라!"라는 뜻을 지니고 있는 듯… 그 의미가 느껴진다.
「금강도(金剛圖)」에 나타난 팔금강에는 예적금강(उच्छुष्म Ucchusma: 烏木區沙摩・穢跡金剛)을 중심으로, 제석천(帝釋天)・범천(梵天)・위태천(韋馱天) 그리고 천룡팔부중(天龍八部衆) 등이 배치되어 있다. 팔금강은 『금강경』을 수지독송(受持讀誦)을 할 때 마음을 다하여 부르면, 어디서든지 나타나서 옹호해 준다고 하는 호법신(護法神)으로 금강신(金剛神)・집금강(執金剛)・금강야차(金剛夜叉)라고도 불린다. 신중단의 제일상단에 위치하는 대예적금강(大穢跡金剛)은 모든 더러움과 일체의 악을 제거하는 기능을 가지고 있다. 「금강도」에는 이 대예적금강을 중심으로 팔금강인 청제재금강(青除災金剛)・벽독금강(碧毒金剛)・황수구금강(黃隨求金剛)・적성화금강(赤聲火金剛)・백정수금강(白淨水金剛)・정지재금강(定持災金剛・定除災金剛)・자현신금강(紫賢神金剛)・대신력금강(大神力金剛)이 불법을 호위하며 중생교화의 역할을 맡고 있다. 팔금강은 곧 여래가 화현(化現)하여 8방위에 배열되는 것이며, 『금강경』을 받아 지녀 지극한 마음으로 '정구업진언(淨口業眞言)'을 염송한 후에 팔금강과 사보살(四菩薩)의 이름을 부르면서 계청(啓請)하면 머무르는 곳 어디에서나 항상 옹호한다고 한다. 아래 여덟 폭의 '팔금강도(八金剛圖)'는 '직지성보박물관(直指聖寶博物館)'에 있는 문경 대승사의 '팔금강탱(八金剛幀)'으로, 통도사의 '팔금강번(八金剛幡幀)'과 함께 조선후기에 제작된 대표적인 '팔금강도'이다.

12) 청제재금강(青除災金剛)은 바다를 주관(主大海)하고, 일체중생들의 숙겁의 재앙을 능히 소멸하게 한다(能除一切衆生宿災舊殃咎悉令消滅)고 한다. 금강성자의 분신으로 동쪽에 위치하는 동방신(東方神)이자, 관세음보살의 화신으로 마두명왕(馬頭明王)이라고도 한다.

13) 벽독금강(碧毒金剛)은 제재독을 주관(主除災毒)하며, 일체중생들의 열독의 고통을 능히 제거한다(能除一切衆生熱毒病苦)고 한다. 미륵보살의 화신으로 대륜명왕(大輪明王)이라고도 한다.

14) 황수구금강(黃隨求金剛)은 공덕을 주관(主功德)하며, 일체중생들이 바라는바 원을 능히 성취하게 한다(能令一切衆生功德所求如願所願皆得)고 한다. 금강성자의 분신으로 중앙에 위치하는 중앙신(中央神)이자, 허공장보살의 화신으로 군다리명왕(軍茶利明王)이라고도 한다.

15) 적성화금강・적성금강(赤聲火金剛・赤聲金剛)은 바람을 주관(主能生風)하며, 일체중생들에게 광명을 비추어 바람처럼 빠르게 부처님을 능히 친견하게 한다(能照一切衆生光明 所得見佛如風速). 금강성자의 분신으로 남방신(南方神)이자, 금강수보살의 화신으로 강삼세명왕(降三世明王)이라고도 한다.

봉청 백정수금강(奉請 白淨水金剛)[16]
봉청 정지재금강(奉請 定持災金剛)[17]
봉청 자현신금강(奉請 紫賢神金剛)[18]
봉청 대신력금강(奉請 大神力金剛)[19]

받들어서 청하오니 정제재의 금강이여 일체중생 묵은재앙 소멸하게 하여지이다
받들어서 청하오니 벽독하는 금강이여 일체중생 열독병고 물리치게 하여지이다
받들어서 청하오니 황수구의 금강이여 일체중생 원하는바 공덕성취 하여지이다
받들어서 청하오니 적성화의 금강이여 일체중생 광명비춰 부처보게 하여지이다
받들어서 청하오니 백정수의 금강이여 일체중생 모든번뇌 사라지게 하여지이다
받들어서 청하오니 정지재의 금강이여 일체중생 삼재팔난 고난제거 하여지이다
받들어서 청하오니 자현신의 금강이여 일체중생 마음열어 보디심을 내어지이다
받들어서 청하오니 대신력의 금강이여 일체중생 지혜의싹 자라나게 하여지이다

---

16) 백정수금강(白淨水金剛)은 일체보장을 주관(主一切寶)하며, 일체중생들의 번뇌와 고통을 능히 사라지게 한다(能除一切衆生 熱惱苦悉得消除: 主一切寶)고 한다. 금강성자의 분신으로 서쪽에 위치하는 서방신(西方神)이자, 보현보살(普賢菩薩)의 화신으로 보척명왕(步擲明王)이라고도 한다.
17) 정지재금강・정제재금강(定持災金剛・定除災金剛)은 유리보배를 주관(主琉璃)하며, 자비로운 눈으로 사물을 보고 지혜로 일체중생 삼재팔난의 고통을 능히 제거하게 한다(慈眼示物智能除一切衆生三災八難之苦: 主琉璃寶)고 한다. 문수보살(文殊菩薩)의 화신으로 대위덕명왕(大威德明王)이라고도 한다.
18) 자현신금강・자현금강(紫賢神金剛・紫賢金剛)은 창고를 주관(主堅牢)하며, 견고하고 바른 믿음으로 일체중생 마음을 열어 보디심을 능히 내게 한다(能令披堅牢藏開悟一切衆生心開悟解發菩提心: 主堅牢藏)고 한다. 제개장보살(除蓋障菩薩)의 화신으로 부동명왕(不動明王)이라고도 한다.
19) 대신력금강・대신금강(大神力金剛・大神金剛)은 용왕을 주관(主龍王)하며, 일체중생 지혜의 싹을 자라나게 하여 은혜력을 능히 더하여 갖추게 한다(能令一切衆生智牙成就惠力增具: 主龍王)고 한다. 지장보살(地藏菩薩)의 화신으로 무능승명왕(無能勝明王)이라고도 한다.

Ⅳ. 金剛四菩薩 금강사보살20)

봉청 금강권보살(奉請 金剛眷菩薩)21)
봉청 금강삭보살(奉請 金剛索菩薩)22)

20) ‘봉청 금강사보살(upa-ni-mantraya Vajracatbodhisattva: 奉請 金剛四菩薩)’에는 금강권보살 · 금강삭보살 · 금강애보살 · 금강어보살이 있다. 이 금강사보살 외에도 금강경을 외호하는 금강인보살(वज्रहेतु Vajrahetu: 金剛因菩薩) · 금강수보살(वज्रपनी Vajrapāṇi: 金剛手菩薩) · 금강보보살(वज्राराल Vajraratna: 金剛寶菩薩) · 금강장보살(वज्रगर्भा Vajragarbha: 金剛藏菩薩) · 금강침보살(वज्रसुकी Vajrasūci: 金剛針菩薩) · 금강장보살(वज्रसेन Vajrasena: 金剛將菩薩) · 금강구보살(वज्रन्कुसा Vajrāṅkuśa: 金剛鉤菩薩) · 금강향보살(वज्रधुपा Vajradhūpa: 金剛香菩薩) · 금강광보살(वज्रतेजह Vajratejaḥ: 金剛光菩薩) · 금강법보살(वज्राधार्मा Vajradharma: 金剛法菩薩) · 금강리보살(वज्रतिक्स्न Vajratīkṣṇa: 金剛利菩薩) · 금강희보살(वज्रसधु Vajrasādhu: 金剛喜菩薩) · 금강살타보살(वज्रसत्त्व Vajrasattva: 金剛薩埵菩薩) · 금강왕보살(वज्राराज Vajrarāja: 金剛王菩薩) · 금강소보살(वज्रहसा Vajrahāsa: 金剛笑菩薩) · 금강당보살(वज्रकेत्केतु Vajraketketu: 金剛幢菩薩) · 금강업보살(वज्रपरमिता Vajrakarma: 金剛業菩薩) · 금강아보살(वज्रायक्स Vajrayakṣa: 金剛牙菩薩) · 금강호보살(वज्राराक्स Vajrarakṣa: 金剛護菩薩) · 금강바라밀보살(वज्रपरमिता Vajrapāramitā: 金剛波羅蜜菩薩) 등의 많은 보살들이 있다. 아래 네 폭의 ‘사보살도(四菩薩圖)’는 ‘삼각산 도선사의 청담기념관(道詵寺 青潭記念館)’에 있는 ‘사보살도(四菩薩圖)’이다.

21) 금강권보살(वज्रसम्धी Vajrasaṃdhi · 바즈라상디: 金剛眷菩薩)은 금강경의 이치를 증득하여 부처가 되려고 하는 보살이다. 자신이 닦은바 머무름이 없는 보시와 행을 통하여, 금강경을 수지 · 독송하는 이를 수호하는 역할을 맡고 있는 사보살 중에서, 금강살타(金剛薩埵)의 금강권속 대중을 의미하며 북문에 배열되어 있다. 금강권(金剛拳)을 한 두 손을 가슴 앞에 대고 있는데, 이는 교화하기 어려운 존재를 부순다는 의미로서, 십이합장(十二合掌)과 여섯 권인(六拳印) 등 일체의 인계를 성취하며, 특히 금강권인(金剛拳印)의 삼매야형(三昧耶形)을 보여서 신(身) · 구(口) · 의(意) 3업(三業)을 3밀(三密)로 상응시켜 자재하게 참되고 바르게 믿는 마음으로 실지원만(悉地圓滿)을 보인다. 여기에서 여래의 교화활동은 완성된다. 비밀금강(秘密金剛)이라는 보살밀호를 가지고 있으며, 금강박(金剛縛)이 종자로서, 일체의 여래인계를 성취하는 실지원만의 덕을 관장하기 때문에 능전(能傳) · 밀합(密合) 등으로 그 덕이 찬탄된다. 일체중생의 업장을 제거하고 세간과 출세간의 실지(實智)를 원만하게 성취시키는 보살이다.

22) 금강삭보살(वज्रपसा Vajrapāśa · 바즈라빠-샤: 金剛索菩薩)은 대자대비한 마음의 밧줄로 당겨, 중생을 깨달음의 길(佛道)에 들어가게 하는 삭인중생의 업(索引衆生之業)을 가지고 있어, 능히 무명업장(無明業障)을 부수고, 중생에게 대보디심을 일으켜 해탈하게 한다. 비로자나불로부터 유출된 대보살로 밀교 금강계만다라 37존 중의 한 분이며, 사섭보살(四攝菩薩) 가운데 한 분이다. 성신회 만다라의 제1중의 남문 월륜에 배열되어 있다. 밀호(密號)는 등인금강(等引金剛) 또는 자인금강(慈引金剛)이라 한다.

봉청 금강애보살(奉請 金剛愛菩薩)[23]
봉청 금강어보살(奉請 金剛語菩薩)[24]

금강권 보살님을 받들어서 청하옵니다
금강삭 보살님을 받들어서 청하옵니다
금강애 보살님을 받들어서 청하옵니다
금강어 보살님을 받들어서 청하옵니다

23) 금강애보살(वज्रारागा Vajrarāga・바즈라라-가: 金剛愛菩薩)은 보디심을 발하여 중생을 자유자재로 사랑하고 보호하며, 부처님의 화현인 금강보살로서, 동방월륜(東方月輪) 아촉불(अक्षोभ्य Akṣobhya・아끄쇼비야: 阿閦佛)의 왼편에 있는 보살 중의 한 분이다. 아촉여래의 대비금강(大悲金剛)이라고도 하며, 금강계만다라 37존 가운데 16대보살 가운데 한 분이다. 삼매야형(三昧耶形)은 위와 아래로 하나의 고(鈷)를 교차시킨 쌍립삼고저(雙立三鈷杵)이며, 활과 사랑의 화살을 지니고 불도에 매진하도록 하여 보디심을 증대시키는 보살이다.

24) 금강어보살(वज्रभाषा Vajrabhāṣa・바즈라바-샤: 金剛語菩薩)은 64가지의 법음을 언어 시방에 퍼뜨리고, 모든 중생들에게 법의 이익을 얻게 한다. 청정한 마음을 열어주며 전법륜(轉法輪)의 진실언어를 체득하여 모든 세계의 진실상을 관찰함과 동시에 진언(眞言)을 통하여 타인을 교화하는 덕을 가지고 있는 부처님의 화현인 금강보살이다. 아미타불의 네 친근 보살의 한 분으로 서방월륜(西方月輪) 가운데 무량수여래의 후방에 있다. 무량수여래가 대중들을 위해 설법하는 내증의 덕을 상징하며, 몸은 육색으로 백색과 적색을 합친 옅은 붉은 색으로, 그 의미는 청정하다는 것과 정진수행으로 닦은 증과(證果)와 일치한다는 뜻이다. 금강어언보살(金剛語言菩薩)・무언보살(無言菩薩)・금강염송보살(金剛念誦菩薩)・능수실지보살(能授悉地菩薩)・금강상실지보살(金剛上悉地菩薩)이라고도 하며, 밀호는 성공보살・묘어보살이다. 밀교 금강계만다라 37존 가운데 16대보살 가운데 한 분이다.

V. 金剛經 三寶
금강경 삼보

namo buddhasya āryavajracchedikā Prajñāpāramitā citta[25]
나모 붓다시야 아리야와즈라체디까 쁘라즈냐빠라미따 찟따

namo buddhasya āryavajracchedikā Prajñāpāramitā manas[26]
나모 붓다시야 아리야와즈라체디까 쁘라즈냐빠라미따 마나스

namo buddhasya āryavajracchedikā Prajñāpāramitā kāya[27]
나모 붓다시야 아리야와즈라체디까 쁘라즈냐빠라미따 까야

부처님의 성스러운 금강반야바라밀 마음에 귀의합니다
금강무상 수행자의 마음은 금강심이라
금강같이 맑고 모든 번뇌 다 끊는 상없는 마음 지니이다

부처님의 성스러운 금강반야바라밀 뜻에 귀의합니다
금강무상 수행자의 뜻은 무진의라
우주광명같이 빛나고 모든 어둠 밝히는 다함없는 뜻 지니이다

부처님의 성스러운 금강반야바라밀 몸에 귀의합니다
금강무상 수행자의 몸은 허공신이라
허공같이 공하고 모든 것이 영원한 불생멸의 몸 지니이다

---

25) 산스끄리뜨어 "namo buddhasya āryavajracchedikā Prajñāpāramitā citta(나모 붓다시야 아-리야와즈랏체디까- 쁘라즈냐-빠-라미따- 찟따: नमो बुद्धस्य अर्यवज्रक्चेदिका प्राजनपरमिता कित्त)"라는 문장은 금강경의 삼보중의 하나에 해당한다.
이 문장의 의미는 "'귀의합니다(नम namo · 나모: 南無)', '부처님의(बुद्धसय buddhasya · 붓다시야: 佛的)', '성스러운(आर्य ārya · 아-리야: 聖)', '금강능단반야바라밀(वज्रक्चेदिका प्राजनपरमिता Vajracchedikā Prajñāpāramitā · 와즈라체디까-쁘라즈냐-빠-라미따-: 金剛能斷般若波羅蜜)', '마음(वित्त citta · 찟따: 心)'"이라는 뜻이다.
이 구절을 번역(韓譯)하면, "성스러운 부처님의 금강(능단)반야바라밀 마음에 귀의합니다."라는 의미를 나타낸다.
26) 산스끄리뜨어 'manas(마나스: मनस · 意)'는 '뜻'을 나타낸다.
27) 산스끄리뜨어 'kāya(까-야: काय · 身)'는 '몸'을 나타낸다.

발 원 문

시
방삼세
부처님께
발원귀의하옵나니
모든중생근본불성
본래부터
있으므
로

부
처님이
금강경에
이르시되상여의라
사상물론법상마저
놓으라고
하시니
라

아
상이란
오온가합
나라는상집착하고
나는안다내가옳다
분별사량
못벗어
나

생
노병사
육도윤회
모든고통못여의니
자신마음영원근본
묘한존재
모르니
라

인
상이란
만물영장
사람의상집착하고
지옥축생보다낫다
우월사고
못벗어
나

사
람중심
원죄라는
업장소멸못하느니
사람으로마음비워
진공묘유
모르니
라

중
생상은
못깨달음
생명의상집착하고
열등의식사로잡혀
상념집착
못벗어
나

복
혜갖춘
무상불법
청정심에
귀의하
여
반야지혜
참나완성 부처되는 말씀이며
육백부의 반야경중 불교사상 진수이니
마음깨침 성스러운부처님의 요체로서
경중의경 말씀 중에 아니런가
자비 존귀 하여 로운
석가 가장 바른 세존
법문 깨달 음인 중에
고귀 무장 무애 하여
금강 법문 이며 같이
능단 분별 여읜 하고
맑고 빛나
상없 으며
사바 최상승의지혜완성 중생
상여 이루 경전이니 금강반야 니라 의면
부처 깨달 바라 음을 중생
들아 옳고 밀경 바른 니니
위가 우 리 없는
모 두
본래없는업식무명 증득 지혜광명발하느니
오늘이때 현재이곳 하자 지금이일 정성다해
일체만유 실유불성 자타일시 견성성불
금강경의 부처되니 우주와나 하나로다

부
처되지
못한다는
퇴굴심을못벗나니
모든중생불성있어
성불함을
모르니
라

우 주 법 계 인 간 우 주
부처임을 깨닫지를 못하느니 수자 상은 한몸으로 함께살지 못하니라
법상이란 우주진리 천지만유 집착하고 불멸영혼가진존재 법과비법 비었으나 진리집착 못벗어나
모든경전 중생제도 방편임을 못아느니 집착하고수명으로 일체중생 남김없이 멸도하지 못하니라
오늘이곳 금강반야 빠라미따 수행자는 살아간다순수영혼 부처님이 금강경에 설하신바 가르침인
아상인상 중생상과 수자상을 여의고서 못벗어나 법상물론 비법상도 내려놓고 비옵니다

Ⅵ. 發願文
발원문

稽首三界尊 歸命十方佛　계수삼계존 귀명시방불
我今發弘願 持此金剛經　아금발홍원 지차금강경
上報四重恩 下濟三塗苦　상보사중은 하제삼도고
若有見聞者 悉發菩提心　약유견문자 실발보디심
盡此一報身 同生極樂國　진차일보신 동생극락국

존귀하온 삼계부처 절하오며 시방세계 부처님께 귀의합니다
제가이제 크고큰원 발하여서 이금강경 받들어서 지니옵니다
위로사중 은혜모두 갚으면서 아래삼도 모든중생 건지리이다
경을보고 독경소리 듣게되면 모든중생 보디마음 내어지이다
이한몸이 다한뒤에 나와남이 모두함께 극락왕생 이뤄지이다

시방삼세 부처님께 발원귀의 하옵나니　모든중생 근본불성 본래부터 있으므로
부처님이 금강경에 이르시되 상여의라　사상물론 법상마저 놓으라고 하시니라

아상이란 오온가합 나라는상 집착하고　나는안다 내가옳다 분별사량 못벗어나
생로병사 육도윤회 모든고통 못여의니　자신마음 영원근본 묘한존재 모르니라

인상이란 만물영장 사람의상 집착하고　지옥축생 보다낫다 우월사고 못벗어나
사람중심 원죄라는 업장소멸 못하느니　사람으로 마음비워 진공묘유 모르니라

중생상은 못깨달음 생명의상 집착하고　열등의식 사로잡혀 상념집착 못벗어나
부처되지 못한다는 퇴굴심을 못벗나니[28]모든중생 불성있어 성불함을 모르니라

---

28) '퇴굴심(विसदम अपद्यते viviṣādam āpadyate: 退屈心·三退屈)'은 보살이 수행을 함에 있어서 순역경계(順逆境界)에 부딪쳐, 더 나아가지 못하고 물러서거나 굴복하는 마음을 말한다. 보살의 수행에 있어서 삼가 해야 할 오위(五位) 중에는 퇴굴심에 해당하는 '삼퇴굴'이 있다. ① 첫째, 위가 없는 깨달음인 무상각(無上覺)이 넓고 크며(廣大) 깊고 아득하여(深遠) 물러나고 싶은 마음이 생기는 '보디광대굴(菩提廣大屈)'이 있고, ② 둘째, 널리 육바라밀을 실천하는 만행이 심히 닦기 어려워 퇴굴하는 마음이 생기는 '만행난수굴(萬行難修屈)'이 있으며, ③ 셋째, 번뇌장(煩惱障)·소지장(所知障)을 버리고 보디·열반이과(菩提·涅槃二果)를 증득하기 어렵다는 것을 듣고 퇴굴하는 마음이 생기는 '전의난증굴(轉依難證屈)'이 있다.
'성유식론(成唯識論)'에 의하면, 대승불교에 있어 보살이 수행하는데 삼가 해야 할 보살의 '수행오위(修行五位)'에는 '자량위(資糧位)·가행위(加行位)·통달위(通達位)·수습위(修習位)·구경위(究竟位)'의 다섯 단계가 있다.
⑴ '자량위(संभार-अवस्था aṃbhāra-avasthā: he stage of accumulation·資糧位)'는 수행의 첫걸음인 내적인 자질과 역량을 키우는 단계로서, 깨달음을 증득하기 위하여 수행에 필요한 지혜와 복덕, 선근과 공덕을 쌓는 준비단계이다. 이른바 육바라밀을 실천함으로써 복덕·지혜를 구족하여 자량으로 삼아, 십주(十住)·십행(十行)·십회향(十回向) 등 삼십심(三十心)을 닦는 단계를 말한다.
⑵ '가행위(प्रयोग-अवस्था rayoga-avasthā: the stage of preparation·加行位·勝解行地·加行道·方便道)'는 수행의 둘째걸음으로 힘을 가하여 더욱 정진해야 하는(加行精進) 단계이다. 실질적인 유식수행(唯識修行)의 가장 중요한 영역으로, '내가 이래서는 안 되

수자상은 불멸영혼 가진존재 집착하고 수명으로 살아간다 순수영혼 못벗어나
우주법계 부처임을 깨닫지를 못하느니 인간우주 한몸으로 함께살지 못하니라

법상이란 우주진리 천지만유 집착하고 법과비법 비었으나 진리집착 못벗어나
모든경전 중생제도 방편임을 못아느니 일체중생 남김없이 멸도하지 못하니라

오늘이곳 금강반야 빠라미따 수행자는 부처님이 금강경에 설하신바 가르침인
아상인상 중생상과 수자상을 여의고서 법상물론 비법상도 내려놓고 비웁니다

본래없는 업식무명 지혜광명 발하느니 오늘이때 현재이곳 지금이일 정성다해
일체만유 실유불성 자타일시 견성성불 진공묘유 부처되니 우주와나 하나로다

겠구나. 오로지 수행만 해야 되겠다.'라고 결심하는 것으로, '지심(samatha: 止心)과 관법(vipasyana: 觀法)'이 근원적 사유의 단계로 실제 수행하는 단계를 말한다.

(3) '통달위(प्रतिवेध - अवस्था prativedha-avasthā: he stage of proficiency · 通達位 · 見道位)'는 수행의 셋째걸음으로 진여성(眞如性)을 관찰하게 된다는 의미로서, 이것을 관조하면서 매우 기쁘다는 뜻으로 환희지라고도 하며, 보살십지(菩薩十地)의 첫 단계인 초지보살(初地菩薩)이 수행하는 단계를 말한다. 수승한 보살이 닦는 수행위로서 성인의 지위에 든 통달위에서는 참으로 마음의 흐름을 명확히 보아 무아(無我)인 줄 알게 되고, 이 지위에 오르면 비로소 무루지(無漏智)를 얻어 진여(眞如)의 이치를 체득하게 되는 단계이다.

(4) '수습위(भावना - अवस्था bhāvana-avasthā: the stage of practice · 修習位 · 修道位)'는 수행의 넷째걸음으로 통달위에서 정화하지 못한 것을 더욱 정화하기 위하여, 오랜 기간 끊임없는 수행과 그로 인하여 체득된 무분별지의 발현에 의해 아뢰야식 중에 있는 번뇌와 주·객체의 잠재력을 함께 단절하는 단계이다. 아집(我執)과 법집(法執)을 정화하는 아공(我空)과 법공(法空)을 닦아 진여의 경지에 진입하는 수행을 하여, 소지장(所知障)과 동시에 번뇌장(煩惱障)이 정화되면서, 그 동안 장애를 받아 발휘되지 못했던 지혜가 본격적으로 발현되기 시작하는 단계를 말한다.

(5) '구경위(निस्थ - अवस्था niṣṭha-avasthā: the stage of completion · 究竟位)'는 수행의 다섯째걸음으로 전 사위의 수행을 통하여 팔식(八識)에서의 모든 번뇌를 정화하고 무량겁을 수행하여 마침내 위없는 바른 깨달음을 증득한 단계를 말한다. 중생들이 일상생활에서 신체적 감각이나 의식 등의 주관적 인식활동을 통하여 얻게 되는 모든 알음알이들이 완전히 제거되어 다시는 번뇌나 망상과 같은 삿된 생각들이 일어나지 않는 불과(佛果)를 증득한 경지를 말한다.

Ⅶ. 云何梵
운하범

云何得長壽 金剛不壞身 운하득장수 금강불괴신
復以何因緣 得大堅固力 부이하인연 득대견고력
云何於此經 究竟到彼岸 운하어차경 구경도피안
願佛開微密 廣爲衆生說 원불개미밀 광위중생설

어찌하면 장수하여 살아가며 금강같은 불괴의몸 이룰수가 있습니까
다시어떤 인연으로 말미암아 크고굳고 단단한힘 얻을수가 있습니까
어찌하면 이경전을 요해하여 구경에는 저언덕에 도달할수 있습니까
원하건대 부처님의 법여시어 남김없이 모든중생 제도위해 설하소서

南無本師釋迦牟尼佛 나무본사석가모니불 (세번)
南無般若會上佛菩薩 나무반야회상불보살

Ⅷ. 開經偈
개경게

無上甚深微妙法 百千萬劫難遭遇 무상심심미묘법 백천만겁난조우
我今聞見得受持 願解如來眞實義 아금문견득수지 원해여래진실의

위가없이 깊고깊은 미묘한법 백천만겁 지나서도 만나기가 어렵거늘
제가이제 보고듣고 받아지녀 원하건대 여래의 진실한뜻 알아지이다

Ⅸ. 開法藏眞言
개법장진언

唵 阿羅南 阿羅多 옴 아라남 아라다 (세번)

붓다의 길
금강경 선송

선
행으로
천상계에
태어난다 할지라도
온갖과보다한후에 육도윤회벗어나리
부처님법깨친후에 중생제도한다하나
우주만물불성있음 어찌하여모르는가
육신이란한평생인 물질욕망부귀공명
잠깐세월삶도구나무위법서 세상의복다갖춰도반야지혜
세세생생온갖고통벗노라니 Vajracchedikā Prajñāpāramitā Sūtra Mantra 깨달은이열린마음비하리까
칠보보시그공덕은언젠가는사라지나 वज्रच्छेदिका प्रज्ञापारमिता सूत्र मन्त्र 지혜근본뿌리라면복과덕은꽃과열매
금강반야바라밀을설한공덕한량없다 금강반야바라밀경 진언 꽃열매는사라지나그뿌리는영원하다
마음본체자성자리존귀하고위대하여 나 namo 모 복혜갖춘무상불법청정심에귀의하여
깨달음에들게하는사구게등수지독송 바가 bhagavatī 와띠 반야지혜참나완성부처되는말씀이며
타인위해설한다면천상천하유아독존 쁘라즈냐 빠 prajñāpāramitāyai 라미따야이 육백부의반야경중불교사상진수이니
복덕으론반야지혜비교할수없느니라 옴 이리따 이 oṃ īrita iṣira śruta 쉬라 슈루따 마음깨침요체로서경중의경아니런가
자비로운석가세존법문중에고귀하여 위샤야 viṣaya viṣaya 위샤야 성스러운부처님의말씀중에존귀하여
금강같이능단하고맑고빛나상없으며 스 svāhā 와 가장바른깨달음인무장무애법문이며
사바중생상여의면부처중생 하 분별여읜최상승의지혜완성
둘아니니위가없는옳고바른 경전이니금강반야바라밀경
깨달음을이루니라 우리모두증득하자
와즈라는금강이며 체디까는능단이여
쁘라즈냐빠라미따 무분별지완성하며
수뜨라는모든중생 부처되란말씀이니
가자가자 우리모두
부처되러
어서가
자

॥नमो भगवत्या आर्यप्रज्ञापारमितायै॥

॥Namo bhagavatyā āryaprajñāpāramitāyai॥

||སངས་རྒྱས་དང་བྱང་ཆུབ་སེམས་དཔའ་ཐམས་ཅད་ལ་ཕྱག་འཚལ་ལོ||

南無世尊聖般若波羅蜜多

세존의 성스러운
반야바라밀다에 귀의합니다

金
금
剛
강
般若
반야
波羅密經
바라밀경
凡所有相 皆是虛妄
범소유상 개시허망
若見諸相非相 則見如來
약견제상비상 즉견여래
是諸衆生
시제중생
無復我相人相衆生相壽者相
무부아상인상중생상수자상
無法相 亦無非法相
무법상 역무비법상
知我說法 如筏喩者
지아설법 여벌유자
法尙應舍 何況非法
법상응사 하황비법
應如是生淸淨心 不應住色生心
응여시생청정심 불응주색생심
不應住聲香味觸法生心 應無所住而生其心
불응주성향미촉법생심 응무소주이생기심
如來所得阿耨多羅三藐三菩提
여래소득아뇩다라삼약삼보디
於中無實無虛 是故如來說一切法 皆是佛法
어중무실무허 시고여래설일체법 개시불법
諸心皆爲非心是名爲心
제심개위비심시명위심
過去心不可得 現在心不可得 未來心不可得
과거심불가득 현재심불가득 미래심불가득
是法平等無有高下 是名阿耨多羅三藐三菩提 以無我無人無衆生無壽者
시법평등무유고하 시명아뇩다라삼약삼보디 이무아무인무중생무수자
修一切善法則得阿耨多羅三藐三菩提
수일체선법즉득아뇩다라삼약삼보디
若以色見我 以音聲求我 是人行邪道 不能見如來
약이색견아 이음성구아 시인행사도 불능견여래
如來者 無所從來 亦無所去 故名如來
여래자 무소종래 역무소거 고명여래
一切有爲法 如夢幻泡影 如露亦如電 應作如是觀
일체유위법 여몽환포영 여로역여전 응작여시관

वज्रच्छेदिका प्रज्ञापारमितासूत्र ध्यान गाथा

Vajracchedikā Prajñāpāramitā Sūtra Dhyāna Gātha

༄༅། །འཕགས་པ་ཤེས་རབ་ཀྱི་ཕ་རོལ་ཏུ་ཕྱིན་པ་རྡོ་རྗེ་གཅོད་པ་ཞེས་བྱ་བ་ཐེག་པ་ཆེན་པོའི་མདོ། བསམ་གཏན་ཚིགས་སུ་བཅད་པ།།

金剛般若波羅密經 禪頌

붓다의 길
금강경 선송

지
수화풍
가합으로
만들어진
우리의
몸
언젠가는
인연다해 지수화풍 돌아가니
스스로의 몸을비워 두손두발 몸과머리
상이없는 대상통해 변화무궁 몸의자리
삼세부처 신비 로운 진신사리
생하 우리 성품 지도
멸하 무념 으로 지도
아니 현묘 하여 하는
우리 항상 절로 마음
경계 성취 되니 만나
있다 스스 로의 하나
경계 모두
없어 지니
스스 성품밝혀형상소리 로의
마음 우주 향미촉법 상이없는 법계 밝혀
오욕 삼천 자성 대천 칠정
번뇌 마음 자리 자리 망상
상이 일 체 없는
만 유
여래설한모든경전 실유 자비로운우리법상
먼지씻는 물과같고 불성 질병치료 약같으니
스스로의 법상비워 법과비법 허상참상
상이없는 법의자리 일체제불 무상정각

वज्रच्छेदिका प्रज्ञापारमिता सूत्र ध्यान गाथा

Vajracchedikā Prajñāpāramitā Sūtra Dhyāna Gāthā

༄༅།། འཕགས་པ་ཤེས་རབ་ཀྱི་ཕ་རོལ་ཏུ་ཕྱིན་པ་རྡོ་རྗེ་གཅོད་པ་ཞེས་བྱ་བ་ཐེག་པ་ཆེན་པོའི་མདོ། བསམ་གཏན་ཚིགས་སུ་བཅད་པ།།

X. 金剛般若波羅密經 禪頌
금강반야바라밀경 선송

지수화풍 가합으로 만들어진 우리의몸
언젠가는 인연다해 지수화풍 돌아가니
스스로의 몸을비워 두손두발 몸과머리
상이없는 몸의자리 삼세부처 진신사리

생하지도 멸하지도 아니하는 우리마음
경계만나 있다하나 경계모두 없어지니
스스로의 마음밝혀 오욕칠정 번뇌망상
상이없는 마음자리 삼천대천 우주법계

대상통해 변화무궁 신비로운 우리성품
무념으로 현묘하여 항상절로 성취되니
스스로의 성품밝혀 형상소리 향미촉법
상이없는 자성자리 일체만유 실유불성

여래설한 모든경전 자비로운 우리법상
먼지씻는 물과같고 질병치료 약같으니
스스로의 법상비워 법과비법 허상참상
상이없는 법의자리 일체제불 무상정각

Vajracchedikā Prajñāpāramitā Sūtra Gāthā

XI. 金剛般若波羅密經 偈頌

금강반야바라밀경 게송

वज्रच्छेदिका प्रज्ञापारमि ता सूत्र मन्त्र

나 namo 모
바가 bhagavatī 와띠
쁘라즈냐 빠 prajñāpāramitāyai 라미따야이
옴 이리따 이 oṃ īrita iṣira śruta 쉬라 슈루따
위샤야 viṣaya viṣaya 위샤야
스 svāhā 와
하

금강경사구게 수지독송 강설공덕
(金剛經四句偈 受持讀誦 講說功德)

선행으로 천상계에 태어난다 할지라도
온갖과보 다한후에 육도윤회 벗어나리
부처님법 깨친후에 중생제도 한다하나
우주만물 불성있음 어찌하여 모르는가

육신이란 한평생인 잠깐세월 삶도구나
무위법서 세세생생 온갖고통 벗노라니
칠보보시 그공덕은 언젠가는 사라지나
금강반야 바라밀을 설한공덕 한량없다

물질욕망 부귀공명 세상의복 다갖춰도
반야지혜 깨달은이 열린마음 비하리까
지혜근본 뿌리라면 복과덕은 꽃과열매
꽃열매는 사라지나 그뿌리는 영원하다

마음본체 자성자리 존귀하고 위대하여
깨달음에 들게하는 사구게등 수지독송
타인위해 설한다면 천상천하 유아독존
복덕으론 반야지혜 비교할수 없느니라

Vajracchedikā Prajñāpāramitā Sūtra Gāthā
金剛般若波羅密經 偈頌
금강반야바라밀경 게송

모든 상은 허망한 것(諸相虛妄)

Yāvat lakṣaṇa-sampat tāvan mṛṣā
야-와뜨 랄끄샤나-삼빠뜨 따-완 므리샤-
Yāvad alakṣaṇa-sampat tāvan na mṛṣeti
야-와드 알라끄샤나-삼빠뜨 따-완 나 므리쉐띠
hi lakṣaṇa-alakṣaṇatas Tathāgato draṣṭavyaḥ
히 랄끄샤나-알라끄샤나따스 따타-가또 드라슈따위야하

རབ་འབྱོར་ཇི་སྙམ་དུ་མཚན་ཕུན་སུམ་ཚོགས་པ་དེ་ཙམ་དུ་བརྫུན་ནོ།།
ཇི་ཙམ་དུ་མཚན་ཕུན་སུམ་ཚོགས་པ་མེད་པ་དེ་ཙམ་དུ་མི་བརྫུན་ཏེ།
དེ་ལྟར་ན་དེ་བཞིན་གཤེགས་པ་ལ་མཚན་དང་མཚན་མ་མེད་པར་བལྟའོ།།

Everything with form is unreal;
if all forms are seen as unreal,
the Tathagata will be perceived.

凡所有相 皆是虛妄 若見諸相非相 則見如來
범소유상 개시허망 약견제상비상 즉견여래

무릇 있는 바 상은
모두 허망한 것이니
상이 상아님을 보면
곧 여래를 볼 수 있느니라

Vajracchedikā Prajñāpāramitā Sūtra Gāthā

金剛般若波羅密經 偈頌

금강반야바라밀경 게송

중생 본래 무상이라(衆生無相)

na teṣāṃ bodhisattvānāṃ mahāsattvānāṃ ātma-saṃjñā pravartate
나 떼샹- 보디삿뜨와-낭- 마하-삿뜨와-낭- 아-뜨마-상즈냐- 쁘라와르따떼
na sattva-saṃjñā na jīva-saṃjñā na pudgala-saṃjñā pravartate.
나 삿뜨와-상즈냐- 나 지-와-상즈냐- 나 뿌드갈라-상즈냐- 쁘라와르따떼
nāpi teṣāṃ bodhisattvānāṃ mahāsattvānāṃ
나-삐 떼샹- 보디삿뜨와-낭- 마하-삿뜨와-낭-
dharma-saṃjñā pravartate, evaṃ na-adharma-saṃjñā.
다르마-상즈냐- 쁘라와르따떼 에왕 나-아다르마-상즈냐-
na-api teṣāṃ saṃjñā na-asaṃjñā pravartate.
나-아삐 떼샹- 상즈냐- 나-아상즈냐- 쁘라와르따떼

རབ་འབྱོར་བྱང་ཆུབ་སེམས་དཔའ་སེམས་དཔའ་ཆེན་པོ་དེ་དག་ནི། བདག་ཏུ་འདུ་ཤེས་འཇུག་པར་མི་འགྱུར་ཞིང་།
སེམས་ཅན་དུ་འདུ་ཤེས་པ་མ་ཡིན། སྲོག་ཏུ་འདུ་ཤེས་པ་མ་ཡིན། གང་ཟག་ཏུ་འདུ་ཤེས་འཇུག་པར་མི་འགྱུར་བའི་ཕྱིར་རོ།།
རབ་འབྱོར་བྱང་ཆུབ་སེམས་དཔའ་སེམས་དཔའ་ཆེན་པོ་དེ་དག་ཀྱང་ཆོས་སུ་འདུ་ཤེས་པ་དང་།
ཆོས་མེད་པར་ཡང་འདུ་ཤེས་མི་འཇུག་སྟེ། དེ་དག་ནི་འདུ་ཤེས་མེད་པར་ཡང་འདུ་ཤེས་འཇུག་པར་མི་འགྱུར་རོ།།

Why? (Because) they will have wiped out false notions of an ego,
a personality, a being and a life, of the Dharma and the Not-Dharma.
Why? "(Because) they will have wiped out false notions of an ego,
a personality, a being and a life, of the Dharma and the Not-Dharma."

是諸衆生 無復我相人相衆生相壽者相 無法相 亦無非法相
시제중생 무부아상인상중생상수자상 무법상 역무비법상

이 모든 중생들은
다시는 아상 · 인상 · 중생상 · 수자상이 없고
법이라는 상이 없으며
또한 법이 아니라는 상도 없느니라

Vajracchedikā Prajñāpāramitā Sūtra Gātha
金剛般若波羅密經 偈頌
금강반야바라밀경 게송

वज्रच्छेदिका प्रज्ञापारमि ता सूत्र मन्त्र

나 namo 모
바가 bhagavatī 와띠
쁘라즈냐 빠 prajñāparamitāyai 라미따야이
옴 이리따 이 oṃ irita iṣira śruta 쉬라 슈루따
위샤야 viṣaya viṣaya 위샤야
스 svāhā 와
하

진리마저 버리나니(法尙應捨)

Tathāgatena saṃdhāya vāg bhāṣitā:
따타-가떼나 상다-야 와-그 바-쉬따-
kolopamaṃ dharma-paryāyam ājānadbhir
꼴로빠망 다르마-빠리야-얌 아-자-나드비르
dharmā eva prahātavyāḥ prāg eva-adharmā iti
다르마- 에와 쁘라하-따위야-하 쁘라-그 에와-아다르마- 이띠

གཟིངས་ལྟ་བུར་ཤེས་
པ་རྣམས་ཀྱིས་ཆོས་རྣམས་ཀྱང་སྤང་བར་བྱ་ན།
ཆོས་མ་ཡིན་པ་རྣམས་ལྟ་ཅི་སྨོས་ཞེས་གསུངས་སོ།།

Ye Bhiksus, should know that the Dharma
I expound is likened to a raft.
Even the Dharma should be cast aside;
how much more so the Not-Dharma?

知我說法 如筏喩者 法尙應捨 何況非法
지아설법 여벌유자 법상응사 하황비법

내가 설하는 바 진리가
뗏목에 비유함과 같음을 알아야 하느니라
진리도 마땅히 버려야 하거늘
하물며 진리 아닌 것에 있어서랴

Vajracchedikā Prajñāpāramitā Sūtra Gāthā
金剛般若波羅密經 偈頌
금강반야바라밀경 게송

머묾 없는 마음을 냄(無住生心)

evam apratişţhitaṃ cittam utpādayitavyaṃ
에왐 아쁘라띠슈티땅 찟담 우뜨빠-다이따위양
yan na kvacit-pratişţhitaṃ cittam utpādayitavyaṃ
얀 나 끄와찌뜨-쁘라띠슈티땅 찟담 우뜨빠-다이따위양
na rūpa-pratişţhitaṃ cittam utpādayitavyaṃ
나 루-빠-쁘라띠슈티땅 찟담 우뜨빠-다이따위양
na śabda-gandha-rasa-spraşţavya-dharma-pratişţhitaṃ cittam utpādayitavyaṃ
나 샤브다-간다-라사-스쁘라슈따위야-다르마-쁘라띠슈티땅 찟담 우뜨빠-다이따위양

འདི་ལྟར་མི་གནས་པར་སེམས་པ་བསྐྱེད་པར་བྱ་སྟེ།
ཅི་ལ་ཡང་མི་གནས་པར་སེམས་བསྐྱེད་པར་བྱའོ།།
གཟུགས་ལ་མི་གནས་པར་སེམས་བསྐྱེད་པར་བྱའོ།།
སྒྲ་དང་དྲི་དང་རོ་དང་རེག་བྱ་དང་ཆོས་ལ་ཡང་མི་གནས་པར་སེམས་བསྐྱེད་པར་བྱའོ།།

Thus develop a pure and clean mind
which should not abide in form,
sound, smell, taste, touch and the Dharma.
They should develop a mind which does not abide in anything.

應如是生清淨心 不應住色生心 不應住聲香味觸法生心 應無所住而生其心
응여시생청정심 불응주색생심 불응주성향미촉법생심 응무소주이생기심

마땅히 이와 같이 청정한 마음을 내어야 하느니라
형상에 머물러서 마음을 내지 말고
소리 냄새 맛 느낌 마음의 대상에도 머물러서 마음 내지 말며
마땅히 머무르는 바 없이 그 마음을 내어야 하느니라

Vajracchedikā Prajñāpāramitā Sūtra Gāthā

金剛般若波羅密經 偈頌

금강반야바라밀경 게송

모든 상을 여읜 보시(離相布施)

tadyathā-api puruṣo 'ndhakāra-praviṣṭo na kiṃcid api paśyet,
따디야타-–아삐 뿌루손다까-라-쁘라위슈또 나 낑찌드 아삐 빠슈에뜨
evaṃ vastu-patito bodhisattvo draṣṭavyo yo vastu-patito dānaṃ parityajati.
에왕 와스뚜-빠띠또 보디삿뜨보 드라슈따위요 요 와스뚜-빠띠또 다-낭 빠리띠야자띠
tadyathā-api nāma cakṣuṣmān puruṣaḥ prabhātāyām
따띠야타-–아삐 나-마 짜끄슈슈만- 뿌루샤하 쁘라바-따-얌-
rātrau sūrye 'bhyudgate nānāvidhāni rūpāṇi paśyet,
라-뜨라우 수-리예비우드가떼 나-나-위다-니 루-빠-니 빠슈에뜨
evaṃ a-vastu-patito bodhisattvo draṣṭavyo yo 'vastu-patito dānaṃ parityajati.
에왐 아-와스뚜-빠띠또 보디삿뜨보 드라슈따위요 요와스뚜-빠띠또 다-낭 빠리띠야자띠

རབ་འབྱོར་འདི་ལྟ་སྟེ། དཔེར་ན་མིག་དང་ལྡན་པའི་མི་ཞིག་མུན་པར་ཞུགས་ན་ཅི་ཡང་མི་མཐོང་བ་དེ་བཞིན་
དུ་གང་དངོས་པོར་ལྷུང་བས་སྦྱིན་པ་ཡོངས་སུ་གཏོང་བའི་བྱང་ཆུབ་སེམས་དཔའ་བལྟ་བར་བྱའོ།།
ཡང་རབ་འབྱོར་འདི་ལྟ་སྟེ། དཔེར་ན། ནམ་ལངས་ཏེ་ཉི་མ་ཤར་ནས་མིག་དང་ལྡན་པའི་མིས་གཟུགས་རྣམ་པ་
སྣ་ཚོགས་དག་མཐོང་བ་དེ་བཞིན་དུ་གང་དངོས་པོར་མ་ལྷུང་བས་སྦྱིན་པ་ཡོངས་སུ་གཏོང་བ་བྱང་ཆུབ་
སེམས་དཔའ་བལྟ་བར་བྱའོ།།

If a Bodhisattva practises charity (dana) with a mind abiding in things (Dharma),
abiding in things (Dharma), he is like a man entering the darkness
where he cannot see anything; (but)
if a Bodhisattva practises dana with a mind not abiding in thd Dharma,
he is like a man with open eyes, who can see everything in the sunshine.

若菩薩心住於法 而行布施 如人入闇 卽無所見
약보살심주어법 이행보시 여인입암 즉무소견
若菩薩 心不住法 而行布施 如人有目 日光明照 見種種色
약보살 심불주법 이행보시 여인유목 일광명조 견종종색

만약 보살이 마음을 법에 머물러서 보시하면
마치 사람이 어둠속에 들어가면 아무것도 볼 수 없는 것과 같고
만약 마음을 법에 머무르지 아니하는 마음으로 보시하면
마치 밝은 눈을 가진 사람이 햇빛 밝게 비칠 때에
온갖 종류의 모양을 볼 수 있는 것과 같느니라

Vajracchedikā Prajñāpāramitā Sūtra Gāthā

金剛般若波羅密經 偈頌

금강반야바라밀경 게송

무아의 법 통찰하라(究竟無我)

Bodhisattva-yāna-samprasthitenaivaṃ cittam utpādayitavyaṃ:
보디삿뜨와-야-나-삼쁘라스티떼나이왕 찟담 우뜨빠-다위따위양
sarve sattvā mayā-anupadhiśeṣe nirvaṇadhātau parinirvāpayitavyāḥ.
사르웨 삿뜨와- 마야-⁻아누빠디히쉐쉐 니르와나다-뚜 빠리니르와-빠이따위야-하
evaṃ ca sattvān parinirvāpya,
에왕 짜 사뜨완- 빠리니르와-삐야
na kaścit sattvaḥ parinirvāpito bhavati.
나 까슈찌뜨 삿뜨와하 빠리니르와-삐또 바와띠

བྱང་ཆུབ་སེམས་དཔའི་ཐེག་པ་ལ་ཡང་དག་པར་ཞུགས་པས་འདི་སྙམ་དུ།
བདག་གིས་སེམས་ཅན་ཐམས་ཅད་ཕུང་པོ་ལྷག་མ་མེད་པའི་མྱ་ངན་ལས་འདས་པའི་
དབྱིངས་སུ་མྱ་ངན་ལས་བཟླའོ།། དེ་ལྟར་སེམས་ཅན་ཚད་མེད་པ་ཡོངས་སུ་མྱ་ངན་ལས་འདས་ཀྱང་།
སེམས་ཅན་གང་ཡང་ཡོངས་སུ་མྱ་ངན་ལས་འདས་པར་གྱུར་པ་མེད་དོ།། སྙམ་དུ་སེམས་བསྐྱེད་པར་བྱའོ།།

He who has entered on the path
of the Bodhisativas should thus frame his thought:
All beings must be delivered by me in the perfect world of Nirvâna;
and yet after I have thus delivered these beings,
no being has been delivered.

發阿耨多羅三藐三菩提心者 當生如是心 我應滅度一切衆生
발아뇩따라삼약삼보디심자 당생여시심 아응멸도일체중생
滅度一切衆生已 而無有一衆生 實滅度者
멸도일체중생이 이무유일중생 실멸도자

아뇩따라삼약삼보디심을 발한 사람은
마땅히 이와 같이 마음을 내어야 하느니라
나는 마땅히 일체중생을 제도하리라
일체중생을 제도하였지만
실로 한 중생도 제도한 바가 없노라

Vajracchedikā Prajñāpāramitā Sūtra Gāthā
金剛般若波羅密經 偈頌
금강반야바라밀경 게송

깨침 진실 거짓 없음(覺無實虛)

Tathāgatena dharmo 'bhisambuddho deśito vā,
따타-가떼나 다르모 비삼붓도 데쉬또 와-
tatra na satyaṃ na mṛṣā.
따뜨라 나 사띠얌 나 므리샤-
tasmāt Tathāgato bhāṣate sarvadharmā Buddha-dharmā iti.
따스마-뜨 따타-가또 바-샤떼 사르와다르마- 붓다-다르마- 이띠

དེ་བཞིན་གཤེགས་པས་ཆོས་གང་མངོན་པར་རྫོགས་པར་སངས་རྒྱས་པའམ།
བསྟན་པ་དེ་ལ་བདེན་ པའང་མེད། རྫུན་པ་ཡང་མེད་དོ།།
དེ་བས་ན་དེ་བཞིན་གཤེགས་པས་ཆོས་ཐམས་ཅད་སངས་རྒྱས་ཀྱི་ཆོས་ཞེས་གསུངས་སོ།།

That Enlightenment was by itself neither real nor unreal.
This is why the Tathagata says
that all the Dharmas are Buddha's Dharmas.

如來所得阿耨多羅三藐三菩提 於中無實無虛 是故如來說一切法 皆是佛法
여래소득아뇩따라삼약삼보디 어중무실무허 시고여래설일체법 개시불법

여래가 얻은 바 아뇩따라삼약삼보디는
그 가운데 진실도 없고 거짓도 없노라니
그러므로 여래가 설한 일체법을
모두 불법이라 하느니라

Vajracchedikā Prajñāpāramitā Sūtra Gāthā

金剛般若波羅密經 偈頌

금강반야바라밀경 게송

वज्रच्छेदिका प्रज्ञापारमि ता सूत्र मन्त्र

나 namo 모
바가 bhagavatī 와띠
쁘라즈냐 빠 prajñāpāramitāyai 라미따야이
옴 이리따 이 oṃ īrita iṣira śruta 쉬라 슈루따
위샤야 viṣaya viṣaya 위샤야
스 svāhā 와
하

한결같이 마음관함(心不可得)

Cittadhārā cittadhāreti adhāraiṣā tenocyate cittadhāreti.
찟따다-라- 찟따다-레띠 아다-라이샤- 떼노찌야떼 찟따다-레띠
Atītaṃ cittaṃ nopalabhyate
아띠-땅 찟땅 노빨라비야떼
Anāgataṃ cittaṃ nopalabhyate
아나-가땅 찟땅 노빨라비야떼
Pratyutpannaṃ cittaṃ nopalabhyate
쁘라띠우뜨빤낭 찟땅 노빨라비야떼

རབ་འབྱོར་སེམས་ཀྱི་རྒྱུན་སེམས་ཀྱི་རྒྱུན་ཞེས་བྱ་བ་ནི།
དེ་རྒྱུན་མེད་པར་དེ་བཞིན་གཤེགས་པས་གསུངས་པའི་ཕྱིར་ཏེ། དེས་ན་སེམས་ཀྱི་རྒྱུན་ཞེས་བྱ་འོ།།
དེ་ཅིའི་ཕྱིར་ཞེ་ན། རབ་འབྱོར་འདས་པའི་སེམས་ཀྱང་དམིགས་སུ་མེད།
མ་འོངས་པའི་སེམས་ཀྱང་དམིགས་སུ་མེད། ད་ལྟར་བྱུང་བའི་སེམས་ཀྱང་དམིགས་སུ་མེད་པའི་ཕྱིར་རོ།།

The minds are not minds, but are (expediently) called minds.
neither the past, the present, nor the future mind can be found.

諸心皆爲非心 是名爲心
제심개위비심 시명위심
過去心不可得 現在心不可得 未來心不可得
과거심불가득 현재심불가득 미래심불가득

모든 마음은 마음이 아니니라 그 이름이 마음이니
과거의 마음도 얻을 수 없고
현재의 마음도 얻을 수 없으며
미래의 마음도 얻을 수가 없느니라

Vajracchedikā Prajñāpāramitā Sūtra Gāthā

金剛般若波羅密經 偈頌

금강반야바라밀경 게송

맑은 마음 선법 닦음(淨心行善)

samaḥ sa dharmo na tatra kiṃcid viṣamam
사마하 사 다르모 나 따뜨라 낌찌드 위샤맘
tenocyate 'nuttarā samyaksambodhir iti
떼노끼야떼 눗따라- 삼약삼보디르 이띠
Nirātmatvena niḥsattvatvena nirjīvatvena niṣpudgalatvena
니라-뜨마뜨웨나 니히삿뜨와뜨웨나 니르지-와뜨웨나 니슈뿌드갈라뜨웨나
samyaksambodhiḥ sarvaiḥ kuśalair dharmair abhisambudhyate.
삼약삼보디히 사르와이히 꾸샬라이르 다르마이르 아비삼부디야떼

ཆོས་དེ་ནི་མཉམ་པ་སྟེ། དེ་ལ་མི་མཉམ་པ་དང་མཉམ་པ་གང་ཡང་མེད་པས།
དེས་ན་བླ་ན་མེད་པ་ཡང་དག་པར་རྫོགས་པའི་བྱང་ཆུབ་ཅེས་བྱའོ།།
བླ་ན་མེད་པ་ཡང་དག་པར་རྫོགས་པའི་བྱང་ཆུབ་དེ་ནི་བདག་མེད་པ་དང་།
སེམས་ཅན་མེད་པ་དང་། སྲོག་མེད་པ་དང་། གང་ཟག་མེད་པར་མཉམ་པ་སྟེ།
དགེ་བའི་ཆོས་ཐམས་ཅད་ཀྱིས་མངོན་པར་རྫོགས་པར་སངས་རྒྱས་སོ།།

This Dharma is universal and impartial wherefore
it is called Supreme Enlightenment.
The practice of all good virtues (Dharmas),
free from attachment to an ego, a personality, a being and a life.

是法平等 無有高下 是名阿耨多羅三藐三菩提
시법평등 무유고하 시명아눗따라삼약삼보디
以無我無人無衆生無壽者 修一切善法 卽得阿耨多羅三藐三菩提
이무아무인무중생무수자 수일체선법 즉득아눗따라삼약삼보디

이 법은 평등하여 높고 낮음 없나니
그 이름을 아눗따라삼약삼보디라 하느니라
아 · 인 · 중생 · 수자 없음으로써 일체 선법을 닦아
곧 아눗따라삼약삼보디를 얻느니라

Vajracchedikā Prajñāpāramitā Sūtra Gāthā

金剛般若波羅密經 偈頌

금강반야바라밀경 게송

법의 몸은 상이 아님(法身非相)

ye māṃ rūpeṇa cā adrākṣur
예 망- 루-뻬나 짜- 아드라-끄슈르
ye māṃ ghoṣeṇa ca anvaguḥ
예 망- 고쉐나 짜 안와구후
mithyā-prahāṇa-prasṛtā
미티야--쁘라하-나-쁘라스리따-
na māṃ drakṣyanti te janāḥ
나 망- 드라끄슈얀띠 떼 자나-하

གང་དག་ང་ལ་གཟུགས་སུ་མཐོང་།། གང་དག་ང་ལ་སྒྲར་ཤེས་པ།།
ལོག་པའི་ལམ་དུ་ཞུགས་པ་སྟེ།། སྐྱེ་བོ་དེ་ དག་ང་མི་མཐོང་།།

He who sees me by outward appearance (and) seeks me in sound,
treads the heterodox path (and) cannot perceive the Tathagata.

若以色見我　以音聲求我　是人行邪道　不能見如來
약이색견아　이음성구아　시인행사도　불능견여래

형상으로 나를 보려하거나
음성으로 나를 구하고자 하면
이 사람은 삿된 도를 행하는 것이 되어
여래를 볼 수 없느니라

Vajracchedikā Prajñāpāramitā Sūtra Gāthā
金剛般若波羅密經 偈頌
금강반야바라밀경 게송

오고 감이 없는 여래(威儀寂靜)

Tathāgata iti ucyate
따타-가따 이띠 우찌야떼
na kvacid-gato
나 끄와찌뜨-가또
na kutaścid āgataḥ.
나 꾸따슈찌드 아-가따하
tenocyate Tathāgato 'rhan samyaksambuddha iti.
떼노찌야떼 따타-가또 르한 삼약삼붓다 이띠

ཞིན་གཤེགས་པ་ཞེས་བྱ་བ་ནི། གར་ཡང་མ་བཞུད། གང་ནས་ཀྱང་མ་བྱོན་པའི་ཕྱིར་ཏེ།
དེས་ན་དེ་བཞིན་གཤེགས་པ་དགྲ་བཅོམ་པ་ཡང་དག་པར་རྫོགས་པའི་སངས་རྒྱས་ཞེས་བྱའོ།།

The Tathagata has neither whence (to come)
nor whither (to go);
therefore, He is called the Tathagata.

如來者 無所從來 亦無所去 故名如來
여래자 무소종래 역무소거 고명여래

여래라 함은
어느 곳으로부터 따라서 오는 것도 없고
또한 어느 곳으로 가는 것도 없으므로
그리하여 그 이름을 여래라고 하느니라

Vajracchedikā Prajñāpāramitā Sūtra Gāthā

金剛般若波羅密經 偈頌

금강반야바라밀경 게송

वज्रच्छेदिका प्रज्ञापारमि ता सूत्र मन्त्र

나 namo 모
바가 bhagavatī 와띠
쁘라즈냐 빠 prajñāpāramitāyai 라미따야이
옴 이리따 이 oṃ īrita iṣira śruta 쉬라 슈루따
위샤야 viṣaya viṣaya 위샤야
스 svāhā 와
하

모든 상을 여읜 교화(應化非眞)

Tārakā timiraṃ dīpo
따-라까- 띠미랑 디-뽀
Māyā-avaśyāya budbudaṃ
마-야-–아와슈야-야 부드부당
Svapnaṃ ca vidyud abhraṃ ca
수와쁘낭 쨔 위디유드 아브랑 쨔
Evaṃ draṣṭavyaṃ saṃskṛtam
에왕 드라슈따비양 상스끄리땀

སྐར་མ་རབ་རིབ་མར་མེ་དང་། སྒྱུ་མ་ཟིལ་པ་ཆུ་བུར་དང་།
རྨི་ལམ་གློག་དང་སྤྲིན་ལྟ་བུ། འདུ་བྱས་ཐམས་ཅད་དེ་ལྟར་ལྟ།

All the phenomena are like
a dream, an illusion, a bubble and a shadow,
like dew and lightning.
Thus should you meditate upon them.

一切有爲法　如夢幻泡影　如露亦如電　應作如是觀
일체유위법　여몽환포영　여로역여전　응작여시관

현상계의 모든 법은
꿈과 같고 환상과 같으며 물거품과 같고
그림자와 같으며 이슬과 같고 또한 번개와 같나니
마땅히 이와 같이 관할지니라

수
부띠야
무상법문
금강경이 있는곳은
무상정등정각마음 깨달으신스승이자
우러러서받들분인 부처님이상주하고
존중받는제자들이 머무르는곳이니라
사바세계모든중생 비구들아나의설법
나라하는아상없다인상물론 비유하면뗏목같다팔만사천
중생상과수자상인사상없고 Vajracchedikā Prajñāpāramitā Sūtra Mantra 고통바다모두함께건너자면
진리실상법이라는법상마저없음물론 वज्रच्छेदिका प्रज्ञापारमिता सूत्र मन्त्र 진리뗏목필요하나건넌후엔버리나니
또한법이아니라는비법상도없느니라 금강반야바라밀경 진언 어찌하여마음내어법아닌법취할손가
이와같이청정마음일으켜야하느니라 나 namo 모 아뇻따라삼약삼보디심발한사람들은
마땅히들형상소리향기맛과느낌물론 바가 bhagavatī 와띠 마땅히들이와같이그마음을내야한다
진리에도머물러서그마음을내지말며 쁘라즈냐 빠 prajñāpāramitāyai 라미따야이 한중생도남김없이제도할것서원하여
머무르는바가없이그마음을낼지니라 옴 이리따 이 oṃ īrita iṣira śruta 쉬라 슈루따 일체중생제도해도제도중생없느니라
수부띠야모든마음마음들이아니니라 위샤야 viṣaya viṣaya 위샤야 이런저런형상으로나를보려하는이나
그이름이마음이니과거마음못얻나니 스 svāhā 와 여래의법음성으로찾으려고하는이는
현재있는그마음도얻을수가 하 상에매여삿된도를행하려는
없음물론미래있을그마음도 자들이니그들모두참된여래
얻을수가없느니라 면목볼수없느니라
현상계의모든법은 꿈과같고환상같고
물거품과같음물론 그림자와같느니라
이슬같고또한번개 구름과도같을지니
마땅히들 이와같이
관하여야
하느니
라

वज्रच्छेदिका प्रज्ञापारमिता सूत्र

Vajracchedikā Prajñāpāramitā Sūtra

༄༅། །འཕགས་པ་ཤེས་རབ་ཀྱི་ཕ་རོལ་ཏུ་ཕྱིན་པ་རྡོ་རྗེ་གཅོད་པ་ཞེས་བྱ་བ་བཞུགས་སོ།།

金剛般若波羅密經

Diamond Sūtra

금강반야바라밀경

복
혜갖춘
무상불법
청정심에
귀의하
여
반야지혜
참나완성 부처되는 말씀이며
육백부의 반야경중 불교사상 진수이니
마음깨침 성스러운부처님의 요체로서
경중의경 말씀 중에 아니런가
자비 존귀 하여 로운
석가 가장 바른 세존
법문 깨달 음인 중에
고귀 무장 무애 하여
금강 법문 이며 같이
능단 분별 여읜 하고
맑고 빛나
상없 으며
사바 최상승의지혜완성 중생
상여 이루 경전이니 금강반야 니라 의면
부처 깨달 바라 음을 중생
들아 옳고 밀경 바른 니니
위가 우 리 없는
모 두
와즈라는금강이고 쯔득 체디까는능단이여
쁘라즈냐 빠라미따 하자 무분별지 완성하며
수뜨라는 모든중생 부처되란 말씀이니
가자가자 우리모두 부처되러 어서가자

वज्रच्छेदिका प्रज्ञापारमिता सूत्र
Vajracchedikā Prajñāpāramitā Sūtra

༄༅། །འཕགས་པ་ཤེས་རབ་ཀྱི་ཕ་རོལ་ཏུ་ཕྱིན་པ་རྡོ་རྗེ་གཅོད་པ་ཞེས་བྱ་བ་བཞུགས་སོ། །

XII. 金剛般若波羅密經
Diamond Sūtra
금강반야바라밀경[29)]

복혜갖춘 무상불법 청정심에 귀의하여
반야지혜 참나완성 부처되는 말씀이며
육백부의 반야경중 불교사상 진수이니
마음깨침 요체로서 경중의경 아니런가

자비로운 석가세존 법문중에 고귀하여
금강같이 능단하고 맑고빛나 상없으며
사바중생 상여의면 부처중생 둘아니니[30)]
위가없는 옳고바른 깨달음을 이루니라[31)]

성스러운 부처님의 말씀중에 존귀하여
가장바른 깨달음인 무장무애 법문이며[32)]
분별여읜 최상승의 지혜완성 경전이니
금강반야 바라밀경 우리모두 증득하자

와즈라는 금강이고 체디까는 능단이여[33)]
쁘라즈냐 빠라미따 무분별지 완성하며
수뜨라는 모든중생 부처되란 말씀이니
가자가자 우리모두 부처되러 어서가자

---

29) 『금강반야바라밀경』은 "산스끄리뜨어로 '마하-(महा Mahā: 大・대)', '야-나(यान yāna: 乘・승)', '와즈라(वज Vajra: འཕགས・Diamond・金剛・金剛杵・금강・금강저)', '체디까-(छेदिका chedikā: Cutter・能斷・능단)', '쁘라즈냐-(प्रज Prajñā: ཤེས་རབ・wisdom・般若・반야)', '빠-라미따-(पारमिता pāramitā: ཕ་རོལ་ཏུ་ཕྱིན་པ・perfection・波羅密多・바라밀다)', '수-뜨라(सूत्र sū tra: 經・경)'"라고 한다. 직역하면 『대승능단금강반야바라밀다경(大乘能斷金剛般若波羅密多經)』이라 할 수 있다. 구마라집법사와 보디류지법사 및 진제법사는 의역에 가까운 『금강반야바라밀경(金剛般若波羅密經)』으로 동일하게 번역하였다.

30) 사바세계(सहा लोकधातु Sahā-lokadhātu・사하- 롤까다-뚜: 娑婆世界・娑婆訶世界・堪忍土世界)의 중생들이 모든 상을 여읜다(無相)면, 부처와 중생이 둘이 아니다(佛與衆生不二).

31) 아눗따라삼약삼보디(अनुत्तरा सम्यक सम्बोधि Anuttara-samyak-sambodhi: 阿耨多羅三藐三菩提・無上正等正覺)는 산스끄리뜨어 '아눗따라(Anuttara: 無上), 삼약(samyak: 正等), 삼보디(sambodhi: 正覺)'의 음역으로, '위없는 옳고 바른 깨달음(無上正等正覺)'을 뜻한다.

32) 무장무애법문(無障無碍法門)은 일체시(一切時) 일체처(一切處)에 걸림이 없는 부처님의 법문을 나타낸다.

33) 산스끄리뜨어 '와즈라(वज Vajra: 金剛)'는 '금강'이며, '체디까-(च्छदक cchedikā: 能斷)'는 '능단'으로 의역(意譯)하였다. 산스끄리뜨어 '쁘라즈냐-(प्राज्ञ Prajña: 般若)는 빠알리어로는 '빤냐-(पत्र paññā)'인데, 의역하여 '무분별지(無分別智)'라 하였으며, 빠-라미따-(पारमिता pāramitā: 波羅密多)는 음역하면 '반야바라밀(般若波羅密)'이나 의역하여 '완성'이라 하였고, 산스끄리뜨어 '수-뜨라(सूत्र sū tra・經)'는 의역하여 부처님이 부처되라고 말씀하신 '경'이라고 하였다.

॥नमो भगवत्या आर्यप्रज्ञापारमितायै॥

‖Namo bhagavatyā āryaprajñāpāramitāyai‖

||སངས་རྒྱས་དང་བྱང་ཆུབ་སེམས་དཔའ་ཐམས་ཅད་ལ་ཕྱག་འཚལ་ལོ||

南無世尊聖般若波羅蜜多

法會因由分 第一

금강법회 열린 인연

REASONS FOR THE DHARMA ASSEMBLY

वज्रच्छेदिका प्रज्ञापारमिता सूत्र

Vajracchedikā Prajñāpāramitā Sūtra

༄༅། །འཕགས་པ་ཤེས་རབ་ཀྱི་ཕ་རོལ་ཏུ་ཕྱིན་པ་རྡོ་རྗེ་གཅོད་པ་ཞེས་བྱ་བ་བཞུགས་སོ། །

金剛般若波羅密經 Diamond Sūtra

금강반야바라밀경

제1분. 금강법회 열린 인연

금강경의 무상법회 열린인연 어떠한가
아난다는 부처님께 이와같이 들었노라
어느때에 부처님이 사위국의 기원정사
일천이백 오십명의 비구들과 계시었다

공양때가 되었나니 세존가사 입으시고
빠뜨라를 들으신후 사위대성 들어가서
음식빌되 빈부귀천 차별없이 평등하게
공양받아 기원정사 다시돌아 오시었다

일중식의 공양들고 가사바루 거두시며
발씻은후 사자좌에 자리펴고 앉으시니
그때많은 비구들이 부처님께 다가가서
석가세존 씻은두발 머리대고 절하였다

위의갖춰 앉은두발 머리대고 절하고서
우측으로 세번돌고 물러나서 앉았으니
팔만사천 근기따라 법설하기 위함인가
부처일상 그가운데 금강반야 드러났다

Vajracchedikā Prajñāpāramitā Sūtra
금강반야바라밀경(金剛般若波羅密經)

1. 금강법회 열린 인연(法會因由分 第一)
CHAPTER 1. REASONS FOR THE DHARMA ASSEMBLY

(1) 이와 같이 나는 들었다.[34)]

evaṃ mayā śrutam

འདི་སྐད་བདག་གིས་ཐོས་པ་

Thus it was heard by me:

如是我聞

금강경 아난다 들음

설하는이 들은이도 모두없는 금강삼매
아난다가 부처님께 이와같이 들었다니[35)]
중생위한 방편시설 속고또한 속지마라
본래없는 너와난데 무엇으로 듣겠는가

아난다를 곁에두고 중생위한 자항보도[36)]

---

34) "이와 같이(एवं evaṃ・에왕: འདི་སྐད・Thus・如是), 나는(मया mayā・마야-: བདག་གིས・I・我) 들었다(स्रुतम śrutam・슈루땀: ཐོས་པ・heard・聞)."라는 뜻은 아난다가 부처님(गौतम बुद्ध Gautama Buddha・고따마 붓다: 佛・佛陀)으로부터 들었다는 것이다. 이는 육성취(षट् सिद्धि shat siddhi・사뜨 싯디: 六成就)를 나타내는 바 ① 신성취(信成就: 如是)인 부처님이 경을 설한 내용과 같다는 뜻의 '이와 같이', ② 문성취(聞成就: 我聞)인 제자 아난다가 '나는 들었다.', ③ 시성취(時成就: 一時)인 경을 설한 시점인 '어느 때', ④ 주성취(主成就: 佛)인 금강경을 설한 '부처님', ⑤ 처성취(處成就: 祇樹給孤獨園)인 경을 설한 곳인 '기수급고독원', ⑥ 중성취(衆成就: 千二百五十人)인 금강경 법문을 듣기 위하여 함께 한 대중인 '천이백오십인'을 의미한다.

35) 아난다(आनन्द Ānanda・아-난다: 阿難陀・阿難・慶喜)는 부처님의 10대 제자 중 설법을 가장 많이 듣고 기억하는 '다문제일(多聞第一)의 제자'이다. 부처님 사촌동생으로 8세에 출가하여 수행하였으며, 부처님 전도 20년 후에 여러 제자 가운데 대중들의 천거에 의하여 시자로 선출되어 열반에 드실 때까지 25년 동안 항상 정과 성을 다하여 시중을 들었다. 부처님 열반에 든 후 '라-자그리하(राजगृह Rājagṛha: 王舍城)'교외의 '칠엽굴(Saptaparṇaguhā・삽따빠르나구하-: 七葉窟)'에 제자인 오백명의 아라한들이 모여 최초로 경전을 결집할 때 부처님의 말씀을 가장 많이 듣고 기억하고 있음에도 불구하고, 가섭존자(महाकाश्यप Mahākāśyapa・마하-까-샤빠: 摩訶迦葉・迦葉・大飮光)는 아난다에게, 깨달음(證果)을 얻지 못하여, 오백명의 아라한 대중에 들지 못하기 때문에 참석할 수 없다고 하였다. 그러자 아난다가 가섭존자에게 "부처님께서 가섭존자에게 법을 전하실 때에 금란가사(金襴袈裟) 말고 따로 무엇을 전하신 것이 있습니까?"라고 물으니, 가섭존자는 "아난다야, 문 밖의 찰간(刹竿)대를 꺾어 버려라!"라고 하였다. 그러나 아난다는 그 참뜻을 알아듣지 못하였다. 그는 책임을 통감하고 결집이 열리기 전날 밤까지 7일간 용맹정진(anikṣipta-dhura・아니끄쉽따 두라: 勇猛精進)하여 아라한과를 증득하고, 그 이튿날 경장송출(經藏送出)의 책임자가 되었다. 대부분의 경전이 "나는 이와 같이 들었다(如是我聞) … "로 시작되고 있는데, 여기에서 '나'는 아난다를 지칭하는 것이다. 부처님의 말씀을 그가 들은 대로 읊은 것을 경전(經典)으로 결집하여 유통한 인연으로, '아난다존자'는 교학의 바다처럼 깊은 도리를 유통시켰다(阿難陀流通敎海).

36) 자항보도(慈航普渡)는 중생을 위하여 '대반야(महा प्रज्ञापारमिता Mahāprajñāpāramitā・마하-쁘라즈냐-빠-라미따-: 大般若)의 대자비(महा करुणाधारनी mahā Karuṇā・마하- 까루나-: 大慈悲)의 배(पोत pōta・뽀-따: 航)'로서, 이 언덕인 사바세계・번뇌 망상세계・암

사바중생 우리모두 부처되라 이름이니
중생위한 높고큰뜻 잊고또한 잊지마라
부처님만 알고있네 어느누가 알겠는가

(2) 한 때 부처님께서 기원정사에서

ekasmin samaye Bhagavāñ37) Śrāvastyāṃ viharati sma
Jetavane 'nāthapiṇḍadasya ārāme

དུས་གཅིག་ན། བཅོམ་ལྡན་འདས་
མཉན་ཡོད་ན་རྒྱལ་བུ་རྒྱལ་བྱེད་ཀྱི་ཚལ་མགོན་མེད་ཟས་སྦྱིན་གྱི་ཀུན་དགའ་ར་བ་ན།

At one time Bhagavat (the blessed Buddha) dwelt in Srâvastî,
in the grove of Geta, in the garden of Anâthapindada,

一時 佛在舍衛國 祇樹給孤獨園

한때 기원정사에서38)

부처님의 법륜상전 사바중생 제도위해
아나타삔 다다베푼 사위국의 제따와나
한때세존 그곳에서 제자들과 머무시니
고구정녕 금강경을 설하시기 위함인가

누가언제 어디에서 설했다고 집착마라

흑세계에서, 생로병사(四苦: 生老病死)와 사랑하는 사람과 언젠가는 이별하는 고통(愛別離苦), 원망하고 증오하는 이를 만나야만 하는 고통(怨憎會苦), 구하고자 하는 것을 다 얻지 못하는 고통(求不得苦), 오온에 대한 집착으로 인하여 일어나는 고통(五陰盛苦) 등 팔만사천 고통바다(苦海)를 건너 저 언덕인 여래세계·해탈세계·광명세계에 이르게 해 준다는 의미를 내포하고 있다.

37) 산스끄리뜨어 '바가완-(भगवान Bhagavāñ: བཅོམ་ལྡན་འདས་·佛·世尊·婆伽婆·婆迦婆·薄伽梵)'은 '존경할 만한 자'라는 뜻으로, 구마라집은 금강경 제32분 중에서 경 전후의 내용에 알맞게 '부처님(बुद्ध Buddha·붓다: 佛·佛陀)' 또는 '세존(世尊)'으로, 달마급다는 '세존(世尊)'으로 각각 의역하였고, 보디류지는 '바가바(婆伽婆)'로, 진제는 '바가바(婆迦婆)'로 현장·의정은 '박가범(薄伽梵)'으로 각각 음역하였다.

38) 기원정사{जेतवन विहार Jetavana Vihāra·제따와나 위하-라(जेतवन अनाथपिण्डदस्य आरामे Jetavane-anāthapiṇḍadasya ārāme·제따와나 아나-타삔다다시야 아-라-메: རྒྱལ་བྱེད་ཀྱི་ཚལ་མགོན་མེད་ཟས་སྦྱིན་གྱི་ཀུན་དགའ་ར་བ་ན·祇園精舍)}는 인도 강가강(गङ्गा Gáṅgā·강가-: The Ganges·恒河) 중부지역의 고대왕국인 코살라-(कोसला Kosalā: 拘薩羅)국의 그 당시 수도였던 '슈라-와스띠-(श्रावस्त Śrāvastī: མཉན་ཡོད་ན·舍衛城·舍衛大城)'에 있는 '정사(आरामे ārāme·아-라-메: 精舍)'이다. 파사닉(Prasenajit·쁘라세나지뜨: 波斯匿)왕의 태자인 '기타(जेता Jeta·제따: 祇陀)태자'가 소유한 땅과 '숲(वने vane·와네: 園林·樹)' 그리고 정사를 부처님에게 보시하여 붙여진 이름이다. 부처님이 45년 동안의 교화기간 중 24회의 우안거(雨安居)를 지내며 가장 오래 머물던 곳이자, 오늘날 불교도들이 독송하는 수많은 경전(經典)이 주로 이곳에서 설해졌으며, 불교승원 중에서도 그 규모가 가장 컸던 정사로서, 또 다른 이름은 기수급고독원(祇樹給孤獨園)이라고도 불린다. 여기에서 급고독(給孤獨)은 수닷따(सुदत्त Sudatta: 須達多)장자의 다른 이름(別名)이며, '의지할 곳 없는 자나 수행자에게 음식을 베푸는 자'라는 의미의 산스끄리뜨어 '아나-타삔다다(अनाथपिण्डद Anāthapiṇḍada: 阿那陀擯茶駄·須達多·給孤獨長者·給孤獨園·孤獨團施)'를 음역하거나 의역한 것으로서, 기타태자의 원림을 사들여 부처님께 공양(पुजना Pūjanā·뿌-자나-: 供養)을 하였다. 기원정사는 '마가다(मगध Magadha: 摩揭陀)국'의 '라-자그리하(राजगृह Rājagṛha: 王舍城)'의 '죽림정사(वेणुवन विहार Veṇuvana-vihāra·웨누와나 위하-라: 竹林精舍)'와 함께 불교교단의 2대 정사로 유명하다.

기타태자 복전의숲 만세전할 청정도량
부처님이 부처되라 금강경을 설했지만
아름다운 자취없이 석주만이 남아있네

성스러운 아름다움 머무른바 없는보시
부처없고 한때없는 동서남북 시방세계
이천오백 오랜세월 지나고도 무주광명
기원정사 한찰나에 금강법회 열리누나[39]

(3) 1,250명의 대비구 승단과 보살마하살들과 함께 계셨다.

mahatā bhikṣu-saṃghena[40] sārdham ardhatrayodaśabhir
bhikṣu-śataiḥ saṃbahulaiś ca bodhisattvair mahāsattvaiḥ

དགེ་སློང་སྟོང་ཉིས་བརྒྱ་ལྔ་བཅུའི་དགེ་སློང་གི་དགེ་འདུན་ཆེན་པོ་དང་།
བྱང་ཆུབ་སེམས་དཔའ་སེམས་དཔའ་ཆེན་པོ་རབ་ཏུ་མང་པོ་དང་ཐབས་ཅིག་ཏུ་བཞུགས་སོ།

together with a large company of Bhikshus Bhikshus (mendicants),
viz. with 1250 Bhikshus, with many noble-minded Bodhisattvas.

與大比丘衆千二百五十人俱

대비구 승단과 보살마하살과 함께

붓다의길 수행하는 일천이백 오십승려

39) 찰나(क्षण kṣaṇa·: 刹那·叉拏)는 산스끄리뜨어인 '끄샤나(kṣaṇa)'의 음역으로, '한 생각이 스치는 순간'과 같이 짧다는 뜻이다. '염(念)·염경(念頃)·일념(一念)' 등으로 의역되기도 하고, '손가락을 한 번 튕기는 사이에 65찰나가 흐른다.'라고 한다. 1찰나는 1/75초인 0.013초에 해당하며, 1찰나마다 생멸이 계속되어 나가는 것을 찰나생멸(刹那生滅)·찰나무상(刹那無常)이라고 한다.

40) 산스끄리뜨어 '마하따- 빅슈 상게나(mahatā bhikṣu-saṃghena)'를 직역하면, '대·큰(महता mahatā·마하따-: ཆེན་པ·大) 비구(भिक्षु·bhikṣu·빅슈: དགེ་འདུན·比丘·苾芻) 승단(saṃghena·상게나: 僧團)'이라는 의미이다. 여기에서 '상게나(saṃghena)'는 '상가(saṃgha)'의 단수 기구격이다. '상가(संघ saṃgha: དགེ་འདུན·僧團·僧衆·僧伽)'는 본래 '화합·공동체·조합' 등을 나타내는 산스끄리뜨어 'saṃgha'를 음역(音譯)하여 '상가·승가'라고 하고, 이를 의역(意譯)하여 '중(衆)·화합중(和合衆)·화합승(和合僧)'이라고도 한다. 또한 음역과 의역을 절충하여 승려(僧侶)·승단(僧團)이라고도 하며, 승(僧)이라는 약칭을 사용하여 부처님(佛)과 부처님의 가르침(佛法)과 함께 3보(三寶)를 이룬다. '승가'는 남녀 출가 수행자인 '비구(भिक्षु bhikṣu·빅슈: 比丘·苾芻)·비구니(भिक्षुणी bhikṣuṇī·빅슈니-: 比丘尼·苾芻尼·修行尼)'와 남녀 재가신도인 '우바새(उपासक upāsaka·우빠-사까: 優婆塞·鄔波索迦)·우바이(उपासिका upāsikā·우빠-시까-: 優婆夷·鄔波斯迦)' 등의 사부대중(四部大衆)으로 구성되나, 보다 넓은 의미에서는 20세 미만의 남녀 출가수행자인 '사미(स्रमनेर śrāmaṇera·슈라-마네라: 沙彌)·사미니(स्रमनेरी śrāmaṇerī·슈라-마네리-: 沙彌尼)', 사미니에서 비구니의 구족계(具足戒)를 받기 전 단계의 여자출가승인 '식차마나(शिक्षमाणा śikṣamāṇā·식샤마-나-: 式叉摩那)' 등의 '칠부대중(七部大衆)'을 포함하는 불교교단 전체를 가리킨다. 불교교단은 추상적인 '사방승가(四方僧伽)'와 현실적인 비구·비구니 등의 단체를 '현전승가(現前僧伽)'라고 하는데, '현전승가'가 성립되기 위해서는 갈마(कर्म karma·까르마: 羯磨·業·所作·命運·因果報應·戒律作法·辨事作法)를 위하여 필요한 최소한의 인원인 '4명 이상의 수행자'가 필요하다. 승가공동체가 여법하게 운영되려면 각종 갈마가 법도에 맞게 이루어져야 하는데, 갈마란 본래 산스끄리뜨어인 'Karma'를 음역한 것으로 업(業)을 뜻하며, 몸이나 입 또는 뜻으로 짓거나 지은 행위(身口意三業)로서 '신업(身業) 신체행동·구업(口業) 언어표현·의업(意業) 정신활동'으로 각각 나타난다. 그러나 중국과 한국 등지에서는 1명의 수행자도 승(僧)·승려(僧侶)라고 하여, 불교교단보다는 출가수행자를 가리키는 말이 되었다.

승단대표 비구들과 큰마음낸 보살들이
하늘과땅 모든중생 부처의길 깨침위해
사위국의 기원정사 모두함께 모였노라[41)]

비구승가 공동체가 여법하게 형성되어
기원정사 그자리에 부처님과 함께하며
삼의일발 걸식생활 적정처에 머물면서
소욕지족 수행정진 열반경지 들려한다

일천이백 오십명의 마하빅슈 상수제자
법문듣고 파이집과 현삼공을 실천하여[42)]

---

41) 천이백오십명의 대비구 승단은 먼저, 부처님의 초전법륜(ढर्मकक्र प्रवर्तना Dharmacakra-pravartana · 다르마짜끄라 쁘라와르따나: 初轉法輪)으로 알려진 녹야원(綠野苑)에서의 첫 법문할 때 제자가 된 아야교진여(अज्ञात कौण्डिन्य Ajñāta Kauṇḍinya · 아즈냐-따 까운딘야: 阿若橋陳如) 등 불법승(佛法僧)의 삼보(三寶)를 갖추게 하는 소중한 인연이 있는 제자들인 다섯 비구가 있다. 그 다음으로, 중인도(中印度)의 바이살리성(वैशाली Vaiśālī · 바이샬-리: 毘舍離城)의 선각장자(善覺長子)의 아들인 야사장자(Yasa · 야사: 耶舍長子)와 함께 출가한 그 일족과 친구들 오십명(자세히는 오십사명)이 있다. 그리고 부처님의 제자 중 심법(心法)을 바로 전해 받은 제일 상좌(上佐)인 마하가섭(महाकश्यप Mahākāśyapa · 마하-까-슈야빠: 摩訶迦葉)의 오형제 가운데, 초전법륜시 녹야원에서 부처님 제자가 된 오비구 중에서 십력가섭(दशबलकाश्यप Daśabalakāśyapa · 다샤-발라까-슈야빠: 十力迦葉)을 제외한 삼형제의 삼가섭은 가야성(迦倻城)이라는 지방에서의 정신적 지도자로 역할을 하며, 삼형제가 부처님을 한번 만나서 그 위대한 인격과 법력에 귀의(歸依)하였는데, 맏형인 우루빈나가섭(उरुविल्वाकाश्यप Urubilvākāśyapa · 우루빌와-까-슈야빠: 優樓頻螺迦葉)은 오백명의 제자와 둘째인 나제가섭(नदीकाश्यप Nadīkāśyapa · 나디-까-슈야빠: 那提迦葉)이 이백오십명 그리고 막내인 가야가섭(गयाकाश्यप Gayākāśyapa · 가야-까-슈야빠: 迦倻迦葉)은 이백오십명으로, 모두 함께 수도한 천명이 있다. 그 뒤에 또 사리불(शारिपुत्र Śāriputra · 샤-리뿌뜨라: 舍利佛)과 목건련(मौद्गल्यायन Maudgalyāyana · 마우드갈리야-야나: 目健連)이 부처님께 귀의할 때, 데리고 온 자신의 제자 각각 백명이 있다. 이렇게 하여 정확하게는 천이백오십구명의 대비구승단이 되나, 약칭하여 천이백오십명의 대비구 승단이라고 하였다.
금강경을 설하고 나니, "장로수부띠와 비구 · 비구니 · 우바새 · 우바이, 모든 세간의 천신 · 인간 · 아수라 · 건달바 등(Subhūtis, te ca bhikṣu-bhikṣuṇy-upāsakopāsikās te ca bodhisattvāḥ sa-deva-mānuṣa-asura-gandharvaś ca loko)이 부처님의 말씀을 듣고, 모두 크게 기뻐하며 믿고 받들어 행하였다."라는 제32분의 구절을 성찰해 보면, 1,250명의 대비구 승단과 보살마하살들을 대표로 하여 나타낸 것으로 추론된다.

42) 『금강반야바라밀경오가해(金剛般若波羅蜜經五家慧: 圭峰宗密 金剛經疏論纂要 · 六祖慧能 金剛經解義(口訣) · 雙林傅大士 金剛經提綱頌 · 冶父道川 金剛經 着語 頌 · 豫章宗鏡 金剛經提綱)』에서는 금강경대의(金剛經大旨)를 '아집(我執)과 법집(法執)'의 두 가지 집착(二執)을 깨뜨리는 '파이집(破二執)'과 '아공(我空) · 법공(法空) · 구공(俱空)'의 세 가지 공(三空)을 드러내는 '현삼공(顯三空)'이라 하였다.
⑴ 집착에는 두 가지 집착(ग्रहा दिवय grāha-dvaya · 그라-하 드와야: 二執 · 二取)인 아집(我執)과 법집(法執)이 있다. 그 중에서, ① 아집(आत्मा ग्राह ātma-grāha · 아-뜨마 그라-하: 我執 · 煩惱障)은 '나라고 하는 것'에 대하여 집착하는 것을 뜻하며, ② 법집(धर्म ग्राह dharma-grāha · 다르마 그라-하: 法執 · 所知障)은 '나 이외의 모든 것'에 대하여 집착하는 것을 의미한다.
⑵ 공에는 세 가지 공인 아공(我空) · 법공(法空) · 구공(俱空)이 있다. 이 세 가지의 공(तृनी शून्यता trīni śūnyatā · 뜨리-니 슈니야따-: 三空) 중에서, ① 아공(आत्मा शून्यता ātma-śūnyatā · 아-뜨마 슈-니야따-: 我空)은 지(地) · 수(水) · 화(火) · 풍(風)의 '사대(四大)'와 색(色) · 수(受) · 상(想) · 행(行) · 식(識)의 '오온(五蘊)'으로 이루어진 실체로서 자아(實我)가 있다고 생각하는데, 이것이 내가 아니라 이것은 공하여 없다(空無)는 것이다. 또한 수행에 의하여 나라는 관념과 나의 소유물이라는 주관적이며 미혹한 것에 집착(迷執)하는 아집(我執)을 벗어난 경지를 나타낸다. ② 법공(धर्म शून्यता dharma-śūnyatā · 다르마 슈니-야따-: 法空)은 '사물의 무자성(無自性), 곧 나 이외의 객관세계의 일체법도, 물질적인 현상이나 객관을 대상으로 한 상대적 정신작용이나, 만유의 본체는 인연법에 의해 생긴 임시적인 거짓존재로 그것에는 고정된 실체로서 집착할 것이 없다는 것이다. 또한 수행에 의하여 물질과 마음의 모든 작용에 대한 객관적이며 미혹한 것에 집착(迷執)하는 법집(法執)을 벗어난 경지를 나타낸다. ③ 구공(सार्धम शून्यता sārdhaṃ-śūnyatā · 샤-르당 슈-니야따-: 俱空)은 '아공 · 법공'의 경지에 차례로 도달한 후, '아공 · 법공'마저 초월하여, 공(शून्यता śūnyatā · 슈-니야따-: 空)하다는 생각마저 없어져 비로소 마음자리인 '본성에 계합(契合)하는 공의 이치'를 나타낸 것이다. 이는 곧 모든 집착만 내려놓으면, 마치 구름으로 뒤덮인 하늘이 허공중에 떠 있는 구름 걷히자, 푸른 하늘과 밝게 빛나는 태양이 여여(如如)하게 드러남과 같다. 원효는 『금강삼매경론(金剛三昧經論)』에서 『금강삼매경(金剛三昧經)』의 대의를 기술하면서, "아공(我空) · 법공(法空) · 구공(俱空)의 3공(三空)의 바다 즉 마음의 근원은 진제(眞諦)와 속제(俗諦)를 원융(圓融)하고 있어서 담연(湛然)하다. 마음의 근원은 깨뜨림이 없으면서도 깨뜨리지 않음이 없고 세움이 없으면서도 세우지 않음이 없으므로 이치가 끊어진(無理) 지극한 이치(至理)이자! 그러한 것이 끊어진(不然) 크게 그러한 것(大然)이다."라고 하였다. 수행에 의해 이러한 경지를 증득한 수부띠는(須菩提)는 구공경지

모두함께 수부띠와 아난다가 되라하고
무상정각 이룬부처 되라하는 이름이다

(4) 그때 세존께서는 공양 때[43]가 되어

atha khalu Bhagavān pūrvāhṇa-kāla-samaye

དེ་ནས་བཅོམ་ལྡན་འདས་སྔ་དྲོའི་དུས་ཀྱི་ཚེ།

Then Bhagavat having in the forenoon put on his undergarment,

爾時 世尊食時

세존 공양 때 되어

그때라함 부처대중 한자리에 모일땔까
여법하게 탁발위해 가사수할 그때일까
이곳에서 말하는때 공양시가 아니라면
부처일상 마음속에 한점그때 아니리까

바가완은 범어로서 본래스승 이름이나
세존이란 한량없는 팔만사천 명호중에
행주좌와 어묵동정 일상생활 부처모습[44]
세상에서 가장높고 존귀함을 뜻함이다[45]

(俱空境地)인 실상반야(實相般若)를 가장 잘 체득하여 해공제일(解空第一)이라 불린다.

43) 공양(लाभ सत्कार Lābha-satkāra: 供養)은 부처님 당시에는 부처님과 함께 수행하는 제자들이 하루에 한 번을 하였다. 진시(पुर्वह्न कला समयए pūrvāhṇa-kāla-samaye: 食時, 辰時: 7시~9시)에 탁발(托鉢)을 나가서, 빈부귀천 없이 밥을 빌되 법문(法門)을 하시고 일곱 집에서 평등하게 비신 후에, 기원정사로 돌아와서(구마라집: 次第乞已 還至本處飯食訖, 현장: 乞食已 出還本處飯食訖), 네 등분을 하여 ① 몸이 아파 밥을 빌러 나가지 못한 제자, ② 거지들, ③ 축생들과 나누어 사시(巳時: 9시~11시)에 공양을 들었다고 한다. 부처님의 공양은 밥을 비는 구걸행위만이 아니라 시주자에게 복과 덕과 혜를 짓는 기회를 베푸려고 하는 대자대비의 뜻이 깃들어 있다.

44) 행주좌와(行住坐臥)와 어묵동정(語默動靜)은 일체처와 일체시에서 행하거나 머무르거나(行住), 앉아있거나 누워있거나(坐臥), 말하거나 침묵하거나(語默), 움직이거나 고요히 있거나(動靜) 한 찰나(क्षना kṣaṇa: 刹那)에도 항상 깨어있는 부처님의 일상을 말한다.

45) 세존은 생로병사 등 중생의 팔만사천 고통을 모두 여의고 니르바나에 이르는 위없고 비길 데 없는 올바른 깨달음(अनुत्तर सम्यक सम्बोधी Anuttarā samyak-saṃbodhi · 아눗따라삼약삼보디: 阿耨多羅三約三菩提 · 無上正等正覺)을 증득한 부처님이 세상에서 존귀하며 존중받을 만한 분이라는 뜻이다. 이는 여래의 열 가지 명호인 '여래십호(如來十號)' 중의 하나이다.
『장아함경(長阿含經)』·『잡아함경(雜阿含經)』·『불설십호경(佛說十號經)』·『대지도론(大智度論)』·『대승의장(大乘義章)』 등의 경전(經典)과 논서(論書)에 나타나 있는 여래십호는 여래(如來) · 응공(應供) · 정등각(正等覺) · 명행족(明行足) · 선서(善逝) · 세간해(世間解) · 무상사(無上士) · 조어장부(調御丈夫) · 천인사(天人師) · 불세존(佛世尊)이다. 이 열 가지 명호는 모든 깨달은 자들이 지니는 열 가지 수승한 공덕(功德)을 나타낸다.
(1) 여래(टथगता Tathāgata · 따타-가따: thus come · 如來 · 如是來 · 多陀阿伽陀 · 多陀阿伽度)는 진리와 같이 세상에 오셔서 진리를 보여주시는 분을 뜻한다.
(2) 응공(अर्हत Arhat · 아르하뜨: worthy one · 阿羅漢 · 阿羅訶 · 應供 · 應受供養 · 不生)은 타인 공양을 받을 만한 자격 · 능력을 갖추신 분을 뜻한다.
(3) 정등각(सम्यक सम्बुद्ध Samyak-saṃbuddha · 삼약 삼붓다: perfectly self-enlightened · 正等覺 · 正遍知 · 三藐三佛陀 · 正等覺者)은 우주 삼라만상의 모든 것을 올바르게 아는 지혜를 갖추신 분을 뜻한다.

밥을빌러 가는식시 탁발하는 공양시라
오후에는 불식하는 수행자의 일종식은
베푸는자 수행자의 생명잇는 공덕짓고46)
받드는자 감로미로 위료형고 보기좋다

(5) 가사를 입고 바루를 들고 걸식을 위하여 슈라와스띠47)의 큰 성으로 들어가셨다.

nivāṣya pātracīvaram ādāya
Śrāvastīṃ mahā-nagarīṃ piṇḍāya prāvikṣat.

ཞམ་ཐབས་དང་ཆོས་གོས་སྐུ་ལ་གསོལ་ཏེ།ལྷུང་བཟེད་བསྣམས་
ནས་མཉན་ཡོད་ཀྱི་གྲོང་ཁྱེར་ཆེན་པོར་བསོད་སྙོམས་ཀྱི་ཕྱིར་ཞུགས་སོ།།

---

(4) 명행족(विद्य कारअन सम्पन्न Vidyā-carana-sampanna · 비디야- 짜라나 삼빤나: perfected in knowledge and conduct · 明行足 · 明行俱足 · 鞞侈遮羅那三般那)은 과거 · 미래의 인연을 알고(宿命明 · 天眼明) 모든 번뇌를 끊는(漏盡明) 삼명(三明)의 모든 이치에 밝고, 그 이치에 따라 실천(六度萬行)하시는 분을 뜻한다.

(5) 선서(सुगता Sugata · 수가따: well gone · 善逝 · 修伽陀 · 好去)는 무량한 지혜와 진리를 깨닫고 윤회가 없는 피안(pāramitā: 彼岸)인 니르바-나(Nirvāṇa: 涅槃)로 가신 분을 뜻한다.

(6) 세간해(लोका विद Loka-vid · 로까위드: knower of the world · 世間解 · 知世間 · 路迦憊)는 과거 · 현재 · 미래 세상의 모든 것을 다 아시는 분을 뜻한다.

(7) 무상사(अनुत्तर Anuttara · 아눗따라: unsurpassed · 無上士 · 無上 · 阿耨多羅)는 일체 중생 가운데서 가장 높아 위가 없는 분을 뜻한다.

(8) 조어장부(पुरुषअदम्य सरथी Purusadamya-sārathi · 뿌루사다미야 사-라티: leader of persons to be tamed · 調御丈夫 · 可化丈夫調御師 · 富樓沙曇藐婆羅提)는 대자(大慈) · 대비(大悲) · 대지(大智)로서 중생을 조복(調伏)하여 올바른 길로 인도하는 분을 뜻한다.

(9) 천인사(सस्त देव मनुस्यनम Śāstā deva-manuṣyāṇām · 샤-스따- 데와 마누슈야-남-: teacher of the gods and humans · 天人師 · 天人教師 · 舍多提婆魔㝹舍喃}는 하늘과 인간의 스승을 뜻한다.

(10) 불세존(बुद्ध भागवत Buddha bhagavat · 붓다 바가와뜨: the Blessed One or fortunate one · 佛世尊 · 佛陀婆伽婆 · 佛陀薄伽梵)은 깨달음을 통하여 세상에 공덕을 베풀어 존중받으시는 분을 뜻한다.

46) 공덕(गुण guṇa · पुण्य puṇya: 功德 · 福德 · 求那 · 懼囊)은 산스끄리뜨어 '구나(गुण guṇa: 求那 · 懼囊)'와 '뿐야(पुण्य puṇya)를 의역하여, 좋은 일을 함으로써 쌓이는 공(功)과 그러한 수행을 통하여 얻어진 덕(德)을 말한다. 이른바 공(功)은 복리(福利)의 공능(功能)으로서 선행(善行)의 덕이 되므로 공이라 하고, 덕(德)은 공을 닦아 얻는 바(得)가 있으므로 공덕이라 한다. 이러한 공덕은 복덕 · 공덕의 5종의 의미로 다양하게 해석되고 있다. ① 첫째는 복덕(福德)이라는 의미로, 복(福)은 선(善)을 닦는 수행자를 도와서 복(福)되게 하는 것으로, 복의 덕이 되어 복덕이라 한다. ② 둘째는 공덕(功德)이라는 의미로, 공(功)은 베푸는 것을 공이라 하고, 베푼 사람에게 선(善)으로 돌아오는 것을 덕(德)이라고 하여 공덕이라 한다. ③ 셋째는 공덕(功德)이라는 의미로, 공(功)은 악(惡)이 다하는 것을 공이라 하고, 선(善)이 원만한 것을 덕(德)이라고 하여 공덕이라 한다. ④ 넷째는 공덕(功德)이라는 의미로, 덕(德)은 얻었다(得)는 것으로, 공(功)을 닦은 뒤에 비로소 얻는 것이므로 공덕이라고 한다. ⑤ 다섯째는 공덕(功德)이라는 의미로, 공(功)은 항상 공경하여 스스로 몸(身)을 닦는 것을 곧 공이라 하고, 스스로 마음(心)을 닦는 것이 곧 덕(德)이 되는 것이라고 하여 공덕이라 한다.

47) 슈라와스띠(श्रावस्ती Śrāvastī · 슈라-와스띠-: 室羅筏 · 室羅伐悉底 · 舍衛城 · 舍衛國)는 고대에 있어서 인도 '영광의 도시'라는 의미로, 강가(गङ्गा Gáṅgā: 恒河 · the Ganges)강 유역에 있는 '꼬살라(कोशल Kośala)왕국'의 수도였다. BC 6세기부터 AD 6세기에 이르기까지 북인도 교통로가 모이는 곳이자 교역과 종교의 중심지로서, 성 밖에는 기원정사(祇園精舍)가 있었다. 이곳은 산스끄리뜨어 '슈라-와스띠-(श्रावस्ती Śrāvastī)'를 음역하여 실라벌(室羅筏) · 실라벌실저(室羅伐悉底) 또는 사위성(舍衛城)이나 사위국(舍衛國)이라고도 명명되며, 부처님의 일생과 밀접하게 관련이 있으며, 불교 역사상 중요한 인물들과 많은 인연을 맺었던 곳이다. 현재는 웃따르 쁘라데쉬(Uttar Pradesh)주 북동부 랍티강변에 있으며, 인도 동부 · 북부 · 서부의 대도시들과 연결된 큰 도로가 교차하는 곳에 위치하고 있고, '사헤뜨 마헤뜨(Sahet-Mahet)'라는 이름으로 불리고 있다. 부처님이 25안거(安居)를 보낸 곳이고, 가장 많은 경전을 설한 곳이기도 한 '불교팔대성지(八大聖地)' 중의 하나이다.

불교의 팔대성지로는 ① 룸비니-(लुम्बिनी Lumbinī · 藍毗尼園: 출생), ② 붓다가야-(बोध गया Buddha-gayā · 菩提伽耶: 성도), ③ 사-르나-트(सारनाथ Sārnāth · सरङ्गनाद Saraṅga-nāthá · 鹿野苑: 초전법륜), ④ 라-자그리하(राजगृह Rājagṛha · 王舍城: 교화 · 죽림정사), ⑤ 슈라-와스띠-(श्रावस्ती Śrāvastī · 舍衛城: 외도항복 · 기원정사), ⑥ 산까시아(सन्कसिअ Sankasia · 桑伽施: 도리천하강), ⑦ 바이샬-리-(वैशाली Vaiśālī · 毗舍離: 마지막 안거 · 여성출가), ⑧ 꾸시나가라(कुशिनगर Kuśinagara · 拘尸那揭羅: 열반)를 들 수 있다.

and having taken his bowl and cloak,
entered the great city of Srâvastî to collect alms.

着衣持鉢 入舍衛大城乞食

걸식위해 슈라와스띠성 들어감

불가가사 해탈위한 출가자의 의복이라
무구청정 분소의로 남루하나 검소하게[48)]
덕베푸는 공덕의며 복밭쌓는 복전의니
마음으로 입고수행 니르바나 이른다네

빠뜨라는 수행자의 생명잇는 응량기라[49)]
걸망속의 한물건인 닦는이의 정진자며
중생공양 받을자격 해탈위한 수행본분
부처님의 가르침도 의발로서 전했으랴[50)]

인도코살 라국슈라 와스띠의 큰성있어
공양가는 일천여명 수행자들 행렬보라
설법하고 걸식하되 복과덕이 가득하네
만년후도 이같을까 참당신은 부처로다

(6) 그 성안에서 차례대로 밥을 빈 후에 본래 있던 곳으로 돌아 오셨다.

atha khalu Bhagavañ
Śrāvastīṃ mahā-nagarīṃ piṇḍāya caritvā

---

48) 가사(काषाय kāṣāya: 袈裟·袈裟野)는 산스끄리뜨어 '까-샤-야(kāṣāya)'로, 본래 인도에서는 날씨가 더워 하의(下衣)위에 직접 입는 옷이었으나, 중국·한국·일본 등에서는 추운 날씨 때문에, 대부분 왼쪽 어깨로부터 오른쪽 옆구리에 걸쳐 두르는 가사만을 입을 수 없으므로 장삼을 입고 가사를 걸치게 되었다. 부처님께서는 출가 승려의 소유에 대한 모든 집착을 매우 경계했다. 의복 또한 예외가 아니어서 평상복을 분소의라 정했다. 분소의(चिवरम cīvaram·찌와-람: 糞掃衣)는 사바중생들이 입다가 버리거나, 화장장이나 무덤가 시신을 쌌던 천 조각을 주워서 깨끗이 씻은 후에, 기워서 만든 더러움이 없는(無垢淸淨) 검소한 출가 수행자의 옷을 말한다. 필요가 없어 버려진 똥(糞)과 같은 누더기 천을 빨아 더러운 것을 제거하여(掃) 기워 입는 남루하지만 청정한 의복(衣)이므로 분소의라고 불린다. 부처님께서 세 벌의 옷과 한 벌의 바루 즉 삼의일발(三衣一鉢)을 비구의 전 재산으로 삼게 한 것은 수행승의 청빈한 생활을 위한 가르침이다.

49) 바루(पात्र pātra: 鉢盂·鉢多羅)는 산스끄리뜨어 '빠-뜨라(pātra)'로, 부처님이 깨달음을 얻은 후 '뜨라뿌사(त्रपुस Trapusa: 帝離摸沙·帝梨富娑)'와 '발리까(भल्लिका Bhallika: 博黎迦·波利·跋梨迦)'라는 두 우바새로부터 최초의 공양을 받을 때 사천왕(四天王)이 돌그릇을 각기 하나씩 부처님께 드렸고, 부처님은 이 바루 네 개를 포개어 사용했다고 한다. 그 후 부처님 제자들도 부처님을 따라 네 개의 바루를 써서 공양을 하는 전통이 생겨났다고 하며, 바루는 출가 수행승이 사용하는 그릇을 말한다. 이 '바루'는 범어 '빠뜨라(pātra)'를 음역한 '발다라(鉢多羅)'의 약칭인 '발(鉢: 발·바)'과 이를 의역한 그릇(食器)을 뜻하는 '우(盂: 우·루)'의 합성어이다. 바루는 수행자에 합당한 크기의 그릇이란 뜻으로 '응량기(應量器)'라고도 하며, 바루는 포개어지는 네 그릇으로 되어 있는바 크기의 순서대로 죽이나 밥을 담는 '어시바루', 국을 담는 '국바루', 청수를 담는 '청수바루', 반찬류를 담는 '찬바루'가 있다. 보관은 네 그릇의 크기에 맞게 가장 크고 제일 아래 놓이는 '어시바루' 안에 '국바루'·'청수바루'·'찬바루' 순으로 넣어서 보자기에 싸둔다.

50) 선종(禪宗)의 초조인 달마(बोधिधर्म Bodhidharma·보디다르마: 菩提達磨·達磨)로부터 제6조 혜능(慧能)에 이르기까지 교법(敎法)의 상징으로 가사와 바루를 제자에게 전하여 준 것을 이른다.

དེ་ནས་བཅོམ་ལྡན་འདས་
མཉན་ཡོད་ཀྱི་གྲོང་ཁྱེར་ཆེན་པོར་བསོད་སྙོམས་ཀྱི་ཕྱིར་གཤེགས་ནས་བསོད་སྙོམས་ཀྱི།
ཟས་ཕྱི་མའི་བསོད་སྙོམས་སྤངས་པས།

Then Bhagavat, after he had gone to the great city
of Srâvastî to collect alms, performed the act of eating,
and having returned from his round in the afternoon,

於其城中 次第乞已 還至本處

성안에서 차례대로
밥을 빈 후 돌아오심

석가세존 공양시에 황색가사 입었으랴
바루들고 슈라벌의 성안으로 들어가서
빈부귀천 차별없이 차례대로 비노라니
출가자의 탁발공양 일상수행 과정이라

진시탁발 못나가는 병든이는 어찌하랴
칠가식의 한끼공양 평등하게 나누어서
인연있는 모든중생 고루고루 베푸나니
청정공양 베푼이는 즐거움이 가득하다

받은은혜 가벼워서 정진하기 어려울까
무량공덕 공양보시 불퇴전의 정진위해
공양받아 기원정사 다시돌아 오셨으니
사바예토 예아니며 금강정토 예아니리

(7) 공양을 드신 뒤 가사와 바루를 거두시고
발을 씻은 다음 자리를 펴고 앉으셨다.

kṛta-bhakta-kṛtyaḥ paścādbhakta-piṇḍapāta-pratikrāntaḥ
pātra-cīvaraṃ pratiśāmya
pādau prakṣalya nyaṣīdat prajñapta eva-āsane paryaṅkam
ābhujya ṛjum kāyaṃ praṇidhāya,
pratimukhīṃ smṛtim upasthāpya.

ཞལ་ཟས་མཐུག་ཏུ་གསོལ་ཏེ། ཟས་ཀྱི་བྱ་བ་མཛད་ནས།
ལྷུང་བཟེད་དང་ས་གོས་བཞག་ནས།

he put away his bowl and cloak, washed his feet,
and sat down on the seat intended for him, crossing his legs,
holding his body upright, and turning his reflection upon himself.

飯食訖 收衣鉢 洗足已 敷座而坐

바루공양 후 발 씻고 앉으심

스승먼저 공양하고 노병자가 공양하되
사시공양 평등하게 고루나눠 드시옵고
법의상징 황색가사 빠뜨라도 거두시며
수레바퀴 문양의덕 갖추신발 씻으신다[51)]

보배로운 덕을갖춘 세존두발 씻으시고
행주좌와 한결같고 용모위의 그러하듯
무상무주 정념으로 몸소자리 드신후에
사자좌에 자리펴고 단정하게 앉았노라

몸을곧게 세우시고 정신력을 집중하여
고요하고 맑은마음 결가부좌 하시고서
선정들어 심심미묘 금강법문 설하시려
모든상을 타파하는 파상삼매 드셨노라[52)]

(8) 그 때 많은 비구들이 부처님께 다가가서, 세존의 두 발에 머리를 대고 절하고서, 세존의 오른쪽으로 세 번 돌고[53)] 한편으로 물러나 앉았다.

atha khalu sambahulā bhikṣavo yena Bhagavāṃs tenopasaṃkraman
upasaṃkramya Bhagavataḥ pādau śirobhir abhivandya
Bhagavantaṃ triṣ-pradakṣiṇīkṛtya ekānte nyaṣīdan.[54)]

---

51) 부처님의 상호인 삼십이상 중 제2상으로 '족하이륜상(足下二輪相)'이라 하여 발바닥에 두 개의 수레바퀴 모양의 무늬가 있으며, 발 안에 천의 수레바퀴살(千輪)이 있는 보배로운 덕을 갖춘 수레무늬(輪寶肉紋)가 있어 '천복륜상(千輻輪相)'이라고도 한다.

52) 파상삼매(अनभिलक्षित anabhilakṣita · 아나빌라끄쉬따: 破相三昧)는 백팔삼매 중 으뜸(百八三昧之一)으로, 모든 법(諸法)은 꿈과 같고 환상과 같으며, 물거품과 같고(如夢幻) 그림자와 같음(如泡影)을 관(觀)하여, 모든 상(相)을 타파(打破)하고, 한 법(一法)에도 매이지 않는 삼매(無相三昧)를 말한다.

53) '오른쪽으로 세 번 돌고(**तृस प्रदक्षिणीकृत्य** triṣ-pradakṣiṇīkṛtya · 뜨리슈 쁘라다끄쉬니-끄리띠야: ལན་གསུམ་བསྐོར་བ་བྱས། · 右遶三匝 · 右繞三匝)'라는 의미는 고대 인도에서 귀한 분에게 존경의 뜻을 나타낼 때 오른쪽 어깨에 아무것도 없음을 보여주고, 그 주위를 세 번 돌았다. 불교에서도 부처님에 대한 예의로서 오른쪽으로 세 번 도는 '우요삼잡(右遶三匝 · 右繞三匝)'을 하였으며, 후세에도 불상(佛像)이나 보디수(菩提樹)에 예경할 때에 동일한 방식을 사용해 왔다.

54) 산스끄리뜨어 "'atha khalu sambahulā bhikṣavo yena Bhagavāṃs tenopasaṃkraman(아타 칼루 삼바훌라- 빅샤보 예나 바가왕-스 떼노빠상끄라만)', 'upasaṃkramya Bhagavataḥ pādau śirobhir abhivandya(우빠삼끄라미야 바가와따하 빠-다우 쉬로비르 아비완디야)', 'Bhagavantaṃ triṣ-pradakṣiṇīkṛtya ekānte nyaṣīdan.(바가완땅 뜨리슈 쁘라다끄쉬니-끄리띠야 에깐-떼 니야쉬-

དེ་ནས་དགེ་སློང་མང་པོས་བཅོམ་ལྡན་འདས་ག་ལ་བ་དེར་དོང་སྟེ་ཕྱགས་ནས།
བཅོམ་ལྡན་འདས་ཀྱི་ཞབས་ལ་མགོ་བོས་ཕྱག་འཚལ་ཏེ་ལན་གསུམ་བསྐོར་བ་བྱས་ནས་ཕྱོགས་གཅིག་ཏུ་འཁོད་དོ།།

Then many Bhikshus approached to where Bhagavat was,
saluted his feet with their heads,
turned three times round hira55) to the right, and sat down on one side.

爾時 諸比丘來詣佛所 到已頂禮世尊雙足 右遶三匝 退坐一面56)

비구들도 정례한 후 한편으로 물러나 앉음

부처님이 파상삼매 선정들어 사유하니
많은비구 나아가서 적정드신 부처님께
위의갖춰 앉은두발 머리대고 절하고서
오른쪽을 세번돌고 한쪽편에 앉았으랴

단).'"라는 문장의 의미는 아래와 같다.

이 문장의 내용은 "'그때(अथ atha · 아타: དེ་ནས · then · 爾時)', '참으로 · 실로(खलु khalu · 칼루: truly · indeed · 加强語氣)', '많은{सएमबिएहुला sambahulā(sambahula) · 삼바훌라-: མང་པོ། · many · 諸 · 衆多}', '비구{भिक्सवो bhikṣavo(bhikṣu) · 빅샤보: དགེ་སློང་། · monk · 比丘 · 苾芻}', '부처님(세존) 계신 곳[एन भागअवम्स yena Bhagavāṃs · 예나 바가왐-스 · 佛所: 있는 곳{एन yena (yad) · 예나: ག་ལ་བ། · 某處} +세존{भागअवम्स Bhagavāṃs(bhagavant) · 바가왐-스: བཅོམ་ལྡན་འདས། · The Lord · 薄伽梵 · 世尊}]', '그곳 다가가다 · 나아가다[तेनोपसम्क्रमन tenopasaṃkraman · 떼노빠상끄라만: 그 · 저{तेन tena(tad) · 떼나: དེ། · 彼} +다가가서 · 나아가다{उपसम्क्रमन upasaṁkraman(upa-sam-√kram-1) · 우빠삼끄라만; དོང་། · 去 · 往 · 詣}]', '다가가서 · 나아가서{उपसम्क्रम्य upasaṁkramya(upa-sam-√kram) · 우빠삼끄라미야: ཕྱགས། · approach · 去 · 到}', '세존의{भागअवतह Bhagavataḥ(bhagavant) · 바가와따하: བཅོམ་ལྡན་འདས། · The Lord · 薄伽梵 · 世尊}', '두 발에{pādau(pāda)빠-다우: ཞབས། · feet · 雙足}', '머리를 대고 절하고서[śirobhir abhivandya · 쉬로비르 아비완디야 · 頂禮: '머리를 대고 · 머리로서{śirobhir(śiras) · 쉬로비르; མགོ་བོ། · head · 頭}'+'절하고서{abhivandya(abhi√vand-1) · 아비완디야; ཕྱག་འཚལ། · salute · 頂禮}', '세존(भागअवन्तम Bhagavantaṃ · 바가완땅: 薄伽梵 · 世尊)', '오른쪽으로 세 번 돌고{तृस प्रदक्षिणीकृत्य triṣpradakṣiṇīkṛtya(triṣ-pradakṣiṇī-√kṛ-8) · 뜨리슈 쁘라다끄쉬니-끄리띠야: ལན་གསུམ་བསྐོར་བ་བྱས། · thrice walked round him to the right · 右遶三匝}', '한편으로{एकन्ते ekānte(eka-anta) · 에깐떼: ཕྱོགས་གཅིག་ཏུ། · one side · 一面 · 一旁}', '물러나 앉았다{न्यसिदन nyaṣīdan(ni-√sad-1) · 니야-쉬단: འཁོད། · sit down · 退坐}'"라는 뜻이다.

이 문장의 내용에 대하여, 구마라집(Kumārajīva · 꾸마-라지-바: 鳩摩羅什)은 번역을 생략하였다. 현장(玄奘)은 "時 諸苾芻來詣佛所 到已 頂禮世尊雙足 右遶三匝 退坐一面(시 제필추래예불소 도이 정례세존쌍족 우요삼잡 퇴좌일면)으로", 의정(義淨)은 "時 諸苾芻來詣佛所 頂禮雙足 右繞三匝 退坐一面(시 제필추래예불소 정례쌍족 우요삼잡 퇴좌일면)으로", 보디류지(菩提流支)는 "爾時諸比丘來詣佛所 到已頂禮佛足 右遶三匝退坐一面(이시제비구래예불소 도이정례불족 우요삼잡퇴좌일면)으로", 진제(眞諦)는 "時諸比丘俱往佛所至佛所已 頂禮佛足 右遶三匝 卻坐一面(시제비구구왕불소 지불소이 정례불족 우요삼잡 각좌일면)으로", 달마급다는 "爾時 多比丘 若世尊彼詣 到已 世尊兩足頂禮 世尊邊三右繞作已 一邊坐彼(이시 다비구 약세존피예 도이 세존량족정례 세존변삼우요작이 일변좌피)"로 각각 번역하였다.

이러한 내용을 바탕으로 티베트본(西藏譯)과 막스 뮐러 번역(英譯)을 종합적으로 분석 · 검토하여, 저자는 "그 때 많은 비구들이 부처님께 다가가서, 세존의 두 발에 머리를 대고 절하며, 세존의 오른쪽으로 세 번 돌고 한편으로 물러나 앉았다.{爾時 諸比丘來詣佛所 到已頂禮世尊雙足 右遶三匝 退坐一面(이시 제비구래예불소 도이정례세존쌍족 우요삼잡 퇴좌일면)}."라고 번역(韓譯 · 漢譯)하였다.

55) 산스끄리뜨어 '히라(हिर hira)'는 비구들(bhikṣus)의 공동체를 뜻한다. 이 공동체에서, '비구(比丘)'는 쁘라끄릿어(Prakrit) 계열의 간다라어(Gāndhārī)에서는 주로 '비쿠(bhikhu)', 빨리어(Pāḷi)에서는 '빅쿠(bhikkhu)', 산스끄리뜨어(sanskrit)에서는 '빅슈(bhikṣu)'를 각각 음역한 것으로 '필추(苾芻) · 픽추(煏芻) · 비호(比呼)'라고도 불린다. 그리고 이를 의역하여 '걸사(乞士)'라고 하며, '구족계(具足戒)를 받은 승려'를 칭하는 용어로 사용되고 있다. 비구는 마왕(魔王)과 그 권속들을 두렵게 한다는 뜻에서 '포마(怖魔)', 계(戒) · 정(定) · 혜(慧)의 삼학(三學)을 닦아서 모든 악(諸惡)을 없앤다는 의미에서 '파악(破惡)', 자신들이 지키는 계행(戒行)은 능히 좋은 복전(福田)이 되므로 인과(因果)의 흉년을 없앤다는 뜻으로 제근(除饉), 계행(戒行)을 부지런히 닦는다는 의미에서 '권사남(勸事男)'이라고도 한다.

56) 저자번역{漢譯: 주) 54} 참조.

공양한후 발을씻고 자리펴고 앉으심은
부처중생 둘아니니 자성부처 등불삼고
금강삼매 함께들어 부처되란 말씀이니
탁발세족 정례하고 세번도니 그자리다

금
아 강경의 어
난다는 무상법회 느때에
부처님께 열린인연 부처님이
일 이와같이 어떠한 사위국의 비
천이 들었노 가 기원정 구들
백오십 라 사 과계시
명의 공 었다
음 빠 양때가 사 차
식빌되 뜨라를 되었 나니 위대성 별없이
빈부귀 들으신 세존 가사 들어가 평등하
천 후 입으시 서 게
공양 고 다시
받아기 일 발 돌아오
원정 종식의 그 씻은후 시었
사 공양들고 때맑은 사자좌에 다
가사바루 비구들이 자리펴고
거두시 부처님께 앉으시
며 다가가 니
서
석가
세 존
씻 은
머리대고 두발 절하였다
위 머
의갖춰 리대고
앉은두발 우 절하고서
측으로
세번돌고
물러나서
앉았으
팔만사천 니 법설하기
근기따 부처 위함인
라 일 상 가
그 가
금 강 반 야 운데 드 러 났 다
열 린 금강법회 인 연

금
강경의
무상법회
열린인연 어떠한가
아난다는부처님께 이와같이들었노라
어느때에부처님이 사위국의기원정사
일천이백오십명의 비구들과계시었다
설하는이들은이도 아난다를곁에두고
모두없는금강삼매아난다가 중생위한자항보도사바중생
부처님께이와같이들었다니 Vajracchedikā Prajñāpāramitā Sūtra Mantra 우리모두부처되라이름이니
중생위한방편시설속고또한속지마라 वज्रच्छेदिका प्रज्ञापारमिता सूत्र मन्त्र 중생위한높고큰뜻잊고또한잊지마라
본래없는너와난데무엇으로듣겠는가 금강반야바라밀경 진언 부처님만알고있네어느누가알겠는가
공양때가되었나니세존가사입으시고 나 namo 모 진시탁발못나가는병든이는어찌하랴
빠뜨라를들으신후사위대성들어가서 바가 bhagavatī 와띠 칠가식의한끼공양평등하게나누어서
음식빌되빈부귀천차별없이평등하게 쁘라즈냐 빠 prajñāpāramitāyai 라미따야이 인연있는모든중생고루고루베푸나니
공양받아기원정사다시돌아오시었다 옴 이리따 이 oṃ īrita iṣira śruta 쉬라 슈루따 청정공양베푼이는즐거움이가득하다
일종식의공양들고가사바루거두시며 위샤야 viṣaya viṣaya 위샤야 위의갖춰앉은두발머리대고절하고서
발씻은후사자좌에자리펴고앉으시니 스 svāhā 와 우측으로세번돌고물러나서앉았으니
그때많은비구들이부처님께 하 팔만사천근기따라법설하기
다가가서석가세존씻은두발 위함인가부처일상그가운데
머리대고절하였다 금강반야드러났다
성스러운아름다움 머무른바없는보시
부처없고한때없는 동서남북시방세계
이천오백오랜세월 지나고도무주광명
기원정사 한찰나에
금강법회
열리누
나

॥नमो भगवत्या आर्यप्रज्ञापारमितायै॥

॥Namo bhagavatyā āryaprajñāpāramitāyai॥

||སངས་རྒྱས་དང་བྱང་ཆུབ་སེམས་དཔའ་ཐམས་ཅད་ལ་ཕྱག་འཚལ་ལོ||

南無世尊聖般若波羅蜜多

善現起請分 第二

수부띠가 법 청하다

SUBHŪTI'S REQUEST

वज्रच्छेदिका प्रज्ञापारमिता सूत्र

Vajracchedikā Prajñāpāramitā Sūtra

༄༅། །འཕགས་པ་ཤེས་རབ་ཀྱི་ཕ་རོལ་ཏུ་ཕྱིན་པ་རྡོ་རྗེ་གཅོད་པ་ཞེས་བྱ་བ་བཞུགས་སོ།།

金剛般若波羅密經 Diamond Sūtra

금강반야바라밀경

제2분. 수부띠가 법 청하다

하루한끼 무심으로 생명공양 탁발하되
차별없이 평등하게 비구들과 함께하고
자리앉아 무념무상 선정들어 사유하며
팔만사천 중생근기 맑은마음 비추신다

무심만행 탁발정도 실상반야 펼친후에
방편반야 전하고자 수부띠가 일어나서
오른무릎 땅에대고 합장하여 공경하며
위의모두 갖추고서 희유한일 여주었다

여래께서 모든보살 중생제도 당부하되
넓고깊은 마음으로 일체보살 부촉하니
선한이는 무상정등 정각마음 발하고서
어떻게들 머무르며 다스려야 하나이까

해공제일 수부띠야 착하고도 착하도다
여래모든 보살들을 보살피고 부촉하여
이와같이 그마음을 다스리게 하느니라
여래시여 즐거웁게 금강법문 여옵소서

Vajracchedikā Prajñāpāramitā Sūtra
금강반야바라밀경(金剛般若波羅密經)

2. 수부띠가 법 청하다(善現起請分 第二)
CHAPTER 2. SUBHŪTI'S REQUEST

(1) 그 때 장로 수부띠[57]가 대중 가운데 앉아 있다가
자리에서 일어나서
한쪽 어깨에 상의를 걷어 메고
오른쪽 무릎을 꿇고
합장하여 공경하며 부처님께 말씀드렸다.

tena khalu punaḥ samayena āyuṣmān[58] Subhūtis tasyām eva parṣadi

---

57) 수부띠(सुभूति Subhūti: 須菩提・善實・善現・善業・妙生・善吉・空生)는 부처님 십대제자 중의 한 사람으로, "공(空)의 이치에 대하여 깊고 바르게 이해하였다."라고 하여 '해공제일(解空第一)'의 제자라고 한다. 그는 어떠한 경우에도 주관과 객관의 대립이 소멸하여 다른 사람과 다툼 없이 머무르는 무쟁삼매(無諍三昧)에 들어가서 이를 즐기는 '무쟁제일(無諍第一)'의 제자라고도 하며, 수많은 신도들로부터 공양을 가장 많이 받았다고 하여 '피공제일(被供第一)'의 제자라고도 불리고 있다. 구마라집・유지급다・진제는 산스끄리뜨어의 수부띠(Subhūti)를 '수부띠(須菩提)'로 음역하였으며, 현장은 '선현(善現)'으로 달마급다는 '선실(善實)'로 의정은 '묘생(妙生)'으로 각각 의역하였다. 장로(āyuṣmān Subhūti: 長老・具壽・慧命・淨命・命者)를 앞에 붙여 '장로 수부띠(āyuṣmān Subhūti: 長老須菩提)' 또는 '혜명 수부띠(āyuṣmān Subhūti: 慧命須菩提)'라 불리기도 한다.
수부띠는 코살라(कोसल Kosala: 憍薩羅・拘薩羅)국의 '슈라와스띠(श्रावस्ती Śrāvastī: 舍衛城・舍衛大城)'에 있는 바라문 출신의 수닷따(सुदत्त Sudatta: 須達多) 장자(長者)의 조카로서 삼촌인 수닷따장자가 기원정사를 건립하여 바치는 날에 부처님의 설법을 듣고 출가했다. "저는 어려서부터 네 종류의 베다경전을 비롯하여 많은 책을 읽었습니다. 그렇지만 한 가지 풀지 못한 문제가 있어 부처님 문하에서 수도하면서 깨치고자 합니다. 받아들여 주신다면 출가하여 부처님의 제자가 되고자 합니다."라고 하면서 제자가 되길 청하였다. 그러나 그러한 의문에 대하여 한 마디도 하지 않고 스스로 깨우치길 원하였으며, 오랜 세월동안 그를 괴롭혀왔던 의문들이 즐거움으로 바뀌었다. 또한 수부띠가 마가다(मगध Magádha: 摩揭陀・摩竭陀)국 왕사성에 갔을 때 빔비사라(बिम्बिसार Bimbisāra: 頻婆娑羅)왕이 수부띠의 설법을 듣고 감동하여 정사를 지어줄 것을 약속했다. 정사를 다 지었으나 지붕을 잇지 아니 하였다. 그런데도 수부띠는 '지붕이 없는 정사'에서도 수행을 게을리 하지 않았다. 그 때 마가다국에서는 비가 내리지 않는 무서운 가뭄이 든 것이다. 왕은 그 연유가 '정사의 지붕'에 있음을 알고 서둘러 지붕을 완성하였다. 그러자 비가 내리기 시작하였다고 한다. 이는 곧 수부띠의 '무쟁제일(無諍第一)'의 정신을 잘 알 수 있는 한 사례라 할 수 있다.

58) 산스끄리뜨어 'आयुस्मान āyuṣmān(아-유슈만-)'을 구마라집은 '장로(長老)', 현장과 의정(義淨)은 '구수(具壽)', 보디류지는 '혜명(慧命)', 진제(眞諦)는 '정명(淨命)', 달마급다(達摩笈多)는 '명자(命者)'로 각각 번역(飜譯)하였다. 구마라집(鳩摩羅什)・현장(玄奘)・의정(義淨)・보디류지(菩提流支)・진제(眞諦)・달마급다(達摩笈多)는 불교의 삼장(三藏)인 경장(經藏)・율장(律藏)・논장(論藏)에 능하여 삼장법사(三藏法師)라 불린다.
'구마라집(कुमारजीव Kumārajīva: 鳩摩羅什・拘摩羅耆婆・童壽, 姚秦 344~413)'은 『금강반야바라밀경(金剛般若波羅密經)』을 402년에 번역하였다. 그는 인도 재상인 아버지 '구마라야나(कुमारअयना Kumārāyaṇa: 鳩摩羅炎)'와 구자국(Kucha: 龜玆國・현 중국 신장위구르 자치구 쿠처현)왕의 누이동생인 어머니 '지바(耆婆)'사이에서 태어나서 부모이름을 합하여 '구마라지바(Kumārajīva: 鳩摩羅什)'라 이름 지어졌다. 구마라집은 7세에 출가하여 인도 계빈국(किऐपिएन Kiai-pien: 罽賓國)에서 '반두닷따(वन्धुदत्त Vandhudatta : 槃頭達多)'에게 소승(小乘)을 배우고, 소륵국(疏勒國)에서 '수리야소마(षुरियसोमा Shuriyasoma: 須利耶蘇摩)'에게서 '용수(नागार्जुन Nāgārjuna: 龍樹・那伽閼刺樹那)보살'의 공(空)의 불교와 반야경(般若經) 등 대승(大乘)을 배웠으며, 구자국에 돌아와 '비말라크사(Vimalāksā: 無垢眼・卑摩羅叉)'에게서 율(律)을 배운 후로는 구자국에서 주로 대승을 설파하여, 그 명성은 중국 내부에까지 널리 퍼졌다. 홍시3년(弘始三年)인 401년에 '후진왕(後秦王) 요흥(姚興)'이 장안으로 모셔와 국사로서 영접하고, 서명각(西明閣)과 소요원(逍遙園)에서 여러 경전들을 번역하게 함으로써, 비로소 대역경사(大譯經師)로 이름을 떨치게 되었다. 경전의 번역에 종사하여, 『대품반야경(大品般若經)』・『묘법연화경(妙法蓮華經)』・『아미타경(阿彌陀經)』・『대지도론(大智度論)』・『중론(中論)』・『십주비바사론(十住毘婆沙論)』 등을 비롯한 74부 380여 권의 불경을 번역(漢譯)하고, 삼론(三論) 중관(中觀)을 확립하여, 삼론종(三論宗)의 조사(祖師)이자, 삼장법사(三藏法師)로 불리기도 한다. 그의 3천 명의 제자 가운데 '도생(道生)・승조(僧肇)・도융(道融)・승예(僧叡)'를 구마

saṃnipatito ’bhūt saṃniṣaṇṇaḥ.59)
atha khalv āyuṣmān Subūtir utthāya-āsanād,
ekāṃsam uttarāsaṅgaṃ kṛtvā,

라집의 4철(四哲)이라 한다.

‘현장(玄奘: 唐 602~664)’은 『능단금강반야바라밀다경(能斷金剛般若波羅密多經)』을 648년 번역하였고, 『대반야바라밀경(大般若波羅密經)』·『구능단금강분(九能斷金剛分)』을 현경5년(顯慶五年)인 660년부터 663년까지 3년간 번역하였다. 당나라의 낙주(洛州) 지방 출신으로 수나라 강릉 현령을 지낸 ‘진혜(陳惠)’의 아들로 태어나 ‘진위(陳褘)’로 명명(命名)되었고, 10세 때 형을 따라 낙양의 정토사에서 불경을 공부하다가, 13세 낙양 정토사에 출가하여 ‘현장(玄奘)’이라는 법명을 받았다. 그 후 혜경(慧景)·도기(道基)·보천(寶遷)·법상(法常)·승변(僧辯)·도심(道深)·도악(道岳)·엄법사(嚴法師)·진법사(震法師) 등에게서 『열반경(涅槃經)』·『섭론(攝論)』·『발지론(發智論)』·『비담론(毘曇論)』·『구사론(俱舍論)』·『성실론(成實論)』 등을 배웠으며, 장안(長安)·성도(成都)와 그 밖의 중국 중북부의 여러 도시를 여행하며 불교 연구에 진력한 뒤, 한문(漢文)으로 된 불교경전의 내용과 계율 등을 범어 원전을 바탕으로 연구하기 위하여, 정관1년(貞觀一年)인 627년에 인도(天竺 印度)에 들어가던 중 630년 2월경에 타클라마칸사막(塔克拉瑪幹沙漠)에 있는 고창국(高昌國)의 왕인 국문태(麴文泰)의 대접을 받고 이곳 대불사(大佛寺)에서 법회를 열어 한 달 동안 『인왕반야경(仁王般若經)』을 설법했으며, 인도에 도착 17년간 선지식을 친견하고 불적(佛蹟)을 참배하며 구사(俱舍)·호법(護法)의 『유식설(唯識說)』·『장엄론(莊嚴論)』 등을 수학한 후에, 641년 범어로 된 657부의 많은 경전과 불상을 가지고 귀국길에 올라, 힌두쿠시와 파미르의 두 험로를 넘어 호탄을 거쳐서 645년에 장안으로 돌아왔다. 귀국 후 태종(太宗)의 후원을 받아 19년간 자신이 가지고 온 불교 경전의 번역(漢譯)에 종사하였으며, 인도 여행기인 『대당서역기(大唐西域記)』 12권을 저술하였고, 『대반야경(大般若經)』 600권, 『해심밀경(解深密經)』 등 75부 1,335권의 경전을 번역하여 대역경가이자 중국 불교의 법상종 구사종(俱舍宗)의 개조였다. 범어원문에 충실한 그의 번역은 당시까지의 번역법이나 번역어에 있어서 커다란 개혁을 가져왔다. 이로 인하여 종래의 번역을 구역(舊譯)이라 하고, 현장 이후의 번역을 신역(新譯)이라 한다.

‘의정(義淨: 唐 635~713)’은 『불설능단금강반야바라밀다경(佛說能斷金剛般若波羅密多經)』을 장안2년(長安二年)인 703년에 번역하였다. 당나라의 하북 범양(河北 范陽)에서 당태종(唐太宗) 정관(貞觀) 8년인 635년에 출생하였으며, 이름은 장문명(張文明)이다. 그는 7세 때 제주성(齊州城: 現山東省 濟南市) 서쪽에 있는 토굴사(土窟寺)로 출가하여 선우법사(善遇法師)와 혜지선사(慧智禪師)의 가르침을 받았다. 15세 때 벌써 서역으로 구법하러 갈 뜻을 세웠으며, 법현(法顯)의 고상한 품행을 경모하였고 현장(玄奘)의 위업(偉業)과 기풍을 흠모했었다. 37세에 해로(海路)로 광주(廣州)를 떠나 수마트라 팔렘방(Sumatra Palembang) 등을 거쳐, 인도에 들어가 30여 국을 순방하면서, 각국의 말을 통하고 여러 성지를 두루 찾았다. 천축에서 만 20년을 머물면서 불학(佛學) 연구뿐만 아니라 천축사회 속에 깊숙이 파고들어 천축사회의 풍속과 민정을 살피고 천축의약을 연구하였다. 나란다사(Nālandā Vihāra: 那爛陀寺)에서 대승과 소승의 깊은 뜻을 연구하고, 24년 뒤인 695년 산스끄리뜨어로 된 경(經)·율(律)·론(論) 400부, 금강좌진용일포(金剛座眞容一鋪), 사리(रसरि Śarīra: 舍利) 300과 등을 가지고, 낙양으로 돌아와 남해제국과 인도에 체재하여 얻은 견문을 살려, 불교상황·승가생활·일반 풍토생활 등을 상세히 기록하였으며, ‘측천무후(則天武后)’로부터 삼장(三藏)의 호를 하사받아 역경에 전념했다. 종교·역사·사회·경제생활·문화·풍속·의약학 등 각 방면의 자료를 수집하여 상세히 기록한 『남해기귀내법전(南海寄歸內法傳)』 4권과 641년부터 무려 40여 년 동안 57명의 스님들이 구법을 위하여 인도를 순방한 사적(事蹟)의 선후를 가려서 기록해 놓은 『대당서역구법고승전(大唐西域求法高僧傳)』 2권은 당시의 인도 및 동남아시아 등지의 사정을 상세하게 기술하여 문화교류사에 있어서 귀중한 자료이다. 불수기사(佛授記寺)에 있으면서 역경에 종사하여 『금광명최승왕경(金光明最勝王經)』·『불위승광천자설왕법경(佛爲勝光天子說王法經)』·『약사유리광칠불본원공덕경(藥師琉璃光七佛本願功德經)』 등 56부 230권을 번역하였으며, 특히 율부(律部)의 번역이 많다.

59) 산스끄리뜨어 “tena khalu punaḥ samayena(떼나 칼루 뿌나하 사마예나) āyuṣmān Subhūtis(아-유슈만- 수부-띠스) tasyām eva parṣadi saṃnipatito ’bhūt saṃniṣaṇṇaḥ(따시얌- 에와 빠르샤디 상니빠띠또아부-뜨 상니샹나하)” 라는 문장의 의미는 아래와 같다.

이 문장의 내용은 “‘그러자·그 때문에{तेन tena(tad)·떼나: དེ།·that·彼}’, ‘참으로·실로(खलु khalu·칼루: truly·indeed·加强語·氣)’, ‘다시{पुनः punaḥ(punar)·뿌나하: again·也·再}’, ‘그 때(시간){समयेन samayena(samaya)·사마예나: དུས།·time·時}’, ‘장로·존자·구수{आयुष्मान āyuṣmān(āyuṣmat)·아-유슈만-: ཚེ་དང་ལྡན་པ།·Venerable·具壽}’, ‘수부띠{सुभुतिस subhūtis(subhūti)·수부-띠스: རབ་འབྱོར།·subhūti·須菩提·善現}’, ‘그·그것{तस्यामेव tasyām(sā)·따시얌-: དེ་ད།·that.·彼}’, ‘바로·곧(एव eva·에와: ཉིད།·即·就)’, ‘모임·집회{पर्षदि parṣadi(parṣad)·빠르샤디: འཁོར།·assembly·會}’, ‘함께 하여·결집하여[{संनिपतितोऽभूत saṃnipatito 'bhūt·상니빠띠또 부-뜨 = saṃnipatito(saṃ-ni-√pat-1): འདུས་པར་གྱུར།·came to·集} + {abhūt (√bhū): 有·是}]’, ‘앉아 있다[{saṃniṣaṇṇaḥ(saṃ-ni-√sad-1)·상니샹나하: འདུག །·sit down·坐}]’”라는 뜻이다.

이러한 구절에 대하여, 구마라집과 의정 및 보디류지는 번역을 생략하였으며, 현장은 ‘具壽善現 亦於如是衆會中坐(구수선현 역어여시중회중좌)’로, 진제는 ‘爾時 淨命須菩提 於大衆中 共坐聚集(이시 정명 수부띠 어대중중 공좌취집)’, 달마급다는 ‘復時 命者善實 彼所如是衆聚集會坐(복시 명자선실 피소여시중취집회좌)’로 각각 번역(漢譯)하였다.

티베트본은 “ཡང་དེའི་ཚེ་ཚེ་དང་ལྡན་པ་རབ་འབྱོར་འཁོར་དེ་ཉིད་དུ་འདུས་པར་གྱུར་ཏེ་འདུག་གོ།”라고 번역(西藏譯)하였다.

이러한 내용들을 종합적으로 분석·검토하여, 저자는 “그 때 장로 수부띠도 대중 가운데 함께 앉아 있었다(爾時 長老須菩提 亦如是 在大衆中 共坐)”라고 직역(韓譯·漢譯)을 해보았으나, 전체문장의 흐름 등을 종합적으로 분석·검토한 결과 간결하게 의역(意譯)하는 것이 타당한 표현으로 사료되어, 구마라집과 의정과 같이 생략하였다.

dakṣiṇaṃ jānu-maṇḍalaṃ pṛthivyāṃ pratiṣṭhāpya,
yena Bhagavāṃs tena-añjaliṃ praṇamya Bhagavantam etad avocat:

ཡང་དེའི་ཚེ་ཚེ་དང་ལྡན་པ་རབ་འབྱོར་འཁོར་དེ་ཉིད་དུ་འདུས་པར་གྱུར་ཏེ་འདུག་གོ།
དེ་ནས་ཚེ་དང་ལྡན་པ་རབ་འབྱོར་སྟན་ལས་ལངས་ཏེ་བླ་གོས་ཕྲག་པ་གཅིག་ཏུ་གཟར་ནས་པུས་མོ་གཡས་པའི་
ལྷ་ང་ས་ལ་བཙུགས་ཏེ། བཅོམ་ལྡན་འདས་ག་ལ་བ་དེར་ཕྱོགས་སུ་ཐལ་མོ་སྦྱར་བ་བཏུད་ནས།
བཅོམ་ལྡན་འདས་ལ་འདི་སྐད་ཅེས་གསོལ་ཏོ།།

At that time again the venerable Subhûti came to that assembly and sat down.
Then rising from his seat and putting his robe over one shoulder,
kneeling on the earth with his right knee,
he stretched out his folded hands towards Bhagavat and said to him:

時 長老須菩提 在大衆中 卽從座起 偏袒右肩 右膝着地 合掌恭敬 而白佛言

수부띠 위의 갖춰 부처님께 여쭘

하루한끼 생명공양 무심정도 탁발나가
실상반야 펼친후에 방편반야 전하고자[60)]
자리앉아 무념무상 선정들어 사유하며
팔만사천 중생근기 맑은마음 비추신다

그때장로 수부띠가 대중속에 있었나니
자리에서 일어나서 오른어깨 걷어메고

---

60) 반야(**प्रज्ञा** prajñā: 般若・般羅若・波若・鉢若・斑若・智慧・慧明・勝慧・極智・慧・明)는 모든 사물의 도리를 분명히 꿰뚫어 보는 분별을 여윈 지혜(無分別智)를 뜻한다. 산스끄리뜨어 '쁘라즈냐-(prajñā)'는 빨리어로는 '빤냐-(**पञ्ञ** paññā)'인데, '반야(般若)' 등으로 음역하고, 혜(慧)・지혜(智慧)・명(明)・혜명(慧明)・승혜(勝慧)・극지(極智) 등으로 의역하며, 모든 사물의 도리를 분명히 꿰뚫어 보는 깊은 지혜로서 진여를 깨친 분별을 여윈 완전한 지혜를 의미한다. 그러나 반야(般若)는 불경을 산스끄리뜨어(Sanskrit)나 팔리어(Pāḷi)를 한문(漢文)으로 번역할 때, 반야 그 본래 의미가 깊고 심대(甚大)하므로 번역으로 인해 참된 뜻이 얕아지고 가벼워진다고 하여, 일반적으로 번역하지 않고 '반야'라고 한다. 이는 불경을 번역하지 않는 다섯 가지 원칙인 '오종불번(五種不翻)' 가운데 '존중불번(尊重不翻)'에 해당한다. 『해탈도론(解脫道論)』 제9권에서는 "반야는 지혜로서 요달(了達)을 특성으로 삼고, 사제(四諦)의 경계를 간택하여 중악(衆惡)과 생사를 분명히 없게 해 준다."라 하고, 『섭대승론(攝大乘論 中卷)』에서는 "능히 일체의 견행(見行)을 없애고, 삿된 지혜를 없애기 때문에 반야라 칭한다. 능히 진상(眞相)을 연으로 삼아, 그 품류에 따라 일체법을 알기 때문에 반야이다."라고 한다. 이러한 반야의 종류는 '이종반야・삼종반야・오종반야'가 있다.
(1) 이종반야(二種般若)는 반야를 다음과 같이 세 가지 유형으로 분류한다. ① 첫째, 공반야(共般若)인 성문・연각・보살을 위하여 공통으로 설하는 반야와 불공반야(不共般若)인 단지 보살만을 위해 설하는 반야로 나누거나, ② 둘째, 실상반야(實相般若)인 반야지에 의해 관조된 대경(對境)으로서 일체법의 진실하고 절대적인 모습으로 이것은 반야가 아니지만 반야를 일으키는 근원이므로 반야라 부르는 반야와 관조반야(觀照般若)인 일체법의 진실하고 절대적인 모습(實相)을 관조하여 알아내는 지혜인 반야로 나누고, ③ 셋째는 세속적이고 상대적인 반야인 세간반야(世間般若)와 초세속적이고 절대적인 반야인 출세간반야(出世間般若) 등이 있다.
(2) 삼종반야(三種般若)는 앞의 이종반야 중에서, ① 첫째, 실상반야와 관조반야에 추리・판단을 작용하도록 하여 모든 법의 차별을 깨닫는 상대지(相對智)인 방편반야(方便般若)를 더하거나, ② 둘째, 실상반야와 관조반야를 기술한 반야경전류인 문자반야(文字般若)를 더한 것을 말한다.
(3) 오종반야(五種般若)는 또 실상반야・관조반야・문자반야 또는 방편반야에서, ① 첫째, 반야지혜의 대상으로서 객관의 일체 인식 대상인 경계반야(境界般若)를 더하거나, ② 둘째, 모든 인식 대상이 지닌 실상을 아는 관희지(觀熙智)로서의 반야에 수반하여 이를 돕는 육바라밀 등의 각종 수행인 권속반야(眷屬般若)를 더한 것을 말한다.

오른무릎 땅에대고 합장하여 공경하며
하늘인간 스승이신 부처님께 사뢰도다

(2) "참으로 희유합니다. 세존이시여!
여래께서는 보살들을 잘 보살펴 주시며,
중생들을 잘 제도하도록 당부하십니다.

āścaryaṃ bhagavan parama-āścaryaṃ Sugata[61], yāvad eva Tathāgatena-arhatā samyaksambuddhena[62] bodhisattvā mahāsattvā anuparigṛhītāḥ parameṇa-anugraheṇa. āścaryaṃ Bhagavan yāvad eva Tathāgatena-arhatā samyaksambuddhena bodhisattvā mahāsattvāḥ parīnditāḥ paramayā parīndanayā.

བཅོམ་ལྡན་འདས་དེ་བཞིན་གཤེགས་པ་དགྲ་བཅོམ་པ་ཡང་དག་པར་རྫོགས་པའི་སངས་རྒྱས་ཀྱིས་བྱང་ཆུབ་སེམས་དཔའ་སེམས་དཔའ་ཆེན་པོ་རྣམས་ལ་ཕན་གདགས་པའི་དམ་པ་ཇི་སྙེད་པས་ཕན་གཏགས་པ་དང་། དེ་བཞིན་གཤེགས་པས་བྱང་ཆུབ་སེམས་དཔའ་སེམས་དཔའ་ཆེན་པོ་རྣམས་ལ་ཡོངས་སུ་གཏད་པའི་དམ་པ་ཇི་སྙེད་པས་ཡོངས་སུ་གཏད་པ་ནི། བཅོམ་ལྡན་འདས་ངོ་མཚར་ལགས་སོ།།
བདེ་བར་གཤེགས་པ་ངོ་མཚར་ལགས་སོ།།

'It is wonderful, O Bhagavat, it is exceedingly wonderful, O Sugata, how much the noble-minded Bodhisattvas have been favoured with the highest favour by the Tathâgata, the holy and fully enlightened!

希有世尊 如來善護念諸菩薩 善付囑諸菩薩

희유한 세존 보살 잘 호념하고 부촉함

부처일상 대중속에 수부띠는 일어나서

---

61) 산스끄리뜨어 "āścaryaṃ bhagavan parama-āścaryaṃ Sugata(아-슈짜리양 바가완 빠라마 아-슈짜리양 수가따)" 라는 문장의 의미는 아래와 같다.
이 문장의 내용은 "'놀라운 · 희유한 · 경이로운{**आश्चर्य** āścaryaṃ(āścarya) · 아-슈짜리양: ངོ་མཚར · wonderful · 希有}', '세존{**भगवन** bhagavan(bhagavant) · 바가완: བཅོམ་ལྡན་འདས། · 薄伽梵 · 世尊}이시여!', '참으로 희유한 · 참으로 놀라운 · 참으로 경이로운(**परमाश्चर्य** parama-āścaryaṃ(parama-āścarya) · 빠라마 아-슈짜리양: ངོ་མཚར་ལགས་སོ། · exceedingly wonderful · 最勝希有)', '선서(**सुगत** Sugata · 수가따: བདེ་བར་གཤེགས་པ། · Well-gone · 善逝)!'"라는 뜻이다.
이러한 구절에 대하여, 구마라집과 현장 그리고 의정 및 보디류지 · 진제 · 달마급다도 'āścaryaṃ(아-슈짜리양)'이라는 표현을 '희유합니다(希有).'라고 번역하고 있다.

62) 산스끄리뜨어 "Tathāgatena-arhatā(따타-가떼나 아르하따-) samyaksambuddhena(삼약삼붓데나)" 라는 구절의 의미는 아래와 같다.
이 구절의 내용은 "'여래{**तथागतेन** tathāgatena(tathāgata · 따타-가따): དེ་བཞིན་གཤེགས་པ། · thus come · 如來}', '아라한{**अर्हता** arhatā(arhat · 아르하뜨): དགྲ་བཅོམ་པ། · perfected one · 阿羅漢 · 羅漢 · 應供}', '정등각{**सम्यक्संबुद्धेन** samyaksaṃbuddhena (samyak-saṃbuddha · 삼약삼붓다): ཡང་དག་པར་རྫོགས་པའི་སངས་རྒྱས། · 正等覺 · Fully Enlightened One · perfectly self-enlightened · 正等覺 · 正遍知 · 正等正覺}'"라는 뜻이다.
이하에서는 이러한 점 등을 종합 · 검토하여, 필자는 구마라집과 같이 함축적인 의미를 살려, '아라한 · 정등각'을 생략하여 '여래' 께서 라고 번역함을 원칙으로 하고, 문맥상 필요한 경우에 한하여 '여래 · 아라한 · 정등각'께서 라고 번역한다.

합장하여 말하기를 참으로도 희유한일
밥을빌때 이러하고 앉을때도 이러하여
움직임과 고요함에 걸림없이 행하도다

진리의몸 여래물론 아라한과 정등각이
모든보살 일체장애 마음으로 보호하고
깊고넓은 은총으로 일체보살 부촉하며
중생제도 당부하니 참으로도 희유하다

(3) 세존이시여! 아뇩따라삼약삼보디심을 낸 선남자와 선여인은 마땅히 어떻게 머무르며, 어떻게 수행하며, 어떻게 그 마음을 다스려야 합니까?”

tat kathaṃ Bhagavan
bodhisattva-yāna-saṃprasthitena[63)]
kulaputreṇa vā kuladuhitrā vā sthātavyaṃ kathaṃ
pratipattavyaṃ kathaṃ cittaṃ pragrahītavyam?[64)]

---

63) 산스끄리뜨어 ‘bodhisattva-yāna-saṃprasthitena(보디삿뜨와 야-나 상쁘라스티떼나)’라는 구의 의미는 다음과 같다.
이 구의 내용은 “보살승(보살)의 길로 나아가는(향하여 출발한){bodhisattvayāna-saṃprasthitena(bodhisattva-yāna-saṃ-pra-√stha-1)・보디삿뜨와 야-나 상쁘라스티떼나・發趣菩薩乘・菩薩乘發行住 = 보살승(보살)의 길{बोधिसत्त्वयान bodhisattvayāna(bodhi sattva-yāna)・보디삿뜨와 야-나: བྱང་ཆུབ་སེམས་དཔའི・Bodhisattva-vehicle・菩薩乘) + 나아가는・향하여 출발한{संप्रस्थितेन saṃprasthitena(saṃ-pra-√stha-1)・상쁘라스티떼나: ཞེག་པ་ཞུགས་པ།・set out・發・發趣・發行住}”라는 뜻이다. 이 구에 대하여 현장과 의정은 “‘發趣菩薩乘(발취보살승)’으로, 달마급다는 ‘菩薩乘發行住(보살승발행주)’로 번역하여, 이를 바탕으로 직역하여 한글로 옮기면 ‘보살승(보살)의 길로 나아가는(굳게 나아가는・향하여 출발한)’”이라는 뜻이 된다. 그러나 구마라집(鳩摩羅什)・보디류지(菩提流支)・진제(眞諦)는 이를 의역하여, “아뇩따라삼약삼보디심(anuttarāsamyaksaṃbodhir cittaṃ・아뇩따라 삼약삼보디르 찟땅: 阿耨多羅三藐三菩提心・無上正等正覺心・가장 바른 깨달음의 마음)을 발한(saṃprasthitena・發)”으로 각각 번역(漢譯)하였다.
이러한 내용들을 종합적으로 분석・검토하여, 저자도 구마라집・보디류지・진제와 같이 이를 의역하였다. 이는 보살승의 길로 굳게 나아가는 수행자는 ‘위없고 가장 바른 깨달음{अनुत्तरा सम्यक् सम्बोधि anuttarā(an-nuttara) samyak saṃbodhi・無上 正等 正覺}’을 증득하고자 정진할 것이기 때문이다. 일반적으로 ‘아뇩따라삼약삼보디(अनुत्तरा सम्यक् सम्बोधि anuttarā-samyak-saṃbodhi: 阿耨多羅三藐三菩提)’를 ‘아뇩다라삼먁삼보디’라고 번역하여 사용해 왔다. 그러나 ‘阿耨多羅三藐三菩提’라는 한자 중 ‘耨’라는 표현은 중국어나 한국어 표현도 ‘뇩’이 아니라 ‘노우・누’이며, ‘提’라는 중국어나 한국어 표현도 ‘리’가 아니라 ‘디・제’이므로 원음에 가깝게 음역하여 사용하는 것이 타당할 것으로 사료된다.
이하에서는 이러한 점 등을 종합・검토하여, 저자는 이 구를 산스끄리뜨어 원음에 맞게 ‘아뇩따라삼약삼보디’라 번역(韓譯)한다.

64) 산스끄리뜨어 “kulaputreṇa vā kuladuhitrā vā sthātavyaṃ kathaṃ pratipattavyaṃ kathaṃ cittaṃ pragrahītavyaṃ(꿀라뿌뜨레나 와- 꿀라두히뜨라- 와- 스타-따위양 까탕 쁘라띠빳따위양 까탕 찌땅 쁘라그라히-따위양)?”이라는 문장의 의미는 아래와 같다.
이 문장의 내용은 “‘선남자{कुलपुत्रेण kulaputreṇa(kula-putra)・꿀라뿌뜨레나: རིགས་ཀྱི་བུ།・son of good family・善男子}’, ‘혹은(वा vā・와-: or・或者)’, ‘선여인{कुलदुहित्रा kuladuhitrā(kuladuhitṛ)・꿀라두히뜨라-: རིགས་ཀྱི་བུ་མོ།・daughter of good family・善女人}’, ‘혹은(वा vā・或者)’, ‘머무르다{स्थातव्यं sthātavyaṃ(√sthā-1)・스타-따위양: གནས་པ།・abide・安住}’, ‘어떻게{कथं kathaṃ(katha)・까탕: 云何・ཇི་ལྟར།・how}’, ‘수행하다{प्रतिपत्तव्यं pratipattavyaṃ(prati-√pad-4)・쁘라띠빳따위양: སྒྲུབ་པ།・progress・修行}’, ‘어떻게{कथं kathaṃ・까탕: 云何}’, ‘마음{चित्तं cittaṃ(citta)・찌땅: སེམས།・thought・心}’, ‘다스리다・항복받다{प्रग्रहीतव्यम् pragrahītavyaṃ(pra-√grah-9)・쁘라그라히-따위양: རབ་ཏུ་གཟུང་བ།・exert・降伏}’”라는 뜻이다.
이 구절에 대하여, 구마라집은 “善男子善女人 應云何住 云何降伏其心(선남자선녀인 응운하주 운하강복기심)”으로, 보디류지는 “云何菩薩大乘中 應云何住 云何修行 云何降伏其心(운하보살대승중 응운하주 운하수행 운하강복기심)”으로, 진제는 “若善男子善女人 行菩薩乘 云何應住 云何修行 云何發起菩薩心(약선남자선녀인 운하응주 운하수행 운하발기보살심)”으로, 달마급다는 “云何修行應 云何心降伏應(운하수행응 운하심강복응)”으로, 현장은 “應云何住 云何修行 云何攝伏其心(응운하주 운하수행 운하섭복기심)”으로, 의정은 “云何應住 云何修行 云何攝伏其心(운하응주 운하수행 운하섭복기심)”으로 각각 번역(漢譯)하였다.
이러한 내용들을 종합적으로 분석・검토하여, 필자는 “선남자와 선여인은 어떻게 머무르며, 어떻게 수행하며, 어떻게 그 마음을 다스려야 합니까?”라고 번역(韓譯)하였다.

བཅོམ་ལྡན་འདས་བྱང་ཆུབ་སེམས་དཔའི་ཐེག་པ་ལ་ཡང་དག་པར་ཞུགས་པས་ཇི་ལྟར་གནས་པར་བགྱི།
ཇི་ལྟར་བསྒྲུབ་པར་བགྱི། ཇི་ལྟར་སེམས་རབ་ཏུ་བཟུང་བར་བགྱི།

It is wonderful how much the noble-minded Bodhisattvas
have been instructed with the highest instruction by the Tathâgata,
the holy and fully enlightened! How then, O Bhagavat,
should the son or the daughter of a good family,
after having entered on the path of the Bodhisattvas, behave,
how should he advance, and how should he restrain his thoughts?'

世尊 善男子善女人 發阿耨多羅三藐三菩提心 應云何住 云何降伏其心

아뇩따라삼약삼보디심 발한 마음가짐 물음

모든보살 호념하고 부촉하는 바른뜻은
사바세계 일체중생 남김없이 제도하라
그러하니 가이없고 저러하니 걸림없어
반야로서 오고가나 자취마저 전혀없다

수부띠는 선남선녀 무상정등 정각마음
머무르고 항복받아 깨달음을 얻게하려
여래참뜻 헤아려서 보살의길 내보이고
깨달음길 찾고찾아 참수행길 드러낸다

(4) 부처님께서 말씀하셨다. "훌륭하고 훌륭하도다. 수부띠야!
그대 말과 같이 여래는 모든 보살들을 잘 보살피고
보살들에게 잘 당부하느니라.

evam ukte BHAGAVĀN āyuṣmantaṃ Subhūtim etad avocat:
sādhu sādhu Subhūte, evam etad yathā vadasi.
anupa-rigṛhītās Tathāgatena bodhisattvā mahāsattvāḥ arameṇa-anugraheṇa,
parīnditās Tathāgatena bodhisattvā mahā-sattvāḥ paramayā parīndanayā.

དེ་སྐད་ཅེས་གསོལ་བ་དང་།
བཅོམ་ལྡན་འདས་ཀྱིས་ཚེ་དང་ལྡན་པ་རབ་འབྱོར་ལ་འདི་སྐད་ཅེས་བཀའ་སྩལ་ཏོ།།
རབ་འབྱོར་ལེགས་སོ་ལེགས་སོ།། རབ་འབྱོར་དེ་དེ་བཞིན་ནོ།། དེ་དེ་བཞིན་ཏེ།
དེ་བཞིན་གཤེགས་པས་བྱང་ཆུབ་སེམས་དཔའ་སེམས་དཔའ་ཆེན་པོ་རྣམས་ལ་ཕན་གདགས་པའི་དམ་པས་ཕན་
གདགས་སོ།། དེ་བཞིན་གཤེགས་པས་བྱང་ཆུབ་སེམས་དཔའ་སེམས་དཔའ་ཆེན་པོ་རྣམས་ལ་ཡོངས་སུ་གཏད་
པའི་དམ་པས་ཡོངས་སུ་གཏད་དོ།།

After the venerable Subhûti had thus spoken, Bhagavat said to him:
'Well said, well said, Subhûti! So it is, Subhûti, so it is, as you say.
The noble-minded Bodhisattvas have been favoured
with the highest favour by the Tathâgata,
the noble-minded Bodhisattvas have been instructed
with the highest instruction by the Tathâgata.

佛言 善哉善哉 須菩提 如汝所說 如來善護念諸菩薩 善付囑諸菩薩

여래 모든 보살 잘 부촉하며 당부함

모인대중 그가운데 덕이높은 연장자며
공과무상 일체도리 잘깨닫는 통찰력에
무념무주 무상무멸 금강이치 설하려고65)
세존께서 나타내어 보인소식 알았도다

해공제일 수부띠야 착하고도 착하도다
능히여래 모든보살 호념하고 부촉하여66)
그대말한 바와같이 온갖번뇌 일체고통
모든보살 남김없이 벗어나게 하느니라

(5) 자세히 듣고 마음에 잘 새겨라. 그대를 위하여 설하리라.
아뇩따라삼먁삼보디심을 낸 선남자와 선여인은
마땅히 이와 같이 머무르며, 이와 같이 그 마음을 다스려야 하느니라."

tena hi Subhūte śṛṇu sādhu ca suṣṭhu ca manasikuru,
bhāṣiṣye 'haṃ te yathā bodhisattva-yāna-samprasthitena

65) '금강반야바라밀경'의 이치는 ① '무념(**अमनअनाता** amananatā · 아마나나따-: nonthought(conceited mind) · 無念}', ② '무주{**अप्रतिष्ठित** apratiṣṭhita · 아쁘라띠슈티따: nonabidance(abiding) · 無住}', ③ '무상(**अभाव लक्षण** abhāva-lakṣaṇa · 아바-와 랄끄샤나: formlessness · 無相)', ④ '무멸(**अनिरुद्ध** aniruddha · 아니룻다: nonperishing · 無滅 · 阿那律陀)'의 사구(四句)로 요약할 수 있다.
이른바 중생들은 다섯 가지 욕망(欲望)인 ① 먹고 싶은 욕심(食欲), ② 가지고 싶은 욕심(財欲), ③ 자고 싶은 욕심(睡眠欲), ④ 유명해지고 싶은 욕심(名譽欲), ⑤ 이성을 가까이 하고 싶은 욕심(色欲)인 오욕(pañca-kāmāh: 五欲)과 일곱 가지 감정인 ① 기뻐하고(喜), ② 성내고(怒), ③ 슬퍼하고(哀), ④ 두려워하고(懼), ⑤ 사랑하고(愛), ⑥ 미워하고(惡), ⑦ 탐내는(欲) 칠정(七情) 등으로, 온갖 번뇌와 망상들을 일으키면(有念), 그 생각에 머물고(有住), 그 생각에 머무르면 상이 나타나고(有相), 그 상이 나타나면 언젠가는 없어지게 되는 것(有滅)을 반복한다.
그러나 오늘 이 순간 · 현재 이곳 · 지금 하고 있는 이 일에 정과 성을 다하여 한 생각마저 일으키지 아니하면(無念), 어떠한 생각에도 머무를 연유가 없으며(無住), 어떠한 것에도 머무르지 아니하면 어떠한 상도 나타나지 아니하고(無相), 어떠한 상도 나타나지 아니하면 멸함마저 없다(無滅). 따라서 오늘 이 순간, 지금 일을 하고 있는 현재 이곳이 곧 니르바나(涅槃)라는 것이다. 환언하면 일체의 경계에 물들지 않는 무념을 으뜸으로 삼으며(無念爲宗), 머무름 없음을 근본으로 하고(無住爲本), 상 없음을 체로 삼으며(無相爲體), 일체법이 모두 공적하여 멸함 없음(一切法空寂無滅)을 증득하면 어찌! 오늘 이 순간, 지금 일을 하고 있는 현재 이곳이 곧 니르바나가 아니랴!
66) 호념(護念)은 여래 일러 반야바라밀의 법으로 모든 보살을 보호하고 보살피는 것을 뜻하고, 부촉(付屬)이란 반야바라밀의 법으로 청하고 부탁하는 것을 의미한다.

sthātavyaṃ yathā prati-pattavyaṃ yathā cittaṃ pragrahītavyam.

རབ་འབྱོར་དེའི་ཕྱིར་ཉོན་ལ་ལེགས་པར་རབ་ཏུ་ཡིད་ལ་ཟུངས་ཤིག་དང་།
བྱང་ཆུབ་སེམས་དཔའི་ཐེག་པ་ལ་ཡང་དག་པར་བཞུགས་པས་ཇི་ལྟར་གནས་པར་བྱ་བ་དང་།
ཇི་ལྟར་བསྒྲུབ་པར་བྱ་བ་དང་། ཇི་ལྟར་སེམས་རབ་ཏུ་བཟུང་བར་བྱ་བ་ངས་ཁྱོད་ལ་བཤད་དོ།།

Therefore, O Subhûti, listen and take it to heart, well and rightly.
I shall tell you, how anyone who has entered
on the path of Bodhisanvas should behave,
how he should advance, and how he should restrain his thoughts.'

汝今諦聽 當爲汝說
善男子善女人 發阿耨多羅三藐三菩提心 應如是住 如是降伏其心

아뇩따라삼약삼보디심 발한 마음가짐 설함

잘들어서 스스로의 마음항복 받으려면
뜻과마음 정성다해 다갖추고 다비워서
상을여읜 실상반야 진여이치 계합하고
가없는몸 법계충만 보디좌를 만들어라[67]

무념으로 선남선녀 무상정각 마음내면
천만길속 바다같이 고요하고 청정하여
번뇌망상 벗어나고 앞뒤생각 걸림없어
스스로의 그마음을 다스리게 되느니라

(6) "예, 세존이시여! 즐거이 듣겠습니다."

evaṃ Bhagavann ity āyuṣmān Subhūtir Bhagavataḥ pratyaśrauṣīt.

བཅོམ་ལྡན་འདས་དེ་དེ་བཞིན་ནོ་ཞེས་གསོལ་ནས།
ཚེ་དང་ལྡན་པ་རབ་འབྱོར་བཅོམ་ལྡན་འདས་ཀྱི་ལྟར་མཉན་པ་དང་།

Then the venerable Subhûti answered the Bhagavat and said:
'So be it, O Bhagavat.'

唯然世尊 願樂欲聞

67) 보디좌(बोधिमण्ड bodhi-maṇḍa · 보디 망다: 菩提座)는 세존(世尊)이 아뇩따라삼약삼보디(無上正等正覺)를 증득한 자리(成道座)로서, 보디수 밑에 있었으므로 '보디좌'라고 한다. 무릇 보살이 이와 같이 바라밀다를 갖추고 사람들의 근기를 길러주며 바른 법을 획득하고 선근을 지니고 있는 한 그 일거수일투족(一擧手 一投足)은 모두 '보디좌'에 기인한다(維摩經 菩薩品).

수부띠 금강법문 청함

무상정각 마음을낸 수부띠가 법청하네
부처님의 무장무애 금강법문 듣게되어
들었던법 마음새겨 삿된소견 없어지고
일체의심 사라지면 니르바나 예아니리

깨달음을 얻으려고 생사해탈 원하오니
자비로서 해탈의길 어서일러 주옵소서
이곳이일 이시간에 머무름이 없사오니
여래시여 즐거웁게 금강의문 여옵소서

하
차 루한끼 자
별없이 무심으로 리앉아
평등하게 생명공양 무념무상
팔 대비구와 탁발하 선정들어 맑
만사 함께하 되 사유하 은마
천중생 고 며 음비추
근기 무 신다
방 수 심만행 오 합
편반야 부띠가 탁발 정도 른무릎 장하여
전하고 일어나 실상 반야 땅에대 공경하
자 서 펼친후 고 며
위의 에 희유
모두갖 여 넓 한일여
추고 래께서 선 고깊은 쭈었
서 모든보살 한이는 마음으로 다
중생제도 무상정등 일체보살
당부하 정각마음 부촉하
되 발하고 니
서
어떻
게 들
머 무
다스려야 르며 하나이까
해 착
공제일 하고도
수부띠야 여 착하도다
래모든
보살들을
보살피고
당부하
이와같이 여 다스리게
그마음 여래 하느니
을 시 여 라
즐 거
금 강 법 문 웁게 여 옵 소 서
법 청 수부띠가 하 다

하
루한끼
무심으로
생명공양 탁발하되
차별없이평등하게 대비구와함께하고
자리앉아무념무상 선정들어사유하며
팔만사천중생근기 맑은마음비추신다
무심만행탁발정도 진리의몸여래물론
실상반야펼친후에방편반야 아라한과정등각이모든보살
전하고자수부띠가일어나서 Vajracchedikā Prajñāpāramitā Sūtra Mantra 일체장애마음으로보호하고
오른무릎땅에대고합장하여공경하며 वज्रच्छेदिका प्रज्ञापारमिता सूत्र मन्त्र 깊고넓은은총으로일체보살부촉하며
위의모두갖추고서희유한일여쭈었다 금강반야바라밀경 진언 중생제도당부하니참으로도희유하다
여래께서모든보살중생제도당부하되 나 namo 모 모든보살호념하고부촉하는바른뜻은
넓고깊은마음으로일체보살부촉하니 바가 bhagavatī 와띠 사바세계일체중생남김없이제도하라
선한이는무상정등정각마음발하고서 쁘라즈냐 빠 prajñāpāramitāyai 라미따야이 그러하니가이없고저러하니걸림없어
어떻게들머무르며다스려야하나이까 옴 이리따 이 oṃ īrita iṣira śruta 쉬라 슈루따 반야로서오고가나자취마저전혀없다
해공제일수부띠야착하고도착하도다 위샤야 viṣaya viṣaya 위샤야 무상정각마음을낸수부띠가법청하네
여래모든보살들을보호하고보살피어 스 svāhā 와 부처님의무장무애금강법문듣게되어
이와같이그마음을다스리게 하 들었던법마음새겨삿된소견
하느니라여래시여즐거웁게 없어지고일체의심사라지면
금강법문여옵소서 니르바나에아니리
깨달음을얻으려고 생사해탈원하오니
자비로서해탈의길 어서일러주옵소서
이곳이일이시간에 머무름이없사오니
여래시여 즐거웁게
금강의문
여옵소
서

॥नमो भगवत्या आर्यप्रज्ञापारमितायै॥

॥Namo bhagavatyā āryaprajñāpāramitāyai॥

||སངས་རྒྱས་དང་བྱང་ཆུབ་སེམས་དཔའ་ཐམས་ཅད་ལ་ཕྱག་འཚལ་ལོ||

南無世尊聖般若波羅蜜多

大乘正宗分 第三

대승불교 바른 종지

THE ORTHODOX DOCTRINE OF THE GREAT VEHICLE

वज्रच्छेदिका प्रज्ञापारमिता सूत्र

Vajracchedikā Prajñāpāramitā Sūtra

༄༅། །འཕགས་པ་ཤེས་རབ་ཀྱི་ཕ་རོལ་ཏུ་ཕྱིན་པ་རྡོ་རྗེ་གཅོད་པ་ཞེས་བྱ་བ་བཞུགས་སོ།།

金剛般若波羅密經 Diamond Sūtra

금강반야바라밀경

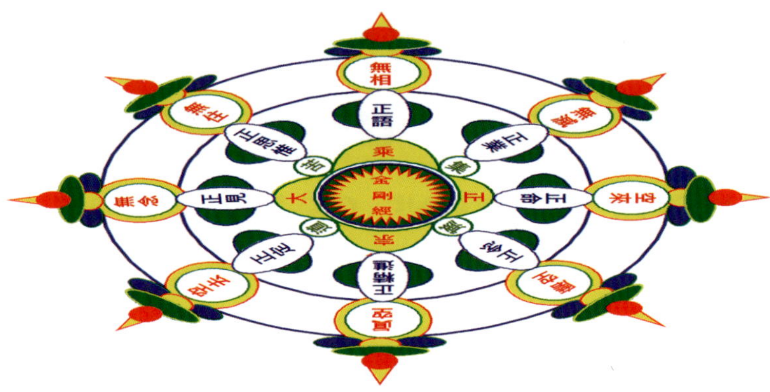

제3분. 대승불교 바른 종지

금강의문 들어가니 부처님이 이르시되
수부띠야 큰마음을 일으키는 보살들은
스스로의 마음가짐 다음같이 항복받아
난태습화 이색삼상 구류중생 제도하라

내가모두 교화하여 무여열반 들게하리
가이없고 한량없는 중생제도 서원해도
보살중생 분별없고 보살중생 본래없어
중생제도 한뒤에도 제도중생 없느니라

수부띠야 만약마음 발한어떤 보살에게
중생상이 있다하면 보살이라 할수없다
왜냐하면 수부띠야 보살에게 아상인상
중생수자 상있으면 보살아님 때문이다

나라는나 상에매여 오욕칠정 일으키고
온갖망상 모든번뇌 윤회고통 반복하니
이와같은 사상집착 참된보살 아니므로
사상집착 모두끊어 보살이라 이름한다

Vajracchedikā Prajñāpāramitā Sūtra
금강반야바라밀경(金剛般若波羅密經)

3. 대승불교 바른 종지(大乘正宗分 第三)
CHAPTER 3. THE ORTHODOX DOCTRINE OF THE GREAT VEHICLE

(1) 부처님께서 수부띠에게 말씀하셨다.
“모든 보살마하살은 마땅히 다음과 같이 그 마음을 다스려야 하느니라.
이른바 존재하는 모든 중생68)으로서,
알에서 태어나는 것, 태에서 태어나는 것, 습기에서 태어나는 것,
화현하여 태어나는 것, 형상이 있는 것, 형상이 없는 것,
생각이 있는 것, 생각이 없는 것, 생각이 있는 것도 아니고 없는 것도 아닌 것69)들을

68) 중생(**सत्त्व** sattva: སེམས་ཅན། · being · 衆生 · 有情)은 산스끄리뜨어 ‘삿뜨와(sattva)’를 음역하여 ‘살다바(薩多婆) · 살타(薩埵)’라 하고, 의역하여 ‘중생(衆生) · 유정(有情)’이라고 하였다. 중생이란 인간을 포함한 모든 생명체를 통칭하는 의미이다. 『중아함 중생경(中阿含 衆生經)』에 의하면 “중생이란 물질(色)에 집착하고 어떠한 대상을 느끼고(受) 얽매이는 사람 또는 생각하고(想) 행위하며(行) 의식하는데(識) 집착하고 얽매이는 사람이 중생이다.”라고 한다. ‘유정(有情)’이란 표현은 당나라의 현장법사(玄奘法師)가 의역한 것으로, 스스로의 마음(情識)을 가지고 살아가고 있는 것을 의미한다. 이에 대하여 정신작용이 없는 산천 · 초목 · 대지 등은 ‘무정(無情) 또는 비정(非情) · 비유정(非有情)’이라고 한다.

69) 구류중생(**नवधा सत्त्व** navadhā sattva: 九類衆生)은 사생(四生)에 속하는 ① 난생(卵生) · ② 태생(胎生) · ③ 습생(濕生) · ④ 화생(化生)과 이색(二色)에 속하는 ① 유색중생(有色衆生) · ② 무색중생(無色衆生), 그리고 삼상(三想)에 속하는 ① 유상중생(有想衆生) · ② 무상중생(無想衆生) · ③ 비상비무상중생(非有想非無想衆生)을 총칭한다.

⑴ 사생(**कडटर योनय** catasro-yonayaḥ: 四生)

① 난생(**अण्डजा योनि** aṇḍa-jā · 안다자-: སྒོ་ང་ལས་སྐྱེས་པ། · egg born · 卵生)은 ‘알로 나는 것’으로 참새 · 닭 · 거위 · 공작 · 앵무새 등의 조류를 나타낸다.

② 태생(**जरायुजा योनि** jarāyu-jā · 자라-유자-: མངལ་ནས་སྐྱེས་པ། · womb born · 胎生)은 ‘태로 나는 것’으로 소 · 돼지 · 말 · 코끼리 · 인간 등의 포유류를 의미한다.

③ 습생(**संस्वेदज योनि** saṃsveda-jā · 상스웨다자-: དྲོད་གཤེར་ལས་སྐྱེས་པ། · moisture born · 濕生)은 ‘습기에서 나는 것’으로 모기 · 지네 · 누에나방 등의 벌레와 곤충류를 말한다.

④ 화생(**औपपादुक योनि** aupapādukā yoniḥ · 아우빠빠-두까 요니히: བརྫུས་ཏེ་སྐྱེས་པ། · miraculously born. · 化生)은 ‘의탁하는 곳이 없이 생겨나는 것’으로 아무것도 없는 상태에서, 스스로의 업력으로 인해 화현하여 홀연히 생겨나는 것을 말한다.

⑵ 이색(**द्व रूप** dvá rūpa; 二色)

① 유색(**रूपीनो** rūpiṇo · 루-삐노: གཟུགས་ཅན། · with form · 有色)은 ‘형상 있는 것’이다. 욕계(慾界)의 형상을 가진 존재(지옥 · 축생 · 아귀 · 인간)인 유색중생은 현실에 집착하여 시시비비와 이해득실에 머무르며 갈등과 분쟁으로 살아감으로써, 실상 자기마음의 이치나 무상의 이치 등 이치의 세계가 존재하는 줄도 모르고 설사 안다 할지라도 그것에는 관심이 없이, 색에 해당하는 형상있는 현실 문제에만 관심을 갖는다.

② 무색(**अरूपीनो** arūpiṇo · 아루-삐노: གཟུགས་མེད · without form · 無色)은 ‘형상 없는 것’이다. 색계(色界) 및 무색계(arūpa-loka: 非色界)신들 그리고 무색계의 물질영역을 초월한 네 가지 삼매(공무변처 · 식무변처 · 무소유처 · 비상비비상처)를 증득한 이들이 가는 천상세계의 무색중생은 현실문제에 초연하고 그 이상적인 마음에만 집착하여, 현실 속에서는 복을 짓거나 덕을 베풀고 지혜를 닦으려고 하지 아니하고, 마음이 곧 부처이니(卽心是佛) 색이 없는 마음 문제에만 관심을 갖는다.

⑶ 삼상(**त्रि संज्ञिन** saṃjñin: 三想)

① 유상(**संमज्ञनो** saṃjñino · 상즈니노: འདུ་ཤེས་ཅན · with perception · 有想)은 ‘생각 있는 것’이다. 유상중생은 항상 생각을 통하여 문자를 배우고 가르치는 것에만 집착하여, 부처님의 행을 말하거나 글로 쓰고 사고(思考) 등 인식작용을 하는데 머무르며, 법문에 의지하여 수행하는 그 자리에 합일해야 하고 법문대로 살아야 한다고 하면서, 그러한 생각을 행동으로 옮겨 실천하려고 하지 않는다.

② 무상(**असंमज्ञनो** asaṃjñino · 아상즈니노: འདུ་ཤེས་མེད་པ། · without perception · 無想)은 ‘생각 없는 것’이다. 무상중생은 모든 생각은 번뇌 · 망상이고, 배우고 가르치는 것 또한 다 쓸데없는 것이라고 하며, 언어 · 문자와 배우고 가르치는 모든 것을 떠나서, 여

BHAGAVĀN etad avocat:
iha Subhūte bodhisattva-yāna-samprasthitena evaṃ cittam utpādayitavyam:
yāvantaḥ Subhūte sattvāḥ sattvadhātau sattva-saṃgraheṇa saṃgṛhītā
aṇḍa-jā vā jarāyu-jā vā saṃsveda-jā vaupapādukā vā, rūpiṇo vā arūpiṇo vā,
saṃjñino vā asaṃjñino vā naiva saṃjñino na-asaṃjñino
vā yāvan kaścit sattvadhātu-prajñapya-mānaḥ prajñapyate,

བཅོམ་ལྡན་འདས་ཀྱིས་ཚེ་དང་ལྡན་པ་རབ་འབྱོར་ལ་འདི་སྐད་ཅེས་བཀའ་སྩལ་ཏོ།།
རབ་འབྱོར་འདི་ལ་བྱང་ཆུབ་སེམས་དཔའི་ཐེག་པ་ལ་ཡང་དག་པར་ཞུགས་པས།
འདི་སྙམ་དུ་བདག་གིས་སེམས་ཅན་ཇི་ཙམ་སེམས་ཅན་དུ་བསྡུ་བས་བསྡུས་པ། སྒོ་ང་ལས་སྐྱེས་པའམ།
མངལ་ལས་སྐྱེས་པའམ། དྲོད་གཤེར་ལས་སྐྱེས་པའམ། རྫུས་ཏེ་སྐྱེས་པའམ། གཟུགས་ཅན་ནམ།
གཟུགས་ཅན་མ་ཡིན་པའམ། འདུ་ཤེས་ཅན་ནམ། འདུ་ཤེས་མེད་འདུ་ཤེས་མེད་མིན་ནམ།
སེམས་ཅན་གྱི་ཁམས་ཇི་ཙམ་སེམས་ཅན་དུ་གདགས་པས་བཏགས་པ་

Then the Bhagavat thus spoke to him:
'Anyone, O Subhûti, who has entered here
on the path of the Bodhisattvas must thus frame his thought:
As many beings as there are in this world of beings,
comprehended under the term of beings (either born of eggs,
or from the womb, or from moisture, or miraculously),
with form or without form, with name or without name,
or neither with nor without name, as far as any known world of beings is known,

佛告須菩提 諸菩薩摩訶薩 應如是降伏其心 所有一切衆生之類
若卵生 若胎生 若濕生 若化生 若有色 若無色 若有想 若無想 若非有想非無想

그 마음을 항복받는 대상

금강의문 들어가니 부처님이 이르시되
수부띠야 큰마음을 발한모든 보살들은
한량없는 구류생명 남김없이 구원하나
구제받은 중생들은 한생명도 없느니라

우주법계 구류중생 난생태생 습생화생

래의 반야바라밀을 통해 모든 중생제도를 위한 자비행을 실천하지 아니하고, 인식작용을 가지지 않는 무념무상에만 집착한다.
③ 비유상비무상(नैवसंमज्ञनो नासंमज्ञनो naiva saṃjñino na-asaṃjñino · 나이와 상즈니노 나 아상즈니노: འདུ་ཤེས་མེད། དུ་ཤེས་མེད་མིན། · with neither perception nor noperception · 非有想非無想)은 '생각이 있지도 않고 없지도 않은 것'이다. 비유상비무상중생은 유상과 무상이 모두 옳은 것이 아니라고 하며, 생각이 있는 유상에도 걸리지 않고 생각이 없는 무상에도 걸리지 않으려는 생각에 집착한다.

유색무색 유상무상 비유상과 비무상의
색계욕계 무색계의 모든중생 이끄시어[70)]
이와같이 그마음을 다스리게 하느니라

육도윤회 사생자부 구류중생 삼계도사[71)]

---

70) 삼계(त्रिधातु tridhātu · 뜨리다-뚜: 三界)는 중생들이 생사유전(生死流轉)하는 미망(迷忘)의 세계로서, 욕계 · 색계 · 무색계가 있다.

<table>
<tr><td colspan="33">삼계(त्रिधातु tridhātu: 三界)</td></tr>
<tr><td colspan="11">1. 욕계
(Kāmadhātu: 欲界)</td><td colspan="18">2. 색계
(Rūpâdhātu: 色界)</td><td colspan="4">3. 무색계
(Arūpyadhātu: 無色界)</td></tr>
<tr><td colspan="5" rowspan="2">(1) 오계
五界</td><td colspan="6">(2) 육욕천
六欲天</td><td colspan="3" rowspan="2">(1)
초선천
初禪天</td><td colspan="3" rowspan="2">(2)
이선천
二禪天</td><td colspan="3" rowspan="2">(3)
삼선천
三禪天</td><td colspan="3" rowspan="2">(4)
사선천
四禪天</td><td colspan="6" rowspan="2">(5)
정거천 정범지
淨居天 淨梵地</td><td rowspan="3">(1)
공空
무無
변邊
처處
천天</td><td rowspan="3">(2)
식識
무無
변邊
처處
천天</td><td rowspan="3">(3)
무無
소所
유有
처處
천天</td><td rowspan="3">(4)
비非
상想
비非
비非
상想
처處
천天</td></tr>
<tr><td colspan="3">지거천
地居天</td><td colspan="3">공거천
空居天</td></tr>
<tr><td>① 지옥도</td><td>② 아귀도</td><td>③ 축생도</td><td>④ 아수라도</td><td>⑤ 인간도</td><td>① 사왕천</td><td>② 도리천</td><td>③ 야마천</td><td>① 도솔천</td><td>② 화락천</td><td>③ 타화자재천</td><td>① 범중천</td><td>② 범보천</td><td>③ 대범천</td><td>① 소광천</td><td>② 무량광천</td><td>③ 광음천</td><td>① 소정천</td><td>② 무량정천</td><td>③ 편정천</td><td>① 무운천</td><td>② 복생천</td><td>③ 광과천</td><td>① 무번천</td><td>② 무열천</td><td>③ 선현천</td><td>④ 선견천</td><td>⑤ 색구경천</td><td>⑥ 대자재천</td></tr>
</table>

71) 육도(षड्गती ṣaḍgatīḥ · 샤드가띠-히: 六道)는 중생이 지은 바 업의 원인(業因)에 따라 필연적으로 윤회하는 여섯 세계인 지옥도(地獄道) · 아귀도(餓鬼道) · 축생도(畜生道) · 아수라(阿修羅道) · 인간도(人間道 · 人道) · 천상도(天上道 · 天道)를 말한다. 『아비달마구사론(Abhidharmakosa-sastra: 阿毘達磨俱舍論 · 俱舍論)』과 『능엄경(Śūraṅgama Sūtra: 楞嚴經 · 大佛頂首楞嚴經 · 大佛頂經)』 등에 의하면, 천상도는 삼계(三界) 이십팔천(二八天)이 있는데, "욕계에는 지거천(三天) · 공거천(三天)이 있고, 색계에는 초선천(三天) · 이선천(三天) · 삼선천(三天) · 사선천(三天) · 정범지 정거천(六天)이 있으며, 무색계에는 공무변천(三天) · 식무변천(三天) · 무소유천(三天) · 비상비비상천(三天)이 있다."라고 한다.

(1) 욕계(कामधातु Kāmadhātu · 까-마다-뚜: 欲界)는 첫째로 오계이자 오도(五界 · 五道)인 천상계 아래의 지옥도 · 아귀도 · 축생도 · 아수라도 · 인간도, 둘째로 육욕천(六欲天)인 천상계의 사왕천(四王天) · 도리천(忉利天) · 야마천(夜摩天) · 도솔천(兜率天) · 화락천(化樂天) · 타화자재천(他化自在天)의 총칭이다.

① 천상계 아래 오계(五界)는 식욕(食欲) · 수면욕(睡眠欲) · 음욕(淫欲)의 욕계삼욕(欲界三欲)과 물질(色) · 소리(聲) · 냄새(香) · 맛(味) · 느낌(觸)의 오경(五境)이 지배하고, 그 고통이 바다처럼 끝이 없기 때문에 고해라고 하며, 감각적 대상에 대한 탐심이 주로 일어나고, 탐욕이 많아 정신이 흐리고 거칠고, 물질에 속박되어 가장 어리석은 중생이 사는 물질과 정신이 모두 존재하는 세계이다.

② 천상계의 육욕천(六欲天)은 욕락(欲樂)을 누리고, 욕계 중에는 가장 높은 하늘이다.
천상계의 육욕천(六欲天)에는 첫째로 지거천(地居天)에 속하는 사왕천 · 도리천 · 야마천이 있다.

가) 사왕천(चतुर्महाराज देव Caturmahārāja-deva: 四王天 · 四大王天)은 불교의 우주관에서 세계의 중심이 되는 수미산(須彌山)의 중턱에 위치하고 있으며, 동에는 지국천(持國天) 서에는 광목천(廣目天) 남에는 증장천(增長天) 북에는 다문천(多聞天 · 大悲多聞天)의 네 개의 하늘(四天)이 있으며, 각각의 하늘은 천왕이 다스리며 팔부신장(八部神將 · 八部衆)들을 거느리고 불교에 귀의한 신자들을 수호하는 역할을 맡고 있다.

나) 도리천(त्रायस्त्रिंश Trāyastriṃśa: 忉利天 · 多羅夜登陵舍)은 수미산의 정상에 위치하고 있으며, 수미산 정상에는 사방에 각 8,000성(八天城)이 있으며, 중앙에는 제석천(帝釋天)이 머무는 선견성(善見城)이 있어 이를 모두 합치면 33성이 되어 삼십삼천(三十三天)이라고 하고, 부처님은 마야(摩耶) 부인인 어머니가 죽은 뒤에 다시 태어난 이곳에서 어머니를 위해 3개월 동안 설법했다고 한다.

다) 야마천(यामा भुवन Yamâdhipatya: 夜摩天 · 須夜摩天 · 焰摩天)은 수미산 정상에 있는 도리천(忉利天) 위의 공간에 위치하며, 이 하늘은 염마천왕이 다스리며 이곳의 하루 밤낮은 인간 세상의 200년에 해당하고, 이곳에 사는 신들의 수명은 2,000세로 인간계의 나이로 환산하면 14억400만년이 된다.
천상계의 육욕천(六欲天)에는 둘째로 공거천(空居天)에 속하는 도솔천 · 화락천 · 타화자재천이 있다.

가) 도솔천(तुषिता Tusita: 兜率天 · 知足天)은 수미산의 정상에서 12만 유순(由旬) 위에 위치하고 있다고 하며, 미륵보살의 정토로서 내원궁(內院宮)이라고 부르는 내원(內院)과 수많은 천인들이 즐거움을 누리는 외원(外院)으로 구성되어 있는데, 이 내원궁은 석가모니가 인도에 태어나기 직전까지 머무르면서 중생교화를 위한 하생(下生)의 때를 기다렸던 곳이다. 미래불(未來佛)인 미륵보살은 현재 이 내원궁에서 설법하면서 남섬부주(南贍部洲)에 하생하여 성불(成佛)할 때를 기다리고 있다고 한다. 미륵상생도솔천경(彌勒上生兜率天經)에 의하면, 바라나시국의 칼파리촌에서 태어난 한 브라흐만계급의 아들인 미륵은 부처의 제자가 되어 교화를 받고 마침내 도솔천에 태어나는 영광을 얻어, 이곳에서 미륵은 4,000세, 인간의 나이로 56억 6,700만 년을 보낸 뒤 지상으로 내려와 성불한다고 한다.

자비로운 어버이로 쉼이없이 이끄시니[72]
석가세존 당부말씀 이와같이 깊이새겨
큰마음을 발한보살 그마음을 항복받네

구류중생 온갖번뇌 온갖망상 발하는곳
우리마음 그속에서 찾는다면 보살이여
생긴형상 있든없든 생각들이 있든없든

나) 화락천(निर्माणरतिदेव Nirmāṇaratideva: 化樂天·化自在天·化自樂天)은 5욕의 경계를 스스로 변화하여 즐긴다. 화락천의 궁전은 풍륜에 떠 바치어 허공중에 있으며, 스스로 교묘한 즐거움의 경지를 만들어 내어 누리는 신들이나 그러한 세계를 말하며, 이곳에서의 하루는 인간계의 800년에 상당하고, 수명은 8,000세라고 한다.

다) 타화자재천(परिनिर्मितवशवर्ती Parinirmita-vaśavartin: 他化自在天·他化天·波羅維摩婆奢)은 욕계의 가장 높은 곳에 위치하고 있으며 타화자재천의 궁전도 풍륜에 떠받치어 허공중에 있으며, 다른 이로 하여금 자재하게 오욕경계(五慾警戒)를 변화하게 하고, 남이 변화한 바를 도리어 모아서 자신의 쾌락으로 삼는다. 욕계 안에서는 홀로 자재(自在)함을 얻으며, 천왕의 이름도 자재(自在)이다. 『누탄경(樓炭經·大樓炭經)』에서는 "생각만 하면 곧 이루어진다."라고 하였으며, 『삼법도경(三法度經)』에서는 "여인과 함께 하면서 깊이 음욕심을 내어 마주 보면 음행이 이루어지며, 만약 한쪽이라도 음욕심이 없으면 이루어지지 않고 즐겁기만 한 것이 마치 인간이 서로 포옹하여 있는 것과 같을 뿐이다."라고 한다. 마치 다른 사람의 변화한 바를 나타내는 것과 같기 때문에 타화(他化)라고 말한다. 그 하늘에 처음 태어나면 인간의 일곱 살 되는 아이만큼 하며, 스스로가 숙명(宿命)을 아는데, 그것은 보시하고 계율을 지니고 악을 버렸기 때문이다. 다른 세계에서 만들어 낸 욕망의 대상을 자유자재로 수용하여 즐거움을 누리는 세계를 의미한다. 이 하늘에 사는 사람의 키는 3리(里), 수명은 16,000세, 이 하늘의 1주야(晝夜)는 인간의 1,600년에 해당한다.

(2) 색계(रूपधातु Rūpadhātu·루-빠다-뚜: 色界)는 비록 욕심은 떠나 선정의 마음이 주로 일어나지만 아직 마음에 맞지 않는 미세한 물질에 대해 거부감을 일으키는 미세한 정신으로 진심(瞋心)과 치심(癡心)이 남아있는 중생들이 사는 세계이다. 모두 하늘나라에 속하는 색계는 초선천(初禪天)·이선천(二禪天)·삼선천(三禪天)·사선천(四禪天)·정거천 정범지(淨居天 淨梵地)에 십팔천(十八天·十八生處)이 있다.

① 초선천(初禪天)에는 범중천(ब्रह्मपरिषद Brahmapāriṣadya: 梵衆天)·범보천(ब्रह्मपुरोहिता Brahmapurohita: 梵輔天)·대범천(महाब्रह्मा Mahābrahmā: 大梵天)이 있다.

② 이선천(二禪天)에는 소광천(परीत्ताभ Parīttābha: 少光天)·무량광천(अप्रमानभ Apramāṇābha: 無量光天)·광음천(अभासभारा Ābhāsvara: 光音天)이 있다.

③ 삼선천(三禪天)에는 소정천(परीत्तशुभ Parīttaśubha: 少淨天)·무량정천(अप्रमाणशुभ Apramāṇaśubha: 無量淨天)·변정천(महाब्रह्मा Śubhakṛtsna: 遍淨天)이 있다.

④ 사선천(四禪天)에는 무운천(अनभ्रक Anabhraka: 無雲天)·복생천(पुण्यप्रसभ Puṇyaprasava: 福生天)·광과천(भ्रतफल Bṛhatphala: 廣果天)이 있다.

⑤ 정거천 정범지(淨居天 淨梵地)에는 무번천(अभ्रह Avṛha: 無煩天)·무열천(अताप Atapa: 無熱天)·선현천(सुर्दशन Sudarśana: 善現天)·선견천(Sudṛśa: 善見天)·색구경천(अकनिष्ठ Akaniṣṭha: 色究竟天)·대자재천(महेश्वर Maheśvara: 大自在天)이 있다.

(3) 무색계(आरूप्यधातु Ārūpyadhātu·아-루-삐야다-뚜: 無色界)는 탐욕과 진심이 모두 사라져서 물질의 영향을 받지는 않지만, 아직 '나'라는 생각을 완전히 버리지 못하는 데서 일어나게 되는 정신적 걸림돌이 되는 치심이 남아있는 세계로서, 중생이 사는 세계 가운데 가장 깨끗한 세계이며, 미세한 자아의식으로 인한 어리석음만 떨쳐버리면 완전히 해탈하여 부처님의 경지에 이르게 된다고 한다. 이 무색계에는 사공천(四空天)이 있다.

① 제일천(第一天)인 공무변천(आकाशानन्त्यायतन Ākāśānantyāyatana: 空無邊天·無邊空處)은 욕계와 색계의 모든 물질적 형태로부터 벗어나 선정을 가로막는 모든 생각이 없어 허공의 자재함이 가없다는 이치를 알고 수행하여 태어나는 곳이다.

② 제이천(第二天)인 식무변천(विज्ञानायातन Vijñānānantyāyatana: 識無邊天·無邊識處)은 색계와 욕계의 모든 욕망을 떠나고 공무변천를 넘어서 마음이 고정되어 움직이지 아니하고 삼세(三世)의 식(識)이 정중(定中)에 나타나니, 청정(淸淨)하고 적정(寂靜)한 과보가 있어 정신적으로 사는 곳이다.

③ 제삼천(第三天)인 무소유천(आकिंचन्यायतन Ākiṃcanyāyatana: 無所有天·無所有處)은 식무변천를 넘어서 일체가 무소유임을 알고 선정(禪定)을 얻어, 그 수행의 힘으로 태어나는 곳이다.

④ 제사천(第四天)인 비상비비상천(नैवसंज्ञानासंज्ञायतन Naivasaṃjñānāsaṃjñāyatana: 非想非非想天·非想非非想處)은 삼계(三界) 중에서 가장 높은 천계이다. 그 하위의 천계와 같은 거친 생각이 없으므로 생각을 떠난 것도 아니다. 그렇다고 미세한 생각이 없는 것이 아니므로 비상(非想)이며 생각이 없다는 것을 떠난 것도 아닌 비비상(非非想·非無想)의 세계이다. 생사가 있는 경지 중 최상의 경지이나 아주 극히 미세한 생각마저 없는 것은 아니므로 완전한 열반은 아니다. 그러하나 일반 인도사상에서는 진실한 열반처(眞實之涅槃處)라고 한다.

72) 석가모니부처님을 구류중생이 있는 욕계·색계·무색계의 삼계도사(三界導師)이며, 육도를 윤회하는 사생자부(四生慈父)로서, 중생을 열반(निर्वाण Nirvāṇa·니르와나: 涅槃·解脫)의 세계로 인도하는 위대한 스승이라고 하였다.

다여의고 이들불성 있는지를 일러봐라

(2) 내가 모두 교화하여 남김없이 열반에 들도록 제도하리라고 발원하라.
이와 같이 한량없이 많은 중생들을 다 제도했지만,
실은 한 중생도 제도한 바 없느니라.

te ca mayā sarve 'nupadhiśeṣe nirvāṇadhātau parinirvāpayitavyāḥ.
evam aparimāṇan api sattvān parinirvāpya
na kaścit sattvaḥ parinirvāpito bhavati.

དེ་དག་ཐམས་ཅད་ཕུང་པོ་ལྷག་མ་མེད་པའི་མྱ་ངན་ལས་འདས་པའི་དབྱིངས་སུ་ཡོངས་སུ་མྱ་ངན་ལས་བཟླའོ༎
དབྱིངས་སུ་ཡོངས་སུ་མྱ་ངན་ལས་བཟླའོ༎
དེ་ལྟར་སེམས་ཅན་ཚད་མེད་པ་ཡོངས་སུ་མྱ་ངན་ལས་འདས་ཀྱང་།
སེམས་ཅན་གང་ཡང་ཡོངས་སུ་མྱ་ངན་ལས་ འདས་པར་འགྱུར་བ་མེད་དོ་སྙམ་དུ་སེམས་བསྐྱེད་པར་བྱའོ༎

all these must be delivered by me in the perfect world of Nirvâ*n*a.
And yet, after I have thus delivered immeasurable beings,
not one single being has been delivered. And why?
If, O Subhûti, a Bodhisattva had any idea of (belief in) a being,
he could not be called a Bodhisattva (one who is fit to become a Buddha).

我皆令入無餘涅槃而滅度之 如是滅度無量無數無邊衆生 實無衆生得滅度者

무여열반 제도 발원하고
제도해도 한 중생도 제도한 바 없어야

내가모두 교화하는 대승불교 바른종지
크고넓은 마음으로 중생제도 서원하니
세세생생 중생교화 한시라도 쉬겠는가
한량없는 많은중생 남김없이 제도하리

남김없는 제도위해 보살심을 발하나니
미혹중생 마음속엔 제도중생 있다하나
보살중생 구별없고 부처중생 본래없어
중생제도 한뒤에는 제도중생 없느니라

니르바나 유일한길 중생구제 그길이라
모든중생 구제하면 분별망상 본래없어
제도해도 제도했단 생각마저 없노라니

**(3) 수부띠야! 만약 보살에게 중생상이 있으면 보살이라고 할 수 없다.
왜냐하면 수부띠야! 만약 보살에게 아상 · 인상 · 중생상 · 수자상[73]이
있으면 이는 곧 보살이 아니기 때문이니라.”**

tat kasya hetoḥ? sacet Subhūte bodhisattvasya sattva-saṃjñā pravarteta,
na sa bodhisattva iti vaktavyaḥ.[74]
tat kasya hetoḥ? na sa Subhūte bodhisattvo vaktavyo
yasya-ātma-saṃjñā pravarteta,
sattva-saṃjñā vā jīva-saṃjñā vā pudgala-saṃjñā vā pravarteta.

དེ་ཅིའི་ཕྱིར་ཞེ་ན། རབ་འབྱོར་གལ་ཏེ་བྱང་ཆུབ་སེམས་དཔའ་སེམས་ཅན་དུ་འདུ་ཤེས་འཇུག་ན།
དེ་བྱང་ཆུབ་སེམས་དཔའ་ཞེས་མི་བྱ་བའི་ཕྱིར་རོ༎
དེ་ཅིའི་ཕྱིར་ཞེ་ན། རབ་འབྱོར་གང་སེམས་ཅན་དུ་འདུ་ཤེས་འཇུག་གམ།
སྲོག་ཏུ་འདུ་ཤེས་འཇུག་གམ། གང་ ཟག་ཏུ་འདུ་ཤེས་འཇུག་ན།
དེ་བྱང་ཆུབ་སེམས་དཔའ་ཞེས་མི་བྱ་བའི་ཕྱིར་རོ༎

---

73) 상(संज्ञ saṃjñā: 相 · 想)은 산스끄리뜨어 ‘saṃjñā(상즈냐-)’를 구마라집 · 보디류지와 동일하게 저자는 상(相)으로 진제 · 달마급다 · 현장 · 의정은 상(想)으로 각각 의역하였다. 상(相)에는 ‘아상(我相) · 인상(人相) · 중생상(衆生相) · 수자상(壽者相)’의 사상(四相)이 있다.

(1) ‘아상(आत्मा संज्ञा ātma-saṃjñā · 아-뜨마 상즈냐-: 我相 · 我想)’은 산스끄리뜨어 ‘아뜨마 상즈냐(ātma-saṃjñā)’를 의역하여 ‘자아중심 생각’으로, ‘자아라고 생각하고 믿으며 집착하는 관념’을 나타내며, 아상(我想: 의정)이라고도 한다.

(2) ‘인상(पुद्गल संज्ञ pudgala-saṃjñā · 뿌드갈라 상즈냐-: 人相 · 人想 · 受者想 · 更求趣想 · 補特伽羅想)’은 산스끄리뜨어 ‘뿌드가라 상즈냐(pudgala-saṃjñā)’를 의역하여 ‘인간중심 생각’으로, ‘개인으로서의 인격을 가진 인간을 생각하고 믿으며 집착하는 관념’을 나타내며, 인상(人想: 의정) · 갱구취상(更求趣想) 또는 음역하여 보특가라상(補特伽羅想: 현장)이라고도 한다.

(3) ‘중생상(सत्त्व संज्ञा sattva-saṃjñā · 삿뜨와 상즈냐-: 衆生相 · 衆生想 · 有情想:)’은 산스끄리뜨어 ‘삿뜨와 상즈냐(sattva-saṃjñā)’를 의역하여 ‘중생중심 생각’으로, ‘깨달음을 이루지 못한 존재하는 모든 생명체를 생각하고 믿으며 집착하는 관념’을 나타내며, 개체(個體)라는 생각으로 유정상(有情想: 현장) · 중생상(衆生想: 의정)이라고도 한다.

(4) ‘수자상(जीव संज्ञा jīva-saṃjñā · 지와 상즈냐-: 壽者相 · 壽者想 · 壽想 · 命者想)’은 산스끄리뜨어 ‘지와 상즈냐(jīva-saṃjñā)’를 의역하여 ‘생명(영혼)중심 생각’으로, ‘생명 · 목숨이나 영혼을 생각하고 믿으며 집착하는 관념’을 의미하며, 명자상(命者想: 현장) · 수자상(壽者想: 진제 · 의정)이라고도 한다.

74) 산스끄리뜨어의 “tat kasya hetoḥ(따뜨 까시야 헤또호)? sacet Subhūte(사쩨뜨 수부-떼) bodhisattvasya sattva-saṃjñā pravarteta(보디삿뜨와시야 삿뜨와 상즈냐 쁘라와르떼따), na sa bodhisattva iti vaktavyaḥ(나 사 보디삿뜨와 이띠 왁따위야하).”라는 문장의 의미를 번역하면 다음과 같다.

이 문장의 내용은 “‘그것{tat(tad) · 따뜨: དེ། · it · 彼}’, ‘무슨{kasya(kim) · 까시야: ཅི། · why · 何 · 什么}’, ‘이유 · 원인(hetoḥ(hetu) · 헤또호: ཕྱིར། · so · 因)?’, ‘만약 · 만일(sacet · 사쩨뜨: གལ་ཏེ། · if · 若)’, ‘수부띠여{Subhūte(Subhūti) · 수부-떼: རབ་འབྱོར་ · 善現 · 須菩提}’, ‘보살에게{bodhisattvasya(bodhisattva) · 보디삿뜨와시야: བྱང་ཆུབ་སེམས་དཔའ། · 菩薩}’, ‘중생상(sattva-saṃjñā · 삿뜨와 상즈냐: སེམས་ཅན་དུ་འདུ་ཤེས། · perception of a being · exist the idea of a being · 衆生相 · 衆生想)’, ‘생긴다면(pravarteta · 쁘라와르떼따: འཇུག · take place · 轉)’, ‘안 된다(na · 나: མི། · not · 不 · 非)’, ‘그는{sa(saḥ) · 사: དེ། · he · 彼}’, ‘보살에게(bodhisattva · 보디삿뜨와: བྱང་ཆུབ་སེམས་དཔའ། · 菩薩)’, ‘이른바 · 라고(iti · 이띠: ཞེས། · 所謂)’, ‘말해져서는(vaktavyaḥ · 왁따위야하: ཞེས་བྱ་བ། · call · 說).’”라는 뜻이다.

이러한 구절을 현장은 ‘何以故 善現 若諸菩薩摩訶薩 有情想轉 不應說名菩薩摩訶薩(하이고 선현 약제보살마하살 유정상전 불응설명보살마하살)’이라고, 의정은 ‘何以故 妙生 若菩薩有衆生想者 則不名菩薩(하이고 묘생 약보살유중생상자 즉불명보살)’이라고, 보디류지는 ‘何以故 須菩提 若菩薩有衆生相卽非菩薩(하이고 수부띠 약보살유중생상즉비보살)’이라며, 진제는 ‘何以故 須菩提 若菩薩有衆生想 不應說名爲菩薩(하이고 수부띠 약보살유중생상 불응설명위보살)’이라고, 달마급다는 ‘彼何所因 若善實 菩薩摩訶薩 衆生想轉 不彼菩薩摩訶薩名說應(피하소인 약선실 보살마하살 중생상전 불피보살마하살명설응)’이라며 각각 번역하였다.

이러한 내용들을 종합적으로 분석 · 검토하여, 저자는 “수부띠야! 만약 보살에게 중생상이 있으면 보살이라고 할 수 없다{何以故 須菩提 若諸菩薩有衆生相 卽非菩薩(하이고 수부띠 약제보살유중생상 즉비보살)}.”이라고 번역(韓譯 · 漢譯)하였다.

And why? Because, O Subhûti, no one is to be called a Bodhisattva,
for whom there should exist the idea of a being,
the idea of a living being, or the idea of a person.'

何以故 須菩提 若諸菩薩有衆生相 即非菩薩[75]
何以故 須菩提 若菩薩有我相人相衆生相壽者相卽非菩薩

사상 있으면 보살 아님

중생제도 유일한길 보시행이 제일이라
보시행은 중생공경 보살마음 그것이니
사바세계 중생들이 탐진치를 항복받아[76]
네가지상 머뭄없는 참된보살 아니되리

나라는나 상에집착 모든번뇌 일으키고
온갖망상 낳게하여 윤회고통 반복한다[77]

---

75) 저자번역{漢譯: 주) 74} 참조.

76) 탐진치(貪瞋癡)는 삼독심(त्रिदुस्त tri-duṣta、뜨리 두슈따: 三毒心)인 탐심(貪心)・진심(瞋心)・치심(癡心)을 의미한다.

⑴ 탐심(लोभ lobha・로바: 貪心・貪慾心・執着心・慾心)은 탐내는 마음으로, 양심 없음・수치심 없음・들뜸과 함께 탐욕과 사견 또는 자만이 함께 하며, 관용(寬容)과 보시로써 줄여 나갈 수 있다.

⑵ 진심(दोष doṣa・도샤: 瞋心・瞋恚心・憤怒心・嫌惡心・嫉妬心・後悔心)은 성내는 마음으로, 다른 사람 마음을 바탕으로 원하는 대상을 얻지 못하는 자만이 함께 하며, 인과(因果)의 원리를 체득함으로써 제거할 수 있다.

⑶ 치심(मोह móha・모하: 癡心・無明心・無智心・迷惑心・妄想・眩惑)은 어리석은 마음으로, 사성제(四聖諦・苦集滅道)를 모르는 자만이 함께 하며, 자신의 수행을 통하여 지혜를 증득(智慧證得)하면 자연스럽게 사라진다. 삼독심으로 인한 악업이 매우 많은 가운데, 그 중 탐욕(貪慾・貪心)으로 인하여 많은 악업을 지으면 아귀계에 태어나고 어리석음(癡心)과 분노(憤怒・瞋心)로 인하여 극악 한 업을 지은 자는 지옥에 떨어지게 된다고 한다.

77) 윤회(संसार saṃsāra・상사-라: 輪廻)는 중생이 깨달음을 증득하지 못하고, 사바세계에서 자신이 태어나서 지은 선업(कुशल कर्म kuśala-karma・꾸샬라 까르마: 善業)과 악업(अकुशल कर्म akuśalāḥ-karma・아꾸샬라-하 까르마: 惡業) 그리고 무기업(अव्याकृत कर्मन avyākṛta-kárman・avyākṛtaṃ-karma・아위야-끄리따 까르만: 無記業)에 따라 사후에 육도(六道)에 태어나게 되는 것을 말한다. 육도(षड्गती ṣaḍgatīḥ・샤드가띠-히: 六道)에는 삼선도와 삼악도가 있다. 자신이 지은 업에 따라서, 선행을 지어 그 업이 가벼우면 삼선도(三善道・三輕道・三輕趣)인 천도(천상도)・아수라도・인도(인간도)에 가게 되고, 악업을 행하여 그 업이 무거우면 삼악도(三惡道・三重道・三輕趣)인 지옥도・아귀도・축생도에 가게 되어 육도윤회(六道輪廻・六趣輪廻)를 하게 된다. 이와 같은 육도윤회에서 벗어나기 위해서는 모든 상을 여의고 생사해탈을 해야 한다.

⑴ 천도(देव गति deva-gati・데와 가띠: 天道)는 삼선도(三善道) 가운데에서 가장 좋은 곳이다. 욕계(欲界)・색계(色界)・무색계(無色界)의 이십팔천(二十八天)으로 되어 있으며, 사바세계의 중생들이 오계를 지키고 상품(上品)의 십선업(十善業)의 인을 닦으면 육욕천에 태어나고, 선정을 닦으면 색계・무색계에 태어나 천인이 된다고 한다. 이 천인에게는 즐거움만 있을 뿐 괴로움이 없는 것으로 묘사되기 때문에 천당에 가기를 원하나, 천복은 한계가 있는 것이다. 복력을 누리고 나면 그 복이 소모되어 다시 타락하게 된다. 그리고 숙세의 업에 따라 다시 과보를 받는 육도윤회를 벗어나지 못한다.

⑵ 인도(मनुष्य गति manusya-gati・마누시야 가띠: 人道)는 삼선도(三善道) 가운데에서 두 번째 좋은 곳이다. 인간세계로 되어 있으며, 오계(五戒)를 지키고 중품(中品)의 십선업(十善業)의 인을 닦으면 세계에 태어나 인간이 된다고 한다. 인간이 세상에 태어나면 삼악도의 고통만 있는 것도 아니고, 천상에 태어난 것처럼 복락만 누리는 것도 아니다. 인간의 세상에는 우리들이 잘 알고 있는 것처럼 괴로움과 즐거움이 뒤섞여, 괴로움 속에도 즐거움이 있으며, 즐거움 속에도 괴로움이 혼재하고 있는 것이다. 사람 몸으로 악업을 지음에도 가장 극악할 수 있기 때문에 지옥도나 아귀도・축생도에 떨어질 수도 있고, 선업을 지음에 있어서도 최상승의 선업을 지을 수 있고 계율을 지키며 출가하거나 수행을 통하여 선정에 들어 위없는 바른 깨달음을 얻거나 천도의 이십팔천(二十八天)에 태어 날 수 있는 곳이 곧 인간세상인 인도라는 것이다. 이는 한없이 많고 많은 생명체 중에서 “사람 몸 받기가 힘들고(人身難得), 또한 부처님 법을 만나기가 더 어렵다(佛法難逢).”라는 말씀이 시사하는 바와 같다.

⑶ 아수라도(आशु गति āśura-gati・아-슈라 가띠: 阿修羅道)는 삼선도(三善道) 가운데에서 세 번째 좋은 곳이다. 천복은 지어서 누리지만 천덕을 짓지 않았기 때문에, 성이 나면 걷잡을 수 없이 서로 헐뜯고 미워하며 싸우기 좋아하고, 공격적이며 시기심과 교만

육체의나 나아니고 마음의나 나아니니
제도함이 없다는데 나와남이 있겠는가

중생중심 생각으론 깨달음을 못이루니
중생상에 집착하면 보살이라 할수없다
아상인상 중생물론 수자상에 머물러도
사상믿고 집착하여 보살아님 때문이다

경전속의 중생이름 중생제도 방편시설
중생제도 한다는상 머무르면 보살없다
살아간다 집착하나 삶죽음도 고통이라78)

심으로 포악해져 악한 마음이 제거되지 아니하는 업으로 태어나 아수라가 된다고 한다. 이 아수라는 인간과 천상 등 육도에 고루 분포가 되어 있으며, 범부가 계율을 잘 지키고 보시 공덕을 지었으나 다만 화내는 마음을 다스리지 못했기 때문에 화내는 마음이 불길같이 일어나며 아만심이 높고 강하며, 악한 마음이 제거되지 않은 것이다. 항상 싸우기를 좋아하는 무리는 아수라도의 중생으로 태어난다고 한다. 『능엄경(楞嚴經)』 제9권에 아수라는 귀신·축생·인간·천상의 사도(四道)에 분포되어 있다고 하며 수생방식은 생물이 태어나는 네 가지 형태인 난생(卵生)·태생(胎生)·습생(濕生)·화생(化生)의 사생(四生)에 모두 있다고 한다.

(4) 축생도(तिर्यग्योनि गति Tiryagyōni-gati·띠리야기요-니 가띠: 畜生道)는 삼악도(三道) 가운데에서 세 번째 고통스러운 곳이다. 인간을 제외한 모든 동물세계가 이에 속하며, 『천태사교의(天台四敎儀)』에 의하면, 축생의 업인 우치(愚癡)와 탐욕(貪欲)으로 인하여 중품(中品)의 오역죄(五逆惡)와 십악(十惡)을 지어 태어나 축생이 된다고 한다. 이 축생은 품성이 우치하고 자립이 불능하며, 사람에 의하여 양육되기도 한다. 그들의 벌레·곤충·조류·어류·포유류 온갖 동물의 미세 생명체를 통칭하며, 『정법염처경(正法念處經)』에서는 축생 중생의 수는 모두 34억 종에 이른다고 한다. 약육강식이 지배하기도 하고, 육상·해상·공중·지중 등에 살고 있고 축생의 형태나 안색, 사는 곳, 사는 모습이나 수명은 모두 각양각색이다.

(5) 아귀도(प्रेत गति preta-gati·쁘레따 가띠: 餓鬼道)는 삼악도 가운데 두 번째 고통스러운 곳이다. 하품(下品)의 십악업(十惡業) 또는 간탐(慳貪)·질투·아첨·사기 등으로 악업을 지어 태어나 아귀가 된다고 한다. 이 아귀는 목마르고 배고픈 고통을 받는 중생계로서, 항상 타인을 향하여 음식을 구하여 생명을 이어가면서도 많은 공포심을 느낀다는 것이다. 전생에 탐심으로 인하여, 베풀지 않고 율의를 깨뜨리며 보살계를 범하는 등의 악업을 지은 과보로서, 아귀의 형상은 추악하고, 사지 마디마다 부서진 수레처럼 삐거덕거리는 소리가 나고 입에서 불이 나오고 목구멍은 바늘로 덥힌 것과 같다는 것이다. 아귀는 크게 무재아귀·소재아귀·다재아귀의 세 종류가 있다. 무재아귀(無財餓鬼)는 먹으려고 하는 것은 모두 불로 변해 버려 아무것도 먹지 못하는 아귀이며, 소재아귀(小財餓鬼)는 피·고름이나 똥·구토물 등의 더러운 것만을 먹는 아귀이며, 다재아귀(多財餓鬼)는 산림과 묘나 사당의 신이 되어 제사품이나 인간이 고사 등을 지내고 먹다 남은 음식이나 찌꺼기만을 먹는 아귀이다.

(6) 지옥도(नरक गति 'naraka-gati·나라까 가띠: 地獄道)는 삼악도(三道) 가운데에서 첫 번째 고통스러운 곳이다. 분노의 마음을 일으켜 살생·살인 등 타인에게 해를 입히는 등의 악업을 지어 태어나서 지옥중생이 된다고 한다. 이 지옥에는 근본지옥(根本地獄: 十六地獄)·근변지옥(近邊地獄)·고독지옥(孤獨地獄)의 십팔지옥(十八地獄)이 있다. 근본지옥인 십육지옥에 관하여, 『대비파사론(大毘婆娑論』·『아비달마대비파사론(阿毘達磨大毘婆娑論)』에 의하면, 지옥은 크게 뜨거운 불길로 형벌을 받는 팔열지옥(八熱地獄)과 혹독한 추위로 형벌을 받는 팔한지옥(八寒地獄)으로 양분하고 있다. 먼저 팔열지옥으로는 ① 등활지옥(等活地獄: 살생죄인 가는 지옥), ② 흑승지옥(黑繩地獄: 살인·절도·사악한 설법·자살하는 사람 돌보지 않은 죄인 가는 지옥), ③ 중합지옥(衆合地獄: 살인·절도·사음한 죄인 가는 지옥), ④ 규환지옥(叫喚地獄: 살생·절도·음행·음주한 죄인 가는 지옥), ⑤ 대규환지옥(大叫喚地獄: 오계 범한 죄인 가는 지옥), ⑥ 초열지옥(焦熱地獄: 오계 범하고 삿된 견해 일으킨 죄인 가는 지옥), ⑦ 대초열지옥(大焦熱地獄: 오계 범하고 삿된 견해 일으키며 비구니 범한 죄인 가는 지옥), ⑧ 무간지옥(無間地獄·阿鼻焦熱地獄·阿鼻地獄: 오역죄(五逆罪)중 하나 범함·인과무시·절이나 사찰 탑 파괴·불법수행비방·시주받은 물건 사적용도 낭비·아라한 살해·비구니 강간한 죄인 가는 지옥)이 있다. 다음으로 팔한지옥으로는 ① 알부타지옥(頞浮陀地獄), ② 니라부타지옥(尼剌部陀地獄), ③ 알찰타지옥(頞哳陀地獄), ④ 학학파지옥(郝郝婆地獄), ⑤ 호호파지옥(虎虎婆地獄), ⑥ 올발라지옥(嗢鉢羅地獄), ⑦ 발특마지옥(鉢特摩地獄), ⑧ 마하발특마지옥(摩訶鉢特摩地獄)이 있다. 지옥도 중에서 가장 고통이 심한 곳은 팔열지옥 중에서 무간지옥이라 하며, 아비지옥이라고도 한다. 『지장경(地藏經)』, 「관중생업연품(觀衆生業緣品)」에서는 이 무간지옥을 ① 공간적으로 지옥이 꼭 차서 움직일 수 없고, ② 시간적으로 억겁이 지나도 구출될 기약 없으며, ③ 형벌기구가 다양하여 고초가 쉴 새 없고, ④ 육도의 모든 범부중생이 업에 따라 받는 것이 같으며, ⑤ 고통이 끊임없이 이어지므로 오무간지옥(五無間地獄)이라고 한다.

78) "살아간다. 집착하나, 삶과 죽음도 고통이다."라는 의미는 살아가면서 집착(集)함으로서 고통(苦)이 따르고, 이러한 고통을 멸(滅)하기 위해서는 바른 도(道)를 수행해나가야 한다는 사성제(四聖諦)의 이치가 내재되어 있다.

사성제(चत्वारि आर्यसत्यानि catvāri āryasatyāni·짜뜨와-리 아-리야사띠야-니: 四聖諦)는 부처님이 인도 우루빌바(Uruvilva)의 나이란자나강(नैरञ्जना नदी Nairanjana: 尼蓮禪河) 기슭의 보디수나무 밑에서 정각을 이룬 후 바라나시 인근 이시빠따나(Isipatana, 仙人

생명집착 마저끊어 보살이라 이름한다

住處)의 녹야원(Migadāya · 미가다-야: 鹿野苑)에서, 아-즈냐따까운딘냐(आज्ञातकौण्डिन्य Ājñātakauṇḍinya: 阿若僑陳如 · 僑陳如), 바드리까(भद्रिका Bhadrika, 跋提梨迦 · 跋提伽 · 婆提 · 仁賢 · 小賢), 바-슈빠(बाष्प Bāṣpa: 婆師婆 · 婆敷 · 氣息 · 長氣), 아슈와지트(अश्वजित aśvajit: 馬勝 · 馬師 · 阿說示), 마하-나-만(महानामन् Mahānāman: 摩訶那摩 · 摩訶男 · 大名 · 大號)이라고 하는 다섯 제자들에게 '최초로 설한 법(初轉法輪)'의 내용이다. 초전법륜의 네 가지 진리인 사성제는 생사와 열반의 인과에 관한 진실이다.

사성제(चत्वारि आर्यसत्यानि catvāri āryasatyāni: 四聖諦)				
1. 사제(四諦)	고성제 苦聖諦 · 苦諦 Duḥkha-satya	집성제 集聖諦 · 集諦 Samudaya-satya	멸성제 滅聖諦 · 滅諦 Nirodha-satya	도성제 道聖諦 · 道諦 Mārga-satya
2. 인(因) · 연(緣) · 과(果)	과(結果)	인(原因) · 연(條件)	과(結果)	인(原因) · 연(條件)
3. 세계(原因 · 條件)	상 집착 고뇌의 현실세계	현실세계 원인 · 조건	자각 있는 이상세계	이상세계 원인 · 조건
4. 내용(內容)	오온, 생로병사 · 팔고 등	갈애	열반 · 해탈	팔정도
5. 생사(無明) · 열반(覺) 인과	생사과(無明果)	생사인(無明因)	열반과(覺果)	열반인(覺因)
6. 시간(過去 · 現在 · 未來)	현재	과거	미래	현재진행
7. 유위(有爲) · 무위(無爲)	유위(有爲)		무위(無爲)	유위(有爲)
8. 이제(二諦)	속제(俗諦)		진제(眞諦)	
9. 번뇌(增長斷滅) · 유루 무루	번뇌증장(煩惱增長) · 유루(有漏)		번뇌단멸(煩惱斷滅) · 무루(無漏)	

(1) 고제(दुःख सत्य Duhkḥa Satya: 苦諦)는 고통이라는 진리로서, 상(相)에 집착하여 살아가는 고뇌의 현실 세계 무명(無明)의 결과로서 생로병사와 애별리고(愛別離苦) · 구불득고(求不得苦) · 원증회고(怨憎會苦) · 오음성고(五陰盛苦) 등의 고통을 받는 이치이다.

(2) 집제(समुदय सत्य Samudaya Satya: 集諦)는 고통의 원인이라는 진리로서, 생로병사의 과정에서 무명(無明)으로 인한 욕망에 애착하는 갈애라는 현실 세계의 원인(因)과 조건(緣)에 대한 이치이다. 고제와 집제의 두 진리는 무명으로 인한 생사윤회의 인과(因果)에 관한 진실이다. 또한 십이연기설은 그 구체적 내용에 해당한다.

(3) 멸제(निरोध सत्य Nirodha Satya: 滅諦)는 고통의 소멸이라는 진리로서, 갈애를 남김없이 소멸하면 모든 고통이 소멸되어 열반에 이른다는 이치이다.

(4) 도제(मार्ग सत्य Mārga Satya: 道諦)는 고통의 소멸에 이르는 길이라는 진리로서, 해탈의 경계를 실현하기 위한 수행법의 이치이다. 또한 멸제는 도제를 바탕으로 깨달음(覺)으로 인한 열반(涅槃)의 결과이다. 멸제와 도제의 두 진리는 열반의 인과로서, 도제는 깨달음으로 열반에 들기 위한 원인(因)에 대한 이치라는 것이다.

사성제는 시간적으로는 과거의 무명으로 인한 유위의 집착(集諦)으로 인하여, 현재 유위 · 유루의 온갖 고통을 받고 있으며(苦諦), 현재 유위 무루의 팔정도를 지속적으로 수행해가면서(道諦), 미래 언젠가는 무위 · 무루의 깨달음을 얻어 열반에 들어간다(滅諦)는 것이다. 이제(二諦) 중에서 고성제와 집성제는 분별 · 차별로서 인식한 진리인 속제(俗諦)에 속하고, 멸성제와 도성제는 일체의 분별 · 차별을 여읜 상태에서 그대로 들어난 진리인 진제(眞諦)에 속한다. 교진여 등 다섯 비구는 이 사성제의 법문을 듣고 "모든 집법(Samudaya-dhamma: 集法)이 곧 멸법(Nirodha-dhamm: 滅法)이다."라는 법안(法眼)을 얻었다고 한다. 그 후 꾸쉬나가라(कुशिनगर Kuśinagara: 拘尸那揭羅)에서 열반(涅槃)에 드실 때까지 45년 동안 가장 많이 설한 가르침이 사성제라고 한다.

금
수 강의문 스
부띠야 들어가니 스로의
큰마음을부처님이마음가짐
난 일으키는 이르시 다음같이 구
태습 보살들 되 항복받 류중
화이색 은 아 생제도
삼상 내 하라
보 가 가모두 중 보
살중생 이없고 교화 하여 생제도 살중생
분별없 한량없 무여 열반 서원해 본래없
고 는 들게하 도 어
중생 리 제도
제도한 수 중 중생없
뒤에 부띠야 왜 생상이 느니
도 만약마음 냐하면 있다하면 라
발한어떤수부띠야보살이라
보살에 보살에게 할수없
게 아상인 다
상
중생
수 자
상 있
보살아님 으면 때문이다
나 오
라는나 욕칠정
상에매여 온 일으키고
갖망상
모든번뇌
윤회고통
반복하
이와같은 니 참된보살
사상집 사상 아니므
착 집 착 로
모 두
보 살 이 라 끊어 이 름 한 다

바 른 대승불교 종 지

॥नमो भगवत्या आर्यप्रज्ञापारमितायै॥

॥Namo bhagavatyā āryaprajñāpāramitāyai॥

༄། །སངས་རྒྱས་དང་བྱང་ཆུབ་སེམས་དཔའ་ཐམས་ཅད་ལ་ཕྱག་འཚལ་ལོ། །

南無世尊聖般若波羅蜜多

妙行無住分 第四

머묾 없는 묘행실천

WONDERFUL PRACTICE is NOT TO RELY ON ANYTHING

वज्रच्छेदिका प्रज्ञापारमिता सूत्र
Vajracchedikā Prajñāpāramitā Sūtra

༄༅།།འཕགས་པ་ཤེས་རབ་ཀྱི་ཕ་རོལ་ཏུ་ཕྱིན་པ་རྡོ་རྗེ་གཅོད་པ་ཞེས་བྱ་བ་བཞུགས་སོ།།

金剛般若波羅密經 Diamond Sūtra

금강반야바라밀경

제4분. 머묾 없는 묘행실천

수부띠야 법에머묾 없는보시 행할지니
대승불교 육바라밀 그첫번째 덕목바로
삼륜모두 청정하온 무상보시 아니련가
묘행무주 실천하는 보시행을 해야한다

색성향미 촉법에도 집착없이 보시하라
감각기관 육근이고 대상경계 육경이며
여섯근본 바탕으로 여섯경계 인식하니
일체중생 텅빈마음 보시실천 이르신다

웅당보살 이와같은 무주상의 보시로써
그복덕이 거듭쌓여 어디서나 원만구족
온우주를 불국정토 요체로서 실현하니
무주상의 보시복덕 무량하기 때문이다

동방시방 허공의양 측량할수 있겠는가
동방물론 시방허공 측량할수 없습니다
무상보시 공덕쌓임 이와같이 무량하니
발자취도 남김없는 무상보시 행하여라

Vajracchedikā Prajñāpāramitā Sūtra
금강반야바라밀경(金剛般若波羅密經)

4. 머묾 없는 묘행실천(妙行無住分 第四)
CHAPTER 4. WONDERFUL PRACTICE IS NOT TO RELY ON ANYTHING

(1) "또한 수부띠야!
보살은 법에 머무르는 바 없이 보시를 해야 한다.

api tu khalu punaḥ Subhūte na bodhisattvena vastu[79)]-pratiṣṭhitena dānaṃ dātavyam, na kvacit pratiṣṭhitena dānaṃ dātavyam,

ཡང་རབ་འབྱོར་བྱང་ཆུབ་སེམས་དཔའ་དངོས་པོ་ལ་མི་གནས་པར་སྦྱིན་པ་སྦྱིན་པར་བྱའོ།།
ཅི་ལ་ཡང་མི་གནས་པར་སྦྱིན་པ་སྦྱིན་པར་བྱའོ།།

'And again, O Subhûti,
a gift should not be given by a Bodhisattva,

復次須菩提 菩薩於法 應無所住 行於布施

보살의 머무름이 없는 보시

79) 산스끄리뜨어 'vastu(와스뚜)'를 보디류지·의정·현장·달마급다는 '사(事)'로, 진제는 '유(類)'로, 구마라집은 '법(法)'으로 번역하였다. 일반적으로 법(法)은 산스끄리뜨어 'Dharma(다르마)'를 한역(漢譯)한 것이다. 다르마(Dharma)의 기원은 인도고전인 '리그베다(ऋग्वेद Ṛgveda: Rigveda)'에서 유래된다. 그 시대에는 리따(ऋत ṛta: 天則·眞理) 등과 함께, 자연계법칙과 인간계질서를 나타내는 언어로 사용되었다. 그 후 브라마나(ब्राह्मण Brāhmaṇa)·우파니샤드(उपनिषद् Upaniṣad) 시대에는 '인간의 행위'의 규정으로 사용되었고, 법칙과 질서의 의미 외에 정당(正當)과 정의(正義)의 의미로 변하여, 권리의 관념 및 의무·규범과 같은 의미가 부가되었다.
이러한 다르마(Dharma) 의미는 다음의 네 유형으로 분류되어 왔다. ① 첫째 유형인 인(हेतु hetú: 因·因緣)은 올바른 인과(हेतु प्रभव hetú-prabhāva: 因果) 관계로서의 합리성·진리를 가리킨다. "연기(緣起)는 곧 법이다."라는 뜻으로, 연기의 도리는 영원히 변하지 않는 보편성과 타당성을 지닌 진리를 나타내며, 법칙·규칙 등의 의미와도 상통한다. ② 둘째 유형인 덕(गुन guna: 德·功德)은 인간이 지켜야 할 정도(正道)로서, 윤리성을 가리킨다. 아쇼까(अशोक Aśoka) 왕의 법칙문(法勅文)은 상기한 합리성과 윤리성을 동시에 포함하고 있다. ③ 셋째 유형인 가르침(आसन āsana: 教)은 특히 부처님의 가르침인 불법(佛法)을 나타낸다. 팔만사천법문(八萬四千法門)과 불(佛)·법(法)·승(僧)의 삼보(三寶) 중의 법보 등을 의미로 사용되며, 경전(經典)을 뜻하기도 한다. ④ 넷째 유형인 사물(वस्तु vastu: 事·事物)은 일체법(一切法)과 제법무아(諸法無我) 및 법성(法性) 등이 이러한 의미로 사용된다.
그 후 아비달마(Abhidharma: 阿毘達磨) 철학에서는 법을 실체개념으로 설명하여, '독자적인 성질(自性)'이나 '존재의 본질(自相)'을 유지하기 때문에 법이라 한다고 정의하였다. 그러나 대승불교는 사물을 실체로 보는 데 반대하여, 법공(法空) 또는 법무아(法無我)를 주장한다. 사물을 실체로 보아서는 안 된다는 사상은 십이처설(十二處說)에 잘 나타나 있다. 여섯 인식기관인 육근(六根: 眼·耳·鼻·舌·身·意)과 그에 대응하는 여섯 인식대상인 육경(六境: 色·聲·香·味·觸·法) 중에서, 특히 법은 인식과 사고의 기능을 갖는 뜻(manas: 意)과 밀접한 관련이 있다는 것이다. 즉 이때의 법은 실체적 대상(vastu)으로서가 아니라, 인식대상(viaya)으로 파악되기 때문이다. 이는 곧 모든 존재는 독립되어 있는 것이 아니라, 주관과 객관의 상호 의존적인 관계에서 그 존재의의를 지닌다는 불교 특유의 세계관이라 할 것이다. 오늘날의 학자들은 경험적(empirical)인 법과 초경험적(transcendental)인 법으로 나누기도 하며, ① 법칙·규준(規準)·정당(正當), ② 교법(教法), ③ 진실·최고의 실재, ④ 경험적 사물로 분류하기도 한다.

부처보살 묘행근원 무주행은 하나이나
깨달음을 위한수행 보시실천 둘이로다
상구보디 하화중생 모든보살 서원이니[80)]
묘행무주 실천으로 보시행을 설하신다

대승불교 육바라밀 그첫번째 덕목이란[81)]
무엇에도 머무름이 없는보시 아니런가
네가지상 마저없는 본래마음 돌아가면
행주좌와 어묵동정 그대로가 보시로다

(2) 그 무엇에 머무르며 보시를 해서는 안 된다. 형상에 머무르는 바 없이 보시를 해야 하며, 소리 · 냄새 · 맛 · 느낌 · 마음의 대상에 머무르지 아니하고 보시를 해야 한다.

na kvacit pratiṣṭhitena dānaṃ dātavyam,
na rūpa-pratiṣṭhitena dānaṃ dātavyam,
na śabda-gandha-rasa-sprasṭavya-dharmeṣu pratiṣṭhitena dānaṃ dātavyam.

---

80) '상구보디 하화중생(上求菩提 下化衆生)'은 위(上)로는 위없는 옳고 바른 깨달음(अनुत्तर सम्यक् सम्बोधि anuttarā-samyak-saṃbodhi: 無上 · 正等 · 正覺)을 구하고, 아래(下)로는 사바세계의 한 중생(衆生)도 남김없이 구제(救化)하겠다는 대승불교의 가르침이다.

81) '바라밀(पारमिता pāramitā · 빠-라미따-: 波羅密 · 波羅密多)'은 산스끄리뜨어 'pāramitā(빠-라미따-)'를 음역하여 '바라밀다 · 바라밀'이라고 하고, 의역하여 '피도안(彼度岸) · 도무극(度無極) · 지도(智度) · 완성(完成)'이라고 하며, 바라밀에는 육바라밀과 십바라밀이 있다.

'육바라밀(六波羅密)'은 '① 보시바라밀 · ② 지계바라밀 · ③ 인욕바라밀 · ④ 정진바라밀 · ⑤ 선정바라밀 · ⑥ 반야바라밀'을 말하고, 이 육바라밀에 '⑦ 방편바라밀 · ⑧ 원바라밀 · ⑨ 역바라밀 · ⑩ 지바라밀'을 합하여 십바라밀(十波羅蜜)이라고 한다.

(1) 제일바라밀인 '보시바라밀(दानपारमिता Dānapāramitā: 布施波羅蜜 · 檀那波羅蜜 · 檀波羅蜜)'은 자신의 모든 것을 중생들에게 조건 없이 베풀면서도 베풀었다는 그 생각마저 버림으로써, 탐심을 끊고 집착을 여의어 타인의 괴로움을 없애주는 것을 말한다.

(2) 제이바라밀인 '지계바라밀(शीलपारमिता Śīlapāramitā: 持戒波羅蜜 · 尸羅波羅蜜)'은 재가 · 출가와 대승 · 소승의 모든 계(戒) · 율(律)을 잘 지켜 악업(惡業)을 멸하고, 몸과 마음을 청정히 하는 것을 말한다.

(3) 제삼바라밀인 '인욕바라밀(क्षान्तिपारमिता Kṣāntipāramitā: 忍辱波羅蜜)'은 타인으로부터 받는 모든 박해와 일체의 고통을 잘 참고 나아가, 그것을 받아들여 원한과 노여움을 없애고 모든 법(諸法)을 밝게 관찰하여, 마음이 안주(安住)하는 것을 말한다.

(4) 제사바라밀인 '정진바라밀(वीर्यपारमिता Viryapāramitā: 精進波羅蜜 · 毘梨耶波羅蜜)'은 몸과 마음을 가다듬고 선행과 바라밀을 힘써 실천하여, 나태한 마음을 버리고 선법(善法)을 닦아나가는 것을 말한다.

(5) 제오바라밀인 '선정바라밀(ध्यानपारमिता Dhyānapāramitā: 禪定波羅蜜)'은 마음이 산란해지는 것을 멈추고 마음을 한 곳에 모아, 진리를 바르게 사유하는 수행을 말한다.

(6) 제육바라밀인 '반야바라밀(प्रज्ञापारमिता Prajñāpāramitā: 般若波羅蜜)'은 일체법의 자성(自性)이 공(空)함을 깨달아, 진여실상(眞如實相)을 바로 보는 지혜의 완성을 말하며, 앞의 오바라밀(五波羅蜜) 수행의 바탕이 된다.

바라밀에는 위의 육바라밀 외에도 십바라밀(十波羅蜜)이 있다. 이는 육바라밀을 얻기 위하여 도움이 되는 네 가지 바라밀로, 방편바라밀 · 원바라밀 · 역바라밀 · 지바라밀이 있다.

(7) 제칠바라밀인 '방편바라밀(उपायपारिमता Upāyapāramitā: 方便波羅蜜)'은 보시와 지계 그리고 인욕바라밀과 함께, 중생들의 근기에 맞게 중생제도를 위한 완전한 교화방편(敎化方便)을 성취하여, 이를 완성한 것을 말한다.

(8) 제팔바라밀인 '원바라밀(प्रणिधानपारमिता Praṇidhānapāramitā: 願波羅蜜)'은 진리의 증득을 발심하는 원(發心願)과 진리와 깨달음의 공덕을 함께 하고 받아들이겠다는 원(正願), 그리고 올바른 진리와 참다운 지혜로서 모든 중생을 교화하겠다고 하는 원(所行願), 또한 진리와 모든 중생제도를 위하여 몸을 바치겠다는 원(大願)을 성취하여 이를 완성한 것을 말한다.

(9) 제구바라밀인 '역바라밀(बलपारमिता Balapāramitā: 力波羅蜜)'은 지혜로써 사물을 진리로서 바르게 생각하고 판단하며, 이를 실천하는 힘(思擇力)과 육바라밀을 수행하고 정진하는 힘(修習力)을 성취하여, 이를 완성한 것을 말한다.

(10) 제십바라밀인 '지바라밀(ज्ञानपारमिता Jñānapāramitā: 智波羅蜜)'은 모든 중생을 깨달음으로 인도하는 완전한 지혜를 성취하고, 이를 완성한 것을 말한다. 이 십바라밀은 신라시대 이후 화엄종(華嚴宗)과 유가법상종(瑜伽法相宗)을 중심으로 실천되어왔으나, 조선시대에는 선(禪)을 중심으로 육바라밀이 주로 채택되어 왔다.

གཟུགས་ལ་ཡང་མི་གནས་པར་སྦྱིན་པ་སྦྱིན་པར་བྱའོ།།
དེ་བཞིན་དུ་སྒྲ་དང་། དྲི་དང་། རོ་དང་། རེག་བྱ་དང་།
ཆོས་ལ་ཡང་མི་གནས་པར་སྦྱིན་པ་སྦྱིན་པར་བྱའོ།།

while he believes in objects; a gift should not be given by him,
while he believes in anything; a gift should not be given by him,
while he believes in form; a gift should not be given by him,
while he believes in the special qualities
of sound, smell, taste, and touch.

所謂 不住色布施 不住聲香味觸法布施

육경에 머무름이 없는 보시

눈귀코혀 몸뜻이란 감각기관 육근이고
색성향미 촉법이란 대상경계 육경으로
뿌리경계 접촉하나 인연따라 생겨나고
인연으로 나뉜것뿐 고정실체 없느니라

사바중생 보고듣고 생각대상 매이나니
육근육경 얽매이는 마음으로 보시하며
경계따라 분별하여 집착마음 내지말고
일체중생 텅빈마음 보시실천 이르신다

중생세계 여섯뿌리 바탕으로 살아가니
여섯경계 인식하고 여섯도를 윤회하네
선행이란 이름자취 마저없는 무상보시
삼륜마저 청정하여 한량없는 공덕이다

(3) 수부띠야! 이와 같이 보살은 마땅히 어떠한 상에도 머무르지 아니하고 보시를 해야 한다.

evaṃ hi Subhūte bodhisattvena mahā-sattvena dānaṃ dātavyaṃ
yathā na nimitta-saṃjñāyām[82)] api pratitiṣṭhet.

རབ་འབྱོར་ཅི་ནས་ཀྱང་མཚན་མར་འདུ་ཤེས་པ་ལ་ཡང་མི་གནས་པར་དེ་ལྟར་བྱང་ཆུབ་སེམས་དཔས་སྦྱིན་པ་སྦྱིན་ནོ།།

For thus, O Subhûti,

82) 산스끄리뜨어 ‘니밋따(nimitta-saṃjñāyām)’는 표시・모양・형태・흔적・외관・동기 등을 의미하는데, ‘니밋따 상즈냐-얌-(nimitta-saṃjñāyām)’을 보디류지・진제・달마급다・현장은 ‘상(想)’으로 번역하였으나, 구마라집과 의정은 ‘상(相)’으로 번역하였다.

should a gift be given by a noble-minded Bodhisattva.
that he should not believe even in the idea of cause.

須菩提 菩薩 應如是布施 不住於相

상에 머무름이 없는 보시

베푸는자 받는자와 주고받는 모든물건
돌고도는 바퀴처럼 삼륜모두 청정하니
돌고돌아 세바퀴가 공했음을 아느니라
주되준것 받되받음 없는보시 묘행이다

사바세계 오욕칠정 처음부터 있었던가
푸른하늘 밝은해는 만생명의 원천이요
밤하늘의 둥근달은 무명번뇌 밝혔건만
일천강에 비친모습 흔적조차 볼수없다

(4) 왜냐하면 만약 보살이 상에 머무르지 않고 보시를 하면 그 복덕[83]은 생각으로 헤아릴 수가 없기 때문이다.

tat kasya hetoḥ? yaḥ Subhūte[84] 'pratiṣṭhito dānaṃ dadāti,
tasya Subhūte puṇya-skandhasya[85] na sukaraṃ pramāṇam udgrahītum.

དེ་ཅིའི་ཕྱིར་ཞེ་ན། རབ་འབྱོར་བྱང་ཆུབ་སེམས་དཔའ་གང་མི་གནས་པར་སྦྱིན་པ་སྦྱིན་པ་དེའི་བསོད་ནམས་ཀྱི་ཕུང་པོ་ནི།
རབ་འབྱོར་ཚད་གཟུང་བར་སླ་བ་མ་ཡིན་པའི་ཕྱིར་རོ།།

And why? Because that Bodhisattva,
O Subhûti, who gives a gift, without believing in anything,
the measure of his stock of merit is not easy to learn.

何以故 若菩薩不住相布施 其福德 不可思量

---

83) 복덕(पुण्य puṇya: 福德 · 功德 · 善 · 福)은 산스끄리뜨어 '뿡야(puṇya)'를 의역한 것으로, 선행(善行)에 대한 과보(果報)로서 받는 '복(福)스러운 공덕(功德)'을 말한다.

84) 산스끄리뜨어의 "tat kasya hetoḥ? yaḥ Subhūte(따뜨 까시아 헤또호? 야하 수부-떼)"의 문장 중에서 'yaḥ Subhūte{수부띠야(야하 수부-떼: 善現 · 須菩提 · 善實)}'라는 구에 대하여, 현장은 '선현(善現)', 진제는 '수부띠(須菩提)', 달마급다는 '선실(善實)'로 각각 번역하였다. 그러나 구마라집과 보디류지 및 의정은 그 구절에 대한 번역을 생략하였다.
이러한 내용을 종합 · 검토하여, 저자도 앞과 뒤의 문맥상 생략하는 것이 타당할 것으로 사료되어, '왜냐하면(tat kasya hetoḥ?)'이라는 구절 뒤에 이어지는 '수부띠야(yaḥ Subhūte: 善現 · 須菩提)!'를 생략하였다.

85) 산스끄리뜨어 'puṇya-skandhasya(뿡야 스깐다시야)'에서 산스끄리뜨어 'skandhasya(스깐다시야: 蘊 · 陰 · 聚 · 積聚)'는 'skandha(스깐다)'의 남성단수 속격으로 '쌓임 · 모임 · 축적 · 적취'를 의미하는데, 보디류지 · 진제 · 현장은 '복덕취(福德聚)'로, 달마급다 · 의정은 '복취(福聚)'로 각각 직역하였고, 구마라집은 그 의미를 생략하여 '복덕(福德)'으로 의역하였다.

머무름이 없는 보시 무량복덕

수행자는 부귀물론 갖은명예 집착하여
본래없는 온갖고통 스스로들 짓지마라
상머무름 없는보시 불국정토 실현요체
그복덕은 생각으론 알수없는 허공같다

청정도량 청정수행 있는곳은 어디서나
원만구족 무상보시 실천하지 아니하리
상머무름 없는사람 온우주와 둘아니니
무량대복 무루복은 법계이치 진리로다[86)]

(5) 수부띠야! 그대는 어떻게 생각하느냐?
동방의 허공을 생각으로 헤아릴 수 있겠느냐?"
수부띠가 말씀드렸다. "세존이시여! 그렇게 할 수 없습니다."
세존께서 말씀하셨다. "그와 같이 남 · 서 · 북방 그 사이의 방위들과
아래 · 위의 방위인 시방의 허공을 생각으로 헤아릴 수 있겠는가?"
수부띠는 말씀드렸다. "세존이시여! 그렇게 할 수 없습니다."
세존께서 말씀하셨다. "수부띠야! 그와 같이 만약 보살이 머무르지 않고 보시하면,
그 복덕은 생각으로 헤아릴 수 없느니라.

tat kiṃ manyase Subhūte sukaraṃ pūrvasyāṃ diśy ākāśasya pramāṇam udgrahītum? SUBHŪTIR āha: no hīdaṃ Bhagavān.
BHAGAVĀN āha: evam dakṣiṇa-paścima-uttara-āsvadha-ūrdhvaṃ digvidikṣu samantād daśasu dikṣu sukaram ākāśasya pramāṇam udgrahītum?
SUBHŪTIR āha: no hīdaṃ Bhagavan.
BHAGAVĀN āha: evam eva Subhūte yo bodhisattvo 'pratiṣṭhito dānaṃ dadāti, tasya Subhūte puṇya-skandhasya na sukaraṃ pramāṇam udgrahītum.

རབ་འབྱོར་འདི་ཇི་སྙམ་དུ་སེམས། ཤར་ཕྱོགས་ཀྱི་ནམ་མཁའི་ཚད་གཟུང་བར་སླ་སྙམ་མམ།
རབ་འབྱོར་གྱིས་གསོལ་པ། བཅོམ་ལྡན་འདས་དེ་ནི་མ་ལགས་སོ།། བཅོམ་ལྡན་འདས་ཀྱིས་བཀའ་སྩལ་པ།
རབ་འབྱོར་དེ་བཞིན་དུ་ལྷོ་དང་། ནུབ་དང་། བྱང་དང་། སྟེང་དང་།
འོག་གི་ཕྱོགས་དང་། ཕྱོགས་མཚམས་དང་།

86) 무루복(अनास्रव पुण्य anāsrava puṇya: 無漏福)은 상에 매이지 아니하는 상을 여읜 무위복(無住相 無爲福)으로 새어 나가는 일이 없는 복이며, 생로병사가 없는 불보살들이 누리는 걸림 없는 정토세계의 복이자! 일체중생을 해탈로 이르게 해주는 한량없는 해탈복(解脫福)이다. 곧 부처님은 이것을 증득하는 방법을 실천해보이고 중생에게 그것을 전하기 위하여 사바세계에 몸을 나투신 것이다. 이에 비하여 유루복(सास्रव पुण्य srava puṇya: 有漏福)은 상에 매여서 상을 앞세우는 유위복(住相 有爲福)으로 새어나가는 복이며, 생로병사를 벗어나지 못한 중생들이 누리는 한정되고 부자유한 사바세계의 복이다. 유루복은 번뇌가 사라지지는 아니했지만, 자신의 업(業)에 의하여 받는 복으로, 그로 인하여 가장 좋은 곳으로 간다면 도솔천(兜率天 內院宮)에 머물 수 있다고 한다. 석가모니 부처님도 깨달음을 증득하기전에 도솔천에 머물다 사바세계에 왔고, 미래에 올 미륵불도 지금 도솔천에 머물고 있다고 한다.

ཕྱོགས་བཅུའི་ནམ་མཁའི་ཚད་བཟུང་བར་སླ་སྙམ་མམ། རབ་འབྱོར་གྱིས་གསོལ་པ།
བཅོམ་ལྡན་འདས་དེ་ནི་མ་ལགས་སོ།། བཅོམ་ལྡན་འདས་ཀྱིས་བཀའ་སྩལ་པ།
རབ་འབྱོར་དེ་བཞིན་དུ་བྱང་ཆུབ་སེམས་དཔའ་གང་ལ་ཡང་མི་གནས་པར་སྦྱིན་པ་སྦྱིན་པ་དེའི་བསོད་ནམས་ཀྱི་ཕུང་པོ་ནི།
རབ་འབྱོར་ཚད་བཟུང་བར་སླ་བ་མ་ཡིན་པའི་ཕྱིར་རོ།།

What do you think, O Subhûti,
is it easy to learn the measure of space in the eastern quarter?'
Subhûti said: 'Not indeed, O Bhagavat.' Bhagavat said:
'In like manner, is it easy to learn the measure of space in the southern,
western, northern quarters, below and above (nadir and zenith),
in quarters and subquarters, in the ten quarters all round?'
Subhûti said: 'Not indeed, O Bhagavat.' Bhagavat said: 'In the same manner,
O Subhûti, the measure of the stock of merit of a Bodhisattva,
who gives a gift without believing in anything, is not easy to learn.

須菩提 於意云何 東方虛空 可思量不 不也世尊
須菩提 南西北方四維上下虛空 可思量不 不也世尊
須菩提 菩薩無住相布施福德 亦復如是 不可思量

헤아릴 수 없는 허공같은 보시 복덕

모든상에 머묾없는 허공같은 복덕이란
수부띠야 허공대한 그대생각 어떠한가
동방허공 생각으로 헤아릴수 있겠느냐
세존이여 생각으로 헤아릴수 없습니다

남서북방 시방허공 헤아릴수 있겠느냐
수부띠가 답을하되 헤아릴수 없습니다
그와같이 만약보살 머묾없이 보시하면
그복덕은 생각으로 헤아릴수 없느니라

네가지상 모두여읜 마음자리 허공이니
시방허공 생각으론 헤아릴수 없느니라
마음으로 닦아나온 그상마저 여읜보시
허공보다 크고작은 복덕이라 할수없다

동서남북 사유상하 시방세계 허공비유
끝이없고 셀수없어 관념으론 상상불가
모든상에 머묾없는 보시복덕 이르심은

보시복덕 허공같이 여여하여 그러하다

(6) 수부띠야! 이와 같이 '보살의 길을 나아가는 자'는 마땅히 상에 머무르는 바 없이 보시를 해야 한다."

evaṃ hi Subhūte bodhisattva-yāna-samprasthitena
dānaṃ dātavyaṃ yathā na nimitta saṃjñāyām api pratitiṣṭhet.87)

And thus indeed, O Subhûti, should one who has entered on the path of Bodhisattvas give a gift, that he should not believe even in the idea of cause.'

須菩提 菩薩但應如所敎住

발자취마저 남기지 않는 보시행

상에집착 하는이는 온갖번뇌 일으키나
구도자의 발자취는 흔적마저 없느니라
부와귀를 좇아다님 몸뚱위함 이라지만
푸르지도 아니하는 푸른하늘 누가알랴

무량보시 행하여도 복덕생각 복덕잃고
그마저도 다놓으면 무량복덕 얻게되네
보살의길 나가는자 보시자취 없노라니88)

---

87) 산스끄리뜨어의 "evaṃ hi Subhūte(에왕 히 수부-떼) bodhisattva-yāna-samprasthitena dānaṃ dātavyaṃ(보디삿뜨와 야-냐 삼쁘라스티떼나 다-낭 다-따위양) yathā na nimitta saṃjñāyām api pratitiṣṭhet(야타- 나 니밋따상즈냐-얌 아삐 쁘라띠슈테뜨)."라는 문장의 의미를 번역하면 다음과 같다.
이 문장은 "'이와 같이(evaṃ · 에왕: འདི་སྐད། · thus · 如是)', '참으로 · 정말로(hi · 히: 誠然 · 加強語氣)', '수부띠{subhūte(subhūti) · 수부-떼: རབ་འབྱོར། · 須菩提 · 善現}', '보살의 길을 나아가는 사람 · 보살승으로 나아가는{bodhisattva-yāna-saṃprasthitena(bodhisattva-yāna-saṃ-pra-√stha-1) · 보디삿뜨와 야-냐 삼쁘라스티떼나: བྱང་ཆུབ་སེམས་དཔའི་ཐེག་པ་ལ་ཞུགས་པ། · Bodhisanva-vehicle set out · 發趣菩薩乘}', '보시{dānaṃ(dāna) · 다-낭: སྦྱིན་པ། · gift. · 布施}', '하다 · 주다 · 주어져야 하다{dātavyaṃ(√dā-3) · 다-따위양: སྦྱིན་པར་བྱ། · give · 行 · 施予}', '~와 같이 · 이와 같이(yathā · 야타-: དེ་ལྟར། · 如是 · 乃至)', '아니다(na · 나: མི། · not · 不)', '상 · 겉모양 · {nimitta-saṃjñāyām(nimitta-saṃjñā) · 니밋따상즈냐-얌: མཚན་མར་འདུ་ཤེས། · per ception of a sign · 相 · 相想}', '도 또한 · 역시(api · 아삐: ཡང་། · although · 然 · 亦)', '머무르다{pratitiṣṭhet(prati-√ṣṭhā-1) · 쁘라띠슈테뜨: གནས་པ། · supported · 住}'"라는 뜻이다.
이러한 구절을 구마라집은 "須菩提 菩薩但應如所教住(수부띠 보살단응여소교주)"라고, 현장은 "善現 菩薩如是 如不住相想應行布施(선현 보살여시 여부주상상응행보시)"라며, 보디류지는 "佛復告須菩提 菩薩但應如是行於布施(불부고수부띠 보살단응여시행어보시)"라고, 달마급다는 "雖然 復次時 善實 如是菩薩乘發行施與應 如不相想亦住(수연 부차시 선실 여시보살승발행시여응 여불상상역주)"라며 각각 번역하였다. 의정과 진제는 번역(漢譯)을 각각 생략하였고, 티베트어본도 번역을 생략하였다.
이러한 내용들을 종합적으로 분석 · 검토하여, 저자는 "수부띠야! 이와 같이 '보살의 길을 나아가는 자'는 마땅히 상에 머무르는 바 없이 보시를 해야 한다."라고 번역(韓譯)하였다.

88) '보시(**दान** dāna: 布施 · 檀那)'는 산스끄리뜨어 'dāna(다-나: 檀那)'의 의역으로 널리 베푸는 것을 의미하는데, 보살의 머무른바 없는 보시라 함은 대승불교 육바라밀 중의 첫 번째 덕목인 '상이 없는 보시(alakṣaṇa dāna: 無相布施)'를 말한다. 이른바 모든 중생들에게 한량없는 즐거움을 주고 온갖 괴로움과 미혹함을 없애 주는 '자(慈) · 비(悲) · 희(喜) · 사(捨)'의 '사무량심(**चत्वारि अप्रमाण्य** catvāri-apramāṇya: 四無量心)'을 바탕으로, 상이 없는 '시자(施者) · 수자(受者) · 시물(施物)의 삼륜(三輪)이 청정(淸淨)한 보시'를 해야 한다. 그리고 보시의 종류로는 '삼시(三施)'와 '무재칠시(無財七施)'가 있다.
⑴ 여기에서 '사무량심'이라 함은 모든 중생에게 베푸는 대승보살의 네 가지의 한량없는 마음인 '자무량심 · 비무량심 · 희무량심 · 사무량심'을 말한다. ① 자무량심(**मैत्री** maitrī-apramāṇā-cittāni: 慈無量心)은 모든 존재에게 즐거움을 베풀어주는 한량없는 마음가짐

무상보시 그러하니 무시무종 아니런가[89]

반대급부 공덕대가 바람없이 베품물론
보시하는 마음에도 머무르지 아니하고
모든상을 다여의고 보시하지 아니하면
궁극적인 깨달음길 나아가지 못하니라

을 말하고, ② 비무량심(करुणा karuṇā-apramāṇa-cittāni: 悲無量心)은 모든 존재를 불쌍히 여기는 마음으로 고통을 함께 나누어 고통에서 벗게 해주려는 마음가짐을 말하며, ③ 희무량심(मुदत muditā-apramāṇā-cittāni: 喜無量心)은 모든 중생들에게 기쁨을 얻게 하고 그 기쁨을 함께 나누는 마음가짐을 말하고, ④ 사무량심(उपेक्षा upekṣā-apramāṇā-cittāni: 捨無量心 · 優畢叉)은 탐욕 없음을 근본으로 하여 마음의 평안을 찾아 모든 중생을 평등하게 대하는 마음가짐을 말한다. 또한 '삼륜이 청정한 보시(三輪 清淨布施)'라 함은 첫째, 보시를 '베푸는 사람'이 청정해야 하고(一輪: 施者淸淨 · 內不住我 · 不執集爲施者), 둘째, '받는 사람'이 청정해야 하며(二輪: 受者淸淨 · 外不住人 · 不執彼爲受者), 셋째, '보시한 물건'이 청정해야 한다(三輪: 施物淸淨 · 中不住所施之物 · 不着施物及果)는 것이다.

(2) 그리고 『대지도론(大智度論)』 권14(卷一四)에 의하면, 세 가지 보시인 '삼시(三施)'로서 '법시 · 재시 · 무외시'를 들고 있다. ① 법시(dharmadānaṃ: 法施)는 진리를 모르고 무명 속에 방황하는 사람들에게 부처님의 말씀을 전하는 것을 의미하고, ② 재시(dravyadānaṃ: 財施)는 우리가 일반적으로 이해하는 보시의 개념으로 물질적인 것을 남에게 베푸는 것을 뜻하며, ③ 무외시(abhayādānaṃ: 無畏施)는 다른 사람에게 정신적 불안이나 공포를 주지 않는 것을 말한다.

(3) 또한 『잡보장경(雜寶藏經)』 권4(卷四)에 의하면, 재물을 갖지 않고 베푸는 일곱 가지 보시인 '무재칠시(無財七施)'로서, '안시 · 화안시 · 언시 · 신시 · 심시 · 좌시 · 방시'를 들고 있다. ① 안시(cakṣu-dānaṃ: 眼施)는 부드럽고 편안한 눈빛을 사람들에게 베푸는 것을 말하고, 내생(來生)에 몸을 받아 청정한 눈을 얻으며, 미래에 천안(天眼) · 불안(佛眼)을 갖는 첫째 과보를 얻는다고 하고, ② 화안시(anabhyasūyat-dānaṃ: 和顔施 · 和顔悅色施)는 화색을 띤 밝고 즐거운 표정을 사람들에게 베푸는 것을 말하며, 내생에 다시 몸을 받아 단정한 얼굴을 얻고, 미래 부처가 되어서는 금색 몸을 받는 둘째 과보를 얻는다고 하며, ③ 언시(ālāpana-dānaṃ: 言施 · 言辭施)는 말을 할 때는 항시 온화하고 공손하며 부드러운 말로서 사람들에게 베푸는 것을 말하고, 내생에 다시 몸을 받아 변재를 얻으며, 그가 하는 말을 다른 사람이 믿고 받아 주며, 미래 부처가 되어서는 네 가지 변재의 셋째 과보를 얻는다고 하고, ④ 신시(kaḍebara-dānaṃ: 身施)는 예의바르고 친절하게 올바른 몸가짐으로 사람들의 일을 돕고 몸으로 베푸는 것을 말하며, 내생에 다시 단정하고 장대하며 공경을 받는 몸을 얻고, 미래 부처가 되어서는 몸이 니야그로다 나무(nyagrodhalatva: 尼拘律樹 · 尼拘陀樹 · 尼拘樹)와 같아 그 정수리를 보는 이가 없는 넷째 과보를 얻는다고 하며, ⑤ 심시(citta-dānaṃ: 心施)는 진실 되고 자비로운 마음을 사람들에게 베푸는 것을 말하며, 내생에 다시 몸을 받아 밝고 분명한 마음을 얻어 어리석지 않고, 미래 부처가 되어서 일체를 모두 아는 지혜의 다섯째 과보를 얻는다고 하고, ⑥ 좌시(saṃstaraṇa-dānaṃ: 座施 · 床座施)는 지치고 힘든 사람들에게 편안한 자리를 베푸는 것을 말하며, 내생에 다시 몸을 받아 항상 칠보로 된 존귀한 자리를 얻을 것이고, 미래 부처가 되어서 사자법좌(師子法座)에 앉는 여섯째 과보를 얻는다고 하며, ⑦ 방시(vasatha-dānaṃ: 房施 · 察施 · 房舍施)는 편안하게 쉴 수 있는 방이나 집 등의 공간을 사람들에게 베풀어 주는 것을 말하며, 내생에 다시 몸을 받아 저절로 궁전이나 집을 얻고 미래에 부처가 되어서도 온갖 선실(禪室)을 갖는 일곱째 과보를 얻는다고 한다.

89) '무시무종(अनादि निधान anādi-nidhana: 無始無終)'은 우주근본 이치인 대아(mahâtmatā: 大我)의 본바탕은 시작도 끝도 없이 항상 존재하는 것과 같이, 진리의 무한함을 의미한다. 인간이 덧없이 흐르는 시간의 어느 한 점을 정하면, 처음인 '시(始)'와 끝인 '종(終)'이 있게 된다. 그런데 과연 이 시간이라는 것이 과연 실제 존재하는 것인가? 처음인 '시(始)가 있다면' 필연적으로 끝인 '종(終)도 존재하게 된다.' 그렇지만, 끝인 종(終)에 이르면, 다시 새로운 시작인 시(始)에 집착을 한다. 이러한 시(始)에 대한 집착으로, 시(始)는 종(終)으로 종(終)은 시(始)로의 무한한 반복이 계속되는 것이다. 그러나 보시 등 육바라밀로 '오늘 이 순간' · '지금 이곳' · '현재하는 이일'에 정과 성을 다하여 정진한다면, 처음도 없고 끝도 없는 '무시무종(無始無終)'인 우주의 근본이치이자, 대아의 본바탕을 알 수 있을 것이다.

수
대 부떠야 삼
승불교 법에머묾 륜모두
육바라밀없는보시청정하온
묘 그첫번째 행할지 무상보시 보
행무 덕목바 니 아니런 시행
주실천 로 가 을해야
하는 색 한다
여 감 성향미 대 여
섯근본 각기관 촉법 에도 상경계 섯경계
바탕으 육근이 집착 없이 육경이 인식하
로 고 보시하 며 니
일체 라 보시
중생텅 응 그 실천이
빈마 당보살 불 복덕이 르신
음 이와같은 국정토 거듭쌓여 다
무주상의실현요체어디서나
보시로 온우주를 원만구
써 소유하 족
니
무주
상 의
보 시
무량하기 복덕 때문이다
동 측
방시방 량할수
허공의양 동 있겠는가
방물론
시방허공
측량할수
없습니
무상보시 다 이와같이
공덕쌓 발자 무량하
임 취 도 니
남 김
무 상 보 시 없는 행 하 여 라

묘 행 머묾없는 실 천

보
살법에
머무름이
없는보시 행할지니
대승불교육바라밀 그첫번째덕목바로
삼륜모두청정하온 무상보시아니런가
묘행무주실천하는 보시행을해야한다
대승불교육바라밀 눈귀코혀몸뜻이란
그첫번째덕목이란무엇에도 감각기관육근이고색성향미
머무름이없는보시아니런가 Vajracchedikā Prajñāpāramitā Sūtra Mantra 촉법이란대상경계육경으로
네가지상마저없는본래마음돌아가면 वज्रच्छेदिका प्रज्ञापारमिता सूत्र मन्त्र 뿌리경계접촉하나인연따라생겨나고
행주좌와어묵동정그대로가보시로다 금강반야바라밀경 진언 인연으로나뉜것뿐고정실체없느니라
사바중생보고듣고생각대상매이나니 나 namo 모 베푸는자받는자와주고받는모든물건
중생세계얽매이는마음으로보시하며 바가 bhagavatī 와띠 돌고도는바퀴처럼삼륜모두청정하니
경계따라분별하며집착마음내지말며 쁘라즈냐 빠 prajñāpāramitāyai 라미따야이 돌고돌아세바퀴가공했음을아느니라
일체중생텅빈마음보시실천이르신다 옴 이리따 이 oṃ īrita iṣira śruta 쉬라 슈루따 주되준것받되받음없는보시묘행이다
응당보살이와같은무주상의보시로써 위샤야 viṣaya viṣaya 위샤야 동방시방허공의양측량할수있겠는가
그복덕이거듭쌓여어디서나원만구족 스 svāhā 와 동방물론시방허공측량할수없습니다
불국토의실현요체온우주를 하 무상보시공덕쌓임이와같이
소유하니무주상의보시복덕 무량하니발자취도남김없는
무량하기때문이다 무상보시행하여라
동서남북사유상하 시방세계허공비유
끝이없고셀수없어 관념으론상상불가
모든상에머묾없는 보시복덕이르심은
보시복덕 허공같이
여여하여
그러하
다

॥नमो भगवत्या आर्यप्रज्ञापारमितायै॥

||Namo bhagavatyā āryaprajñāpāramitāyai||

||སངས་རྒྱས་དང་བྱང་ཆུབ་སེམས་དཔའ་ཐམས་ཅད་ལ་ཕྱག་འཚལ་ལོ||

南無世尊聖般若波羅蜜多

如理實見分 第五

상 없어야 여래 본다

GENUINE DISCERNMENT OF THE PRINCIPLE OF SUCHNESS

वज्रच्छेदिका प्रज्ञापारमिता सूत्र

Vajracchedikā Prajñāpāramitā Sūtra

༄༅། །འཕགས་པ་ཤེས་རབ་ཀྱི་ཕ་རོལ་ཏུ་ཕྱིན་པ་རྡོ་རྗེ་གཅོད་པ་ཞེས་བྱ་བ་བཞུགས་སོ། །

金剛般若波羅密經 Diamond Sūtra

금강반야바라밀경

제5분. 상 없어야 여래 본다

수부띠야 신체특징 그대생각 어떠한가
신체특징 구족하면 여래라고 보겠느냐
수부띠가 사뢰기를 그와같이 못봅니다
신체특징 갖추어도 여래라고 못봅니다

세존이여 여래설한 신체특징 갖춤이란
신체적인 특징들을 갖춘것이 아닙니다
수부띠의 이와같은 신체특징 답변대해
세존께서 신체특징 다음같이 설하셨다

거룩한상 신체특징 모습들에 속지마라
존재하는 모든상은 모두허망 한것이니
모든상이 거짓이며 상아님을 다안다면
허망한줄 알고지낸 이내몸곧 여래니라

Vajracchedikā Prajñāpāramitā Sūtra
금강반야바라밀경(金剛般若波羅密經)

5. 상 없어야 여래 본다(如理實見分 第五)
CHAPTER 5. GENUINE DISCERNMENT OF THE PRINCIPLE OF SUCHNESS

(1) "수부띠야! 그대는 어떻게 생각하느냐?
신체적 특징을 갖추었다고 하여 여래라고 볼 수 있느냐?"

tat kiṃ manyase Subhūte lakṣaṇa[90)]-sampadā
Tathāgato draṣṭavyaḥ?

རབ་འབྱོར་འདི་ཇི་སྙམ་དུ་སེམས།
མཚན་ཕུན་སུམ་ཚོགས་པས་དེ་བཞིན་གཤེགས་པར་བལྟ་བར་བྱ་སྙམ་མམ།

'Now, what do you think, O Subhûti,
should a Tathâgata be seen (known) by the possession of signs?'

須菩提 於意云何 可以身相 見如來不

신체적 특징으로서의 여래

수부띠야 여래몸을 여래라고 일컫는가
석가여래 진실한뜻 육신으로 알겠는가
삼십이상 팔십종호 나투신뜻 무엇인가[91)]

---

90) 산스끄리뜨어 '랄끄샤나(लक्षण lakṣaṇa)'는 '독특한 상'·'특별한 상'·'대상의 특징' 등을 의미하는데, 저자는 '신체적 특징'으로 번역하였다. 구마라집·진제는 '신상(身相)'으로, 보디류지·달마급다는 '상(相)'으로, 현장은 '제상(諸相)'으로, 의정은 '승상(勝相)'으로, 각각 번역하였다.
'상즈냐-(संज्ञा saṃjñā: 주73), 니밋따(निमित्त nimitta: 주82), 랄끄샤냐(लक्षण lakṣaṇa: 주90)'의 세 용어에 대하여, 구마라집은 앞의 두 용어는 '상(相)'으로 '랄끄샤나(lakṣaṇa)'는 신상(身相) 또는 상(相)으로 각각 번역하였다. 구마라집의 한역(漢譯)에서 금강경선송 14(4)의 '시실상자 즉시비상 시고여래설명실상(是實相者 則是非相 是故如來說名實相)'에서 '실상(實相)'의 경우 '상(相)'의 산스끄리뜨어는 '상즈냐(saṃjnā)'이며, 금강경선송 5(4)의 '범소유상 개시허망 약견제상비상 즉견여래(凡所有相 皆是虛妄 若見諸相非相 則見如來)'에서 '상(相)'의 산스끄리뜨어는 '랄끄샤나(lakṣaṇa)'이다. 여기에서 이러한 번역은 'nimitta, saṃjnā, lakṣaṇa'의 세 용어의 의미나 내용을 넘어서는 금강경 해석의 특징적인 모습이라고 할 수 있다.

91) 여래상호(如來相好)는 삼십이상(द्वात्रिंशन महा पुरुष लक्षणानि dvātriṃśan mahā-puruṣa-lakṣaṇāni: 三十二相·三二大丈夫相)과 팔십종호(種好)가 있다. 삼십이상은 여래의 신체적 특징인 신상(身相)으로서,『지도론(智度論 卷四)』에 의하면 다음과 같다. ① 발바닥이 평평한 모습(supratiṣṭhita-pāda: 足下安平立相·足善安住等安地相·兩足掌下皆悉平滿相), ② 발바닥에 2개의 수레바퀴 문양이 있는 모습(cakrāṅkita-hasta-pāda-tala: 足下二輪相·手掌輪相·雙足下現千輻輪相), ③ 손가락이 긴 모습(dīrghāṅguli: 長指相·纖長指相·指纖長相), ④ 발꿈치가 넓고 평평한 모습(āyata-pāda-pārṣṇi: 足跟廣平相·足跟圓滿相), ⑤ 손발가락에 비단결 같은 막이 있는 모습(jālāvanaddha-hasta-pāda: 手足指縵相·指間雁王相), ⑥ 손발이 유연한 모습(mṛdu-taruṇa-hasta-pāda-tala: 手足柔軟相

여래신상 무상임을 나타내어 보임인가

여래부처 범부중생 어떻게들 구별하랴
원만하고 좋은상을 다갖추면 부처되고
못생기고 나쁜상을 갖춘이는 중생되리
수부띠야 지체없이 네생각을 일러보라

(2) 수부띠가 말씀드렸다. “세존이시여! 그렇게 볼 수는 없습니다.
여래는 신체적 특징을 갖추었다고 하여, 여래라고 보아서는 안 됩니다.

SUBHŪTIR āha: no hīdaṃ Bhagavan,
na lakṣaṇa-sampadā Tathāgato draṣṭavyaḥ.

རབ་འབྱོར་གྱིས་གསོལ་པ། བཅོམ་ལྡན་འདས་དེ་ནི་མ་ལགས་སོ།།
མཚན་ཕུན་སུམ་ཚོགས་པས་དེ་བཞིན་གཤེགས་པར་བལྟ་བར་མི་བགྱི་ལགས་སོ།།

Subhûti said: 'Not indeed, O Bhagavat,
a Tathâgata is not to be seen (known) by the possession of signs.

不也世尊 不可以身相 得見如來

신체특징으로는 여래 볼 수 없음

아름답고 추하다는 모습들에 속지마라

・手足如兜羅綿相), ⑦ 발등이 높고 원만한 모습(ucchaṅkha-pāda 足趺高滿相・足趺端厚相), ⑧ 사슴왕(aiṇeya: 伊泥延・鹿王)의 다리같이 가늘고 둥글며 부드럽고 굵은 모습(aiṇeya-jaṅgha: 伊泥延腨相・腨如鹿王相), ⑨ 서면 손이 무릎까지 내려간 모습(sthitānavanata-pralamba-bāhutā: 正立手摩膝相・平住手過膝相), ⑩ 코끼리나 말처럼 성기가 감추어진 모습(kośopagata-vasti-guhya: 陰藏相・象馬藏相), ⑪ 몸의 넓이와 길이가 같은 모습(nyagrodha-parimandala: 身廣長等相・圓身相), ⑫ 검 푸른색의 털이 소라같이 위로 향하고 오른쪽으로 선회하는 모습(ūrdhvāṅga-roma: 毛生上向相・身毛右旋相), ⑬ 모든 구멍에 털이 하나의 털과 같이 정연한 모습(ekaika-roma-pradakṣiṇāvarta: 一一孔一毛生相・一孔一毛不相雜亂相), ⑭ 피부가 곱고 매끄러우며, 온 몸이 황금빛이 나는 모습(suvarṇa-varṇa: 金色相・紫磨金色相), ⑮ 몸에서 나오는 광명이 주위에 빛나는 모습(vipra-prabha: 大光相・丈光相・身光面各一丈相・常光一尋相), ⑯ 더러운 흙이 몸에 묻지 않은 모습(sūkṣma-suvarṇacchavi: 細薄皮相・身皮細滑塵垢不著相), ⑰ 두손・두발・두어깨・정수리가 두텁고 둥글며 단정한 모습(sapta-utsada: 七處隆滿相・七處隆相), ⑱ 겨드랑이가 보기 좋은 모습(citāntarāṃsa: 兩腋下降滿相・肩膊圓滿相), ⑲ 상체가 사자 같은 모습(siṃha-pūrvārdha-kāya: 上身如師子相・師子身相), ⑳ 신체가 단정하고 바른 모습(ṛjugātratā: 大直身相・身廣洪直相), ㉑ 어깨가 원만하고 평정한 모습(susaṃvṛta-skandha: 肩圓好相・兩肩平整相), ㉒ 40개의 이가 있는 모습(catvāriṃśad-danta: 四十齒相・口四十齒相), ㉓ 이가 가지런한 모습(sama-danta: 齒齊相・齒密齊平相), ㉔ 4개의 어금니가 선명하고 흰 모습(suśukla-danta: 牙白相・齒白如雪相), ㉕ 사자 같은 얼굴모습(siṃha-hanu: 獅子頦相・頰車如獅子相), ㉖ 최상의 맛을 잘 느낄 수 있는 모습(rasa-rasāgratā: 味中得上味相・知味味相), ㉗ 혀가 부드러우며 얼굴을 덮고 머리까지 닿을 만큼 긴 모습(prabhūta-tanu-jihva: 大舌相・廣長舌相), ㉘ 대범천왕과 같은 가장 아름다운 목소리(brahma-svara: 梵聲相・大梵音相・聲如梵王相), ㉙ 눈동자가 감청색의 연꽃 모습(abhinīla-netra: 眞靑眼相・靑蓮目相), ㉚ 속눈썹이 큰 소와 같이 높고 빼어난 모습(go-pakṣmā: 牛眼睫相・牛王睫相), ㉛ 정상에 있는 살이 상투모양으로 융기해 있는 모습(uṣṇīṣa-śiraskatā: 頂髻相・頂髮相・頂有肉髮相・頂上肉髻相), ㉜ 눈썹사이(眉間)에 흰털이 오른쪽으로 말려 있는 모습(ūrṇā-keśa: 白毛相・眉間白毫相)이다. 부처님의 신체적 특징인 삼십이상을 다시 세밀히 나누어 놓은 것을 80종호라 한다(中阿含經卷十一 ‘三十二相經’, 大般若波羅蜜多經 卷三八一、菩薩善戒經卷九、過去現在因果經卷一、瑜伽師地論卷四十九.『불교학대사전』, 도서출판 홍법원, 전관응대종사 감수, 1994. p.755. 참조).

온갖형상 신체특징 이들또한 마찬가지
봄과가을 산과물의 본래성품 다다르랴
산그대로 산아니며 물그대로 물아니랴[92)]

석가여래 삼십이상 팔십종호 속지마라
처음부터 범부의상 여래의상 없느니라
생로병사 생주이멸 성주괴공 다르리이[93)]
수부띠는 상을여읜 부처님뜻 알고있다

(3) 왜냐하면 세존이시여! 여래께서 설하신 신체적 특징을 갖추고 있다는 것은 곧 신체적 특징을 갖추고 있는 것이 아니기 때문입니다.”

tat kasya hetoḥ? yā sā Bhagavan lakṣaṇa-sampat Tathāgatena bhāṣita saiva-alakṣaṇa-sampat.

དེ་ཅིའི་སླད་དུ་ཞེ་ན། དེ་བཞིན་གཤེགས་པས་མཚན་ཕུན་སུམ་ཚོགས་པ་ཞེས་གང་གསུངས་པ་དེ་ཉིད། མཚན་ཕུན་སུམ་ཚོགས་པ་མ་མཆིས་པའི་སླད་དུའོ།།

And why? Because what has been preached by the Tathâgata as the possession of signs, that is indeed the possession of no-signs.'

何以故 如來所說身相 卽非身相

신체특징 갖춘 것이라 말할 수 없음

원만하고 좋은상을 여래라고 일컫는가
삼십이상 신체특징 곧여래가 아니로다
인간백세 천세살고 만년까지 산다한들
죽지않고 살아있는 불멸의몸 보았는가

세존설한 여래몸은 불생불멸 그몸인데
어느누가 생멸몸을 여래라고 이르는가

92) “산은 산이요 물은 물이다(空: 山是山 水是水). 산은 산 아니고 물은 물 아니다(假: 山不是山 水不是水). 산 그대로 산이요 물 그대로 물이다(中: 山只山 水只水)”라는 ‘공(空)·가(假)·중(中)’의 ‘삼제(三諦)’는 세가지 진리로서, 삼라만상이 공무(空無)한 것이어서, 한 물건도 실체로서 존재한 것이 아닌 공적(空寂)한 것을 ‘공제(空諦)’, 한 물건도 실재한 것이 아니지만 인연에 의하여 생긴 것으로 모든 현상은 뚜렷하게 가(假)로 존재하는 것을 ‘가제(假諦)’, 이러한 일체법은 공(空)도 아니고, 유(有)도 아니며 또 공이면서 유, 유이면서 공인 사려분별(思慮分別)을 초월한 절대 진리를 ‘중제(中諦)’라 한다{자세한 내용: 주) 221. 삼제(三諦)와 삼관(三觀) 참조}.

93) 생로병사(生老病死)는 사람이 태어나고(生)·늙고(老)·병들고(病)·죽는(死) 것을 나타내고, 생주이멸(生住異滅)은 마음이 일어나고(生)·머무르며(住)·뒤 바뀌고(異)·없어지는(滅) 것을 의미하며, 성주괴공(成住壞空)은 우주가 만들어지고(成)·머무르고(住)·파괴되고(壞)·본래 상태로 돌아간다(空)는 근본원리를 뜻한다.

생하지도 아니하고 멸하지도 아니하는 진리의몸 진리성품 참모습은 법신이다

(4) 이와 같이 말씀드리자. 부처님께서 수부띠에게 다음과 같이 말씀하셨다.

"무릇 있는 바 상은
모두 허망한 것이니
상이 상아님을 보면
곧 여래를 볼 수 있느니라."

Evam ukte BHAGAVĀN āyuṣmantaṃ Subhūtim etad avocat:

yāvat Subhūte lakṣaṇa-sampat
tāvan mṛṣā,
yāvad alakṣaṇa-sampat tāvan na mṛṣeti[94]
hi lakṣaṇa-alakṣaṇatas
Tathāgato draṣṭavyaḥ.[95]

---

94) 산스끄리뜨어 "yāvad alakṣaṇa-sampat tāvan na mṛṣeti(야-와드 알끄샤나 삼빠뜨 따-완 나 므리쉐띠)"라는 문장을 현장・의정・보디류지・진제・달마급다는 각각 번역(漢譯)을 하였으나{주95) 참조}, 구마라집은 전체적인 내용을 종합・검토한 후에 번역을 생략한 것으로 사료된다.

95) 산스끄리뜨어 "'**यावत् सुभूते लक्षण संपत्** yāvat Subhūte lakṣaṇa-sampat(야-와뜨 수부-떼 랄끄샤나 삼빠뜨)', '**तवन मृषा** tāvan mṛṣā(따-완 므리샤-)', '**यावद अलक्षण संपत्** yāvad alakṣaṇa-sampat(야-와드 알끄샤나 삼빠뜨)', '**तावन्न मृषेति** tāvan na mṛṣeti(따-완 나 므리쉐띠)', '**हि लक्षणा अलक्षणतस** hi lakṣaṇa-alakṣaṇatas(히 랄끄샤나 알라끄샤나따스)', '**तथागतो द्रष्टव** Tathāgato drāṣṭa vyaḥ(따타-가또 드라-슈따위야하)'"라는 문장은 '금강경의 게송'이다.
이 게송의 내용은 "'무릇・대체로 … 같이(**यावत्** yāvat・야와뜨: ཇི་སྙེད་པ།・wherever・凡是)', '수부띠야{**सुभूते** Subhūte(Subhūti)・수부-떼: རབ་འབྱོར་・須菩提・善現}', '신체적 특징(상)을 갖추고 있다고 하는 것은{**लक्षण संपत्** lakṣaṇa-sampat・랄끄샤나 삼빠뜨・མཚན་ཕུན་སུམ་ཚོགས་པ།・the possession of marks・凡所有相・諸相具足: 상・신체적 특징(**लक्षण** lakṣaṇa・랄끄샤나・marks・相) + 갖추면{**संपत्** sampat(sampad)・삼빠뜨・possession・具足}', '허망한 것이다{**तवन मृषा** tāvan mṛṣā・따완 므리샤: དེ་ཙམ་དུ་བརྫུན་ནོ།・皆是虛妄・所有妄}', '대체로… 같이・…만큼{**यावद** yāvad(yāvat)・야-와드: ཇི་ཙམ་དུ།・wherever・凡是}', '신체적 특징을 갖추고 있지 않다고 하면{**अलक्षण संपत्** alakṣaṇa-sampat・알끄샤나 삼빠뜨: མཚན་ཕུན་སུམ་ཚོགས་པ་མ་མཆིས་པ།・非相具足・若無勝相}' '허망한 것이 아니므로{**तावन्न मृषेति** tāvan na mṛṣeti(mṛṣā)・따-완 나 므리쉐띠・དེ་ཙམ་དུ་མི་བརྫུན་ཏེ・皆非虛妄・即非虛妄: 그것은(tāvan・따-완: དེ་ཙམ་དུ།・there・彼) + 아니다(**न** na・나: མི།・no・非) + 허망하다{**मृषा** mṛṣā(mṛṣā)・므리샤-: བརྫུན།・fraud・虛妄} + 라 한다(**इति** iti・이띠: ཞེས།・名爲).}', '따라서・참으로(**हि** hi・히: དེ་ལྟར་ན།・hence・表强調)', '신체적 특징이 신체적 특징이 아님을 보면{**हि लक्षणा अलक्षणतस** hi lakṣaṇa-alakṣaṇatas(lakṣaṇa-alakṣaṇat)・히 랄끄샤나 알라끄샤나따스・དེ་ལྟར་ནམ་མཚན་དང་མཚན་པ་མེད་པ།: 若見諸相非相・如是以相非相)}', '여래를 볼 수 있다{**तथागतो द्रष्टव** Tathāgato draṣṭavyaḥ・따타-가또 드라슈따위야하・དེ་བཞིན་གཤེགས་པ་ བལྟ།・則見如來・應觀如來: 여래{**तथागतो** Tathāgato(tathāgata)・따타-가또; དེ་བཞིན་གཤེགས་པ།・Tathāgata・如來} + 볼 수 있다{**द्रष्टव** draṣṭavyaḥ(draṣṭavya)・드라슈따위야하・བལྟ།・see・見・觀}.'"라는 뜻이다.
이 금강경의 게송을 구마라집은 "凡所有相 皆是虛妄 若見諸相非相 則見如來(범소유상 개시허망 약견제상비상 즉견여래)"로, 현장은 "善現 乃至諸相具足 皆是虛妄 乃至非相具足 皆非虛妄 如是以相非相 應觀如來(선현 내지제상구족 개시허망 내지비상구족 개비허망 여시이상비상 응관여래)"로, 의정은 "所有勝相 皆是虛妄 若無勝相 即非虛妄 是故應以勝相無相 觀於如來(소유승상 개시허망 약무승상 즉비허망 시고응이승상무상 관어여래)"로, 보디류지는 "凡所有相皆是妄語 若見諸相非相 則非妄語 如是諸相非相 則見如來(범소유상개시망어 약견제상비상 즉비망어 여시제상비상 즉견여래)"로, 진제는 "凡所有相 皆是虛妄 無所有相 即是眞實 由相無相 應見如來(범소유상 개시허망 무소유상 즉시진실 유상무상 응견여래)"로, 달마급다는 "所有 善實 相具足 所有妄 所有不相具足 所有不妄名 此相不相 如來見應(소유 선실 상구족 소유망 소유불상구족 소유불망명 차상불상 여래견응)"으로 각각 번역하였다.
이러한 내용을 종합하여, 이 게송을 직역하면 다음과 같다.

"무릇 신체적 특징을 갖추고 있다고 하는 것은 허망한 것이며
신체적 특징을 갖추고 있지 않다고 하면 허망한 것이 아니므로
신체적 특징이 신체적 특징이 아님을 보면
여래를 볼 수 있느니라."

དེ་སྐད་ཅེས་གསོལ་པ་དང་།
བཅོམ་ལྡན་འདས་ཀྱིས་ཚེ་དང་ལྡན་པ་རབ་འབྱོར་ལ་འདི་སྐད་ཅེས་བཀའ་སྩལ་ཏོ།།
རབ་འབྱོར་ཇི་སྙམ་དུ་མཚན་ཕུན་སུམ་ཚོགས་པ་དེ་ཙམ་དུ་བརྫུན་ནོ།།
ཇི་ཙམ་དུ་མཚན་ཕུན་སུམ་ཚོགས་པ་མེད་པ་དེ་ཙམ་དུ་མི་བརྫུན་ཏེ།
དེ་ལྟར་ན་དེ་བཞིན་གཤེགས་པ་ལ་མཚན་དང་མཚན་མ་མེད་པར་བལྟའོ།།

After this, Bhagavat spoke thus to the venerable Subhûti:

'Wherever there is, O Subhûti, the possession of signs,
there is falsehood;
wherever there is no possession of signs, there is no falsehood.
Hence the Tathâgata is to be seen (known) from no-signs as signs.'[96]

佛告須菩提

凡所有相
皆是虛妄
若見諸相非相
則見如來

상 여의어야 여래 볼 수 있음

부처님의 자비방편 수부띠에 이르노니
신체특징 이런저런 형상들에 집착마라
형상이란 생멸함이 있다하나 거짓이다
상을여읜 마음자리 생과멸을 보았던가

세존께서 삼십이상 신체특징 말씀하되
삼십이상 구족해도 모두허망 하느니라
신체특징 삼십이상 상아님을 다안다면
분별여읜 마음자리 여래볼수 있느니라

거룩한상 신체특징 모습들에 속지마라

96) 에드워드 콘즈(Edward Conze, 1904~1979, *The Diamond Sutra.*)의 번역(英譯) 참조.
"Wherever there is possession of marks, there is fraud,
wherever there is no-possession of no-marks there is no fraud.
Hence the Tathagata is to be seen from no- marks as marks."
찰스 룩(Charles Luk, 1898~1978, *The Diamond Perfection of Wisdom Sutra.*)의 번역(英譯) 참조.
"Everything with form is unreal;
if all the forms are seen as unreal,
the Tathagata will be perceived."

존재하는 모든상은 모두허망 한것이니
모든상이 거짓이며 상아님을 다안다면
허망한줄 알고지낸 이내몸곧 여래니라

여
원 래부처 못
만하고 범부중생 생기고
좋은상을어떻게들나쁜상을
수 다갖추면 구별하 갖춘이는 네
부띠 부처되 랴 중생되 생각
야지체 고 리 을일러
없이 수 보라
수 신 부띠야 여 그
부띠가 체특징 신체 특징 래라고 와같이
사뢰기 구족하 그대 생각 보겠느 못봅니
를 면 어떠한 냐 다
신체 가 여래
특징갖 세 신 라고못
추어 존이여 수 체적인 합니
도 여래설한 부띠의 특징들을 다
신체특징이와같은갖춘것이
갖춤이 신체특징 아닙니
란 답변대 다
해
세존
께 서
다 음
신체특징 같이 설하셨다
거 모
룩한상 습들에
신체특징 존 속지마라
재하는
모든상은
모두허망
한것이
모든상이 니 상아님을
거짓이 허망 다안다
며 한 줄 면
알 고
이 내 몸 곧 지낸 여 래 니 라
여 래 상없어야 본 다

॥नमो भगवत्या आर्यप्रज्ञापारमितायै॥

॥Namo bhagavatyā āryaprajñāpāramitāyai॥

||སངས་རྒྱས་དང་བྱང་ཆུབ་སེམས་དཔའ་ཐམས་ཅད་ལ་ཕྱག་འཚལ་ལོ||

南無世尊聖般若波羅蜜多

正信希有分 第六

바른 믿음 희유하다

PROPER FAITH IS RARE

वज्रच्छेदिका प्रज्ञापारमिता सूत्र
Vajracchedikā Prajñāpāramitā Sūtra

༄༅། །འཕགས་པ་ཤེས་རབ་ཀྱི་ཕ་རོལ་ཏུ་ཕྱིན་པ་རྡོ་རྗེ་གཅོད་པ་ཞེས་བྱ་བ་བཞུགས་སོ། །

金剛般若波羅密經 Diamond Sūtra
금강반야바라밀경

제6분. 바른 믿음 희유하다(1)

세존이여 중생들이 먼미래의 후오백세
바른법이 쇠퇴할때 이와같은 말씀듣고
진실마음 일으키어 바른믿음 내오리까
모든의심 벗어나게 어서빨리 이르소서

수부띠야 후오백세 무량세월 지나가도
복덕닦아 계지키며 지혜갖춰 말씀듣고
말세라도 경전말씀 바른믿음 내느니라
상을여읜 금강법문 듣자마자 선근되리

이런사람 한량없는 부처님께 귀의하여
무량불의 처소에서 여법하게 선근심어
금강반야 바라밀경 경구듣고 일념으로
한결같이 맑고바른 참된믿음 내느니라

वज्रच्छेदिका प्रज्ञापारमिता सूत्र
Vajracchedikā Prajñāpāramitā Sūtra

༄༅།།འཕགས་པ་ཤེས་རབ་ཀྱི་ཕ་རོལ་ཏུ་ཕྱིན་པ་རྡོ་རྗེ་གཅོད་པ་ཞེས་བྱ་བ་བཞུགས་སོ།།

金剛般若波羅密經 Diamond Sūtra

금강반야바라밀경

제6분. 바른 믿음 희유하다(2)

다생겁에 선근심어 참된믿음 내는자는
부처님의 분별여읜 지혜로써 그들알고
부처님의 눈으로써 선근중생 살피시니
한량없는 복덕얻음 모두알고 보느니라

사바세계 모든중생 나라하는 아상없다
인상물론 중생상과 수자상인 사상없고
진리실상 법이라는 법상마저 없음물론
또한법이 아니라는 비법상도 없느니라

큰마음낸 중생들이 마음의상 취한다면
나와사람 중생수자 집착하는 것이므로
법이라는 상가짐과 법아닌상 또한같아
법은물론 비법에도 집착해선 아니된다

비구들아 나의설법 비유하면 뗏목같다
팔만사천 고통바다 모두함께 건너자면
진리뗏목 필요하나 건넌후엔 버리나니
어찌하여 마음내어 법아닌법 취할손가

Vajracchedikā Prajñāpāramitā Sūtra
금강반야바라밀경(金剛般若波羅密經)

6. 바른 믿음 희유하다(正信希有分 第六)
CHAPTER 6. PROPER FAITH IS RARE

(1) 수부띠는 세존께 말씀드렸다.
"세존이시여! 미래 후오백세에 정법이 쇠퇴할 때에도 이와 같은 말씀을 듣고 진실한 마음을 일으키는 중생들이 있겠습니까?"

Evam ukte[97)]
āyuṣmān SUBHŪTIR Bhagavantam etad avocat:

---

97) 산스끄리뜨어 "Evam ukte(에왐 욱떼)"는 직역하면, "'이와 같이(Evam: དེ་སྐད · this · 如是)', '말씀하시자{ukte(ukta, √vac 과거분사): གསོལ་བ། · ask · 語 · 說}'"라는 의미로서, 현장은 '설시어이(說是語已)'라고, 달마급다는 '여시어이(如是語已)'라며 각각 직역하였다. 저자는 제5분 말미의 게송전 '수부띠에게 다음과 같이 말씀하셨다.'라는 문장과 제6분 처음의 문맥상 생략하는 것이 타당하다고 사료되어, 구마라집 · 보디류지 · 진제 · 의정과 같이 이 구절을 생략하였다.

보디류지(बोधिरुचि Bodhiruci: 菩提流支 · 菩提留支 · 菩提調露鶻支 · 覺希 · 道希, 元魏 5세기말~6세기초)는 『금강반야바라밀경(金剛般若波羅蜜經)』과 『금강반야경론(金剛般若經論)』을 북위 영평2년(北魏 永平二年)인 509년에 번역하였다. 산스끄리뜨어인 '보디루치(Bodhiruci)'를 음역하여 보디류지(菩提流支 · 菩提留支 · 菩提調露鶻支)라고 하며, 의역하여 도희(道希) · 각희(覺希)라고도 불린다. 그는 당나라 때에 서역 북인도(北印度)에서 초청되어 온 북위(北魏)의 불경번역가로서, 경장(經藏) · 율장(律藏) · 논장(論藏)의 불교삼장(佛敎三藏)에 정통(精通)하여, 508년(永平一年) 중국 낙양(洛陽)에 와서 선무제(宣武帝)의 후원으로 영녕사(永寧寺)에 주석하면서, 700범승(梵僧)의 으뜸이 되어 역경가 중에서도 '역경 원장(元匠)'으로 칭송 받았으며(唐高僧傳), 『십지경론(十地經論)』 12권(十二卷)을 비롯하여 『입능가경(入楞伽經)』 12권(十卷) · 『유식론(唯識論)』 1권(一卷) · 『금강반야바라밀경(金剛般若波羅蜜經)』 1권(一卷) · 『금강반야경론(金剛般若經論)』 3권(三卷) · 『법화경론(法華經論)』 · 『무량수경론(無量壽經論)』 1권(一卷) · 『심밀해탈경(深密解脫經)』 5권(五卷) 등 20여 년에 127권을 번역하였다. 그리고 담란(曇鸞)에게 『관무량수경(觀無量壽經)』을 내어주고 『무량수경론(無量壽經論)』을 번역하여 정토교(淨土敎)의 숭앙을 받고 있다. 불교사상사에서는 '일음교(一音敎)'를 제창하여 성교(聖敎)는 모두 '일음 · 일미 · 일우(一音一味一雨)'라고 주장하였다.

진제(परमार्थ Paramārtha: 眞諦 · 波羅末陀 · 拘那羅陀 · 家依 · 親依, 陳 499~569)는 『금강반야바라밀경(金剛般若波羅蜜經)』을 천가3년(天嘉三年)인 562년에 번역하였다. 진제는 산스끄리뜨어 '빠라마르타(Paramārtha)'의 중국이름이다. 섭론종(攝論宗)의 개조(開祖)이며, 서인도 우선니국(優禪尼國)의 바라문출신 학승으로, 주로 중기 대승불교의 유식사상(唯識思想)을 배우고, 546년 중국 양나라 무제(梁武帝)의 초청으로 많은 경전을 가지고 바닷길로 남방을 경유하여 난징(南京)으로 갔다. 그때 마침 국난을 만나 양나라가 멸망하였으므로, 중국 각지를 전전하며 귀국을 꾀하였으나 폭풍우를 만나 뜻을 이루지 못하고 남해(南海)에서 입적했다. 그는 어려운 생활 속에서도 홀로 경전 한역(漢譯)에 노력하여 경 · 논 · 기문 · 전기 등 64부 278권을 번역하였으며, 그 역본이 대소 70부에 이르렀다고 한다. 특히 유식 계통의 것을 정확하게 번역하여, 『섭대승론(攝大乘論)』 3권(三卷) · 『석론(釋論)』 15권(十五卷) · 『대승기신론(大乘起信論)』 1권(一卷) · 『금광명경(金光明經)』 · 『구사론(俱舍論)』 등이 있는데, 오늘날 불교 연구에 중요한 자료가 되고 있다. 구마라집(鳩摩羅什) · 현장(玄奘) · 불공(不空: 705~774)과 함께 중국불교 4대 역경사중의 한 명이다.

달마급다(धर्मगुप्त Dharmagupta: 達摩笈多 · 達摩崛多 · 法密 · 法藏 · 法護, 隋 ~619)는 『반야바라밀경(般若波羅蜜經)』 · 『제9능단금강분(第九能斷金剛分)』과 무착(無着)이 지은 『금강반야바라밀경론(金剛般若波羅密經論)』을 605~616년 번역하였다. 산스끄리뜨어인 '다르마굽따(Dharmagupta)'를 음역하여 달마급다 또는 달마굴다라고 하며, 이를 의역하여 법밀(法密) · 법장(法藏) · 법호(法護)라고도 한다. 남인도의 나라국(羅囉國)에서 찰제리종(刹帝利種) 신분으로 태어나서, 23세에 출가하여 여러 사찰을 편력하며 대 · 소승을 두루 공부했다. 590년에 중국 장안(長安)으로 들어갔다. 이 지역의 대흥선사(大興善寺)에 머물면서 역경에 종사하였으며, 『금강반야론(金剛般若論)』 · 『기세인본경(起世因本經)』 · 『대방등대집경보살염불삼매분(大方等大集經菩薩念佛三昧分)』 · 『보디자량론(菩提資糧論)』 · 『불설약사여래본원경(佛說藥師如來本願經)』 · 『연생론(緣生論)』 · 『연생초승분법본경(緣生初勝分法本經)』 · 『첨품묘법연화경(添品妙法蓮華經)』 · 『섭대승론석론(攝大乘論釋論: 行炬等 同譯)』 등 총 7부 32권의 경론(經論)을 번역했다. 『반야바라밀경(般若波羅蜜經)』 · 『제9능단금강분(第九能斷金剛分)』을 개황10년(開皇十年)인 590년에 번역하고, 무착(無着)이 지은 『금강반야바라밀경론(金剛般若波羅密經論)』 중의 경문을 613년에 번역하였다.

asti Bhagavan kecit sattvā bhaviṣyanty anāgate 'dhvani
paścime kāle paścime samaye paścimāyāṃ pañca-śatyāṃ
sad-dharma-vipralopa-kāle vartamāne,
ya imeṣv evaṃrūpeṣu sūtrānta-padeṣu bhāṣyamāṇeṣu
bhūta-saṃjñām utpādayiṣyanti?

དེ་སྐད་ཅེས་བཀའ་སྩལ་པ་དང་།
བཅོམ་ལྡན་འདས་ལ་ཚེ་དང་ལྡན་པ་རབ་འབྱོར་གྱིས་འདི་སྐད་ཅེས་གསོལ་ཏོ།།
བཅོམ་ལྡན་འདས་མ་འོངས་པའི་དུས་ལྔ་བརྒྱའི་ཐ་མ་ལ། དམ་པའི་ཆོས་རབ་ཏུ་རྣམ་པར་འཇིག་པར་འགྱུར་བ་ན།
སེམས་ཅན་གང་ལ་ལ་དག་འདི་ལྟ་བུའི་མདོ་སྡེའི་ཚིག་བཤད་པ་དག་ལ་ཡང་དག་པར་འདུ་ཤེས་བསྐྱེད་པར་
འགྱུར་བ་འབྱུང་བ་ལྟ་མཆིས་ལགས་སམ།

After this, the venerable Subhûti spoke thus to the Bhagavat:
'Forsooth, O Bhagavat, will there be any beings in the future,
in the last time, in the last moment, in the last 500 years,
during the time of the decay of the good Law, who,
when these very words of the Sûtras are being preached, will frame a true idea?'

須菩提 白佛言 世尊 頗有衆生 得聞如是言說章句 生實信不

정법쇠퇴할 때 참된 믿음 내오리까

세존이여 중생들이 미래세의 후오백세
정법쇠퇴 그시기에 금강경의 설함듣고
경전말씀 참되다는 바른믿음 내오리까
어찌하면 의심없이 진리말씀 믿으리까

진리의빛 여래시여 금강묘법 심히깊어
지혜낮은 말세중생 믿고알기 어려우니
바른불법 알고믿어 모든의심 벗어나게
일체의심 여의는법 어서바삐 이르소서

(2) 부처님께서 말씀하셨다.
"수부띠야! 그대는 미래 후오백세에
정법이 쇠퇴할 때에도
이와 같은 경전의 구절을 듣고,
그것을 진실한 말이라고 믿는 사람들이 있겠는가?"라고 말하지 말라.

BHAGAVĀN āha: mā Subhūte tvam evaṃ vocaḥ,

asti kecit sattvā bhaviṣyanty anāgate 'dhvani
paścime kāle paścime samaye paścimāyāṃ pañcaśatyāṃ
sad-dharma-vipralope vartamāne,
ya imeṣv evaṃrūpeṣu sūtrānta-padeṣu bhāṣyamāṇeṣu
bhūtasaṃjñām utpādayiṣyanti?98)

བཅོམ་ལྡན་འདས་ཀྱིས་བཀའ་སྩལ་པ།
རབ་འབྱོར་གང་ཁྱོད་འདི་སྐད་དུ་མ་འོངས་པའི་དུས་ལྔ་བརྒྱའི་ཐ་མ་ལ།
དམ་པའི་ཆོས་རབ་ཏུ་རྣམ་པར་འཇིག་པར་འགྱུར་བ་ན།
སེམས་ཅན་གང་ལ་ལ་དག་འདི་ལྟ་བུའི་མདོ་སྡེའི་ཚིག་བཤད་པ་དག་ལ་ཡང་དག་པར་འདུ་
ཤེས་བསྐྱེད་པར་འགྱུར་བ་འབྱུང་བ་ལྟ་མཆིས་ལགས་སམ་ཞེས་ཁྱོད་དེ་སྐད་མ་ཟེར་ཅིག།

98) 산스끄리뜨어 "'BHAGAVĀN āha: mā Subhūte tvam evaṃ vocaḥ(바가완- 아-하 마- 수부-떼 뜨왐 에왕 보짜하)', 'asti kecit sattvā bhaviṣyanty(아스띠 께찌뜨 삿뜨와- 바위슈얀띠)', 'anāgate 'dhvani paścime kāle paścime samaye paścimāyāṃ pañcaśatyāṃ sad-dharma-vipralope vartamāne(아나-가떼 드와니 빠슈찌메 깔-레 빠슈찌메 사마예 빠슈찌마-양- 빤짜샤-띠양 - 사드 다르마 위쁘라롤뻬 와르따마-네)', 'ya imeṣv evaṃrūpeṣu sūtrānta-padeṣu bhāṣyamāṇeṣu(야 이메슈 에왕루-뻬슈 수-뜨란-따 빠데슈 바슈야마-네슈)', 'bhūtasaṃjñām utpādayiṣyanti(부-따상즈냠- 우뜨빠-다이슈얀띠)', 'BHAGAVĀN āha: mā Subhūte tvam evaṃ vocaḥ(바가완 아-하 마- 수부-떼 뜨왐 에왕 보짜하)', 'asti kecit sattvā bhaviṣyanty(아스띠 께찌뜨 삿뜨와- 바위슈얀띠)', 'anāgate 'dhvani paścime kāle paścime samaye paścimāyāṃ pañcaśatyāṃ sad-dharma-vipralope vartamāne(아나-가떼 드와니 빠슈찌메 깔-레 빠슈찌메 사마예 빠슈찌마-양- 빤짜샤띠양- 사드 다르마 위쁘랄로뻬 와르따마-네)', 'ya imeṣv evaṃrūpeṣu sūtrānta-padeṣu bhāṣyamāṇeṣu(야 이메슈 에왕루-뻬슈 수-뜨란-따 빠데슈 바-슈야마-네슈)', 'bhūtasaṃjñām utpādayiṣyanti(부따-상즈냠- 우뜨빠-다이슈얀띠)?'"라는 문장의 의미를 번역해보면 다음과 같다.
이 문장의 내용은 "'세존께서{bhagavān(bhagavant)・바가완-: བཅོམ་ལྡན་འདས།・The Lord・世尊}', '말씀하셨다{āha(√ah)・아-하: བཀའ་སྩལ་པ།・said・說・言・告}', '하지 말라・아니다(mā・마-: མ།・not・莫・勿・不)', '수부띠야{subhūte(subhūti)・수부-떼: རབ་འབྱོར།・須菩提・善現}', '너는・그대는(tvam・뜨왐: ཁྱོད།・you・汝)', '이와 같이(evaṃ・에왕: དེ་སྐད།・thus・如是)', '말하다{vocaḥ(√vac)・보짜하: ཟེར་ཅིག།・speak・說}', '있어서{asti(√as)・아스띠: ཡོད།・有・是}', '어떤(kecit・께찌뜨: འགའ།・不定代名詞)', '중생들・유정들{sattvā(sattva)・삿뜨와-: སེམས་ཅན།・being・有情}', '있을 것이다{bhaviṣyanty(√bhū)・바위슈얀띠: མཆིས།・有}', '다가오는・미래{anāgate(anāgata)・아나-가떼: མ་འོངས་པ།・future period・未来・當來}', '세에 있어서{'dhvani(adhvan)・드와니: དུས།・at the time・世・時}', '뒤의・다음{paścime(paścima)・빠슈찌메: ཐ་མ།・last・後}', '시간{kāle(kāla)・깔-레: དུས།・time・時・分}', '뒤의・다음{paścime・빠슈찌메: 後}', '시기{samaye(samaya)・사마예: དུས།・epoch・時}', '후・뒤{paścimāyāṃ (paścima)・빠슈찌마-양-: ཐ་མ།・last・後}', '오백세{pañca-śatyāṃ(pañca-śati)・빤짜샤-띠양-: ལྔ་བརྒྱ།・500 years・五百歲}', '정법이 쇠퇴할(멸하려 할) 때{saddharma-vipralope(sad-dharma-vipralopa)・삿다르마 위쁘라롤뻬: དམ་པའི་ཆོས་རྣམ་པར་འཇིག་པ།・collapse the good doctrine・正法衰退(滅)時}', '할 시기다 되어서・할 시점에 있어서{vartamāne(√vṛt-1)・와르따마-네: འགྱུར་བ།・轉}', '누가{ya(yaḥ)・야: གང་ལ་ལ།・who・彼}', '이{imeṣv(idam)・이메슈: འདི།・此}', '~로 되어 있는・~와 같은{evaṃrūpeṣu(evaṃrūpa)・에왕루-뻬슈: འདི་ལྟ་བུ།・如是色}', '경전의 구절{sūtrānta-padeṣu(sūtrānta-pada)・수뜨란-따 빠데슈: མདོ་སྡེའི་ཚིག・words of the sūtra・經句}', '설하여지면{bhāṣyamāṇeṣu(bhāṣyamāṇa , √bhāṣ-1)・바-슈야마-네슈: བཤད་པ།・taught・說}', '사실이라는 생각・사실이라고 믿음{bhūta-saṃjñām(bhūta-saṃjñā)・부따-상즈냠: ཡང་དག་པར་འདུ་ཤེས།・a true perception・實想}', '내겠느냐・있겠느냐{utpādayiṣyanti(ut-√pad- 4)・우뜨빠-다이슈얀띠: བསྐྱེད་པ།・produce・生}'"라는 뜻이다.
이 문장을 구마라집은 "佛告須菩提 莫作是說(불고수부띠 막작시설)"이라고 번역하고 이하는 생략하였으나, 현장은 "佛告善現 勿作是說(불고선현 물작시설) 頗有有情於當來世 後時後分後五百歲 正法將滅時分轉時 聞說如是色經典句 生實信不(파유유정어당래세 후시후분후오백세 정법장멸시분전시 문설여시색경전구 생실신부)"라고, 의정은 "佛告妙生 莫作是說(불고묘생 막작시설) 頗有衆生 於當來世 後五百歲 正法滅時 聞說是經 生實信不(파유중생 어당래세 후오백세 정법멸시 문설시경 생실신부)"라고 각각 번역하였다.
이러한 내용들을 종합적으로 분석・검토하여, 저자는 "세존께서 말씀하셨다. '수부띠야! 미래 후오백세에 정법이 쇠퇴할 때에도 이와 같은 경전의 구절을 듣고, 그것을 진실한 말이라고 믿는 사람들이 있겠는가?'라고 말하지 말라{佛告須菩提 莫作是說 頗有衆生 於當來世 後五百歲 正法將滅時 聞說是經 生實信不(불고수부띠 막작시설 파유중생어당래세 후오백세 정법장멸시 문설시경 생실신부)}"라고 번역(韓譯・漢譯)하였다.

The Bhagavat said: 'Do not speak thus, Subhûti.
Yes, there will be some beings in the future, in the last time,
in the last moment, in the last 500 years, during the decay of the good Law,
who will frame a true idea when these very words are being preached.'

佛告須菩提 莫作是說
頗有衆生於當來世 後五百歲 正法衰退時 聞說是經 生實信不[99]

후오백세 참된 믿음 내겠는가 말하지 말라

부처님이 가르친법 수행하는 정법시대
불상불탑 형상통해 수행하는 상법시대
불상불탑 불신하고 파괴하는 말법시대
모두지나 후오백세 바른믿음 내겠는가

열반든후 미래세의 후오백세 되었을때
정법쇠퇴 그때되어 금강법문 설해지면
진실이라 생각하는 사람들이 있겠는가
수부띠야 그와같이 말해서는 아니된다

(3) 미래 후오백세에 정법이 쇠퇴할 때에도, 복덕을 닦고 계율을 지키며 지혜를 갖춘 이는 이와 같은 경전의 구절을 듣고, 능히 신심을 내어 진실한 말이라고 생각할 것이다.

api tu khalu punaḥ Subhūte bhaviṣyanty anāgate 'dhvani
bodhisattvā mahāsattvāḥ paścime kāle paścime samaye
paścimāyāṃ pañca-śatyāṃ sad-dharma-vipralope vartamāne
guṇavantaḥ śīlavantaḥ prajñavantaś[100] ca bhaviṣyanti,
ya imeṣv evaṃrūpeṣu sūtrānta-padeṣu
bhāṣyamāṇeṣu bhūtasaṃjñām utpādayiṣyanti.[101]

---

99) 저자번역{漢譯: 주) 98} 참조.

100) 산스끄리뜨어 “guṇavantaḥ śīlavantaḥ prajñavantaś(구나완따하 쉴-라완따하 쁘라즈냐완따슈)”라는 문장의 의미를 번역해보면 다음과 같다.
이 문장의 내용은 “‘복덕(guṇa · 구나: 福德 · 功德 · 福 · 德)’, ‘닦고(vantaḥ · 완따하: 具 · 修 · 持)’, ‘계율(śīla · 쉴-라: 戒律 · 尸羅 · 戒)’, ‘지키며(vantaḥ · 완따하: 具 · 持)’, ‘지혜(prajña · 쁘라즈냐: 智慧 · 般若 · 慧)’, ‘갖춘 사람(vantaś · 완따슈: 具 · 究竟 · 修 · 修者)’”라는 뜻이다.
이 구절을 구마라집은 ‘有持戒修福者(유지계수복자: 계를 지니고 복을 닦는 이)’로 ‘지혜(智慧 · 慧)’를 생략하여 의역하였다. 그런데 현장은 ‘具足尸羅具德具慧(구족시라구덕구혜)’로, 의정은 ‘具戒具德具慧(구계구덕구혜)’로, 류지급다는 ‘有持戒修福智慧者(유지계수복지혜자)’로, 진제는 ‘持戒修福有智慧(지계수복유지혜)’로, 달마급다는 ‘戒究竟功德究竟智慧究竟(계구경공덕구경지혜구경)’로, 각각 ‘지혜(智慧 · 慧)’라는 뜻을 나타내어 직역하였다.
이러한 내용 등을 근간으로, 저자는 “복덕을 닦고 계율을 지키며 지혜를 갖춘 이{有持戒修福慧者(유지계수복자)}”라고 번역(韓譯 · 漢譯)하였다.

རབ་འབྱོར་མ་འོངས་པའི་དུས་ལྔ་བརྒྱའི་ཐ་མ་ལ། དམ་པའི་ཆོས་རབ་ཏུ་རྣམ་པར་འཇིག་པར་འགྱུར་བ་ན།
བྱང་ཆུབ་སེམས་དཔའ་སེམས་དཔའ་ཆེན་པོ་ཚུལ་ཁྲིམས་དང་ལྡན་པ།
ཡོན་ཏན་དང་ལྡན་པ། ཤེས་རབ་དང་ ལྡན་པ་དག་འབྱུང་སྟེ།

'And again, O Subhûti, there will be noble-minded Bodhisattvas,
in the future, in the last time, in the last moment, in the last 500 years,
during the decay of the good Law,
there will be strong and good and wise beings, who,
when these very words of the Sûtras are being preached,
will frame a true idea.

如來滅後 後五百歲 有持戒修福慧者 於此章句 能生信心 以此爲實[102)]

정법쇠퇴할 때도 금강법문 참되다 생각함

여래멸후 오오백세 제일오백 해탈견고
제이오백 선정견고 제삼오백 다문견고
제사오백 탑사견고 제오오백 투쟁견고
투쟁으로 쇠퇴할때 바른믿음 안내리까

계지키며 복짓는이 금강경의 법문듣고
사구게등 수지독송 바른믿음 내느니라
허공같은 금강반야 평등하여 차별없어
상을여읜 반야법문 듣자마자 선근되리

(4) 또한 수부띠야!
이 사람은 한 분의 부처님을 모시고
한 분의 부처님 처소에서 선근을 심었을 뿐만 아니라,
한량없는 부처님 처소에서 선근을 심었으므로

---

101) 산스끄리뜨어 "ya imeṣv evaṃrūpeṣu sūtrānta-padeṣu bhāṣyamāṇeṣu bhūtasaṃjñām utpādayiṣyanti(야 이메슈 에왕루-뻬슈 수-뜨란-따 빠데슈 바-슈야마-네슈 부-따싱상즈냠- 우뜨빠-다이슈얀띠)."라는 문장의 의미를 번역해보면 다음과 같다.
이 문장의 내용은 "'누구{ya(yaḥ)・야: གང་ལ་ལ・who・彼}', '이것{imeṣv(idam)・이메슈: འདི・此}', '이러한 {evaṃrūpeṣu(evaṃrūpa)・에왕루-뻬슈: འདི་ལྟ་བུ・如是色}', '경전의 말씀{sūtrānta-padeṣu(sūtrānta-pada)・수-뜨란-따 빠데슈: མདོ་སྡེའི་ཚིག・words of the sūtra・經句}', '설해지다{bhāṣyamāṇeṣu(bhāṣyamāṇa, √bhāṣ-1)・바-슈야마-네슈: བཤད་པ・taught・說}', '참되다는 상・진실한 믿음{bhūta-saṃjñām(bhūta-saṃjñā)・부-따상즈냠-: ཡང་དག་པར་འདུ་ཤེས・a true idea・a true perception・實想・實相・實信}', '일으키다{utpādayiṣyanti(ut-√pad-4)・우뜨빠-다이슈얀띠: བསྐྱེད་པ・produce・生}'"라는 뜻이다. 이 문장을 현장과 의정 그리고 달마급다와 진제 및 티베트본 금강경은 이 부분에 대한 번역을 생략하였으나, 구마라집은 "於此章句 能生信心 以此爲實(어차장구 능생신심 이차위실)"이라고, 류지급다도 "於此修多羅章句 能生信心 以此爲實(어차수다라장구 능생신심 이차위실)"이라며 각각 번역하였다.
이러한 내용들을 종합적으로 분석・검토하여, 저자는 "능히 신심을 내어 진실한 말씀이라고 생각할 것이다."라고 번역(韓譯)하였다.

102) 저자번역{漢譯: 주) 101} 참조.

이와 같은 경전의 말씀을 듣고, 한결같은 마음으로 청정한 믿음을 내는 사람임을 알아야 한다.

na khalu punas te Subhūte
bodhisattvā mahāsattvā eka-buddha-paryupāsitā bhaviṣyanti,
na-eka-buddha-avaropita-kuśala-mūlā bhaviṣyanti,
api tu khalu punaḥ Subhūte aneka-buddha-śatasahasra-paryupāsitā
aneka-buddha-śatasahasra-avaropita-kuśala-mūlās
te bodhisattvā mahāsattvā bhaviṣyanti,
ya imeṣv evaṃrūpeṣu sūtrānata-padeṣu bhāṣyamāṇeṣv
eka-citta-prasādam api pratilapsyante.

རབ་འབྱོར་བྱང་ཆུབ་སེམས་དཔའ་སེམས་དཔའ་ཆེན་པོ་དེ་དག་ཀྱང་།
སངས་རྒྱས་གཅིག་ལ་བསྙེན་བཀུར་བྱས་པ་མ་ཡིན།
སངས་རྒྱས་གཅིག་ལ་དགེ་བའི་རྩ་བ་བསྐྱེད་པ་མ་ཡིན་གྱི།
རབ་འབྱོར་སངས་རྒྱས་འབུམ་ཕྲག་དུ་མ་ལ་བསྙེན་བཀུར་བྱས་ཤིང་སངས་རྒྱས་འབུམ་ཕྲག་དུ་མ་ལ་དགེ་བའི་
རྩ་བ་དག་བསྐྱེད་པའི་བྱང་ཆུབ་སེམས་དཔའ་སེམས་དཔའ་ཆེན་པོ་དག་འབྱུང་ངོ༎
རབ་འབྱོར་གང་དག་འདི་ལྟ་བུའི་མདོ་སྡེའི་བཤད་པ་དག་ལ་སེམས་དད་པ་གཅིག་ཙམ་རྙེད་པར་འགྱུར་བ་དེ་དག་ནི།

But those noble-minded Bodhisattvas,
O Subhûti, will not have served one Buddha only,
and the stock of their merit will not have been accumulated
under one Buddha only; on the contrary,
O Subhûti, those noble-minded Bodhisattvas
will have served many hundred thousands of Buddhas,
and the stock of their merit will have been accumulated
under many hundred thousands of Buddhas;
and they, when these very words of the Sûtras are being preached,
will obtain one and the same faith.

當知是人 不於一佛二佛三四五佛 而種善根 已於無量千萬佛所 種諸善根 聞是章句 乃至一念生淨信者

다생겁 선근 심은 자 바른 믿음 냄

복덕닦고 계율지켜 지혜갖춘 바른신자
한부처님 한량없는 부처님의 처소에서
선근심어 이와같은 금강경의 말씀듣고
한결같은 마음으로 청정믿음 내느니라

수부띠야 한사람의 부처님께 귀의한후
한결같이 그곳에서 보고듣고 닦고배워
한량없는 부처님께 다생동안 그같으니
경구듣고 일념으로 맑은마음 내느니라

미래세계 말세라도 부처님께 귀의한후
무량겁의 세월동안 여법하게 선근심어
모든중생 모두함께 능히성불 믿었으니
금강경의 법문듣고 바른믿음 내느니라

(5) 수부띠야! 여래는 부처님의 지혜로 그들을 다 알고, 부처님의 눈으로 그들을 다 보고 있다. 수부띠야! 여래는 그들을 잘 인식하고 있다. 수부띠야! 이 모든 중생들은 이와 같이 무량한 복덕을 얻게 될 것이다.

jñātās te Subhūte Tathāgatena buddha-jñānena,
dṛṣṭās te Subhūte Tathāgatena buddha-cakṣuṣā,
buddhās te Subhūte Tathāgatena.
sarve te Subhūte 'prameyam asamkhyeylaṃ
puṇyaskandhaṃ prasaviṣyanti pratigrahīṣyanti.

དེ་བཞིན་གཤེགས་པས་མཁྱེན་ཏོ། རབ་འབྱོར་དེ་དག་ནི་དེ་བཞིན་གཤེགས་པས་གཟིགས་ཏེ།
རབ་འབྱོར་སེམས་ཅན་དེ་དག་ཐམས་ཅད་ནི།
བསོད་ནམས་ཀྱི་ཕུང་པོ་དཔག་ཏུ་མེད་པ་བསྐྱེད་ཅིང་ཡོངས་སུ་སྡུད་པར་འགྱུར་རོ།།

They are known, O Subhûti, by the Tathâgata through his Buddha-knowledge;
they are seen, O Subhûti, by the Tathâgata through his Buddha-eye;
they are understood, O Subhûti, by the Tathâgata.
All these, O Subhûti, will produce and will hold fast an immeasurable
and innumerable stock of merit.

須菩提 如來悉知悉見是諸衆生 得如是無量福德

여래 다 알며 이들 중생 무량복덕 얻음

모든상은 인연따라 모였다가 흩어지나
실체모두 여여하여 어디에도 걸림없네
수부띠야 금강진리 모두깨쳐 알고보면
부처님의 가르침은 모든중생 불성있다

무량겁에 선근심어 바른믿음 내는이들103)
부처님은 분별여읜 지혜로써 그들안다
여래의눈 일체중생 모두보고 살피느니
이들중생 한량없는 복과덕을 얻느니라

(6) 왜냐하면 수부띠야!

"이 모든 중생들은
아상 · 인상 · 중생상 · 수자상이 없고,
법이라는 상이 없으며
또한 법이 아니라는 상도 없느니라."

그들에게는 상도 일어나지 않고, 상 아님도 일어나지 않기 때문이다.

tat kasya hetoḥ?

na hi Subhūte teṣāṃ bodhisattvānāṃ mahāsattvānām ātma-saṃjñā pravartate, na sattva-saṃjñā na jīva-saṃjñā na pudgala-saṃjñā pravartate. na-api teṣāṃ Subhūte bodhisattvānāṃ mahāsattvānāṃ dharma-saṃjñā pravartate, evaṃ na adharma-saṃjñā.104)

---

103) 겁(**कल्प** kalpa: བསྐལ་པ · 劫)은 산스끄리뜨어 '깔빠(kalpa)'를 음역한 것으로, 우주가 생장(生長)하여 지속하다가 소멸되어 공의 상태가 되는 시간을 말한다. 우주가 생성되어 가는 것을 '성겁(成劫)', 생성된 우주가 지속되는 것을 '주겁(住劫)', 우주가 소멸되어 가는 것을 '괴겁(壞劫)', 소멸된 끝에 결국 아무것도 없는 공무(空無)의 상태가 지속되는 것을 '공겁(空劫)'이라고 한다. 곧 우주는 이러한 4과정의 겁을 끊임없이 되풀이한다고 하는데, 이른바 한 겁은 약 432만 년의 천 배에 달하는 시간에 해당한다고 한다.

104) 산스끄리뜨어 "'na hi subhūte teṣāṃ bodhisattvānāṃ mahāsattvānām ātma-saṃjñā pravartate(나 히 수부-떼 떼삼- 보디삿뜨와-낭-마하-삿뜨와-남- 아-뜨마 상즈냐- 쁘라와르따떼)', 'na sattva-saṃjñā na jīva-saṃjñā na pudgala-saṃjñā pravartate(나 삿뜨와 상즈냐- 나 지-와 상즈냐- 나 뿌드갈라 상즈냐- 쁘라와르따떼).', 'na-api teṣāṃ subhūte: bodhi sattvānāṃ mahāsattvānāṃ dharma-saṃjñā pravartate(나 아삐 떼샹- 수부-떼 보디삿뜨와-낭 마하-삿뜨와-낭 다르마 상즈 냐- 쁘라와르따떼)', 'evaṃ na adharma-saṃjñā(에왕 나 아다르마상즈냐-).'"라는 문장은 '금강경의 게송'이다.

이 게송의 내용은 "'않는다(na · 나: མི · not · 不 · 非)', '참으로(hi · 히: དེ་ཞར་ཀ · hence · 表强調)', '수부띠야{subhūte(Subhūti) · 수부-떼: རབ་འབྱོར། · 須菩提 · 善現}', '그들(teṣāṃ · 떼샹-: དེ་དག · 彼等 · 是等)', '보살마하살들 · 중생들{bodhisattvānāṃ(bodhi sattva) mahāsattvānām(mahā-sattva) · 보디삿뜨와-낭- 마하-삿뜨와-남-: བྱང་ཆུབ་སེམས་དཔའ། སེམས་དཔའ་ཆེན་པོ། · 菩薩摩訶薩 · 諸衆生}', '아상(ātma-saṃjñā · 아-뜨마 상즈냐-: བདག་ཏུ་འདུ་ཤེས། · 我相 · 我想)', '일어나다{pravarteta(pra-√vṛt-1) · 쁘라와르따떼: འཇུག། · take place · 轉}', '않는다(na · 나: 않는다)', '중생상(sattva-saṃjñā · 삿뜨와 상즈냐- : སེམས་ཅན་དུ་འདུ་ཤེས། · 衆生相 · 有情想 · 衆生想)', '않는다(na · 나: 不 · 非)', '수자상{jīva-saṃjñā · 지-와 상즈냐- : སྲོག་ཏུ་འདུ་ཤེས། · perception of aliving soul · 壽者相 · 命者想 · 壽者想}', '않는다(na · 나: 不 · 非)', '인상-{pudgala-saṃjñā · 뿌드갈라 상즈냐-: གང་ཟག་ཏུ་འདུ་ཤེས། · 人相 · 補特伽羅想 · 人想}', '일어나다(pravartate · 쁘라와르따떼: 轉)', '않는다(na · 나: 不 · 非)', '또한 · 도(api · 아삐: ཡང་། · 亦 · 然)', '그들(teṣāṃ · 떼샹-: these)', '수부-띠(subhūte · 수부-떼: 須菩提 · 善現)', '보살마하살들 · 중생들(bodhisattvānāṃ mahā sattvānāṃ · 보디삿뜨와-낭- 마하-삿뜨와-낭-: Bodhisattvas great beings · 菩薩摩訶薩 · 諸衆生)', '법상{dharmasaṃjñā(dharma-saṃjñā) · 다르마 상즈냐-: ཆོས་སུ་འདུ་ཤེས། · a perception of a dharma · 法相 · 法想}', '일어나다(pravartate · 쁘라와르따떼: 轉)', '이와 같이(evaṃ · 에왕: like wise · 如是)', '않는다(na · 나: 不 · 非)', '법 아니라는 상{adharma-saṃjñā(a-dharma-saṃjñā) · 아다르마 상즈냐-: ཆོས་མེད་པར་འདུ་ཤེས། · no perception of a nodharma · 非法相 · 非法想)}.'"이라는 뜻이다.

이 게송을 구마라집은 "是諸衆生無復我相 人相 衆生相 壽者相 無法相亦無非法相(시제중생무부아상 인상 중생상 수자상 무법상역무비법상)"으로, 현장은 "善現 彼菩薩摩訶薩無我想轉 無有情想 無命者想 無士夫想 無補特伽羅想 無意生想 無摩納婆想 無作者想 無受者想轉 善現 彼菩薩摩訶薩無法想轉 無非法想轉 無想轉亦無非想轉(선현 피보살마가살무아상전 무유정상 무명자상 무사부상 무보특가라상 무의생상 무마납파상 무작자상 무수자상전 선현 피보살마하살무법상전 무비법상전 무상전역무비상전)"으로, 의정은 "由彼菩薩無我想 衆生想 壽者想 更求趣想 彼諸菩薩非法想 非非法想 非想 非無想(유피보살무아상 중생상 수자상 경구취상 피제보살

na-api teṣāṃ Subhūte saṃjñā na-asaṃjñā pravartate.

དེ་ཅིའི་ཕྱིར་ཞེ་ན།
རབ་འབྱོར་བྱང་ཆུབ་སེམས་དཔའ་སེམས་དཔའ་ཆེན་པོ་དེ་དག་ནི།
བདག་ཏུ་འདུ་ཤེས་འཇུག་པར་མི་འགྱུར་ཞིང་། སེམས་ཅན་དུ་འདུ་ཤེས་པ་མ་ཡིན།
སྲོག་ཏུ་འདུ་ཤེས་པ་མ་ཡིན། གང་ཟག་ཏུ་འདུ་ཤེས་འཇུག་པར་མི་འགྱུར་བའི་ཕྱིར་རོ།།
རབ་འབྱོར་བྱང་ཆུབ་སེམས་དཔའ་སེམས་དཔའ་ཆེན་པོ་དེ་དག་ཀྱང་ཆོས་སུ་འདུ་ཤེས་པ་དང་།
ཆོས་མེད་པར་ཡང་འདུ་ཤེས་མི་འཇུག་སྟེ།
དེ་དག་ནི་འདུ་ཤེས་མེད་པར་ཡང་འདུ་ཤེས་འཇུག་པར་མི་འགྱུར་རོ།།

And why? Because, O Subhûti,

there does not exist in those noble-minded Bodhisattvas the idea of self,
there does not exist the idea of a being,
the idea of a living being, the idea of a person.
Nor does there exist, O Subhûti, for these noble-minded Bodhisattvas
the idea of quality (dharma), nor of no-quality.

Neither does there exist, O Subhûti, any idea (samgñâ) or no-idea.

何以故

是諸衆生
無復我相人相衆生相壽者相
無法相
亦無非法相

모든 상에 대한 집착 없기 때문

중생들은 탐진치와 오욕칠정 물들여져
아상인상 중생상과 수자상에 집착하나
사상물론 진리상과 비법상도 모두여읜

비법상 비비법상 비상 비무상)"으로, 보디류지는 "須菩提 是諸菩薩無複我相 衆生相 人相 壽者相 須菩提 是諸菩薩無法相亦非無法相 無相亦非無相(수부띠 시제보살무부아상 중생상 인상 수자상 수부띠 시제보살무법상역비무법상 무상역비무상)"으로, 진제는 "須菩提 是諸菩薩無複我想 衆生想 壽者想 受者想 是諸菩薩無法想 無非法想 無想 無非想(수부띠 시제보살무부아상 중생상 수자상 수자상 시제보살무법상 무비법상 무상 무비상)"으로, 달마급다는 "不 善實 彼等菩薩摩訶薩我想轉 不衆生想 不壽想 不人想轉 不亦彼等 善實 菩薩摩訶薩法想轉 無法想轉不 亦彼等 想 無想轉不(불 선실 피등보살마하살아상전 불중생상 불수상 불인상전 불역피등 선실 보살마하살법상전 무법상전부 역피등 상 무상전부)"로 각각 번역하였다.

이러한 내용 등을 종합적으로 분석·검토하여, 이 게송을 직역하면 다음과 같다.

"수부띠야! 이 모든 보살마하살들은 아상이 일어나지도 아니하고,
인상·중생상과 수자상도 일어나지 아니하며,
법이라는 상도 일어나지 아니하고,
또한 법아니라는 상도 일어나지 않느니라."

부처님의 마음자리 본래청정 하느니라

사바중생 진리아닌 모든것에 미혹되어
어떤상을 취할때는 나와사람 생각들과
중생수자 생각들을 못여의기 때문이니
모든중생 법상마저 취해서는 아니된다

사바세계 모든중생 아상없고 인상없다
중생이란 상도없고 수자상도 없느니라
법이라는 상도없고 법이아닌 상도없어
모든상과 상아님도 일어나지 아니한다

**(7) 왜냐하면 수부띠야! 실로 중생들이 마음에 상을 취하면
곧 아 · 인 · 중생 · 수자에 집착하는 것이기 때문이다.
법상을 취하더라도 아 · 인 · 중생 · 수자에 집착하는 것이고,
법 아닌 상을 취하더라도 아 · 인 · 중생 · 수자에 집착하는 것이기 때문이다.**

tat kasya hetoḥ? sacet Subhūte teṣāṃ bodhisattvānāṃ mahāsattvānāṃ
dharma-saṃjñā pravarteta, sa eva teṣāṃ ātma-grāho bhavet,
sattva-grāho jīva-grāhaḥ pudgala-grāho bhavet.
saced a-dharma-saṃjñā pravarteta, saeva teṣāṃ ātma-grāho bhavet,
sattva-grāho jīva-grāhaḥ pudgala-grāha iti.

དེ་ཅིའི་ཕྱིར་ཞེ་ན། རབ་འབྱོར་གལ་ཏེ་བྱང་ཆུབ་སེམས་དཔའ་སེམས་དཔའ་ཆེན་པོ་དེ་དག་ནི།
ཆོས་སུ་འདུ་ཤེས་འཇུག་ན་ཡང་དེ་ཉིད་དེ་དག་གིས་བདག་ཏུ་འཛིན་པར་འགྱུར་ཞིང་།
སེམས་ཅན་དུ་འཛིན་པ་དང་། སྲོག་ཏུ་འཛིན་པ་དང་། གང་ཟག་ཏུ་འཛིན་པར་འགྱུར་བའི་ཕྱིར་རོ།།
གལ་ཏེ་ཆོས་བདག་མེད་པར་འདུ་ཤེས་འཇུག་ན་ཡང་དེ་ཉིད་དེ་དག་གིས་བདག་ཏུ་འཛིན་པར་འགྱུར་ཞིང་།
སེམས་ཅན་དུ་འཛིན་པ་དང་། སྲོག་ཏུ་འཛིན་པ་དང་། གང་ཟག་ཏུ་འཛིན་པར་འགྱུར་བའི་ཕྱིར་རོ།།

And why? Because, O Subhûti,
if there existed for these noble-minded Bodhisattvas the idea of quality,
then they would believe in a self, they would believe in a being,
they would believe in a living being, they would believe in a person.
And if there existed for the m the idea of no-quality,
even then they would believe in a self, they would believe in a being,
they would believe in a living being, they would believe in a person.

**何以故 是諸衆生 若心取相 則爲著我人衆生壽者
何以故 若取法相 則著我人衆生壽者 若取非法相 卽著我人衆生壽者**

모든 상을 여의어야

금강진리 수지독송 삼세부처 모두알아
선근심은 복덕으로 무량복덕 얻게되니
수부띠야 알겠는가 나와너란 모든상들
본래없음 아는것이 금강반야 진리라네

모든중생 마음으로 상취하면 사상집착
진리라는 상에마음 일으켜도 법상집착
법아닌상 취한대도 상여의지 못하느니
큰보살은 모든상을 여의어야 하느니라

큰마음낸 중생들이 마음에상 취한다면
아인중생 수자상에 집착함이 되기때문
법상취함 아인중생 수자집착 함이되고
법아닌상 취하여도 사상집착 함이된다

(8) 실로 또한 수부띠야! 보살마하살은
법에 집착해서도 안 되며, 법 아닌 것에 집착해서도 안 되느니라.

tat kasya hetoḥ? na khalu punaḥ Subhūte bodhisattvena
mahāsattvena dharma udgrahītavyo na-adharmaḥ.

དེ་ཅིའི་ཕྱིར་ཞེ་ན། རབ་འབྱོར་བྱང་ཆུབ་སེམས་དཔའ་ཆོས་ཀྱང་ལོག་པར་བཟུང་བར་མི་བྱ་སྟེ།
ཆོས་མ་ཡིན་པ་ཡང་མི་བཟུང་བའི་ཕྱིར་རོ།།

And why? Because, O Subhûti,
neither quality nor no-quality is to be accepted by a noble-minded Bodhisattva.

是故 不應取法 不應取非法

법과 비법 취함 없어야

법을취함 다만법이 비법임을 모름이요
비법취함 다만비법 법인것을 모름이니
한법중에 법있음과 법없음이 있으리요
법과비법 분별하여 상을취해 매이리까

이와같이 법상물론 비법상도 집착마라

여래설한 바른법은 취할수가 없음이니
법과비법 아니므로 말할수도 없느니라
바른법은 무의법서 차별있기 때문이다

수행자는 진리에도 집착하지 아니하며
진리아닌 어떤것도 마음내지 아니하니
쁘라즈냐 빠라미따 안다고도 하지말며
금강반야 행함없이 성불한다 하지마라

(9) 그러므로 여래는 이와 같은 뜻에서 다음과 같이 설하였다.

"내가 설하는 바 진리가
뗏목에 비유함과 같음을 알아야 하느니라.105)
진리106)도 마땅히 버려야 하거늘
하물며 진리 아닌 것에 있어서랴."

tasmād iyaṃ Tathāgatena saṃdhāya vāg bhāṣitā:

kolopamaṃ dharma-paryāyam ājānadbhir
dharmā eva prahātavyāḥ
prāg eva-adharmā iti.107)

---

105) 산스끄리뜨어 'ājānadbhir(아-자-나드비르: 깊이 아는 자들 · 모든 것을 아는 자들)'를 구마라집은 '汝等比丘(너희들 비구)'로, 현장은 '諸有智者(모든 지혜가 있는 사람)'으로 각각 번역하였으나, 저자는 전후 문맥의 흐름으로 보아 생략하였다.

106) 다르마(धर्म dhárma: 達磨 · 達摩 · 馱摩 · 法 · 眞理)는 자연계의 법칙이나 인간계의 질서를 '지키는 것 · 지지하는 것'이 본래의 뜻이나, 불교에서는 그 의미가 매우 다양하게 쓰이고 있다. 이른바 산스끄리뜨어 '다르마(Dharma)'를 음역하여, ① '달마(達磨 · 達摩)' 또는 ② '타마(馱摩)'라고 하며, 이를 의역하여 ① 부처님의 가르침인 법(法), ② 깨달음의 내용인 최고의 진리(眞理), ③ 깨달음의 법칙(法則), ④ 깨달음을 위하여 실천하고 생활해야 할 도리(道理), ⑤ 의식의 대상이자 일체법을 뜻하는 모든 존재(諸存在)를 나타낸다.

107) 산스끄리뜨어 "'kolopamaṃ dharma-paryāyam ājānadbhir(꼴로빠망 다르마 빠리야-얌 아-자-나드비르)', 'dharmā eva prahā tavyāḥ(다르마- 에와 쁘라하-따위야-하)', 'prāg eva-adharmā iti(쁘라-그 에와 아다르마- 이띠).'"라는 문장은 '금강경의 게송'이다.
이 게송의 내용은 "'뗏목의 비유'(kolopamaṃ · 꼴로빠망: གཟིངས་ལྟ་བུ། · like unto a raft · 筏喩)', '설하는바 진리 · 법문 · 설법(dharma-paryāyam · 다르마 빠리야-얌: ཆོས་ཀྱི་རྣམ་གྲངས། · the discourse on dharma · 說法 · 法門)', '깊이 아는 자들 · 모든 것을 아는 자들(ājānadbhir · 아-자-나드비르: ཤེས་པ། · who know · 汝等比丘 · 知者 · 諸有知者)', '법 · 진리(dharmā · 다르마-: ཆོས། · 法 · 眞理)', '마땅히 · 반드시(eva · 에와: འདི་སྐད། · thus · 就 · 更)', '버려야 하거늘(prahātavyāḥ · 쁘라하-따위야-하: སྤང་བར་བྱ། · be forsaken · 斷 · 舍)', '하물며(prāg · 쁘라-그: ཅི་སྨོས། · much more so · 何況)' '다시(eva · 에와: འདི་སྐད། · thus · 就 · 更)' '법(진리) 아닌 것(adharmā · 아다르마-: ཆོས་མ་ཡིན་པ། · no-dharmas · 非法)', '있어서랴 · 이라고(iti · 이띠: ཞེས། · 所謂 · 名爲)'"라는 뜻이다.
이 게송을 구마라집은 "知我說法 如筏喩者 法尙應舍 何況非法(지아설법 여벌유자 법상응사 하황비법)"으로, 현장은 "如來密意而說 筏喩法門 諸有智者 法尙應斷 何況非法(여래밀의이설 벌유법문 제유지자 법상응단 하황비법)"으로, 의정은 "筏喩法門 諸有智者 法尙應舍 何況非法(벌유법문 제유지자 법상응사 하황비법)"으로, 보디류지는 "筏喩法門 是法應舍 非舍法故(벌유법문 시법응사 비사법고)"로, 진제는 "若觀行人解 筏喩經 法尙應舍 何況非法(약관행인해 벌유경 법상응사 하황비법)"으로, 달마급다는 "筏喩法本解 法如是舍應 何況非法(벌유법본해 법여시사응 하황비법)"으로 각각 번역하였다.
이러한 내용을 종합하여, 이 게송을 직역하면 다음과 같다.

"뗏목으로 한 비유의
법문을 아는 자들은
법도 하물며 버려야 하거늘
법 아닌 것에 있어서랴."

དེ་བས་ན་དེ་ལས་དགོངས་ཏེ་དེ་བཞིན་གཤེགས་པས་ཆོས་ཀྱི་རྣམ་གྲངས་འདི་
གཟིངས་ལྟ་བུར་ཤེས་པ་རྣམས་ཀྱིས་ཆོས་རྣམས་ཀྱང་སྤང་བར་བྱ་ན།
ཆོས་མ་ཡིན་པ་རྣམས་ལྟ་ཅི་སྨོས་ཞེས་གསུངས་སོ།།

Therefore this hidden saying has been preached by the Tathâgata:
"By those who know the teaching of the Law,
as like unto a raft,
all qualities indeed must be abandoned;
much more no-qualities.'"

以是義故 如來常說 汝等比丘

知我說法
如筏喩者
法尙應捨
何況非法

진리마저 버려야 하거늘
진리 아닌 것에 있어서랴

사바세계 고통바다 구류중생 건너자면
넓고크며 자비로운 진리뗏목 필요하나
저언덕을 도달한후 뗏목마저 버리듯이
무상정등 정각후도 감로법문 필요하리

감로법문 뗏목삼아 니르바나 도착하면
자비로운 진리뗏목 그마저도 버리나니
법아닌법 집착하여 번뇌망상 일으키고
사상매여 소일하며 육도윤회 계속하랴108)

---

108) 육도윤회(षड्गती संसार ṣaḍgatīḥ saṃsāra · six realms of rebirth: 六道輪廻 · 六趣輪廻)는 자신이 지은 업에 따라 육도(六道)인 지옥도 · 아귀도 · 축생도 · 아수라도 · 인간도 · 천상도를 윤회(संसार saṃsāra: 輪廻)하는 것을 뜻한다.

⑴ 지옥도(नरक गति naraka-gati: 地獄道 · 捺洛迦道 · 那落道 · 泥黎道 · 苦具道)는 상품(上品)의 오역(五逆)과 십악(十惡)을 지은이가 몸을 받는 곳(道)이다. 상품이란 중품 · 하품에 대한 말로서 선(善)과 악(惡) 중의 상품의 악은 악 가운데서도 최악을 말한다. 이 선(善)과 악(惡)을 삼품(三品)으로 구별하는 표준은 ① 선악을 행하는 사람의 마음, ② 행위를 하게 하는 상대의 여하, ③ 그것을 반성할 때의 전후 등 세 가지에 의해 구별된다. 오역(五逆)은 ① 아버지를 죽이는 것, ② 어머니를 죽이는 것, ③ 아라한을 죽이는 것, ④ 대중의 화합을 깨트리고 방해하는 것, ⑤ 나쁜 마음으로 부처의 몸에 피를 나게 하는 것을 말하며(잡아함경), 십악(十惡)은 ① 살생(殺生), ② 투도(偸盜), ③ 사음(邪淫), ④ 망어(妄語), ⑤ 기어(綺語), ⑥ 악구(惡口), ⑦ 양설(兩舌), ⑧ 탐심(貪心), ⑨ 진심(嗔心), ⑩ 치심(癡心)을 말한다.

⑵ 아귀도(प्रेत गति preta-gati: 餓鬼道 · 閉黎哆道)는 마음이 바르지 못하여 사람에게 아첨하고 속여 하품(下品)의 오역과 십악을 지은이가 몸을 받는 곳(道)이다. 이 도는 굶주림과 목마름으로 상징되는 세계로 생전에 욕심을 부리고 보시를 하지 않은 사람이 태어나는 곳이다.

⑶ 축생도(तिर्यग्योनि गति tiryagyoni-gati: 畜生道 · 底栗車道 · 傍生道)는 어리석고 탐욕이 많은 중품의 오역과 십악을 지은 이가 몸을 받는 곳(道)이다. 여기에서 중품이란 상품과 하품에 대한 말로서 중품의 악은 악 가운데에서 중간 정도의 악을 가리킨다. 이

비구들아 나의설법 비유하면 뗏목같다
팔만사천 고통바다 모두함께 건너자면
진리뗏목 필요하나 건넌후엔 버리나니
어찌하여 마음내어 법아닌법 취할손가

세
바 존이여 진
른법이 중생들이 실마음
멸할때에 먼미래의 일으키어
모 이와같은 후오백 바른믿음 어
든의 말씀듣 세 내오리 서빨
심벗어 고 까 리이르
나게 수 소서
말 복 무따야 지 바
세라도 덕닦아 후오 백세 혜갖춰 른믿음
경전말 계지키 무량 세월 말씀듣 내느니
씀 며 지나가 고 라
상을 도 듣자
여읜금 사 일 마자선
강법문 바세계 진 상물론 근되
모든중생 리실상 중생상과 리
나라하는 법이라는 수자상인
아상없 법상마저 사상없
다 없음론 고
또한
법 이
아 니
비법상도 라는 없느니라
비 비
구들아 유하면
나의설법 팔 뗏목같다
만사천
고통바다
모두함께
건너자
진리뗏목 면 건넌후엔
필요하 어찌 버리나
나 하 여 니
마 음
법 아 닌 법 내어 취 할 손 가

희 유 바른믿음 하 다

도는 고통이 많고 낙이 적은 곳으로 어리석은 짓을 많이 한 사람이 태어나는 곳이다.

(4) 아수라도(असुर गति asura-gati: 阿修羅道·阿須倫道·無酒道·無端正道·無天道)는 남에게 이기겠다는 마음으로써 하품(下品)의 십선(十善)을 지은 이가 몸을 받는 곳(道)이다. 십선은 앞의 십악(十惡)에 대한 신삼(身三)·구사(口四)·의삼(意三)의 열 가지 선법(善法)이다. 이 도는 5계 10선을 닦은 사람이 태어나는 곳으로, 이곳은 지혜는 있지만 싸우기를 좋아하는 세계로 묘사되고 있다.

(5) 인간도(मनुष्य गति mánuṣya-gati: 人間道)는 인(仁)·의(義)·예(禮)·지(智)·신(信)의 오상(五常)을 지키고 불살생(不殺生)·불투도(不偸盜)·불사음(不邪淫)·불망어(不妄語)·불음주(不飮酒)의 5계(五戒)를 지키며 중품(中品)의 10선(十善)의 업을 닦은 이가 태어나는 곳(道·世界)이다. 이 도는 5계와 10선을 닦은 사람이 태어나는 세계로 탐욕(貪)·분노(瞋)·어리석음(痴)이 잠재되어 있어 불법을 수행하는 데 가장 적합한 곳이다.

(6) 천상도(देव गति devá-gati: 天上道)는 10선(十善)을 지은 자와 선정(禪定)을 닦은 이가 몸을 받는 곳(道)이다. 천상도 중에서 10선을 지은 자는 욕천(欲天)에 그리고 선정을 닦은 자는 색계천(色界天)·무색계천(無色界天)에 태어난다고 한다. 이 도는 모든 욕망이 충족되고 모든 즐거움이 온전히 갖추어진 세계이지만, 아직 열반의 세계에는 이르지 못하는 세계로서 선정(禪定)을 익히고 닦아야 하는 곳이다.

세

존이여

중생들이

미래세의 후오백세

정법쇠퇴그시기에 금강경의설함듣고

경전말씀참되다는 바른믿음내오리까

어찌하면의심없이 진리말씀믿으리까

진리의빛여래시여 수부띠야후오백세

금강묘법심히깊어지혜낮은 무량세월지나가도복덕닦아

말세중생믿고알기어려우니 Vajracchedikā Prajñāpāramitā Sūtra Mantra 계지키며지혜갖춰말씀듣고

바른불법알고믿어모든의심벗어나게 वज्रच्छेदिका प्रज्ञापारमिता सूत्र मन्त्र 말세라도경전말씀바른믿음내느니라

일체의심여의는법어서바삐이르소서 금강반야바라밀경 진언 상을여읜금강법문듣자마자선근되리

이런사람한량없는부처님께귀의하여 나 namo 모 다생겁에선근심어참된믿음내는자는

무량불의처소에서여법하게선근심어 바가 bhagavatī 와띠 부처님의분별여읜지혜로써그들알고

금강반야바라밀경경구듣고일념으로 쁘라즈냐 빠 prajñāpāramitāyai 라미따야이 부처님의눈으로써선근중생살피시니

한결같이맑고바른참된믿음내느니라 옴 이리따 이 oṃ īrita iṣira śruta 쉬라 슈루따 반한량없는복덕얻음모두알고보느니라

사바세계모든중생아상없고인상없다 위샤야 viṣaya viṣaya 위샤야 무큰마음낸중생들이마음의상취한다면

중생이란상도없고수자상도없느니라 스 svāhā 와 나와사람중생수자집착하는것이므로

법이라는상도없고법이아닌 하 법이라는상가짐과법아닌상

상도없어모든상과상아님도 또한같아법은물론비법에도

일어나지아니한다 집착해선아니된다

비구들아나의설법 비유하면뗏목같다

팔만사천고통바다 모두함께건너자면

진리뗏목필요하나 건넌후엔버리나니

어찌하여 마음내어

법아닌법

취할손

가

॥नमो भगवत्या आर्यप्रज्ञापारमितायै॥

॥Namo bhagavatyā āryaprajñāpāramitāyai॥

||སངས་རྒྱས་དང་བྱང་ཆུབ་སེམས་དཔའ་ཐམས་ཅད་ལ་ཕྱག་འཚལ་ལོ||

南無世尊聖般若波羅蜜多

無得無說分 第七

얻음 없고 설함 없다

NOTHING ATTAINED, NOTHING SPOKEN

वज्रच्छेदिका प्रज्ञापारमिता सूत्र

Vajracchedikā Prajñāpāramitā Sūtra

༄༅། །འཕགས་པ་ཤེས་རབ་ཀྱི་ཕ་རོལ་ཏུ་ཕྱིན་པ་རྡོ་རྗེ་གཅོད་པ་ཞེས་བྱ་བ་བཞུགས་སོ།།

金剛般若波羅密經 Diamond Sūtra

금강반야바라밀경

제7분. 얻음 없고 설함 없다

부처님이 말씀하되 그대생각 어떠한가
수부띠야 여래아눗 따라삼약 삼보디란
위가없는 옳고바른 깨달음을 얻었느냐
여래설한 깨달음의 어떤법이 있겠는가

수부띠는 부처님의 말씀듣고 답을하되
제가세존 말씀하신 참뜻이해 하기로는
위가없는 옳고바른 깨달음의 법은없고
여래께서 어떤법도 설하신바 없습니다

수부띠야 위가없는 옳고바른 깨달음은
얻을수도 없음물론 설할수도 없느니라
법이라함 법아니고 법아님도 아니므로
모든성현 무위법서 차별있는 까닭이다

Vajracchedikā Prajñāpāramitā Sūtra
금강반야바라밀경(金剛般若波羅密經)

7. 얻음 없고 설함 없다(無得無說分 第七)
CHAPTER 7. NOTHING ATTAINED, NOTHING SPOKEN

(1) 그리고 또한 세존께서는 수부띠에게 이와 같이 말씀하셨다.
"수부띠야! 그대는 어떻게 생각하느냐?
여래가 아눗따라삼약삼보디라고 하는 깨달았다 할 어떠한 법이 있느냐?
여래가 설한 어떠한 법이 있느냐?"

punar aparaṃ BHAGAVĀN āyuṣmantaṃ Subhūtim etad avocat:[109)]
tat kiṃ manyase Subhūte, asti sa kaścid dharmo yas
Tathāgatena-anuttarā samyaksambodhir ity abhisambuddhaḥ,
kaścid vā dharmas Tathāgatena deśitaḥ?

གཞན་ཡང་བཅོམ་ལྡན་འདས་ཀྱིས་ཚེ་དང་ལྡན་པ་རབ་འབྱོར་ལ་འདི་སྐད་ཅེས་བཀའ་སྩལ་ཏོ།།
རབ་འབྱོར་འདི་ཇི་སྙམ་དུ་སེམས། དེ་བཞིན་གཤེགས་པའི་གང་བླ་ན་མེད་པ་ཡང་དག་པར་རྫོགས་པའི་བྱང་
ཆུབ་ཏུ་མངོན་པར་རྫོགས་པར་སངས་རྒྱས་པའི་ཆོས་དེ་གང་ཡང་ཡོད་སྙམ་མམ།
དེ་བཞིན་གཤེགས་པས་ཆོས་དེ་གང་ཡང་བསྟན་སྙམ་མམ།

And again Bhagavat spoke thus to the venerable Subhûti:
'What do you think, O Subhûti,
is there anything (dharma) that was known by the Tathâgata
under the name of the highest perfect knowledge,
or anything that was taught by the Tathâgata?'

復次 佛告須菩提[110)]

---

109) 산스끄리뜨어 "punar aparaṃ BHAGAVĀN(뿌나르 아빠랑 바가완-) āyuṣmantaṃ Subhūtim(아-유슈만땅 수부-띰) etad avocat(에따드 아보짜뜨)"라는 문장의 의미를 번역해보면 다음과 같다.
이 문장의 내용은 "'또한・다시(punar・뿌나르: again・又・也)', '그리고・또(aparam・아빠랑: གཞན་ཡང་། ・again・又)', '세존{bhagavān(bhagavant)・바가완-: བཅོམ་ལྡན་འདས། ・The Lord・薄伽梵・世尊}', '장로{āyuṣmantaṃ(āyuṣmat)・아-유슈만땅: ཚེ་དང་ལྡན་པ། ・Venerable・長老・具壽}', '수부띠{subhūtim(subhūti)・수부-띰: རབ་འབྱོར། ・須菩提・善現}', '이것(etad・에따드: འདི་སྐད། ・this・此)', '말하다{avocat(√vac-2)・아보짜뜨: ཅེས། ・say・言・說}.'"라는 뜻이다.
이 문장을 구마라집과 의정은 번역을 각각 생략하였으나, 현장은 "佛復告具壽善現言(불부고구수선현언)"이라고, 보디류지는 "複次佛告慧命須菩提(부차 불고혜명수부띠)"라며, 진제는 "佛複告淨命須菩提(불부고정명수부띠)"라고, 달마급다는 "複次 世尊命者善實邊如是言(부차 세존명자선실변여시언)"이라고 각각 번역(韓譯)하였다.
티베트본도 "གཞན་ཡང་བཅོམ་ལྡན་འདས་ཀྱིས་ཚེ་དང་ལྡན་པ་རབ་འབྱོར་ལ་འདི་སྐད་ཅེས་བཀའ་སྩལ་ཏོ།།"라고 번역하였다.
이러한 내용 등을 종합적으로 분석・검토하여, 저자는 "그리고 또한 세존께서는 수부띠에게 이와 같이 말씀하셨다{復次 佛告須菩提(부차 불고수부띠)}."라고 번역(韓譯・漢譯)하였다.

110) 저자번역{漢譯: 주) 109} 참조.

須菩提 於意云何 如來得阿耨多羅三藐三菩提耶 如來有所說法耶

여래가 얻거나 설한 법 있느냐

석가세존 수부띠의 생각들을 물으시니
여래얻은 바른진리 깨달음이 무엇이며
여래설한 위가없는 바른깨침 무엇이냐
설하신바 깨달음과 가르침을 일러보라

무쟁제일 수부띠야 나의말을 들을지니
위가없는 깨달음을 얻었다할 법있느냐
세존설한 사상마저 모두여읜 진리모습
정함없는 청정법신 본래면목 설했으랴[111)]

(2) 이와 같이 말씀하시자 수부띠는 다음과 같이 말씀드렸다.
"부처님이시여! 제가 말씀하신 뜻을 이해하기로는
여래께서 아눗따라삼약삼보디라고 하는 깨달았다고 할 어떠한 법이 없으며,
또한 여래께서는 어떠한 법도 설하지 않았습니다.

evam ukta āyuṣmān SUBHŪTIR Bhagavantam etad avocat:
yathā-aham Bhagavan Bhagavato bhāṣitasya-artham ājānāmi,
na-asti sa kaścid dharmo yas Tathāgatena-anuttarā
samyak-sambodhir ity abhisambuddhaḥ,
na-asti dharmo yas Tathāgatena deśitaḥ.

དེ་སྐད་ཅེས་བཀའ་སྩལ་པ་དང་། བཅོམ་ལྡན་འདས་ལ་ཚེ་དང་ལྡན་པ་རབ་འབྱོར་གྱིས་འདི་སྐད་ཅེས་གསོལ་ཏོ༎
བཅོམ་ལྡན་འདས་བདག་གིས་བཅོམ་ལྡན་འདས་ཀྱིས་གསུངས་པའི་དོན་འཚལ་བ་ལྟར་ན། དེ་བཞིན་
གཤེགས་པས་གང་བླ་ན་མེད་པ་ཡང་དག་པར་རྫོགས་པའི་བྱང་ཆུབ་ཏུ་མངོན་པར་རྫོགས་པར་སངས་རྒྱས་པའི་
ཆོས་དེ་གང་ཡང་མ་མཆིས་ལགས་སོ༎
དེ་བཞིན་གཤེགས་པས་བསྟན་པའི་ཆོས་དེ་གང་ཡང་མ་མཆིས་ལགས་སོ༎

After these words, the venerable Subhûti spoke thus to Bhagavat:
'As I, O Bhagavat, understand the meaning of the preaching of the Bhagavat,
there is nothing that was known by the Tathâgata
under the name of the highest perfect knowledge,

111) 청정법신 본래면목(淸淨法身 本來面目)은 솔바람 소리와 계곡에 물 흐르는 소리가 부처님의 법문이요. 우주 삼천대천세계의 모습이 곧 부처님의 청정법신(淸淨法身)이다. 중생의 번뇌와 망상에 집착하는 마음으로부터 청정법신 본래면목으로 돌아가면, 삼라만상 하나하나(頭頭物物)가 불성(佛性)없는 것이 없다. 일체만유 실유불성(一切萬有 悉有佛性)이라 하였으니, 우주법계가 곧 청정법신 비로자나불(वैरोचन बुद्ध Vairochana Buddha · 바이로차나 붓다: 毘盧遮那佛)이다.

nor is there anything that is taught by the Tathâgata.

須菩提言 如我解佛所說義 無有定法名阿耨多羅三藐三菩提 亦無有定法如來可說

여래 깨달은 법 설한 법 없음

질문받은 수부띠는 세존향해 대답하되
위가없는 깨달음은 본래부터 없었나니
석가여래 옳고바른 가르침이 있겠는가
모든병이 나았는데 무슨약이 필요하리

여래께서 설하신바 금강반야 참된진리
이것이라 말할수도 그릴수도 없습니다
있다하고 없다하는 고정관념 고정망상
무상무아 진리앞에 모든번뇌 사라진다

(3) 왜냐하면 여래께서 설하신 법은 취할 수도 없고 설할 수도 없으며, 그것은 법도 아니고 법 아닌 것도 아니기 때문입니다.

tat kasya hetoḥ? yo ’sau Tathāgatena dharmo ’bhisambuddho deśito vā, agrāhyaḥ so’nabhilapyaḥ, na sa dharmo na-adharmaḥ.

དེ་ཅིའི་སླད་དུ་ཞེ་ན། དེ་བཞིན་གཤེགས་པས་ཆོས་དེ་གང་ཡང་མངོན་པར་རྫོགས་པར་སངས་རྒྱས་པའམ། བསྟན་པ་དེ་ནི་གཟུང་དུ་མ་མཆིས། བརྗོད་དུ་མ་མཆིས་ཏེ། དེ་ནི་ཆོས་ཀྱང་མ་ལགས། ཆོས་མ་མཆིས་པ་ཡང་མ་ལགས་པའི་སླད་དུའོ།།

And why? Because that thing which was known or taught by the Tathâgata is incomprehensible and inexpressible. It is neither a thing nor no-thing.

何以故 如來所說法 皆不可取不可說 非法非非法

취하거나 설할 수도 없는 진리 아닌 것도 아님

여래깨친 모든진리 언설로서 나타내리
깨달음의 도리설해 중생미망 깨뜨리려
취할수도 없다하고 바른진리 아니란다
비진리도 아니라니 무엇으로 증득하리

수부띠야 진리라고 정해진것 없느니라
진리아닌 어떤것도 정해진바 없노라니
언어문자 물질관념 집착하고 즐기는건
꿈속세상 아름답다 착각하는 바보로다

(4) 그것은 모든 성현들이 무위법[112]에서 차별이 있기 때문입니다.”

tat kasya hetoḥ? asaṃskṛta-prabhāvitā hy ārya-pudgalāḥ.

དེ་ཅིའི་སྐད་དུ་ཞེ་ན། འཕགས་པའི་གང་ཟག་རྣམས་ནི་འདུས་མ་བྱས་ཀྱིས་རབ་ཏུ་ཕྱེ་བའི་སྐད་དུའོ།།

And why? Because the holy persons are of imperfect power.'[113]

所以者何 一切賢聖 皆以無爲法而有差別

현인 성인 무위법서 차별 있음

현인들과 성인들은 무위법서 차별있어
언어문자 여의고서 반야마음 고이지녀
부처성품 깨달아서 여래되게 하옵나니
금강반야 바라밀다 현인성인 되느니라

---

112) 무위법(असंस्कृत · असंस्कृत धर्म asaṃskrta · asaṃskrta-dharma: 無爲法 · 無爲之所 · 無爲眞如所 · 無所有法 · 無有一法)은 만들어지지(造作) 않은 무위세계(無爲世界)로서, 인연화합(因緣和合)에 의하여 만들어진 것이 아닌 진리세계(眞理世界)를 나타내거나, 진리세계의 모든 개별존재(個別存在 · 法)를 통칭한다. 산스끄리뜨어 '아상스끄리따(asaṃskṛta)'를 구마라집 · 보디류지 · 달마급다는 무위법(無爲法)으로, 진제는 무위진여소(無爲眞如所)로, 현장은 무위지소(無爲之所)로, 의정은 무위소(無爲所)로 각각 번역하였다. 또한 무위나 무위법은 본래 열반(涅槃)의 다른 이름으로 사용되었다.
후대의 아비달마불교와 대승불교에 의하면 무위법에는 3종의 무위가 있는 바 ① 진여가 장애 없음을 허공에 비유하여 허공무위(ākāśāsaṃskrta: 虛空無爲), ② 무루의 지혜의 간택력(簡擇力)을 사용하여 모든 유루법(有漏法)의 얽어 매임(繫縛)을 멀리 떠남으로써 성취되는 해탈(解脫)로서 열반(涅槃)과 같은 택멸무위(pratisaṃkhyā-nirodha: 擇滅無爲), ③ 본래 자성이 청정해지는 것이 아니라는 비택멸무위(apratisaṃkhyā-nirodha: 非擇滅無爲)를 일컬어 삼무위(三無爲)라고 한다.
또한 하나의 진여법성을 설명하는 방법으로 전술한 삼무위에, ④ 색계의 제사선천(第四禪天)인 사념청정지(捨念清淨地)의 선정인 제사정려(第四靜慮) 중에 점차로 드러나는 또는 깨닫게 되다가 제사정려(第四靜慮)가 완성되었을 때 완전히 드러나는 또는 깨닫게 되는 '진여 · 법성 · 실상 · 열반 또는 법계의 한 측면'을 말하는 부동멸무위(不動滅無爲 · 不動無爲), ⑤ 상(想)과 수(受)의 두 마음작용은 5온에서 각각 상온과 수온에 해당하며 상수멸의 상태에서 드러나는 또는 깨닫게 되는 무위인 상수멸무위(想受滅無爲), 법성의 실상은 언제나 변함없이 진실하여 여여하다는 진여무위(眞如無爲)를 추가하여, 대승불교의 유식종(唯識宗)에서 말하는 6종의 무위를 육무위(ṣaḍ-asaṃskṛta: 六無爲)라고 한다.
더 나아가 이상세계 추구하는 대중부(Mahāsamghika: 大衆部) 등에서는 생주이멸(生住異滅) 변천을 받지 않는 불생불멸(不生不滅)의 실재법(實在法)인 ① 반야라는 무루지혜(無漏智慧)를 통하여 속박을 벗어난 열반에 이르는 택멸무위(擇滅無爲), ② 자성청정심 그대로 열반에 이르는 비택멸무위(非擇滅無爲), ③ 장애가 없는 태허(太虛)의 허공무위(虛空無爲)의 삼무위(三無爲), ④ 색계(色界) 제사선천(第四禪天)의 미혹을 끊어버렸을 때에 나타나는 것으로 무색계(無色界), 사무색(四無色)의 이체(理體)인 공무변처무위(空無邊處無爲), ⑤ 식무변처무위(識無邊處無爲), ⑥ 무소유처무위(無所有處無爲), ⑦ 비상비비상처무위(非想非非想處無爲), ⑧ 생사윤회의 이치를 말하는 연기지성무위(緣起支性無爲), ⑨ 무위계(無爲界)에 환멸(還滅)하는 열반의 이치를 말하는 성도지성무위(聖道支性無爲)의 6종의 무위를 합하여, 구무위(nava-asaṃskṛta: 九無爲)라고 한다.

113) 이 구절을 에드워드 콘즈(Edward Conze)는 “Thus it is that this unformulated Principle is the foundation of the different systems of all the sages.”라고, 찰스 룩(Charles Luk)은 “Why is this? All Bhadras and Aryas differ on account of the Eternal Asamskrta Dharma.”라며 각각 번역(英譯)하였다.

위가없는 바른진리 깨달음도 비어있어
일체의법 일체의상 본래없는 것이지만
유위법서 분별심을 일으키어 중생되고[114]
무위법서 차별두어 성인이라 이름한다

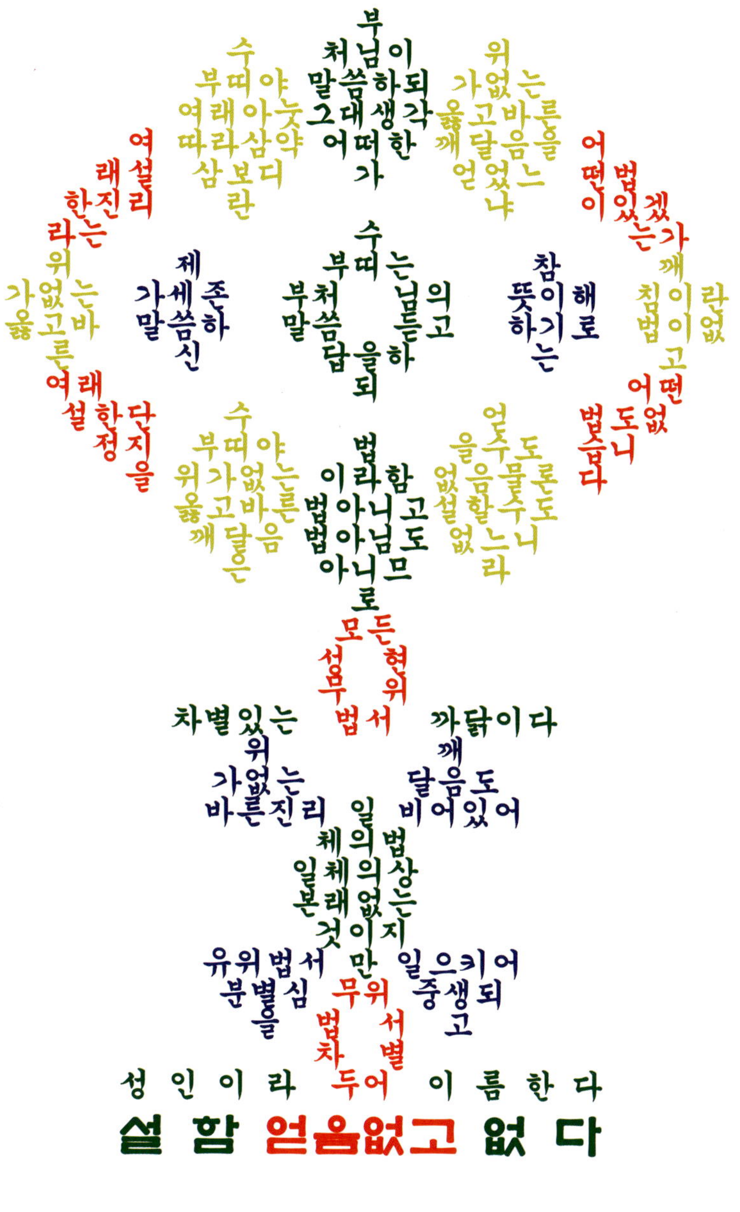

성 인 이 라 두어 이 름 한 다

설 함 얻음없고 없 다

---

114) 일체법(一切法)이나 제법(諸法)은 유위법(有爲法)과 무위법(無爲法)으로 분류할 수 있다. 유위법(संस्कृत · संस्कृत धर्म saṃskrta · saṃskrta-dharma: 有爲法 · 有爲者 · 和合所爲 · 現象界)은 만들어진(造作) 유위세계(有爲世界)로서, 다양한 인연 화합(因緣和合)에 의하여 만들어진 생성하고 소멸하는 현상세계(現象世界)이자! 우리가 경험하는 현상세계이며, 모든 개별존재(個別存在: 法)를 통칭한다. 산스끄리뜨어 '상스끄리따(saṃskṛta)'를 구마라집 · 보디류지 · 진제 · 의정은 유위법(有爲法)으로, 달마급다는 유위자(有爲者)로, 현장은 화합소위(和合所爲)로 각각 번역하였다.

부
처님이
말씀하되
그대생각 어떠한가
수부띠야여래아뇩 따라삼약삼보디란
위가없는옳고바른 깨달음을얻었느냐
여래설한진리라는 어떤법이있겠는가
석가세존수부띠의 수부띠는부처님의
생각들을물으시니여래얻은 말씀듣고답을하되제가세존
바른진리깨달음이무엇이며 Vajracchedikā Prajñāpāramitā Sūtra Mantra 말씀하신참뜻이해하기로는
여래설한위가없는바른깨침무엇이냐 वज्रच्छेदिका प्रज्ञापारमिता सूत्र मन्त्र 위가없는옳고바른깨침이란법이없고
설하신바깨달음과가르침을일러보라 금강반야바라밀경 진언 여래설한단정지을어떤법도없습니다
여래깨친모든진리언설로서나타내리 나 namo 모 수부띠야위가없는옳고바른깨달음은
깨달음의도리설해중생미망깨뜨리려 바가 bhagavatī 와띠 얻을수도없음물론설할수도없느니라
취할수도없다하고바른진리아니란다 쁘라즈냐 빠 prajñāpāramitāyai 라미따야이 법이라함법아니고법아님도아니므로
비진리도아니라니무엇으로증득하리 옴 이리따 이 oṃ īrita iṣira śruta 쉬라 슈루따 모든성현무위법서차별있는까닭이다
여래께서설하신바금강반야참된진리 위샤야 viṣaya viṣaya 위샤야 현인들과성인들은무위법서차별있어
이것이라말할수도그릴수도없습니다 스 svāhā 와 언어문자여의고서반야마음고이지녀
있다하고없다하는고정관념 하 부처성품깨달아서여래되게
고정망상무상무아진리앞에 하옵나니금강반야바라밀다
모든번뇌사라진다 현인성인되느니라
위가없는바른진리 깨달음도비어있어
일체의법일체의상 본래없는것이지만
유위법서분별심을 일으키어중생되고
무위법서 차별두어
성인이라
이름한
다

॥नमो भगवत्या आर्यप्रज्ञापारमितायै॥

॥Namo bhagavatyā āryaprajñāpāramitāyai॥

|སངས་རྒྱས་དང་བྱང་ཆུབ་སེམས་དཔའ་ཐམས་ཅད་ལ་ཕྱག་འཚལ་ལོ|

南無世尊聖般若波羅蜜多

依法出生分 第八

깨달은 법 나온 경전

THEY ARISE FROM THE DHARMA

वज्रच्छेदिका प्रज्ञापारमिता सूत्र

Vajracchedikā Prajñāpāramitā Sūtra

༄༅། །འཕགས་པ་ཤེས་རབ་ཀྱི་ཕ་རོལ་ཏུ་ཕྱིན་པ་རྡོ་རྗེ་གཅོད་པ་ཞེས་བྱ་བ་བཞུགས་སོ།།

金剛般若波羅密經 Diamond Sūtra

금강반야바라밀경

제8분. 깨달은 법 나온 경전

대승불교 제일실천 그덕목은 보시이니
선남자와 선여인이 삼천대천 세계가득
여래불튼 아라한등 칠보채워 보시하면
선남선녀 이로인해 많은복덕 얻음될까

선한이들 칠보보시 많은복덕 얻음된다
여래설한 한량없이 많은복덕 얻음이란
한량없는 많은복덕 얻지않음 이르므로
여래많은 복과덕을 얻는다고 설하노라

칠보채워 여래불튼 아라한등 보시해도
금강경의 법문중에 사구게중 하나라도
타인위해 자세하게 설해주는 그복덕은
불가사량 더큰복덕 얻고쌓음 되느니라

칠보보시 복덕보다 사구설한 복덕큼은
일체제불 금강경서 나왔음이 아니런가
여래의법 불법일러 불교라면 비불교요
그상마저 타파한것 이름하여 불법이다

Vajracchedikā Prajñāpāramitā Sūtra
금강반야바라밀경(金剛般若波羅密經)

8. 깨달은 법 나온 경전(依法出生分 第八)
CHAPTER 8. THEY ARISE FROM THE DHARMA

**(1) 세존께서 말씀하셨다. "수부띠야! 그대는 어떻게 생각하느냐?
선남자와 선여인이 '삼천대천세계[115]'를 칠보[116]로 가득 채워 보시를 한다면
그 선남자와 선여인이 그로 인하여 얻은 바 복덕이 많겠는가?"**

BHAGAVĀN āha: tat kiṃ manyase Subhūte
yaḥ kaścit kulaputro vā kuladuhitā vemaṃ trisāhasramahāsāhasram
lokadhātuṁ sapta-ratnaparipūrṇaṃ kṛtvā Tathāgatebhyo 'rhadbhyaḥ
samyaksambuddhebhyo[117] dānaṃ dadyāt,
api nu sa kulaputro vā kuladuhitā vā tato nidānaṃ
bahutaraṃ puṇya-skandham prasunuyāt?

བཅོམ་ལྡན་འདས་ཀྱིས་བཀའ་སྩལ་པ།
རབ་འབྱོར་འདི་ཇི་སྙམ་དུ་སེམས། རིགས་ཀྱི་བུའམ་རིགས་ཀྱི་བུ་མོ་
གང་ལ་ལ་ཞིག་གིས་སྟོང་གསུམ་གྱི་སྟོང་ཆེན་པོའི་འཇིག་རྟེན་གྱི་ཁམས་འདི་རིན་པོ་ཆེ་སྣ་བདུན་གྱིས་རབ་ཏུ་
གང་བར་བྱས་ཏེ་སྦྱིན་པ་བྱིན་ན།

---

115) 삼천대천세계(त्रिसाहस्रमहासाहस्रलोकधातु trisāhasra-mahāsāhasralokadhātu: 三千大千世界 · 一大三千世界 · 三千世界)는 고대인도 우주관과 불교천문학에서 말하는 우주의 한 없이 넓고 생각으로도 헤아릴 수 없이 많은 세계를 뜻한다. 이른바 우주는 풍륜(風輪) · 수륜(水輪) · 금륜(金輪)의 3륜(三輪) 또는 여기에 공륜(空輪)을 추가한 사륜(四輪) 중에서 금륜의 중심 표면에 사방이 사각으로 된 방대한 수미산(須彌山)이 있는데, 그 둘레에 산맥으로 형성된 여덟 산(八山)과 수미해(須彌海)를 비롯한 일곱 바다(七海)를 포함한 구산팔해(九山八海)가 있다. 그리고 수미산을 중심으로 그 주위에 인간이 살고 있는 동승신주(東勝身洲) · 서구부주(西瞿浮洲) · 남섬부주(南贍浮洲) · 북구로주(北俱盧洲)의 사방사대주(四方四大洲)가 있으며, 대륙의 바깥쪽을 철위산이 둘러쌓고 있다. 수미산 위에는 욕계의 하늘인 육욕천(六欲天)과 색계(色界) · 무색계(無色界)의 하늘들과 함께, 태양과 달이 있는 하나의 세계를 일수미세계(一須彌世界)라고 한다. 이러한 일수미세계가 천 개 모여서 하나의 소천세계(小千世界)를 이루고, 소천세계가 천 개 모여서 중천세계(中千世界)를 이루며, 중천세계가 천 개 모여서 대천세계(大千世界)를 이룬다. 그런데 이와 같이 소천(小千) · 중천(中千) · 대천(大千)으로 천(千)이 세 번 중첩되었다고 하여, 대천세계를 3천대천세계(三千大千世界)라고 한다.

116) 칠보(सप्तरत्न sapta-ratna: 七寶)는 일곱 가지 보물을 뜻한다. 『아미타경(阿彌陀經)』 및 『대지도론(大智度論)』 권10(卷十)에는 칠보(七寶)를 금(金) · 은(銀) · 유리(琉璃) · 파리(頗梨 · 水晶) · 차거(硨磲 · 車渠 · 白珊瑚) · 적주(赤珠 · 赤眞珠) · 마노(瑪瑙)라고 한다. 『장아함경(長阿含經)』 제18권(第一八卷)의 「팔염부제주품(八閻浮提洲品)」과 『대타탄경(大樁炭經)』 등을 참조하면, 칠보 중 하나 하나의 보물이 모든 경전에 동일하지는 않다. 『무량수경(無量壽經)』 권상(卷上)에는 파리와 적주 대신에 산호(珊瑚)와 호박(琥珀)이 들어가 있고, 『법화경(法華經)』 제4권(第四卷)의 「수기품(授記品)」에는 파리 대신에 매괴(玫瑰)가 들어간다. 그리고 『대아미타경(大阿彌陀經)』과 『불설무량청정평등각경(佛說無量淸淨平等覺經)』 권상(卷上)에는 적주와 마노 대신에 산호(珊瑚)와 호박(琥珀)이 들어가 있기도 하고, 또한 전륜성왕(भाषाकार राज cakravartī-rāja: 轉輪聖王)은 칠보(七寶 · 七政寶)로써 '금윤보(金輪寶) · 백상보(白象寶) · 감마보(紺馬寶 · 駿馬寶) · 여의주보(如意珠寶) · 옥여보(玉女寶) · 장군보(將軍寶) · 주장신보(主藏臣寶)'를 가지고 있다고 전한다.

117) 'Tathāgatebhyo 'rhadbhyaḥ samyaksambuddhebhyo(따타-가떼비요 르하드비야하 삼약삼붓데비요)'는 직역하면 여래(Tathāgatebhyo → तथागत Tathāgata: 如來) 아라한('rhadbhyaḥ → अर्हत Arhat: 阿羅漢) 정등각(samyaksambuddhebhyo → सम्यक्सम Samyaksambuddha: 正等覺)'이 되나, 구마라집과 현장은 이 구절에 대한 번역을 생략하였다.

རིགས་ཀྱི་བུའམ་རིགས་ཀྱི་བུ་མོ་དེ་གཞི་དེ་ལས་བསོད་ནམས་ཀྱི་ཕུང་པོ་མང་དུ་བསྐྱེད་སྙམ་མམ།

Bhagavat said: 'What do you think, O Subhûti,
if a son or daughter of a good family filled this sphere
of a million millions of worlds with the seven gems or treasures,
and gave it as a gift to the holy and enlightened Tathâgatas,
would that son or daughter of a good family on the strength
of this produce a large stock of merit?'

須菩提 於意云何 若人滿三千大千世界七寶 以用布施 是人所得福德 寧爲多不

칠보보시 그 복덕이 어떠한가

대승불교 제일실천 그덕목은 보시이다
자비로서 베푸는이 뜻과마음 청정하고
주는물건 받는사람 모두함께 그러해야
이름하여 삼륜청정 보시라고 하느니라

삼보시중 제일보시 법보시가 아니런가
끝이없는 삼천대천 우주법계 중생에게
진귀하온 보물중에 칠보채워 보시하면
그복덕이 어떠한지 물어야만 하겠는가

수부띠야 부처되라 금강법문 설하심은
보살위한 불퇴전의 자비심이 아니던가
무명밝혀 진리로서 널리널리 베푸나니[118)]

118) 무명은 십이연기(十二緣起) 중에서, 첫 번째 지분인 제일연기에 속하다. 『아함경(阿含經)』에 의하면, 부처님은 “연기(緣起)를 보는 자는 곧 법을 보고, 법을 보는 자는 곧 연기를 본다.”라고 설하셨다. 이 연기의 기본원리는 ‘존재의 발생’에 관하여, “이것이 있으므로 저것이 있고(此有故彼有), 이것이 생기므로 저것이 생긴다(此起故彼起).”라고 하고, ‘존재의 소멸’에 관하여, “이것이 없으면 저것도 없고(此無故彼無), 이것이 사라지면 저것도 사라진다(此滅故彼滅).”라는 것이다. 또한 연기를 “미혹하여 탐(瞋)·진(瞋)·치(癡)라는 삼독심(三毒心)으로 업을 짓고, 지은 바 선업(善業)과 악업(惡業) 그리고 무기업(無記業)에 인하여, 고통을 받는다.”라는 의미에서, ‘혹(惑)·업(業)·고(苦)’로 나타내기도 한다. 이 연기법은 불교의 근본적인 교의(敎義)로서, 십이연기로 되어 있다.

십이연기(द्वादशाङ्ग प्रतीत्यसमुत्पाद dvādasaṅga-pratītyasamutpāda: dvādasaṅga-paṭicca-samuppāda十二緣起·十二支緣起·十二因緣)는 초기경전에 설하여진 부처님의 깨달음의 내용이며, 가장 심오한 법문으로 생멸 변화하는 세계와 인생의 모든 현상을 나타내기도 하지만, 이 교리의 근본 목적은 인생의 근원적인 문제인 고(苦)가 어떻게 해서 생겨나고, 또 어떻게 해서 사라지는가를 밝히는 ‘무명(無明)·행(行)·식(識)·명색(名色)·육처(六處)·촉(觸)·수(受)·애(愛)·취(取)·유(有)·생(生)·노사(老死)’을 의미한다.

『잡아함경(雜阿含經)』 제12권에 의하면, 부처님이 기원정사에 있을 때에, 정각(正覺)을 이루시기 전의 정황을 회상하였다. “참으로 이 세상은 고통 가운데 있다. 모든 사람은 태어나서 늙고 병들어 죽는다. 그리고 다시 태어나도 같은 과정을 겪는다. 이 고통으로부터 벗어날 방법은 무엇인가.” … “늙고 죽는(老死) 고통은 태어남(生)이 있기 때문이다. 태어난다고 하는 것은 어떠한 존재(有)가 있어서다. 그 존재는 집착이 모인 덩어리(取)이며, 집착은 애욕(愛)으로 인하여 생긴다. 애욕은 받아들임(受)에 의해 일어나며, 받아들임은 접촉(觸)에 의한 것이다. 촉은 여섯 가지 감각기관(六入)에 의해서이다. 감각기관은 육체와 정신(名色)이 있기 때문이다. 명색은 의식(識)에 의해 생기며, 의식은 의지(行)에 의해 일어난다. 그 의지는 어리석음(無明) 때문에 일어나는 것이다. 이러한 원인을 알게 되어 괴로움에서 벗어나는 방법을 깨닫게 되었다. 이른바, ‘무명(無明)이 소멸하면 행(行)이 소멸하고, 행이 소멸하면 식(識)·명색(名色)·육처(六處)·촉(觸)·수(受)·애(愛)·취(取)·유(有가 소멸한다. 그리고 유가 소멸하면 생(生)이 없어지고, 생

(2) 수부띠는 말씀드렸다. "세존이시여! 많습니다.

이 없으면 노사(老死)가 없어지고, 노사가 없으면 모든 슬픔과 번뇌 및 고통 등이 사라진다."라는 것이다. 이는 곧 십이연기를 먼저 노사(老死)의 고통으로부터 무명(無明)으로 역관(逆觀, paṭiloma)의 방향에서 설한 후에, 다시 십이연기를 무명(無明)으로 노사(老死)의 고통으로 순관(順觀, anuloma)의 흐름에서 십이연기로서 윤회를 설하고 있는 것이다.

(1) 무명(**अविद्या** avidyā: 無明·迷惑·無智·愚癡·癡)은 미혹된 중생이 겪는 고통(苦)의 근본이 되는 무지(無知)로서, 지혜가 없어서 연기의 도리를 알고 있지 못한 상태를 뜻한다. 이는 사제(四諦)와 인연의 이치를 모르며, 탐욕(貪欲)과 집착(執着)의 표리관계(表裏關係)에 있다. 이른바 연기관계를 통하여 오온에 대해 번뇌를 일으켜 잘못된 집착(集)으로 생사윤회가 반복되는 것이며, 무명(無明)이 있으므로 행(行)이 있다는 것이다.

(2) 행(**संस्कार** saṃskāra: 行)은 몸으로 하는 신행(身行)·입으로 하는 구행(口行)·뜻으로 하는 의행(意行)의 삼행(三行)을 뜻한다. 이는 몸과 말과 뜻으로 짓는 신업(身業)·구업(口業)·의업(意業)의 삼업(三業)과 같다. 이른바 무명(無明)이 있으므로 행(行)이 있다는 것은 무명이 있기 때문에 신업(身業)·구업(口業)·의업(意業)의 삼업(三業)을 행(行)을 짓게 된다는 것이며, 행이 있으므로 식(識)이 있다는 것이다.

(3) 식(**विज्ञान** vijñāna: 識)은 안식(眼識)·이식(耳識)·비식(鼻識)·설식(舌識)·신식(身識)·의식(意識)의 육식(六識)을 뜻한다. 제육식(第六識)인 의식(意識)은 인식작용을 나타낸다. 이른바 행(行)이 있으므로 식(識)이 있다는 것은 삼행(三行)으로 짓는 신업(身業)·구업(口業)·의업(意業)의 삼업(三業) 때문에 시각적 의식·청각적 의식·후각적 의식·미각적 의식·촉각적 의식·정신적 의식들이 생겨나게 된다는 것이며, 식이 있으므로 행(行)이 있다는 것이다.

(4) 명색(**नामरूप** nāmarūpa: 名色·名字)은 몸(身)과 마음 또는 물질적인 것과 정신적인 것을 뜻한다. 이는 식의 대상이 되는 육경(六境: 色·聲·香·味·觸·法)을 나타낸다. 이른바 식(識)이 있으므로 명색(名色)이 있다는 것은 식인 마음, 즉 시각적 의식·청각적 의식·후각적 의식·미각적 의식·촉각적 의식·정신적 의식이 육식이 있기 때문에, 정신(名)과 육체(色)의 심신의 상태인 마음과 마음작용 그리고 육체의 상태인 심신의 부조화가 생겨나게 된다는 것이며, 명색(名色)이 있으므로 육입(六入)이 있다는 것이다.

(5) 육입(**षडायतन** ṣaḍāyatana: 六入·六處·六根·六入處)은 태내(胎內)에서 자리를 잡아가는 눈·귀·코·혀·몸·뜻의 육근(六根)을 뜻한다. 이는 감각능력과 지각능력과 같다. 이른바 육입(六入)은 육처(六處) 또는 육근(六根)이라고도 하며, 여섯 개의 감각기관으로서, 이 감각기관을 통하여 식(識)이 작용하게 되어 명색(名色)을 인식한다. 이른바 명색이 있으므로 육입이 있다는 것은 심신(心身)의 상태인 심신의 부조화가 있기 때문에 육입(六入)의 상태가 생겨나게 된다는 것이며, 육입이 있으므로 촉(觸)이 있다는 것이다.

(6) 촉(**स्पर्श** sparśa: 觸·覺·更樂)은 마음작용들 가운데 하나로 육근(六根)·육경(六境)·육식(六識)의 화합을 뜻한다. 이로 인하여 감각과 지각에 의한 인식조건이 성립되는 것이다. 이른바 육입(六入·六處·六根)이 있으므로 촉(觸)이 있다는 의미이다. 이는 육입의 상태가 있기 때문에 촉(觸)의 상태가 생겨나게 된다는 것이며, 촉(觸)이 있으므로 수(受)가 생겨난다는 것이다.

(7) 수(**वेदना** vedanā: 受·痛)는 고통과 즐거움(苦樂)·고통도 아니며 즐거움도 아님(不苦不樂), 좋고 나쁨(好不好)을 받아들이는 감각을 뜻한다. 이는 육입(六入)과 명색(名色) 그리고 식(識)의 촉(觸)으로 일어나는 고통과 즐거움 등의 마음으로 느끼는 작용(感受作用)이다. 이른바 촉(觸)이 있으므로 수(樂受·苦受·不苦不樂受)가 있다는 것이며, 수(受)가 있으므로 애(愛)가 있다는 것이다.

(8) 애(**तण्हा** tṛṣṇā: 愛·愛著·渴愛)는 괴로움을 피하고 항상 즐거움을 느끼고 받아들이며 추구하는 근본적인 번뇌나 욕망을 뜻한다. 이른바 수(受)가 있으므로 애(愛)가 있다는 것은 수(受)의 잘못된 상태로 인하여 번뇌나 바르지 못한 애(愛)가 생겨나게 되기 때문에, 수(受)가 있으므로 애(欲愛·色愛·無色愛)가 있다는 것이며, 애(愛)가 있으므로 취(取)가 있다는 것이다.

(9) 취(**उपादान** upādāna: 取·執着)는 자기가 원하는 것에 대한 맹목적으로 집착하는 것을 뜻한다. 애(愛)가 마음속에서 생기는 심한 애증에 대한 생각이라면, 취는 생각 뒤에 일어나는 취할 것인가 버릴 것인가(取捨)에 대한 실제의 행동이다. 이른바 애(愛)가 있으므로 취(取)가 있다는 것은 번뇌나 바르지 못한 취가 생겨나게 되기 때문에, 애(愛)가 있으므로 취(欲取·見取·戒禁取·我語取)가 있다는 것이며, 취(取)가 있으므로 유(有)가 있다는 것이다.

(10) 유(**भाव** bhava: 有)는 애(愛)와 취(取)에 의해서 다양한 업을 지어 현재 가지고 있는 존재로 미래결과를 만드는 작용을 뜻한다. 유는 넓은 의미에서 현상적 존재를 나타내므로 행(行)과 유위(有爲)와 같이 일체의 존재라는 것이다. 이른바 취(取)가 있으므로 유(欲有·色有·無色有)가 있다는 것이며, 유(有)가 있으므로 생(生)이 있다는 것으로, 욕망(愛)과 집착(取)의 결과로서 지어진 업(業)이 쌓여서 이루어진 잠재력인 업력(業力)이 현재와 미래의 생(生)을 존재하게 한다는 것이다.

(11) 생(**जाति** jāti: 生)은 존재의 미래를 결정짓는 요인이 유(有)이기 때문에, 업(業)의 과보로서 업으로 인하여 받게 되는 것을 뜻한다. 유정(有情)이 어떠한 유정의 부류에 태어나는 것, 또는 일상생활에서 어떤 경험이 생기는 것이기도 하다. 이른바 유(有)가 있으므로 생(生)이 있다는 것이며, 생(生)이 있으므로 노사(老死)가 있다는 것이다.

(12) 노사(**जरामरण** jarā-maraṇa: 老死)는 태어난 뒤에 늙고 죽는 등의 괴로움이 생기는 것을 뜻한다. 일체의 고뇌가 노사에 의하여 대표되어진 것이다. 이른바 십이연기에서 생(生)이 있으므로 노사(老死)가 있다는 것은 태어남이 있으면 반드시 늙음과 죽음이 있다는 것으로, 열반에 이른 상태가 아닌 한 생사윤회를 피할 수 없다는 것이다. 또한 늙음과 죽음((老死)이 있다면, 반드시 그 기본 전제가 되는 태어남(生)이 존재한다는 것이다.

선서[119]시여! 그 선남자와 선여인이 그로 인하여 많은 복덕을 얻게 될 것입니다.
그것은 왜냐하면 세존이시여! '여래께서 말씀하신 복덕을 얻는다는 것은
복덕을 얻는 것이 아니다.'라고 여래께서 설하셨기 때문입니다.
그러므로 여래께서는 '많은 복덕을 얻는다.'라고 말씀하십니다."

SUBHŪTIR āha: bahu Bhagavan bahu Sugata sa kulaputro
vā kuladuhitā vā tato nidānaṃ puṇya-skandhaṃ prasunuyāt.
tat kasya hetoḥ? yo'sau Bhagavan puṇya-skandhas Tathāgatena bhāṣitaḥ,
askandhaḥ sa Tathāgatena bhāṣitaḥ.
tasmāt Tathāgato bhāṣate: puṇya-skandhaḥ puṇya-skandha iti.

རབ་འབྱོར་གྱིས་གསོལ་པ། བཅོམ་ལྡན་འདས་མང་ལགས་སོ།། བདེ་བར་གཤེགས་པ་མང་ལགས་སོ།།
རིགས་ཀྱི་བུའམ་རིགས་ཀྱི་བུ་མོ་དེའི་གཞི་དེ་ལས་བསོད་ནམས་ཀྱི་ཕུང་པོ་མང་དུ་བསྐྱེད་དོ།།
དེ་ཅིའི་སླད་དུ་ཞེ་ན། བསོད་ནམས་ཀྱི་ཕུང་པོ་དེ་ཉིད་ཕུང་པོ་མ་མཆིས་པའི་སླད་དུ་སྟེ། དེ་བས་ན་དེ་བཞིན་
གཤེགས་པས་བསོད་ནམས་ཀྱི་ཕུང་པོ་བསོད་ནམས་ཀྱི་ཕུང་པོ་ཞེས་གསུངས་སོ།།

Subhûti said: 'Yes, O Bhagavat, yes, O Sugata,
that son or daughter of a good family
would on the strength of this produce a large stock of merit.
And why? Because, O Bhagavat,
what was preached by the Tathâgata as the stock of merit,
that was preached by the Tathâgata as no-stock of merit.
Therefore the Tathâgata preaches: "A stock of merit, a stock of merit indeed!"'

須菩提言 甚多世尊 何以故 是福德卽非福德性 是故如來說福德多

복덕 그 마저 없는 복덕성

부처님이 증득하신 위가없는 바른깨침
그경지를 복덕으로 나타낼수 있겠느냐
칠보보시 그로인해 생기게될 많은복덕
위가없는 옳고바른 깨달음에 비교하랴

---

119) 선서(सुगत Sugata: 善逝・修伽陀)는 잘 가신 분이라는 의미의 여래의 다른 이름으로, 부처는 미혹(迷惑)의 세계를 뛰어넘어 여래의 세계인 피안(彼岸)에 가서 다시는 다시 돌아오지 아니하여 이와 같이 이르며, 선서(善逝)는 여래십호(如來十號) 중의 하나이다. 『장아함경(長阿含經)』・『잡아함경(雜阿含經)』・『불설십호경(佛說十號經)』 등에서는 깨달음을 증득한 여래가 가지는 뛰어난 공덕(功德)을 십호(十號)로서 나타내고 있다. 부처님의 열 가지 명호는 ① 여래(तथागत Tathāgata: 如來・多陀阿伽陀), ② 응공(अर्हत Arhat: 應供・阿羅漢), ③ 정등각(सम्यक्संबुद्ध Samyak-saṃbuddhaḥ: 正等覺・正遍知・三耶三佛檀), ④ 명행족(विद्याचरणसम्प Vidyā-carana-sampannaḥ: 明行足・鞞侈遮羅那三般那), ⑤ 선서(सुगत Sugataḥ: 善逝・修伽陀), ⑥ 세간해(लोकविद oka-vid: 世間解・路迦憊), ⑦ 무상사(नुत्तर Anuttaraḥ: 無上士・阿耨多羅), ⑧ 조어장부(पुरुषदम्यसारथि Puruṣa-damya-sārathiḥ: 調御丈夫・富樓沙曇藐婆羅提), ⑨ 천인사(मानुष Śāstā-deva-manuṣyānāṃ: 天人師・舍多提婆魔㝹舍喃), ⑩ 불세존(बुद्ध भागवत Buddhaḥ bhagavat : 佛世尊・佛陀薄伽梵)을 말한다.

선남선녀 그로인해 많은복덕 얻게된다
여래께서 말씀하신 복덕얻는 다는것은
복덕얻음 아니라는 것을설하 셨음으로
그리하여 많은복덕 얻는다고 하십니다

사바중생 본래면목 복과덕의 성품에는
득과실이 없음물론 유와무도 여의고서
모든것에 여여하며 일체처에 걸림없어
일체복덕 그마저도 쌓임없는 복덕이다

**(3) 세존께서 말씀하셨다. "또한 수부띠야!
선남자와 선여인이 삼천대천세계를 칠보로써 가득 채워,
여래 · 아라한 · 정등각들에게 보시를 한다고 하더라도,
이 법문 가운데 네 구절로 된 사구게만이라도 받아 지녀
다른 사람들을 위해 가르쳐주거나 자세하게 설명해 준다면, 이로 인하여 저것보다
헤아릴 수 없고 셀 수 없는 더 많은 복덕을 얻는 것이 된다.**

BHAGAVĀN āha: yaś ca khalu punaḥ Subhūte kulaputro vā kuladuhitā vemaṃ trisāhasramahāsāhasraṃ lokadhātuṃ sapta-ratna-paripūrṇaṃ kṛtvā Tathāgatebhyo 'rhadbhyaḥ samyaksambuddhebhyo dānaṃ dadyāt,[120)]

---

120) 산스끄리뜨어 "'BHAGAVĀN āha(바가완- 아-하): yaś ca khalu punaḥ Subhūte(야슈 짜 깔루 뿌나하 수부-떼)', 'kulaputro vā kuladuhitā vemaṃ(꿀라뿌뜨로 와- 꿀라두히따- 웨망)', 'trisāhasramahāsāhasraṃ lokadhātuṃ(뜨리사-하스라마하-사-하스랑 롤까다-뚱)', 'sapta-ratna-paripūrṇaṃ kṛtvā(삽따 라뜨나 빠리뿌-르낭 끄리뜨와-)', 'Tathāgatebhyo 'rhadbhyaḥ samyaksambuddhebhyo dānaṃ dadyāt(따타-가떼비요르하드비야하 삼약삼붓데비요 다-낭 다디야-뜨)'"라는 문장의 의미를 번역해보면 다음과 같다.
이 문장의 내용은 "'세존{BHAGAVĀN(bhagavant) · 바가완- : བཅོམ་ལྡན་འདས། · The Lord · 世尊 · 佛}', '말하다 · 설하다{āha(√ah): བཀའ་སྩལ་པ། · teach · 說 · 言 · 告}', '무엇 · 그 · 누구{yaś(yaḥ) · 야슈: གང་། · what · 誰}', '그리고 · 및(ca · 짜: འམ། · and · 與 · 及)', '참으로 · 실로(khalu · 칼루: truly · indeed · 加强語氣)', '다시{punaḥ(punar): ཡང་། · again · 再 · 也}', '수부띠{subhūte (subhūti) · 수부-떼: རབ་འབྱོར། · 須菩提 · 善現}', '선남자{kulaputro(kula-putra) · 꿀라뿌뜨로: རིགས་ཀྱི་བུ། · son of good family · 善男子}', '~나 · 혹은(vā · 와-: འམ། · or · 或者)', '선여인{kuladuhitā(kuladuhitṛ) · 꿀라두히따-: རིགས་ཀྱི་བུ་མོ། · daughter of good family · 善女人}', '~와(나) 이것[vemaṃ · 웨망 = '~나 · 혹은 · 또는(vā · 와-: or · 或者)' + '이것{imaṃ(ayam) · 이망: འདི། · this · 此}'], '삼천대천{trisāhasra mahāsāhasraṃ(trisāhasra-mahāsāhasra) · 뜨리사-하스라 마하-사-하스랑: སྟོང་གསུམ་གྱི་སྟོང་ཆེན་པོ། · 3,000 millions · 三千大千}', '세계{lokadhātuṃ(lokadhātu) · 롤까다-뚱: འཇིག་རྟེན་གྱི་ཁམས། · world · 世界}', '칠보로 가득{sapta-ratnapa ripūrṇaṃ(sapta-ratna-paripūrṇa) · 삽따 라뜨나 빠리뿌-르낭: རིན་པོ་ཆེ་སྣ་བདུན་གྱིས་རབ་ཏུ་གང་བ། · filled with the seven treasures · 遍滿七寶} = 칠보(sapta-ratna · 삽따 라뜨나: རིན་པོ་ཆེ་སྣ་བ · 七寶) + 가득 채우다{paripūrṇaṃ(paripūrṇa) · 빠리뿌-르낭: ཏུན་གྱིས་རབ་ཏུ་གང་བ། · 遍滿}', '하고 나서 · 한 후에{kṛtvā(√kṛ-8) · 끄리뜨와-: བྱས། · filled · 作 · 盛}', '여래{tathāgatebhyo (tathāgata) · 따타-가떼비요: དེ་བཞིན་གཤེགས་པ། · 如來}', '아라한{'rhadbhyaḥ(arhat) · 르하드비야하: དགྲ་བཅོམ་པ། · Arhat · 阿羅漢 · 應供}', '정등각들{samyaksaṃbuddhebhyo(samyaksaṃbuddhebhya) · 삼약삼붓데비요: ཡང་དག་པར་རྫོགས་པའི་སངས་རྒྱས། · Fully Enlightened One · 正等覺 · 正等正覺.}', '보시{dānaṃ(dāna) · 다-낭: སྦྱིན་པ། · agift · 佈施}', '주다 · 베풀다 · 행하다{dadyāt(√dā -3) · 다디야-뜨: བྱིན། · give · 奉施}'"라는 뜻이다.
이 문장을 구마라집은 생략하였다. 현장은 "佛復告善現言 善現 若善男子或善女人 以此三千大千世界盛滿七寶 持用布施(불부고선현언 선현 약선남자혹선녀인 이차삼천대천세계성만칠보 지용보시)"라고, 의정은 "妙生 若有善男子善女人 以滿三千大千世界七寶 持用布施(묘생 약유선남자선녀인 이만삼천대천세계칠보 지용보시)"라며, 보디류지는 "佛言須菩提 若善男子善女人 以滿三千大千世界七寶 持用布施(불언 수부띠 약선남자 선녀인 이만삼천대천세계칠보 지용보시)"라고, 진제는 "佛言 須菩提 若善男子善女人 以三千大千世界遍滿七寶 持用布施(불언 수부띠 약선남자선녀인 이삼천대천세계편만칠보 지용보시)"라며, 달마급다는 "世尊言 若複善實 善家子 若善家女 若此三千大千世界 七寶滿作已 如來等 應等 正遍知等施與(세존언 약부선실 선가자 약선가녀 약차삼천대천세계

yaś ceto dharma-paryāyād antaśaś catuṣpādikām api gāthām udgṛhya parebhyo vistareṇa deśayet samprakāśayed, ayam eva tato nidānaṃ bahutaraṃ puṇya-skandhaṃ prasunuyād aprameyam asaṃkhyeyam.

བཅོམ་ལྡན་འདས་ཀྱིས་བཀའ་སྩལ་པ། རབ་འབྱོར་རིགས་ཀྱི་བུའམ་རིགས་ཀྱི་བུ་མོ་གང་གིས་སྟོང་གསུམ་གྱི་སྟོང་ཆེན་པོའི་འཇིག་རྟེན་གྱི་ཁམས་འདི་རིན་པོ་ཆེ་སྣ་བདུན་གྱིས་རབ་ཏུ་གང་བར་བྱས་ཏེ་སྦྱིན་པ་བྱིན་པ་བས། གང་གིས་ཆོས་ཀྱི་རྣམ་གྲངས་འདི་ལས་ཐ་ན་ཚིག་བཞི་པའི་ཚིགས་སུ་བཅད་པ་ཙམ་བཟུང་ནས་གཞན་དག་ལ་འཆད་ཅིང་ཡང་དག་པར་རབ་ཏུ་སྟོན་ན།
གཞི་དེ་ལས་བསོད་ནམས་ཀྱི་ཕུང་པོ་ཆེས་མང་དུ་གྲངས་མེད་དཔག་ཏུ་མེད་པ་བསྐྱེད་དོ།།

Bhagavat said: 'And if, O Subhûti, the son or daughter of a good family should fill this sphere of a million millions of worlds with the seven treasures and should give it as a gift to the holy and enlightened Tathâgatas, and if another after taking from this treatise of the Law one Gâthâ of four lines only should fully teach others and explain it, he indeed would on the strength of this produce a larger stock of merit immeasurable and innumerable.

佛告須菩提 若善男子善女人 以滿三千大千世界七寶 如來 阿羅漢 正等覺等 持用布施121)
若復有人 於此經中 受持乃至四句偈等 爲他人說 其福勝彼

금강경 사구게 복덕

삼세여래 올바르게 깨달은이 남김없이
삼륜모두 청정하게 보시한다 하더라도
금강경의 사구게중 한구절을 설한다면122)

칠보만작이 여래등 응등 정편지등시여)"라고 각각 번역하였다.

티베트본도 "བཅོམ་ལྡན་འདས་ཀྱིས་བཀའ་སྩལ་པ། རབ་འབྱོར་རིགས་ཀྱི་བུའམ་རིགས་ཀྱི་བུ་མོ་གང་གིས་སྟོང་གསུམ་གྱི་སྟོང་ཆེན་པོའི་འཇིག་རྟེན་གྱི་ཁམས་འདི་རིན་པོ་ཆེ་སྣ་བདུན་གྱིས་རབ་ཏུ་གང་བར་བྱས་ཏེ་སྦྱིན་པ་བྱིན་པ་བས།"라고 번역하였다.

이러한 내용 등을 종합적으로 분석・검토하여, 저자는 "세존께서 말씀하셨다. 또한 수부띠야! 선남자와 선여인이 있어 삼천대천세계를 칠보로써 가득 채우고서, 여래・아라한・정등각들에게 보시를 한다고 하더라도{佛告須菩提 若善男子善女人 以滿三千大千世界七寶 如來 阿羅漢 正等覺等 持用布施(불고수부띠 약선남자선녀인 이만삼천대천세계칠보 여래 아라한 정등각등 지용보시)}"라고 번역(韓譯・漢譯)하였다.

121) 저자번역{漢譯: 주) 120} 참조.

122) 사구게(कतुस् पदि गथ catuṣ-pādī-gāthā: ཚིག་བཞི་པ། ཚིགས་སུ་བཅད་པ། ・a four line gāthā・四句偈・四句分別)는 네 글귀로 된(catuṣ-pādikā: 四句) 게송(偈頌: gāthā・가-타-)으로 이루어진 운문체 문장의 법문을 말한다. 게송의 게(偈)는 산스끄리뜨어 가타(gāthā: 伽陀・偈頌・諷頌)의 음역이며, 송(頌)은 게라는 뜻의 운문체 문장을 나타내는데 사구로 되어 있어 사구문(四句門)・사구분별(四句分別)이라고도 한다. 사구게는 주(主)・객(客)・논(論)・결(結)의 사구로 구성되어 있으며, 범어(梵語)와 중화(中華)의 말을 동시사용(雙唱)한 경우, 이를 범화쌍창(梵華雙唱)이라고 한다. 게송은 경전의 한 부분으로서 경전의 교리나 부처님의 공덕을 찬탄(讚歎)하는데 쓰이며, 이러한 게송은 본문에 있던 내용을 정리하여 운문으로 나타낸 응송(Geyya: 祈夜・應頌・重頌)과 본문과는 관계없는 사실을 게송으로 나타낸 고기송(Gāthā: 偈陀・伽陀・孤起頌・偈誦)이 있다. 특히 금강경의 사구게는 '아눗따라- 삼약삼보디(anuttarā samyaksambodhir)'라고 하는 부처님의 깨달음 내용을 짧은 사구의 글귀로서 함축하고 있어 매우 중시되고 있다.

그복덕이 더크다니 그참뜻을 일러봐라

선남자와 선여인이 이광대한 우주법계
칠보로써 가득채워 여법하게 보시하랴
삼천대천 무량법계 칠보가득 보시하면
부처여래 베푼복덕 한량없이 크고크다

칠보보시 복덕크나 사구게를 요해하여
부처참뜻 다른사람 자세하게 설해주면
그복덕은 생각으로 헤아릴수 없느니라
삼천대천 우주법계 다덮고도 남으리이

(4) 그것은 왜냐하면 수부띠야!
모든 부처의 아늣따라삼약삼보디의 법은 모두 이 경으로부터 나왔고,
부처와 세존들도 이로부터 나왔기 때문이다.

tat kasya hetoḥ? ato nirjātā hi Subhūte
Tathāgatānām arhatāṃ samyaksam buddhānām anuttarā samyaksambodhir,
ato nirjātāś ca Buddhā Bhagavantaḥ.

དེ་ཅིའི་ཕྱིར་ཞེ་ན། རབ་འབྱོར་དེ་བཞིན་གཤེགས་པ་དགྲ་བཅོམ་པ་ཡང་དག་པར་རྫོགས་པའི་སངས་རྒྱས་
རྣམས་ཀྱི་བླ་ན་མེད་པ་ཡང་དག་པར་རྫོགས་པའི་བྱང་ཆུབ་ནི་འདི་ལས་བྱུང་སྟེ། སངས་རྒྱས་བཅོམ་ལྡན་འདས་
རྣམས་ཀྱང་འདི་ལས་སྐྱེས་པའི་ཕྱིར་རོ།།

And why? Because, O Subhûti, the highest perfect knowledge of the holy
and enlightened Tathâgatas is produced from it;
the blessed Buddhas are produced from it.

何以故 須菩提 一切諸佛 及諸佛阿耨多羅三藐三菩提法 皆從此經出

금강경에서 깨달음 법 나옴

칠보사리 그가운데 어느것이 더귀한가
칠보라함 중생삶에 참소중한 보물이나
진신사리 빠라미따 결정체가 아니런가[123)]

123) 사리(शरीर śarīra: 舍利)는 산스끄리뜨어 '샤리-라(śarīra)'를 음역한 것으로, 진신사리(眞身舍利)와 법신사리(法身舍利)가 있다. 진신사리는 부처님의 육신에서 나온 것을 말하고, 법신사리는 부처님이 설하신 가르침인 팔만사천법문에 해당하는 대승불교와 소승불교의 모든 경전을 의미한다. 진신사리는 『금광명경(金光明經)』 권4(卷四)의 「사신품(捨身品)」에 "사리는 곧 계(戒)·정(定)·혜(慧)를 훈수(勳修)한 결정체로서, 이는 매우 얻기 어려우며 또한 최상의 복전(福田)이므로 일체중생들은 마땅히 이 사리에 예배하고 공양하라."고 하였다. 부처님 열반 후 제자들이 싸라쌍수 나무아래서 다비 후 여덟 섬 네말(八斛 四斗)의 사리가 출현하였다. 이를 팔 개국(八個國)에 팔탑(八塔)을 건립 봉안하였으며, 기원전 3세기중엽 아쇼카왕이 팔탑 중 칠탑에서 불사리(佛舍利)를 발굴

일곱보물 진신사리 비교할수 있겠는가

참된수행 그결정체 진신사리 더중한가
금강경의 빠라미따 경구절이 더중한가
부처님의 진신사리 참수행의 결정체라
금강경서 나왔기에 그무엇과 비교하랴

금강반야 빠라미따 수행덕목 중요하나
재시법시 무외시는 보살행을 이름이고
사상여읜 금강경은 부처됨을 이름이니
금강경의 소중함을 언설로서 나타내리

**(5) 수부띠야! “‘부처의 가르침’
‘부처의 가르침’이라고 하는 것은
‘부처의 가르침이 아니다.’라고 여래가 설했나니,
그리하여 그 이름을 ‘부처의 가르침’이라고 한다.”**

tat kasya hetoḥ? buddhadharmā buddhadharmā iti Subhūte
'buddhadharmāś caiva te Tathāgatena bhāṣitāḥ.
tenocyante buddhadharmā iti

དེ་ཅིའི་ཕྱིར་ཞེ་ན། རབ་འབྱོར་སངས་རྒྱས་ཀྱི་ཆོས་རྣམས་སངས་རྒྱས་ཀྱི་ཆོས་རྣམས་ཞེས་བྱ་བ་ནི།
སངས་རྒྱས་ཀྱི་ཆོས་དེ་དག་མེད་པར་དེ་བཞིན་གཤེགས་པའི་གསུངས་པའི་ཕྱིར་ཏེ།
དེས་ན་སངས་རྒྱས་ཀྱི་ཆོས་རྣམས་ཞེས་བྱའོ།།

And why? Because, O Subhûti, when the Tathâgata preached:
"The qualities of Buddha, the qualities of Buddha indeed!"
they were preached by him as no-qualities of Buddha.
Therefore they are called the qualities of Buddha.'

須菩提 所謂佛法者 卽非佛法

불법은 불법이 아님

부처님의 깨달음과 설하신바 참된진리
몸과뜻과 언설로서 나타낼수 없거니와

하여 팔만사천의 불사리탑 건립한 것이 불교전파에 커다란 계기가 되었고, 인도로부터 현장법사가 중국으로 돌아올 때 여래사리 150립(粒)을 가져왔다고 하며, 한국에서는 진흥왕 때(549년) 양나라에서 사신을 보내어 불사리를 보내왔으므로 왕이 백관과 함께 흥륜사에서 맞이하였다는 사리전래에 관한 최초의 기록이 있다.

무엇으로 취할래야 취할수도 없노라니
이름하여 법아니고 법아님도 아니로다

깨달음은 개념화나 형상화가 될수없고
참된진리 언어화나 문자화가 될수없다
삼세부처 역대조사 증득한바 깨달음도
한결같이 무위의법 그로부터 나왔도다

여래의법 불교일러 불교라면 비불교요
성인사과 깨달음의 그경지도 실체없어
일체불법 무상정등 깨달음상 그마저도
남김없이 여의어야 이름하여 불법이다

대
선 승불교 여
남자와 제일실천 래물론
선여인이 그덕복은 아라한등
선 삼천대천 보시이 칠보채워 많
남선 세계가 니 보시하 은복
너이로 득 면 덕얻음
인해 선 될까
한 여 한이들 많 언
량없는복 래설한 칠보 보시 은복덕 지않음
많은 한량없 많은 복덕 얻음이 이르므
덕 이 얻 음된 란 로
여래 다 얻는
많은복 칠 금 다고설
과덕을 보채워 타 강경의 하노
여래물론 인위해 법무중에 라
아라한등 자세하게 사구게중
보시해 설해주는 하나라
도 그복덕 도
은
불가
사 량
더 큰
얻고쌓음 복덕 되느니라
칠 사
보보시 구설한
복덕보다 일 복덕큼은
체제불
금강경서
나왔음이
아니런
여래의법 가 불교라면
불법일 그상 비불교
러 마 저 요
타 파
이 름 하 여 한것 불 법 이 다

나 온 깨달은법 경 전

대
승불교
제일실천
그덕목은 보시이다
널리널리베푸는이 뜻과마음청정하고
주는물건받는사람 모두함께그러해야
이름하여삼륜청정 보시라고하느니라
대승불교제일실천 선한이들칠보보시
그덕목은보시이니선남자와 많은복덕얻음된다여래설한
선여인이삼천대천세계가득 Vajracchedikā Prajñāpāramitā Sūtra Mantra 한량없이많은복덕얻음이란
여래물론아라한등칠보채워보시하면 वज्रच्छेदिका प्रज्ञापारमिता सूत्र मन्त्र 한량없는많은복덕얻지않음이르므로
선남선녀이로인해많은복덕얻음될까 금강반야바라밀경 진언 여래많은복과덕을얻는다고설하노라
선남자와선여인이이광대한우주법계 나 namo 모 칠보채워여래물론아라한등보시해도
칠보로써가득채워여법하게보시하랴 바가 bhagavatī 와띠 금강경의법문중에사구게중하나라도
삼천대천무량법계칠보가득보시하면 쁘라즈냐 빠 prajñāpāramitāyai 라미따야이 타인위해자세하게설해주는그복덕은
부처여래베푼복덕한량없이크고크다 옴 이리따 이 oṃ īrita iṣira śruta 쉬라 슈루따 불가사량더큰복덕얻고쌓음되느니라
칠보보시복덕크나사구게를요해하여 위샤야 viṣaya viṣaya 위샤야 부처님의깨달음과설하신바참된진리
부처참뜻다른사람자세하게설해주면 스 svāhā 와 몸과뜻과언설로서나타낼수없거니와
그복덕은생각으로헤아릴수 하 무엇으로취할래야취할수도
없느니라삼천대천우주법계 없노라니이름하여법아니고
다덮고도남으리이 법아님도아니로다
칠보보시복덕보다 사구설한복덕큼은
일체제불금강경서 나왔음이아니런가
여래의법불법일러 불교라면비불교요
그상마저 타파한것
이름하여
불법이
다

॥नमो भगवत्या आर्यप्रज्ञापारमितायै॥

॥Namo bhagavatyā āryaprajñāpāramitāyai॥

॥སངས་རྒྱས་དང་བྱང་ཆུབ་སེམས་དཔའ་ཐམས་ཅད་ལ་ཕྱག་འཚལ་ལོ॥

南無世尊聖般若波羅蜜多

一相無相分 第九

깨친 성인 상이 없음

THE ONE APPEARANCE IS BEYOND APPEARANCES

वज्रच्छेदिका प्रज्ञापारमिता सूत्र
Vajracchedikā Prajñāpāramitā Sūtra

༄༅།།འཕགས་པ་ཤེས་རབ་ཀྱི་ཕ་རོལ་ཏུ་ཕྱིན་པ་རྡོ་རྗེ་གཅོད་པ་ཞེས་བྱ་བ་བཞུགས་སོ།།

金剛般若波羅密經 Diamond Sūtra

금강반야바라밀경

제9분. 깨친 성인 상이 없음(1)

부처님이 말씀하되 그대생각 어떠한가
수부띠야 성인일과 수다원에 들어간자
다섯견혹 마저끊고 소승사과 예류과인
수다원과 증득했다 그생각을 일으킬까

수부띠는 답을하되 영원평안 흐름든자
수다원과 증득했다 생각하지 않습니다
증득한것 아니므로 수다원과 불리나니
색성향미 촉과법을 얻은것도 아닙니다

वज्रच्छेदिका प्रज्ञापारमिता सूत्र

Vajracchedikā Prajñāpāramitā Sūtra

༄༅། །འཕགས་པ་ཤེས་རབ་ཀྱི་ཕ་རོལ་ཏུ་ཕྱིན་པ་རྡོ་རྗེ་གཅོད་པ་ཞེས་བྱ་བ་བཞུགས་སོ། །

金剛般若波羅密經 Diamond Sūtra

금강반야바라밀경

제9분. 깨친 성인 상이 없음(2)

부처님이 말씀하되 그대생각 어떠한가
수부띠야 성인이과 사다함에 들어간자
천상갔다 돌아와서 한번탄생 일래과인
사다함과 증득했다 그생각을 일으킬까

수부띠는 답을하되 제이생멸 없다는자
사다함과 증득했다 생각하지 않습니다
증득한것 아니므로 사다함과 불리나니
세상일래 성인이과 얻은것도 아닙니다

부처님이 말씀하되 그대생각 어떠한가
수부띠야 성인삼과 아나함에 들어간자
천상가서 오지않는 인간세상 불래과인
아나함과 증득했다 그생각을 일으킬까

수부띠는 답을하되 세상옴이 없다는자
아나함과 증득했다 생각하지 않습니다
돌아오지 않으므로 아나함과 불리나니
욕계불환 성인삼과 얻은것도 아닙니다

वज्रच्छेदिका प्रज्ञापारमिता सूत्र

Vajracchedikā Prajñāpāramitā Sūtra

༄༅། །འཕགས་པ་ཤེས་རབ་ཀྱི་ཕ་རོལ་ཏུ་ཕྱིན་པ་རྡོ་རྗེ་གཅོད་པ་ཞེས་བྱ་བ་བཞུགས་སོ། །

金剛般若波羅密經 Diamond Sūtra

금강반야바라밀경

제9분. 깨친 성인 상이 없음(3)

부처님이 말씀하되 그대생각 어떠한가
수부띠야 성인사과 아라한에 들어간자
존경받을 만한사람 되었다는 응공과인
아라한과 증득했다 그생각을 일으킬까

수부띠는 답을하되 더배울것 없다는자
아라한과 증득했다 생각하지 않습니다
존경받을 자격갖춰 아라한과 불리나니
응진무학 성인사과 얻은것도 아닙니다

아라한이 존경받을 사람이란 생각하면
나와사람 중생수자 집착함이 안되리까
무쟁삼매 욕망떠난 제일인자 저라하나
욕망떠난 일아라한 생각하지 않습니다

제가만약 아라한과 증득했다 생각하면
무쟁삼매 제일인자 아란나행 즐기는자
수부띠라 말씀하지 아니했을 것이지만
얻음없어 아란나행 즐긴다고 했습니다

Vajracchedikā Prajñāpāramitā Sūtra
금강반야바라밀경(金剛般若波羅密經)

9. 깨친 성인 상이 없음(一相無相分 第九)
CHAPTER 9. THE ONE APPEARANCE IS BEYOND APPEARANCES

(1) "수부띠야! 그대는 어떻게 생각하느냐?
'성자의 흐름에 든 자'가
'나는 성자의 흐름에 든[124] 수다원과를 증득했다.'라는 생각을 하겠느냐?"

tat kiṃ manyase Subhūte,
api nu srotaāpannasyaivaṃ bhavati:
mayā srotaāpatti-phalaṃ prāptam iti?

རབ་འབྱོར་འདི་ཇི་སྙམ་དུ་སེམས།
རྒྱུན་དུ་ཞུགས་པ་འདི་སྙམ་དུ་བདག་གིས་རྒྱུན་དུ་ཞུགས་པའི་འབྲས་བུ་ཐོབ་བོ་སྙམ་དུ་སེམས་སྙམ་མམ།

---

124) '성자의 흐름에 든(srota-āpannasya: 預流者・須陀洹)'이라는 의미는 '스로따(srota: 흐름)・아-빤나시야(āpannasya: 흐름에 든)' 즉, 성문사과의 처음단계인 성자(聖者)의 흐름에 든 상태를 말한다. 깨달음의 길을 하천흐름에 비유하여 니르바나로 향하는 그 흐름에 들어간 것 또는 일곱 번 윤회 후 열반으로 가는 성인의 첫 번째 계위(階位)에 이른 것을 말한다. 그리하여 여기에서는 성자의 흐름에 들어간 사람인 수다원(鳩摩羅什・菩提流支・眞諦・達磨笈多) 또는 예류자(玄奘・義淨)라고 한다. 성문(聲聞)에 들어가기 위해서는 예류향(預流向)・일래향(一來向)・불환향(不還向)・아라한향(阿羅漢向)의 사향(四向)과 예류과(預流果)・일래과(一來果)・불환과(不還果)・아라한과(阿羅漢果)의 사과(四果)가 있다. 이를 성문사향사과(聲聞四向四果)라고 하는데, 성문사향(聲聞四向)은 성문사과(聲聞四果)에 나아가는 과정을 말한다. 성문사향(聲聞四向) 중에서, 예류향(Srotāpattipratipannaka: 預流向・須陀洹向・初果向)은 예류과(預流果)로 나아가기 위하여 수행하는 단계를 말한다. 이른바 삼계의 견혹(見惑)을 끊어버림으로서, 견도십오심(見道十五心)의 사이에 있는 무루(無漏)의 성도(聖道)에 들어간 자리이다. 성문과 보살이 올바른 무루의 지혜로서 번뇌를 끊어 구생(俱生)의 관계를 단절시켜 올바른 깨달음의 길로 나아가야 할 수행의 삼도(三道・三段階)에는 견도(見道)・수도(修道)・무학도(無學道)가 있다. 성도(聖道)에서 견도(見道・見諦道・見道位)는 무루(無漏)의 지혜로서 진리를 관찰하고 번뇌를 단절시켜 가는 단계이다. 진리(眞理・諦)를 보는 단계(段階・道)라는 의미에서 견제도(見諦道)라고도 하고, 진리를 봄이라는 뜻으로 견제(見諦)라고도 하며 또한 도의 지위라는 의미에서 견도위(見道位)라고도 한다. 성문사향사과(聲聞四向四果)와 대비해보면, 십육심(ṣoḍaśa-citta: 十六心) 중에서 제일심인 고법지인(苦法智忍)이 증득될 때 수행자는 예류향에 들어가며, 범부지위를 벗어나 성인지위에 들게 된다. 그리고 곧이어 십오심(十五心・十五剎那)인 도류지인(道類智忍)이 순식간에 지나가서 십육십(十六心・十六剎那)인 도류지(道類智)를 증득하면 수행자는 예류과를 증득한 상태가 되고, 고(苦)・집(集)・멸(滅)・도(道)의 사제(四諦)를 관찰하는 단계인 견도(見道)를 넘어서 다음 단계인 수도(修道)에 들어가게 된다. 견도십육심(見道十六心)은 고제현관사심(苦諦現觀四心)・집체현관사심(集諦現觀四心)・멸제현관사심(滅諦現觀四心)・도제현관사심(道諦現觀四心)으로 되어 있다.

(1) 고제현관사심(苦諦現觀四心)에는 ① 고법지인(duhkhe dharma-jñāna-ksānti: 苦法智忍・苦法忍), ② 고법지(duhkhe dharma-jñāna: 苦法智), ③ 고류지인(duhkhe 'nvaya-jñāna-ksānti: 苦類智忍・苦比忍), ④ 고류지(duhkhe 'nvaya-jñāna: 苦類智・苦比智)가 있다.

(2) 집체현관사심(集諦現觀四心)에는 ① 집법지인(samudaye-dharma-jñāna-ksānti: 集法智忍・習法忍), ② 집법(samudaye-dharma-jñāna: 集法智・習法智), ③ 집류지인(samudaye 'nvaya-jñāna-ksānti: 集類智忍・習比忍), ④ 집류지(samudaye 'nvaya-jñāna: 集類智・習比智)가 있다.

(3) 멸제현관사심(滅諦現觀四心)에는 ① 멸법지인(nirodhe dharma-jñāna-ksānti: 滅法智忍・盡法忍), ② 멸법지(nirodhe dharma-jñāna: 滅法智・盡法智), ③ 멸류지인(nirodhe 'nvaya-jñāna-ksānti: 滅類智忍・盡比忍), ④ 멸류지(nirodhe 'vaya-jñāna: 滅類智・盡比智)가 있다.

(4) 도제현관사심(道諦現觀四心)에는 ① 도법지인(mārge dharma-jñāna-ksānti: 道法智忍・道法忍), ② 도법지(mārge dharma-jñāna: 道法智), ③ 도류지인(mārge 'nvaya-jñāna-ksānti: 道類智忍・道比忍), ④ 도류지(mārge 'nvaya-jñāna: 道類智・道比智)가 있다.

Bhagavat said: 'Now, what do you think, O Subhûti,
does a Srota-âpanna think in this wise:
The fruit of Srota-âpatti has been obtained by me?'

須菩提 於意云何 須陀洹 能作是念 我得須陀洹果不

성인 제1과위 도달했느냐

수다원은 소승사과 그중에서 예류과라
새장갇혀 푸덕이는 참새채롱 벗어나듯
성자경계 시비분별 생사그물 벗어나니
진리대한 의심버려 성자흐름 들어가네

수행통해 성인과위 들어가기 위해서는
육진이란 객관경계 끄달려선 아니된다[125)]
이런경계 여읜사람 깨달음에 이르느니
성인제일 과위라는 수다원과 드노니라

영원하게 평안흐름 수다원과 들어간자
신견변견 사견등의 다섯견혹 끊었으나[126)]
탐진치와 만의라는 사혹마저 해탈못해[127)]

---

125) 육근(सडिन्त्रिय ṣaḍ-indriya: 六根)은 눈(ṣaḍindriya: 眼根)・귀(cakṣurindriya: 耳根)・코(ghrāṇedriya: 鼻根)・혀(jihvendriya: 舌根)・몸(kāyendriya: 身根)・뜻(menendriya: 意根)을 의미하니, 곧 감각기관으로서 나를 나타내며, 주관이나 자유의지를 뜻한다. 육경(सड्विषय ṣaḍ-viṣayāḥ: 六境)은 물질(rūpa: 色)・소리(śabda: 聲)・냄새(gandha: 香)・맛(rasa: 味)・느낌(spraṣṭaya: 觸)・진리(dharma: 法)를 의미하니, 과거・현재・미래에 조건이 이루어지면 일어나는 마음대상을 말하고, 육근의 대상으로 다가오는 객관적인 경계(境界)를 뜻하며, 정심계관(淨心誡觀)에는 번뇌를 일으켜 청정한 마음을 혼탁하게 하는 티끌을 의미하므로 육진(ṣaḍ-bāhyâyatana: 六塵)이라고 한다.

126) 악견(दर्शन darśana: 惡見)에 속하는 다섯 견혹(五見惑)은 신견(身見)・변견(邊見)・사견(邪見)・견취견(見取見)・계금취견(戒禁取見)이 있다.
(1) 신견(身見・我見・有身見・我所見・薩迦耶見)은 색(色)・수(受)・상(想)・행(行)・식(識)의 오온(五蘊)이 화합하여 있는 이 몸은 실체가 없는데도 불과한데, 이 몸을 실재의 나(實我)로 오인하여 집착하는 견해이다.
(2) 변견(邊見・邊執見)은 몸이 죽음과 동시에 몸과 마음이 끊어져 없어지고 아무것도 남는 것이 없다는 단견(斷見)과 이와 반대로 죽은 후에도 몸은 없지만 실재의 내(實我)가 상주(常住)한다는 상견(常見)에 치우쳐 한쪽에 집착하는 견해이다.
(3) 사견(邪見)은 인과(因果)와 연기(緣起)의 도리를 전혀 무시하여 믿지 않는 것을 말하는 견해이다.
(4) 견취견(見取見)은 잘못된 견해에 집착하여 이런 것을 진실이라고 착각하는 견해이다.
(5) 계금취견(戒禁取見)은 불교 이외의 교파(敎(派)에서 세운 계율(戒律)이나 불교 이외의 파에서 세운 서약(誓約)을 깨달음에 이르는 길이라고 집착하는 견해가 있다.
이 다섯 견혹에 탐(貪: 탐욕)・진(瞋: 성냄)・치(癡: 어리석음)・만(慢: 오만)・의(疑: 의심)의 다섯 가지를 합하여 십혹(十惑)이라고 한다. 이 십혹 중에서 그 행상(行相)에 따라 다섯 견혹으로 나누어 진 것이다. 여기서 악견(惡見)이라 함은 그릇된 견해로서, 다양한 진리와 이치에 대하여 뒤바뀌게 추측하고 찾으려는(顚倒推求度) 오염된 지혜를 그 본질적인 성질로 하는 마음작용이다. 즉, 악견(惡見)의 본질적인 작용(業)은 바른 견해(善見)에 장애를 발생하게 하여 고통을 초래하는 것으로, 악견은 대부분의 경우에 고통을 받게 되는 원인이 된다. 악견 또는 부정견(不正見)을 간단히 견(見)이라고도 하며, 광의(廣義)의 견은 정견(正見)과 부정견(不正見・惡見) 등의 모든 견해를 통칭한다.

127) 번뇌(क्लेश kleśa・끌레샤: 煩惱)는 그 성질의 강약에 따라 두 종류로 나누어진다. 강한 번뇌를 근본번뇌(根本煩惱) 또는 본혹(本惑)이라 하고, 근본번뇌에서 수반하여 일어나는 약한 번뇌를 수번뇌 또는 수혹(隨惑)이라 한다. 근본번뇌는 탐(貪)・진(瞋)・치(癡)・만(慢)・의(疑)・악견(惡見)의 여섯 종류이다. 근본번뇌 중 앞의 다섯 가지 번뇌를 사혹(思惑) 또는 수혹(修惑)이라 하고, 악견(惡

남아있는 습기들을 다끊지는 못하였다

수다원과 증득한자 사후에는 천상올라
길고도긴 천상수명 다한후에 일곱번을
인간으로 태어나서 수다원과 증득한후
스스로가 수다원과 도달생각 일으킬까

(2) 수부띠는 말씀드렸다. "세존이시여! 그렇지 않습니다.
성자의 흐름에 든 자는, '나는 수다원과를 증득했다.'라는 생각을 하지 않습니다.
왜냐하면 세존이시여! 참으로 그는 어떠한 법에도 들지 않았기 때문입니다.
그리하여 그 이름을 '성자의 흐름에 든 자' 라고 합니다.
형상에 든 것도 아니고, 소리 · 냄새 · 맛 · 느낌 · 마음의 대상에 든 것도 아닙니다.
그리하여 '성자의 흐름에 든 자'라고 말합니다."

SUBHŪTIR āha: no hīdaṃ Bhagavan, na srotaāpannasyaivaṃ bhavati:
mayā srotaāpatti-phalaṃ prāptam iti.
tat kasya hetoḥ? na hi sa Bhagavan kaṃcid dharmam āpannaḥ.
tenocyate srotaāpanna iti. na rūpam āpanno na śabdān na gandhān na
rasān na spraṣṭavyān na dharmān āpannaḥ. tenocyate srotaāpanna iti.

རབ་འབྱོར་གྱིས་གསོལ་པ། བཅོམ་ལྡན་འདས་དེ་ནི་མ་ལགས་སོ།། དེ་ཅིའི་སླད་དུ་ཞེ་ན།
བཅོམ་ལྡན་འདས་དེ་ནི་ཅི་ལའང་ཞུགས་པ་མ་མཆིས་པའི་སླད་དུ་སྟེ།
དེས་ན་རྒྱུན་དུ་ཞུགས་པ་ཞེས་བགྱིའོ།། གཟུགས་ལའང་མ་ཞུགས།
སྒྲ་ལ་ཡང་མ་ལགས། དྲི་ལ་ཡང་མ་ལགས། རོ་ལ་ཡང་མ་ལགས། རེག་བྱ་ལ་ཡང་མ་ལགས།
ཆོས་རྣམས་ལ་ཡང་མ་ཞུགས་ཏེ། དེས་ན་རྒྱུན་དུ་ཞུགས་པ་ཞེས་བགྱིའོ།།

Subhûti said: 'Not indeed, O Bhagavat,
a Srota-âpanna does not think in this wise:
The fruit of Srota-âpatti has been obtained by me.
And why? Because, O Bhagavat,
he has not obtained any particular state (dharma).
Therefore he is called a Srota-âpanna.
He has not obtained any form, nor sounds, nor smells,
nor tastes, nor things that can be touched.
Therefore he is called a Srota-âpanna.

見)을 견혹(見惑)이라 한다. 그 본질적 성질이 부적정(不寂靜)인 마음작용들을 말한다. 번뇌의 본질적인 작용은 번뇌가 일어나게 되면, 그 번뇌를 다스리지 아니하면 미혹(迷惑)하게 되어 번뇌를 일으키고, 그로 인하여 업(業 · 惡業)을 짓게 되어, 고통(苦)을 받게 된다. 번뇌가 일어남으로써 몸과 말과 마음으로 업(身口意三業)을 짓게 되면, 이로써 삼계육도(三界六道)의 생사윤회(生死輪迴)에 속박되어 고(苦)의 과보를 받게 된다(惑 · 業 · 苦). 그리고 십이연기(十二緣起)는 무명(無明)으로 대표되는 번뇌(惑)에서 업으로, 업(業)에서 고(苦)로 이어지는 연기관계를 보다 구체적으로 적시한 것이다. 따라서 이러한 고통(苦)의 생사윤회 원인이 되는 번뇌(集)를 반야인 무루의 지혜(無漏智)로 끊어 적정(寂靜)의 상태인 해탈 또는 열반의 상태(滅)에 이르는 것(道)을 수행의 일차적인 목적으로 하는데, 이는 곧 불교의 근본적인 가르침이자 진리인 고(苦) · 집(集) · 멸(滅) · 도(道)의 사성제(四聖諦)인 것이다.

須菩提言 不也世尊 何以故 須陀洹 名爲入流 而無所入
不入色聲香味觸法 是名須陀洹

성인의 제1과에 도달한 자

세존이여 영원평안 흐름에든 수다원은
수다원과 증득했다 생각하지 않습니다
실로그는 어떤법도 들어간바 없음으로
그이름을 영원평안 흐름든자 라합니다

수다원은 욕계색계 무색계의 견혹끊고
무루도에 처음들어 성인일과 도달하니
성자흐름 깨달음길 불도수행 확신생겨
파멸되지 않는이며 악도들지 않는이다

수부띠는 성인흐름 들어섰다 드린말씀
모든연기 일어나지 않은경계 증득하여
색성향미 촉법에도 들지않는 과위로서
영원평안 흐름든자 스로따아 빤야이다[128)]

(3) 세존이시여! "만약에 성자의 흐름에 든 자가
'나는 수다원과를 증득했다.'라는 생각을 한다면,
그는 곧 아 · 인 · 중생 · 수자에 대한 집착을 하는 것입니다."

saced Bhagavan srotaāpannasyaivaṃ bhaven:
mayā srotaāpatti-phalaṃ prāptam iti,
sa eva tasya-ātma-grāho bhavet sattva-grāho
jīva-grāhaḥ pudgala-grāho bhaved iti.[129)]

---

128) 수다원(स्रोतआपन्न Srota-āpanna: 須陀洹 · 入流 · 預流 · 流入 · 逆流)은 산스끄리뜨어 '스로따 아-빤나(Srota-āpanna)'를 음역하여, 일곱 번 윤회 후에 아라한이 되는 영원한 평안으로의 흐름에 든 성자(聖者)이다. 이 성자의 과위는 성문4과(聲聞四果) 중의 최초의 단계인 제1과인 수다원과(srotaāpatti-phalaṃ: 須陀洹果 · 入流果)로서, 욕계 · 색계 · 무색계의 견혹(見惑)을 끊고 무루도(無漏道)에 처음으로 든 것을 의미한다. 이 도에 드는 것을 구마라집 · 보디류지 · 진제는 '수다원(須陀洹)'이라고 하고, 달마급다는 '유입(流入)', 현장과 의정은 '예류(預流)'라고 하며, 구마라집은 성자의 흐름에 들었다고 하여 '입류(入流)'라고도 한다. 수다원에는 자아가 있다고 집착하는 ① 유신견(有身見)과 형식적 계율과 의식을 지킴으로써 해탈할 수 있다고 집착하는 ② 계금취견(戒禁取見), 그리고 ③ 의심(疑心)의 3가지 족쇄(Saṃyojana: 足鎖 · 束縛)는 완전 소멸되고 아주 거친 감각적 욕망과 악의는 없어졌지만 중간정도의 감각적 욕망(欲貪)과 진에(瞋恚)는 남아있어 아직 일곱 가지 족쇄가 남아있다. 수다원이 되면 거친 탐심과 진심이 없으므로 저절로 계율을 지키게 되어 4악도에 떨어질 만한 행위는 하지 않게 되고 일곱 생 이내에 아라한이 된다. 수다원은 깨달음의 길을 하천의 흐름에 비유하여 그 흐름에 참여한 것, 즉 불도 수행에 대한 확신이 생긴 상태를 말한다. 그릇된 견해를 버리고 성스러운 흐름(八正道)에 들어섰다는 뜻으로, 생사의 흐름을 거슬러 괴로움이 없는 세계로 나아가는 사람이라는 뜻으로 역류(逆流)라고도 한다. 삼보에 대한 의심이 전혀 없으며 계를 잘 갖추고 산다면 수다원의 자질을 갖췄다고 말할 수 있으며, 아무리 늦어도 여덟 번째 생을 받지 않고, 일곱 생 이내에 아라한이 된다. 그래서 수다원은 파멸되지 않는 이, 결정된 이, 깨달음에 이르는 이라고도 불리며, 여기에서 파멸되지 않는다는 것은 더 이상 악도(惡道)에 떨어지지 않는다는 의미다.

129) 산스끄리뜨어 "saced Bhagavan srotaāpannasyaivaṃ bhaven(사쩨드 바가완 스로따아-빤시야이왕 바웬): mayā srotaāpatti-ph

དེ་ཅིའི་སླད་དུ་ཞེ་ན། བཅོམ་ལྡན་འདས་གལ་ཏེ་རྒྱུན་དུ་ཞུགས་པ་འདི་སྙམ་དུ་བདག་གིས་རྒྱུན་དུ་ཞུགས་པའི་
འབྲས་བུ་ཐོབ་བོ་སྙམ་དུ་སེམས་པར་གྱུར་ན།
དེ་ཉིད་དེའི་བདག་ཏུ་འཛིན་པར་འགྱུར་ལགས་སོ།།
སེམས་ཅན་དུ་འཛིན་པ་དང་། སྲོག་ཏུ་འཛིན་པ་དང་། གང་ཟག་ཏུ་འཛིན་པར་འགྱུར་ལགས་སོ།།

If, O Bhagavat, a Srota-âpanna were to think in this wise:
The fruit of Srota-âpatti has been obtained by me,
he would believe in a self, he would believe in a being,
he would believe in a living being, he would believe in a person.'[130]

世尊 若須陀洹 作如是念 我得須陀洹果 即爲着我人衆生壽者[131]

수다원과 증득생각 상에 매임

세존이여 만약어떤 영원평안 흐름든이
수다원과 증득했다 라는생각 일으키면
그에게는 나에집착 사람에게 집착하고
곧중생에 집착하고 수자집착 함이된다

---

alaṃ prāptam iti(마야- 스로따아-빳띠 팔랑 쁘라-쁘땀 이띠), sa eva tasya-ātma-grāho bhavet sattva-grāho jīva-grāhaḥ pudgala-grāho bhaved iti(사 에와 따시야 아-뜨마 그라-호 바웨뜨 삿뜨와 그라-호 지-와 그라-하하 뿌드갈라 그라-호 바웨드 이띠)"라는 문장의 의미는 다음과 같다.

이 문장의 내용은 "'만약·만일(sacet·사쩨드: གལ་ཏེ། · if · 若)', '세존{bhagavan(bhagavant)·바가완: བཅོམ་ལྡན་འདས། · O Lord · 世尊}', '성자의 흐름에 든 자·예류자[srotaāpannasyaivaṃ bhaven·스로따아-빤나시야이왕 바웬: srotāpannasya(srotaāpanna)·스로따아-빤나시야: རྒྱུན་དུ་ཞུགས་པ། · the streamwinner · 預流 + 이와 같은·이러한(evaṃ·에왕: འདི་སྙམ་དུ། · 如是) + 있다·이다{bhaven(√bhū)·바웬: མཆིས་པ། · has · 有 · 是}]', '나{mayā(aham)·마야-: བདག་གིས། · me · 我}', '예류과{srotāpatti-phalaṃ(srota-āpatti-phala)·스로따아-빳띠 팔랑: རྒྱུན་དུ་ཞུགས་པའི་འབྲས་བུ། · the fruit of a Streamwinner · 預流果}', '증득하다{prāptam(pra-√āp-5)·쁘라-쁘땀: ཐོབ། · attained · 證得}', '이른바(iti·이띠: ཞེས། · 所謂 · 名為)', '그것{sa(saḥ)·사: དེ། · that · 彼}', '바로·곧·오직(eva·에와: ཉིད། · 即 · 就)', '그에게{tasya(saḥ)·따시야: him · 彼 · 他}', '자아에 대한 집착·아집{ātmagrāho(ātma-ggrāha)·아-뜨마 그라-호: བདག་ཏུ་འཛིན་པ། · a seizing on a self · 我執}', '있다·이다{bhavet(√bhū)·바웨뜨: མཆིས་པ། · has · 有 · 是}', '중생에 대한 집착·중생집{sattvagrāho(sattva-grāha)·삿뜨와 그라-호: སེམས་ཅན་དུ་འཛིན་པ། · seizing on a being · 有情執 · 衆生執}', '생명에 대한 집착·수자집{jīvagrāhaḥ(jīva-grāha)·지-와 그라-하하: སྲོག་ཏུ་འཛིན་པ། · seizing on a soul · 命者執 · 壽者執}', '사람에 대한 집착·인집{pudgalagrāho(pudgala-grāha)·뿌드갈라 그라-호: གང་ཟག་ཏུ་འཛིན་པ། · seizing on a person · 人執 · 初特伽羅執}', '있다·이다{bhaved(bhavet)·바웨드: 有 · 是}', '이른바(iti·이띠: ཞེས། · 所謂 · 名為)'"라는 뜻이다.

이 구절에 대한 번역(漢譯)을 구마라집과 보디류지 및 진제는 생략하였으나, 현장은 "世尊 若預流者作如是念 我能證得預流之果 即爲執我 有情 命者 士夫 補特伽羅等(세존 약예류자작여시념 아능증득예류지과 즉위집아 유정 명자 사부 보특가라등)"이라고, 의정은 "世尊 若預流者作是念 我得預流果者 則有我執 有情 壽者 更求趣執(세존 약예류자작시념 아득예류과자 즉유아집 유정 수자 갱구취집)"이라며, 달마급다는 "彼若 世尊 流入如是念 我流入果得到 彼如是 彼所我取有 衆生取 壽取 人取有(피약 세존 류입여시념 아류입과득도 피여시 피소아취유 중생취 수취 인취유)"라고 각각 번역(漢譯)하였다.

티베트본도 "དེ་ཅིའི་སླད་དུ་ཞེ་ན། བཅོམ་ལྡན་འདས་གལ་ཏེ་རྒྱུན་དུ་ཞུགས་པ་འདི་སྙམ་དུ་བདག་གིས་རྒྱུན་དུ་ཞུགས་པའི་འབྲས་བུ་ཐོབ་བོ་སྙམ་དུ་སེམས་པར་གྱུར་ན། དེ་ཉིད་དེའི་བདག་ཏུ་འཛིན་པར་འགྱུར་ལགས་སོ།།"라고 번역(西藏譯)하였다.

이러한 내용 등을 종합적으로 분석·검토하여, 저자는 "세존이시여! 만약에 성자의 흐름에 든 자가 '나는 수다원과를 증득했다.'라는 생각을 한다면, 그는 곧 아·인·중생·수자에 대한 집착을 하는 것입니다{世尊 若須陀洹 作如是念 我得須陀洹果 即爲着我人衆生壽者(세존 약수다원 작여시념 아득수다원과 즉위착아인중생수자)}."라고 번역(韓譯·漢譯)하였다.

130) 저자의 영역(英譯) 참조: If, O Bhagavat, a Srota-âpanna were to think in this wise: I have obtained the fruit of a stream, he would (still) cling to the notion of an ego, a personality, a being and a life.

131) 저자번역{漢譯: 주) 129} 참조.

성문지위 성인일과 수다원에 들었으니
영원평안 성인과위 도달했다 생각하랴
내가지금 성인흐름 들었다는 생각하면
아상인상 중생상과 수자상에 매이노라

(4) 세존께서 말씀하셨다. “수부띠야! 그대는 어떻게 생각하느냐?
‘한 번만 다시 태어나서 깨닫는 자’가
‘나는 사다함과를 증득했다.’ 라는 생각을 하겠는가?”
수부띠는 말씀드렸다. “세존이시여! 그렇지 않습니다.
한 번만 다시 태어나 깨닫는 자는
‘사다함과를 증득했다.’라는 생각을 하지 않습니다.
그것은 왜냐하면 한 번만 다시 태어나서 깨닫는 자가 되었다고 하더라도,
‘실로 그와 같이 깨닫는 자가 되는 그 어떠한 법’도 없기 때문입니다.
그리하여 그 이름을 ‘사다함’이라 하는 것입니다.”

BHAGAVĀN āha: tat kiṃ manyase Subhūte,
api nu sakṛdāgāmina evaṃ bhavati: mayā sakṛdāgāmi-phalaṃ prāptam iti?
SUBHŪTIR āha: no hīdaṃ Bhagavan, na sakṛdāgāmina evaṃ bhavati: mayā sakṛdāgāmi-phalaṃ prāptam iti. tat kasya hetoḥ?
na hi sa kaścid dharmo yaḥ sakṛdāgāmitvam āpannaḥ.
tenocyate sakṛdāgāmi-iti.

བཅོམ་ལྡན་འདས་ཀྱིས་བཀའ་སྩལ་པ། རབ་འབྱོར་འདི་ཇི་སྙམ་དུ་སེམས།
ལན་ཅིག་ཕྱིར་འོང་བ་འདི་སྙམ་དུ་བདག་གིས་ལན་ཅིག་ཕྱིར་འོང་བའི་འབྲས་བུ་ཐོབ་བོ་སྙམ་དུ་སེམས་སྙམ་མམ།
རབ་འབྱོར་གྱིས་གསོལ་པ། བཅོམ་ལྡན་འདས་དེ་ནི་མ་ལགས་སོ།། དེ་ཅིའི་ཕྱིར་ཞེ་ན།
གང་ལན་ཅིག་ཕྱིར་འོང་བ་ཉིད་དུ་ཞུགས་པའི་ཆོས་དེ་གང་ཡང་མ་མཆིས་པའི་སླད་དུ་སྟེ།
དེས་ན་ལན་ཅིག་ཕྱིར་འོང་བ་ཞེས་བགྱིའོ།།
བཅོམ་ལྡན་འདས་གལ་ཏེ་ལན་ཅིག་ཕྱིར་འོང་བ་འདི་སྙམ་དུ་བདག་གིས་ལན་ཅིག་ཕྱིར་འོང་བའི་
འབྲས་བུ་ཐོབ་བོ་སྙམ་དུ་སེམས་པར་གྱུར་ན། དེ་ཉིད་དེའི་བདག་ཏུ་འཛིན་པར་འགྱུར་ལགས་སོ།།
སེམས་ཅན་དུ་འཛིན་པ་དང་། སྲོག་ཏུ་འཛིན་པ་དང་།
གང་ཟག་ཏུ་འཛིན་པར་འགྱུར་ལགས་སོ།།

Bhagavat said: 'What do you think, O Subhûti,
does a Sakridâgâmin think in this wise:
The fruit of a Sakridâgâmin has been obtained by me?'
Subhûti said: 'Not indeed, O Bhagavat,
a Sakridâgâmin does not think in this wise:
The fruit of a Sakridâgâmin has been obtained by me.

And why? Because he is not an individual being (dharma),
who has obtained the state of a Sakridâgâmin.
Therefore he is called a Sakridâgâmin.'

須菩提 於意云何 斯陀含 能作是念 我得斯陀含果不 須菩提言 不也世尊
何以故 斯陀含 名一往來 而實無往來 是名斯陀含

성인의 제2과 사다함과

성문경지 둘째과위 사다함은 일왕래라
천상갔다 돌아와서 인간세상 한번만더
왔다가서 열반이뤄 생과사를 면하느니
육생걸쳐 육품끊어 사끄르다 가민된다[132)]

인간세상 있으면서 이경지를 얻는다면
천상가서 세상으로 돌아와서 열반들고
천상세계 있으면서 이경지를 얻는다면
세상왔다 천상으로 돌아가서 열반든다

한번가고 한번오니 분별심의 경계없다
앞생각이 망념해도 뒷생각이 곧그치고
한생각에 집착해도 다음생각 집착떨쳐
일생일멸 있다하나 제이생멸 없느니라

(5) 세존께서 말씀하셨다. "수부띠야! 그대는 어떻게 생각하느냐?
'다시는 돌아오지 않을 자'가
'나는 아나함과를 증득했다.'라는 생각을 하겠는가?"

---

132) 사다함(सकृदागामिन Sakṛdāgāmin: 斯陀含 · 一來)은 산스끄리뜨어 '사끄르다-가-민(Sakṛdāgāmin)'을 음역하여, 욕계에 한번 태어나기(一來) 위하여 돌아오는 성자(聖者)이다. 이 성자의 과위는 성문4과(聲聞四果) 중의 제2과인 사다함과(sakṛdāgāmi-phalaṃ: 斯陀含果 · 一來果)로서, 계(欲界)의 수혹(修惑) 9품(品) 중에서 6품을 끊은 이가 아직 나머지 3품의 번뇌가 있으므로 그것을 끊기 위하여, 천상과 인간 세계를 다시 한 번만 환생하여 깨닫고, 그 이후는 돌아오지 아니함으로 일래과(一來果)라고도 한다. 이 과위에 드는 것을 구마라집 · 보디류지 · 진제는 '사다함(斯陀含)'이라고 하고, 달마급다 · 현장 · 의정은 '일래(一來)'라고 한다. 사다함은 중생을 욕계에 묶어버리는 5가지 근본번뇌인 오하분결(五下分結) 중 ① 자아가 있다고 집착하는 유신견(有身見), ② 형식적 계율과 의식을 지킴으로써 해탈할 수 있다고 집착하는 계금취견(戒禁取見), ③ 그리고 의심(疑心)의 족쇄는 이미 소멸되었고, ④ 감각적 욕망(欲貪)과 ⑤ 진에(瞋恚)는 많이 약화되지만 미세하게 남아있고, 중생을 색계나 무색계에 묶어버리는 5가지 번뇌인 오상분결(五上分結)인 ① 색계욕(色界欲.), ② 무색계욕(無色界欲), ③ 아만(我慢), ④ 들뜨고 불안한 마음(掉擧), ⑤ 어리석음(無明)도 남아있어 한 번 더 욕계에 윤회하면서 그 생애에 수행하여 아라한이 된다. 사다함은 지혜를 얻어 번뇌와 미혹을 벗어나 진리를 보는 단계인 견도(見道)를 이룬 뒤 수도(修道)의 과정에 있으며, 인간과 천상에 각각 한 번씩 생을 받은 뒤에야 열반을 증득한다. 즉, 인간 세계에서 사다함과를 얻으면 반드시 하늘세계에 갔다가 다시 인간세계로 돌아와 열반을 깨닫고, 하늘세계에서 사다함과를 얻으면 먼저 인간세계에 갔다가 다시 하늘세계로 돌아와 열반의 증과를 얻게 된다. 일래향(Āgāmin: 一來向 · 斯陀含向)은 성문4과의 하나인 일래과(一來果)를 얻기 위하여 수행하는 단계로서, 욕계(欲界)의 수혹(修惑) 9품 가운데 6품의 번뇌를 끊는 자리를 말한다.

수부띠는 말씀드렸다. "세존이시여! 그렇지 않습니다.
다시는 돌아오지 않을 자는 '나는 아나함과를 증득했다.'라는 생각을 하지 않습니다.
그것은 왜냐하면 세존이시여! 다시는 돌아오지 않는 자가 되었다고 하더라도,
'실로 다시는 돌아오지 않는 자가 되는 그 어떠한 법'도 없기 때문입니다.
그리하여 그 이름을 '다시는 돌아오지 않는 자'라고 하는 것입니다."

BHAGAVĀN āha: tat kiṃ manyase Subhūte,
api nv anāgāmina evaṃ bhavati:
mayā-anāgāmi-phalaṃ prāptam iti?
SUBHŪTIR āha: no hīdaṃ Bhagavān,
na-anāgāmina evaṃ bhavati: mayā-anāgāmi-phalaṃ prāptam iti.
tat kasya hetoḥ? na hi sa Bhagavan kaścid dharmo yo 'nāgāmitvam āpannaḥ.
tenocyate 'nāgāmi-iti.

བཅོམ་ལྡན་འདས་ཀྱིས་བཀའ་སྩལ་པ། རབ་འབྱོར་འདི་ཇི་སྙམ་དུ་སེམས།
ཕྱིར་མི་འོང་བ་འདི་སྙམ་དུ་བདག་གིས་ཕྱིར་མི་འོང་བའི་འབྲས་བུ་ཐོབ་བོ་སྙམ་དུ་སེམས་སྙམ་མམ།
རབ་འབྱོར་གྱིས་གསོལ་པ། བཅོམ་ལྡན་འདས་དེ་ནི་མ་ལགས་སོ།།
དེ་ཅིའི་སླད་དུ་ཞེ་ན། གང་ཕྱིར་མི་འོང་བ་ཉིད་དུ་ཞུགས་པའི་ཆོས་དེ་གང་ཡང་མ་མཆིས་པའི་སླད་དུ་སྟེ།
ཕྱིར་ཕྱིར་མི་འོང་བ་ཞེས་བགྱིའོ།།

Bhagavat said: 'What do you think, O Subhûti,
does an Anâgâmin think in this wise:
The fruit of an Anâgâmin has been obtained by me?'
Subhûti said: 'Not indeed, O Bhagavat,
an Anâgâmin does not think in this wise:
The fruit of an Anâgâmin has been obtained by me. And why?
Because he is not an individual being,
who has obtained the state of an Anâgâmin.
Therefore he is called an Anâgâmin.'

須菩提 於意云何 阿那含 能作是念 我得阿那含果不
須菩提言 不也世尊 何以故 阿那含 名爲不來而實無不來 是故名阿那含

성인의 제3과 아나함과

사다함이 수행으로 모든번뇌 다버리고
결코다시 태어나서 오지않는 아나가민133)

---

133) 아나함(अनागामिन् Anāgāmin: 阿那含・那含・阿那伽彌・阿那伽迷・不來・不還)은 산스끄리뜨어 '아나-가-민(Anāgāmin)'을 음역하여, 욕계(欲界)에서 죽은 뒤에 색계(色界)・무색계(無色界)에서 나는 번뇌를 다 끊어버린 성인이다. 이 성자의 과위는 성문4과(聲聞四果) 중의 제3과인 아나함과(Anāgāmi-phalaṃ: 阿那含果・不來果)로서, 번뇌가 다 없어져 다시는 윤회의 세계로 돌아오지 아

천상올라 이세상에 돌아오지 아니하니
불래과며 불환과라 성인세째 과위로다

감각적인 쾌락세계 번뇌모두 끊은성인
욕계떠나 색계또는 무색계에 태어나서
그곳에서 열반들어 인간세상 왕래없어
돌아오지 아니하는 성자라고 불리노라

성인경지 제삼과는 생사왕래 자유로워
버리거나 떠나야할 세상없는 아나함과
태어나고 안주해갈 세상마저 없노라니
욕계불생 제사선천 태어나게 되느니라134)

(6) 세존께서 말씀하셨다. “수부띠야! 그대는 어떻게 생각하느냐? ‘아라한’이 ‘나는 아라한과를 증득했다.’라는 생각을 하겠는가?”

BHAGAVĀN āha: tat kiṃ manyase Subhūte,
api nv arhata evaṃ bhavati: mayā-arhattvaṃ prāptam iti?

བཅོམ་ལྡན་འདས་ཀྱིས་བཀའ་སྩལ་པ། རབ་འབྱོར་འདི་ཇི་སྙམ་དུ་སེམས།
དགྲ་བཅོམ་པ་འདི་སྙམ་དུ་བདག་གིས་དགྲ་བཅོམ་པ་ཉིད་ཐོབ་བོ་སྙམ་དུ་སེམས་སྙམ་མམ།

Bhagavat said: 'What do you think, O Subhûti,
does an Arhat think in this wise:
The fruit of an Arhat has been obtained by me?'

須菩提 於意云何 阿羅漢 能作是念 我得阿羅漢道不

아라한의 생각

니하는 과위이다. 이 과위에 드는 것을 구마라집 · 보디류지 · 진제는 ‘아나함(阿那含)’이라고 하고, 달마급다는 ‘불래(不來)’, 현장 · 의정은 ‘불환(不還)’이라고도 한다. 아나함은 오하분결인 유신견(有身見) · 계금취견 · 의심 · 감각적 욕망 · 악의(惡意)는 완전히 사라지고, 오상 분결 중에서 아만 · 들뜸 · 어리석음이 약화된 성인이다. 색계욕과 무색계욕은 남아있어 아나함은 천상으로 윤회하여 그곳에서 수행하여 아라한이 된다. 아나함은 이번 생에만 욕계에 머무르고 나면 다시는 윤회의 세계로 오지 않고, 다시는 어리석음을 되풀이하지 않는 사람, 번뇌의 윤회에 휩쓸리지 않는 경지에 이른 사람이다. 그러나 아나함은 욕망에 꺼들리지는 않지만, 물질과 순수한 정신에 대한 집착은 여전히 남아 있어서 색계와 무색계를 벗어나지 못한 상태이며 아직까지 무명(無明)의 뿌리가 남아있어서, 존재의 참된 이치를 완전히 꿰뚫은 수준에는 미치지 못하여, 사성제(四聖諦)를 완전히 증득하지는 못했다고 할 수 있다. 불환향(An-anāgāmin不還向 · 阿那含向)은 일래과(一來果)의 성자(聖者)가 더 나아가서 불환과(不還果)에 이르려고 수행하는 단계를 말하며, 욕계의 제7품 · 제8품 수혹(修惑)을 끊는 지위를 말한다.

134) 색계(रूपधातु rūpha-dhatu: 色界 · 色天 · 色行天)는 욕계(कामधातु kāma-dhātu: 欲界)와 무색계(आरूप्यधातु ārūpya-dhātu: 無色界 · 無色行天)와 함께 삼계(三界)의 하나로서 욕계의 위에 있고 선정(禪定)을 닦아서 태어나며, 모든 욕(欲)을 다 여의고 정묘(淨妙)한 물질(色)로 이루어진 천계로 사선(四禪)을 닦은 사람이 사후에 태어나는 모든 하늘중생(天衆)이 머무는 곳이다. 제사선천(第四禪天)은 색계의 18천(十八天) 중에서 위로부터 색구경천(色究竟天) · 선견천(善見天) · 선현천(善現天) · 무열천(無熱天) · 무번천(無煩天) · 광과천(廣果天) · 무상천(無想天) · 복생천(福生天) · 무운천(無雲天)의 9천을 말하고, 삼선천(三禪天)은 변정천(邊淨天) · 무량정천(無量淨天) · 소정천(小淨天)의 3천이며, 이선천(二禪天)은 광음천(光音天)이나 극광정천(極光淨天) · 무량광천(無量光天) · 소광천(小光天)의 3천이고, 초선천(初禪天)은 대범천(大梵天) · 범보천(梵補天) · 범중천(梵衆天)의 3천이다.

성인사과 거룩한님 도과성취 아르하뜨[135]
공양받을 만한사람 여래십호 응공이라
최상지혜 증득하여 성인최후 단계이나
깨달음의 무상단계 아라한이 된자없다

수부띠야 아라한은 모든악을 멀리하고
다투지도 아니하고 배울것도 하나없어
모든이의 존경받을 만한사람 이라는데
내가이제 존경받을 이란생각 내겠는가

(7) 수부띠는 말씀드렸다. "세존이시여! 그렇지 않습니다.
아라한은 '나는 아라한이 되었다.'라는 생각을 하지 않습니다.
그것은 왜냐하면 세존이시여!
'아라한이 되었다.'라고 할 그 어떠한 법도 없기 때문입니다.
그리하여 그 이름을 '아라한'이라 하는 것입니다.
세존이시여! 만약 아라한이 '나는 아라한이다.'라는 생각을 한다면,
그는 곧 아 · 인 · 중생 · 수자에 대한 집착을 하는 것입니다.

SUBHŪTIR āha: no hīdaṃ Bhagavan, na-arhata evaṃ bhavati:
mayā-arhattvaṃ prāptam iti. tat kasya hetoḥ?
na hi sa Bhagavan kaścid dharmo yo 'rhan nāma.
tenocyate 'rhann iti. saced Bhagavann arhata evaṃ bhaven:
mayā-arhattvaṃ prāptam iti,
sa eva tasya-ātma-grāho bhavet sattva-grāho
jīva-grāhaḥ pudgala-grāho bhavet.

རབ་འབྱོར་གྱིས་གསོལ་པ། བཅོམ་ལྡན་འདས་དེ་ནི་མ་ལགས་སོ།། དེ་ཅིའི་སླད་དུ་ཞེ་ན།
ང་དགྲ་བཅོམ་པ་ཞེས་བགྱི་བའི་ཆོས་དེ་གང་ཡང་མ་མཆིས་པའི་སླད་དུའོ།།

135) 아라한(अर्हत Arhat: 阿羅漢 · 阿羅呵 · 羅漢)은 산스끄리뜨어 '아르하뜨(arhat)'를 음역하여, 더 이상 윤회하지 않고 모든 번뇌를 끊어 열반에 든 최고 단계에 있는 성인의 과위이다. 이 과위에 드는 것을 구마라집 · 보디류지 · 진제 · 현장 · 의정은 '아라한(阿羅漢)'이라고 하고, 달마급다는 '응(應)'이라고도 한다. 이 성자의 과위는 성문4과(聲聞四果) 중의 아라한과(Arhat-phala、arhattvaṃ: 阿羅漢果 · 羅漢果)로 수행 완성자로서 어떠한 공양을 받아도 업의 자취나 흔적이 남지 않아 사람과 하늘(人天)의 존경과 공양을 받을 수 있는 뜻으로 응공(應供)이라 하고, 진리와 일치하고 진리을 행한다는 의미로 '응진(應眞)'이라 하며, 더 배워야 할 것이나 더 알아야 할 것이 있는 유학(有學)의 성자가 아니라 성도(聖道)를 모두 성취했기에 더 배워야 할 것이나 더 알아야 할 것이 없다는 뜻에서 '무학(無學)'이라고도 불린다. 또한 우리의 생각과 감성을 흔드는 '탐욕 · 분노 · 교만 · 어리석음' 등과 같은 모든 번뇌의 적(煩惱賊)을 완전히 제압해 버렸다는 뜻으로 살적(殺賊)이라 하고, 모든 악을 영원히 떠나 이악(離惡)이라 하며, 멀리 길이 열반에 들어가 다시는 생사과보(生死果報)를 받지 않는다는 뜻에서 불생(不生)이라고도 한다. 아라한은 오하분결과 오상분결의 열 가지 족쇄가 다 소멸되어 더 이상 태어남이 없고, 윤회하지 않는 성인이다. 세간의 조건 지어진 세계를 벗어나 조건이 소멸된 출세간인 완전한 열반에 들어 생사가 없는 문(不死門)에 들어가는 것이다. 아라한은 그 이전의 단계를 배울 것이 있는 유학위(有學位)로 부터 더 이상 배울 것이 없는 무학위(無學位)로서, 번뇌(煩惱)는 다하였으며, 해야 할 바를 다하였고 윤회로부터 해탈하여 열반에 들어간다. 아만심이 없기 때문에 나라는 생각에 사로잡혀 번거로워할 일도 없고 들뜨는 마음도 없기 때문에 마음이 항상 고요하고 맑고 평온하다. 아라한향(阿羅漢向 · 羅漢向)은 다시는 돌아오지 아니하는 불환과(不還果)의 성자가 아라한과에 이르려고 수행하는 무학위(無學位)에 오르는 단계를 말하며, 제9품 수혹(修惑)을 끊는 지위를 말한다.

བཅོམ་ལྡན་འདས་གལ་ཏེ་དགྲ་བཅོམ་པ་འདི་སྙམ་དུ་བདག་གིས་དགྲ་བཅོམ་པ་ཉིད་ཐོབ་པོ་སྙམ་དུ་སེམས་པར་གྱུར་ན།
དེ་ཉིད་དེའི་བདག་ཏུ་འཛིན་པར་འགྱུར་ལགས་སོ།། སེམས་ཅན་དུ་འཛིན་པ་དང་།
སྲོག་ཏུ་འཛིན་པ་དང་། གང་ཟག་ཏུ་འཛིན་པར་འགྱུར་ལགས་སོ།།

Subhûti said: 'Not indeed, O Bhagavat, an Arhat does not think in this wise:
The fruit of an Arhat has been obtained by me. And why?
Because he is not an individual being, who is called an Arhat.
Therefore he is called an Arhat. And if, O Bhagavat,
an Arhat were to think in this wise:
The state of an Arhat has been obtained by me,
he would believe in a self, he would believe in a being,
he would believe in a living being, he would believe in a person.'

須菩提言 不也世尊 何以故 實無有法 名阿羅漢
世尊 若阿羅漢作是念 我得阿羅漢道 即爲着我人衆生壽者

성인의 제4과 아라한과

아라한은 아라한이 되었다는 생각없다
아라한이 되었다는 그어떠한 법도없어
그리하여 그이름이 그와같이 불리나니
아라한이 나라하면 사상집착 함이된다

아라한은 무쟁삼매 존경받을 만한사람
적정하여 존경받을 사람이란 생각없다
존경받을 만한사람 이란생각 일으키면
아상인상 중생상과 수자상에 매이노라

이세상을 함께하는 일체생명 삼라만상
온갖지식 감정등도 모두모두 텅텅비어
우리의몸 뜻과마음 깨달음도 공하느니
그무엇에 집착하랴 아라한도 일러봐라

(8) 그것은 왜냐하면 세존이시여! 여래께서는 저를 '다툼이 없는 삼매를 즐기는[136])

136) 아란나행(**अरणाविहारी** araṇā-vihāry: 阿蘭那行・無諍行・無諍住)은 '다툼 없는 삼매의'나, '다툼 없는 상태의' 및 '다툼 없는 머무름의' 또는 '다툼 없는 삼매를 즐기는'을 의미한다. 산스끄리뜨어 '아라나- 위하-린(araṇā-vihārin)'을 한역(漢譯)하여 구마라집・보디류지・진제는 '무쟁삼매(無諍三昧)'로, 달마급다는 '무쟁행(無諍行)'으로, 현장・의정은 '무쟁주(無諍住)'로 각각 의역하고 있다. 그런데 제9분 (9)에서는 원문 '아라나- 위하-리(araṇā-vihāry)'를 구마라집은 '아란나행(阿蘭那行)'으로 음역하고, 보디류지는 '무

사람 가운데 제일'이라고 하셨습니다.
세존이시여! 저는 욕망을 여읜 아라한입니다.
그러나 세존이시여! 저는
'나는 욕망을 여읜 아라한이다.'라는 생각을 하지 않습니다.

tat kasya hetoḥ? aham asmi Bhagavaṃs
Tathāgatena-arhatā samyaksambuddhena-araṇā-vihāriṇām agryo nirdiṣṭaḥ.
aham asmi Bhagavann arhan vitarāgaḥ.
na ca me Bhagavann evaṃ bhavati: arhann asmy ahaṃ vītarāga iti.

བཅོམ་ལྡན་འདས་བདག་ནི་དེ་བཞིན་གཤེགས་པ་དགྲ་བཅོམ་པ་ཡང་དག་པར་རྫོགས་པའི་སངས་རྒྱས་ཀྱིས་
ཉོན་མོངས་པ་མེད་པར་གནས་པ་རྣམས་ཀྱི་མཆོག་ཏུ་བསྟན་ཏེ།
བཅོམ་ལྡན་འདས་བདག་འདོད་ཆགས་དང་བྲལ་བ་དགྲ་བཅོམ་པ་ལགས་ཀྱང་།
བཅོམ་ལྡན་འདས་བདག་འདི་སྙམ་དུ་བདག་ནི་དགྲ་བཅོམ་པའོ་སྙམ་དུ་མི་སེམས་ལགས་སོ།།

'And why? I have been pointed out,
O Bhagavat, by the holy and fully enlightened Tathâgata,
as the foremost of those who dwell in virtue.
I, O Bhagavat, am an Arhat, freed from passion.
And yet, O Bhagavat, I do not think in this wise:
I am an Arhat, I am freed from passion.

世尊 佛說我得無諍三昧 人中最爲第一 是第一離欲阿羅漢
我不作是念 我是離欲阿羅漢

아라한 이름에 매이지 않는 수부띠

여래께서 다툼없는 삼매경지 즐기는자
그사람중 제일인자 수부띠라 했습니다
저는욕망 모두여읜 일아라한 이라지만
욕망여읜 아라한임 생각하지 않습니다

수부띠는 모든사람 존경받을 만하나니
다툼없는 삼매경지 다즐기는 최상승자137)

쟁행(無諍行)'으로 의역하였다{제9분(9) 산스끄리뜨어 참조}.

137) 무쟁삼매(अरणाविहारी · अरणासमाधि araṇā-vihāry · araṇā-samādhi: 無諍三昧 · 阿蘭那行 · 無諍行 · 無諍住)는 모든 번뇌가 사라져 마음이 편안하고, 티끌 하나 없이 마음이 고요한 상태를 말한다. 아라한은 항상 다툼이 없는 무쟁삼매(無諍三昧)에 머무르며, 나와 남, 주관과 객관이 다 비어있고 안과 밖이 항상 고요할 뿐 아니라 언제나 근본지혜가 밝게 비치는 이 삼매의 경지에 있다. 수다원에 입류한 성자들이 사다함과 아나함을 거치면서, 마음속에 어떠한 상(相)도 없는 경지인 무쟁삼매를 성취해야만 아라한도(阿羅漢道)를 성취할 수 있다.

일체욕심 다버리고 욕망여읜 일아라한
부처일러 아라한은 욕망떠나 있다한다

수부띠는 자애명상 닦고닦아 거룩한님
차별한계 모두없는 욕망떠난 수행자니
이런저런 생각마저 일으키지 아니하며
일아라한 이름에도 머루르지 아니한다

(9) 세존이시여! 만약 제가 '나는 아라한과를 증득하였다.'라는 생각을 한다면, 여래께서는 저를 '수부띠는 다툼 없는 삼매를 즐기는 자들 가운데 제일이라서, 어떠한 것에도 머무르지 않는다.'라고 설하시지 않았을 것입니다. 실로 수부띠는 증득한 것이 없으므로 이름하여 '다툼이 없는 삼매를 즐긴다.'라고 하셨습니다."

sacen mama Bhagavann evaṃ bhaven:
mayā-arhattvaṃ prāptam iti na māṃ Tathāgato vyākariṣyad:
araṇā-vihāriṇām agryaḥ Subhūtiḥ kula-putro
na kvacid viharati, tenocyate 'raṇā-vihāry araṇā-vihāri-iti.

བཅོམ་ལྡན་འདས་གལ་ཏེ་འདི་སྙམ་དུ་བདག་གིས་དགྲ་བཅོམ་པ་ཉིད་ཐོབ་བོ་སྙམ་དུ་སེམས་པར་གྱུར་ན།
དེ་བཞིན་གཤེགས་པས་བདག་ལ་རིགས་ཀྱི་བུ་རབ་འབྱོར་ནི་ཉོན་མོངས་པ་མེད་པར་གནས་པ་རྣམས་ཀྱི་མཆོག་ཡིན་ཏེ།
ཅི་ལ་ཡང་མི་གནས་པས་ན་ཉོན་མོངས་པ་མེད་པར་གནས་པ་ཞེས་ལུང་མི་སྟོན་ལགས་སོ།།

If, O Bhagavat, I should think in this wise,
that the state of an Arhat has been obtained by me,
then the Tathâgata would not have truly prophesied of me, saying:
"Subhûti, the son of a good family, the foremost of those dwelling in virtue,
does not dwell anywhere, and therefore he is called a dweller in virtue,
a dweller in virtue indeed!"'

世尊 我若作是念 我得阿羅漢道 世尊則不說 須菩提 是樂阿蘭那行者
以須菩提實無所行 而名須菩提 是樂阿蘭那行

이름하여 아란나행 즐기는 자

아라한과 증득했다 그와같은 생각하면
다툼없는 삼매즐김 제일이라 않느니라
머묾없고 아라한과 증득한것 없으므로
이름하여 무쟁삼매 즐긴다고 했느니라

해공제일 수부띠는 적정처와 무행처서[138]
모든경계 다여의는 무쟁삼매 수행하여
석가세존 아란나행 즐기는자 이름하니
수부띠는 상여의고 행함없음 이르노라

사상물론 다툼떠나 무엇에도 집착없어
다툼떠난 제일경지 즐기는이 수부띠라
존경받을 만한상태 도달했다 생각하면
아란나행 즐기는이 단언하지 않았으리

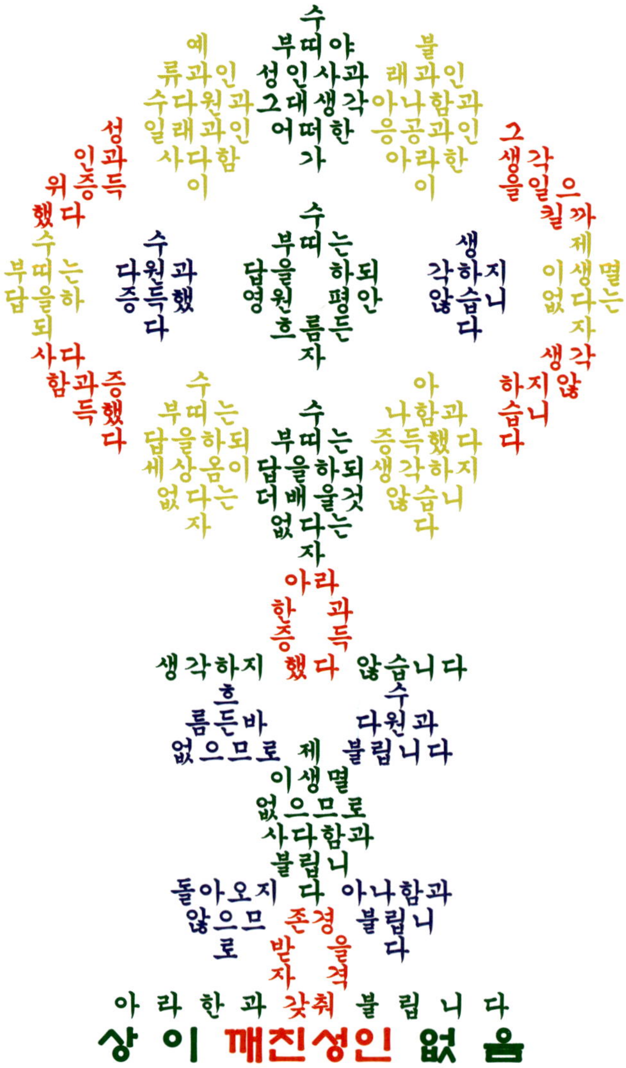

수
예 부떠야 불
류과인 성인사과 래과인
수다원과그대생각아나함과
성 일래과인 어떠한 응공과인 그
인과 사다함 가 아라한 생각
위증득 이 이 을일으
했다 수 킬까
수 수 부떠는 생 제
부떠는 다원과 답을 하되 각하지 이생멸
답을하 증득했 영원 평안 않습니 없다는
되 다 흐름든 다 자
사다 자 생각
함과증 수 아 하지않
득했 부떠는 수 나함과 습니
다 답을하되 부떠는 증득했다 다
세상옴이 답을하되 생각하지
없다는 더배울것 않습니
자 없다는 다
자
아라
한 과
증 득
생각하지 했다 않습니다
흐 수
름든바 다원과
없으므로 제 불립니다
이생멸
없으므로
사다함과
불립니
돌아오지 다 아나함과
않으므 존경 불립니
로 받 을 다
자 격
아 라 한 과 갖춰 불 립 니 다
상 이 깨친성인 없 음

138) 부처님의 10대 제자 중에서 공(空)의 도리를 요해(了解)한 해공제일(解空第一) 수부띠(सुभूति Subhūti: 須菩提)가 아라한(Arahan: 阿羅漢)으로 삼매에 들어 모든 상을 여의고 아란나행(阿蘭那行)을 즐기던 고요한 적정처(寂靜處)와 행하되 행함 없는 무행처(無行處)를 말한다. 그리고 이 삼매를 이룬 아라한은 아란나행(阿蘭那行)을 즐기나니, 아란나행은 번뇌 없는 적정행(寂靜行)이요, 다툼 없는 무쟁행(無諍行)이며, 한없이 맑은 청정행(淸淨行)을 말한다.

॥नमो भगवत्या आर्यप्रज्ञापारमितायै॥

||Namo bhagavatyā āryaprajñāpāramitāyai||

||སངས་རྒྱས་དང་བྱང་ཆུབ་སེམས་དཔའ་ཐམས་ཅད་ལ་ཕྱག་འཚལ་ལོ||

南無世尊聖般若波羅蜜多

莊嚴淨土分 第十

불국정토 장엄하다

ADORNING PURE LANDS

वज्रच्छेदिका प्रज्ञापारमिता सूत्र
Vajracchedikā Prajñāpāramitā Sūtra

༄༅། །འཕགས་པ་ཤེས་རབ་ཀྱི་ཕ་རོལ་ཏུ་ཕྱིན་པ་རྡོ་རྗེ་གཅོད་པ་ཞེས་བྱ་བ་བཞུགས་སོ།།

金剛般若波羅密經 Diamond Sūtra
금강반야바라밀경

제10분. 불국정토 장엄하다(1)

부처님이 말씀하되 그대생각 어떠한가
여래옛적 연등불이 계신처소 그곳에서
연등불께 무엇인가 얻은법이 있었느냐
수부띠는 답을하되 얻은법이 없습니다

어떤보살 불국토를 장엄한다 말했다면
수부띠야 그보살은 잘못된말 함이된다
불국토를 장엄함은 장엄함이 아니므로
이름하여 불국토를 장엄한다 하느니라

이와같이 청정마음 일으켜야 하느니라
마땅히들 형상소리 향기맛과 느낌물든
진리에도 머물러서 그마음을 내지말며
머무르는 바가없이 그마음을 낼지니라

वज्रच्छेदिका प्रज्ञापारमिता सूत्र
Vajracchedikā Prajñāpāramitā Sūtra

༄༅། །འཕགས་པ་ཤེས་རབ་ཀྱི་ཕ་རོལ་ཏུ་ཕྱིན་པ་རྡོ་རྗེ་གཅོད་པ་ཞེས་བྱ་བ་བཞུགས་སོ། །

金剛般若波羅密經 Diamond Sūtra

금강반야바라밀경

제10분. 불국정토 장엄하다(2)

수부띠야 어떤사람 잘갖춰진 크나큰몸
비하건대 산중의왕 수미산과 같다하면
그대생각 어떠한가 그몸크다 하겠느냐
수부띠는 답을하되 세존이여 큽니다

여래께서 몸은몸이 아니라고 했습니다
그리하여 몸이라고 불리는것 이랍니다
실로그것 몸아니며 몸아님도 아닙니다
그이름이 몸이라고 불리는것 이랍니다

Vajracchedikā Prajñāpāramitā Sūtra
금강반야바라밀경(金剛般若波羅密經)

10. 불국정토 장엄하다(莊嚴淨土分 第十)

CHAPTER 10. ADORNING PURE LANDS

(1) 부처님께서 말씀하셨다. "수부띠야! 그대는 어떻게 생각하느냐?
여래가 연등불 · 여래 · 아라한 · 정등각 처소에서 얻은 그 어떠한 법이 있는가?"
수부띠는 말씀드렸다. "세존이시여! 그렇지 않습니다.
여래께서는 연등불 · 여래 · 아라한 · 정등각 처소에서 얻은 그 어떠한 법도 없습니다."

BHAGAVĀN āha: tat kiṃ manyase Subhūte,
asti sa kaścid dharmo yas Tathāgatena Dīpaṃkarasya
Tathāgatasya-arhataḥ samyaksambuddhasya-antikād udgṛhītaḥ?
SUBHŪTIR āha: no hīdaṃ Bhagavan,
na-asti sa kaścid dharmo yas Tathāgatena Dīpaṃkarasya
Tathāgatasya-arhataḥ samyaksambuddhasya-antikād udgṛhītaḥ.

བཅོམ་ལྡན་འདས་ཀྱིས་བཀའ་སྩལ་པ། རབ་འབྱོར་འདི་ཇི་སྙམ་དུ་སེམས། དེ་བཞིན་གཤེགས་པས་དེ་བཞིན་གཤེགས་པ་དགྲ་བཅོམ་པ་ཡང་དག་པར་རྫོགས་པའི་སངས་རྒྱས་མར་མེ་མཛད་ལས་གང་བླངས་པའི་ཆོས་དེ་གང་ཡང་ཡོད་སྙམ་མམ།
རབ་འབྱོར་གྱིས་གསོལ་པ། བཅོམ་ལྡན་འདས་དེ་ནི་མ་ལགས་སོ།།
དེ་བཞིན་གཤེགས་པས་དེ་བཞིན་གཤེགས་པ་དགྲ་བཅོམ་པ་ཡང་དག་པར་རྫོགས་པའི་སངས་རྒྱས་མར་མེ་མཛད་ལས་གང་བླངས་པའི་ཆོས་དེ་གང་ཡང་ཡོད་པ་མ་མཆིས་ལགས་སོ།།

Bhagavat said: 'What do you think, O Subhûti,
is there anything (dharma) which the Tathâgata has adopted from
the Tathâgata Dîpankara, the holy and fully enlightened?'
Subhûti said: 'Not indeed, O Bhagavat;
there is not anything
which the Tathâgata has adopted from the Tathâgata Dîpankara,
the holy and fully enlightened.'

佛告須菩提 於意云何 如來昔在燃燈佛所 於法有所得不 不也世尊
如來在燃燈佛所 於法實無所得

연등여래로부터 얻은 것[139]

일곱송이 연꽃들을 디빵까라 바치고서
부족하고 적은정성 그마저다 베풂위해
진흙땅에 엎드려서 머리마저 풀어헤쳐
머리위를 밟으면서 지나가게 하셨으니

선혜행자 공양베품 참으로도 희유하네
보살행의 참모습에 아름다운 향발하니
석가모니 성불수기 어찌받지 아니하리
그러하나 얻은법은 아무것도 없느니라

(2) 세존께서 말씀하셨다. "수부띠야! 만약 어떤 보살이 '나는 불국토 장엄을 이루리라.'라고 말했다고 하면, 그는 잘못된 말을 하고 있는 것이 된다. 왜냐하면 수부띠야! 여래는 '불국토 장업이라는 것은 장엄이 아니다.'라고 설하였기 때문이다. 그리하여 그 이름이 곧 '불국토 장엄'이라고 불리는 것이다."

BHAGAVĀN āha: yaḥ kaścit Subhūte bodhisattva evaṃ vaded: ahaṃ kṣetra-vyūhān niṣpādayiṣyāmi-iti, sa vitathaṃ vadet. tat kasya hetoḥ? kṣetra-vyūhāḥ kṣetra-vyūhā iti Subhūte, 'vyūhās te Tathāgatena bhāṣitāḥ. tenocyante kṣetra-vyūhā iti.

བཅོམ་ལྡན་འདས་ཀྱིས་བཀའ་སྩལ་པ། རབ་འབྱོར་བྱང་ཆུབ་སེམས་དཔའ་གང་ལ་ལ་ཞིག་འདི་སྐད་དུ་བདག་གིས་ཞིང་བཀོད་པ་རྣམས་བསྒྲུབ་པོ་ཞེས་ཟེར་ན་དེ་ནི་མི་བདེན་པར་སྨྲའོ།། དེ་ཅིའི་ཕྱིར་ཞེ་ན། རབ་འབྱོར་ཞིང་བཀོད་པ་རྣམས་ཞིང་བཀོད་པ་རྣམས་ཞེས་བྱ་བ་ནི། བཀོད་པ་དེ་དག་མེད་པར་དེ་བཞིན་གཤེགས་པར་གསུངས་པའི་ཕྱིར་ཏེ། དེས་ན་ཞིང་བཀོད་པ་རྣམས་ཞེས་བྱའོ།།

Bhagavat said: 'If, O Subhûti, a Bodhisattva should say: "I shall create numbers of worlds," he would say what is untrue. And why? Because, O Subhûti, when the Tathâgata preached: Numbers of worlds, numbers of worlds indeed! they were preached by him as no-numbers. Therefore they are called numbers of worlds.

139) 연등여래(दीपंकर तथागत Dīpaṃkara Tathāgata: 燃燈如來・燃燈佛・燈作如來)는 부처님이 전생에 수행자로 있을 그 당시의 부처님으로, 산스끄리뜨어인 디-빵까라 따타-가따(Dīpaṃkara Tathāgata)를 의역하여, 한국 중국 일본 등에서는 연등불(燃燈佛)이라 명명되고 있다. 디-빵까라(Dīpaṇkara)를 직역하면 디-빵(Dīpaṃ)은 '등불・광명', 까라(kara)는 '만드는 자'를 각각 의미함으로 '등불을 만드는 자'를 뜻한다.

須菩提 於意云何 菩薩 莊嚴佛土不
不也世尊 何以故 莊嚴佛土者 則非莊嚴 是名莊嚴

불국토의 장엄

불국토의 장엄함을 이루리라 말했다면
그보살은 잘못된말 하고있는 것이된다
불국토를 장엄함은 장엄함이 아니므로
그이름이 장엄이라 불려지는 것이니라

불국토를 장엄함과 무상진리 증득함은
못깨달은 부처님과 깨달은바 중생들의
변함없는 희망이자 한결같은 소망이나
진리얻고 불국토를 장엄한다 하지말라

보편평등 무상진리 얻을수가 없노라니
모든존재 일체모습 허망하여 형상없듯
불국토를 장엄함도 이와같아 이름일뿐
위가없는 진리모습 없는까닭 이와같다

(3) 그러므로 수부띠야! 모든 보살 마하살은
"마땅히 이와 같이 청정한 마음을 내어야 한다.
형상에 머물러서 그 마음을 내지 말고,
소리 · 냄새 · 맛 · 느낌 · 마음의 대상140)에도 머물러서 마음 내지 말며,
마땅히 머무르는 바가 없이 그 마음을 내어야 하느니라."

tasmāt tarhi Subhūte bodhisattvena mahāsattvenaivam
apratiṣṭhitaṃ cittam utpādayitavyaṃ
yan na kvacit-praṭiṣṭhitaṃ cittam utpādayitavyaṃ,
na rūpa-pratiṣṭhitaṃ cittam utpādayitavyaṃ
na śabda-gandha-rasa-spraṣṭavya-dharma-pratiṣṭhitaṃ
cittam utpādayitavyaṃ.141)

140) 다르마(धर्म Dhárma: 法 · 眞理 · 法則)의 의미는 (1) 부처님의 가르침인 법(法), (2) 깨달음의 내용인 최고의 진리(眞理), (3) 깨달음의 내용과 그 법칙(法則), (4) 깨달음을 위하여 실천하고 생활해야 할 도리(道理), (5) 의식의 대상이자 일체법을 뜻하는 모든 존재(存在)를 나타내는 등 그 의미가 매우 다양하게 쓰이고 있으나{주 79) 참조}, 여기서는 의식의 대상으로 보아 '마음의 대상'으로 번역하였다.

141) 산스끄리뜨어 "'evam apratiṣṭhitaṃ cittam utpādayitavyaṃ(에왐 아쁘라띠슈티땅 찟땀 우뜨빠-다이따위양)', 'yan na kvacit-praṭiṣṭhitaṃ cittam utpādayitavyaṃ(얀 나 끄와찌뜨 쁘라띠슈티땅 찟땀 우뜨빠-다이따위양),', 'na rūpa-pratiṣṭhitaṃ cittam utpādayitavyaṃ(나 루-빠 쁘라띠슈티땅 찟땀 우뜨빠-다이따위양)', 'na śabda-gandha-rasa-spraṣṭavya-dharma-pratiṣṭhitaṃ

རབ་འབྱོར་དེ་ལྟ་བས་ན།

བྱང་ཆུབ་སེམས་དཔའ་སེམས་དཔའ་ཆེན་པོས་འདི་ལྟར་མི་གནས་པར་སེམས་པ་བསྐྱེད་པར་བྱ་སྟེ།

ཅི་ལ་ཡང་མི་གནས་པར་སེམས་བསྐྱེད་པར་བྱའོ།།

གཟུགས་ལ་མི་གནས་པར་སེམས་བསྐྱེད་པར་བྱའོ།།

སྒྲ་དང་དྲི་དང་རོ་དང་རེག་བྱ་དང་ཆོས་ལ་ཡང་མི་གནས་པར་སེམས་བསྐྱེད་པར་བྱའོ།།

Therefore, O Subhûti,
a noble-minded Bodhisattva should in this wise frame an independent mind,
which is to be framed as a mind not believing in anything,
not believing in form, not believing in sound, smell, taste,
and anything that can be touched.

是故須菩提 諸菩薩摩訶薩

應如是生清浄心
不應住色生心
不應住聲香味觸法生心
應無所住 而生其心

---

cittam utpādayitavyaṃ(나 샤브다 간다 라사 스쁘라슈따위야 다르마 쁘라띠슈티땅 찟땀 우뜨빠-다이따위양).'"라는 문장은 '금강경의 게송'이다.

이 게송의 내용은 "'이와 같이(evam・에왐: འདི་ལྟར།・thus・如是)', '머무르는 바 없이(머무르지 아니하는){apratiṣṭhitaṃ(a-pra-√sthā)・아쁘라띠슈티땅: མི་གནས་པ།・unsupported・無所住}', '마음{cittam(citta)・찟땀: སེམས།・thought・心)', '내어야(일으켜야) 한다{utpādayitavyaṃ(ut-√pad-4)・우뜨빠-다이따위양: བསྐྱེད་པར་བྱ།・should produce・應生}', '누구{yan(yad)・얀・who・誰}', '아니하고(na・나: མི།・not.・不・非)', '어떤 것(어느 곳)에도 머무르지[kvacit-praṭiṣṭhitaṃ・끄와찟뜨 쁘라띠슈 티땅・任何 所住: '어떤 것(여느 곳)에도{kvacit・끄와찟뜨; ཅི་ལའང།・任何}' + '머무르다(praṭiṣṭhitaṃ・쁘라띠슈티땅; གནས་པ།・supported・住・所住)', ' 마음(cittam・찟땀: 心)', '내어야(일으켜야) 한다{utpādayitavyaṃ・우뜨빠-다이따위양: 應生}', '아니다(na・나: 不・非)', '색에 머무르지(rūpa-pratiṣṭhitaṃ・루-빠 쁘라띠슈티땅・住色 = 색에(rūpa・루-빠: གཟུགས་ལ・by form・色)' + '머무르다(praṭiṣṭhitaṃ・쁘라띠슈티땅: 住)', '마음(cittam・찟땀: 心)', '내어야(일으켜야) 한다{utpādayitavyaṃ・우뜨빠-다이따위양: should produce・應生}', ' 아니다(na: 不・非)', '소리(śabda・샤브다: སྒྲ་དང།・sounds・聲)', '향기(냄새){gandha・간다: དྲི་དང།・smells・香}', '맛(rasa・라사: རོ་དང།・tastes・味)', '느낌(감촉){spraṣṭavya・스쁘라슈따위야: རེག་བྱ་དང།・touchables・觸}', '법(마음의 대상){dharma・다르마: ཆོས།・mind-objects・法}', '머무르다(praṭiṣṭhitaṃ・쁘라띠슈티땅: 住・所住)', '마음(cittam・찟땀: 心)', '내어야(일으켜야) 한다{utpādayitavyaṃ・우뜨빠-다이따위양: 應生}.'"라는 뜻이다.

이 게송을 구마라집은 "諸菩薩摩訶薩 應如是生清淨心 不應住色生心 不應住聲香味觸法生心 應無所住而生其心(제보살마하살 응여시생청정심 불응주색생심 불응주성향미촉법생심 응무소주이생기심)"으로, 현장은 "菩薩如是都無所住應生其心 不住於色應生其心 不住非色應生其心 不住聲香味觸法應生其心 不住非聲香味觸法應生其心 都無所住應生其心(보살여시도무소주응생기심 부주어색응생기심 부주비색응생기심 부주성향미촉법응생기심 부주비성향미촉법응생기심 도무소주응생기심)"으로, 의정은 "菩薩不住於事 不住隨處 不住色聲香味觸法應生其心 應生不住事心 應生不住隨處心 應生不住色聲香味觸法心(보살불주어사 불주수처 불주색성향미촉법응생기심 응생불주사심 응생불주수처심 응생불주색성향미촉법심)"으로, 보디류지는 "諸菩薩摩訶薩 應如是生清淨心 而無所住不住色生心 不住聲香味觸法生心 應無所住而生其心(제보살마하살 응여시생청정심 이무소주 불주색생심 불주성향미촉법생심 응무소주이생기심)"으로, 진제는 "菩薩應生如是無住著心 不住色聲香味觸法生心 應無所住而生其心(보살응생여시무주저심 불주색성향미촉법생심 응무소주이생기심)"으로, 달마급다는 "菩薩摩訶薩 如是不住心發生應 不色住心發生應 不聲香味觸法住心發生應 無所住心發生應(보살마하살 여시부주심발생응 불색주심발생응 불성향미촉법주심발생응 무소주심발생응)"으로 각각 번역하였다.

이러한 내용을 종합하여, 이 게송을 직역하면 다음과 같다.

"마땅히 보살마하살은 이와 같이 머무르지 아니하는 마음을 내어야 한다.
형상에 머물러서 그 마음을 내지 말고,
소리・냄새・맛・느낌・마음의 대상에도 머물러서 마음 내지 말며,
마땅히 머무르는 바가 없이 그 마음을 내어야 하느니라."

머무르지 아니하는 마음

육근육경 존재무상 성찰하는 수부띠야
눈과귀와 코와입과 몸과뜻에 집착하고
형상소리 향기와맛 촉감과법 집착하여
하루하루 살아가는 사바중생 잘보아라

모든보살 마하살이 육근육경 진리에도
마땅히들 머무르는 바가없이 마음내면
부처님의 청정불성 반야지혜 절로나고
언어문자 사로잡혀 고통받지 아니한다

하늘인간 스승이신 진리의몸 여래시여
다툼없는 삼매얻어 욕망여읜 사람들은
머묾없이 행함으로 집착없고 걸림없어
무쟁삼매 즐기느니 깨달은이 아니리까

이와같이 청정마음 일으켜야 하느니라
마땅히들 형상소리 향기맛과 느낌물론
진리에도 머물러서 그마음을 내지말며
머무르는 바가없이 그마음을 낼지니라

(4) "수부띠야! 마치 어떠한 사람의 잘 갖추어진 큰 몸이 산중의 왕 수미산[142]과 같다고 하면, 수부띠야! 그대는 어떻게 생각하느냐? 그 몸이 크다고 하겠느냐?"

tad yathāpi nāma Subhūte puruṣo bhaved
upeta-kāyo mahā-kāyo yat tasyaivaṃrūpa ātma-bhāvaḥ
syāt tad yathāpi nāma Sumeruḥ parvata-rājā,

142) 수미산(सुमेरु पर्वत Sumeruḥ Parvata: 須彌山 · 須彌樓山)은 고대 인도나 불교의 우주관에서 우주의 중심에 솟아있다는 거대한 산으로, 산스끄리뜨어로 '수메루후 빠르와따(Sumeruḥ Parvata)'라고 불리 우며, '수메루(Sumeru)'를 음역하여 붙여진 '산(Parvata)' 이름이다. 의역하여 묘고(妙高) · 묘광(妙光) 등으로 불리기도 하며, 정상에는 제석천(帝釋天), 산의 중턱에는 사왕천(四王天)이 있다고 하며, 금(金) · 은(銀) · 폐류리(吠琉璃) · 파지가(破紙迦)의 네 보석으로 이루어져 있다고 한다(古代印度 世界觀). 이 산을 중심으로 네 대륙(四大洲)이 있고 아홉 개의 산과 산들 사이에 여덟 개의 바다가 있는데(九山八海), 이들은 거대한 원통형의 금륜(金輪) 위에 우뚝 솟아 있고 금륜은 수륜(水輪) 위에 있고 수륜은 풍륜(風輪) 위에 있고 풍륜은 허공(空輪)에 떠 있다고 한다(俱舍論). 수미산 중턱에는 사천왕이 거주하는 사왕천(四王天)이 있고, 그 정상에는 도리천(忉利天)이 있다고 한다. 전체 높이를 16만유순(十六萬由旬, 112만㎞)으로 그 중 절반은 바다 속에 잠겨 있고, 8만유순(八萬由旬, 56만㎞) 정도가 지상으로 솟아 있다고 한다. 수미산의 공간 배치는 즉, 먼저 색계의 가장 아래 위치에 범천(梵天)이 하생하고, 계속해서 욕계(欲界)의 육천에 해당하는 타화자재천(他化自在天) · 화락천(化樂天) · 도솔천(兜率天) · 야마천(夜摩天)이 하생한다. 이 배치는 모두 여기까지가 수미산의 윗부분에 해당하며, 중생 입장에서 보면 하늘나라에 속한다. 다음은 수미산의 중턱 부분으로, 이곳에는 도리천(忉利天) · 사왕천(四王天) 등이 위치한다. 인간이 사는 곳은 그 제일 밑 부분으로서 이른바 사대주(四大洲)에 속한다고 한다.

tat kiṃ manyase Subhūte api nu mahān sa ātmabhāvo bhavet?

རབ་འབྱོར་འདི་ལྟ་སྟེ་དཔེར་ན།
སྐྱེས་བུ་ཞིག་ལུས་འདི་ལྟ་བུར་གྱུར་ཏེ།
འདི་ལྟ་སྟེ་རིའི་རྒྱལ་པོ་རི་རབ་ཙམ་དུ་གྱུར་ན།
རབ་འབྱོར་འདི་ཇི་སྙམ་དུ་སེམས། ལུས་དེ་ཆེ་བ་ཡིན་སྙམ་མམ།

Now, for instance, O Subhûti, a man might have a body and a large body,
so that his size should be as large as the king of mountains, Sumeru.
Do you think then,
O Subhûti, that his selfhood (he himself) would be large?'

須菩提 譬如有人 身如須彌山王 於意云何 是身爲大不

수미산 같은 사람의 몸 큰 것인가

우주중심 정상에는 제석천이 있노라니
구산팔해 금륜수륜 풍륜공륜 떠있도다
색계아래 범천하생 욕계에는 육천하생
수미산의 윗부분은 하늘나라 불리운다

수미산의 중턱에는 사왕천이 있노라니
사왕천의 그정상에 도리천이 있느니라
지상으로 팔만유순 바다속에 팔만유순
수미산의 밑부분은 사대주가 아니런가

수미산의 제석천과 금륜수륜 풍륜공륜
사왕천과 도리천및 사대주등 수미산을
사람몸에 비유하여 수미산과 같다하면
수부띠야 그의몸은 큰것이라 하겠느냐

**(5) 수부띠는 말씀드렸다. “세존이시여! 그렇습니다.
선서시여! 그 몸은 크다고 하겠습니다.
왜냐하면 세존이시여! 여래께서는 ‘몸은 몸이 아니다.’라고 설하셨기 때문입니다.
그리하여 ‘몸’이라고 불리는 것입니다.
세존이시여! 실로 그것은 ‘몸이 아니며, 몸이 아님도 아닙니다.’
그리하여 그 이름이 ‘몸’이라고 불리는 것입니다.”**

SUBHŪTIR āha: mahān sa Bhagavan mahān Sugata sa ātma-bhāvo bhavet.
tat kasya hetoḥ? ātma-bhāva ātma-bhāva iti Bhagavan a-bhāvaḥ

sa Tathāgatena bhāṣitaḥ. tenocyata ātma-bhāva iti.
na hi Bhagavan sa bhāvo na-abhāvaḥ. tenocyata ātma-bhāva iti.143)

རབ་འབྱོར་གྱིས་གསོལ་པ། བཅོམ་ལྡན་འདས་ལུས་དེ་ཆེ་བ་ལགས་སོ།།
བདེ་བར་གཤེགས་པ་ལུས་དེ་ཆེ་བ་ལགས་སོ།། དེ་ཅིའི་སླད་དུ་ཞེ་ན།
དེ་བཞིན་གཤེགས་པས་དེ་དངོས་པོ་མ་མཆིས་པར་གསུངས་པའི་སླད་དུ་སྟེ།
དེས་ན་ལུས་དེ་ཆེ་བ་ཞེས་བགྱིའོ།། དེ་དངོས་པོ་མ་མཆིས་པས་དེས་ན་ལུས་ཞེས་བྱའོ།།

Subhûti said: 'Yes, O Bhagavat, yes, O Sugata, his selfhood would be large. And why? Because, O Bhagavat, when the Tathâgata preached: "Selfhood, selfhood indeed!" it was preached by him as no-selfhood. Therefore it is called selfhood.'

須菩提言 甚大世尊 何以故 佛說非身 是名大身
世尊 彼是非身非非身 是故彼名爲身144)

수미산과 같은 사람의 몸
그 이름이 큰 몸

다툼없는 자비모습 무쟁제일 수부띠야
높고높은 수미산과 견줄만한 산이없고
여래상호 그보다도 거룩한상 없다하나
산과상호 아닌몸이 더욱크고 거룩하다

수미산과 여래상호 비유하려 하지마라
산이본래 산아니고 상이본래 상아니며

---

143) 산스끄리뜨어 "na hi Bhagavan sa bhāvo na-abhāvaḥ(나 히 바가완 사 바-보 나 아바-와하). tenocyata ātma-bhāva iti(떼노찌야따 아뜨마- 바-와 이띠)."라는 문장의 의미는 다음과 같다.
이 문장의 내용은 "'아니다(na・나: མ།・not・不・非)', '실로・참으로(hi・히: དེ་ཕྱིར་ན།・hence・表强調・誠然)', '세존이시여{bhagavan(bhagavant)・바가완: བཅོམ་ལྡན་འདས།・O Lord・世尊}', '그것은{sa(saḥ)・사: དེ།・that・彼}', '몸{bhāvo(bhāva)・바-보: དངོས་པོ།・that existence・彼體}', '아니다(na・나: མ།・not・不・非)', '몸 아님도(abhāvaḥ・아바-와하: དངོས་པོ་མ་མཆིས་པ།・非體・非身)', '그리하여 불리는 것이다[tenocyata・떼노찌야따 = 그리하여(그러하기 때문에){tena(saḥ): དེ།・they・therefore・是故} + 불리는 것이다{ucyate(√vac)・우찌야떼: ཞེས་བྱ།・said・called・說}]', '몸{ātma-bhāva(ātma-bhāva)・아-뜨마 바-와: ལུས།・personal existence・自體・身}', '이름이 ~라고{iti・이띠: ཞེས།・to be called(knownas)・名爲・所謂・引號}'"라는 뜻이다.
이 문장의 번역을 구마라집은 생략하였으나, 현장은 "非以彼体 故名自体(비이피체 고명자체)"라고, 의정은 "以彼非有 說名爲身(이피비유 설명위신)"이라며, 보디류지는 "彼身非身 是名大身(피신비신 시명대신)"이라고, 진제는 "此非是有 故說有身(차비시유 고설유신)"이라며, 달마급다는 "世尊 有彼故說名我身者(세존 유피고설명아신자)"라고 각각 번역(漢譯)하였다.
이러한 내용 등을 종합적으로 분석・검토하여, 저자는 "그리하여 '몸(ātma-bhāva: 自體・身)'이라고 불리는 것입니다. 세존(Bhagavan: 世尊)이시여! 실로 그것은(sa: 彼) 몸(bhāvo: 體・身)이 아니며(na: 不・非), 몸이 아님(abhāvaḥ: 非體・非身)도 아닙니다. 그리하여(tena: 是故) 그 이름이 '몸'이라고{(ātma-bhāva: 自體) + (iti: 名爲)} 불리는 것입니다(ucyate: 說.){世尊 此是非身非非身 是故此名爲身}"라고 번역(韓譯・漢譯)하였다.

144) 저자번역{漢譯: 주)143} 참조.

있다하고 없다하나 그마저도 없노라니
그이름이 그와같이 불리는것 뿐이니라

수미산과 같은그몸 어찌크다 아니하리
몸은몸이 아니므로 몸이라고 일컫나니
실로그것 몸아니며 몸아님도 아니므로
이름하여 큰몸으로 불리는것 아니리까

불국토를 장엄해도 그이름이 장엄일뿐
무엇에도 머뭄없이 그마음을 내느니라
수부띠는 다툼없는 삼매행을 즐기나니
인천스승 부처님이 진리말씀 설하신다

부처님이 말씀하되 그대생각 어떠한가
여래옛적 연등불이 계신처소 그곳에서
연등불께 무엇인가 얻은법이 있었느냐
수부띠는 답을하되
얻은법이 없습니다
수부띠야 그 보살은
어떤보살 불국토를 장엄한다 말했다면
잘못된 말 함이다
불국토를 장엄함은
장엄함이 아니므로
이름하여 불국토를
장엄 한다 하느니라
이와같이 청정마음 일으켜야 하느니라
진리에도 머물러서 그마음을 내지말며
마땅히들 형상소리 향기맛과 느낌물론
머무르는 바가 없이
그마음을 없이 낼지니라
어떤사람 크나큰몸 수미산과 같다하면
그 몸크다 하겠느냐
세존이여 크옵니다
실로그것 몸아니며 몸아님도 아니므로
그이름이 몸이라고 불려지는 것입니다

장엄 불국정토 하다

일
곱송이
연꽃들을
디빵까라 바치고서
부족하고적은정성 그마저다베풉위해
진흙땅에엎드려서 머리마저풀어헤쳐
머리위를밟으면서 지나가게하셨으니
선혜행자공양베픔 부처님이말씀하되
참으로도회유하네보살행의 그대생각어떠한가여래옛적
참모습에아름다운향발하니 Vajracchedikā Prajñāpāramitā Sūtra Mantra 연등불이계신처소그곳에서
석가모니성불수기어찌받지아니하리 वज्रच्छेदिका प्रज्ञापारमिता सूत्र मन्त्र 연등불께무엇인가얻은법이있었느냐
그러하나얻은법은아무것도없느니라 금강반야바라밀경 진언 수부띠는답을하되얻은법이없습니다
어떤보살불국토를장엄한다말했다면 나 namo 모 모든보살마하살이육근육경진리에도
수부띠야그보살은잘못된말함이된다 바가 bhagavatī 와띠 마땅히들머무르는바가없이마음내면
불국토를장엄함은장엄함이아니므로 쁘라즈냐 빠 prajñāpāramitāyai 라미따야이 부처님의청정불성반야지혜절로나고
이름하여불국토를장엄한다하느니라 옴 이리따 이 oṃ īrita iṣira śruta 쉬라 슈루따 언어문자사로잡혀고통받지아니한다
이와같이청정마음일으켜야하느니라 위샤야 viṣaya viṣaya 위샤야 수부띠야어떤사람잘갖춰진크나큰몸
마땅히들형상소리향기맛과느낌물론 스 svāhā 와 비하건대산중의왕수미산과같다하면
진리에도머물러서그마음을 하 그대생각어떠한가그몸크다
내지말며머무르는바가없이 하겠느냐수부띠는답을하되
그마음을낼지니라 세존이여커옵니다
여래께서몸은몸이 아니라고했습니다
그리하여몸이라고 불려지는것입니다
실로그것몸아니며 몸아님도아닙니다
그이름이 몸이라고
불려지는
것입니
다

॥नमो भगवत्या आर्यप्रज्ञापारमितायै॥

॥Namo bhagavatyā āryaprajñāpāramitāyai॥

||སངས་རྒྱས་དང་བྱང་ཆུབ་སེམས་དཔའ་ཐམས་ཅད་ལ་ཕྱག་འཚལ་ལོ||

南無世尊聖般若波羅蜜多

無爲福勝分 第十一

무위의 복 수승하다

THE SUPREMACY OF UNCONDITIONED BLESSINGS

वज्रच्छेदिका प्रज्ञापारमिता सूत्र

Vajracchedikā Prajñāpāramitā Sūtra

༄༅། །འཕགས་པ་ཤེས་རབ་ཀྱི་ཕ་རོལ་ཏུ་ཕྱིན་པ་རྡོ་རྗེ་གཅོད་པ་ཞེས་བྱ་བ་བཞུགས་སོ།།

金剛般若波羅密經 Diamond Sūtra

금강반야바라밀경

제11분. 무위의 복 수승하다

강가큰강 모래만큼 강가강이 있다하자
이런모든 강가강들 모래많다 하겠는가
강가강들 수만해도 셀수없이 많습니다
그와같은 강가강들 모래수에 있어서랴

선남자와 선여인이 강가강의 모래만큼
많고많은 세계들을 칠보로써 가득채워
여래물론 아라한과 정등각들 보시하면
수부띠야 그리하여 쌓은복덕 많겠느냐

수부띠가 답을하되 세존이여 많습니다
선서시여 그선남자 선여인은 그로인해
헤아릴수 없음물론 무엇으로 셀수없는
많고많은 복과덕을 쌓게되는 것입니다

부처님이 말씀하되 실로또한 수부띠야
무량세계 칠보채워 여래에게 보시해도
선한이가 이경전의 사구게중 하나라도
남을위해 설해주면 그복덕더 많느리라

Vajracchedikā Prajñāpāramitā Sūtra
금강반야바라밀경(金剛般若波羅密經)

11. 무위의 복 수승하다(無爲福勝分 第十一)
CHAPTER 11. THE SUPREMACY OF UNCONDITIONED BLESSINGS

(1) 세존께서 말씀하셨다. "수부띠야! 그대는 어떻게 생각하느냐?
강가[145] 큰 강의 모래 수만큼 강가강이 있다고 하자.
이 모든 강가강들에 있는 모래가 많다고 하겠는가?"

BHAGAVĀN āha: tat kiṃ manyase Subhūte yāvatyo Gaṅgāyāṃ mahānadyāṃ
vālukās tāvatya eva Gaṅga-nadyo bhaveyuḥ,
tāsu yā vālukā api nu tā bahavyo bhaveyuḥ?

བཅོམ་ལྡན་འདས་ཀྱིས་བཀའ་སྩལ་པ། རབ་འབྱོར་འདི་ཇི་སྙམ་དུ་སེམས།
གང་གཱའི་ཀླུང་གི་བྱེ་མ་ཇི་སྙེད་པ་གང་གཱའི་ཀླུང་ཡང་དེ་སྙེད་ཁོ་ནར་གྱུར་ལ།
དེ་དག་གི་བྱེ་མ་གང་ཡིན་པ་དེ་དག་མང་བ་ཡིན་སྙམ་མམ།

Bhagavat said: 'What do you think, O Subhûti,
if there were as many Gangâ Rivers as there are grains of sand
in the large river Gangâ, would the grains of sand be many?'

須菩提 如恒河中所有沙數 如是沙等恒河 於意云何 是諸恒河沙 寧爲多不

강가 큰 강의 모래 수만큼 강가강 있으면
모든 강가강들의 모래가 많겠느냐

145) 강가강(गङ्गा Gaṅgā: The Ganges · 恒河)은 히말라야 산맥의 강고토리 빙하에서 발원하여, 인도 북부를 동쪽으로 흐르다가 비하르주 동쪽 경계에서 남동으로 방향을 바꾸어, 벵골평야를 지나 벵골만에 흘러드는 인도문명을 꽃피운 젖줄이다. 이 강은 우주의 창조 · 파괴라는 두 개의 모습을 지닌 시바신 얼굴에 해당되는 인도인에게는 그들의 고요하고 모든 것을 받아들여 융해하는 심성(心性)을 형성시키고 있는 인도문화의 영원한 유산(遺産)이자 움직이는 역사의 현장이다. 강의 유역에는 '바라나시(Varanasi, Benares) · 하리드와르(Haridwar) · 알라하바드(Allahabad)'와 같은 수많은 힌두성지가 있어 힌두인들에게는 위대한 어머니와 같은 신비스러운 강이자! 성스러운 강으로, 이곳에 몸을 씻게 되면 죄와 허물이 모두 없어진다고 믿고 있다. 죽은 뒤에 이 강물에 화장한 뼛가루를 흘려보내면 극락에 갈 수 있다고 믿으며, 연간 100만 명이상 순례자가 찾아드는 유명한 곳이기도 하다. 또한 강가강의 한 지류인 나이란자나(尼連禪河)에서 싯다르타는 출가 후 6년 동안 고행한 뒤, 그 강물에서 목욕을 하여 심신을 청정하게 하고 강가강변의 보디수 아래에 앉아 무상정각을 증득하였다. 하류 삼각주에는 '유네스코 세계문화유산'으로 지정된 매우 큰 아름다운 숲이라는 뜻의 '슌도르본(Shundorbôn: Sundarbans)'이라는 홍수림(洪水林)이 있다. 강가강은 전체 길이는 약 2,506km나 되고 유역 면적은 약 173만㎢의 큰 강으로, 인도국토의 1/4 정도를 차지하고 있다. 힌두스탄 평원이 드리워져 있고, 강가평야가 형성되어 5억이라는 인구로 세계에서 가장 밀집한 지역을 풍요롭게 살찌우게 하면서 문화발달을 지속하고 있다. 강가강변에는 약 4km에 걸쳐 다양한 형태의 종교의식을 하는 곳들이 마련되어 있는데, 불교와 힌두교뿐만 아니라, 자이나교 · 시크교 등에서도 이곳을 큰 성지로 여겨 특색 있는 각종 종교행사를 치르고 있다. 아마도 강가만큼 오랜 기간 깊은 존경 · 사랑 · 헌신으로 받들어지는 강은 세계 어느 곳에서도 발견하기 힘들 것이다.

지구지붕 히말라야 강고토리 빙하발원
인도북동 흘러내려 바라나시 지나가서
벵골만에 흘러드는 인도문명 꽃을피운
강가강은 어머니의 강이라고 불리운다

수부띠야 인도문명 꽃을피운 젖줄이자
몸씻으면 죄허물이 없어지는 신비한강
싯다르타 목욕하고 보디수하 무상정각[146)]
깨달음을 증득한곳 강가강변 성스럽다

유역면적 일백칠십 삼만제곱 키로미터
강가강변 모래알수 그대생각 어떠한가
강가모래 그만큼의 강가강이 있다하자
수부띠야 그강들의 모래알수 많겠느냐

(2) 수부띠는 말씀드렸다. "세존이시여!
강가강들의 수만 하더라도 헤아릴 수 없이 많습니다.
하물며 그 많은 강가강의 모든 모래 수에 있어서는 더욱 그러합니다."

SUBHŪTIR āha: tā eva tāvad Bhagavan
bahavyo Gaṅgā-nadyo bhaveyuḥ,
prāg eva yās tāsu Gaṅgā-nadīṣu vālukāḥ.

རབ་འབྱོར་གྱིས་གསོལ་པ།
བཅོམ་ལྡན་འདས་གངྒཱའི་ཀླུང་དེ་དག་ཉིད་ཀྱང་མང་ལགས་ན།
དེ་དག་གི་བྱེ་མ་ལྟ་སྨོས་ཀྱང་ཅི་འཚལ།

Subhûti said:
'Those Gangâ Rivers would indeed be many,
much more the grains of sand in those Gangâ Rivers.'

須菩提言 甚多世尊 但諸恒河 尙多無數 何況其沙

강가강 모래 수만큼 많은 강들의 모래알

146) 보디수는 싯다르타 태자가 6년간의 고행 끝에 니련선하(尼連禪河)에서 목욕을 하고, 강을 건너 보드가야(Bodh Gaya)로 가서 '삡빨라(पिपल pippala: 畢鉢羅)' · '아슈왓타(अश्वत्थ Aśvattha: 阿說他)'라는 나무아래서, 길상초를 깔고 몸과 마음을 단정히 한 후 바르게 앉아, "위없는 옳고 바른 깨달음을 증득하지 못하면 일어나지 않으리라(我道不成 要終不起)!"라는 결심으로 깊은 선정에 들어간 후 칠일 째 되는 날에, 모든 악마의 유혹 등을 항복받고, 새벽하늘에 반짝이는 별을 보며, 위없는 옳고 바른 깨달음을 이루게 됨으로써, '보디 브리끄샤(बोधि वृक्ष Bodhi vriksa: 菩提樹 · 보디수)'라고 불리는 나무의 이름이다.

출신이나 어떤종족 가리지도 아니하고
모든영혼 풍족하게 젖줄이된 강이러니
오랜세월 존경하고 사랑으로 헌신하니
사바세계 어디서도 발견하기 힘들도다

억겁세월 쌓고쌓인 한량없는 모래알들
중생들의 죄와허물 깨끗하게 씻어내듯
강가강의 고운모래 강가강물 정화하니
강가강변 밝은빛의 곱디고운 모래로다

강가모래 그만큼의 강가강이 있다하면
강가강의 모래만큼 강가강수 무량하니
한량없는 강가강들 모래알에 있어서랴
산수비유 알수없고 불가사량 아니런가

**(3) 세존께서 말씀하셨다. "수부띠야! 그대에게 이르노니,
선남자와 선여인이 강가강의 모래 수만큼이나 많은 세계들을 칠보로써
가득 채워 여래 · 아라한 · 정등각들에게 보시한다면,
수부띠야! 그대는 어떻게 생각하느냐? 그렇게 하여 쌓은 복덕이 많겠느냐?"
수부띠는 말씀드렸다. "세존이시여! 많습니다.
선서시여! 그 선남자와 선여인은 그로 인하여 헤아릴 수 없고
셀 수 없는 더 많은 복덕을 쌓는 것이 되는 것입니다."**

BHAGAVĀN āha: ārocayāmi te Subhūte prativedayāmi
te yāvatyas tāsu Gaṅgā-nadīṣu vālukā bhaveyus,
tāvato loka-dhātūn kaścid eva strī vā puruṣo vā sapta-ratna-paripūrṇaṃ kṛtvā
Tathāgatebhyo 'rhadbhyaḥ samyaksam buddhebhyo dānaṃ dadyāt,
tat kiṃ manyase Subhūte, api nu sā strī vā puruṣo
vā tato nidānaṃ bahu puṇyaskandhaṃ prasunuyāt?
SUBHŪTIR āha: bahu Bhagavan bahu Sugata strī vā puruṣo
vā tato nidānaṃ puṇya-skandhaṃ prasunuyād aprameyam asaṃkhyeyam.

བཅོམ་ལྡན་འདས་ཀྱིས་བཀའ་སྩལ་པ། རབ་འབྱོར་ཁྱོད་མོས་པར་བྱོའོ༎ ཁྱོད་ཀྱི་ཁོང་དུ་ཆུད་པར་བྱོའོ༎
གང་གཱའི་ཀླུང་དེ་དག་གི་བྱེ་མ་ཇི་སྙེད་པ་དེ་སྙེད་ཀྱི་འཇིག་རྟེན་གྱི་ཁམས་ན་སྐྱེས་པའམ།
བུད་མེད་ལ་ལ་ཞིག་གིས་རིན་པོ་ཆེ་སྣ་བདུན་གྱིས་རབ་ཏུ་གང་བར་བྱས་ཏེ།
དེ་བཞིན་གཤེགས་པ་དགྲ་བཅོམ་པ་ཡང་དག་པར་རྫོགས་པའི་སངས་རྒྱས་རྣམས་ལ་སྦྱིན་པ་བྱིན་ན།
རབ་འབྱོར་འདི་ཇི་སྙམ་དུ་སེམས། སྐྱེས་པའམ་བུད་མེད་དེ་གཞི་དེ་ལས་བསོད་ནམས་མང་དུ་བསྐྱེད་སྙམ་མམ།

རབ་འབྱོར་གྱིས་གསོལ་པ། བཅོམ་ལྡན་འདས་མང་ལགས་སོ།། བདེ་བར་གཤེགས་པ་མང་ལགས་སོ།།
སྐྱེས་པའམ་བུད་མེད་དེ་གཞི་དེ་ལས་བསོད་ནམས་མང་དུ་བསྐྱེད་པ་ལགས་སོ།།

Bhagavat said: 'I tell you, O Subhûti, I announce to you,
If a man or woman were to fill with the seven treasures as many worlds
as there would be grains of sand in those Gangâ Rivers and present them
as a gift to the holy and fully enlightened Tathâgatas--
What do you think, O Subhûti, would that woman or man
on the strength of this produce a large stock of merit?'
Subhûti said: 'Yes, O Bhagavat, yes,
O Sugata, that woman or man would on the strength
of this produce a large stock of merit, immeasurable and innumerable.'

須菩提 我今實言告汝 若有善男子善女人
以七寶滿 爾所恒河沙數三千大千世界 以用布施 得福多不 須菩提言 甚多世尊

한량없는 칠보로써 보시한 복덕

밤하늘에 도시빌딩 그숲사이 빛나는별
희미하게 빛들사이 드러나는 몇개점들
육안으로 살펴보면 공기맑은 시골하늘
육천여개 빛이나는 별들있음 볼수있네

밤하늘의 밝은빛의 띠를두른 은하계는
우주과학 이천억개 그이상의 별들있고
은하계수 일천억개 그만큼의 많은세계
강가강의 모래수를 세계비유 이름이다

강가강의 모래수들 만큼많은 세계들을
선남선녀 그들모두 칠보로써 가득채워
여래에게 남김없이 보시하여 얻은복덕
한량없고 한량없어 불가사량 이라하네

수부띠는 부처님께 사뢰기를 그로인해
심히많은 복과덕을 쌓은것이 되나이다
그러하나 이런복덕 유루복이 아니런가[147)]

147) 유루복(सारव पुण्य sārava puṇya: 有漏福)은 항상 허물을 만들어 새어나오게 하는 육근인 눈・귀・코・혀・몸・뜻으로 인하여 누설(漏泄)되는 번뇌에 집착하여, 그것을 따라 증가(隨增)함이 있는 복을 말한다. 다시 말하면, 보시에 대한 반대급부로서 대가(對價)를 바라거나 자기가 보시를 했다는 마음을 가지고 보시(有住相布施)를 하는 한정된 복을 의미한다. 이를테면 삼천대천세계를 가득

분별여읜 무루복에 견준다면 어떠할까

(4) 세존께서 말씀하셨다.
"실로 또한 수부띠야! 선남자와 선여인이
그렇게 많은 세계들을 칠보로 가득 채워서,
여래 · 아라한 · 정등각들에게 보시한다고 하더라도,
만약 선남자와 선여인이 이 법문 가운데서 사구게 하나만이라도
받아 지녀 다른 사람을 위하여 가르쳐 주거나 자세히 설명해 준다면,
이러한 인연으로 인하여
헤아릴 수 없고 셀 수 없는 더 많은 복덕을 쌓는 것이 된다."

BHAGAVĀN āha:
yaś ca khalu punaḥ Subhūte strī vā puruṣo vā tāvato
loka-dhātūn sapta-ratna-paripūrṇaṃ kṛtvā
Tathāgatebhyo 'rhadbhyaḥ samyaksambuddhebhyo dānaṃ dadyāt,
yaś ca kulaputro vā kuladuhitā veto dharma-paryāyād antaśaś
catuṣpādikām api gāthām udgṛhya parebhyo deśayet samprakāśayed,
ayam eva tato nidānaṃ bahutaraṃ puṇyaskandhaṃ
prasunuyād aprameyam asaṃkhyeyam.

བཅོམ་ལྡན་འདས་ཀྱིས་བཀའ་སྩལ་པ།
རབ་འབྱོར་གང་གིས་འཇིག་རྟེན་གྱི་ཁམས་དེ་སྙེད་རིན་པོ་ཆེ་སྣ་བདུན་གྱིས་རབ་ཏུ་གང་བར་བྱས་ཏེ།
དེ་བཞིན་གཤེགས་པ་དགྲ་བཅོམ་པ་ཡང་དག་པར་རྫོགས་པའི་སངས་རྒྱས་རྣམས་ལ་སྦྱིན་པ་བྱིན་པ་བས།
གང་གིས་ཆོས་ཀྱི་རྣམ་གྲངས་འདི་ལས་ཐ་ན་ཚིག་བཞི་པའི་ཚིགས་སུ་བཅད་པ་ཙམ་བཟུང་ནས།
གཞན་དག་ལ་ཡང་དག་པར་རབ་ཏུ་བཤད་དེ་ཡང་དག་པར་རབ་ཏུ་བསྟན་ན།
དེ་ཉིད་གཞི་དེ་ལས་བསོད་ནམས་ཆེས་མང་དུ་གྲངས་མེད་དཔག་ཏུ་མེད་པ་བསྐྱེད་དོ།།

Bhagavat said: 'And if, O Subhûti,
a man or woman having filled so many worlds with the seven treasures
should give them as a gift to the holy and enlightened Tathâgatas,
and if another son or daughter of a good family,
after taking from this treatise of the Law one Gâthâ of four lines only,
should fully teach others and explain it, he, indeed,
would on the strength of this produce a larger stock of merit,
immeasurable and innumerable.'

佛告須菩提 若善男子善女人

채우고도 남을 만큼 칠보를 가지고서 남을 위해 베풀었다고 하더라도 '나는 이와 같은 선행을 했다.'라고 마음에 그 흔적이 남아 있으면, 그것은 곧 베품이 있는 유위복(有爲福)이 된다. 그리고 아무리 소중하고 많은 것들을 많은 사람들을 위하여 베풀었다고 하더라도 언젠가는 다 새어나가 버린다는 복(福)이 된다.

於此經中 乃至受持四句偈等 爲他人說 而此福德勝前福德

사구게의 설법 복덕

강가강의 모래만큼 많은세계 칠보채워
여래물론 아라한과 정등각들 보시해도
선남여인 금강법문 사구게중 하나라도
타인위해 설해주는 그복덕이 수승하다

아라한과 올바르게 깨달은분 여래에게
사바세계 소중하게 생각하는 칠보로써
삼천대천 세계모두 가득하게 채우고서
널리베풂 그복덕은 참으로도 크고크다

칠보보시 그복덕이 한량없이 크고크나
이와같은 복덕또한 유루복이 아니런가
분별여읜 수승하온 무루복에 견줄손가[148)]
허공끝을 알수없듯 진리복덕 한량없다

금강경의 구절중에 사구로된 게송하나
남들위해 설명하고 자세하게 알려주면
이복덕은 그무엇과 비교할수 없노라니
부처되고 정토되는 무량공덕 때문이다

---

148) 무루복(अनास्रव पुण्य anāsrava puṇya: 無漏福)은 육근인 눈・귀・코・혀・몸・뜻은 항상 허물을 만들어 새어나오게 되므로 이와 같이 누설(漏泄)되는 번뇌를 떠나서, 그것이 없어지거나 증가함이 없는 복을 말한다. 다시 말하면, 어떠한 대가도 바라지 않고 내가 보시를 한다는 그 마음마저 여읜 보시(無住相布施)로써, 한량없이 무량한 복을 의미한다. 이를테면 언제 어디서나 걸림이나 매임이 없고 상에 머무르는바 없는 보시를 하면, 그것은 처음부터 청정(淸淨)하여 결코 흘러나가지 않는 무위복(無爲福)이 되고 또한 흘러내리지 않아서(無漏) 온 우주법계를 다 덮고도 남을 복(福)이 되어, 법계에 있는 모든 중생들과 하나가 되어 한 중생도 남김없이 모두 교화(敎化)한다.

강
이 가큰강 강
런모든 모래만큼 가강들
강들모래강가강이수만해도
그 많다라고 있다하 셀수없이 모
와같 하겠는 자 많습니 래들
은강가 가 다 이겠습
강들 선 니까
여 많 남자와 칠 정
래물론 고많은 선여 인이 보로써 등각들
아라한 세계들 강가 강의 가득채 보시하
과 을 모래만 워 면
수부 큼 쌓은
띠야그 수 선 복덕많
리하 부띠가 헤 서시여 겠느
여 답을하되 아릴수 그선남자 냐
세존이여없음물론선여인은
많습니 무엇으로 그로인
다 셀수없 해
는
많고
많 은
복 과
쌓게되는 덕을 것입니다
부 실
처님이 로또한
말씀하되 무 수부띠야
량세계
칠보채워
여래에게
보시해
선한이가 도 사구게중
이경전 남을 하나라
의 위 해 도
설 해
그 복 덕 이 주면 더 많 도 다

수 승 무위의법 하 다

지

구지봉

히말라야

강고토리 빙하발원

인도북동흘러내려 바라나시지나가서

벵골만에흘러드는 인도문명꽃피운강

강가강은우리들의 어머니라불리운다

수부띠야인도문명 억겁세월쌓고쌓인

꽃을피운젖줄이자몸씻으면 한량없는모래알들중생들의

죄허물이없어지는신비한강 Vajracchedikā Prajñāpāramitā Sūtra Mantra 죄와허물깨끗하게씻어내듯

싯다르타목욕하고보디수하무상정각 वज्रच्छेदिका प्रज्ञापारमिता सूत्र मन्त्र 강가강의고운모래강가강물정화하니

깨달음을증득한곳강가강변성스럽다 금강반야바라밀경 진언 강가강변밝은빛의곱디고운모래로다

강가큰강모래만큼강가강이있다하자 나 namo 모 선남자와선여인이강가강의모래만큼

이런모든강들모래많다라고하겠는가 바가 bhagavatī 와띠 많고많은세계들을칠보로써가득채워

강가강들수만해도셀수없이많습니다 쁘라즈냐 빠 prajñāpāramitāyai 라미따야이 여래물론아라한과정등각들보시하면

그와같은강가강들모래들이겠습니까 옴 이리따 이 oṃ īrita iṣira śruta 쉬라 슈루따 수부띠야그리하여쌓은복덕많겠느냐

수부띠가답을하되세존이여많습니다 위샤야 viṣaya viṣaya 위샤야 부처님이말씀하되실로또한수부띠야

선서시여선남자와선여인은그로인해 스 svāhā 와 무량세계칠보채워여래에게보시해도

헤아릴수없음물론무엇으로 하 선한이가이경전의사구게중

셀수없는많고많은복과덕을 하나라도남을위해설해주면

쌓게되는것입니다 그복덕이더많도다

칠보보시그복덕이 한량없이크고크나

이와같은복덕또한 유루복이아니런가

분별여읜수승하온 무루복에견줄손가

허공끝을 알수없듯

진리복덕

한량없

다

॥नमो भगवत्या आर्यप्रज्ञापारमितायै॥

॥Namo bhagavatyā āryaprajñāpāramitāyai॥

༄།།སངས་རྒྱས་དང་བྱང་ཆུབ་སེམས་དཔའ་ཐམས་ཅད་ལ་ཕྱག་འཚལ་ལོ།།

南無世尊聖般若波羅蜜多

尊重正教分 第十二

참 가르침 존중받음

REVERING THE PROPER TEACHING

वज्रच्छेदिका प्रज्ञापारमिता सूत्र

Vajracchedikā Prajñāpāramitā Sūtra

༄༅། །འཕགས་པ་ཤེས་རབ་ཀྱི་ཕ་རོལ་ཏུ་ཕྱིན་པ་རྡོ་རྗེ་གཅོད་པ་ཞེས་བྱ་བ་བཞུགས་སོ། །

金剛般若波羅密經 Diamond Sūtra

금강반야바라밀경

제12분. 참 가르침 존중받음

수부띠야 다시또한 이경전의 내용이나
사구게중 하나라도 설명하여 들려주면
그지방은 일체천인 아수라등 존중하며
공양하는 부처님의 탑묘와도 같느니라

어떤사람 이법문을 완전하게 받아지녀
독송하고 이해하여 남을위해 설해주면
수부띠야 그사람은 최상제일 희유한법
성취한자 라는사실 알아야만 하느니라

수부띠야 이와같은 경전있는 곳이라면
무상정등 정각마음 깨달으신 스승이자
우러러서 받들분인 부처님이 상주하고
존중받는 제자들이 머무르는 곳이니라

Vajracchedikā Prajñāpāramitā Sūtra
금강반야바라밀경(金剛般若波羅密經)

12. 참 가르침 존중받음(尊重正教分 第十二)
CHAPTER 12. REVERING THE PROPER TEACHING

(1) "다시 또한 수부띠야!
어떠한 지방이든 이 경 가운데서
사구게만이라도 지니고서 가르치거나 자세히 설명해 준다면,
그 지방은 천신 · 인간 · 아수라 등이
마땅히 부처님의 탑묘와 같이 존중할 것이니라.

api tu khalu punaḥ Subhūte
yasmin pṛthivī-pradeśa ito dharma-paryāyād antaśaś catuṣpādikām
api gāthām udgṛhya bhāṣyeta vā samprakāśyeta vā,
sa pṛthivī-pradeśaś caityabhūto bhavet sa-deva-mānuṣa-asurasya lokasya;[149]

---

149) 산스끄리뜨어 "api tu khalu punaḥ Subhūte(아뻬 뚜 칼루 뿌나하 수부-떼), yasmin pṛthivī-pradeśa ito dharma-paryāyād antaśaś catuṣpādikām api gāthām udgṛhya bhāṣyeta vā samprakāśyeta vā(야스민 쁘리티위- 쁘라데샤 이또 다르마 빠리야-야-드 안따샤슈 짜뚜슈빠-디깜- 아뻬 가-탐- 우드그리히야 바-슈에따 와- 삼쁘라까-슈에따 와-), sa pṛthivī-pradeśaś caityabhūto bhavet sa-deva-mānuṣa-asurasya lokasya(사 쁘르티위 쁘라데샤슈 짜이티야부-또 사 데와 마-누사 아수라시야 롤까시야)."라는 문장의 의미는 다음과 같다.
이 문장의 내용은 "'다시 · 또한 · 비록~일지라도(api · 아뻬: although · 然 · 亦 · 僅僅 · 泛指)', '그리고 · 오히려 · 그러나(tu · 뚜: 卻 · 而)', '참으로 · 실로 · 확실히(khalu · 칼루: 加強語氣)', '또한 · 다시{punaḥ(punar) · 뿌나하: ཡང་། · again · 又 · 再}', '수부-띠{subhūte(subhūti) · 수부-떼: རབ་འབྱོར། · 須菩提 · 善現}', '어떠한 · 어느{yasmin(yaḥ) · 야스민: གང་། · any · 什麼 · 何}', '지방{pṛthivī-pradeśa · 쁘리티위- 쁘라데샤: ས་ཕྱོགས། · spot of earth · 地方 · 處所}', '이로부터 · 여기부터{ito(itas) · 이또: འདི་ལས། · from this · 從此}', '법문{dharm-aparyāyād(dharm-aparyā ya) · 다르마 아빠리야-야-드: ཆོས་ཀྱི་རྣམ་གྲངས། · this discourse on dharma · 法門}', '내지 · 단지 · 최소한(antaśaś · 안따샤슈 : ཐ་ན། · but one · 乃至)', '사구 · 네 구절{catuṣpādikām(catuṣ-pādika) · 짜뚜슈빠-디깜-: ཚིག་བཞི་པ། · four lines · 四句}', '다시 · 또한 · 단지~만(api · 아뻬: ཙམ། · only · 然 · 僅僅 · 泛指)', '게송 · 게{gāthām(gāthā) · 가-탐-: ཚིགས་སུ་བཅད་པ། · stanza · 伽陀 · 偈頌}', '받아 지니다{udgṛhya(ud-√grah-9) · 우드그리히야: བཟུང་། · taken up · 受持}', '설하다{bhāṣyeta(√bhāṣ-1) · 바-슈에따: བསྟན་པ། · taught. · 宣說}', '마찬가지로 ~거나 ~거나{vā … vā · 와- … 와-: either … or(vā · 와: དམ། · or · 或者)}', '드러내다 · 밝히다{saṃprakāśyeta(saṃ-pra-√kāś-1) · 삼쁘라까-슈에따: སྟོན། · illuminated · 開示 · 開顯}', '~거나(vā · 와-: 或者)', '그{sa(saḥ) · 사: དེ། · that · 彼}', '지방 {pṛthivī-pradeśaś(pṛthivī-pradeśa) · 쁘르티위 쁘라데샤슈: ས་ཕྱོགས། · spot of earth · 地方 · 處所}', '불탑 · 탑묘{caityabhūto(caitya-bhūta) · 짜이티야부-또: མཆོད་རྟེན། · like a shrine · 佛塔 · 佛塔廟 · 佛靈廟 · 如佛廟}', '이다 · 있다 · ~가 되다{bhavet(√bhū) · 바웨뜨: བཅས་པ། · has · 有 · 是 · 祈願}', '~와 더불어 · ~와 함께(sa · 사: 彼)', '천(신) 인 아수{deva-mānuṣa-asurasya(deva-mānuṣa-asura) · 데와 마-누샤 아수라시야: ལྷ་དང་མི་དང་ལྷ་མ་ཡིན། · gods and men and Asuras · 天人阿修羅}', '세상 · 세계 · 세간{lokasya(loka) · 롤까시야: འཇིག་རྟེན། · world · 世界 · 世間}'"라는 뜻이다.
이 구절을 구마라집은 "復次 須菩提 隨說是經 乃至四句偈等 當知此處 一切世間天人阿修羅 皆應供養 如佛塔廟(부차 수부띠 수설시경 내지사구게등 당지차처 일체세간천인아수라 개응공양 여불탑묘)"라고, 현장은 "復次 善現 若地方所 於此法門 乃至為他宣說 開示四句伽他 此地方所 尚為世間諸天及人阿素洛等之所供養 如佛靈廟(부차 선현 약지방소 어차법문 내지위타선설 개시사구가타 차지방소 상위세간제천급인아소락등지소공양 여불령묘)"라며, 의정은 "妙生 若國土中有此法門 為他解說 乃至四句伽他 當知此地 即是制底 一切天人阿蘇羅等 皆應右繞而為敬禮(묘생 약국토중유차법문 위타해설 내지사구가타 당지차지 즉시제저 일체천인아소라등 개응우요이위경례)"라고, 보디류지는 "復次 須菩提 隨所有處 說是法門 乃至四句偈等 當知此處 一切世間天人阿修羅 皆應供養 如佛塔廟(부차 수부띠 수소유처 설시법문 내지사구게등 당지차처 일체세간천인아수라 개응공양 여불탑묘)"라며, 진제는 "復次 須菩提 隨所

ཡང་རབ་འབྱོར་ས་ཕྱོགས་གང་ན་ཆོས་ཀྱི་རྣམ་གྲངས་འདི་ལས་ཐ་ན་ཚིག་བཞི་པའི་ཚིགས་སུ་བཅད་པ་ཙམ་
འདོན་ཏམ་སྟོན་པའི་ས་ཕྱོགས་དེ་ནི་ལྷ་དང་མི་དང་ལྷ་མ་ཡིན་དུ་བཅས་པའི་འཇིག་རྟེན་གྱི་མཆོད་རྟེན་དུ་གྱུར་པ་ཡིན་ན།

'Then again, O Subhûti, that part of the world in which,
after taking from this treatise of the Law one Gâthâ of four lines only,
it should be preached or explained, would be like a Kaitya (holy shrine)
for the whole world of gods, men, and spirits;

復次須菩提 隨說是經 乃至四句偈等
當知此處 一切世間天人阿修羅 皆應供養 如佛塔廟

금강경의 사구게 설법

일체만유 진여불성 스며있는 법신사리
사라쌍수 석가세존 열반후의 진신사리
부처진신 열반후에 정성다해 다비하여
유골물론 모든사리 탑묘모셔 공양한다150)

여덟섬과 네말이라 탑묘모셔 공양하니
신과인간 아수라등 찬탄하고 존중하네
깨달음을 얻게하는 사구게송 하나라도
남을위해 설해주면 탑묘공양 같느니라

사구게를 설해주면 불탑같이 존중하고
하늘인간 모든중생 찬탄하는 그이유는
분별여읜 참된진리 성취하기 때문이니
부처보살 없으시며 무상정각 없겠는가

(2) 하물며 이 경을 완전히 받아 지녀 독송하고 이해하며,
다른 사람들을 위해 자세히 설명해 준다면,
수부띠야! 그들은 '최상의 경이로운 법'을 성취하게 될 것임을 알아야 하느니라.

在處 若有人能從是經典 乃至四句偈等 讀誦講說 當知此處 於世間中即成支提 一切人天阿修羅等 皆應恭敬(부차 수부띠 수소재처 약유인능종시경전 내지사구게등 독송강설 당지차처 어세간중즉성지제 일체인천아수라등 개응공경)"이라고, 달마급다는 "雖然 復次時善實 此中地分此法本 乃至四句等偈 爲他等說 若分別 若廣說 若彼地分支帝 有天人阿修羅世(수연 부차시 선실 차중지분차법본 내지사구등게 위타등설 약분별 약광설 약피지분지제 유천인아수라세)"라며, 각각 번역(漢譯)하였다.

이러한 내용 등을 종합적으로 분석·검토하여, 저자는 "다시 또한 수부띠야! 어떠한 지방이든 이 경 가운데서 사구게만 이라도 지니고서 가르치거나 자세히 설명해 준다면, 그 지방은 천신·인간·아수라 등이 마땅히 부처님의 탑묘와 같이 존중할 것이니라."라고 번역(韓譯)하였다.

150) 탑묘(चैत्य aitya: 塔廟·靈廟·制底耶·佛塔廟·佛靈廟)는 산스끄리뜨어 '짜이띠야(caitya)'를 의역하여, 사원(寺院)에서 불상이나 탑을 모시고 참배를 드리는 곳을 말한다. 고대 인도에서는 신령을 모시고 제사를 지내거나 숭배하는 곳이었지만, 후대에는 불교의 탑에 해당하는 '스뚜-빠(stūpa)'와 함께 사용하고 있다.

kaḥ punar vādo ya imaṃ dharma-paryāyaṃ sakala-samāptaṃ
dhārayiṣyanti vācayiṣyanti paryavāpsyanti parebhyaś
ca vistareṇa samprakāśayiṣyanti,
parameṇa te Subhūte āścaryeṇa samanvāgatā bhaviṣyanti.

སུ་ཞིག་ཆོས་ཀྱི་རྣམ་གྲངས་འདི་ལེན་པ་དང་། འཛིན་པ་དང་།
འཛིན་པ་དང་། འཆང་བ་དང་། ཀློག་པ་དང་། ཀུན་ཆུབ་པར་བྱེད་པ་དང་།
ཚུལ་བཞིན་དུ་ཡིད་ལ་བྱེད་པ།
དེ་དག་མཆོག་རབ་དང་ལྡན་པར་འགྱུར་བ་ལྟ་ཅི་སྨོས།

what should we say then of those who learn the whole
of this treatise of the Law to the end,
who repeat it, understand it, and fully explain it to others?
They, O Subhûti, will be endowed with the highest wonder.

何況有人 盡能受持讀誦 須菩提 當知是人 成就最上第一希有之法

금강경을 독송하고 설하는 사람

금강경의 네구절로 이루어진 게송설함
경전체의 아주적은 일부분에 해당하나
응당부처 탑묘공양 하는것과 다름없다
더나아가 경전체를 설해줌에 있어서랴

이법문의 모든구절 남김없이 기억하고
독송하고 요해하여 자세하게 설해주면
위가없는 옳고바른 최상제일 희유한법
어찌하여 어느누가 성취하지 않겠는가

(3) 수부띠야! 이와 같은 경전이 있는 지방은
부처님과 존경받는 제자들이 머무는 곳이다."

tasmiṃś ca Subhūte pṛthivi-pradeśe śāstā viharaty
anyatara-anyataro vā vijñaguru-sthānīyaḥ.

ས་ཕྱོགས་དེ་ན་སྟོན་པ་བཞུགས།
བླ་མ་ལྟ་བུ་གང་ཡང་རུང་བར་གནས་སོ།།

And in that place, O Subhûti, there dwells the teacher,
or one after another holding the place of the wise preceptor.'

若是經典所在之處 則爲有佛 若尊重弟子

금강경이 설해지는 곳

사구게를 수지하니 불탑같이 존중하고
무상으로 행하나니 참희유한 법이로다
이와같은 높고귀한 경설하는 곳이라면
부처님이 안계시고 존중제자 없겠는가

금강경을 독송하고 경설하는 사람들을
일체천인 아수라가 존중하는 그이유는
위가없는 옳고바른 진리증득 때문이니
그를일러 참된사람 깨어있는 자라한다

수
사 부떠야 그
구게중 다시또한 지방은
하나라도이경전의일체천인
공 설명하여 내용이 아수라등 탑
양하 들려주 나 존중하 묘와
는부처 면 며 도갈느
님의 어 니라
수 독 떤사람 남 최
부떠야 송하고 이법 문을 을위해 상제일
그사람 이해하 완전 하게 설해주 희유한
은 여 받아지 면 법
성취 녀 알아
한자라 수 무 야만하
는사 부떠야 우 상정등 느니
실 이와같은 러러서 정각마음 라
경전있는받들분인깨달으신
곳이라 부처님이 스승이
면 상주하 자
고
존중
받 는
제 자
머무르는 들이 곳이니라
경 설
전이나 해주는
사구게를 일 사람들을
체천인
아수라등
존중하는
그이유
위가없는 는 진리증득
옳고바 그들 때문이
른 일 러 니
참 된
깨 어 있 는 사 람 자 라 한 다
존 중 참가르침 받 음

॥नमो भगवत्या आर्यप्रज्ञापारमितायै॥

‖Namo bhagavatyā āryaprajñāpāramitāyai‖

||སངས་རྒྱས་དང་བྱང་ཆུབ་སེམས་དཔའ་ཐམས་ཅད་ལ་ཕྱག་འཚལ་ལོ||

南無世尊聖般若波羅蜜多

如法受持分 第十三

경을 받아 지니는 법

ACCEPTING AND UPHOLDING THE DHARMA OF "THUSNESS"

वज्रच्छेदिका प्रज्ञापारमिता सूत्र

Vajracchedikā Prajñāpāramitā Sūtra

༄༅།།འཕགས་པ་ཤེས་རབ་ཀྱི་ཕ་རོལ་ཏུ་ཕྱིན་པ་རྡོ་རྗེ་གཅོད་པ་ཞེས་བྱ་བ་བཞུགས་སོ།།

金剛般若波羅密經 Diamond Sūtra

금강반야바라밀경

제13분. 경을 받아 지니는 법(1)

부처님이 바른고법 존중하라 말씀하니
수부띠는 부처님께 이와같이 여쭈었다
이경전을 이름하여 무엇이라 부르오며
어떻게들 마음속에 간직해야 하오리까

부처님은 수부띠의 물음대해 말씀하되
이법문은 금강반야 바라밀로 이름한다
수부띠야 이경전의 제목으로 간직하여
너희들이 받들어서 지녀야할 것이란다

수부띠야 그대들이 금강반야 바라밀경
이와같이 받들어서 지녀야할 참된이유
여래설한 지혜완성 지혜완성 아니므로
그이름을 지혜완성 이라하는 것이니라

वज्रच्छेदिका प्रज्ञापारमिता सूत्र

Vajracchedikā Prajñāpāramitā Sūtra

༄༅། །འཕགས་པ་ཤེས་རབ་ཀྱི་ཕ་རོལ་ཏུ་ཕྱིན་པ་རྡོ་རྗེ་གཅོད་པ་ཞེས་བྱ་བ་བཞུགས་སོ།།

金剛般若波羅密經 Diamond Sūtra

금강반야바라밀경

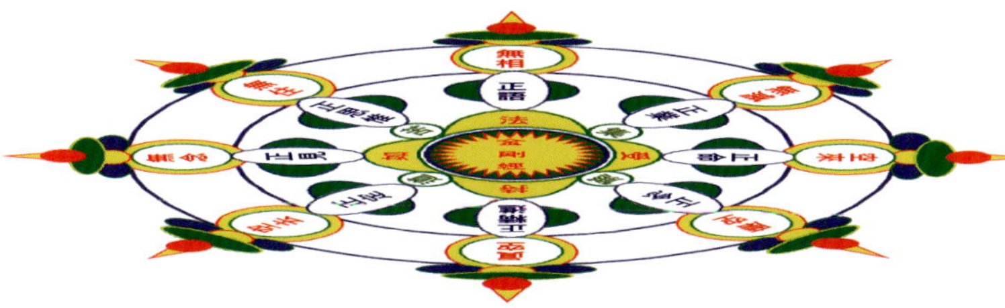

제13분. 경을 받아 지니는 법(2)

수부띠야 법에대한 그대생각 어떠한가
여래설한 그어떠한 법이라도 있겠는가
수부띠는 부처님께 답하기를 세존이여
여래께서 설하신바 어떤법도 없습니다

수부띠야 티끌대한 그대생각 어떠한가
삼천대천 세계있는 대지티끌 많겠느냐
수부띠는 답을하되 세존이여 많습니다
선서시여 대지티끌 그와같이 많습니다

여래설한 대지티끌 대지티끌 아니므로
이름하여 대지티끌 이라하는 것입니다
여래설한 세계들은 세계들이 아니므로
그리하여 그이름이 세계라고 불립니다

삼십이상 신체특징 여래라고 볼수있나
그런신체 특징으론 여래볼수 없습니다
삼십이상 신체특징 특징아님 설하시니
그이름이 삼십이상 신체특징 이랍니다

강가강의 모래만큼 생명보시 한다해도
어떤사람 금강경의 사구게송 만이라도
받아지녀 남을위해 법설하여 준다하면
게송설한 그복덕이 저복보다 더욱많다

Vajracchedikā Prajñāpāramitā Sūtra
금강반야바라밀경(金剛般若波羅密經)

13. 경을 받아 지니는 법(如法受持分 第十三)
CHAPTER 13. ACCEPTING AND UPHOLDING
THE DHARMA OF "THUSNESS[151]"

(1) 이와 같이 말씀하시자,
수부띠는 "세존이시여! 이 경을 무엇이라고 이름하며,
그리고 어떻게 받들어 지녀야 하겠습니까?"라고 말씀드렸다.

evam ukta āyuṣmān SUBHŪTIR
Bhagavantam etad avocat:
ko nāma-ayaṃ Bhagavan dharma-paryāyāḥ, kathaṃ cainaṃ dhārayāmi?

དེ་སྐད་ཅེས་བཀའ་སྩལ་པ་དང་།
བཅོམ་ལྡན་འདས་ལ་ཚེ་དང་ལྡན་པ་རབ་འབྱོར་གྱིས་འདི་སྐད་ཅེས་གསོལ་ཏོ།།
བཅོམ་ལྡན་འདས་ཆོས་ཀྱི་རྣམ་གྲངས་འདིའི་མིང་ཅི་ལགས། འདི་ཇི་ལྟར་བཟུང་བར་བགྱི།

After these words, the venerable Subhûti spoke thus to Bhagavat:
'O Bhagavat, how is this treatise of the Law called, and how can I learn it?'

爾時 須菩提白佛言 世尊 當何名此經 我等云何奉持

경의 제목

무상법문 이경명칭 무엇으로 나타내리
행동으로 표현할수 있는방법 또한없어
세존에게 분별여읜 공의실체 묻느니라
해공제일 수부띠는 부처님께 여쭈었다

참으로도 무상심심 미묘하온 이법문을
무엇이라 이름하며 어떻게들 기억하고
그어떠한 마음으로 간직해야 하오리까
금강반야 바라밀경 이름하고 간직하라

---

151) 'THUSNESS'는 'suchness'와 같은 뜻으로, 산스끄리뜨어 '따타-따-(tathātā: 眞如)'의 영역으로, 우주만유의 본체인 평등하고 차별 없는 절대 진리인 '진여(眞如)'를 이르는 말이다.

(2) 세존께서 수부띠에게 말씀하셨다.
"이 경의 이름은 '금강반야바라밀[152]'이니라.
이와 같이 받들어 지녀야 한다.

evam ukte BHAGAVĀN āyuṣmantaṃ Subhūtim
etad avocat: prajñāpāramitā
nāma-ayaṃ Subhūte dharma-paryāyaḥ, evaṃ cainaṃ dhāraya.

དེ་སྐད་ཅེས་གསོལ་པ་དང་།
བཅོམ་ལྡན་འདས་ཀྱིས་ཚེ་དང་ལྡན་པ་རབ་འབྱོར་ལ་འདི་སྐད་ཅེས་བཀའ་སྩལ་ཏོ།།
རབ་འབྱོར་ཆོས་ཀྱི་རྣམ་གྲངས་འདིའི་མིང་ཤེས་རབ་ཀྱི་ཕ་རོལ་ཏུ་ཕྱིན་པ་ཞེས་བྱ་སྟེ་འདི་དེ་ལྟར་བཟུངས་ཤིག།

After this, Bhagavat spoke thus to the venerable Subhûti:
'This treatise of the Law, O Subhûti,
is called the Pragñâ-pâramitâ (Transcendent wisdom),
and you should learn it by that name.'

佛告須菩提 是經名爲金剛般若波羅密 以是名字 汝當奉持

금강반야바라밀경 이름 받아지님

육바라밀 그중에서 오바라밀 복닦는것
한량없는 복을닦아 신통조화 성취하나
육바라밀 그중에서 반야라함 혜닦는것
견성하여 영원하게 생사초월 그자리다

실상반야 깨달아서 머물러만 있는다면
소승나한 머물러서 성불하지 못하나니
육도만행 정진하여 복혜쌍수 이뤄내어
보시지계 인욕정진 선정반야 완성한다

수부띠야 이경전을 마음속에 간직하되
금강같은 분별여읜 반야지혜 완성법문
이법문을 금강반야 바라밀경 이라하고
이와같이 받들어서 지녀야만 하느니라

152) 이 경의 이름인 산스끄리뜨어 '쁘라즈냐-빠-라미따-(प्रज्ञापारमिता prajñāpāramitā)'는 지혜의 완성을 의미하는 바 구마라집·보디류지는 '금강반야바라밀(金剛般若波羅蜜)'로, 현장은 '금강반야바라밀다(能斷金剛般若波羅密多)'로, 진제는 '반야바라밀(般若波羅蜜)'로, 의정은 '반야바라밀다(般若波羅蜜多)'로 달마급다는 '지혜피안도(智慧彼岸到)'로 각각 번역하였다.

(3) 왜냐하면 수부띠야!
여래 설한 '반야바라밀은 반야바라밀이 아니기 때문이다.'
그리하여 그 이름이 '반야바라밀'이라 불리는 것이다.

tat kasya hetoḥ? yaiva Subhūte prajñāpāramitā Tathāgatena bhāṣitā saiva-a-pāramitā Tathāgatena bhāṣitā. tenocyate prjñāpāramiteti.

དེ་ཅིའི་ཕྱིར་ཞེ་ན། རབ་འབྱོར་དེ་བཞིན་གཤེགས་པས་ཤེས་རབ་ཀྱི་ཕ་རོལ་ཏུ་ཕྱིན་པ་གང་
གསུངས་པ་དེ་ཉིད་ཕ་རོལ་ཏུ་ཕྱིན་པ་མེད་པའི་ཕྱིར་ཏེ།
དེས་ན་ཤེས་རབ་ཀྱི་ཕ་རོལ་ཏུ་ཕྱིན་པ་ཞེས་བྱའོ།།

And why? Because, O Subhûti,
what was preached by the Tathâgata as the Pragñâ-pâramitâ,
that was preached by the Tathâgata as no-Pâramitâ.
Therefore it is called the Pragñâ-pâramitâ.

所以者何 須菩提 佛說般若波羅蜜 則非般若波羅蜜

경의 제목에 대한 연유

공의모습 형상없고 그이름도 다없거늘
일체모든 상마저도 다끊어진 자리어라
어느누가 어떻게들 그이름을 붙일거며
어떤글귀 사용하여 참된그뜻 나타내리

여래설한 쁘라즈냐 빠라미따 금강경을
지혜완성 아니지만 그와같이 이름하고
법문자리 지혜완성 설하시는 그까닭은
사바중생 제도위해 자비방편 베품이라

본래마음 그자체가 반야바라 밀이러니
수부띠야 여래설한 반야바라 밀이라함
여래일러 반야바라 밀아니다 라함으로
이름하여 반야바라 밀이라고 부르노라

(4) 수부띠야! 그대는 어떻게 생각하느냐?
여래가 설한 그 어떤 법이 있느냐?"
수부띠는 말씀드렸다. "세존이시여! 없습니다.
여래께서 설하신 어떠한 법도 없습니다."

tat kiṃ manyase Subhūte api nv asti sa kaścid dharmo
yas Tathāgatena bhāṣitaḥ?
SUBHŪTIR āha: no hidaṃ Bhagavan,
na-asti sa kaścid dharmo yas Tathāgatena bhāṣitaḥ.

རབ་འབྱོར་འདི་ཇི་སྙམ་དུ་སེམས།
དེ་བཞིན་གཤེགས་པས་གསུངས་པའི་ཆོས་དེ་གང་ཡང་ཡོད་སྙམ་མམ། རབ་འབྱོར་གྱིས་གསོལ་པ།
བཅོམ་ལྡན་འདས་དེ་བཞིན་གཤེགས་པས་གང་གསུངས་པའི་ཆོས་དེ་གང་ཡང་མ་མཆིས་ལགས་སོ།

'Then, what do you think,
O Subhûti, is there anything (dharma) that was preached by the Tathâgata?'
Subhûti said: 'Not indeed, O Bhagvat,
there is not anything that was preached by the Tathâgata.'

須菩提 於意云何 如來有所說法不 須菩提白佛言 世尊 如來無所說

여래 설한 진리

열반드는 부처님께 진리말씀 간청하자153)

153) 부처님이 열반에 들기 전에 유훈(遺訓)으로 남기신 법문(涅槃法門・涅槃偈頌)은 "자등명 자귀의(自燈明 自歸依), 법등명 법귀의(法燈明 法歸依), 제행무상(अनित्या सर्व संस्कार Anityāḥ sarva-saṃskārāḥ・아니띠야-하 사르와 상스까-라하: 諸行無常) 불방일정진(अप्रमाद वीर्य Apramāda vīrya・아쁘라마-다 위-리야: 不放逸精進)하라!"라고 하였다.
이는 곧 "자기 자신을 등불로 삼고{अट्ट दीप atta-dīpā(bhikkave)・앗따 디-빠-(빅까웨): 自燈明・自洲} 자신을 의지하여라(अट्ट सरणा atta-saraṇā・앗따 사라나-: 自歸依), 진리를 등불로 삼고(धर्म दीप dhamma dīpa・담마 디-빠: 法燈明・法洲) 진리에 의지하여라(धर्म सरणा dhamma-saraṇā・담마 사라나-: 法歸依), 모든 것(सर्व संस्कार sarva-saṃskāra・사르와 상스까-라하: 諸行)은 덧없나니(अनित्य anitya・아니띠야: 無常), 게으르지 말고 부지런히(अप्रमाद apramāda・아쁘라마-다: 不放逸) 정진(वीर्य vīrya・위-리야: 精進)하라!"라는 뜻이다. 여기에서 제행무상(諸行無常)은 일체 유위(有爲)의 정신적 물질적 모든 존재는 찰나마다 생멸변화(生滅變化)하는 것으로 항상(恒常)함이 없다는 것을 의미하고, 불방일(不放逸)은 마음을 한 경계에 집중하여 온갖 선법(善法)을 닦아나가는 것을 말하며, 정진(精進・毘梨耶)은 용맹하게 선법(善法)을 수행하여 악법을 단절시키는 마음(心) 작용을 가리킨다.
이른바 부처님이 열반에 드신다는 소식이 전해지자 말라(Mallas)족 사람들은 슬퍼하면서 사라수(śālavṛkṣa: 娑羅・娑羅樹・娑羅雙樹)의 숲으로 모여들었다. 이때 꾸시나가르(Kushinagar)에 살던 노 수행자 수바드라(सुभद्रा Subhadrā: 須跋陀羅)도 그 소식을 듣고 부처님 열반 전에 평소 지니고 있던 의문을 풀어야 하겠다고 숲으로 달려왔다. 그러나 아난다는 "부처님을 번거롭게 해서는 안 됩니다. 부처님은 지금 피로해 계십니다."라고 하며 그의 청을 받아 주지 않자, 부처님은 아난다에게 수바드라를 가까이 오도록 이르시고 이와 같이 말씀하셨다. "진리를 알고자 찾아온 사람은 막지 말라. 나의 설법을 듣고자 온 것이다. 그는 나의 말을 들으면 곧 깨닫게 될 것이다." 부처님은 그를 위하여 설법을 들려주셨다. 수바드라는 설법을 듣고 그 자리에서 깨달은 바가 있었으며, 부처님의 마지막 제자가 된 것이다. 이제 부처님이 열반에 드실 시간이 가까워지자 그 자리에 무수히 모여든 제자들을 돌아보시면서 다정한 음성으로 물어보셨다. "그동안 내가 설법을 한 내용에 대해서 의심나는 점이 있다면 물어보도록 하여라. 승단・계율에 대해서도 물을 것이 있으면 물어라. 이것이 마지막 기회가 될 것이다." 그러나 그 자리에 모인 제자들은 한 사람도 묻는 이가 없었다. 부처님은 거듭 말씀하셨다. "어려워 말고 어서들 물어보아라. 다정한 친구에게 말하듯이 의문이 있으면 나에게 물어보아라." 이때 아난다가 말했다. "지금 이 자리에 모인 수행자들 중에는 부처님의 가르침에 대해서 의문을 지닌 사람이 없습니다." 아난다의 말을 들으시고 부처님은 마지막 가르침을 펴시었다. "너희들은 저마다 자기 자신을 등불로 삼고 자신을 의지하여라. 진리를 등불로 삼고 진리에 의지하여라. 이 가르침대로 행동한다면 설사 내게서 멀리 떨어져 있더라도 그는 항상 내 곁에 있는 것과 다름이 없다. 육신은 부모에게서 물려받은 것이므로 늙고 병들어 없어지는 것은 당연한 일이니라. 여래는 육신이 아닌 깨달음의 지혜이니라. 깨달음의 지혜는 영원히 진리와 깨달음의 길에 살아 있을 것이다. 내가 가르친 진리는 항상 너희들과 함께 하고, 그 가르침은 곧 너희들의 스승이 될 것이다. 모든 것은 덧없나니, 게으르지 말고 부지런히 정진하라!(『대반열반경(大般涅槃經)』)"라는 이 말씀을 남기고 부처님은 열반에 드셨다. 부처님의 이러한 가르침은 불기 2,560여 년이 된 오늘날에도 어두운 밤길에 등불처럼 스스로 온갖 번뇌 망상을 일으키고, 상에 매여 갈 길을 몰라 하는 모든 중생들이 바르게 나아갈 길을 밝게 비추고 있다.

여태까지 한법문도 설한바가 없느니라
그렇다면 팔만사천 진리법문 필요한가
석가여래 열반들며 제자들에 당부한다

이제까지 한법문도 설한바가 없느니라
설하신바 팔만사천 진리법문 어찌하랴
진리함께 있었으니 진리같이 사바로와
위가없고 무등등한 진리깨쳐 여래된다

그러한데 지금까지 여래설한 법이없고
한법마저 설하지도 아니했다 이르는가
언어문자 여읜말로 이르려면 일러보라
본래공은 말이없고 모든상도 없음이다

(5) 세존께서 말씀하셨다. "수부띠야! 그대는 어떻게 생각하느냐? 삼천대천세계154)에 있는 대지의 티끌이 많다고 하겠는가?" 수부띠는 말씀드렸다. "세존이시여! 많습니다. 선서시여! 대지의 티끌은 심히 많습니다.

BHAGAVĀN āha: tat kiṃ manyase Subhūte, yāvat trisāhasramahāsāhasre loka-dhātau pṛthivī-rajaḥ kaccit tad bahu bhavet? SUBHŪTIR āha: bahu Bhagavan bahu Sugata pṛthivī-rajo bhavet.

བཅོམ་ལྡན་འདས་ཀྱིས་བཀའ་སྩལ་པ། རབ་འབྱོར་འདི་ཇི་སྙམ་དུ་སེམས།
སྟོང་གསུམ་གྱི་སྟོང་ཆེན་པོའི་འཇིག་རྟེན་གྱི་ཁམས་ན་སའི་རྡུལ་ཇི་སྙེད་ཡོད་པ་དེ་མང་བ་ཡིན་སྙམ་མམ།
རབ་འབྱོར་གྱིས་གསོལ་པ། བཅོམ་ལྡན་འདས་སའི་རྡུལ་དེ་མང་ལགས་སོ།།
བདེ་བར་གཤེགས་པ་མང་ལགས་སོ།།

Bhagavat said. 'What do you think then, O Subhûti, the dust of the earth which is found in this sphere of a million millions of worlds, is that much?' Subhûti said: 'Yes, O , yes, O Sugata, that dust of the earth would be much.

154) 삼천대천세계(त्रिसाहस्रमहासाहस्रलोकधातु Trisāhasramahāsāhasralokadhātu: 三千大千世界)는 산스끄리뜨어 '뜨리사-하스라마하-사-하스라(त्रिसाहस्रमहासाहस्र Trisāhasramahāsāhasra: 三千大千)'라는 '삼천대천'과 '롤까다-뚜(लोकधातु lokadhātu: 世界)'라는 '세계'의 합성어로, 거대한 전 우주를 뜻하는 고대 인도인의 우주관을 말한다. 불교의 우주관을 설하고 있는 '장아함경(長阿含經 第一八券)' 등에 의하면, 수미산을 중심으로 하여 풍륜(風輪: 바람)・수륜(水輪: 물)・금륜(金輪: 땅)・공륜(空輪: 허공)의 4륜(四輪)과 9산 8해(九山八海) 및 4대주(cātur-mahā-dvīpa: 四大洲) 그리고 욕계(欲界)의 하늘인 6욕천과 색계・무색계의 하늘들을 포함한 1개의 태양과 달이 있는 이것을 세계 또는 사천하(四天下)라 한다. 사천하인 하나의 수미세계가 천개 모여서 소천세계(小千世界: 四洲世界千倍)를 이루며, 소천세계가 천개 모여서 중천세계(中千世界)를 이루며, 중천세계가 천개 모여서 대천세계(大千世界)를 이룬다. 이 소천세계・중천세계・대천세계를 모두 합하여 삼천대천세계라 하며, 이 삼천대천세계가 우주인 법계를 형성한다. 이 삼천대천세계는 지금 이 순간에도 이루어지거나(成) 지속되는 것도 있고(住) 파괴되거나(壞) 사라지는 것(空)도 있다고 한다{주) 115 참조}.

須菩提 於意云何 三千大千世界所有微塵 是爲多不 須菩提言 甚多世尊

삼천대천세계 미세티끌 많겠는가

삼천대천 세계라함 전우주를 뜻하는바
수미산을 중심으로 사방에는 사대주가
그주위는 대철위산 둘러싸인 사천하라
사천하를 천개합해 소천세계 라고한다

소천세계 천개합해 중천세계 라고하고
중천세계 천개합해 대천세계 라고하며
소천세계 중천세계 대천세계 모두합해
이들세계 이름하여 삼천대천 세계란다

수부띠야 생멸하는 한량없는 우주법계
대천세계 무량미진 그대생각 어떠한가
삼천대천 세계있는 대지티끌 많겠는가
세존이여 대천세계 대지티끌 많습니다

(6) 왜냐하면 세존이시여!
'여래께서 설하신 대지의 티끌은 대지의 티끌이 아니다.'라고
여래께서 말씀하셨기 때문입니다.
세존이시여! 그리하여 그 이름이 '대지의 티끌'이라고 불리는 것입니다.
또한 '여래께서 설하신 세계는 세계가 아니다.'라고 여래께서 말씀하셨습니다.
그리하여 그 이름이 '세계'라고 불리는 것입니다."

tat kasya hetoḥ? yat tat Bhagavan pṛthivī-rajas Tathāgatena bhāṣitam a-rajas tad Bhagavaṃs Tathāgatena bhāṣitam. tenocyate pṛthivī-raja iti. yo 'py asau loka-dhātus Tathāgatena bhāṣito 'dhātuḥ sa Tathāgatena bhāṣitaḥ. tenocyate lokadhātur iti.

རབ་འབྱོར་གྱིས་གསོལ་པ། བཅོམ་ལྡན་འདས་སའི་རྡུལ་དེ་མང་ལགས་སོ།།
བདེ་བར་གཤེགས་པ་མང་ལགས་སོ།། དེ་ཅིའི་སླད་དུ་ཞེ་ན།
བཅོམ་ལྡན་འདས་སའི་རྡུལ་གང་ལགས་པ་དེ་རྡུལ་མ་མཆིས་པར་དེ་བཞིན་གཤེགས་པས་གསུངས་པའི་སླད་དུ་སྟེ།
དེས་ན་སའི་རྡུལ་ཞེས་བགྱིའོ།།
འཇིག་རྟེན་གྱི་ཁམས་གང་ལགས་པ་དེ་དག་ཁམས་མ་མཆིས་པར་དེ་བཞིན་གཤེགས་པས་གསུངས་པའི་སླད་དུ་སྟེ།
དེས་ན་འཇིག་རྟེན་གྱི་ཁམས་ཞེས་བགྱིའོ།།

And why? Because, O Bhagavat,

what was preached by the Tathâgata as the dust of the earth,
that was preached by the Tathâgata as no-dust.
Therefore it is called the dust of the earth.
And what was preached by the Tathâgata as the sphere of worlds,
that was preached by the Tathâgata as no-sphere.
Therefore it is called the sphere of worlds.'

須菩提 諸微塵 如來說非微塵 是名微塵 如來說世界 非世界 是名世界

대지티끌과 세계

반야바라 밀은물론 모든설법 부정하고
나와사람 중생물론 생명체의 의지처인
삼천대천 세계근원 미세티끌 마저부정
우주법계 대지티끌 무상먼지 아니런가

세존께서 물으신바 대지티끌 이란것은
진리의몸 공으로도 나타낼수 없느니라
사바중생 제도위해 대지티끌 물으시니
수부띠야 그티끌이 참으로도 많고많다

한량없이 크고넓은 삼천대천 우주법계
생각으로 나타내고 헤아릴수 있겠는가
어찌하여 그세계속 티끌들을 이름하여
많고많은 대지티끌 이라하지 않겠는가

여래설한 세계또한 그세계가 아니니라
우주법계 대지티끌 상이없는 먼지이고
진리의몸 공으로도 나타낼수 없음같이
그세계를 이름하여 세계라고 하느니라

(7) 세존께서 말씀하셨다. "수부띠야! 그대는 어떻게 생각하느냐?
삼십이상인 신체적 특징으로 여래라고 볼 수 있느냐?"
수부띠는 말씀드렸다. "세존이시여! 그렇지 않습니다.
삼십이상인 신체적 특징을 가지고 여래라고 볼 수 없습니다.
왜냐하면, 세존이시여! 여래께서는 '설하신 바 삼십이상인 신체적 특징은
신체적인 특징이 아니다.'라고 말씀하셨기 때문입니다.
세존이시여! 그리하여 그 이름이 삼십이상인 신체적 특징이라고 불리는 것입니다."

BHAGAVĀN āha: tat kiṃ manyase Subhūte dvātriṃśan
mahāpuruṣa-lakṣaṇais Tathāgato 'rhan samyaksambuddho draṣṭavyaḥ?
SUBHŪTIR āha: no hidaṃ Bhagavan, na dvātriṃśan-mahāpuruṣa-lakṣaṇais
Tathāgato 'rhan saṃyaksambuddho draṣṭavyaḥ. tat kasya hetoḥ?
yāni hi tāni Bhagavan dvātriṃśan-mahāpuruṣa-lakṣaṇāni
Tathāgatena bhāṣitāny,
a-lakṣanāni tāni Bhagavaṃs Tathāgatena bhāṣitāni.
tenocyante dvātriṃśan-mahāpuruṣa-lakṣaṇāni-iti.

བཅོམ་ལྡན་འདས་ཀྱིས་བཀའ་སྩལ་པ། རབ་འབྱོར་འདི་ཇི་སྙམ་དུ་སེམས།
སྐྱེས་བུ་ཆེན་པོ་ འི་མཚན་སུམ་ཅུ་རྩ་གཉིས ་པོ་དེ་དག་གིས་
དེ་བཞིན་གཤེགས་པ་དགྲ་བཅོམ་པ་ཡང་དག་པར་རྫོགས་པའི་སངས་རྒྱས་སུ་བལྟ་བར་བྱ་སྙམ་མམ།
རབ་འབྱོར་གྱིས་གསོལ་པ། །བཅོམ་ལྡན་འདས་དེ་ནི་མ་ལགས་སོ།། དེ་ཅིའི་སླད་དུ་ཞེ་ན།
སྐྱེས་བུ་ཆེན་པོ་ འི་མཚན་སུམ་ཅུ་རྩ་གཉིས་གང་དག་དེ་བཞིན་གཤེགས་པས་གསུངས་པ་
དེ་དག་མཚན་མ་མཆི ས་པར ་དེ་བཞིན་ གཤེགས་པས་གསུངས་པའི་སླད་དུ་སྟེ།
དེས་ན་སྐྱེས་བུ་ཆེན་པོ་ཅི་མཚན་སུམ་ཅུ་རྩ་གཉིས་རྣམས་ཞེས་བགྱིའོ།།

Bhagavat said: 'What do you think, O Subhûti, is a holy and fully
enlightened Tathâgata to be seen (known) by the thirty-two signs of a hero?'
Subhûti said: 'No indeed, O Bhagavat;
a holy and fully enlightened Tathâgata is not to be seen (known)
by the thirty-two signs of a hero.
And why? Because what was preached
by the Tathâgata as the thirty-two signs of a hero,
that was preached by the Tathâgata as no-signs.
Therefore they are called the thirty-two signs of a hero.'

須菩提 於意云何 可以三十二相 見如來不 不也世尊 不可以三十二相 得見如來
何以故 如來說三十二相 卽是非相 是名三十二相

삼십이상 갖춘 여래

상투처럼 솟아오른 정수리엔 정유육계155)
소라같이 우로돌아 검푸른빛 나발감청156)

155) 정발상(頂髮相)은 부처님의 상호인 삼십이상 중 제31상으로 여래머리의 정상 정수리에는 살이 상투모양으로 융기해 있는 모습이 있고, 육계가 있어 '정유육계상(頂有肉髮相)'이라고도 한다{주) 91 참조}.

156) 감청나바루선상(紺青螺髮右旋相)은 부처님의 상호인 삼십이상 중 제12상으로 검푸른색의 털이 소라같이 위로 향하는 모습이 있고, 위로 향하면서 오른쪽으로 선회하는 모습을 갖추어 '모생상향상(毛生上向相)'·'신모우선상(身毛右旋相)'이라고도 한다{주) 91 참조}.

눈사이의 흰털모습 흰눈같이 백호광명157)
검푸른눈 목감청색 마흔개이 구사십치158)

부드럽고 고운피부 매끄러운 자마금색159)
사자의볼 협여사자 대범천의 대범음성160)
두손두발 두어깨와 칠처모두 융원만상161)
발바닥은 편평하며 수레바퀴 문양있다162)

삼십이상 모두갖춰 여래볼수 있겠느냐
신체특징 모두갖춰 여래볼수 없느니라
삼십이상 신체특징 신체특징 아니니라
그이름을 삼십이상 신체특징 이라한다

성스러운 성인모습 거룩하온 그상마저
사바중생 제도위한 인연이된 육체일뿐
삼십이상 여래상도 집착말라 이르나니
모든상을 다여의고 부처되라 이름이다

(8) 세존께서 말씀하셨다. "또한 수부띠야!
선남자와 선여인이 매일 강가강의 모래 수만큼 많은 몸과 목숨을 보시하고,
강가강의 모래 수만큼의 겁들 동안 그 몸과 목숨을 보시한다 하더라도,
어떤 사람이 이 경 가운데 사구게만이라도 받아 지녀
다른 사람을 위하여 가르쳐 주고 자세히 설명해 준다면,
이로 인하여 앞의 복덕보다 헤아릴 수 없고 셀 수도 없이
더 많은 복덕을 쌓는 것이 된다."

BHAGAVĀN āha: yaś ca khalu punaḥ Subhūte,
strī vā puruṣo vā dine dine
Gaṅgā-nadī-vālukā-samān ātma-bhāvān parityajet,

157) 미간백호상(眉間白毫相)은 부처님의 상호인 삼십이상 중 제32상으로 눈 사이의 흰털모습(白毛相)이 흰 눈같이 백호광명으로 빛나는 모습이다{주 91) 참조}.

158) 목감청색상(目紺靑色相)은 부처님의 상호인 삼십이상 중 제29상으로 짙은 색의 푸른 연꽃 모습이고, '구사십치상(具四十齒相)'은 부처님의 상호인 삼십이상 중 제22상으로 가지런한 40개의 이가 있는 모습이다{주 91) 참조}.

159) 자마금색상(紫磨金色相)은 부처님의 상호인 삼십이상 중 제14상으로 피부가 곱고 매끄러우며, 온 몸이 황금빛이 나는 모습으로 '금색상(金色相)'이라고도 한다. 그리고 부처님의 상호인 삼십이상 중 제15상으로 '몸에서 솟는 광명이 사면 한길에 빛나는 모습이다(大光相・身光面各一丈相).' {주 91) 참조}.

160) 협여사자상(頰如獅子相)은 부처님의 상호인 삼십이상 중 제25상으로 여래의 얼굴이 사자와 같은 모습이며, '대범음성상(大梵音聲相)'은 부처님의 상호인 삼십이상 중 제28상으로 그 음성이 대범천왕과 같다{주 91) 참조}.

161) 칠처융만상(七處隆滿相)은 부처님의 상호인 삼십이상 중 제17상으로 두 손(二手)・두 발(二足)・두 어깨(二肩)・정수리(頂)의 칠처(七處) 모두 두텁고 둥글며 단정한 모습이다{주 91) 참조}.

162) 족하안평립상(足下安平立相)은 부처님의 상호인 삼십이상 중 제1상으로 발바닥은 편평한 모습이며, '족하이륜상(足下二輪相)'은 부처님의 상호인 삼십이상 중 제2상으로, 발바닥에 두 개의 수레바퀴 문양이 있다{주 91) 참조}.

evaṃ parityajan Gaṅgā-nadī-vālukā-samān kalpāṃs tān ātmabhāvān parityajet,
yaś ceto dharma-paryāyād antaśaś catuṣpādikām api gāthām udgṛhya
parebhyo deśayet samprakāśayed,
ayam eva tato nidānaṃ
bahutaraṃ puṇya-skandhaṃ prasunuyād aprameyam asamkhyeyam.

བཅོམ་ལྡན་འདས་ཀྱིས་བཀའ་སྩལ་པ། རབ་འབྱོར་སྐྱེས་བའམ།
བུད་མེད་གང་ལ་ལ་ཞིག་གིས་ལུས་གང྄འི་ཀླུང་གི་བྱེ་མ་སྙེད་ཡོངས་སུ་བཏང་བ་བས།
གང་གིས་ཆོས་ཀྱི་རྣམ་གྲངས་འདི་ལས་ཐ་ན་ཚིག་བཞི་པའི་ཚིགས་སུ་
བཅད་པ་ཙམ་བཟུང་སྟེ་གཞན་དག་ལ་ཡང་དག་པར་བསྟན་ན།
དེ་ཉིད་གཞི་དེ་ལས་བསོད་ནམས་ཆེས་མང་དུ་གྲངས་མེད་དཔག་ཏུ་མེད་པ་བསྐྱེད་དོ།།

Bhagavat said: 'If, O Subhûti, a man or woman should day by day sacrifice
his life (selfhood) as many times as there are grains of sand in the river Gangâ,
and if he should thus sacrifice his life for as many kalpas
as there are grains of sand in the river Gangâ,
and if another man, after taking from this treatise
of the Law one Gâthâ of four lines only,
should fully teach others and explain it,
he indeed would on the strength of this produce a larger stock of merit,
immeasurable and innumerable.'

須菩提 若有善男子善女人 以恒河沙等身命布施
若復有人 於此經中 乃至受持四句偈等 爲他人說 其福甚多

금강경 사구게 등 설법 복덕

세존께서 말씀하되 수부띠야 선남선녀
강가강의 모래만큼 많은목숨 보시하고
강가강의 모래만큼 한량없는 겁들동안
그만큼의 몸은물론 목숨보시 한다하자

어떤사람 이경중의 사구게만 받아지녀
다른사람 가르치고 자세하게 설해주면
앞의복덕 그보다도 헤아릴수 없을만큼
더욱많은 복과덕을 쌓는것이 되느니라

선남자와 선여인이 사람으로 태어나서
세세생생 중생위해 하나밖에 없는목숨

그때마다 매일매일 보시한다 하더라도
강가강의 모래알수 그만큼더 보시하랴

조그마한 베품또한 복덕적지 아니한데
날적마다 목숨바친 무량보시 복덕이랴
그보다도 사구게송 복과덕이 더큰이유
참깨달음 마저이뤄 부처되기 때문이다

부
수 처님이 이
부띠는 바른교법 경전을
부처님께 존중하라 이름하여
어 이와같이 말씀하 무엇이라 간
떻게 여쭈었 니 부르오 직해
들마음 다 며 야하오
속에 부 리까
수 이 처님은 바 제
부띠야 법문은 수부 띠의 라밀로 목으로
이경전 금강반 물음 대해 이름한 간직하
의 야 말씀하 다 여
너희 되 지녀
들이받 수 이 야할것
들어 부띠야 여 와같이 이니
서 그대들이 래설한 받들어서 라
금강반야 지혜완성 지녀야할
바라밀 지혜완성 참된이
경 아니므 유
로
그이
름 이
지 혜
불리우기 완성 때문이다
강 생
가강의 명보시
모래만큼 어 한다해도
떤사람
금강경의
사구게송
만이라
받아지녀 도 법설하여
남을위 게송 준다하
해 설 한 면
그 복
저 복 보 다 덕이 더 욱 많 다

지 니 경을받아 는 법

॥नमो भगवत्या आर्यप्रज्ञापारमितायै॥

‖Namo bhagavatyā āryaprajñāpāramitāyai‖

||སངས་རྒྱས་དང་བྱང་ཆུབ་སེམས་དཔའ་ཐམས་ཅད་ལ་ཕྱག་འཚལ་ལོ||

南無世尊聖般若波羅蜜多

離相寂滅分 第一四

모든 상을 여읜 적멸

LEAVING APPEARANCES AND STILL CESSATION

वज्रच्छेदिका प्रज्ञापारमिता सूत्र

Vajracchedikā Prajñāpāramitā Sūtra

༄༅། །འཕགས་པ་ཤེས་རབ་ཀྱི་ཕ་རོལ་ཏུ་ཕྱིན་པ་རྡོ་རྗེ་གཅོད་པ་ཞེས་བྱ་བ་ཐེག་པ་ཆེན་པོའི་མདོ།

金剛般若波羅密經 Diamond Sūtra

금강반야바라밀경

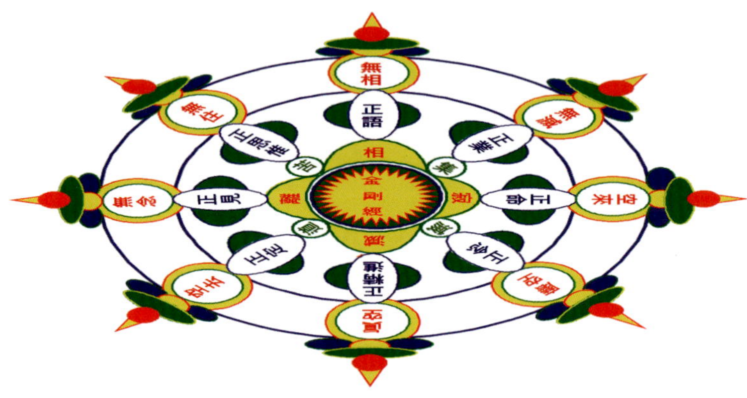

제14분. 모든 상을 여읜 적멸(1)

수부띠는 금강경의 설하심을 듣고나서
뜻을깊이 이해하여 감응눈물 흘리나니
그는눈물 닦고나서 부처님께 여쭙기를
세존이여 경이롭고 최상희유 하옵니다

여래께서 최상승에 나아가는 이들위해
이와같은 최상승의 법문설한 말씀으로
예로부터 지금까지 얻은혜안 만으로는
깊고깊은 이런법문 들은적이 없습니다

세존이여 어떤사람 이경전의 말씀듣고
믿는마음 청정하여 진실상이 일어나면
이런생각 일으키는 사람들은 경이롭고
최상제일 경이로운 공덕가진 자입니다

왜냐하면 세존이여 실상이라 하는것은
참으로는 실상이라 하는것이 아닙니다
이름하여 실상이라 설하셨기 때문이니
제가법문 신해수지 어려운일 아닙니다

वज्रच्छेदिका प्रज्ञापारमिता सूत्र
Vajracchedikā Prajñāpāramitā Sūtra

༄༅། །འཕགས་པ་ཤེས་རབ་ཀྱི་ཕ་རོལ་ཏུ་ཕྱིན་པ་རྡོ་རྗེ་གཅོད་པ་ཞེས་བྱ་བ་བཞུགས་སོ།།

金剛般若波羅密經 Diamond Sūtra

금강반야바라밀경

제14분. 모든 상을 여읜 적멸(2)

세존이여 어떤중생 미래세의 후오백세
모든정법 쇠퇴할때 이법문을 듣고나서
독송하고 이해하여 정성다해 설해주면
그사람은 훌륭하고 경이로운 자입니다

세존이여 이런사람 나라는상 사람인상
중생상과 수자상도 일어나지 아니하고
아상인상 상아니고 중생수자 상아니며
일체모든 상여의어 부처라고 불립니다

수부띠야 진실됨은 그러하고 그러하다
어떤사람 이경듣고 놀라지도 아니하고
무서움과 두려움도 느끼지를 않는다면
최상제일 경이로움 갖춘사람 될것이다

왜냐하면 수부띠야 여래설한 최상완성
참으로는 최상완성 아니므로 그러하다
수부띠야 불세존들 그와같이 설하시니
이름하여 최상완성 이라하는 것이니라

वज्रच्छेदिका प्रज्ञापारमिता सूत्र

Vajracchedikā Prajñāpāramitā Sūtra

༄༅། །འཕགས་པ་ཤེས་རབ་ཀྱི་ཕ་རོལ་ཏུ་ཕྱིན་པ་རྡོ་རྗེ་གཅོད་པ་ཞེས་བྱ་བ་བཞུགས་སོ།།

金剛般若波羅密經 Diamond Sūtra

금강반야바라밀경

제14분. 모든 상을 여읜 적멸(3)

여래설한 인욕완성 인욕완성 아니니라
수부띠야 이를테면 깔링가왕 과거생에
나의온몸 살점들을 도려내던 그때에도
사상과상 상아님도 다없었기 때문이다

나의온몸 마디마디 살점떼낼 그때에도
아상인상 중생상과 수자상이 있었다면
사상으로 성을내고 원망하는 마음들이
나에게도 생기어서 나왔을것 때문이다

왜냐하면 수부띠야 과거세의 오백생애
인욕선인 그때에도 상없었기 때문이니
큰마음을 낸보살은 일체상을 다여의고
가장바른 깨달음의 마음내야 하느니라

वज्रच्छेदिका प्रज्ञापारमिता सूत्र

Vajracchedikā Prajñāpāramitā Sūtra

༄༅། །འཕགས་པ་ཤེས་རབ་ཀྱི་ཕ་རོལ་ཏུ་ཕྱིན་པ་རྡོ་རྗེ་གཅོད་པ་ཞེས་བྱ་བ་བཞུགས་སོ།།

金剛般若波羅密經 Diamond Sūtra

금강반야바라밀경

제14분. 모든 상을 여읜 적멸(4)

형상들에 집착하여 마음내지 말것이며
소리냄새 맛과느낌 집착하지 아니하고
진리들은 진리아님 집착마음 내지말며
마땅히들 머묾없이 그마음을 낼지니라

마음에는 머무름이 없어야만 하기때문
여래일러 보살마음 머묾없는 보시하며
형상소리 냄새와맛 느낌들은 진리에도
머묾없이 보시해야 한다라고 설하니라

수부띠야 모든보살 일체중생 이익위해
마땅히들 이와같이 보시해야 하느니라
왜냐하면 여래설한 중생상은 상아니며
일체중생 중생아님 설하였기 때문이다

वज्रच्छेदिका प्रज्ञापारमिता सूत्र

Vajracchedikā Prajñāpāramitā Sūtra

༄༅།།འཕགས་པ་ཤེས་རབ་ཀྱི་ཕ་རོལ་ཏུ་ཕྱིན་པ་རྡོ་རྗེ་གཅོད་པ་ཞེས་བྱ་བ་བཞུགས་སོ།།

金剛般若波羅密經 Diamond Sūtra

금강반야바라밀경

제14분. 모든 상을 여읜 적멸(5)

수부띠야 여래라함 참된말을 하는이고
바른말을 하는이며 이치맞는 말을하고
속임없는 말을하며 다른말을 아니하니
수부띠야 여래법은 진실없고 거짓없다

만약보살 마음법에 머물러서 보시하면
어둠속에 들어가면 볼수없는 것과같고
보살마음 법에머묾 없는보시 행한다면
햇빛비춰 형색볼수 있는것과 같느니라

수부띠야 미래세에 선남자와 선여인이
금강경을 받아지녀 바른마음 독송하면
한량없는 공과덕을 성취하게 될것임을
여래불지 불안으로 모두알고 보느니라

Vajracchedikā Prajñāpāramitā Sūtra
금강반야바라밀경(金剛般若波羅密經)

14. 모든 상을 여읜 적멸(離相寂滅分 第一四)
CHAPTER 14. LEAVING APPEARANCES AND STILL CESSATION

(1) 그때 수부띠는 이 경 설하시는 것을 듣고서 법문의 바른 뜻을 깊이 이해하고 감응하여 눈물을 흘렸다. 그는 눈물을 닦고 나서 부처님께 말씀드렸다.

atha khalv āyuṣmān SUBHŪTIR dharma-vegena-aśrūṇi prāmuñcat,
so 'śrūṇi pramṛjya Bhagavantam etad avocat:

དེ་ནས་ཚེ་དང་ལྡན་པ་རབ་འབྱོར་ཆོས་ཀྱི་ཤུགས་ཀྱིས་མཆི་མ་ཕྱུང་སྟེ།
དེས་མཆི་མ་ཕྱིས་ནས་བཅོམ་ལྡན་འདས་ལ་འདི་སྐད་ཅེས་གསོལ་ཏོ།།

At that time, the venerable Subhûti was moved by the power of the Law, shed tears, and having wiped his tears, he thus spoke to Bhagavat:

爾時須菩提 聞說是經 深解義趣 涕淚悲泣 而白佛言

금강법문 감응 눈물

한발자국 보이지도 아니하는 무명밤길
고통의삶 헤메이다 수행의길 걷는이가
무상법문 듣고나니 일체고통 사라지고
모든무명 없어지니 어찌눈물 안나리요

수부띠는 깊고깊은 무상정각 부처님법
듣고나서 깨닫고는 참된법력 감응하여
얼굴에는 밝은빛이 눈에서는 맑은눈물
빛나고도 하염없이 흘러나온 것이니라

내면깊은 그곳에서 진리감동 솟은눈물
법문듣고 심해하여 흘러내린 기쁜눈물
그마저도 닦은후에 부처님을 바라보며
무심으로 부처님께 감응말씀 드립니다

(2) "세존이시여! 경이롭습니다. 여래께서는 최상승으로 나아가는
사람들을 위하여 이러한 법문을 설하여 주셨습니다.
세존이시여! 제가 지금까지 얻은 혜안으로는
이와 같이 깊고 깊은 법문 설하심을 들은 적이 없습니다.

āścaryaṃ Bhagavan parama-āścaryaṃ Sugata,
yāvad ayaṃ dharma-paryāyas Tathāgatena
bhāṣito 'gra-yāna-saṃprasthitānāṃ[163] sattvānām arthāya
śreṣṭha-yāna-saṃprasthitānāṃ arthāya,
yato me Bhagavañ jñānam utpannam. na mayā Bhagavañ jātv evaṃrūpo
dharmaparyāyaḥ śruta-pūrvaḥ.

ཆོས་ཀྱི་རྣམ་གྲངས་འདི་དེ་བཞིན་གཤེགས་པ་ཇི་སྙེད་པས་གསུངས་པ་ནི།
བཅོམ་ལྡན་འདས་ངོ་མཚར་ལགས་སོ།། བདེ་བར་གཤེགས་པ་ངོ་མཚར་ལགས་སོ།།
བཅོམ་ལྡན་འདས་བདག་གིས་ཡེ་ཤེས་སྐྱེས་ཚུན་ཆད་བདག་
གིས་ཆོས་ཀྱི་རྣམ་གྲངས་འདི་སྔོན་ནམ་ཡང་མ་ཐོས་ལགས་སོ།།

'It is wonderful, O Bhagavat, it is exceedingly wonderful, O Sugata,
how fully this teaching of the Law has been preached
by the Tathâgata for the benefit of those beings who entered
on the foremost path (the path that leads to Nirvâ*n*a),
and who entered on the best path, from whence,
O Bhagavat, knowledge has been produced in me. Never indeed, O Bhagavat,
has such a teaching of the Law been heard by me before.

希有世尊 佛說如是甚深經典 我從昔來所得慧眼 未曾得聞如是之經

들은 바 없는 법문

수부띠는 부처님의 참된법력 감응하여
흘린눈물 닦으면서 진심으로 감탄하네
무상대도 설하시니 훌륭하고 경이롭다
어느누가 이런법문 들은바가 있으리까

숙겁세월 모든번뇌 모든업장 소멸하니
깊고깊은 마음으로 기뻐하고 슬퍼하네

163) 산스끄리뜨어로 된 'gra(agra)-yāna-saṃprasthitānāṃ{아그라야-나 상쁘라스티따-낭-}'과 'śreṣṭha-yāna-saṃprasthitānāṃ(슈레슈타 상쁘라스티따낭)'라는 구(句)는 초기경전에는 없는 내용으로, 위와 같이 구마라집본과 티벳본 등에는 나타나 있지 않다. 그러나 현장본에는 '발취최상승자{發趣最上乘者: 發(saṃprasthitānāṃ) + 趣最上乘者(agra-yāna)}'라고 하여 '최상승에 나아가는 자'로 나타나 있다. 대승불교 영향으로 후세에 나타난 것으로 추론된다.

걸림없는 지혜얻어 눈물만이 흐르나니
저언덕을 마저건너 고향으로 돌아왔다[164]

(3) 세존이시여! 만약 어떤 사람이 이 경 설함을 듣고서,
믿는 마음이 청정해지면 곧 실상[165]**이 일어난 것이니,**
마땅히 이 사람은 경이로운 공덕을 성취한 것임을 알아야 합니다.

paramеṇa te Bhagavann āścaryeṇa samanvāgatā bodhisattvā
bhaviṣyanti ya iha sūtre bhāṣyamāṇe śrutvā bhūta-saṃjñām utpādayiṣyanti.

དེ་ཅིའི་སླད་དུ་ཞེ་ན། བཅོམ་ལྡན་འདས་མདོ་སྡེ་བཤད་པ་འདི་ལ་གང་དག་ཡང་དག་པར་འདུ་ཤེས་བསྐྱེད་པར་
འགྱུར་པའི་སེམས་ཅན་དེ་དག་ནི་ངོ་མཚར་རབ་དང་ལྡན་པར་འགྱུར་ལགས་སོ།།

Those Bodhisattvas, O Bhagavat, will be endowed with the highest wonder,
who when this Sûtra is being preached hear it
and will frame to themselves a true idea.

世尊 若復有人 得聞是經 信心淸淨 則生實相 當知是人 成就第一希有功德

경이로운 사람

부처님이 설하신바 금강경의 무상법문
위가없고 무등등한 깨달음의 말씀이라
진실되고 참된생각 일으킴은 어려우나
바른상을 일으키는 그보살은 훌륭하다

예전에는 들어보지 못하였던 무상법문
사바중생 부처되라 설하시는 말씀이라
금강공덕 참된뜻을 성취하기 어려우나
진실한뜻 청정마음 일으킨이 경이롭다

(4) 왜냐하면 세존이시여!
이 실상이라는 것은 곧 실상이 아니므로,
여래께서는 이름하여 실상이라고 말씀하셨기 때문입니다.

164) 피안(पारम् pāram: 彼岸)은 산스끄리뜨어 '빠-람(pāram)'을 '저 언덕'으로 의역하여, 생사윤회의 고통세계인 이 언덕인 '아빠-람' 즉 차안(अपारम् apāram: 此岸)에서, 강 건너 저 언덕(彼岸)이라는 의미로서, 깨달음을 통한 니르바나의 세계를 나타낸다. 해탈자재(解脫自在)한 여래의 세계인 이 곳에 '도달하다(itā: 到)'라는 뜻을 더하여, '빠-라미따-(पारमिता pāramitā: 波羅蜜多・波羅蜜・到彼岸・完成)'라고 한다.

165) 산스끄리뜨어인 '부따- 상즈냐-(भूत संज्ञा bhūta-saṃjñā)'를 구마라집은 '실상(實相)'으로, 현장은 '진실상(眞實想)'으로 각각 한역(漢譯)하였다.

tat kasya hetoḥ?
yā caiṣā Bhagavan bhūta-saṃjñā saiva-abhūta-saṃjñā.
tasmāt Tathāgato bhāṣate bhūta-saṃjñā bhūta-saṃjñeti.

དེ་ཅིའི་སྐད་དུ་ཞེ་ན།
བཅོམ་ལྡན་འདས་ཡང་དག་པར་འདུ་ཤེས་པ་གང་ལགས་པ་དེ་ཉིད་འདུ་ཤེས་མ་མཆིས་པའི་སྐད་དུ་སྟེ།
དེས་ན་ཡང་དག་པར་འདུ་ཤེས་ཞེས་དེ་བཞིན་གཤེགས་པས་གསུངས་སོ།།

And why? Because what is a true idea is not a true idea.
Therefore the Tathâgata preaches: "A true idea, a true idea indeed!"'

世尊 是實相者 則是非相 是故如來說名實相

진실상 이름하여 그러함

모든중생 참된생각 어느누가 안가지리
참되다는 생각들을 가지려고 하지만은
참된실상 이라함은 참된실상 아니라네
여래께서 이름하여 실상이라 하느니라

마음경계 다없으니 경계없는 마음없네
진실상과 참된생각 말하고자 하는것은
남김없이 드러나서 너무나도 분명하나
일체분별 여읨위한 또하나의 방편이다

**(5) 세존이시여! 제가 지금 이 경전을 듣고
믿으며 이해하고 받아 지니는 것은 어렵지 않습니다.**

na mama Bhagavan duṣkaraṃ yad aham imaṃ dharma-paryāyaṃ
bhāṣyamāṇam avakalpayāmy adhimucye.

བཅོམ་ལྡན་འདས་བདག་ནི་ཆོས་ཀྱི་རྣམ་གྲངས་འདི་བཤད་པ་ལ་རྟོག་ཅིང་མོས་པ་ནི།

'It is no wonder to me, O Bhagavat,
that I accept and believe this treatise of the Law, which has been preached.

世尊 我今得聞如是經典 信解受持 不足爲難

어렵지 않는 법문

세존께서 제자들을 부촉하고 계실때는
근심물론 걱정이나 번뇌망상 있으랴만
최상승의 수승하온 법문이라 받들어서
보고듣고 한찰나에 깨쳐보지 않겠는가

후오백세 오욕칠정 물이들어 있을때는
법문말씀 보고들음 어렵지가 아니하랴
수부띠는 법상마저 여의라는 가르침에
어떤것이 더어렵고 더힘든것 있겠느냐

(6) 그러나 만약 미래세의 후오백세에 정법이 쇠퇴할 때에도, 만약 어떤 사람이 이 경전을 듣고서 믿으며 이해하고 받아 지닌다면, 이 사람은 가장 경이로운 사람이 될 것입니다.

ye 'pi te Bhagavan sattvā bhaviṣyanty anāgate 'dhvani paścime kāle paścime samaye paścimāyāṃ pañca-śatyāṃ sad-dharma-vipralope vartamāne, ya imaṃ Bhagavan dharma-paryāyam udgrahīṣyanti dhārayīsyaṇti vācayiṣyanti paryavāpsyanti parebhyaś ca vistareṇa samprakā śayiṣyanti, te parama-āścaryeṇa samanvāgatā bhaviṣyanti.

བདག་ལ་ངོ་མཚར་མ་ལགས་ཀྱིས།།
བཅོམ་ལྡན་འདས་སྙད་མའི་ཚེ་སྙད་མའི་དུས་ལྔ་བརྒྱའི་ཐ་མ་ལ་སེམས་ཅན་གང་དག་ཆོས་ཀྱི་རྣམ་གྲངས་འདི་ལེན་པ་དང་།
འཛིན་པ་དང་། འདོན་པ་དང་། འཆང་བ་དང་། ཀློག་པ་དང་།
ཀུན་ཆུབ་པར་བྱེད་པ་དེ་དག་ན་ངོ་མཚར་རབ་དང་ལྡན་པར་འགྱུར་ལགས་སོ།།

And those beings also,
O Bhagavat, who will exist in the future, in the last time, in the last moment, in the last 500 years, during the time of the decay of the good Law, who will learn this treatise of the Law,
O Bhagavat, remember it, recite it, understand it, and fully explain it to others, they will indeed be endowed with the highest wonder.'

若當來世 後五百歲 其有衆生 得聞是經 信解受持 是人則爲第一希有

후오백세의 금강경

미래세인 후오백세 바른정법 쇠퇴할때
금강경의 법문내용 독송하고 이해하여
다른사람 제도위해 자세하게 설해주면
참으로도 훌륭하고 경이로운 분아니랴

숙겁세월 정법쇠퇴 멸할때가 되었지만
네가지상 본래없음 이해하고 실천하여
스스로들 신해수지 상여의고 정진하면[166)]
얼음얼면 차디차고 불이들면 뜨거우랴

(7) 그러나 또한 세존이시여!
이들에게는 아상이 일어나지 않고,
인상 · 중생상 · 수자상도 일어나지 않을 것입니다.
또한 그들에게는 상도 상 아님도 일어나지 않을 것입니다.
왜냐하면 세존이시여! 아상은 상이 아니요,
인상 · 중생상 · 수자상도 상이 아니기 때문입니다.
그것은 왜냐하면 모든 부처님 세존께서는
일체의 상을 멀리 여읜 분들이기 때문입니다."

api tu khalu punar Bhagavan
na teṣām ātma-saṃjñā pravartiṣyate,
na sattva-saṃjñā na jīva-saṃjñā na pudgala-saṃjñā pravartiṣyate,
na-api teṣāṃ kācit saṃjña na-a-saṃjñā pravartate.
tat kasya hetoḥ? yā sa Bhagavann ātma-saṃjña saiva-a-saṃjñā,
yā sattva-saṃjñā jīva-saṃjñā pudgala-saṃjñā saiva-a-saṃjñā.
tat kasya hetoḥ? sarva-saṃjñā-apagatā hi Buddhā Bhagavantaḥ.[167)]

ཡང་བཅོམ་ལྡན་འདས་དེ་དག་ནི་བདག་ཏུ་འདུ་ཤེས་འཇུག་པར་མི་འགྱུར་ཞིང་།
སེམས་ཅན་དུ་འདུ་ཤེས་པ་དང། སྲོག་ཏུ་འདུ་ཤེས་པ་དང། གང་ཟག་ཏུ་འདུ་ཤེས་འཇུག་པར་མི་འགྱུར་ལགས་སོ།།
དེ་ཅིའི་སླད་དུ་ཞེ་ན། བཅོམ་ལྡན་འདས་བདག་ཏུ་འདུ་ཤེས་པ་དང། སེམས་ཅན་དུ་འདུ་ཤེས་པ་དང་།
སྲོག་ཏུ་འདུ་ཤེས་པ་དང། གང་ཟག་ཏུ་འདུ་ཤེས་པ་གང་ལགས་པ་དེ་ཉིད་འདུ་ཤེས་ཐམས་ཅད་དང་བྲལ་བའི་སླད་དུའོ།།
དེ་ཅིའི་སླད་དུ་ཞེ་ན། སངས་རྒྱས་བཅོམ་ལྡན་འདས་རྣམས་ནི་འདུ་ཤེས་ཐམས་ཅད་དང་བྲལ་བའི་སླད་དུའོ།།

'But, O Bhagavat, there will not arise in them any idea of a self,
any idea of a being, of a living being, or a person,
nor does there exist for them any idea or no-idea.
And why? Because, O Bhagavat, the idea of a self is no-idea,
and the idea of a being, or a living being, or a person is no-idea.
And why? Because the blessed Buddhas are freed from all ideas.'

何以故 此人無我相無人相無衆生相無壽者相 所以者何
我相卽是非相 人相衆生相壽者卽是非相 何以故 離一切諸相 則名諸佛

166) 신해수지(信解受持)는 금강경을 받아서 지니고, 경전의 내용을 바르게 믿고 깨닫는 것(了解)을 말한다.
167) 산스끄리뜨어 '붓다- 바가완따하(Buddhā Bhagavantaḥ)'를 구마라집과 보디류지는 '모든 부처님(諸佛)'으로, 진제 · 달마급다 · 현장 · 의정은 '모든 부처님과 세존들(諸佛世尊)'로, 달마급다는 '부처님 세존(佛世尊)'으로 각각 번역하였다.

모든 상을 여읜 불세존

금강경을 수지하고 독송하며 요해하여
정성다해 타인에게 설해주는 그사람은
모든상을 다여의면 부처됨을 아느니라
어찌하여 사바세계 불국정토 아니되리

나라는상 인상물론 중생수자 상도없고
나라는상 상아니고 인상또한 상아니며
중생상과 수자상등 모든상이 그러하니
모든상을 다여의면 부처라고 불리운다

상구보디 하화중생 그마음인 자비로서
우주법계 일체상을 여의나니 실상이여
모든상을 여읜모습 불세존의 상아닌가
타오르는 불속에도 연꽃피지 아니하리

(8) 이와 같이 말씀드리자, 세존께서는 수부띠에게 이와 같이 말씀하셨다.
"그러하다. 수부띠야! 참으로 그러하다.

evam ukte BHAGAVĀN āyuṣmantam Subhūtim etad avocat:
evam etat Subhūte evam etat.

དེ་སྐད་ཅེས་གསོལ་པ་དང་།
བཅོམ་ལྡན་འདས་ཀྱིས་ཚེ་དང་ལྡན་པ་རབ་འབྱོར་ལ་འདི་སྐད་ཅེས་བཀའ་སྩལ་ཏོ།། རབ་འབྱོར་དེ་དེ་བཞིན་ནོ།།

After these words, Bhagavat thus spoke to the venerable Subhûti:
'So it is, O Subhûti, so it is.

佛告須菩提 如是如是

수부띠야 참으로 그러하다

후오백세 중생들을 어떻게들 하오리까
일체상을 다여의면 부처된다 그말씀을
저희들이 받아들임 어렵지는 아니하나
말세중생 받아지님 참으로도 어려우리

현세속에 과거세와 미래세가 또한있어
미래세에 말세라는 세상따로 있으랴만

금강경의 설법듣고 올바르게 받아지님
참으로도 수승하고 경이롭고 희유하다

(9) 만약 어떤 사람이 있어서 이 경이 설해질 때에
놀라지 않고, 무서워하지 않으며, 두려워하지도 않는다면,
이 사람은 최고의 경이로움을 갖춘 사람이 될 것이다.

parama-āścarya-samanvāgatās te sattvā bhaviṣyanti ya iha Subhūte sūtre
bhāṣyamāne nottrasiṣyanti na samtrasiṣyanti na saṃtrāsam āpatsyante.

དེ་དེ་བཞིན་ཏེ། སེམས་ཅན་གང་དག་མདོ་སྡེ་འདི་བཤད་པ་ལ་མི་སྐྲག་ཅིང་མི་དངང་ལ་ཀུན་ཏུ་དངང་བར་མི་འགྱུར་བ།
དེ་དག་ནི་ངོ་མཚར་རབ་དང་ལྡན་པར་འགྱུར་རོ།།

Those beings, O Subhûti, who when this Sûtra was being recited here
will not be disturbed or frightened or become alarmed,
will be endowed with the highest wonder.

若復有人 得聞是經 不驚不怖不畏 當知是人 甚爲希有

여여하게 금강법문 듣는 이 경이로움

몸과마음 모두가진 내자신이 없다하고
사바중생 우리모두 중생들이 아니라며
세상사람 모든인간 사람마저 아니라면
생명체를 살아가고 있는것이 아니란다

만물영장 사람이나 놀라지를 아니하며
귀한생명 가진사람 두렵지가 아니하리
금강경의 경이로운 말씀들을 듣고나서
그마음을 움직이지 않는사람 경이롭다

(10) 그것은 왜냐하면 수부띠야!
여래가 설한 제일바라밀은 참으로 제일바라밀이 아니기 때문이다.
또한 수부띠야! 여래가 제일바라밀이라고 설한 것은
헤아릴 수 없이 많은 부처님 세존께서도 설하고 계시기 때문이다.
그리하여 이름이 '제일바라밀'이라고 불리는 것이다.

tat kasya hetoḥ? paramapāramiteyaṃ Subhūte Tathāgatena bhāṣitā
yaduta-a-pāramitā. yāṃ ca Subhūte Tathāgataḥ parama-pāramitāṃ bhāṣate,
tāṃ aparimāṇā-api Buddhā Bhagavanto bhāṣante,

tenocyate parama-pāramiteti.

དེ་ཅིའི་ཕྱིར་ཞེ་ན། རབ་འབྱོར་ཕ་རོལ་ཏུ་ཕྱིན་པ་དམ་པ་འདི་ནི་དེ་བཞིན་གཤེགས་པས་གསུངས་ཏེ།
ཕ་རོལ་ཏུ་ཕྱིན་པ་དམ་པ་གང་དེ་བཞིན་གཤེགས་པས་གསུངས་པ་དེ་སངས་རྒྱས་བཅོམ་ལྡན་འདས་དཔག་ཏུ་མེད་ཚད་
མེད་པ་རྣམས་ཀྱིས་ཀྱང་གསུངས་པའི་ཕྱིར་ཏེ། དེས་ན་ཕ་རོལ་ཏུ་ཕྱིན་པ་དམ་པ་ཞེས་བྱའོ།།

And why? Because, O Subhûti, this was preached by the Tathâgata,
as the Paramapâramitâ, which is no-Pâramitâ.
And, O Subhûti, what the Tathâgata preaches as the Paramapâramitâ,
that was preached also by immeasurable blessed Buddhas.
Therefore it is called the Paramapâramitâ.'

何以故 須菩提 如來說第一波羅蜜 非第一波羅蜜 是名第一波羅蜜

제일바라밀 아니나 제일바라밀로 불림

수부띠야 바라밀중 최상제일 바라밀을
여래께서 최상제일 완성이라 설하시니[168)]
그까닭은 최상제일 바라밀이 아니므로
최상제일 내세워서 상여읨을 이르신다

여래께서 설하신바 최상제일 바라밀은
무량수의 부처님이 이와같이 설하느니
여래설한 최상제일 바라밀인 그말씀을
이름하여 최상제일 바라밀로 부르노라

(11) 그런데 참으로 수부띠야!
여래가 설한 인욕바라밀은 참으로 인욕바라밀이 아니다.

api tu khalu punaḥ Subhūte yā Tathāgatasya
kṣānti-pāramitā saiva-a-pāramitā.

ཡང་རབ་འབྱོར་དེ་བཞིན་གཤེགས་པས་བཟོད་པའི་ཕ་རོལ་ཏུ་ཕྱིན་པ་གང་ཡིན་པ་དེ་ཉིད་ཕ་རོལ་ཏུ་ཕྱིན་པ་མེད་དོ།།

'And, O Subhûti, the Pâramitâ or the highest perfection
of endurance (kshânti) belonging to a Tathâgata, that also is no-Pâramitâ.

須菩提 忍辱波羅蜜 如來說非忍辱波羅蜜

168) 산스끄리뜨어인 '빠라마 빠-라미따-(parama-pāramitā)'는 구마라집・보디류지・진제는 '제일바라밀(第一波羅蜜)'로, 현장・의정은 '최승바라밀(最勝波羅蜜)'로, 달마급다는 '최승도피안(最勝到彼岸)'으로 각각 번역하였다.

인욕과 인내 완성 없음

인욕이란 진원심과 근의교심 안내느니[169]
능욕받고 악수침해 참아내는 생인있고
천재지변 생로병사 화해참는 법인있어
곤욕당해 삿된견해 드러내지 않느니라

본래인욕 욕된것을 참아내는 것이지만
마음속에 쌓아두고 참는것이 아니니라
참는다는 생각마저 마음속에 두지않고
생인법인 인욕하니 이름하여 그러하다

모든중생 인욕수행 어렵고도 어려운일
악인에게 능욕받고 악수에게 화해당해
성냄원한 갖지않고 삿된생각 없으랴만

---

169) 인욕(क्षान्ति kṣānti: 忍辱)은 산스끄리뜨어로는 'ㄲ샨-띠(kṣānti)'라고 하며, 육바라밀 중의 하나로 욕됨을 참고, 안주(安住)하는 의미로써 온갖 모욕과 번뇌를 참고 원한을 일으키지 않는 것을 말한다. 『대지도론(大智度論)』 권6(卷六)에는 두 종류의 인욕(二忍)이 있다. 첫째는 생인(生忍)으로서, 악한 동물의 침해나 중생의 능욕(凌辱)·박해(迫害)·천대(賤待)를 받더라도 그러한 온갖 경계에 걸리지 않고 참는 진원심(鎭怨心)이고 근의교심(謹疑驕心)을 말하며, 또 중생이 본래 공(空)한 줄을 알아 삿된 소견에 떨어지지 않는 것으로 중생인(衆生忍)이라고도 한다. 둘째는 법인(法忍)으로서, 온갖 것이 공(空)이며 실상(實相)이라고 하는 진리에 사무쳐 마음을 편안히 하여 움직이지 않는 것을 말하며, 참된 인욕바라밀을 수행해야 얻을 수 있으므로 무생법인(無生法忍)이라고도 한다. 무생법인은 생성과 소멸이 없는 모든 실상(實相) 중에서, 그 바른 도리를 믿고 받아들여 통달하고 걸림이 없으며, 물러나거나 흔들림이 없는 지혜를 말한다. 인욕에 대한 분류법으로는 2인(二忍)·3인(三忍)·4인四忍) 등이 있다.

(1) 2인(二忍)에는 『대지도론(大智度論)』 권6(卷六)에서 설한 바와 같이 두 종류의 인욕(二忍)에 해당하는 생인(生忍)·법인(法忍)이 있다. ① 생인(生忍)은 사람에 대하여 참는 것으로서, 공경·공양하는 모든 중생과 화내고 괴롭히며 음욕스러운 사람들에 대하여 잘 참는 것과 개인의 신상에서 일어나는 여러 가지 변화에 대하여 잘 견디는 것을 말한다. 보살은 이 생인을 행함으로 무량의 복덕을 얻는다. ② 법인(法忍)은 사람 아닌 것에 대하여 참는 것으로서, 공경·공양하는 법과 성내고 괴롭히고 음욕스러운 법을 잘 참는 것을 말하고, 또한 법인(法忍)은 안의 육정(六情)에 집착하지 않고 밖의 육진(六塵)을 받아들이지 않고, 이 두 가지에 분별을 내지 않는 것이며, 법인에는 극심한 추위나 더위 또는 강한 비바람과 같은 자연계의 여러 현상에 대해 참는 비심법인(非心法忍)과 병에 걸린다던가 하는 개인의 신상에서 일어나는 여러 가지 변화에 대해 법의 지혜로써 참고 견디는 심법인(心法忍)이 있다. 보살은 법인을 행함으로 무량의 지혜를 얻는다.

(2) 3인(三忍)에는 세 종류의 인욕(二忍)에 해당하는 내원해인(耐怨害忍)·안수고인(安受苦忍)·제찰법인(諦察法忍)이 있다. ① 내원해인(耐怨害忍)은 누가 나를 해하려 하거나 대립관계에 있어 괴롭히더라도 맞서 싸우지 않고 무조건 참는 것으로, 원수나 적의 해침을 받고도 복수할 마음을 내지 않는 것을 말한다. ② 안수고인(安受苦忍)은 우리 삶에 닥쳐오는 이런 저런 고통이 피해갈 수 없는 것임을 스스로 알아서 차라리 고통을 편안하게 받아들이는 것으로, 질병이나 수재·화재·폭력의 고통을 달게 받는 것을 말한다. ③ 제찰법인(諦察法忍)은 세상의 실상을 똑바로 관찰함으로써 나오는 참음을 말하는 것으로, 진리를 자세히 관찰하여 불생불멸하는 이치에 마음을 안주하는 것을 말한다. '제찰법인'이 불교에서 말하는 참음의 으뜸이자! 곧 진리의 참음 자리인 것이다.

(3) 4인(四忍)에는 네 종류의 인욕(二忍)에 해당하는 복인(伏忍)·유순인(柔順忍)·무생인(無生忍)·적멸인(寂滅忍)이 있다. ① 복인(伏忍)은 비위에 거슬리는 일이 일어나면 먼저 성나는 그 마음을 조복하여 억누르는 것이다. 이른바 번뇌를 굴복시켜 일어나지 못하게는 하지만 아직 완전히 끊지 못한 단계이다. 그러나 번뇌나 굴복하거나 역경(逆境)만 참아서는 아니 되며, 번뇌를 완전히 끊고 자기의 마음을 즐겁게 하는 순경(順境)마저 참아야 한다. 그 이유는 역경을 참지 못하면 번뇌가 치밀어서 투쟁하기 쉽고, 순경을 참지 못하면 유혹에 빠져서 몸과 마음을 버리기가 쉽기 때문이다. ② 유순인(柔順忍)은 항상 사람이 많이 참으면 저절로 조복(調伏)할 수 있게 되어 어떠한 역경이나 순경을 만날지라도 마음이 흔들리지 않는 경지를 말한다. ③ 무생인(無生忍)은 참고 견디어 보살의 지위에 오른 사람의 인욕행으로서, 인생무상과 세상 허황함을 깨닫고 일체만법이 인연으로 흩어지는 진리를 깨닫고 보면, 별로 성낼 것도 없고 참을 것도 없어 진리에 안주한다는 것이다. ④ 적멸인(寂滅忍)은 부처님의 지위에 있어서와 같은 인욕행으로, 생사고해에 벗어나서 본래부터 모든 번뇌를 끊은 적멸한 열반에 안주하여, 마음을 움직이지 않는 한 물건도 없는 경지를 의미한다. 이것은 인욕행을 애써 닦는 것이 아니라 본래부터 한 생각도 일으킴이 없음을 체득하여 인욕을 완성하는 것이다{『대승기신론소(大乘起信論疏)』}.

상여의면 고통없고 인욕완성 또한없다

(12) 왜냐하면 수부띠야!
일찍이 깔링가왕[170]이 나의 온몸의 살점들을 도려낸 그 때에도
나에게는 아상 · 인상 · 중생상 · 수자상이 없었으며,
그리고 어떠한 상과 상 아님도 없었기 때문이다.

tat kasya hetoḥ?
yadā me Subhūte Kaliṅga rājā-aṅga-pratyaṅga-māṃsāny acchaitsīt,
tasmin samaya ātma-saṃjña vā sattva-saṃjnā vā jīva-saṃjñā vā
pudgala-saṃjñā vā na-api me kācit saṃjñā vā-a-saṃjñā vā babhūva.

དེ་ཅིའི་ཕྱིར་ཞེ་ན། རབ་འབྱོར་གང་གི་ཚེ་ཀ་ལིངྐའི་རྒྱལ་པོས།
ངའི་ཡན་ལག་དང་ཉིང་ལག་རྣམས་བཅད་པར་གྱུར་པ་དེའི་ཚེ་ང་ལ་བདག་ཏུ་འདུ་ཤེས་སམ།
སེམས་ཅན་དུ་འདུ་ཤེས་སམ། སྲོག་ཏུ་འདུ་ཤེས་སམ། གང་ཟག་ཏུ་འདུ་ཤེས་ཀྱང་མ་བྱུང་ཞིང་།
ང་ལ་འདུ་ཤེས་ཅི་ཡང་མེད་ལ་འདུ་ཤེས་མེད་པར་གྱུར་པ་ཡང་མ་ཡིན་པའི་ཕྱིར་རོ༎

And why? Because, O Subhûti,
at the time when the king of Kalinga cut my flesh from every limb,
I had no idea of a self, of a being, of a living being, or of a person;
I had neither an idea nor no-idea.

何以故 須菩提 如我昔爲歌利王割截身體 我於爾時
無我相無人相無衆生相無壽者相

온갖 악행에도 무념무상

교외나와 선정에든 인욕선인 찾아와서
궁녀들이 예를다해 법문듣는 모습보고
깔링가왕 악심내어 인욕계라 말한다고
귀코수족 살점잘라 그의인욕 시험했다

귀와코를 잘라내고 베었으나 한결같고
온몸살점 도려내도 원망하는 생각없네
그때에도 그에게는 아상물론 사상없고
상있다는 상없다는 생각마저 없었노라

---

170) 깔링가왕(कलिंग Kaliṅga: 歌利王 · 迦陵伽王 · 惡王 · 羯利王 · 羯陵伽王)은 산스끄리뜨어 '깔링가(Kaliṅga)'를 음역하고 '라자(rājā · 王 · 왕)'를 의역하여, 구마라집 · 보디류지는 '가리왕(歌利王)'으로, 진제는 '가능가왕(迦陵伽王)'으로, 현장은 '갈리왕(羯利王)'으로, 의정은 '갈릉가왕(羯陵伽王)'으로, 각각 번역하였다. 달마급다는 '깔링가'와 '라자'를 모두 의역하여 '악왕(惡王)'이라 번역하였다.

(13) 왜냐하면 수부띠야! 만약 그 때 나에게
아상 · 인상 · 중생상 · 수자상이 있었다고 한다면,
성내고 원망하는 마음이 생겼을 것이기 때문이다.

tat kasya hetoḥ? sacen me Subhūte tasmin samaya
ātma-saṃjñā-abhaviṣyad vyāpāda-saṃjñā-api me tasmin samaye 'bhaviṣyat.
sacet sattva-saṃjñā jīva-saṃjñā pudgala-saṃjña-abhaviṣyad,
vyāpāda-saṃjñā-api me tasmin samaye 'bhaviṣyat.

དེ་ཅིའི་ཕྱིར་ཞེ་ན། རབ་འབྱོར་གལ་ཏེ་དེའི་ཚེ་ང་ལ་བདག་ཏུ་འདུ་ཤེས་བྱུང་ན།
དེའི་ཚེ་གནོད་སེམས་ཀྱི་འདུ་ཤེས་ཀྱང་འབྱུང་ལ། སེམས་ཅན་དུ་འདུ་ཤེས་པ་དང་།
སྲོག་ཏུ་འདུ་ཤེས་པ་དང་། གང་ཟག་ཏུ་འདུ་ཤེས་བྱུང་ན།
དེའི་ཚེ་གནོད་སེམས་ཀྱི་འདུ་ཤེས་ཀྱང་འབྱུང་བའི་ཕྱིར་རོ།།

And why? Because, O Subhûti, if I at that time had had an idea of a self,
I should also have had an idea of malevolence.
If I had had an idea of a being, or of a living being, or of a person,
I should also have had an idea of malevolence.

何以故 我於往昔節節支解時 若有我相人相衆生相壽者相 應生瞋恨

사상 있다면 원망하는 마음 생겨

수부띠야 나의귀와 코와수족 다잘리고
중생들과 사람몸의 살점들을 도려내며
생명체를 가진영혼 그생명체 해친다면
깔링가왕 원망한다 그마음이 없겠는가

도려내는 귀와코는 소중하온 나의신체
잘리어진 손과발은 사람중생 몸이러니
모든살점 도려내도 생명체가 아니라면
고통받아 원망한다 그마음이 일어나랴

(14) 수부띠야! 여래는 과거세 오백생 동안 인욕을
설하는 선인[171]이었다는 것을 알고 있다.
그 때에도 나에게는 아상이 없었고 인상 · 중생상 · 수자상도 없었다.

171) 산스끄리뜨어 'kṣāntivādī ṛṣir(끄샨-띠와-디- 리쉬르: 忍辱仙人 · 大倦人 · 忍語仙人)'는 인욕을 설하는 성인 또는 선인을 의미하는데, 구마라집 · 보디류지 · 현장 · 의정은 '인욕선인(忍辱仙人)'으로, 진제는 '대권인(大倦人)'으로, 달마급다는 '인어선인(忍語仙人)'으로 각각 의역하였다.

tat kasya hetoḥ? abhijānāmy ahaṃ Subhūte 'tīte 'dhvani pañca-jāti-śatāni
yad ahaṃ kṣāntivādī ṛṣir abhūvam.
tatra-api me na-ātma-saṃjñā babhūva,
na sattva-saṃjñā na jīva-saṃjñā na pudgala-samjñā babhūva.

རབ་འབྱོར་ངས་མངོན་པར་ཤེས་ཏེ།
འདས་པའི་དུས་ན་ང་ཚེ་རབས་ལྔ་བརྒྱར་བཟོད་པ་སྨྲ་བ་ཞེས་བྱ་བའི་དྲང་ སྲོང་དུ་གྱུར་པ་དེའི་ཚེ་ན་ཡང་།
ང་ལ་བདག་ཏུ་འདུ་ཤེས་མ་བྱུང་། སེམས་ཅན་དུ་འདུ་ཤེས་དང་།
སྲོག་ཏུ་འདུ་ ཤེས་དང་། གང་ཟག་ཏུ་འདུ་ཤེས་མ་བྱུང་ངོ༎

And why? Because, O Subhûti, I remember the past 500 births,
when I was the Rishi Kshântivâdin (preacher of endurance).
At that time also, I had no idea of a self, of a being,
of a living being, of a person.

須菩提 又念過去於五百世 作忍辱仙人 於爾所世
無我相無人相無衆生相無壽者相

과거세 사상 없는 인욕선인

오백생애 인욕설한 성스러운 선인이여
욕됨참는 인욕수행 한생애도 쉽지않다
과거세의 오백생을 무슨수로 인욕하리
아인중생 수자사상 다없으면 되오리까

석가여래 오백생애 참된인욕 수행하여
단한번만 잠시능욕 참은것이 아니니라
오백생애 다생동안 무아경지 인욕물론
지계하고 정진하여 사상없어 그러하다

(15) 그러므로 수부띠야!
보살 마하살은 일체의 상을 버리고,
아눗따라삼약삼보디의 마음을 내어야 한다."

tasmāt tarhi Subhūte
bodhi-sattvena mahāsattvena sarva-saṃjñā-vivarjayitvā-anuttarāyāṃ
samyaksambodhau cittam utpādayitavyam.

རབ་འབྱོར་དེ་ལྟ་བས་ན།
བྱང་ཆུབ་སེམས་དཔའ་སེམས་དཔའ་ཆེན་པོས་འདུ་ཤེས་ཐམས་ཅད་རྣམ་པར་སྤངས་ཏེ།

བླ་ན་མེད་པ་ཡང་དག་པར་རྫོགས་པའི་བྱང་ཆུབ་ཏུ་སེམས་བསྐྱེད་པར་བྱའོ།།

Therefore then, O Subhûti,
a noble-minded Bodhisattva, after putting aside all ideas,
should raise his mind to the highest perfect knowledge.

是故須菩提 菩薩應離一切相 發阿耨多羅三藐三菩提心

보살 일체상 다 여의고 무상정각심 내어야

하늘에서 내린비는 강물되어 흐른다네
소먹으면 젖이되고 뱀먹으면 독이되니
같은물을 먹더라도 소가되고 뱀되는가
먹는이의 면목따라 다양하게 나타난다

모든중생 상에갇혀 상으로만 세상보고
부모형제 사람생물 삼라만상 그리아니
이런저런 느낌들로 번뇌망상 일으키어
비애감과 열등감을 중중무진 얽어맨다

수부띠야 큰보살은 모든상을 다여의고
위가없는 깨달음의 바른마음 일으키어
일체의상 버리고서 무상정각 마음내니
아뇩따라 삼약삼보 디심이라 이름한다

(16) "형상에 머물러서 마음을 내지 말고
소리 · 냄새 · 맛 · 느낌 · 마음의 대상에도 머물러서 마음을 내지 말며
법에 머무름이 없이 마음을 내어야 하고,
법 아닌 것에도 머무름이 없이 마음을 내어야 하며,
마땅히 머무르는 바 없이 그 마음을 내어야 하느니라."

na rūpa-pratiṣṭhitaṃ cittam utpādayitavyam,
na śabda-gandha-rasa-spraṣṭavya-dharma-pratiṣṭhitaṃ cittam
utpādayitavyam, na dharma-pratiṣṭhitaṃ cittam utpādayitavyam,
na adharma-pratiṣṭhitaṃ cittam utpādayitavyam,[172)]

172) 산스끄리뜨어 "na dharma-pratiṣṭhitaṃ cittam utpādayitavyam(나 다르마 쁘라띠슈티땅 찟땀 우뜨 빠-다위따위얌), na adharma-pratiṣṭhitaṃ cittam utpādayitavyam(나 아다르마 쁘라띠슈티땅 찟땀 우뜨빠-다위따위얌), na kvacit-pratiṣṭhitam cittam utpādayitavyam(나 끄와찌뜨 쁘라띠슈티땀 찟땀 우뜨빠-다위따위얌)."이라는 문장에 대한 번역을 구마라집과 현장은 각각 생략하였으나, 티베트본은 "ཆོས་ལ་ཡང་མི་གནས་པར་སེམས་བསྐྱེད་པར་བྱའོ།། ཆོས་མེད་པ་ལ་ཡང་མི་གནས་པར་སེམས་བསྐྱེད་པར་བྱའོ།།"라고 번역하였고, 의정도 "불응주법 불응주비법(不應住法 不應住非法)"이라고 번역하였다.

na kvacit-pratiṣṭhitam cittam utpādayitavyam.

གཟུགས་ལ་ཡང་མི་གནས་པར་སེམས་བསྐྱེད་པར་བྱའོ།།
སྒྲ་དང་དྲི་དང་རོ་དང་རེག་བྱ་ལ་ཡང་མི་གནས་པར་སེམས་བསྐྱེད་པར་བྱའོ།།
ཆོས་ལ་ཡང་མི་གནས་པར་སེམས་བསྐྱེད་པར་བྱའོ།།
ཆོས་མེད་པ་ལ་ཡང་མི་གནས་པར་སེམས་བསྐྱེད་པར་བྱའོ།། ཅི་ལ་ཡང་མི་གནས་པར་སེམས་བསྐྱེད་པར་བྱའོ།།

He should frame his mind so as not to believe (depend) in form,
sound, smell, taste, or anything that can be touched,
in something (dharma), in nothing or anything.

不應住色生心 不應住聲香味觸法生心
不應住法而生其心 不應住非法而生其心[173)]
應生無所住心

무엇에도 머묾 없이 그 마음 내어야

우리몸의 육근이란 안이비설 신의이고
중생들이 여섯경계 색성향미 촉법이나
여섯뿌리 육경들에 부딪히면 상념일고
상념일면 망상일어 고통들을 받느니라

두눈어둔 중생으로 받고겪는 온갖고통
여섯경계 머묾없이 그마음을 내야하고
생로병사 팔만사천 고통모두 여의는길
일체의상 다여의고 마음내야 하느니라

형상들에 집착하여 마음내지 말것이며
소리냄새 맛과느낌 집착하지 아니하고
진리물론 진리아님 집착마음 내지말며
마땅히들 머묾없이 그마음을 낼지니라

(17) "왜냐하면 '만약 마음에 머무르는 것이 있다고 하더라도', 곧 머무르지 않아야하기 때문이다.

tat kasya hetoḥ? yat pratiṣṭhitaṃ tad eva-apratiṣṭhitam.

이러한 내용을 근간으로, 저자는 "법(dharma: 法)에 머무름이(pratiṣṭhitaṃ: 所住) 없이(na: 不・非) 마음(cittam: 心)을 내어야 하고(utpādayitavyam: 應生), 법 아닌 것(adharma: 非法)에도 머무름이 없이 마음을 내어야 하며{不應住法而生其心 不應住非法而生其心(불응주법이생기심, 불응주비법이생기심)}."이라고 번역(韓譯・漢譯)하였다.

173) 저자번역{漢譯: 주) 172} 참조.

དེ་ཅིའི་ཕྱིར་ཞེ་ན། གནས་པ་གང་ཡིན་པ་དེ་ཉིད་མི་གནས་པའི་ཕྱིར་ཏེ།

And why? Because what is believed is not believed (not to be depended on).

若心有住 則爲非住

마음에는 머무름이 없어야

온갖물질 형상소리 향기등에 머물거나
나의몸에 끄달리고 나의가족 애착하면
온갖번뇌 무명망상 여기저기 생겨나고
보고듣고 생각했던 모든상이 나타난다

본래부터 집착없는 우리들의 마음에는
무엇에도 머무르고 집착할곳 없느니라
마음에도 머무름이 있다해도 없게하여
여여하게 청정마음 내어야만 하느니라

(18) 그리하여 여래는 '보살은 머무름이 없는 보시를 해야 하고, 형상 · 소리 · 냄새 · 맛 · 느낌 · 마음의 대상에 머무르지 아니하며 보시를 해야 한다.'라고 설하였다.

tasmād eva Tathāgato bhāṣate:
apratiṣṭhitena bodhisattvena dānaṃ dātavyam.
na rūpa-śabda-gandha-rasa-spraṣṭavya-dharma-pratiṣṭhitena
dānaṃ dātavyam.174)

---

174) 산스끄리뜨어 "tasmād eva Tathāgato bhāṣate(따스마-드 에와 따타-가또 바-샤떼): apratiṣṭhitena bodhisattvena dānaṃ dātavyam(아쁘라띠슈티떼나 보디삿뜨웨나 다-낭 다-따위얌). na rūpa-śabda-gandha-rasa-spraṣṭavya-dharma-pratiṣṭhitena dānaṃ dātavyam(나 루-빠 샤브다 간다 라사 스쁘라슈따위야 다르마 쁘라띠슈띠떼나 다-낭 다-따위얌)."라는 문장의 의미는 다음과 같다.

이 문장의 내용은 "'그리하여(tasmād · 따스마-뜨: དེ་བས་ན། · therefore · 是故)', '바로 · 곧 · 오직(eva · 에와: ཉིད། · 即 · 就)', '여래{tathāgato(tathāgata) · 따타-가또: དེ་བཞིན་གཤེགས་པ། · 如來}', '설하다{bhāṣate(√bhās-1) · 바-샤떼: གསུངས། · teaches · 宣說}', '머무름이 없는 · 집착하지 않는{apratiṣṭhitena(pra-√sthā) · 아쁘라띠슈티떼나: support · 非住}', '보살{bodhisattvena (bodhisattva) · 보디삿뜨웨나: བྱང་ཆུབ་སེམས་དཔའ། · Bodhisattva · 菩薩}', '보시(dānaṃ(dāna) · 다-낭: སྦྱིན་པ། · gift · 布施)', '행하다 · 베풀다{dātavyam(√dā-3) · 다-따위얌: སྦྱིན། · give · 應施}', '아니하다(na · 나: མི། · no · 不 · 非)', '형상(色) · 소리(聲) · 냄새(香) · 맛(味) · 느낌(觸) · 마음의 대상(法)에 머무르다(rūpa-śabda-gandha-rasa-spraṣṭavya-dharma-pratiṣṭhitena · 루-빠 샤브다 간다 라사 스쁘라슈따위야 다르마 쁘라띠슈띠떼나: གཟུ། དྲི། སྒྲ། རེག་བྱ། ཆོས་ལ་གནས་པ། · supported by form, sound, smell, taste, touch, mind-objects · 住色聲香味觸法)', '보시{dānaṃ(dāna) · 다-낭: སྦྱིན་པ། · gift · 布施}', '행하다 · 베풀다{dātavyam(√dā-3) · 다-따위얌: སྦྱིན། · give · 應施}'"라는 뜻이다.

이 구절을 구마라집은 "是故佛說 菩薩心不應住色布施(시고불설 보살심불응주색보시)"라고, 현장은 "是故如來說 諸菩薩應無所住 而行布施 不應住色聲香味觸法 而行布施(시고여래설 제보살응무소주 이행보시 불응주색성향미촉법 이행보시)"라며, 의정은 是故佛說 菩薩應無所住而行布施(시고불설 보살응무소주이행보시)"라며, 보디류지는 "不應住色生心 不應住聲香味觸法生心 應生無所住心 是故佛說 菩薩心不住色布施(불응주색생심 불응주성향미촉법생심 응생무소주심 시고불설 보살심불주색보시)"라고, 진제는 "故如來說

དེ་བས་ན་དེ་བཞིན་གཤེགས་པས་འདི་སྐད་དུ།
བྱང་ཆུབ་སེམས་དཔའ་གང་ལ་ཡང་མི་གནས་པར་སྦྱིན་པ་སྦྱིན་པར་བྱའོ་ཞེས་གསུངས་སོ།།

Therefore the Tathâgata preaches:
"A gift should not be given by a Bodhisattva who believes in anything,
it should not be given by one who believes in form, sound, smell, taste,
or anything that can be touched."'

是故 如來說菩薩 應無所住而行布施
不應住色聲香味觸法而行布施[175]

머무름이 없는 보시

무엇에도 머무르는 바가없는 그마음은
본래부터 공하여서 일으킨바 없노라니
한생각이 일어나는 그마음은 보디마음
머묾없이 베푸나니 그일들은 보시니라

네것내것 상하내외 어느곳에 있었으랴
형색소리 향기와맛 촉과법도 본래없어
고요하고 청정하여 처음부터 비었나니
보살들은 베푼다는 그말마저 없음이라

(19) 또한 수부띠야! 보살은 모든 중생들의 이익을 위하여,
마땅히 이와 같이 보시해야 한다.

api tu khalu punaḥ Subhūte bodhisattvenaivaṃrūpo dāna-parityāgaḥ kartavyaḥ sarva-sattvānām arthāya.

ཡང་རབ་འབྱོར་བྱང་ཆུབ་སེམས་དཔའ་འདི་ལྟར་སེམས་ཅན་ཐམས་ཅད་ཀྱི་དོན་གྱི་ཕྱིར་སྦྱིན་པ་ཡོངས་སུ་བཏང་བར་བྱའོ།

'And again, O Subhûti,
a Bodhisattva should in such wise give his gift for the benefit of all beings.

須菩提 菩薩爲利益一切衆生 應如是布施

菩薩無所住心應行布施(고여래설 보살무소주심응행보시)"라며, 달마급다는 "彼故 如是如來說 不色住菩薩摩訶薩施與應 不聲香味觸法住施與應(피고 여시여래설 불색주보살마가살시여응 불성향미촉법주시여응)"이라고 각각 번역(漢譯)하였다.

이러한 내용 등을 종합적으로 분석・검토하여, 저자는 "그리하여 여래는 '보살은 마음에 머무름이 없는 보시를 해야 하며, 형상・소리・냄새・맛・느낌・마음의 대상에 머무르지 아니하고 보시를 해야 한다.'라고 설하였다{是故如來說 菩薩應無所住 而行布施 不應住色聲香味觸法 而行布施(시고여래설 보살응무소주 이행보시 불응주색성향미촉법 이행보시)}."라고 번역(韓譯・漢譯)하였다.

175) 저자번역{漢譯: 주) 174} 참조.

중생이익 위한 보시행

참된보살 그님들이 사바세계 중생이면
중생들의 그님들은 금강정토 보살이랴
그러하니 중생위해 무상보시 하지않고
중생들과 보살들을 분별하여 나누리까

자비로운 보살들은 중생이익 위한다네
정성다해 베푸는바 바른마음 머묾없고
머무름이 없다라는 마음마저 없어야만
큰보살의 옳고바른 무상보시 행아니랴

(20) 왜냐하면 수부띠야! 여래는 '중생상은 곧 상이 아니며, 일체중생도 곧 중생이 아니다.'라고 하였기 때문이다.

tat kasya hetoḥ? yā caiṣā Subhūte sattva-saṃjñā saiva-a-saṃjñā.
ya evaṃ te sarva-sattvās Tathāgatena bhāṣitās ta eva-a-sattvāḥ.

སེམས་ཅན་དུ་འདུ་ཤེས་པ་གང་ཡིན་པ་དེ་ཉིད་ཀྱང་འདུ་ཤེས་མེད་པ་སྟེ།
དེ་བཞིན་གཤེགས་པས་སེམས་ཅན་ཐམས་ཅད་ཅེས་གང་དག་གསུངས་པའི་སེམས་ཅན་དེ་དག་ཉིད་ཀྱང་མེད་པའོ།།

And why? Because, O Subhûti, the idea of a being is no-idea.
And those who are thus spoken of
by the Tathâgata as all beings are indeed no-beings.

如來說一切諸相 卽是非相 又說一切衆生 則非衆生

본래 중생 없으니 그 상도 여읨

모든중생 오온으로 가합되어 있는존재[176)]
오온들을 그실체로 받아들여 집착하니
어찌하여 중생상이 생겨나지 아니하리
참된실상 그경지는 오온본래 공적하다

176) 오온(पञ्च स्कन्ध pañca-skandha: 五蘊)은 인간 개개인의 모든 정신적 · 육체적 존재를 구성하는 5가지 요소를 말한다. 오온에 해당하는 5가지 기능을 가진 각각의 요소 중에서, ① 색(रूप स्कन्ध rūpa skandha: 色蘊)은 지(地) · 수(水) · 화(火) · 풍(風)으로 이루어져, 물질적으로 생 · 멸 변화하는 육신 또는 물질세계에 존재하는 것을 말하며, ② 수(वेदन स्कन्ध vedanā skandha: 受蘊)는 경계에 대하여 사물을 받아들이는 감각작용을 말하고, ③ 상(संज्ञ स्कन्ध saṃjñā skandha: 想蘊)은 사물을 알아차리는 표상작용을 의미하며, ④ 행(संस्कार saṃskāra: 行蘊)은 선 · 악에 관한 일체의 의지적 작용을 의미하고, ⑤ 식(विज्ञान स्कन्ध vijñāna skandha: 識蘊)은 육근의 감각과 마음을 통하여 알아차린 대상을 사유하고 식별하는 작용을 뜻한다. 그런데 인간은 오온(五蘊)으로 구성되어 있지만, 색(rūpa skandha: 色蘊)이라는 물질적 존재나, 수(vedanā skandha: 受蘊) · 상(samjñā skandha: 想蘊) · 행(amskara skandha: 行蘊) · 식(vijñāna skandha: 識蘊)의 정신적 존재 가운데, 어느 것도 자신이라고 이름 지을 수 없다. 이른바 인간은 단순히 오온이라는 인(因)과 연(緣)이 가합(假合)된 상태에 불과하다는 것이다.

고통받는 모든중생 제도위해 이름붙여
사바세계 중생이라 부르고들 있지만은
본래없는 중생들이 그어디에 있겠는가
없는상을 또만들어 어느곳에 나타내리

**(21) 수부띠야! 여래는 진실을 말하며,
여래는 사실과 같이 말하고, 여래는 있는 그대로 말하며,
속이지 아니하는 말을 하고, 다른 말을 하지 아니하는 이다.**

tat kasya hetoḥ? bhūta-vādī Subhūte Tathāgataḥ satyavādī tathāvādy ananyathāvādī Tathāgataḥ. na vitatha-vādī Tathāgataḥ.

དེ་ཅིའི་ཕྱིར་ཞེ་ན། རབ་འབྱོར་དེ་བཞིན་གཤེགས་པ་ནི་ཡང་དག་པར་གསུངས་པ། བདེན་པར་གསུངས་པ། དེ་བཞིན་ཉིད་དུ་གསུངས་པ་སྟེ། དེ་བཞིན་གཤེགས་པ་ནི་ལོག་པར་གསུང་པ་མ་ཡིན་པའི་ཕྱིར་རོ།།

And why? Because, O Subhûti, a Tathâgata says what is real, says what is true, says the things as they are; a Tathâgata does not speak untruth.

須菩提 如來是眞語者實語者 如語者不誑語者不異語者

혼동된 말이 아닌 자비방편

수부띠야 네가지상 여의어라 당부하고
본래부터 그러한상 없다라는 그말씀은
사바중생 쉽게혼동 일으키는 말아닌가
여래께서 근기따라 자비방편 나투신다

수부띠야 여래께서 진실로써 말하시며
이치맞는 그대로를 말하시는 분이시고
있는사실 아닌것을 말씀하지 않으시고
거짓으로 말씀하지 않으시기 때문이다

고구정녕 일체중생 이익되게 하라하고[177)]
본래부터 그와같은 중생들이 없다하니
부처님이 진리아닌 거짓으로 말을하랴
말씀마다 중생제도 자비방편 아니런가

(22) 또한 수부띠야! 여래가 깨닫고, 설하고,

177) 고구정녕(苦口丁寧)은 "입이 닳도록(苦口) 간절히 당부하다(丁寧)."라는 뜻이다.

깊이 사유한 법에는 진실도 없고 거짓도 없다.”

api tu khalu punaḥ Subhūte yas Tathāgatena dharmo ʾbhisambuddho deśito nidhyāto, na tatra satyaṃ na mṛṣā.

ཡང་རབ་འབྱོར་དེ་བཞིན་གཤེགས་པས་ཆོས་གང་ཡང་མངོན་པར་རྫོགས་པར་སངས་རྒྱས་པའམ། བསྟན་པ་དེ་ལ་བདེན་པ་ཡང་མེད། རྫུན་པ་ཡང་མེད་དོ།།

'But again, O Subhûti, whatever doctrine has been perceived, taught, and meditated on by a Tathâgata, in it there is neither truth nor falsehood.

須菩提 如來所得法 此法無實無虛

깨달은 법에는 진실과 거짓도 없음

여래께서 깨달으신 우주법계 모든진리
사상물론 일체상들 남김없이 여의어서
진실하온 실상마저 머물곳이 없노라니
어찌거짓 허상들이 머물수가 있겠는가

깊은사유 무량하온 성품의덕 다함없고
있다고도 할수없고 없다라고 할수없어
일체상을 모두여읜 참지혜로 성찰하면
본래부터 진리없고 처음부터 거짓없다

(23) 그것은 수부띠야! 비유를 들어 말한다면,

“만약 보살이 마음을 법[178]에 머물러서 보시하면 마치 사람이 어둠속에 들어가면 아무것도 볼 수 없는 것과 같고, 만약 법에 머무르지 아니하는 마음으로 보시하면 마치 밝은 눈을 가진 사람이 햇빛이 밝게 비칠 때에 온갖 종류의 모양을 볼 수 있는 것과 같느니라.”

tadyathā-api nāma Subhūte

puruṣo ʾndhakāra-praviṣṭo na kiṃcid api paśyet,
evaṃ vastu-patito bodhisattvo draṣṭavyo yo vastu-patito dānaṃ parityajati.
tadyathā-api nāma Subhūte cakṣuṣmān puruṣaḥ prabhātāyāṃ
rātrau sūrye ʾbhyudgate nānāvidhāni rūpāṇi paśyet,

178) ‘법에 머물러서’에서의 ‘법(वास्तु vastu: 法)’은 산스끄리뜨어인 ‘vastu(와스뚜)’를 유지・급다・현장은 ‘사(事)’로 번역하였으며, 구마라집은 ‘법(法)’으로 번역하였다. 여기에서 법(法)은 육경(六境) 즉, 색(色)・성(聲)・향(香)・미(味)・촉(觸)・법(法)을 대표하여 나타내는 것이 타당하다고 사료된다(同趣旨: 鳩摩羅什).

evam a-vastu-patito bodhisattvo
draṣṭavyo yo 'vastu-patito dānaṃ parityajati.[179]

---

179) 산스끄리뜨어 "'puruṣo'ndhakāra-praviṣṭo na kiṃcid api paśyet(뿌루숀다까-라 쁘라위슈또 나 낑찌드 아삐 빠슈예뜨)', 'evaṃ vastu-patito bodhisattvo draṣṭavyo yo vastu-patito dānaṃ parityajati(에왕 와스뚜빠띠또 보디삿뜨보 드라슈따위요 요 와스뚜빠띠또 다-낭 빠리띠야자띠)', 'tadyathā-api nāma Subhūte cakṣuṣmān puruṣaḥ prabhātāyāṃ rātrau sūrye'bhyudgate nānāvidhāni rūpāṇi paśyet(따디야타- 아삐 나-마 수부-떼 짜끄슈슈만- 뿌루샤하 쁘라바-따-양- 라-뜨라우 수-리예비우드가떼 나-나-위다-니 루-빠-니 빠슈예뜨)', 'evam a-vastu-patito bodhisattvo draṣṭavyo yo'vastu-patito dānaṃ parityajati(에왐 아 와스뚜 빠띠또 보디삿뜨보 드라슈따위요 요와스뚜 빠띠또 다-낭 빠리띠야자띠).'"라는 문장은 '금강경의 게송'이다.
이 게송의 내용은 "'사람이 어둠속에 들어가면[puruṣo'ndhakāra-praviṣṭo · 뿌루숀다까-라 쁘라위슈또: 사람{puruṣo(puruṣa) · 뿌루쇼: སྐྱེས་བུ། · a man · 士夫} + 어둠속{'ndhakāra(andhakāra) · 안다까-라: མུན་པ · the darkness · 暗室 · 闇室 · 黑闇.} + 들어가다{praviṣṭo(pra-√viś-6) · 쁘라위슈또: ཞུགས་པ · entered · 入}]', '어떤 것도 보지 못하는 것 같이[na kiṃcid api paśyet · 나 낑찌드 아삐 빠슈에뜨: 못하다(na · 나: མི། · not · 不 · 非) + 어떤 것도 · 무엇도(kiṃcid · 낑찌드: ཅི་ཡང་། · any · 任何) + 같이 · 또한(api · 아삐: 然僅僅 · 泛指)' + '보다{paśyet(√paś) · 빠슈에뜨: མཐོང་། · see · 見}]', '이와 같이{evaṃ · 에왕: དེ་བཞིན། · just · 如是}', '경계에 떨어진 보살 · 대상(물건)에 집착하는 보살[vastupatito bodhisattvo · 와스뚜빠띠또 보디삿뜨보: 경계에 떨어진 · 대상(물건)에 집착하는{vastupatito(vastu-patita) · 와스뚜빠띠또; དངོས་པར་ལྷུང་བ། · fallen among things · 墮於事} + 보살{bodhisattvo(bodhisattva) · 보디삿뜨보: བྱང་ཆུབ་སེམས་དཔའ། · bodhisattva · 菩薩}]', '보아야 한다{draṣṭavyo(√dṛś-1) · 드라슈따위요: བལྟ་བར་བྱ། · should be viewed · 應觀}', '경계에 떨어져서 · 대상(물건)에 집착하여[yo vastupatito · 요 와스뚜빠띠또: 어떠한 · 무엇{yo(yaḥ); གང་། · what · 何} + 경계에 떨어진 · 대상(물건)에 집착하다{vastupatito · 와스뚜빠띠또: 墮於事}]', '보시를 행하는[dānaṃ parityajati · 다-낭 빠리띠아자띠: 보시{dānaṃ(dāna) · 다-낭: སྦྱིན་པ། · gift · 布施} + 행하다 · 베풀다{parityajet (pari-√tyaj-1) · 빠리띠야제뜨: ཡོངས་སུ་བཏང་བ། · renounce · 行 · 捨施}]', '그것은 마치~ 같다{tad yatha · 따드 야타: 그것(tad · 따드: དེ། · that · 彼) + 마치 ... 같다(yatha · 야타: ཇི་ལྟར། · as · 如)}', '실로 수부띠여[api nāma subhūte · 아삐 나-마 수부-떼: 또한(api · 아삐; ཡང་། · although · 然 · 亦) + 말하다 · ~라고 부르다(nāma · 나-마; discourse · 名爲) + 수부띠{subhūte(subhūti) · 수부-떼; རབ་འབྱོར། · 須菩提 · 善現}]', '눈을 가진 사람이[cakṣuṣmān puruṣaḥ · 짜끄슈슈만- 뿌루샤하: 눈을 가진{cakṣuṣmān(cakṣuṣmat) · 짜끄슈슈만-: མིག་དང་ལྡན་པ། · with eyes · 明眼} + 사람{puruṣaḥ(puruṣa) · 뿌루샤하: མི། · a man · 士夫}]', '어둠이 사라지고 · 밤이 새고[prabhātāyāṃ rātrau · 쁘라바-따-양- 라-뜨라우: 사라지다 · 새{prabhātāyāṃ(pra-√bhā-2) · 쁘라바-따-양-: ལངས། · becomes light · 破曉 · 天亮} + 어둠 · 밤{rātrau(rātri) · 라-뜨라우; མཚན། · night · 夜}]', '태양이 떠올랐을 때에 · 태양이 떠오르고[sūrye 'bhyudgate · 수-리예 비우드가떼: 태양이{sūrye(sūrya) · 수-리예; ཉི་མ། · sun · 日光} + 떠올랐을 때 · 떠오르다{'bhyudgate(abhi-ud-√gam-1) · 비우드가떼; ཤར། · risen · 出}], '온갖 종류의 색(물건)들을 볼 수 있는 것과[nānāvidhāni rūpaṇi paśyet evam · 나-나-위다-니 루-빠니 빠슈예뜨 에왕: 온갖(모든) 종류{nānāvidhāni(nānā-vidha) · 나-나-위다-니; སྣ་ཚོགས། · manifold · 種種} + 색(물건)들{rūpaṇi(rūpa) · 루-빠니; གཟུགས། · forms · 色} + 볼 수 있다 · 보다{paśyet (√paś) · 빠슈예뜨; མཐོང་། · see · 見}]', '이와 같이 경계에 떨어지지 않는 보살{evam avas tupatito bodhisattvo · 에왕 아와스뚜빠띠또 보디사뜨보: 이와 같이(evam · 에왐: དེ་བཞིན་དུ། · just so · 如是) + 경계에 떨어지지 않고 보시하는 자라고 · 대상(물건)에 집착하지 않고 보시하는 자라고{avastupatito(a-vastu-patita) · 아와스뚜빠띠또: དངོས་པར་མི་ལྷུང་བ། · not fallen among things · 不墮於事} + 보살은(bodhisattvo · 보디사뜨보; 菩薩)}', '보아야 한(draṣṭavyo · 드라슈따위요: 應觀)', '경계에 떨어지지 않고 보시를 행하는 · 대상에 집착하지 않고[yo 'vastu-patito dānaṃ parityajati · 요 와스뚜 빠띠또 다-낭 빠리띠야자띠: 어떠한 · 무{yo(yaḥ) · 요: གང་། · what · 何} + 떨어지지 않고 · 집착하지 않고{'vastupatito(avastu-patita) · 와스뚜빠띠또; དངོས་པར་མི་ལྷུང་བ། · without having fallen among things · 不墮於事}]', '보시를{dānaṃ(dāna) · 다낭: སྦྱིན་པ། · a gift · 布施', '행하는 · {parityajati(pari-√ tyaj-1) · 빠리띠야자띠: ཡོངས་སུ་བཏང་བ། · 行 · 作}'"이라는 뜻이다.
이 게송을 구마라집은 "若菩薩心住於法而行布施 如人入暗則無所見 若菩薩心不住法而行布施 如人有目 日光明照 見種種色(약보살심주어법이행보시 여인입암즉무소견 약보살심부주법이행보시 여인유목 일광명조 견종종색)"으로, 현장은 "譬如士夫入於暗室 都無所見 當知菩薩若墮於事 謂墮於事而行布施 亦複如是 善現 譬如明眼士夫 過夜曉已 日光出時 見種種色 當知菩薩不墮於事謂不墮事而行布施 亦複如是(비여사부입어암실 도무소견 당지보살약타어사 위타어사이행보시 역부여시 선현 비여명안사부 과야효이 일광출시 견종종색 당지보살불타어사 위불타사이행보시 역부여시)"로, 의정은 "若菩薩心住於事而行布施 如人入暗 則無所見 若不住事而行布施 如人有目 日光明照 見種種色 是故菩薩不住於事應行其施(약보살심주어사이행보시 여인입암 즉무소견 약부주사이행보시 여인유목 일광명조 견종종색 시고보살불주어사응행기시)"로, 보디류지는 "須菩提 譬如有人入暗 則無所見 若菩薩心住於事而行布施 亦複如是 須菩提 譬如人有目 夜分已盡 日光明照 見種種色 若菩薩不住於事行於布施 亦複如是(수부띠 비여유인입암 즉무소견 약보살심주어사이행보시 역부여시 수부띠 비여인유목 야분이진 일광명조 견종종색 약보살부주어사행어보시 역부여시)"로, 진제는 "譬如有人 在於盲暗 如是當知菩薩墮相行 墮相施 須菩提 如人有目 夜已曉時 晝日光照 見種種色 如是當知菩薩不墮於相 行無相施(비여유인 재어맹암 여시당지보살타상행 타상시 수부띠 여인유목 야이효시 주일광조 견종종색 여시당지보살불타어상 행무상시)"로, 달마급다는 "丈夫 暗舍入 不一亦見 如是 事墮菩薩見應 若事墮施與 譬如 善實 眼者丈夫 顯明夜 月出 種種色見 如是 菩薩摩訶薩見應 若事不墮 施與(장부암사입 불일역견 여시 사타보살견응 약사타시여 비여 선실 안자장부 현명야 월출 종종색견 여시 보살마하살견응 약사불타 시여)"로 각각 번역하였다.
이러한 내용을 종합하여, 이 게송을 직역하면 다음과 같다.

རབ་འབྱོར་འདི་ལྟ་སྟེ། དཔེར་ན་མིག་དང་ལྡན་པའི་མི་ཞིག་མུན་པར་ཞུགས་ན་ཅི་ཡང་མི་མཐོང་བ་དེ་བཞིན་
དུ་གང་དངོས་པོར་ལྷུང་བས་སྦྱིན་པ་ཡོངས་སུ་གཏོང་བའི་བྱང་ཆུབ་སེམས་དཔའ་བལྟ་བར་བྱའོ།།
ཡང་རབ་འབྱོར་འདི་ལྟ་སྟེ། དཔེར་ན། ནམ་ལངས་ཏེ་ཉི་མ་ཤར་ནས་མིག་དང་ལྡན་པའི་མིས་གཟུགས་རྣམ་པ་
སྣ་ཚོགས་དག་མཐོང་བ་དེ་བཞིན་དུ་གང་དངོས་པོར་མ་ལྷུང་བས་སྦྱིན་པ་ཡོངས་སུ་གཏོང་བི་བྱང་ཆུབ་
སེམས་དཔའ་བལྟ་བར་བྱའོ།།

And as a man who has entered the darkness would not see anything,
thus a Bodhisattva is to be considered who is immersed in objects,
and who is being immersed in objects gives a gift.
But as a man who has eyes would, when the night becomes light,
and the sun has risen, see many things,
thus a Bodhisattva is to be considered who is not immersed in objects,
and who not being immersed in objects gives a gift.'

須菩提

若菩薩心住於法 而行布施
如人入闇 卽無所見
若菩薩 心不住法 而行布施
如人有目 日光明照 見種種色

법에 머묾 없는 보시하면
다 보고 알 수 있음

보살들이 여섯경계 집착하여 보시하면
마치눈이 어둔사람 밤길가는 것과같아
한걸음의 앞의길을 미리짐작 할수없고
한찰나의 뒤의일을 미리예측 할수없다

여섯경계 그마저도 여의고서 보시하면
마치눈이 밝은사람 낮길가는 것과같아
모든길의 조건상태 모두두루 볼수있고
일어나는 모든일들 모두미리 알수있다

"만약 보살이 마음을 법에 머물러서 보시하면
마치 사람이 어둠속에 들어가면 아무것도 볼 수 없는 것과 같고,
만약 법에 머무르지 아니하는 마음으로 보시하면
마치 밝은 눈을 가진 사람이 햇빛이 밝게 비칠 때에
온갖 종류의 모양을 볼 수 있는 것과 같다."

만약보살 마음법에 머물러서 보시하면
어둠속에 들어가면 볼수없는 것과같고
보살마음 법에머뭄 없는보시 행한다면
햇빛비춰 형색볼수 있는것과 같느니라

**(24) "그리하여 수부띠야! 선남자와 선여인이 이 경전을 받아 지녀,
독송하고 이해하며, 다른 사람들을 위하여 자세히 설명해 준다면,
여래는 깨달은 사람의 지혜로 이들을 알고,
깨달은 사람의 눈으로 이들을 보느니라.
수부띠야! 이 사람들은 한량없고 가없는 복덕을 성취하게 될 것이다."**

api tu khalu punaḥ Subhūte ye kulaputrā vā kuladuhitaro
vemaṃ dharmaparyāyam udgrahīṣyanti dhārayiṣyanti vācayiṣyanti
paryavāpsyanti parebhyaś ca vistareṇa saṃprakāśayiṣyanti,
jñātās te Subhūte Tathāgatena buddha-jñānena,
dṛṣtās te Subhūte Tathāgatena buddha-cakṣuṣā,
buddhās te Tathāgatena. sarve te Subhūte sattvā aprameyam asaṃkhyeyaṃ
puṇya-skandhaṃ prasaviṣyanti pratigrahīṣyanti.

ཡང་རབ་འབྱོར་རིགས་ཀྱི་བུའམ་རིགས་ཀྱི་བུ་མོ་གང་དག་ཆོས་ཀྱི་རྣམ་གྲངས་འདི་ལེན་པ་དང་།
འཛིན་པ་དང་། འཆང་བ་དང་། ཀློག་པ་དང་། ཀུན་ཆུབ་པར་བྱེད་པ་དང་།
གཞན་དག་ལ་རྒྱ་ཆེར་ཡང་དག་པར་རབ་ཏུ་སྟོན་པ་དེ་དག་ནི་དེ་བཞིན་གཤེགས་པས་མཁྱེན།
དེ་བཞིན་གཤེགས་པས་གཟིགས་ཏེ་སེམས་ཅན་དེ་དག་
ཐམས་ཅད་ནི་བསོད་ནམས་ཀྱི་ཕུང་པོ་དཔག་ཏུ་མེད་པ་བསྐྱེད་པར་འགྱུར་རོ༎

'And again, O Subhûti, if any sons or daughters of good families
will learn this treatise of the Law, will remember, recite,
and understand it, and fully explain it to others, they,
O Subhûti, are known by the Tathâgata through his Buddha-knowledge,
they are seen, O Subhûti, by the Tathâgata through his Buddha-eye.
All these beings, O Subhûti,
will produce and hold fast an immeasurable and innumerable stock of merit.'

**須菩提 當來之世 若有善男子善女人 能於此經 受持讀誦
則爲如來 以佛智慧 悉知是人悉見是人 皆得成就無量無邊功德**

**여래 금강경 수지독송
금강법문 다 보고 앎**

미래세에 선남선녀 금강경을 받아지녀
경전내용 마음새겨 독송하고 요해하여
근기따라 다른사람 자세하게 설해주면
불가사량 불가칭의 무량공덕 아니리까

금강경의 사구게와 모든법문 이해하여
오매불망 마음속에 간직하고 독송하며
잘요해한 모든내용 다른사람 설해주면
부처님의 지혜로써 그들모두 아느니라

금강경을 수지하고 독송하는 모든모습
여래께서 부처님의 눈으로써 그들보며
금강수행 실천하는 자비로운 무상마음
여래께서 부처님의 성품으로 그들안다

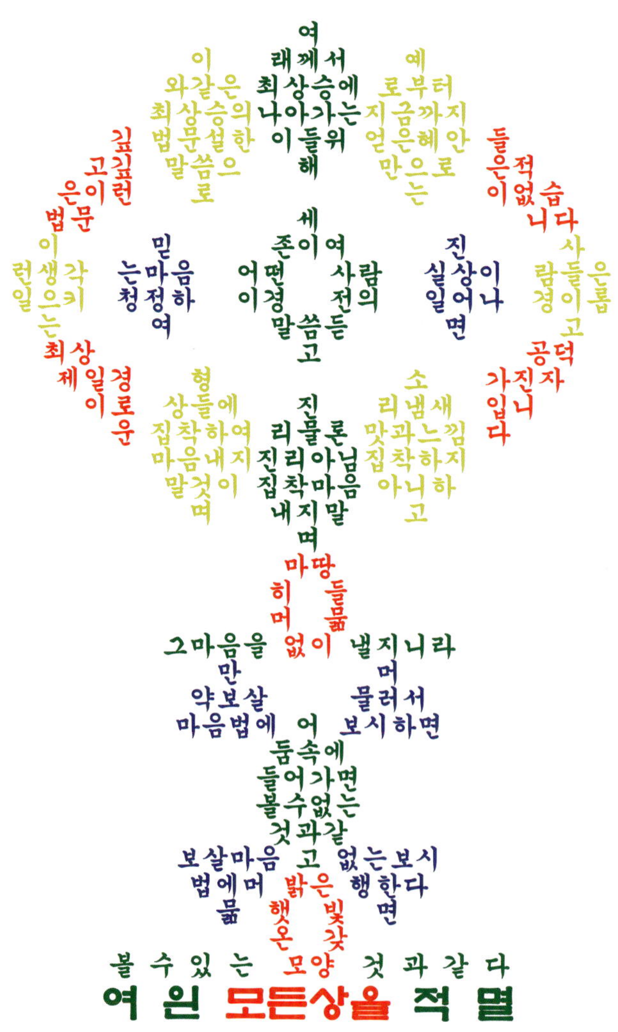

||नमो भगवत्या आर्यप्रज्ञापारमितायै||

||Namo bhagavatyā āryaprajñāpāramitāyai||

||སངས་རྒྱས་དང་བྱང་ཆུབ་སེམས་དཔའ་ཐམས་ཅད་ལ་ཕྱག་འཚལ་ལོ||

南無世尊聖般若波羅蜜多

持經功德分 第十五

경을 받아 지닌 공덕

THE MERIT AND VIRTUE GAINED FROM UPHOLDING THIS SŪTRA

वज्रच्छेदिका प्रज्ञापारमिता सूत्र

Vajracchedikā Prajñāpāramitā Sūtra

༄༅།།འཕགས་པ་ཤེས་རབ་ཀྱི་ཕ་རོལ་ཏུ་ཕྱིན་པ་རྡོ་རྗེ་གཅོད་པ་ཞེས་བྱ་བ་བཞུགས་སོ།།

金剛般若波羅密經 Diamond Sūtra

금강반야바라밀경

제15분. 경을 받아 지닌 공덕(1)

수부띠야 선남자와 선여인이 아침나절
강가강의 모래수들 만큼몸을 보시하고
낮과저녁 계속하여 그만큼몸 보시하며
이와같이 백천만억 겁의보시 한다하자

금강경의 말씀들어 비방않고 믿는다면
믿는사람 그복덕이 저복보다 뛰어나다
금강경을 사경하며 받아지녀 독송하고
다른이들 이해하게 설명해줌 있어서랴

수부띠야 이경전을 간단하게 말한다면
생각할수 없음물론 뭐라말할 수도없는
가이없고 헤아릴수 없는공덕 있으므로
대승자와 최상승자 위해여래 설하노라

वज्रच्छेदिका प्रज्ञापारमिता सूत्र

Vajracchedikā Prajñāpāramitā Sūtra

༄༅། །འཕགས་པ་ཤེས་རབ་ཀྱི་ཕ་རོལ་ཏུ་ཕྱིན་པ་རྡོ་རྗེ་གཅོད་པ་ཞེས་བྱ་བ་བཞུགས་སོ། །

金剛般若波羅密經 Diamond Sūtra

금강반야바라밀경

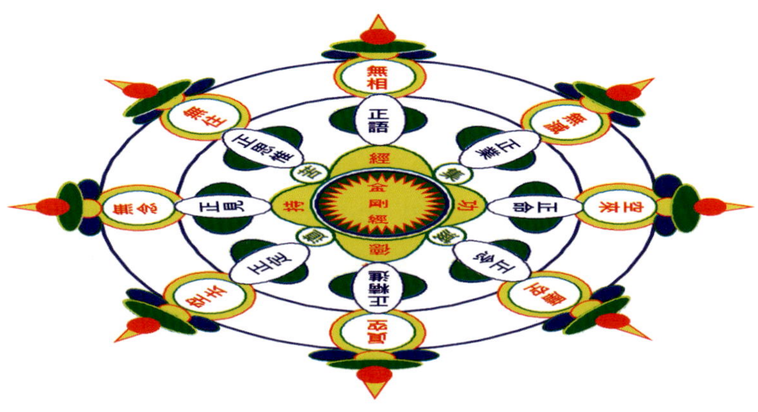

제15분. 경을 받아 지닌 공덕(2)

어떤사람 금강경을 받아지녀 읽고외워
널리다른 사람위해 설해주는 이사람들
수부띠야 여래부처 지혜로써 그들알고
여래부처 눈으로써 그들보며 보살핀다

이사람은 한량없고 말할수도 없음물론
가이없고 생각할수 없는공덕 얻느니라
이와같은 사람들은 위가없는 옳고바른
깨달음을 모두함께 성취하게 될것이다

수부띠야 믿음이해 뒤떨어진 소법자는
아상인상 중생상과 수자상에 집착하여
법문듣고 받아지녀 독송이해 할수없어
타인위해 설명하여 줄수없기 때문이다

수부띠야 이경전이 있는곳은 어디든지
모든세상 천상물론 인간들과 아수라들
다포함한 그들에게 공양받게 될것이며
공경하고 예배하는 탑묘와도 같느니라

Vajracchedikā Prajñāpāramitā Sūtra
금강반야바라밀경(金剛般若波羅密經)

15. 경을 받아 지닌 공덕(持經功德分 第十五)
CHAPTER 15. THE MERIT AND VIRTUE GAINED FROM UPHOLDING THIS SŪTRA

(1) "참으로 수부띠야! 선남자와 선여인이
아침에 강가강의 모래 수만큼 몸을 보시하고,
낮에도 강가강의 모래 수만큼 몸을 보시하며,
저녁에도 강가강의 모래 수만큼 몸을 보시하여,
이와 같이 백천만억겁 동안 몸을 보시한다고 하더라도,

yaś ca khalu punaḥ Subhūte strī vā puruṣo vā pūrva-āḥṇa-kāla-samaye
Gaṅgā-nadī-vālukā-samān ātmabhāvān parityajet,
evaṃ madhya-āhṇa-kāla-samaye
Gaṅgā-nadī-vālukā-samān ātmabhāvān parityajet,
sāya-āhṇa-kāla-samaye Gaṅgā-nadī-vālukā-samān ātmabhāvān parityajet,
anena paryāyeṇa bahūni kalpa-koṭi-niyuta-śatasahasrāṇy
ātmabhāvān parityajet;

ཡང་རབ་འབྱོར་སྐྱེས་པའམ།
བུད་མེད་གང་ཞིག་སྔ་དྲོའི་དུས་ཀྱི་ཚེ་ལུས་གངྒཱའི་ཀླུང་གི་བྱེ་མ་སྙེད་ཡོངས་སུ་གཏོང་ལ།
ཕྱེད་ཀྱི་དུས་དང་། ཕྱི་དྲོའི་དུས་ཀྱི་ཚེ་ཡང་ལུས་གངྒཱའི་ཀླུང་གི་བྱེ་མ་སྙེད་ཡོངས་སུ་གཏོང་སྟེ།
རྣམ་གྲངས་འདི་ལྟ་བུར་བསྐལ་པ་བྱེ་བ་ཁྲག་ཁྲིག་འབུམ་ཕྲག་དུ་མར་ལུས་ཡོངས་སུ་གཏོང་བ་བས།

'And if, O Subhûti, a man or woman sacrificed in the morning
as many lives as there are grains of sand in the river Gangâ
and did the same at noon and the same in the evening,
and if in this way they sacrificed their lives
for a hundred thousands of niyutas of kotîs of ages,

須菩提 若有善男子善女人 初日分 以恒河沙等身布施 中日分 復以恒河沙等身布施
後日分 亦以恒河沙等身布施 如是無量百千萬億劫 以身布施

금강경 공덕 가설

천지지간 만물중에 사람되기 어려워라
소중하온 사람생명 무엇으로 바꾸리까
선남선녀 매일아침 낮과저녁 생명보시
한량없는 그공덕을 무엇으로 나타내리

금강경을 수지하는 희유인연 그공덕은
이런저런 생각으로 헤아려볼 도리없고
측정불른 무엇이라 말할수도 없노라니
강가모래 수만큼의 생명보시 비하는가

불가사의 하다는것 생각못할 자각이요
불가칭은 견주어서 말할것도 없음이니
그보다도 나은것이 없다는것 말함이라
그러하니 그공덕을 무엇으로 비교하리

(2) 이 경전의 말씀을 듣고 비방하지 않는다면,
이로 인하여 한량없는 더 많은 복덕을 쌓음이 된다.
하물며 경전을 쓰고, 받아 지니며, 읽고, 마음에 간직하며, 이해하고,
다른 사람들을 위하여 자세히 설명해 줌에 있어서랴.

yaś cemaṃ dharmaparyāyaṃ śrutvā na pratikṣipet,
ayam eva tato nidānaṃ bahutaraṃ puṇyaskandhaṃ
prasunuyād aprameyam asamkhyeyam.
kaḥ punar vādo yo likhitvodgṛhṇīyād dhārayed vācayet
paryavāpnuyāt parebhyaś ca vistareṇa samprakāśayet.

གང་གིས་ཆོས་ཀྱི་རྣམ་གྲངས་འདི་ཐོས་ནས་མི་སྤོང་ན།
དེ་ཉིད་གཞི་དེ་ལས་བསོད་ནམས་ཆེས་མང་དུ་གྲངས་མེད་དཔག་ཏུ་མེད་པ་བསྐྱེད་ན།
གང་གིས་ཡི་གེར་བྲིས་ནས་ལེན་པ་དང་། འཛིན་པ་དང་། འཆང་བ་དང་།
ཀློག་པ་དང་། ཀུན་ཆུབ་པར་བྱེད་པ་དང་།
གཞན་དག་ལ་རྒྱ་ཆེར་ཡང་དག་པར་རབ་ཏུ་སྟོན་པ་ལྟ་ཅི་སྨོས།

and if another, after hearing this treatise of the Law,
should not oppose it, then the latter would on the strength
of this produce a larger stock of merit, immeasurable and innumerable.
What should we say then of him who after having written it, learns it,
remembers it, understands it, and fully explains it to others?

若復有人 聞此經典 信心不逆 其福勝彼 何況書寫 受持讀誦 爲人解說

불가량 · 불가칭의 복덕

금강경의 법문내용 이해하지 못하지만
법문듣고 이런저런 비방하지 않는다면
이사람은 비방하지 아니하는 것만으로
한량없는 복과덕을 쌓는것이 되느니라

부처되는 진리말씀 금강경을 받아지님
한량없고 셀수없는 복덕쌓음 없으리까
경전구절 사경하며 독송하고 기억하며
경전말씀 이해하여 남을위해 설함이야

부처되는 대자대비 청정원을 체로하여
수지하여 독송하니 자기복덕 쌓음물론
요해하여 남을위해 자세하게 설해주는
중생위한 그복덕을 그무엇에 견주리오

(3) 또한 수부띠야! 이 경에는 불가사의하며,
헤아릴 수 없고 가이없는 공덕이 있다.
수부띠야! 여래는 이 법문을 대승180)에 나아가는 이를 위하여 설한 것이며,
최상승181)에 나아가는 이를 위하여 설하였다.

api tu khalu punaḥ Subhūte 'cintyo 'tulyo 'yam dharmaparyāyaḥ.
ayaṃ ca Subhūte dharmaparyāyās Tathāgatena
bhāṣito 'gra-yāna-samprasthitānāṃ sattvānām arthāya
śreṣtha-yāna-samprasthitānām sattvānām arthāya,

གང་གིས་ཆོས་ཀྱི་རྣམ་གྲངས་འདི་ཐོས་ནས་མི་སྐྲོང་ན།
དེ་ཉིད་གཞི་དེ་ལས་བསོད་ནམས་ཆེས་མང་དུ་གྲངས་མེད་དཔག་ཏུ་མེད་པ་བསྐྱེད་ན།
གང་གིས་ཡི་གེར་བྲིས་ནས་ལེན་པ་དང་། འཛིན་པ་དང་། འཆང་བ་དང་།
ཀློག་པ་དང་། ཀུན་ཆུབ་པར་བྱེད་པ་དང་།
གཞན་དག་ལ་རྒྱ་ཆེར་ཡང་དག་པར་རབ་ཏུ་སྟོན་པ་ལྟ་ཅི་སྨོས།

'And again, O Subhûti,

180) 대승(अग्र यान agra-yāna: 大乘 · 勝乘 · 道尊 · 無上乘 · 最上乘)은 산스끄리뜨어 '아그라 야-나(agra-yāna)'로 '위없는 경지 또는 위없는 도'라는 뜻을 나타낸다. 구마라집 · 보디류지 · 의정은 '대승(大乘)'으로, 진제는 '무상승(無上乘)'으로, 달마급다는 '승승(勝乘)'으로, 현장은 '최상승(最上乘)'으로 각각 의역하였다.

181) 최상승(स्रेस्टहा यना śreṣtha-yāna: 最上乘 · 最勝乘 · 無等乘)은 산스끄리뜨어 '슈레슈타 야-나(śreṣtha-yāna)'로 '최상의 경지 또는 수승한 도'라는 뜻을 나타낸다. 구마라집 · 보디류지 · 의정은 '최상승(最上乘)'으로, 진제는 '무등승(無等乘)'으로, 달마급다 · 현장은 '최승승(最勝乘)'으로 각각 의역하였다.

this treatise of the Law is incomprehensible and incomparable.
And this treatise of the Law has been preached
by the Tathâgata for the benefit of those beings
who entered on the foremost path (the path that leads to Nirvâna),
and who entered on the best path.

須菩提 以要言之 是經有不可思議不可稱量無邊功德
如來 爲發大乘者說 爲發最上乘者說

최상승자 위해 경 설함

불가사의 금강법문 그무엇과 비교하리
이법문은 대승으로 나아가는 원을세워
최상승의 분별여읜 대승보디 마음내어
아래로는 사바중생 제도하는 행나툰다

최상승의 초발심을 일으킨이 이름하여
위가없는 대보디심 발한이로 보살이니
최상승의 지혜마저 성취하려 하느니라
불지닦는 큰수행자 부처되기 위함이다

사람들의 생각으로 헤아리지 못함물론
가히말할 수가없는 불가사의 공덕있어
수부띠야 이법문을 대승으로 나아가고
최상승에 나아가는 이들위해 설하였다

(4) 어떤 사람들이 이 법문을 받아 지니고, 독송하며, 이해하고,
다른 사람들을 위하여 자세히 설명해 준다면,
수부띠야! 여래는 깨달은 사람의 지혜와 눈으로써
이러한 사람들을 다 알고 다 본다.

ya imaṃ dharma-paryāyam udgrahīṣyanti dhārayiṣyanti vācayisyanti
paryavāpsyanti pare-bhyas ca vistareṇa samprakāśayiṣyanti,
jñātās te Subhūte Thathāgatena buddha-jñānena,
dṛṣtās te Subhūte Tathāgatena buddha-cakṣuṣā,
buddhās te Tathāgatena,

གང་དག་ཆོས་ཀྱི་རྣམ་གྲངས་འདི་ལེན་པ་དང་། འཛིན་པ་དང་། འཆང་བ་དང་།
ཀློག་པ་དང་། ཀུན་ཆུབ་པར་བྱེད་པ་དང་།

གཞན་དག་ལ་ཡང་རྒྱ་ཆེར་ཡང་དག་པར་རབ་ཏུ་སྟོན་པ་དེ་དག་ནི་དེ་བཞིན་གཤེགས་པས་མཁྱེན།
དེ་བཞིན་གཤེགས་པས་གཟིགས་ཏེ།

And those who will learn this treatise of the Law, who will remember it, recite it, understand it, and fully explain it to others, they are known, O Subhûti, by the Tathâgata through his Buddha-knowledge, they are seen, O Subhûti, by the Tathâgata through his Buddha-eye.

若有人 能受持讀誦 廣爲人說 如來悉知是人悉見是人

금강경 수지독송 여래 다 보고 앎

불신않는 바른믿음 한량없는 복짓거니
그가르침 받들어서 사경하고 독송하며
요해하여 남에게도 설명해줌 있어서랴
부처되는 한량없는 공덕쌓음 아니리까

대승자로 최상승의 바른마음 발하여서
나와남이 한찰나에 깨달음을 이루고저
금강법문 잘듣고서 받아지녀 독송하며
이해하여 타인위해 자세하게 설명하라

금강경을 남을위해 설해주는 그사람은
대승자요 최상승의 마음을낸 수행자니
여래바른 깨달은바 반야지혜 눈으로써
그와같은 사람들을 모두알고 모두본다

(5) 그러한 모든 사람들은 헤아릴 수 없고, 말할 수 없는 가이 없고 불가사의한 공덕을 성취할 것이다. 수부띠야! 이와 같은 사람들은 스스로 여래의 아뇩따라삼약삼보디를 실현하게 될 것이다.

sarve te Subhūte sattvā aprameyeṇa puṇya-skandhena samanvāgatā bhaviṣyanti, acintyena-atulyena-amāpyena-aparimāṇena puṇya-skandhena samanvāgatā bhaviṣyanti.
sarve te Subhūte sattvāḥ samāṃśena bodhiṃ dhārayiṣyanti.

གཞན་དག་ལ་ཡང་རྒྱ་ཆེར་ཡང་དག་པར་རབ་ཏུ་སྟོན་པ་དེ་དག་ནི་དེ་བཞིན་གཤེགས་པས་མཁྱེན།
དེ་བཞིན་གཤེགས་པས་གཟིགས་ཏེ།

གཞལ་དུ་མེད་པ་དང་། ཚད་མེད་པ་དང་ལྡན་པར་འགྱུར་ཏེ།
སེམས་ཅན་དེ་དག་ཐམས་ཅད་ངའི་བྱང་ཆུབ་ཕྲག་པ་ལ་ཐོགས་པར་འགྱུར་རོ།།

All these beings, O Subhûti,
will be endowed with an immeasurable stock of merit,
they will be endowed with an incomprehensible, incomparable,
immeasurable and unmeasured stock of merit.
All these beings, O Subhûti,
will equally remember the Bodhi (the highest Buddha-knowledge),
will recite it, and understand it.

皆得成就不可量不可稱 無有邊不可思議功德 如是人等
卽爲荷擔如來阿耨多羅三藐三菩提

불가사의 공덕성취하고 스스로 깨달음 실현

대승불교 옳고바른 그마음을 지닌사람
금강경의 말씀통해 부처님뜻 요해하여
진리말씀 통하고서 이타행을 일으키고
남을위해 해설하며 무상이치 깨닫는가

누가있어 금강경의 가르침을 수행하고
남을위해 무상의삶 무착의행 설하여서
티끌번뇌 망상마저 벗어나게 하겠는가
무상보디 얻으려는 수행자들 여래안다

그수행자 헤아리고 말로나타 낼수없는
가이없는 불가사의 공덕성취 하느니라
무상으로 금강경을 수지독송 설하는이
스스로가 깨달음을 증득하게 되느니라

(6) 왜냐하면 이 법문은 믿음과 이해가 뒤떨어진 사람들은[182] 들을 수가 없으며,

---

182) 소법자(hīna-adhimuktikaiḥ sattva: 小法者)는 믿음과 이해(信解)가 뒤 떨어진 사람으로서 구도자의 맹세를 세우지 않은 사람들이다. 산스끄리뜨어 '히-나 아디묵띠까이히 삿뜨와(hīna-adhimuktikaiḥ sattva)'를 구마라집・보디류지・의정은 '소법을 좋아하는 사람(樂小法者)', 진제는 '뒤 떨어진 원력을 좋아하는 사람(下願樂人)', 달마급다는 '믿음과 이해가 뒤 떨어진 중생(小信解者衆生)', 현장은 '믿음과 이해가 열등한 유정(下劣信解有情)'이라 각각 번역하였다. 그런데, 『금강경』에서는 소승(hīnayāna: 小乘)이라는 표현을 하지 않고, 대립되는 대승(mahāyāna: 大乘)이라는 표현을 사용하지도 않는다. 따라서 여기에서 소법자는 인과를 믿지 않고 외도의 법을 믿는 사정취(micchatta-niyata-rāsi: 邪定聚) 중생을 의미하며, 이들은 인과를 믿지 않아 발심할 수 없기 때문에, 믿음과 이해가 뒤떨어져 금강경을 받아들이고 독송하거나 요해하기가 어려워 남을 위하여 설해 줄 수 없다는 것이다. 사정취 중생은 중생의 근기를 구분하는 삼취(三聚)의 하나로서, 반드시 악도에 떨어질 것으로 결정된 자로서, 불법(佛法)을 비방하고 수도에 전혀

아견 · 인견 · 중생견과 수자견에 집착하는 사람들도 들을 수가 없기 때문이다.
그리고 보살의 서원을 세우지 않은 사람들도 이 법문을 듣거나,
받아 지니거나, 독송하거나, 혹은 이해할 수가 없어
다른 사람들에게 설명해 줄 수가 없기 때문이다.

tat kasya hetoḥ? na hi śakyaṃ Subhūte ‘yaṃ dharmaparyāyo
hīna-adhimuktikaiḥ sattvaiḥ śrotuṃ na-ātma-dṛṣṭikair
na sattvadṛṣṭikair na jīva-dṛṣṭikair na pudgala-dṛṣṭikaiḥ.
na-abodhisattva-pratijñaiḥ sattvaiḥ śakyam ayaṃ dharma-paryāyaḥ
śrotuṃ vodgrahītuṃ vā dhārayituṃ vā vācayituṃ vā paryavāptuṃ vā.
nedaṃ sthānaṃ vidyate.

དེ་ཅིའི་ཕྱིར་ཞེ་ན། རབ་འབྱོར་དམན་པ་ལ་མོས་པ་རྣམས་ཀྱིས་ཆོས་ཀྱི་རྣམ་གྲངས་འདི་མཉན་པར་མི་ནུས་ཏེ།
བདག་ཏུ་ལྟ་བ་རྣམས་ཀྱིས་མ་ཡིན། སེམས་ཅན་དུ་ལྟ་བ་རྣམས་ཀྱིས་མ་ཡིན།
སྲོག་ཏུ་ལྟ་བ་རྣམས་ཀྱིས་མ་ཡིན་ཞིང་། གང་ཟག་ཏུ་ལྟ་བ་རྣམས་ཀྱིས་མཉན་པ་དང་།
གླང་བ་དང་བཟུང་བ་དང་། ཀློག་པ་དང་།
ཀུན་ཆུབ་པར་བྱེད་མི་ནུས་ཏེ། དེ་ནི་གནས་མེད་པའི་ཕྱིར་རོ།།

And why? Because it is not possible, O Subhûti,
that this treatise of the Law should be heard by beings of little faith,
by those who believe in self, in beings, in living beings, and in persons.
It is impossible that this treatise of the Law should be heard by beings
who have not acquired the knowledge of Bodhisattvas,
or that it should be learned, remembered, recited, and understood by them.
The thing is impossible.

何以故 須菩提 若樂小法者 著我見人見衆生見壽者見
即於此經 不能聽受讀誦 爲人解說

사견 집착하면 수지독송 · 이해 · 설명 불가

무슨일을 하더라도 견에집착 안되나니
학자농부 노동자나 상인들을 살펴보라
고요하고 맑고또한 바른마음 지니고서
분별여읜 지혜통해 바른확신 절실하다

뜻이 없어, 성불할 수 없는 중생을 말한다. 삼취는 사람의 성질을 셋으로 나누어, ① 항상 정진하여 기필코 성불할 중생인 정정취(正定聚), ② 성불할만한 소질(素質)이 없어 더욱 타락하여 가는 중생인 사정취(邪定聚), ③ 연(緣)이 있으면 성불할 수 있고, 연이 없으면 미(迷)할 중생으로서 성불이 미정상태인 부정취(不定聚)가 있다.

믿음이해 부족한이 사견집착 못벗는이
어리석어 금강법문 들을수가 없느니라
보살서원 못세운이 이법문을 못듣나니
수지독송 이해못해 설명하지 못한다네

아견인견 중생견과 수자견을 즐기는이
사상가나 철학가나 정치인과 고인보라
집착하면 볼수없고 들리지도 않느니라
상여의는 서원없인 금강경을 못접한다

(7) 그러나 또한 수부띠야! 이 경전이 설해지는 지방이 있다면 그 곳은 마땅히 모든 세상의 천 · 인 · 아수라에게 공양을 받을 것이다. 그 곳은 탑묘[183] 같이 될 것이니, 오른쪽으로부터 돌면서 그 곳을 공경하고 꽃과 향을 뿌릴 것임을 알아야 하느니라.”

api tu khalu punaḥ Subhūte yatra pṛthivīpradeśa idaṃ sūtraṃ prakāśayiṣyate, pūjanīyaḥ sa pṛthivīpradeśo bhaviṣyati sa-deva-mānuṣa-asurasya lokasya, vandanīyaḥ pradakṣiṇīyaś ca sa pṛthivīpradeśo bhaviṣyati.
caitya-bhūtaḥ sa pṛthivīpradeśo bhaviṣyanti.

ཡང་རབ་འབྱོར་ས་ཕྱོགས་གང་ན་མདོ་སྡེ་འདི་སྟོན་པའི་ས་ཕྱོགས་དེ་ལྷ་དང་མི་དང་ལྷ་མ་ཡིན་དུ་བཅས་པའི་
འཇིག་རྟེན་གྱི་མཆོད་པ་བྱ་བར་འོས་པར་འགྱུར་རོ༎ ས་ཕྱོགས་དེ་ཕྱག་བྱ་བར་འོས་པ་དང་།
སྐོར་བ་བྱ་བར་འོས་པར་འགྱུར་ཏེ། ས་ཕྱོགས་དེ་མཆོད་རྟེན་ལྟ་བུར་འགྱུར་རོ༎

'And again, O Subhûti,
that part of the world in which this Sûtra will be propounded,
will have to be honoured by the whole world of gods, men,
and evil spirits, will have to be worshipped,
and will become like a Kaitya (a holy sepulchre).'

183) 탑묘(चैत्य caitya · 짜이띠야: 支提 · 支帝 · 制底 · 靈廟 · 佛靈廟 · 靈塔 · 塔廟 · 福聚 · 生淨信處 · 可供養處)는 부처님의 자취(聖跡)가 있는 곳에 보석이나 나무 또는 돌로 세워져서 공양 · 예배하는 사당을 의미한다. 산스끄리뜨어 ‘짜이띠야(caitya)’를 진제는 ‘지제(支提)’ · 달마급다는 ‘지제(支帝)’ · 의정은 ‘제저(制底)’라고 음역하였으며, 현장은 ‘불영묘(佛靈廟)’라고 의역하는 등 다양하게 표현하고 있다. 그리고 탑파(स्तूप stūpa · 스뚜-빠: 藪斗婆 · 蘇偸婆 · 萃堵婆 · 兜婆 · 偸婆 · 浮屠 · 塔婆 · 大聚 · 塚, 方墳, 高顯, 墳陵)는 부처님의 사리를 안치하는 성스러운 구조물로서 불교의 전파와 함께 각 지역에 세워졌다. 부처님이 꾸시나가르(Kusinagar)의 사라쌍수(沙羅雙樹) 아래에서 열반에 드신 후 부처님사리는 8개국으로 나뉘어져 탑파를 쌓아 모시기 시작한 데서 비롯되었다. 산스끄리뜨어 ‘스뚜-빠(stūpa)’를 ‘수두파(藪斗婆) · 소투파(蘇偸婆) · 탑파(塔婆)’ 등으로 음역하거나 ‘대취(大聚) · 방분(方墳) · 원총(圓塚) · 고현처(高顯處) · 공덕취(功德聚)’ 등으로 의역하였다. 2~3세기경에는 인도 아소카왕이 팔만사천개의 탑파를 만들었다고 하며, 시대와 나라에 따라 그 의미와 양식이 다소 다르다. ‘탑파(塔婆)’를 약칭하여 ‘탑(塔)’이라고 하는데, ‘마하승지율(摩訶僧祇律 三十三)’에는 “사리가 있는 것을 탑(stūpa: 塔)이라 한다.”라고 기술되어 있다. 그러나 후대에는 탑묘와 탑파인 탑을 함께 사용하게 되었으며 또한 동시에 예경대상이 되고 있다.

須菩提 在在處處 若有此經 一切世間天人阿修羅所應供養 當知此處
即爲是塔 皆應恭敬 作禮圍繞 以諸華香 而散其處

금강경 설해지는 곳 부처님 탑묘같이 공양

금강경을 받아지녀 정성다해 독송하면
그사람의 마음속에 부처님이 안계시랴
금강경을 요해하고 남을위해 설해주니
그사람의 법문중에 부처님법 있느니라

일체모든 분별여읜 상이없는 금강반야
받아지녀 독송하며 마음에도 새김물론
상이없는 행동으로 실천하는 그곳들을
부처님의 탑묘같이 공양하지 않으리요

수부띠야 이경전이 설해지는 지방들은
모든세상 천인물론 아수라등 공양하고
그지방은 탑묘같이 예를갖춰 공경하며
꽃과향을 뿌릴것임 알아야만 하느니라

수
강 부띠야 점
가강의 선남자와 심저녁
모래수들선여인이계속하여
이 만큼몸을 아침나 그만큼몸 겁
와갈 보시하 절 보시하 의보
이백천 고 며 시한다
만억 금 하자
금 믿 강경의 저 받
강경을 는사람 말씀 듣고 복보다 아지녀
사경하 그복덕 비방 않고 뛰어나 독송하
며 이 믿는다 다 고
다른 면 설명
이들이 어 널 해줌있
해하 떤사람 수 리다른 어서
게 금강경을 부띠야 사람위해 라
받아지녀여래부처설해주는
읽고외 지혜로써 이사람
워 그들알 들
고
여래
부 처
눈 으
그들보며 로써 보살핀다
수 있
부띠야 는곳은
이경전이 모 어디든지
든세상
천상물론
인간들과
아수라
다포함한 들 공양받게
그들에 공경 될것이
게 하 고 며
예 배
탑 묘 와 도 하는 같 느 니 라

지 닌 경을받아 공 덕

수

부띠야

선남자와

선여인이 아침나절

강가강의모래수들 만큼몸을보시하고

낮과저녁계속하여 그만큼몸보시하며

이와같이백천만억 겁의보시한다하자

금강경의법문내용 부처되는진리말씀

이해하지못하지만법문듣고 금강경을 받아지님한량없고

이런저런비방하지않는다면 Vajracchedikā Prajñāpāramitā Sūtra Mantra 셀수없는복덕쌓음없으리까

이사람은비방하지아니하는것만으로 वज्रच्छेदिका प्रज्ञापारमिता सूत्र मन्त्र 경전구절사경하며독송하고기억하며

한량없는복과덕을쌓는것이되느니라 금강반야바라밀경 진언 경전말씀이해하여남을위해설함이야

수부띠야이경전을간단하게말한다면 나 namo 모 어떤사람금강경을받아지녀읽고외워

생각할수없음물론뭐라말할수도없는 바가 bhagavatī 와띠 널리다른사람위해설해주는이사람들

가이없고헤아릴수없는공덕있으므로 쁘라즈냐 빠 prajñāpāramitāyai 라미따야이 수부띠야여래부처지혜로써그들알고

대승자와최상승자위해여래설하노라 옴 이리따 이 oṃ īrita iṣira śruta 쉬라 슈루따 여래부처눈으로써그들보며보살핀다

이사람은한량없고말할수도없음물론 위샤야 viṣaya viṣaya 위샤야 수부띠야소승법을좋아하는그사람은

가이없고생각할수없는공덕얻느니라 스 svāhā 와 아상인상중생상과수자상에집착하여

이와같은사람들은위가없는 하 금강경을듣고지녀읽고외워

옳고바른깨달음을모두함께 타인위해정성다해설해주지

성취하게될것이다 아니하기때문이다

수부띠야이경전이 있는곳은어디든지

모든세상천상물론 인간들과아수라들

다포함한그들에게 공양받게될것이며

공경하고 예배하는

탑묘와도

같느니

라

॥नमो भगवत्या आर्यप्रज्ञापारमितायै॥

॥Namo bhagavatyā āryaprajñāpāramitāyai॥

||སངས་རྒྱས་དང་བྱང་ཆུབ་སེམས་དཔའ་ཐམས་ཅད་ལ་ཕྱག་འཚལ་ལོ||

南無世尊聖般若波羅蜜多

能淨業障分 第十六

모든 업장 능히 맑힘

KARMIC OBSTRUCTIONS CAN BE PURIFIED

वज्रच्छेदिका प्रज्ञापारमिता सूत्र
Vajracchedikā Prajñāpāramitā Sūtra

༄༅། །འཕགས་པ་ཤེས་རབ་ཀྱི་ཕ་རོལ་ཏུ་ཕྱིན་པ་རྡོ་རྗེ་གཅོད་པ་ཞེས་བྱ་བ་བཞུགས་སོ།།

金剛般若波羅密經 Diamond Sūtra
금강반야바라밀경

제16분. 모든 업장 능히 맑힘(1)

수부띠야 선남자와 선여인이 금강경을
받아지녀 읽고외워 설명하며 들려줘도
만약다른 사람에게 천대멸시 받는다면
전생지은 죄업으로 악도떨어 질것이다

선남자와 선여인이 전생지은 죄업인해
금생에는 타인천대 멸시받은 까닭으로
전생지은 모든죄와 업보들이 소멸되고
가장바른 깨달음을 얻게되는 것이니라

수부띠야 나는과거 한량없는 아승기겁
연등불을 만나기전 팔백사천 니유따의
부처님들 모두만나 공양하고 받들어서
섬겼으며 지나친적 없었음을 기억한다

वज्रच्छेदिका प्रज्ञापारमिता सूत्र

Vajracchedikā Prajñāpāramitā Sūtra

༄༅།།འཕགས་པ་ཤེས་རབ་ཀྱི་ཕ་རོལ་ཏུ་ཕྱིན་པ་རྡོ་རྗེ་གཅོད་པ་ཞེས་བྱ་བ་བཞུགས་སོ།།

金剛般若波羅密經 Diamond Sūtra

금강반야바라밀경

제16분. 모든 업장 능히 맑힘(2)

수부띠야 어떤사람 만일정법 쇠퇴할때
이경받아 지녀읽고 외워얻은 공덕비해
부처님께 공양공덕 백에하나 못미치고
산수로도 비유로도 미치지를 못하니라

수부띠야 선남선녀 말세정법 쇠퇴할때
금강경을 받아지녀 읽고외워 얻은공덕
만약내가 그공덕을 자세하게 말한다면
이말들은 중생들은 의심불신 할것이다

수부띠야 진실로써 여래자신 이경전은
그참뜻이 불가사의 하다는것 설했느니
마땅히들 그과보도 말할수도 없음이며
불가사의 하다는것 알아야만 하느니라

Vajracchedikā Prajñāpāramitā Sūtra
금강반야바라밀경(金剛般若波羅密經)

16. 모든 업장 능히 맑힘(能淨業障分 第十六)
CHAPTER 16. KARMIC OBSTRUCTIONS CAN BE PURIFIED

(1) "그런데 또한 수부띠야! 선남자와 선여인이 이와 같은 경전을 받아 지니고,
독송하며, 이해하고, 마음에 새겨 사유하며,
다른 사람들에게 자세하게 설명해 주더라도,
천대와 멸시를 받게 된다면,
수부띠야, 이 사람들은 전생에 지은 죄의 과보로 악도에 떨어져야 하겠지만,

api tu ye te Subhūte kulaputrā vā kuladuhitaro vemān evaṃrūpān
sūtrāntān udgrahīṣyanti dhārayiṣyanti vācayiṣyanti paryavāpsyanti yoniśaś
ca manasikariṣyanti parebhyaś ca vistareṇa samprakāśayiṣyanti,
te paribhūta bhaviṣyanti, suparibhūtāś ca bhaviṣyanti.
tat kasya hetoḥ? yāni ca teṣāṃ Subhūte sattvānāṃ
paurva-janmikāny aśubhāni karmāṇi kṛtāny apāya-saṃvartanīyāni,

ཡང་རབ་འབྱོར་རིགས་ཀྱི་བུའམ།
རིགས་ཀྱི་བུ་མོ་གང་དག་འདི་ལྟ་བུའི་མདོ་སྡེའི་ཚིག་འདི་དག་ལེན་པ་དང་།
འཛིན་པ་དང་། འཆང་བ་དང་། ཀློག་པ་དང་།
ཀུན་ཆུབ་པར་བྱེད་པ་དེ་དག་ནི་མནར་བར་འགྱུར་ཤིན་ཏུ་མནར་བར་འགྱུར་རོ༎ དེ་ཅིའི་ཕྱིར་ཞེ་ན།
རབ་འབྱོར་སེམས་ཅན་དེ་དག་ནི་ཚེ་རབས་སྔ་མའི་མི་དགེ་བའི་ལས་ངན་སོང་དུ་སྐྱེ་བར་
འགྱུར་བ་གང་དག་བྱས་པ་དེ་དག་ཚེ་འདི་ཉིད་ལ་མནར་བས།

And, O Subhûti,
sons or daughters of a good family who will learn these very Sûtras,
who will remember them, recite them, understand them,
thoroughly take them to heart, and fully explain them to others,
they will be overcome, they will be greatly overcome.
And why? Because, O Subhûti,
whatever evil deeds these beings have done in a former birth,
deeds that must lead to suffering,

復次須菩提 善男子善女人 受持讀誦此經 若爲人輕賤 是人先世罪業 應墮惡道

금강경 수지독송 경멸천대 받는 이유

금강경을 수지독송 일체의상 여읜다면
아상인상 중생상과 수자상이 다없는데
다른사람 수모모욕 받을내가 없음물론
수모모욕 주는사람 어디에도 없느니라

선남자와 선여인이 이경전을 받아지녀
바른마음 독송설명 그공덕은 무량한데
다른사람 경멸천대 받는이유 무엇인가
이사람들 전생지은 죄업으로 그러하다

(2) 현세에서 천대와 멸시를 받음으로써, 전생에 지은 악업들이 소멸되고, 부처님의 아뇩따라삼약삼보디를 증득하게 될 것이다.

dṛṣṭa eva dharme tayā paribhūtatatayā tāni paurvajanmikāny
aśubhāni karmāṇi kṣapayiṣyanti, buddha-bodhiṃ ca-anuprāpsyanti.

ཚེ་རབས་སྔ་མའི་མི་དགེ་བའི་ལས་ངན་སོང་དུ་སྐྱེ་བར་འགྱུར་བ་གང་དག་བྱས་པ་དེ་དག་འབྱང་བར་འགྱུར་ཏེ།
སངས་རྒྱས་ཀྱི་བྱང་ཆུབ་ཀྱང་ཐོབ་པར་འགྱུར་རོ༎

those deeds these beings, owing to their being overcome,
after they have seen the Law, will destroy,
and they will obtain the knowledge of Buddha.

以今世人輕賤故 先世罪業 即爲消滅 當得阿耨多羅三藐三菩提

업신여김과 천대 그 과보로 업장소멸

금강경을 수지하고 독송하여 상없애면
다생겁에 지은업도 삼악도에 들지않고
모든천대 업신여김 받는다고 하더라도
업장모두 소멸되어 선세과보 다하노라

번뇌장과 업장보장 삼장모두 사라지면184)

184) 삼장(**त्रायन्तरायह** trayo'ntarāyāḥ: 三障)은 불도(佛道)를 방해하는 세 가지의 장애물로서 번뇌장(kleśa-jñeyâvaraṇa: 煩惱障) · 업장(karmâvaraṇa: 業障) · 보장(vipākāvaraṇa: 報障)을 말한다. 『대반열반경(大般涅槃經)』 권11(卷十一) 등에는 번뇌장은 반야덕을 장애하는데, 이른바 탐욕(貪欲) · 진에(瞋恚) · 우치(愚癡) 등의 스스로의 번뇌에 의해서 일어나는 장애를 말한다. 이것은 자기 자신의 욕망이나 어리석음 등으로 미혹한 생명이 불도를 수행하는데 장애가 된다는 것이다. 업장은 해탈덕을 장애하는데, 이른바 오역

진리법신 반야해탈 삼덕모두 원만하고[185)]
석가화신 법신보신 삼신모두 완연하니[186)]
어찌하여 무상정각 증득하지 않겠는가

(3) 수부띠야! 나는 연등불 · 아라한 · 정등각들을 친견하기 전에,
과거 한량없는 아승기겁[187)] 동안 팔백 사천만억 니유따[188)]의
여러 부처님들을 만나 뵙고, 모두 공양하며 받들어 모시고,
그냥 지나친 적이 없었음을 기억한다.
나는 부처님과 세존들을 편하게 모셨고, 편하게 모셨기에
그 분들도 불편함이 없으셨다.

tat kasya hetoḥ? abhijānāmy ahaṃ Subhūte 'tīte-dhvany asaṃkhyeyaiḥ kalpair asaṃkhyeyatarair Dīpaṅkarasya Tathāgatasya-arhataḥ samyaksambuddhasya pareṇa para-tareṇa

---

죄(五逆罪) · 십악업(十惡業) 등의 악업들이 믿음을 방해하는 것이다. 그것은 여러 가지 형태를 취하여 나타난다. 보장은 법신덕을 장애하는데, 이른바 지옥 · 아귀 · 축생 등의 삼악도(三惡道)나 정법을 비방하는 등의 과보에 의한 장애를 말한다. 이것도 업장과 마찬가지로 온갖 형태를 취하여 나타난다.

185) 삼덕(त्रिगुण tri-guṇa: 三德)은 대열반에 갖추어져 있는 열반삼덕(涅槃三德)을 말한다. 이른바 열반삼덕은 ① 열반을 얻은 사람에게 갖추어진 상주불멸의 법성(法性)을 이르는 법신덕(धर्मकायगुण dharmakāya-guṇa: 法身德), ② 우주만유(宇宙萬有)의 참모습을 아는 분별여읜 진실한 지혜를 이르는 반야덕(प्रज्ञागुण prajñā-guṇa: 般若德), ③ 모든 일에 통달하여 막힘이나 거리낌이 없는 수승한 덕을 이르는 해탈덕(विमोक्षागुण vimokṣāḥ-guṇa: 解脫德)을 말한다. 『대승의장(大乘義章)』 권18(卷十八) 등에는 법신은 모든 것에 본래 갖추어져 있는 진여(眞如) 또는 공덕의 진리(功德法)로, 진리의 몸을 완성하여 생사를 초월하고 시간과 공간의 제약을 받지 않는 진리 그 자체로서 불성(佛性)을 뜻한다. 반야는 깨달음 증득을 위하여 필요한 지혜(佛智)를 말한다. 해탈은 번뇌 속박을 여읜 것을 말한다. 그러나 단지 번뇌를 없애는 것만으로는 부처님의 열반을 바르게 설명할 수는 없다. 『대반열반경(大般涅槃經)』에는 부처님의 열반을 대열반이라고 하였고, 대열반의 3가지 특징을 열반삼덕이라고 한다. 이 법신을 깨닫는 지혜를 반야라고 하는데, 이 반야라는 지혜가 아니고서는 법신을 깨달을 수 없기 때문이다. 반야지혜도 법신을 깨달았을 때 얻게 되는 심신의 자유로운 경지가 해탈이다. 삼덕은 법신덕 · 반야덕 · 해탈덕을 말하지만, 대열반 가운데는 이 세 요소가 다 들어있으니, 이 세 요소는 하나이다. 마치 금강이 견고함과 찬란함과 존귀함을 함께 간직하듯이 대열반은 법신과 반야와 해탈을 포함하고 있다. 그리고 이 삼덕을 인위(因位)에 있어서는 삼불성(三佛性)이라 부르며, 부처의 기본성품인 정인불성과(正因佛性果)가 법신덕(法身德)과 일치하고, 깨달음을 얻는 요인불성과(了因佛性果)는 반야덕(般若德)과 일치하며, 발심수행하는 연인불성과(緣因佛性果)는 해탈덕(解脫德)과 일치하는데, 이것을 완성하는 것을 순삼덕(順三德)이라 하고, 고(苦)를 변하게 하여 법신의 덕, 혹(惑)을 변하게 하여 반야의 덕, 업(業)을 변하게 하여 해탈의 덕을 각각 완성하는 것을 역삼덕(逆三德)이라 한다.

186) 삼신(त्रिकाय tri-kāya: 三身)은 깨달은 존재로서의 붓따는 법신(धर्मकाय dharma-kāya: 法身) · 보신(सम्भोगकाय sambhoga-kāya: 報身) · 화신(निर्माणकाय nirmāṇa-kāya: 化身, 應身)의 3가지 몸을 의미한다. ① 법신은 진리의 몸을 의미하며, 죽음의 순간 근원적 광명 안에서 드러나는 절대적 상태로서, 영원히 변치 않는 마음의 본체이다. 시작도 끝도 없는 그 때부터 영원불멸하게 이어지는, 모양을 지을 수도, 이름을 붙일 수도 없는 만유의 본체인 진리 그 자체를 법신불이라 한다. ② 보신은 인연에 따라 나타난 몸을 의미하며, 과보와 수행의 결과 받은 몸으로 무궁무진한 공과 덕이 갖추어진 몸으로 그 자체를 보신불이라 한다. 여래의 삼십이상과 팔십종호의 신체적 특징 등은 오랜 수행의 결과로 얻을 수 있는 몸이다. ③ 화신은 중생인 인간으로 변화된 몸으로, 중생을 구제하기 위해서라면 필요에 따라 적절한 모습으로 이 세상에 모습을 드러내는 역사적 존재로서의 부처와 같으며 화신불이라고 한다. 삼신 중에서, 법신은 청정법신이신 비로자나불, 보신은 원만보신이신 노사나불, 화신은 천백억화신인 석가모니불이 있다.

187) 아승기겁(असंख्येय कल्प Asaṃkhyeyakalpa: 阿僧祇劫)에서 아승기는 아상키예야(असंख्येय asaṃkhyeya)를 음역한 말로 아승기야(阿僧祇耶) 또는 아승가(阿僧迦)라고도 하며, 겁(कल्प kalpa · 깔빠: 劫 · 劫波)은 가장 긴 시간의 단위로서 우주가 존속되고 파괴되어 공(空)이 되는 무한한 시간을 말한다.

188) 팔백 사천 만억 니유따 부처님(catur-aśīti-buddha-koṭi-niyuta-śatasahasrāṇy)은 범어로는 4-80 (84)-佛-10^7-10^{60}-10^2-10^3이므로 현재 아라비아수로는 84×10^{92} 이 된다. 그러나 구마라집이 번역한 숫자를 아라비아수로 환산하면 8.4×10^{96}으로 팔백사천만억 니유따의 부처님이 되어, 그 당시와 오늘날의 숫자 표현 방식에 있어서의 변화로 사료된다. 여기에서 산스끄리뜨어 나유따(नयुत nayuta: 那由陀 · 那由他 · 那庾多 · 那由多 · 尼由多)는 인도수의 단위명칭을 음역하여, 나유타(那由陀 · 那由他)나 나유다(那由多 · 那庾多) 또는 니유다(尼由多)라고 하며, 나유(那由) · 나술(那述 · 那術)이라고도 한다. 니유따(niyuta)는 '헤아릴 수 없을 만큼 많은 수'라는 뜻으로 10^{60}을 나타내었으나, 오늘날에는 일반적으로 백만(百萬: 10^6)을 나타낸다.

catur-aśīti-buddha-koṭi-niyuta-śatasahasrāṇy
abhūvan ye mayā ārāgitā ārāgyā na virāgitāḥ.
yac ca mayā Subhūte te Buddhā Bhagavanta ārāgitā ārāgyā na virāgitā,[189)]

རབ་འབྱོར་ངས་མངོན་པར་ཤེས་ཏེ།
འདས་པའི་དུས་བསྐལ་པ་གྲངས་མེད་པའི་ཡང་ཆེས་གྲངས་མེད་པ་ན།
དེ་བཞིན་གཤེགས་པ་དགྲ་བཅོམ་པ་ཡང་དག་པར་རྫོགས་པའི་སངས་རྒྱས་མར་མེ་མཛད་ཀྱི་ཕྱི་རོལ་གྱི་ཡང་ཆེས་
ཕྱི་རོལ་ན། སངས་རྒྱས་བྱེ་བ་ཁྲག་ཁྲིག་འབུམ་ཕྲག་བརྒྱད་ཅུ་རྩ་བཞི་དག་བྱུང་བ་དེས་མཉེས་པར་བྱས་ཏེ།
མ་མཉེས་པར་མ་བྱས་ནས་ཐུགས་འབྱུང་བར་མ་བྱས་ཏེ།
རབ་འབྱོར་སངས་རྒྱས་བཅོམ་ལྡན་འདས་དེ་དག་ངས་
མཉེས་པར་བྱས་ནས་ཐུགས་འབྱུང་བར་མ་བྱས་པ་གང་ཡིན་པ་དང་།

'I remember, O Subhûti,
in the past, before innumerable and more than innumerable kalpas,
there were eighty-four hundred thousands
of niyutas of kotîs of Buddhas following after the venerable
and fully enlightened Tathâgata Dîpankara, who were pleased by me,
and after being pleased were not displeased.
And if, O Subhûti, these blessed Buddhas were pleased by me,
and after being pleased were not displeased,

須菩提 我念過去無量阿僧祇劫 於然燈佛前
得値八百四千萬億那由他諸佛 悉皆供養承事 無空過者
須菩提 我於如是 諸佛世尊 皆得承事 既承事己 皆無違背[190)]

과거세 부처님 모신 공덕

189) 산스끄리뜨어 “yac ca mayā Subhūte te Buddhā Bhagavanta ārāgitā ārāgyā na virāgitā(야쯔 짜 마야- 수부-떼 떼 붓다-바가완따 아-라-지따- 아-라-지야- 나 위라-지따-)”라는 문장의 의미는 다음과 같다.
이 문장의 내용은 ‘어떠한 · 무슨{yac(yad) · 야쯔: གང་། · whom · 何}’, ‘다시 · 그리고(ca · 짜: འམ། · and · 與 · 及)’, ‘나{mayā(aham) · 마야-: བདག་གིས། · 我}’, ‘수부띠{subhūte(subhūti) · 수부-떼: རབ་འབྱོར། · 須菩提 · 善現}’, ‘그들{te(saḥ) · 떼: དེ་དག · his · 彼等}’, ‘붓다{buddhā(buddha) · 붓다-: སངས་རྒྱས། · Buddhas · 佛}’, ‘세존{bhagavanta(bhagavant) · 바가완따: བཅོམ་ལྡན་འདས། · The Lord · 世尊 · 薄伽梵}’, ‘편하게 모시다 · 숭배하다{ārāgitā(ā-√rañj-1) · 아-라-지따-: མཉེས་པ། · satisfaction by loyal service · 承事}’, ‘편하게 모시다 · 숭배하다{ārāgya(ā-√rañj-1) · 아-라-지야-: མཉེས་པ་དང་། · satisfaction · 承事}’, ‘없다 · 아니다(na · 나: མ། · without · 不 · 非)’, ‘불편하다{virāgitā(vi-√rañj-1) · 위라-지따-: ཐུགས་འབྱུང་། · estranged · 違犯}’라는 뜻이다.
이 구절에 대하여, 구마라집과 진제 및 의정은 번역(漢譯)을 각각 생략하였으나, 현장은 “善現 我於如是諸佛世尊 皆得承事 既承事己 皆無違犯(선현 아어여시제불세존 개득승사 기승사기 개무위범)”이라고, 달마급다는 “若我 善實彼佛世尊 親承供養已 不遠離(약아 선실피불세존 친승공양이 불원리)”라며, 보디류지는 “須菩提 如是無量諸佛 我皆親承供養 無空過者(수부띠 여시무량제불 아개친승공양 무공과자)”라고 각각 번역(漢譯)하였다.
티베트본은 “ རབ་འབྱོར་སངས་རྒྱས་བཅོམ་ལྡན་འདས་དེ་དག་ངས་མཉེས་པར་བྱས་ནས་ཐུགས་འབྱུང་བར་མ་བྱས་པ་གང་ཡིན་པ་དང་། ”라고 번역하였다.
이러한 내용 등을 종합적으로 분석 · 검토하여, 저자는 “나는 부처님과 세존들을 편하게 모셨고, 편하게 모셨기에 그 분들도 불편함이 없으셨다{須菩提 我於如是 諸佛世尊 皆得承事 既承事己 皆無違背(수부띠 아어여시 제불세존 개득승사 기승사기 개무위배)}”라고 번역(韓譯 · 漢譯)하였다.

190) 저자번역{漢譯: 주) 189} 참조.

과거세의 이십사불 처음이신 디팡카라
수기받은 연등여래 무량겁들 그이전에
생각조차 할수없는 한량없는 부처님들
기쁜마음 모셨으니 불편함이 있었으랴

수부띠야 연등불과 아라한등 친견전에
한량없는 아승기겁 부처님들 만나뵙고
공양하며 받들면서 지나친적 없었나니
부처님들 불편없이 편안하게 모시었다

금강반야 무상이치 깨달은자 남김없이
일념중에 부처님의 회상으로 태어나서
영원토록 부처님의 경지에서 머무나니
크고도큰 그공덕을 어찌말로 표현하랴

(4) 수부띠야! 미래세의 후오백세 정법이 쇠퇴할 때에,
이 경전을 받아서 지니고, 독송하며, 이해하고, 마음에 새겨 사유하며,
다른 사람들을 위해 자세히 설명해 주는 것의 공덕에 비하면,
앞의 공덕은 참으로 이 공덕의 그 백분의 일에도 미치지 못하고,
천 분의 일, 만 분의 일, 천만 억 분의 일에도 미치지 못하며,
나아가서 어떠한 셈이나 비유로도 미치지 못한다.[191]

yac ca paścime kāle paścime samaye paścimāyāṃ pañcaśatyāṃ
saddharma-vīpralopa-kāle vartamāna
imān evaṃrūpān sūtrāntān udgrahīṣyanti dhārayiṣyanti vācayiṣyanti
paryavāpsyanti parebhyaś ca vistareṇa samprakāśayiṣyanti,
asya khalu punaḥ Subhūte puṇyaskandhasya-antikād
asau paurvakaḥ puṇya-skandhaḥ śatatamīm api kalāṃ nopaiti,
sahasratamīṃ api śatasahasratamīm api,
koṭitamīm api koṭi-śatasatamīm api koṭi-śatahasratamīn api
koṭi-niyuta-śatasahasratamim api,
samkhyām api kalām api gaṇanām apy upamām apy
upaniṣadam api yāvad aupamyam api na kṣamate.

ཕྱི་མའི་དུས་ལྔ་བརྒྱའི་ཐ་མར་གྱུར་པ་ན། མདོ་སྡེ་འདི་ལེན་པ་དང་། འཛིན་པ་དང་།
འདོན་པ་དང་འཆང་བ་དང་། ཀློག་པ་དང་། ཀུན་ཆུབ་པར་བྱེད་པ་གང་ཡིན་པ་ལས།
རབ་འབྱོར་བསོད་ནམས་ཀྱི་ཕུང་པོ་འདི་ལ་བསོད་ནམས་ཀྱི་ཕུང་པོ་སྔ་མས་བརྒྱའི་ཆར་ཡང་ཉེ་བར་མི་འགྲོ།

191) 수량으로도, 구분으로도, 계산으로도, 비유(比喩)로도, 유비(類比)로도, 상사(相似)로도 미치지 못한다.

སྟོང་གི་ཆ་དང་། འབུམ་གྱི་ཆ་དང་། གྲངས་དང་ཚོད་དང་བགྲང་བ་དང་།
དཔེ་དང་ཟླ་དང་རྒྱུར་ཡང་མི་བཟོད་དོ།།

and if on the other hand people at the last time, at the last moment,
in the last 500 years, during the time of the decay of the good Law,
will learn these very Sûtras, remember them, recite them, understand them,
and fully explain them to others, then,
O Subhûti, in comparison with their stock of merit that former stock
of merit will not come to one hundredth part, nay,
not to one thousandth part, not to a hundred thousandth part,
not to a ten millionth part, not to a hundred millionth part,
not to a hundred thousand ten millionth part,
not to a hundred thousands of niyutas ten millionth part.
It will not bear number, nor fraction, nor counting,
nor comparison, nor approach, nor analogy.

若復有人 於後末世 能受持讀誦此經 所得功德 於我所供養諸佛功德
百分不及一 千萬億分 乃至算數譬喩 所不能及

무량한 금강경 설법공덕

우주생성 그원리는 성주괴공 아니런가
대우주가 무너지는 현시대는 괴겁시대
대우주가 사라지는 미래세는 공겁시대
수지독송 그공덕은 시대마저 초월한다

삼세붓다 공양공덕 생각으로 헤아리랴
모시면서 편안하고 기쁘게한 그공덕이
어떤다른 공덕보다 한량없이 크다하나
타인위해 금강경을 설해주는 공덕에랴

미래세의 후오백세 정법쇠퇴 하려할때
이경전을 받아지녀 독송하고 이해하며
다른사람 자세하게 설해주는 공덕에랴
공양공덕 어떤비유 미치지를 못하니라

(5) 또한 수부띠야! 그 선남자와 선여인이 그 때에,
이 경을 받아서 지니고 독송하여 얻은 공덕을 자세히 말한다면,
이 말을 들은 중생들은 마음이 어지럽고 혼란스러워, 의심하고 믿지 않을 것이다.

sacet punaḥ Subhūte teṣām kula-putrāṇāṃ kuladuhitrīṇāṃ
vā-ahaṃ puṇyaskandhaṃ bhāṣeyam,
yāvat te kulaputrā vā kuladuhitaro vā tasmin samaye
puṇyaskandhaṃ prasaviṣyanti pratigrahīṣyanti,
unmādaṃ sattvā anuprāpnuyuś citta-vikṣepaṃ vā gaccheyuḥ.

རབ་འབྱོར་གལ་ཏེ་དེའི་ཚེ་རིགས་ཀྱི་བུའམ། རིགས་ཀྱི་བུ་མོ་གང་དག་བསོད་ནམས་ཀྱི་ཕུང་པོ་ཇི་སྙེད་རབ་ཏུ་
འཛིན་པར་འགྱུར་བའི་རིགས་ཀྱི་བུའམ་རིགས་ཀྱི་བུ་མོ་དེ་དག་གི་བསོད་ནམས་ཀྱི་ཕུང་པོ་ངས་བརྗོད་ན།
སེམས་ཅན་རྣམས་མྱོས་མྱོས་པོར་འགྱུར་ཞིང་སེམས་འཁྲུགས་པར་འགྱུར་རོ།།

'And if, O Subhûti,
I were to tell you the stock of merit of those sons
or daughters of good families, and how large a stock of merit those sons
or daughters of good families will produce, and hold fast at that time,
people would become distracted and their thoughts would become bewildered.

須菩提 若善男子善女人 於後末世 有受持讀誦此經 所得功德
我若具說者 或有人聞 心即狂亂 狐疑不信

수지독송 공덕 받아들이기 어려움

사바중생 참된행복 어느곳에 있겠는가
금강경을 수지독송 구족신통 나타내고192)
선남여인 공과덕이 충족하게 성취되길
원하지를 아니하며 큰가피를 안바라리

보고듣고 생활하는 이세계가 참세계나

192) 구족신통(具足神通)은 생로병사 등 팔만사천 고통바다를 헤매는 미혹한 중생들을 저 언덕(彼岸)으로 건너게 해주는 지혜의 돛대로서 신통력을 갖추는 것을 의미한다. 신통(अभिज्ञ abhijña · 아비즈냐: 神通)은 선정을 수행함으로써 얻을 수 있는 일체처(一切處)와 일체시(一切時)에 걸림이 없고 자재한(無涯自在) 초인간적으로 불가사의한 작용을 나타내는 육신통(षडभिज्ञ ṣaḍabhijña: 六神通)이 있다.

(1) '신족통(ऋद्धि प्रातिहार्य ṛddhi-prātihārya:神足通 · 身如意通 · 神境智證通)'은 시간과 기회에 따라 자재로 몸을 나타내고, 마음대로 다닐 수 있는 모든 작용을 말한다.

(2) '천이통(दिव्यस्रोत्रअभिज्ञ divya-śrotra-abhijñā: 天耳通 · 天耳智通 · 天耳智證通)'은 거리와는 관계없이 세간 모든 말이나 들리지 않는 모든 소리를 들을 수 있는 불가사의한 작용을 뜻한다.

(3) '타심통(परचित्तज्ञना paracitta-jñāna: 他心通 · 他心智通 · 他心智證通)'은 타인의 마음속에 있는 모든 생각을 자유자재로 아는 작용을 말한다.

(4) '숙명통(पुर्वेनिवासअज्ञना purvenivāsa-jñāna: 宿命通 · 宿命智通 · 宿命智證通)'은 과거세인 전생(前生)의 모든 것을 아는 작용을 뜻한다.

(5) '천안통(दिव्यकक्सुर्ज्ञना divya-cakṣur-jñāna: 天眼通 · 天眼智通 · 天眼智證通)'은 멀고 가까운 미세한 사물형색(事物形色)과 육도중생(六道衆生)들이 생 · 로 · 병 · 사하는 과정을 통달하여 자유자재하게 아는 작용을 말한다.

(6) '누진통(अस्रवक्सयज्ञना āsravakṣaya-jñāna: 漏盡通 · 漏盡智通 · 漏盡智證通)'은 번뇌를 끊음이 자유자재하며, '사제이치(四諦理致: 苦 · 集 · 滅 · 道)'를 증득하여 다시 '삼계(三界: 欲界 · 色界 · 無色界)'에 미(迷)하지 않아, 이승을 마지막으로 내세에 다시 태어나지 않는다는 것을 아는 불가사의한 작용을 뜻한다.

사바중생 오욕칠정 상에매여 살아가니
상여의란 말씀듣고 일어나는 온갖마음
의심않고 받아지님 어렵고도 어렵도다

(6) 참으로 수부띠야! 이 경의 뜻이 불가사의하다고 여래는 설하였으나, 그 과보도 또한 불가사의함을 알아야 하느니라.”

api tu khalu punaḥ Subhūte ’cintyo ’yaṃ dharmaparyāyas
Tathāgatena bhāṣitaḥ, asya-acintya eva vipākaḥ pratikāṅkṣitavyaḥ.

ཡང་རབ་འབྱོར་ཆོས་ཀྱི་རྣམ་གྲངས་འདི་བསམ་གྱིས་མི་ཁྱབ་སྟེ།
འདིའི་རྣམ་པར་སྨིན་པ་ཡང་བསམ་གྱིས་མི་ཁྱབ་པ་ཉིད་དུ་རིག་པར་བྱའོ།།

And again, O Subhûti,
as this treatise of the Law preached by the
Tathâgata is incomprehensible and incomparable,
its rewards also must be expected (to be) incomprehensible.'

須菩提 當知是經義 不可思議 果報亦不可思議

금강경 과보 불가사의

중생아집 오온과몸 더나아가 마음속에
뚜렷하고 거친모습 드러나는 분별아집193)
상대적인 깨달음을 추구하는 분별법집194)

193) 아집(आत्मा ग्राह ātma-grāha: 我執)은 자신의 몸과 마음 가운데 사물을 주재하는 상주불멸(常住不滅)의 실체가 있다는 것에 집착하는 것이다. 아집은 구생아집(俱生我執)과 분별아집(分別我執)으로 분류한다.
(1) 구생아집은 선천적으로 태어나면서부터 본능적으로 이루어진 나라는 편견(偏見)으로, 미세하며 잠재한 의식이 나타나는 것이다.
(2) 분별아집은 후천적으로 자아감각이 발달하는 과정에서나 자기의 분별력을 통하여 학습함으로써 이루어지는 집견(執見)을 말하며, 뚜렷하고 거친 모습이 드러난다. 이 구생아집(俱生我執)과 분별아집(分別我執)은 의식(六識: 意識)과 말나식(七識: 末那識)에 모두 존재하고, 그 기원은 말나식(末那識) 중 자성(自性)을 장애하여 성불(成佛)을 막고 환(幻)에 집착하여 업(業)을 짓고 생멸(生滅)의 고통을 탐닉하여 스스로 고뇌를 초래하는 요인인 네 가지의 번뇌(क्लेश kleśa · 끌레샤: 煩惱)인 ① 아치(我痴 · 愚癡 · 無知 · 無明), ② 아견(我見 · 我執), ③ 아만(我慢 · 驕慢), ④ 아애(我愛 · 我貪) 등으로부터 온 것이다. 따라서 말라식은 아집의 근본이며, 아집은 생사의 근본이다. 말나식 중에서는 육식인 의식과 칠식인 말나식에서 일어난 아견(我見)을 아집(我執)의 체(體)라고 하고, 그와 상응한 심(心)과 심소의 법(心所之法)은 하나의 경계에 의지하여 끌리기 때문에 서로 쫓아서 집(執)이라고 한다. 구생아집(俱生我執)은 무시(無始) 이래로 허망(虛妄)하게 훈습하는 내인력(內因力)이기 때문에, 언제나 몸과 같이 한다. 그리하여 삿된 가르침(邪敎) · 삿된 분별(邪分別)을 기다리지 않고서 자신의 업력만으로 일어나기 때문에 구생(俱生)이라고 부른다. 또한 분별아집(分別我執)은 현재의 외연력(外緣力)을 바탕으로 하고, 몸과 함께 하지는 않으며, 사교 · 사분별을 기다린 뒤에 마침내 일어나기 때문에 분별(分別)이라고 부른다.

194) 법집(धर्म ग्राह dharma-grāha: 法執)은 존재하는 모든 것들이 일정한 속성으로 확정된 실체를 가진다고 잘못 이해하거나, 교법에 얽매이고 그것에 집착하여 참된 깨달음을 얻지 못하는 것이다. 법집은 구생법집과 분별법집으로 분류한다.
(1) 구생법집(俱生法執)은 무시이래 허망한 분별로 훈습(熏習)된 마음속에 중생의 몸으로 태어날 때부터 함께 생긴(種子生現行), 온갖 법이 실로 있다는 집착을 말한다.
(2) 분별법집(分別法執)은 삿된 스승(邪師) · 삿된 가르침(邪敎) · 삿된 사유(邪思惟)를 인연으로 하여 일어나는 후천적 법집을 말한다. 상대적인 깨달음을 추구하며, 먼저 깨달음을 위한 지혜를 열어 보여주고 이해하게(悟) 함으로써, 분별아집이 소멸되면 곧 보살십지(bodhisattva daśabhumi: 菩薩十地) 가운데 첫 번째 지위(初地)에 오르게 된다.

미세하게 잠재의식 나타나는 구생아집

아집법집 구생아집 그마저도 여의고서
일체상을 여의나니 불가사의 법문이라
부처되는 그공덕을 그무엇에 비교하며
그과보를 어떻게들 생각으로 헤아리랴

수
받 부띠야 만
아지녀 선남자와 약다른
읽고외워 선여인이 사람에게
전 설명하며 금강경 천대멸시 악
생지 들려줘 을 받는다 도떨
은죄업 도 면 어질것
으로 선 이다
전 금 남자와 멸 업
생지은 생에는 선여 인이 시받은 보들이
모든죄 타인천 전생 지은 까닭으 소멸되
와 대 죄업인 로 고
가장 해 얻게
바른깨 수 이 되는것
달음 부띠야 부 경받아 이니
을 어떤사람 처님께 지녀읽고 라
만일정법 공양공덕 외워얻은
쇠퇴할 백에하나 공덕비
때 못미치 해
고
산수
로 도
비 유
미치지를 로도 못하니라
수 여
부띠야 래자신
진실로써 그 이경전은
참뜻이
불가사의
하다는것
설했느
마땅히들 니 말할수도
그과보 불가 없음이
도 사 의 며
하 다
알 아 야 만 는것 하 느 니 라
능 히 모든업장 맑 힘

그리고 아집 중에서, 구생아집의 경우는 두 번째 지위(二地)에서 일곱 번째 지위(七地)에 이르기까지 구생아집이 타파되고, 여덟 번째 지위(八地)에서 부처경계에 이르기까지 구생법집이 타파된다. 여기에서 두 가지 집착이 타파된다고 함은 두 번째 지위로부터 일곱 번째 지위에 이르기까지를 말한다. 이곳에 이르러서야 분별의 두 장애가 완전하게 제거되고 구생아집은 서서히 제거되므로, 부처지혜에 들어가는 것이다. 아홉 번째 지위인 선혜지(善慧地)에 들어가면 부처님의 열까지 신통력(十力)이 작용하는 중생교화의 지위를 터득한 보살경지에 들어가고, 열 번째 지위인 법운지(法雲地)는 보살로서의 최고경지로서 대자비가 큰 구름이 하늘을 덮듯이 일어나고 일체생물 위에 공덕의 큰 비를 내리는 것과 같이 이 세상에 있는 모든 사람을 구제할 수 있게 되는 부처경계의 바로 전 단계에 들어가게 되는 것이다.

॥नमो भगवत्या आर्यप्रज्ञापारमितायै॥

॥Namo bhagavatyā āryaprajñāpāramitāyai॥

॥སངས་རྒྱས་དང་བྱང་ཆུབ་སེམས་དཔའ་ཐམས་ཅད་ལ་ཕྱག་འཚལ་ལོ།།

南無世尊聖般若波羅蜜多

究竟無我分 第十七

무아의 법 통달하라

ULTIMATELY THERE IS NO SELF

वज्रच्छेदिका प्रज्ञापारमिता सूत्र

Vajracchedikā Prajñāpāramitā Sūtra

༄༅། །འཕགས་པ་ཤེས་རབ་ཀྱི་ཕ་རོལ་ཏུ་ཕྱིན་པ་རྡོ་རྗེ་གཅོད་པ་ཞེས་བྱ་བ་བཞུགས་སོ། །

金剛般若波羅密經 Diamond Sūtra

금강반야바라밀경

제17분. 무아의 법 통달하라(1)

수부띠는 부처님께 이와같이 여쭈었다
위가없는 옳고바른 깨달음의 마음발한
선남자와 선여인이 그마음을 어떻게들
머무르고 수행하며 다스려야 하나이까

아눗따라 삼약삼보 디심발한 사람들은
마땅히들 이와같이 그마음을 내야한다
한중생도 남김없이 제도할것 서원하여
일체중생 제도해도 제도중생 없느니라

왜냐하면 수부띠야 보살에게 나라는상
사람상과 중생상과 수자상이 있다하면
그이름을 보살이라 할수없기 때문이니
깨달음에 나아가는 법이없는 까닭이다

वज्रच्छेदिका प्रज्ञापारमिता सूत्र

Vajracchedikā Prajñāpāramitā Sūtra

༄༅། །འཕགས་པ་ཤེས་རབ་ཀྱི་ཕ་རོལ་ཏུ་ཕྱིན་པ་རྡོ་རྗེ་གཅོད་པ་ཞེས་བྱ་བ་བཞུགས་སོ།།

金剛般若波羅密經 Diamond Sūtra

금강반야바라밀경

제17분. 무아의 법 통달하라(2)

수부띠야 깨달은법 그대생각 어떠한가
여래그때 연등불의 처소에서 증득한바
위가없는 옳고바른 깨달은법 있었는가
부처님뜻 제가이해 하기로는 없습니다

세존이여 깨달은법 증득한바 없습니다
부처님이 이르시되 그러하고 그러하다
수부띠야 여래자신 위가없는 옳고바른
깨달음의 법이란것 증득한바 실제없다

수부띠야 여래일러 위가없는 옳고바른
깨달음의 법이란것 증득한바 있었다면
연등불이 내게그대 미래세에 석가모니
부처될것 수기하지 아니했을 것이니라

वज्रच्छेदिका प्रज्ञापारमिता सूत्र
Vajracchedikā Prajñāpāramitā Sūtra

༄༅། །འཕགས་པ་ཤེས་རབ་ཀྱི་ཕ་རོལ་ཏུ་ཕྱིན་པ་རྡོ་རྗེ་གཅོད་པ་ཞེས་བྱ་བ་བཞུགས་སོ།།

金剛般若波羅密經 Diamond Sūtra
금강반야바라밀경

제17분. 무아의 법 통달하라(3)

가장바른 깨달음을 얻은법은 실제없어
연등불이 내게그대 내세에는 석가모니
이름가진 부처될것 수기하여 주셨으니
여래라함 모든존재 진실모습 그뜻이다

어떤사람 여래아뇩 따라삼약 삼보디를
증득했다 말한다면 그것실로 거짓이다
수부띠야 어떤법이 실로있어 위가없는
옳고바른 깨달음을 얻은것은 없느니라

여래증득 아뇩따라 삼약삼보 디라하는
위가없는 바른깨침 얻은법은 실제없어
그가운데 진실없고 거짓또한 없노라니
이름하여 일체법을 불법이라 하느니라

비유하면 사람의몸 매우큰것 같느니라
수부띠는 여쭙기를 세존이여 여래께서
사람몸이 매우크다 라는말씀 하셨는데
큰몸아님 이름하여 큰몸이라 말합니다

वज्रच्छेदिका प्रज्ञापारमिता सूत्र

Vajracchedikā Prajñāpāramitā Sūtra

༄༅།།འཕགས་པ་ཤེས་རབ་ཀྱི་ཕ་རོལ་ཏུ་ཕྱིན་པ་རྡོ་རྗེ་གཅོད་པ་ཞེས་བྱ་བ་བཞུགས་སོ།།

金剛般若波羅密經 Diamond Sūtra

금강반야바라밀경

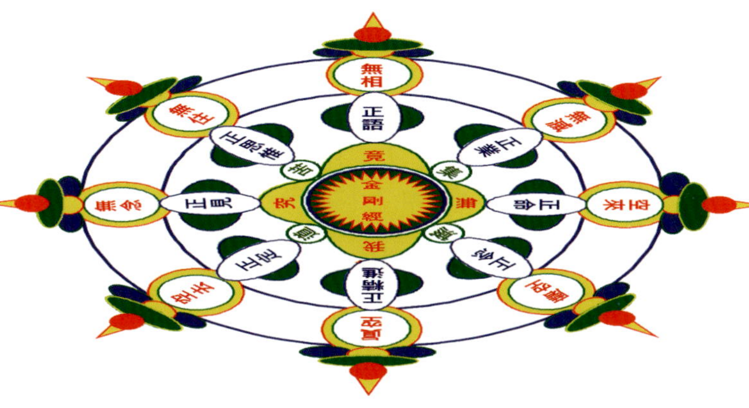

제17분. 무아의 법 통달하라(4)

수부띠야 보살또한 그러하고 그러하다
한량없는 중생내가 제도한다 말한다면
진정으로 그는보살 이라할수 없을지니
보살이라 불릴어떤 법도또한 없느니라

왜냐하면 수부띠야 그와같이 이름함은
보살이라 할만한법 실제없기 때문이니
여래자신 모든법에 나라는것 사람인것
중생인것 수자인것 모두없다 설하였다

수부띠야 만약보살 스스로가 불국토를
장엄한다 말한다면 보살이라 할수없다
여래일러 불국토를 장엄한다 하는것은
장엄함이 아니므로 그이름이 장엄이다

수부띠야 보살있어 나와법에 걸림없이
궁극에는 모든것에 무아의법 통달하면
여래물론 아라한과 정등각은 이런사람
진정으로 그이름을 보살이라 부르노라

Vajracchedikā Prajñāpāramitā Sūtra
금강반야바라밀경(金剛般若波羅密經)

17. 무아의 법 통달하라(究竟無我分 第十七)
CHAPTER 17. ULTIMATELY THERE IS NO SELF

(1) 그 때 수부띠는 부처님께 이와 같이 말씀드렸다.
“세존이시여! 아뇩따라삼약삼보디심을 발한 선남자와 선여인은
어떻게 마음을 머물러야 하고, 어떻게 수행하며,
어떻게 그 마음을 다스려야 합니까?”

atha khalvāyuṣmān SUBHŪTIR Bhagavantam etad avocat:
kathaṃ Bhagavan bodhisattva-yāna-samprasthitena sthātavyam,
kathaṃ pratipattavyam,
kathaṃ cittaṃ pragrahītavyam?

དེ་ནས་བཅོམ་ལྡན་འདས་ལ་ཚེ་དང་ལྡན་པ་རབ་འབྱོར་གྱིས་འདི་སྐད་ཅེས་གསོལ་ཏོ༎
བཅོམ་ལྡན་འདས་བྱང་ཆུབ་སེམས་དཔའི་ཐེག་པ་ལ་ཡང་དག་པར་ཞུགས་པ་རྣམས་ཀྱིས་ཇི་ལྟར་གནས་པར་བགྱི།
ཇི་ལྟར་བསྒྲུབ་པར་བགྱི།ཇི་ལྟར་སེམས་རབ་ཏུ་བཟུང་བར་བགྱི།

At that time the venerable Subhûti thus spoke to the Bhagavat:
'How should a person, after having entered on the path of the Bodhisattvas,
behave, how should he advance, and how should he restrain his thoughts?'

爾時須菩提 白佛言 世尊 善男子善女人 發阿耨多羅三藐三菩提心
云何應住 云何降伏其心

보살서원과 마음가짐

해공제일 수부띠는 부처님께 여쭙기를
무상정각 마음발한 선남자와 선여인은
어떻게들 머무르며 어떻게들 수행하고
어떻게들 그마음을 항복받게 하오리까

일체중생 남김없이 열반경지 들게하리
무량무수 많은중생 무여열반 들더라도
이제나는 한중생도 열반들게 한일없고

열반들게 하였지만 열반든자 없다한다

왜냐하면 세존께서 수부띠에 이르시되
보살에게 아인중생 수자상이 생긴다면
무상정각 마음발한 보살이라 할수없고
그이름도 보살이라 할수없기 때문이다

(2) 부처님께서 수부띠에게 말씀하셨다.

"아눗따라삼약삼보디심을 발한 사람은 마땅히 이와 같이 마음을 내어야 하느니라.
나는 마땅히 일체중생을 제도하리라.
일체중생을 제도하였지만,
실로 한 중생도 제도한 바가 없노라."[195)]

---

195) 산스끄리뜨어 "'bodhisattva-yāna-samprasthitenaivaṃ(보디삿뜨와 야-나 삼쁘라스티떼나이왕)', 'cittam utpādayitavyaṃ(짓땀 우뜨빠-다이따위양):', 'sarve sattvā mayā-anupadhiśeṣe nirvaṇadhātau parinirvāpayitavyāḥ(사르웨 삿뜨와- 마야- 아누빠디쉐쉐 니르와나다-따우 빠리니르와-빠이따위야-하).' 'evaṃ ca sattvān parinirvāpya(에왕 짜 삿뜨완- 빠리니르와-삐야)', 'na kaścit sattvaḥ parinirvāpito bhavati(나 까슈찌뜨 삿뜨와하 빠리니르와-삐또 바와띠)'"라는 문장은 '금강경의 게송'이다.
이 게송의 내용은 "'보살승의 길을 향하여 나아가는 사람・아눗따라삼약삼보디심을 발한 사람[{bodhisattvayāna-saṃprasthitena(bodhisattva-yāna-saṃ-pra-√stha-1)・보디삿뜨와 야-나 삼쁘라스티떼나이왕: བྱང་ཆུབ་སེམས་དཔའི་ཐེག་པ་ཞུགས་པ།・set out in the Bodhisattva-vehicle・發趣菩薩乘者・發阿耨多羅三藐三菩提心者} → 보디삿뜨와(bodhisattva: བྱང་ཆུབ་སེམས་དཔའ།・Bodhi-being・菩薩・보살) + 야-나(yāna: ཐེག་པ།・vehicle・乘・승) + 상쁘라스티떼나{saṃprasthitena(saṃ-pra-√stha-1; saṃprasthita): ཞུགས་པ།・set out・發趣・나아가다・출발하다}]', '이와 같이(evaṃ・에왕: དེ་བཞིན།・thus・如是)', '마음을{cittam(citta)・찟땀: སེམས།・thought・心}', '마땅히 내어야(일으켜야) 한다{utpādayitavyaṃ(ut-√pad-4)・우뜨빠-다이따위양: བསྐྱེད་པར་བྱ།・should produce・應生}', '일체{sarve(sarva)・사르웨: ཐམས་ཅད།・all・一切}', '중생들을{sattvā(sattva)・삿뜨와-: སེམས་ཅན།・being・有情・衆生}', '나는・내가{mayā(aham)・마야-: བདག་གིས།・me・我}', '남김이 없이{anupadhiśeṣe(an-upadhi-śeṣa)・아누빠디쉐쉐: ཐམས་ཅད་ཕུང་པོ་ལྷག་མ་མེད་པ・nothing behind・無餘依}', '니르바나에・열반계에{nirvāṇadhātau (nir-vāṇa-dhātu)・니르와-나다-뚜): མྱ་ངན་ལས་འདས་པའི་དབྱིངས།・Realm of Nirvāṇa・涅槃界}', '들게 하리라・제도하리라{parinirvāpayitavyāḥ(pari-nir-√vā-2)・빠리니르와-빠이따위야-하: ཡོངས་སུ་མྱ་ངན།・should be Nirvāṇa・應滅度}', '이와 같이(evaṃ・에왕: 如是)', '그리고・다시(ca・짜: དང་།・and・與・及)', '중생들을{sattvān(sattva)・삿뜨완-: སེམས་ཅན།・being・有情・衆生}', '들게 하리라・제도하리라{parinirvāpya(pari-nir-√vā-2)・빠리니르와-삐야: ཡོངས་སུ་མྱ་ངན།・Nirvāṇa・滅度}', '없다(na・나:・མ།・no・不・非)', '일체・모든{kaścit(까슈찌뜨): གང་ཡང་།・all・任何}', '중생도・유정도{sattvaḥ(sattva)・삿뜨와하: སེམས་ཅན།・being・有情・衆生}', '니르바나에 들게・제도하게{parinirvāpito(par-nir-√vā-2)・빠리니르와-삐또: ཡོངས་སུ་མྱ་ངན།・led to Nirvāṇa・得滅度者}', '{bhavati(√bhū)・바와띠: གྱུར།・been・是}'"라는 뜻이다.
이 게송을 구마라집은 '發阿耨多羅三藐三菩提心者 當生如是心 我應滅度一切衆生 滅度一切衆生已 而無有一衆生 實滅度者(발아눗따라삼먁삼보디심자 당생여시심 아응멸도일체중생 멸도일체중생이 이무유일중생 실멸도자)'로, 현장은 '諸有發趣菩薩乘者 應當發起如是之心 我當皆令一切有情於無餘依妙涅槃界而般涅槃 雖度如是一切有情令滅度已 而無有情得滅度者(제유발취보살승자 응당발기 여시지심 아당개령일체유정어무여의묘열반계이반열반 수도여시일체유정영멸도이 이무유정득멸도자)'로, 의정은 '若有發趣菩薩乘者 當生如是心 我當度脫一切衆生 悉皆令入無餘涅槃 雖有如是無量衆生 證於圓寂 而無有一衆生證圓寂者(약유발취보살승자 당생여시심 아당도탈일체중생 실개령입무여열반 수유여시무량중생 증어원적 이무유일중생증원적자)'로, 보디류지는 '發阿耨多羅三藐三菩提心者 當生如是心 我應滅度一切衆生 令入無餘涅槃界 如是滅度一切衆生已 而無一衆生實滅度者(발아눗따라삼먁삼보디심자 당생여시심 아응멸도일체중생 영입무여열반계 여시멸도일체중생이 이무일중생실멸도자)'로, 진제는 '發阿耨多羅三藐三菩提心者 當生如是心 我應安置一切衆生 令入無餘涅槃 如是般涅槃無量衆生已 無一衆生被涅槃者(발아눗따라삼먁삼보디심자 당생여시심 아응안치일체중생 영입무여열반 여시반열반무량중생이 무일중생피열반자)'로, 달마급다는 '菩薩乘發行如是心發生 應一切衆生無我受餘涅槃界滅度 應如是一切衆生滅度 無有一衆 生滅度有(보살승발행여시심발생 응일체중생무아수여열반계멸도 응여시일체중생멸도 무유일중 생멸도유)'로 각각 번역하였다.
이러한 내용들을 종합하여, 이 게송을 직역하면 다음과 같다.

"보살의 길을 향하여 나아가는 사람은 마땅히 이와 같이 마음을 내어야 한다.
나는 일체중생들을 남김없이 니르바나에 들게 하리라.
이와 같이 일체중생들을 남김없이 니르바나에 들게 하였지만,
실로 한 중생도 니르바나에 든 중생이 없다."

BHAGAVĀN āha: iha Subhūte

bodhisattva-yāna-samprasthitenaivaṃ cittam utpādayitavyaṃ:
sarve sattvā mayā-anupadhiśeṣe nirvāṇadhātau[196] parinirvāpayitavyāḥ.
evaṃ ca sattvān parinirvāpya,
na kaścit sattvaḥ parinirvāpito bhavati.

བཅོམ་ལྡན་འདས་ཀྱིས་བཀའ་སྩལ་པ། རབ་འབྱོར།
འདི་ལ་བྱང་ཆུབ་སེམས་དཔའི་ཐེག་པ་ལ་ཡང་དག་པར་ཞུགས་པས་འདི་སྙམ་དུ།
བདག་གིས་སེམས་ཅན་ཐམས་ཅད་ཕུང་པོ་ལྷག་མ་མེད་པའི་མྱ་ངན་ལས་འདས་པའི་
དབྱིངས་སུ་མྱ་ངན་ལས་བཟླའོ༎ དེ་ལྟར་སེམས་ཅན་ཚད་མེད་པ་ཡོངས་སུ་མྱ་ངན་ལས་འདས་ཀྱང་།
སེམས་ཅན་གང་ཡང་ཡོངས་སུ་མྱ་ངན་ལས་འདས་པར་གྱུར་པ་མེད་དོ༎ སྙམ་དུ་སེམས་བསྐྱེད་པར་བྱའོ༎

Bhagavat said:

'He who has entered on the path
of the Bodhisativas should thus frame his thought:
All beings must be delivered by me in the perfect world of Nirvâna;
and yet after I have thus delivered these beings, no being has been delivered.

佛告須菩提 善男子善女人

發阿耨多羅三藐三菩提心者 當生如是心
我應滅度一切衆生
滅度一切衆生已
而無有一衆生 實滅度者

중생제도했다는 생각마저 없어야

세존께서 보살의길 수부띠에 설하시되
아눗따라 삼약삼보 디의마음 발하여서
대승보살 길을가는 선남자와 선여인들
무아의법 통달위한 마음가짐 이르신다

아눗따라 삼약삼보 디심발한 사람들은
마땅히들 이와같이 그마음을 내야한다
한중생도 남김없이 제도할것 서원하여
일체중생 제도해도 제도중생 없느니라

196) 산스끄리뜨어 'anupadhiśeṣe nirvāṇadhātau(아누빠디쉐쉐 니르와-나다-따우)'는 구마라집・보디류지는 '멸도(滅度)'로, 진제・의정은 '무여열반(無餘涅槃)'으로, 현장은 '무여의열반계(無餘依涅槃界)'로 각각 번역하였다.

(3) "왜냐하면 수부띠야!
만약 보살에게 아상 · 인상 · 중생상과 수자상이 있다면,
곧 보살이 아니기 때문이다.
그것은 수부띠야!
실로 '아늣따라삼약삼보디심을 발한 사람'이라 할
그 어떠한 법도 없기 때문이다.

tat kasya hetoḥ?
sacet Subhūte bodhisattvasya sattva-saṃjñā pravarteta,
na sa bodhisattva iti vaktavyaḥ. jīva-saṃjñā vā yāvat pudgalasaṃjñā vā,
pravarteta, na sa bodhisattva iti vaktavyaḥ.
tat kasya hetoḥ? na-asti Subhūte sa kaścid dharmo yo
bodhisattva-yāna-samprasthito nāma.

དེ་ཅིའི་ཕྱིར་ཞེ་ན།
རབ་འབྱོར་གལ་ཏེ་བྱང་ཆུབ་སེམས་དཔའ་སེམས་ཅན་དུ་འདུ་ཤེས་འཇུག་ན་དེ་བྱང་ཆུབ་སེམས་དཔའ་ཞེས་མི་བྱ་ལ།
གང་ཟག་གི་བར་དུ་འདུ་ཤེས་འཇུག་ན་ཡང་དེ་བྱང་ཆུབ་སེམས་དཔའ་ཞེས་མི་བྱ་བའི་ཕྱིར་རོ།།
དེ་ཅིའི་ཕྱིར་ཞེ་ན།
རབ་འབྱོར་བྱང་ཆུབ་སེམས་དཔའི་ཐེག་པ་ལ་ཡང་དག་པར་ཞུགས་པ་ཞེས་བྱ་བའི་ཆོས་དེ་
གང་ཡང་མེད་པའི་ཕྱིར་རོ།།

And why? Because, O Subhûti,
if a Bodhisattva had any idea of beings,
he could not be called a Bodhisattva,
and so on from the idea of a living being to the idea of a person;
if he had any such idea, he could not be called a Bodhisattva.
And why? Because, O Subhûti,
there is no such thing (dharma) as one who has entered
on the path of the Bodhisattvas.'

何以故 須菩提 若菩薩 有我相人相衆生相壽者相 則非菩薩
所以者何 須菩提 實無有法 發阿耨多羅三藐三菩提心者

상 없는 보살

보살마음 허공같아 한법마저 없노라니
한법마저 없다는데 무엇으로 얻으리요
수부띠야 실로어떤 깨친법이 없으므로
아늣따라 삼약삼보 디마음을 발하니라

어느누가 본래자성 청정함을 알았으리
어찌하여 자성본래 생멸없음 알았으며
누가있어 자성본래 구족함을 알았는가
본래자성 그러하여 능히만법 내느니라

스스로의 성품이란 고요하게 안주하니
나의성품 공하므로 삼라만상 공하도다
스스로의 성품따라 스스로꽃 피우나니
법있음이 실로없음 무상정각 발한이다

(4) 수부띠야! 그대는 어떻게 생각하느냐?
여래가 연등불의 처소에서,
아눗따라삼약삼보디를 깨달았다고 할 그 어떤 법이 있느냐?"
수부띠는 부처님께 이와 같이 말씀드렸다.
"그렇지 않습니다. 세존이시여!
제가 부처님께서 말씀하신 뜻을 이해하기로는
여래께서 연등불의 처소에서 아눗따라삼약삼보디를
깨달았다고 할 그 어떠한 법도 없습니다."

tat kiṃ manyase Subhūte asti sa kaścid dharmo yas
Tathāgatena Dīpaṅkarasya Tathāgatasya-antikād anuttarāṃ
samyaksambodhim abhisambuddhaḥ?
evam ukta āyuṣmān SUBHŪTIR Bhagavantam etad avocat: yathā-ahaṃ
Bhagavan Bhagavato bhāṣitasya-artham ājānāmi,
na-asti sa Bhagavan kaścid dharmo yas Tathāgatena Dīpañkarasya
Tathāgatasya-arhataḥ samyaksambuddhasya antikād
anuttarāṃ samyaksambodhim abhisambuddhaḥ.

རབ་འབྱོར་འདི་ཇི་སྙམ་དུ་སེམས། དེ་བཞིན་གཤེགས་པས་དེ་བཞིན་གཤེགས་པ་མར་མེ་མཛད་ལས་གང་བླ་ན་
མེད་པ་ཡང་དག་པར་རྫོགས་པའི་བྱང་ཆུབ་ཏུ་མངོན་པར་རྫོགས་པར་སངས་རྒྱས་པའི་ཆོས་གང་ཡང་ཡོད་སྙམ་མམ།
དེ་སྐད་ཅེས་བཀའ་སྩལ་པ་དང་།
བཅོམ་ལྡན་འདས་ལ་ཚེ་དང་ལྡན་པ་རབ་འབྱོར་གྱིས་འདི་སྐད་ཅེས་གསོལ་ཏོ།།
བཅོམ་ལྡན་འདས་དེ་བཞིན་གཤེགས་པས་དེ་བཞིན་གཤེགས་པ་མར་མེ་མཛད་ལས་གང་བླ་ན་མེད་པ་ཡང་
དག་པར་རྫོགས་པའི་བྱང་ཆུབ་ཏུ་མངོན་པར་རྫོགས་པར་སངས་རྒྱས་པའི་ཆོས་དེ་གང་ཡང་མ་མཆིས་སོ།།

'What do you think, O Subhûti,
is there anything which the Tathâgata has adopted from
the Tathâgata Dîpankara with regard to the highest perfect knowledge?'
'After this, the venerable Subhûti spoke thus to the Bhagavat:

'As far as I, O Bhagavat,
understand the meaning of the preaching of the Bhagavat,
there is nothing which has been adopted by the Tathâgata
from the holy and fully enlightened Tathâgata Dîpankara
with regard to the highest perfect knowledge.'

須菩提 於意云何 如來於然燈佛所 有法得阿耨多羅三藐三菩提不
不也世尊 如我解佛所說義 佛於然燈佛所 無有法得阿耨多羅三藐三菩提

연등불 처소에서 얻은 바

수부띠야 여래자신 연등불의 처소에서
깨달았다 라고하는 그어떤법 있겠느냐
수부띠가 답을하되 연등불의 처소에서
깨달았다 라고하는 어떤법도 없습니다

연등불의 처소에서 얻은바가 무엇인가
말을해도 맞지않고 말안해도 그러하네
참된법은 허공같아 티끌없는 맑은마음
무상으로 그대로를 나타내니 보디마음

수부띠는 질문하고 부처님은 답하는데
두가지의 작용이나 그성품은 하나라네
인연따라 나투나니 중생되고 부처되니
흰구름이 사라지면 산푸르고 물흐른다

(5) 부처님께서 말씀하셨다.
"그렇다. 수부띠야! 그러하느니라.
여래가 연등불의 처소에서,
아눗따라삼약삼보디를 깨달았다고 할 그 어떤 법이 실로 없다.

evam ukte BHAGAVĀN āyuṣmantaṃ Subhūtim etad avocat: evam etat
Subhūte evam etat, na-asti Subhūte sa kaścid dharmo yas
Tathāgatena Dīpaṃkarasya Tathāgatasya-arhataḥ
samyaksambuddhasya-antikād anuttarāṃ samyaksambodhim abhisambuddhaḥ.

དེ་སྐད་ཅེས་གསོལ་པ་དང་།
བཅོམ་ལྡན་འདས་ཀྱིས་ཚེ་དང་ལྡན་པ་རབ་འབྱོར་ལ་འདི་སྐད་ཅེས་བཀའ་སྩལ་ཏོ།།
རབ་འབྱོར་དེ་དེ་བཞིན་ནོ།། དེ་དེ་བཞིན་ཏེ།

དེ་བཞིན་གཤེགས་པས་དེ་བཞིན་གཤེགས་པ་མར་མེ་མཛད་
ལས་གང་བླ་ན་མེད་པ་ཡང་དག་པར་རྫོགས་པའི་བྱང་ཆུབ་ཏུ་མངོན་པར་རྫོགས་པར་སངས་རྒྱས་པའི་ཆོས་དེ་
གང་ཡང་མེད་དོ༎

After this, Bhagavat thus spoke to the venerable Subhûti:
'So it is, Subhûti, so it is. There is not, O Subhûti,
anything which has been adopted
by the Tathâgata from the holy and fully enlightened Tathâgata Dîpankara
with regard to the highest perfect knowledge.

佛言 如是如是 須菩提 實無有法 如來得阿耨多羅三藐三菩提

연등불 처소에서 깨달은 바

법이라함 허공같아 있다해도 맞지않고
없다해도 그러하니 석가세존 말씀하되
연등불과 아라한과 정등각의 문하에서
깨달았다 라고하는 어떤법도 없다한다

법이라함 본래부터 얻을것이 없으므로
그로인해 수기받게 되었음을 일러준것
허공처럼 맑은마음 티끌하나 없어야만
상이없는 그대로를 이르나니 무상정각

(6) 수부띠야! 만약 여래가 아눗따라삼약삼보디를 깨달았다고 할 그 어떠한 법이 있었다면 연등불께서는 나에게 '젊은이여! 그대는 내세에 샤캬무니란 이름의 부처가 되리라.'라는 수기를 하시지 않았을 것이다.[197]

---

197) 석가모니 부처님은 과거세에 선혜(सुमेध Smedha: 無垢光・善慧菩薩) 수행자로서 보살행을 닦고 있을 때 스스로 부처가 되겠다는 서원을 세웠다. 그러던 중 어느 날 연등불(燃燈佛)이 오신다는 소식을 듣고, 연꽃을 공양하기 위하여 연꽃을 찾던 중 '광명이 비치는 여인'이라는 뜻의 이름을 가진 궁녀 '고삐(गोपी Gopi: 俱夷)'를 만나 연꽃을 사서, 길가에서 기다리다가 일곱송이의 연꽃을 연등부처님에게 공양하였다. 앞선 여러 사람들이 순서대로 공양을 마치고 선혜 보살의 차례가 되어, 먼저 다섯 줄기 꽃을 뿌렸는데, 부처님의 머리위에 일산(日傘)같이 펼쳐지고 나머지 두 줄기는 부처님의 두 어깨위에 드리워져 한참 동안 머물렀다. 이에 공양하던 대중들 모두 놀라 "일찍이 없던 일이다."고 거듭 찬탄하였다. 그때 연등불께서 이르셨다. "참으로 훌륭하고 훌륭하구나. 그대는 과거 수많은 생애동안 복덕을 쌓았느니라. 가난한 사람에게 보시하고 청정한 지계로서 자신을 바로 세우며 겸손한 자세로 모욕을 참아가며 몸과 마음을 고요히 하여 용맹정진을 통하여 참된 지혜를 얻고자 끊임없이 노력한 사람이다. 아승기겁을 지나 부처가 될 것이며 그 호를 석가모니(釋迦牟尼)라고 할 것이다." 연등불(डिपम्करा Dīpaṃkara・디-빵까라: 燃燈佛)이 수기를 마치고 걸어가는데 그 땅이 진흙탕 같이 질었다. 선혜는 자신이 입고 있던 옷을 벗어 땅에 깔고 머리카락을 펴서 덮었다. 연등불은 이를 딛고서, "그대는 부처가 되어 오탁악세의 시절, 사람과 하늘을 제도함에 어렵지 않음이 마땅히 나와 같을 것이다."라고 거듭 수기하였다. 여기에서 오탁악세(五濁惡世)는 ① 질병 굶주림 천재와 전쟁 등 시대적인 재앙인 겁탁(劫濁), ② 그릇된 사상이나 견해가 만연한 견탁(見濁), ③ 탐욕과 번뇌가 풍만한 번뇌탁(煩惱濁), ④ 육신이 거짓된 화합체인 줄을 모르고 영원한 보존을 꾀하는 심신과 자질이 저하된 상태의 중생탁(衆生濁), ⑤ 인간의 수명이 점점 짧아져 가는 명탁(命濁)의 세상을 말한다.

sacet punaḥ Subhūte kaścid dharmas Tathāgatena-abhisambuddho 'bhaviṣyat, na māṃ Dīpaṅkaras Tathāgato vyākariṣyad: bhaviṣyasi tvaṃ māṇava-anāgate 'dhvani Śākyamunir nāma Tathāgato 'rhan samyaksambuddha iti.

རབ་འབྱོར་གལ་ཏེ་དེ་བཞིན་གཤེགས་པས་གང་མངོན་པར་རྫོགས་པར་སངས་རྒྱས་པའི་ཆོས་དེ་འགའ་ཞིག་
ཡོད་པར་གྱུར་ན།། དེ་བཞིན་གཤེགས་པ་མར་མེ་མཛད་ཀྱིས་ང་ལ་བྲམ་ཟེའི་ཁྱེའུ་ཁྱོད་མ་འོངས་པའི་དུས་ན།
དེ་བཞིན་གཤེགས་པ་དགྲ་བཅོམ་པ་ཡང་དག་པར་རྫོགས་པའི་སངས་རྒྱས་ཤཱཀྱ་ཐུབ་པ་ཞེས་བྱ་བར་འགྱུར་རོ།།
ཞེས་ལུང་མི་སྟོན་པ་ཞིག་ན།

And if, O Subhûti, anything had been adopted by the Tathâgata, the Tathâgata Dîpankara would not have prophesied of me, saying: "Thou, O boy, wilt be in the future the holy and fully enlightened Tathâgata called Sâkyamuni."'198)

須菩提 若有法如來得阿耨多羅三藐三菩提者 然燈佛卽不與我授記
汝於來世 當得作佛 號釋迦牟尼

아뇩따라삼약삼보디 깨달았다고 할 법 없어

과거세에 수행자로 보살행을 닦아갈때
부처님이 되겠다는 서원세운 선혜보살
연등불이 오신다는 그소식을 듣고서는
고삐라는 궁녀만나 연꽃사서 기다린다

일곱송이 고운연꽃 연등부처 공양하니
처음다섯 줄기꽃은 일산같이 펼쳐지고
두줄기는 어깨위에 드리워져 머무나니
대중들이 모두놀라 희유한일 찬탄한다

연등불이 이르시되 훌륭하고 훌륭하다
과거생애 청정지계 정과혜를 닦았으니
아승기겁 지나거든 부처될것 이라하며
그대호를 석가모니 이름할것 수기한다

수부띠야 만약여래 무상정각 증득한바

198) 저자의 영역(英譯)은 다음과 같다. "And Subhūti, if there were any dharma that Tathagata has attained in the Anuttara-samyak-sambodhi, the Dipamkara Buddha would not have prophesied of me, saying: "You, young Brahmin, in the future period will become the holy and fully enlightened Buddha called Sakyamuni."

그어떠한 아뇩따라 삼약삼보 디있다면
내게그대 미래세에 석가모니 되리라고
연등불이 수기하지 아니했을 것이니라

**(7) 수부띠야! 여래가 연등불의 처소에서
아뇩따라삼약삼보디를 깨달았다고 할 그 어떠한 법이 실로 없었으므로,
연등불께서는 나에게 '젊은이여! 그대는 내세에 반드시 샤카무니라는
이름의 부처가 될 것이다.'라고 수기하셨던 것이다.**

yasmāt tarhi Subhūte Tathāgatena-arhatā samyaksambudhena
na-asti sa kaścid dharmo yo 'nuttarāṃ samyaksambodhim abhisambuddhas,
tasmād ahaṃ Dīpaṅkareṇa Tathāgatena vyākṛto:
bhaviṣyasi tvaṃ māṇava-anāgate 'dhvani Śākyamunir nāma
Tathāgato 'rhan samyaksambuddhaḥ.

རབ་འབྱོར་འདི་ལྟར་དེ་བཞིན་གཤེགས་པས་གང་བླ་ན་མེད་པ་ཡང་དག་པར་རྫོགས་པའི་བྱང་ཆུབ་ཏུ་མངོན་
པར་རྫོགས་པར་སངས་རྒྱས་པའི་ཆོས་དེ་གང་ཡང་མེད་པས་དེའི་ཕྱིར་དེ་བཞིན་གཤེགས་པ་མར་མེ་མཛད་ཀྱིས་
ང་ལ་བྲམ་ཟེའི་ཁྱེའུ་ཁྱོད་མ་འོངས་པའི་དུས་ན་དེ་བཞིན་གཤེགས་པ་དགྲ་བཅོམ་པ་ཡང་དག་པར་རྫོགས་པའི་
སངས་རྒྱས་ཤཱཀྱ་ཐུབ་པ་ཞེས་བྱ་བར་འགྱུར་རོ་ཞེས་ལུང་བསྟན་ཏོ॥

Because then, O Subhûti,
there is nothing that has been adopted by the holy and fully enlightened
Tathâgata with regard to the highest perfect knowledge,
therefore I was prophesied by the Tathâgata Dîpankara, saying:
"Thou, boy, wilt be in the future the holy and fully enlightened
Tathâgata called Sâkyamuni."

**以實無有法 得阿耨多羅三藐三菩提
是故然燈佛 與我受記 作是言 汝於來世 當得作佛 號釋迦牟尼**

수기받은 석가모니

수부띠는 질문하고 부처님은 답하지만
성품하나 작용은둘 인연따라 나투나니
나하나를 버린다면 내것없고 모두공해
마치허공 다름없어 일체만유 나아니다

연등여래 석가세존 수부띠도 한마음되
수기주는 연등여래 수기받는 석가모니
둘아닌줄 알아야만 줆이없이 줄수있고

받음없이 받느라니 주고받음 완성된다

내가본래 공하다면 내것또한 공하여서
오고가는 흔적마저 남김없이 사라지면
해가지고 달이떠도 어느누가 알겠는가
텅빈그곳 응하는바 그와같이 되느니라

수부띠야 실로여래 연등불의 처소에서
깨달았다 라고하는 그어떤법 없으므로
연등불이 수기하되 젊은이여 그대내세
이름하여 석가모니 될것이라 수기했다

(8) 왜냐하면 수부띠야! '여래'는 진여[199]의 다른 이름이며,

---

199) 진여(तथता tathatā: 眞如・如如・空性・不思議界)는 산스끄리뜨어 '따타따-(tathatā)'를 의역하여, 우주만유의 본체인 평등하고 차별 없는 상주불변의 절대진리를 이르는 말이다. 첫째, 진여는 사물이 있는 그대로의 모습이며, 진실하고 영원히 변치 않는 진리를 뜻하는 것이다. 둘째, 진여는 일반적으로는 만유의 본체로서, 연기이법(緣起理法)이 영원한 진리라는 것을 나타내는 말이었다. 셋째, 그 후 대승불교에 이르러서, 진여는 현상세계 그 자체나, 모든 현상적인 차별상(差別相)을 초월한 절대세계, 또는 우주진리인 법신(法身)의 본질인 법성(法性)을 의미하게 되었다. 이들 세 가지 의미 중에서, 세 번째의 법성을 나타내는 법성의 실상이 언제나 변함없이 진실하여 여여(如如)하다는 것을 나타낸다.

『성유식론(成唯識論)』 권9(卷九)에 의하면, 보살십지소득(菩薩十地所得)의 십진여(十眞如)는 우주만유에 가득한 본체인 진여의 자성(眞如性)은 실로 차별이 없음으로(實無差別)이므로 나눌 수 없는 것이나, 보살수행계위 가운데 십지(十地)의 각각에서 수승하게 뛰어난 덕(勝德)을 기준하여 그 덕상(德相)을 나타내거나, 또는 이를 증지(證知)하는 과정에 구별하여 열 가지(十種)로 분위차별(分位差別)한다. 이 열 가지 진여인 십종진여(十種眞如)는 ① 변행진여(遍行眞如), ② 최승진여(最勝眞如), ③ 승류진여(勝流眞如), ④ 무섭수진여(無攝受眞如), ⑤ 유무별진여(類無別眞如), ⑥ 무염정진여(無染淨眞如), ⑦ 법무별진여(法無別眞如), ⑧ 부증감진여(不增減眞如), ⑨ 지자재소의진여(智自在所衣眞如), ⑩ 업자재등소의진여(業自在等所依眞如)로 가립(假立)할 수 있다. 진여(眞如)가 무상임을 알고 모든 차별적 상념을 없애는 것을 '무상이념(無相離念)'이라고 하고, 선악이 모두 진여(眞如)의 인연에 따라 일어나는 것을 '선악수연(善惡隨緣)'이라고 한다. 보살십지의 각각 지(地)에 들어갈 때 열 가지 무거운 장애인 십중장(十重障) 가운데 해당되는 번뇌(障)가 끊어지며, 수행자는 각각의 지(地)에서 해당되는 진여성(眞如性)을 다시 증오(證悟)하게 된다.

(1) 변행진여(遍行眞如)는 환희지(歡喜地)라는 보살초지(菩薩初地)에 들어갈 때에 이집(二執)인 아집(我執)・법집(法執)을 끊고, 이공(二空)인 아공(我空)・법공(法空)을 깨닫는 진여이다. 이른바 하나의 법에 모든 법이 다 들어 있듯이(諸法含藏) 하나부터 모든 것을 행하는(遍行) 진여(眞如)를 뜻한다.

(2) 최승진여(最勝眞如)는 이구지(離垢地)라는 보살이지(菩薩二地)에서 사행장(邪行障)을 끊고, 깨닫는 진여이다. 이른바 가없는(無邊)의 덕(德)을 모두 갖추어(具足)하여 일체법에 있어서 최승(最勝)의 진여(眞如)를 뜻한다.

(3) 승류진여(勝流眞如)는 발광지(發光地)라는 보살삼지(菩薩三地)에서 암둔장(暗鈍障)을 끊고 깨닫는 진여이다. 이른바 흐르는 바(所流) 교법(敎法)이 지극히 수승(殊勝)한 진여(眞如)를 뜻한다.

(4) 무섭수진여(無攝受眞如)는 염혜지(焰慧地)라는 보살사지(菩薩四地)에서 현재 일어나는 미세한 번뇌로 부터의 장애(微細煩惱現行障)을 끊고 깨닫는 진여이다. 이른바 아집(我執) 등의 집착과 속박의 대상이 없는(無繫屬) 진여를 뜻한다.

(5) 유무별진여(類無別眞如)는 난승지(難勝地)라는 보살오지(菩薩五地)에서 보살이 생사를 싫어하고 열반을 좋아하는 것이 하승(hīnayāna: 下乘)과 같게 하는 번뇌장(下乘般涅槃障)을 끊고 깨닫는 진여이다. 이른바 생사와 열반 등의 차별이 없는 미혹함과 깨달음이 하나(迷惑一如)가 되는 진여이다.

(6) 무염정진여(無染淨眞如)는 현전지(現前地)라는 보살육지(菩薩六地)에서 추상현행장(麤相現行障)을 끊고 깨닫는 진여이다. 이른바 본성이 원래 번뇌에 물들거나 번뇌를 벗어나 청정한 것(無染)을 초월한 진여를 뜻한다.

(7) 법무별진여(法無別眞如)는 원행지(遠行地)라는 보살칠지(菩薩七地)에서 현재 행하는 미세한 상의 장애(細相現行障)를 끊고 깨닫는 진여이다. 이른바 모든 법의 가르침을 다양하게 설하고 있지만 그 성(性)에 있어 순일(純一)하여 달리 다른 것(別異)이 없는 진여를 뜻한다.

(8) 부증감진여(不增減眞如)는 부동지(不動地)라는 보살팔지(菩薩八地)에서 상없는 가운데 더 행하여 업을 짓는 장애(無相中作加行障)를 끊고 깨닫는 진여이다. 이른바 번뇌에 물듬을 여의었으나 줄어듬도 없고 청정한 법을 닦았으나 늘어남도 없는 맑음(淨)과 오염됨(染)에 따라서 증감(增減)에 집착을 여읜 진여를 뜻한다. 이 진여를 증득하면 자재로이 신상(身相)이나 국토에 나타낼 수 있으므로 상토자재소의진여(相土自在所依眞如)라고도 한다.

'생함이 없음'을 이르는 말이기 때문이다.
수부띠야! 여래라 함은 '법이라는 것마저 완전히 끊어짐'을 이르는 말이고,
'마침내 생함이 없음'을 이르는 말이며,
'생함이 없음'이 최상의 진리이기 때문이다.

tat kasya hetoḥ? Tathāgata iti Subhūte bhūta-tathatāyā etad adhivacanaṃ.
Tathāgata iti subhūte anutpāda dharmatāyā etad adhivacanaṃ.
Tathāgata iti Subhūte dharmo cchedasya etad adhivacanam.
Tathāgata iti Subhūte atyanta-anutpannasya etad adhivacanam.
tat kasya hetoḥ? eṣa Subhūte 'nutpādo yaḥ paramārthaḥ

དེ་ཅིའི་ཕྱིར་ཞེ་ན། རབ་འབྱོར་དེ་བཞིན་གཤེགས་པ་ཞེས་བྱ་བ་ནི།
ཡང་དག་པའི་དེ་བཞིན་ཉིད་ཀྱི་ཚིག་བླ་དྭགས་ཡིན་པའི་ཕྱིར་རོ།།

'And why, O Subhûti, the name of Tathâgata? It expresses true suchness.
And why Tathâgata, O Subhûti? It expresses that he had no origin.
And why Tathâgata, O Subhûti? It expresses the destruction of all qualities.
And why Tathâgata, O Subhûti? It expresses one who had no origin whatever.
And why this? Because, O Subhûti, no-origin is the highest goal.'

何以故 如來者 卽諸法如義

여래이름

여래라함 모든법이 여여하다 그뜻이랴
참되고도 그러하니 생겨남이 없느니라
생겨남이 없는도리 최상이치 이름이니
구경에는 무아마음 베푸는분 그러하다

한마음을 쉬고나면 모든법이 공하듯이
텅빈허공 같은곳에 나도있고 법있으나
진여평등 그이치엔 중생부처 없음물론
너와내가 없어지니 우주가곧 나이런가

(9) 수부띠야! 어떤 사람이 말하기를
'여래가 아뇩따라삼약삼보디를 깨달았다.'라고 한다면

---

(9) 지자재소의진여(智自在所衣眞如)는 선혜지(善慧地)라는 보살구지(菩薩九地)에서 타인을 이롭게 하는 가운데 하고자 하는 행동을 하지 못하는 장애(利他中不欲行障)을 끊고 깨닫는 진여이다. 이른바 법무애지(法無碍智)·의무애지(義無碍智)·사무애지(辭無碍智)·요설무애지(樂說無碍智)의 사무애지(四無碍智)를 증득하여 깨달음에 걸림이 없는 진여를 나타낸다.

(10) 업자재등소의진여(業自在等所依眞如)는 법운지(法雲地)라는 보살십지(菩薩十地)에서, 모든 법 가운데 자재함을 얻지 못한 장애(諸法中未得自在障)를 끊고 깨닫는 진여(眞如)이다. 이 진여를 증득하면 일체의 신통(神通)·총지(總持)·선정(禪定) 등에 있어서의 모든 업장으로부터 모두 자재함을 널리 얻은 진여를 나타낸다.

그것은 거짓을 말하며, 사실 아닌 것에 집착하여 나를 비방하는 것이다. 왜냐하면 수부띠야! '여래가 아눗따라삼약삼보디를 깨달았다.'라고 할 그 어떤 법이 없기 때문이다."

yaḥ kaścit Subhūte evaṃ vadet: Tathāgatena-arhatā
samyaksambuddhena-anuttarā samyaksambodhir abhisambuddheti,
sa vitathaṃ vadet, abhyācakṣīta māṃ sa Subhūte asatodgṛhītena.
tat kasya hetoḥ? na-asti Subhūte sa kaścid dharmo yas
Tathāgatena-anuttarāṃ samyaksambodhim abhisambuddhaḥ.

ཡང་རབ་འབྱོར་གང་ལ་ལ་ཞིག་འདི་སྐད་དུ། དེ་བཞིན་གཤེགས་པ་དགྲ་བཅོམ་པ་ཡང་དག་པར་རྫོགས་པའི་
ངས་རྒྱས་ཀྱིས་བླ་ན་མེད་པ་ཡང་དག་པར་རྫོགས་པའི་བྱང་ཆུབ་ཏུ་མངོན་པར་རྫོགས་པར་སངས་རྒྱས་སོ་ཞེས་ཟེར་ན།
དེ་ལོག་པར་སྨྲ་བ་ཡིན་ནོ།། དེ་ཅིའི་ཕྱིར་ཞེ་ན། རབ་འབྱོར་དེ་བཞིན་གཤེགས་པས་གང་བླ་ན་
མེད་པ་ཡང་དག་པར་རྫོགས་པའི་བྱང་ཆུབ་ཏུ་མངོན་པར་རྫོགས་པར་སངས་རྒྱས་པའི་ཆོས་དེ་གང་ཡང་མེད་པའི་ཕྱིར་རོ།།

'And whosoever, O Subhûti, should say that,
by the holy and fully enlightened Tathâgata,
the highest perfect knowledge has been known,
he would speak an untruth, and would slander me,
O Subhûti, with some untruth that he has learned.
And why? Because there is no such thing,
O Subhûti, as has been known by the Tathâgata
with regard to the highest perfect knowledge.'

若有人 言如來得阿耨多羅三藐三菩提 須菩提 實無有法 佛得阿耨多羅三藐三菩提

깨달았다고 할 법 없다

부처님은 깨달음을 증득한분 이라하나
깨달음이 실체인것 진리라고 생각마라
무엇인가 집착하여 생각하는 그순간에
더이상의 깨달음도 없음물론 진리없다

그이유가 무엇이며 왜진리가 없다하나
탐진치와 번뇌망상 보디열반 둘아니고
마음부처 부처중생 둘아님을 이름이니
현상계와 마음경계 모두같아 그러하다

(10) 수부띠야! 여래가 설하기를

"여래가 얻은 바 아눗따라삼약삼보디는

그 가운데 진실도 없고 거짓도 없느니라.
그러므로 여래가 설한 일체법을
모두 불법이라 하느니라.”

yaś ca Subhūte

Tathāgatena dharmo 'bhisambuddho deśito vā,
tatra na satyaṃ na mṛṣā.
tasmāt Tathāgato bhāṣate sarvadharmā
Buddha-dharmā iti.[200)]

རབ་འབྱོར་དེ་བཞིན་གཤེགས་པས་ཆོས་གང་མངོན་པར་རྫོགས་པར་སངས་རྒྱས་པའམ།
བསྟན་པ་དེ་ལ་བདེན་པའང་མེད།
རྫུན་པ་ཡང་མེད་དོ།།
དེ་བས་ན་དེ་བཞིན་གཤེགས་པས་ཆོས་ཐམས་ཅད་སངས་རྒྱས་ཀྱི་ཆོས་ཞེས་གསུངས་སོ།།

And in that, O Subhûti,

which has been known and taught by the Tathâgata,
there is neither truth nor falsehood.
Therefore the Tathâgata preaches:
"All things are Buddha-things."

須菩提

---

200) 산스끄리뜨어 “‘Tathāgatena dharmo 'bhisambuddho deśito vā(따타-가떼나 다르모 비삼붓도 데쉬또 와-)’, ‘tatra na satyaṃ na mṛṣā(따뜨라 나 사띠얌 나 므리샤-).’, ‘tasmāt Tathāgato bhāṣate sarvadharmā Buddha-dharmā iti(따스마-뜨 따타-가또 바-샤떼 사르와다르마- 붓다 다르마- 이띠).’”라는 문장은 ‘금강경의 게송’이다.
이 게송의 내용은 “‘여래{Tathāgatena(Tathāgata)・따타-가떼나: དེ་བཞིན་གཤེགས་པ།・如來}에 의하여’, ‘법은{dharmo(dharma)・다르모: ཆོས།・法}’, ‘깨달아지거나{'bhisambuddho(abhisaṃbuddha)・비삼붓도: པར་སངས་རྒྱས་པ།・所現證)}’, ‘설하여진(deśito vā・데쉬또 와-: བསྟན་པ།・所說)’, ‘법 그 가운데(tatra・따뜨라: དེ་ལ།・卽於其中・此中・於是中)’, ‘없고(na・나: མེད・無・非・不)’, ‘진실{satyaṃ(satya)・사띠양: བདེན་པ།・眞實・諦}도’, ‘없고(na・나: མེད・無・非・不)’, ‘거짓(mṛṣā・므리샤-: 虛妄・虛・妄)도’, ‘그러므로{tasmāt(tasmād)・따스마-뜨: དེ་བས་ན།・是故}’, ‘여래{Tathāgato(Tathāgata)・따타-가또}가’, ‘설(bhāṣate・바-샤떼: གསུངས།・說)하기를’, ‘일체법{sarvadharmā(sarvadharma)・사르와다르마-: ཆོས་ཐམས་ཅད།・一切法}’이, ‘불법{Buddha-dharmā(Buddha-dharma・붓다 다르마-): སངས་རྒྱས་ཀྱིས་ཆོས།・佛法}이라’, ‘하느니라・이름하느니라(iti・이띠: ཞེས།・名爲).’”라는 뜻이다.
이 게송을 구마라집은 ‘如來所得阿耨多羅三藐三菩提 於是中無實無虛 是故 如來說一切法 皆是佛法(여래소득아뇩따라삼약삼보디 어시중무실무허 시고 여래설일체법 개시불법)’으로, 현장은 ‘如來現前等所證法 或所說法 或所思法 即於其中 非諦非妄 是故 如來說一切法 皆是佛法(여래현전등소증법 혹소설법 혹소사법 즉어기중 비체비망 시고 여래설일체법 개시불법)’으로, 의정은 ‘如來所得正覺之法 此即非實非虛 是故佛說一切法者 即是佛法(여래소득정각지법 차즉비실비허 시고불설일체법자 즉시불법)’으로, 보디류지는 ‘如來所得 阿耨多羅三藐三菩提 於是中不實不妄語 是故 如來說一切法 皆是佛法(여래소득 아뇩따라삼약삼보디 어시중불실불망어 시고 여래설일체법 개시불법)’으로, 진제는 ‘此法如來所得無實無虛 是故 如來說一切法 皆是佛法(차법여래소득무실무허 시고 여래설일체법 개시불법)’으로, 달마급다는 ‘如來法證覺說 若不彼中實不妄 彼故 如來說一切法佛法者(여래법증각설 약불피중실불망 피고 여래설일체법불법자)’로 각각 번역하였다.
이러한 내용들을 종합하여, 이 게송을 직역하면 다음과 같다.

“여래에 의하여 깨달아지거나 설하여진 법은
그 가운데 진실도 없고 거짓도 없다.
그러므로 여래가 설하기를 일체법이
모두 불법이라 하느니라.”

如來所得阿耨多羅三藐三菩提
於是中無實無虛
是故 如來說一切法
皆是佛法

무아증득 참수행자

수부띠야 여래증득 무상정각 일컬음은
실다움이 없음물론 헛됨마저 없음이라
얻은것이 없는마음 보디마음 얻음이니
헛됨없는 마음본체 모든것을 나투니라

수행하는 사람의눈 일체경계 수행대상
육근육경 청정하니 번뇌일러 보디란다
육근육경 존재하는 모든것은 깨달음법
일체법은 깨달음을 근본으로 하느니라

여래증득 아늣따라 삼약삼보 디라하는
가장높고 바른깨침 얻은법은 실제없어
그가운데 진실없고 거짓또한 없노라니
이름하여 일체법을 불법이라 하느니라

(11) 그것은 왜냐하면 수부띠야!
'일체법은 곧 일체법이 아니다.'라고 여래가 설하였으므로
그리하여 그 이름이 '일체법은 불법'이라고 불리는 것이다.

tat kasya hetoḥ?
sarva-dharmā iti Subhūte a-dharmās Tathāgatena bhāṣitāḥ.
tasmād ucyante sarva-dharrmā Buddha-dharmā iti.

རབ་འབྱོར་ཆོས་ཐམས་ཅད་ཅེས་བྱ་བ་ནི།
དེ་དག་ཐམས་ཅད་ཆོས་མེད་པ་ཡིན་ཏེ།
དེས་ན་ཆོས་ཐམས་ཅད་སངས་རྒྱས་ཀྱི་ཆོས་ཞེས་བྱའོ།།

And why? Because what was preached by the Tathâgata,
O Subhûti, as all things, that was preached as no-things;
and therefore all things are called Buddha-things.

須菩提 所言一切法者 即非一切法 是故名一切法

그 이름이 법 일뿐

일체법은 마음으로 얻고버림 없느니라
일체법이 아니므로 이름하여 일체의법
미혹한이 일체의법 탐착하여 불법집착
중생습성 여의라고 자비심을 나투신다

법이라고 아니라고 그자체가 법아니니
마음이다 아니라는 이것또한 마음일까
가득채운 텅빈허공 처음부터 오늘까지
쫓아가도 못찾느니 달떠하늘 비추도다

(12) 수부띠야! 예를 들면 '사람의 몸이 큰 사람에 비유하는 것'과 같다. 수부띠는 말씀드렸다. "세존이시여! 여래께서 '사람의 몸이 크다.'는 것은 곧 '큰 몸이 아니다.'라고 설하셨으므로 그리하여 그 이름이 '큰 몸이다.'라고 불리는 것입니다."

tad yathā-api nāma Subhūte puruṣo bhaved upetakāyo mahākāyaḥ.
āyuṣmān SUBHŪTIR āha:
yo 'sau Bhagavaṃs Tathāgatena puruso bhāṣita upetakāyo mahākāya iti,
a-kāyaḥ sa Bhagavaṃs Tathāgatena bhāṣitaḥ.
tenocyata upetakāyo mahākāya iti.

རབ་འབྱོར་འདི་ལྟ་སྟེ་དཔེར་ན། སྐྱེས་བུ་ཞིག་མིའི་ལུས་དང་ལྡན་ཞིང་ལུས་ཆེན་པོར་གྱུར་པ་བཞིན་ནོ།། ཚེ་དང་ལྡན་པ་རབ་འབྱོར་གྱིས་གསོལ་པ།། བཅོམ་ལྡན་འདས་དེ་བཞིན་གཤེགས་པས་སྐྱེས་བུ་མིའི་ལུས་དང་ལྡན་ཞིང་ལུས་ཆེན་པོ་ཞེས་གང་གསུངས་པ་དེ་དེ་བཞིན་གཤེགས་པས་ལུས་མ་མཆིས་པར་གསུངས་ཏེ། དེས་ན་ལུས་དང་ལྡན་ཞིང་ལུས་ཆེན་པོ་ཞེས་བགྱིའོ།།

'Now, O Subhûti, a man might have a body and a large body.' The venerable Subhûti said: That man who was spoken of by the Tathâgata as a man with a body, with a large body, he, O Bhagavat, was spoken of by the Tathâgata as without a body, and therefore he is called a man with a body and with a large body.'

**須菩提 譬如人身長大 須菩提言 世尊
如來說人身長大 卽爲非大身 是名大身**

그 이름이 장대한 몸

사람몸이 장대하다 그참뜻이 무엇인가
일체중생 그의법신 허공같음 비유한뜻
허공일러 크다작다 말할수가 없음같이
그런연유 나타내어 장대하다 이름이다

어찌하여 사람의몸 큰사람에 비하는가
일체존재 우주법계 소중한몸 아니리까
본래면목 깨달으면 본래내가 아님없어
이름하여 장대한몸 어느누가 모르리오

(13) 부처님께서 말씀하셨다. "보살도 그러하다.
수부띠야! 보살이 말하기를
'나는 한량없는 중생들을 제도하리라.'라고 한다면 '그는 보살이라 할 수 없다.'
왜냐하면 수부띠야! 보살이라고 불리는 그 어떤 법이 있느냐?"
수부띠는 말씀드렸다. "세존이시여! 그렇지 않습니다.
보살이라고 불리는 그 어떤 법은 없습니다."

BHAGAVĀN āha: evam etat Subhūte. yo bodhisattvo evaṃ vaded: ahaṃ sattvān
parinirvāpayiṣyāmi-iti, na sa bodhisattva iti vaktavyaḥ.
tat kasya hetoḥ, asti Subhūte sa kaścid dharmo yo bodhisattvo nāma?[201)]
SUBHŪTIR āha: no hidaṃ Bhagavan,
na-asti sa kaścid dharmo yo bodhisattvo nāma.[202)]

---

201) 산스끄리뜨어 "tat kasya hetoḥ(따뜨 까시야 헤또호), asti Subhūte sa kaścid dharmo yo bodhisattvo nāma(아스띠 수부-떼 사 까슈찌드 다르모 요 보디삿뜨보 나-마)?"라는 문장의 의미는 다음과 같다.
이 문장의 내용은 "'그것・그{tat(tad)・따뜨: དེ།・it・彼}', '무엇・어떠한{kasya(kim)・까시야: ཅིའི།・why・何・什麽}', '이유・원인{hetoḥ(hetu)・헤또호: ཕྱིར།・so・因}', '이다・있다{asti(√as)・아스띠: ཡོད།・is・有・是}', '수부띠{subhūte(subhūti)・수부-떼: རབ་འབྱོར།・須菩提・善現}', '그것・그{sa(saḥ)・사: དེ།・there・彼}', '어떠한(kaścid・까슈찌드: གང་ཡང་།・any・任何)', '법{dharmo(darma)・다르모: ཆོས།・法}', '누구{yo(yaḥ)・요: གང་།・who・誰}', '보살{bodhisattvo(bodhisattva)・보디삿뜨보: བྱང་ཆུབ་སེམས་དཔའ།・bodhis-being・菩薩}', '이름하다・부르다(nāma・나-마: ཞེས་བྱ་བ།・named・名為)?'"라는 뜻이다.
이 문장을 구마라집은 "何以故 須菩提 實無有法 名爲菩薩(하이고 수부띠 실무유법 명위보살)"이라고, 현장은 "何以故 善現 頗有少法 名菩薩不(하이고 선현 파유소법 명보살부)"라며, 의정은 "妙生 頗有少法 名菩薩不(묘생 파유소법 명보살부)"라고, 보디류지는 "須菩提 於意云何 頗有實法名爲菩薩(수부띠 어의운하 파유실법명위보살)"이라며, 진제는 "須菩提！汝意云何 頗有一法名菩薩不(수부띠 여의운하 파유일법명보살부)"'라고, 달마급다 "彼何所因 有善實 有一法若菩薩名(피하소인 유선실 유일법약보살명)"이라며 각각 번역(漢譯)하였다.
티베트본은 "དེ་ཅིའི་ཕྱིར་ཞེ་ན། རབ་འབྱོར་བྱང་ཆུབ་སེམས་དཔའ་ཞེས་བྱ་བའི་ཆོས་དེ་གང་ཡང་ཡོད་སྙམ་ནམ།"라고 번역하였다.
이러한 내용 등을 종합적으로 분석・검토하여, 저자는 "'왜냐하면{tat kasya hetoḥ: 그(tad・彼) + 무슨・어떠한(kim・何・什麽) + 이유・원인(hetu・因)}', '수부띠야(Subhūte: 須菩提・善現)!}', '보살이라고{yo bodhisattvo: 누구(yo・誰) + 보살(bodhisattva・菩薩)}', '불릴(nāma: 名爲) 만한', '그 어떤(kaścid: 任何)', '법이(dharmo: dharma・法)', '있느냐{asti sa(saḥ): 有彼)}?', '何以故 須菩提 實無有法 名爲菩薩不(하이고 수부띠 실무유법 명위보살부)?'"라고 번역(韓譯・漢譯)하였다.
202) 산스끄리뜨어 "SUBHŪTIR āha: no hidaṃ Bhagavan, na-asti sa kaścid dharmo yo bodhisattvo nāma(수부-띠르 아-하 노 히당 바가완 나 아스띠 사 까슈찌드 다르모 요 보디삿뜨보 나-마)."라는 문장의 의미는 다음과 같다.
이 문장의 내용은 '수부띠{subhūtir(subhūti)・수부-띠르: རབ་འབྱོར།・須菩提・善現}', '말하다{āha(√ah)・아-하: གསོལ་བ།・

བཅོམ་ལྡན་འདས་ཀྱིས་བཀའ་སྩལ་པ། རབ་འབྱོར་དེ་དེ་བཞིན་ནོ། དེ་བཞིན་ཏེ།
བྱང་ཆུབ་སེམས་དཔའ་གང་འདི་སྐད་དུ་བདག་གིས་སེམས་ཅན་རྣམས་ཡོངས་སུ་མྱ་ངན་ལས་བཟླའོ་ཞེས་ཟེར་ན།
དེ་བྱང་ཆུབ་སེམས་དཔའ་ཞེས་མི་བྱའོ།
དེ་ཅིའི་ཕྱིར་ཞེ་ན། རབ་འབྱོར་བྱང་ཆུབ་སེམས་དཔའ་ཞེས་བྱ་བའི་ཆོས་དེ་གང་ཡང་ཡོད་སྙམ་མམ།
རབ་འབྱོར་གྱིས་གསོལ་པ། བཅོམ་ལྡན་འདས་དེ་ནི་མ་ལགས་སོ།

Bhagavat said: 'So it is, O Subhûti; and if a Bodhisattva were to say:
"I shall deliver all beings," he ought not to be called a Bodhisattva.
And why? Is there anything, O Subhûti, that is called a Bodhisattva?'
Subhûti said: 'Not indeed, Bhagavat,
there is nothing which is called a Bodhisattva.'

須菩提 菩薩亦如是 若作是言 我當滅度無量衆生 即不名菩薩
何以故 須菩提 實無有法 名爲菩薩不[203)]
須菩提言 不也 世尊 無有所法 名爲菩薩[204)]

보살이라 부를 법 없음

부처님이 말씀하되 보살또한 이와같다
수부띠야 보살자신 중생제도 관해서는
무량중생 남김없이 내가제도 하겠다고
그와같이 말한다면 그는보살 아니니라

---

reply・說・言・告}', '아니다(no・노: མ།・not・不・非)', '참으로(hi・히: 誠然)', '그와 같이・이와 같이{idaṃ(idam)・이당: དེ།・it・如是}', '세존{bhagavan(bhagavant)・바가완: བཅོམ་ལྡན་འདས།・O Lord・世尊},', '아니다(na・나: མ།・not・不・非)', '있다・이다{asti(√as)・아스띠: ཡོད།・is・有・是}', '그{sa(saḥ)・사: དེ།・there・彼}', '어떠한(kaścid・까슈찌드: གང་ཡང་།・any・任何)', '법{dharmo(dharma)・다르모: ཆོས།・dharma・法}', '누가{yo(yaḥ)・요: གང་།・who・誰}', '보살{bodhisattvo(bodhisattva)・보디삿뜨보: བྱང་ཆུབ་སེམས་དཔའ།・bodhi-being・菩薩}', '이름하다・부르다(nāma・나-마: ཞེས་བྱ་བ།・named・名為).'"라는 뜻이다.
이 문장에 대한 번역을 구마라집은 생략하였으나, 현장은 "善現答言 不也 世尊 無有少法 名爲菩薩(선현답언 불야 세존 무유소법 명위보살)"이라고, 의정은 "答言 不爾 世尊(답언 불이 세존)"이라며, 보디류지는 "須菩提言 不也 世尊 實無有法名爲菩薩(수부띠언 불야 세존 실무유법명위보살)"이라고, 진제는 "須菩提言 不也 世尊(수부띠언 불야 세존)"이라며, 달마급다는 "善實言 不如此 世尊(선실언 불여차 세존)"이라고 각각 번역(漢譯)하였다.
티베트본도 "རབ་འབྱོར་གྱིས་གསོལ་པ། བཅོམ་ལྡན་འདས་དེ་ནི་མ་ལགས་སོ།"라고 번역(西藏)하였다.
이러한 내용 등을 종합적으로 분석・검토하여, 저자는 "'수부띠는 말씀드렸다[수부띠{subhūtir(subhūti): རབ་འབྱོར།・須菩提・善現} + 말하다{āha(√ah): གསོལ་པ།・reply・言・告}].', '세존이시여! 그렇지 않습니다[아니다(no: མ།・not・不・非) + 참으로(hi: 誠然) + 그와 같이・그렇지{idaṃ(idam): དེ།・it・如是} + 세존{bhagavan(bhagavant): བཅོམ་ལྡན་འདས།・O Lord・世尊}],', '보살이라고 불릴[그{sa(saḥ): དེ།・there・彼} +어떠한(kaścid: གང་ཡང་།・any・任何) +법{dharmo(dharma): ཆོས།・dharma・法} + 누가{yo(yaḥ): གང་།・who・誰} + 보살{bodhisattvo(bodhisattva): བྱང་ཆུབ་སེམས་དཔའ།・bodhi-being・菩薩} + 부를・이름할(nāma: named・名為)]', '그 어떤 법은 없습니다{그 어떤(kaścid: 任何) +법(dharmo: dharma・法)은 + 없습니다(na-asti: na・不・非, asti・有・是)}.', '{須菩提言 不也世尊 實無有法 名爲菩薩(수부띠언 불야세존 실무유법 명위보살)}.'"이라고 번역(韓譯・漢譯)하였다.
203) 저자번역{漢譯: 주) 201} 참조.
204) 저자번역{漢譯: 주) 202} 참조.

수부띠야 보살대한 너의생각 어떠하냐
보살이라 불리는바 그어떤법 있겠느냐
수부띠가 사뢰기를 그러하지 않습니다
보살이라 불리는바 어떤법도 없습니다

어떤보살 내가응당 한량없는 중생들을
제도하리 라고하면 보살이라 할수없다
왜냐하면 보살이란 그이름이 보살일뿐
보살이라 불릴어떤 법도없기 때문이다

(14) 부처님께서 말씀하셨다. “수부띠야! ‘중생들’이라는 것은
‘중생들이 아니다.’라고 여래는 설하였다.
그리하여 그 이름이 ‘중생들’이라고 불리는 것이다.”
그러므로 여래는 ‘모든 법에는 나 없고,
사람 없으며, 중생 없고, 수자도 없다.’라고 설한 것이다.

BHAGAVĀN āha: sattvāḥ sattvā iti Subhūte a-sattvās te
Tathāgatena bhāṣitās, tenocyante sattvā iti.[205]
tasmāt Tathāgato bhāṣate:
nirātmānaḥ sarva-dharmā niḥsattvāḥ nirjīvā niṣpudgalāḥ sarva-dharmā iti.

བཅོམ་ལྡན་འདས་ཀྱིས་བཀའ་སྩལ་པ། རབ་འབྱོར་དེ་བས་ན།
དེ་བཞིན་གཤེགས་པས་ཆོས་ཐམས་ཅད་ནི་སེམས་ཅན་མེད་པ། སྲོག་མེད་པ་གང་ཟག་མེད་པའོ་ཞེས་གསུངས་སོ།།

Bhagavat said: 'Those who were spoken of as beings, beings indeed,
O Subhûti, they were spoken of as no-beings by the Tathâgata,

205) 산스끄리뜨어 “BHAGAVĀN āha: sattvāḥ sattvā iti Subhūte a-sattvās te Tathāgatena bhāṣitās, tenocyante sattvā iti(바가완- 아-하 삿뜨와-하 이띠 삿뜨와 수부-떼 아삿뜨와-스 떼 따타-가떼나 바-쉬따스 떼노찌얀떼 삿뜨와- 이띠).”라는 문장의 의미는 다음과 같다.
이 문장의 내용은 “‘세존{bhagavān(bhagavat) · 바가완-: བཅོམ་ལྡན་འདས། · The Lord · 世尊 · 薄伽梵}’, ‘말하다{āha(√ah) · 아-하: གསོལ་པ། · speak · 說 · 言 · 告}’, ‘중생들 · 유정들{sattvāḥ(sattva) · 삿뜨와-하: སེམས་ཅན། · beings · 衆生 · 有情}’, ‘중생들 · 유정들{sattvā(sattva) · 삿뜨와-: སེམས་ཅན། · beings · 衆生 · 有情}’, ‘이름이 ~라고 · 소위(iti · 이띠: ཞེས། · 所謂 · 名為)’, ‘수부띠{Subhūte(subhūti) · 수부-떼: རབ་འབྱོར། · 須菩提 · 善現}’, ‘중생(유정)들이 아니다(asattvās · 아삿뜨와-스: སེམས་ཅན་མེད་པ། · no-beings · 非衆生 · 非有情)’, ‘그들{te(saḥ) · 떼: དེ་དག · they · 彼等}’, ‘{tathāgatena(tathāgata) · 따타-가떼나: དེ་བཞིན་གཤེགས་པ། · 如來}’, ‘설하였다{bhāṣitās(bhāṣita, √bhāṣ-1) · 바-쉬따-스: གསུངས་པ། · taught · 所說}’, ‘그리하여 ~라고 불리다[tenocyante · 떼노찌얀떼: 그리하여 · 그것에 의하여{tena(saḥ) · 떼나; དེ། · they · 彼} + ~라고 불리다(말하여지다){ucyante(√vac) · 우찌얀떼; ཞེས་བྱ · called · 說}]’, ‘중생들 · 유정들{sattvā(sattva): 有情}’, ‘~라고 · 소위(iti: ཞེས། · 所謂 · 名為)’”라는 뜻이다.
이 구절에 대한 번역을 구마라집과 의정 및 보디류지 그리고 진제는 번역을 생략하였으나, 현장은 “佛告善現 有情有情者 如來說非有情 故名有情(불고선현 유정유정자 여래설비유정 고명유정)”이라고, 달마급다는 “世尊言 衆生衆生者 善實非衆生(세존언 중생중생자 선실비중생)”이라며, 각각 번역(漢譯)하였다.
티베트본 금강경에는 번역(西藏譯)을 생략하였다.
이러한 내용 등을 종합적으로 분석 · 검토하여, 저자는 “부처님께서 말씀하셨다. “수부띠야! ‘중생들’이라는 것은 ‘중생들이 아니다.’라고 여래는 설하였다. 그리하여 그 이름이 ‘중생들’이라고 불리는 것이다{佛告須菩提 衆生衆生者 如來說非衆生 故名衆生(불고수부띠 중생중생자 여래설비중생 고명중생)}.”이라고 번역(韓譯 · 漢譯)하였다.

and therefore they are called beings.
Therefore the Tathâgata says:
"All beings are without self all beings are without life,
without manhood, and without a personality."'

佛告須菩提 衆生衆生者 如來說非衆生 故名衆生[206]
是故 佛說一切法無我無人無衆生無壽者

아 인 중생 수자 없는 보살

밝은달빛 깊은연못 다뚫어도 흔적없네
보는이의 안목따라 다양하게 나타나니
근본작용 갖춰지면 행함없이 행하는가
본래면목 모든작용 다하여도 흔적없다

여래인격 상대개념 중생이라 할수있고
중생이란 생명가진 모든존재 이름이니
생명가진 모든존재 중생이라 하겠는가
중생으로 살아가나 본래부처 아니런가

수부띠야 중생들은 중생들이 아니니라
여래일러 이름하여 중생이라 하였으니
그리하여 그이름이 중생들로 불리니라
모든법에 나와사람 중생수자 모두없다

우주법계 일체법은 정하여져 있지않네
보살이라 불릴어떤 그무엇도 없노라니
나도없고 사람없고 중생수자 있겠는가
중생제도 그법마저 없는수행 자취없다

(15) 수부띠야! 만약에 보살이
'나는 반드시 불국토를 장엄하리라.'라고 말한다면,
이는 '보살이다.'라고 말할 수 없다.
왜냐하면 수부띠야! 여래는 '불국토를 장엄한다.'라는 것은
곧 '불국토를 장엄하는 것이 아니다.'라고 설하였기 때문이다.
그리하여 그 이름을 '불국토를 장엄하는 것'이라고 한다.

yaḥ Subhūte bodhisattva evaṃ vaded:

---

206) 저자번역{漢譯: 주) 205} 참조.

aham kṣetra-vyūhān niṣpādayiṣyāmi-iti,
so 'pi tathaiva vaktavyaḥ. tat kasya hetoḥ?
kṣetra-vyūhā kṣetra-vyūhā iti Subhūte 'vyūhās te
Tathāgatena bhāṣitāh, tenocyante kṣetra-vyūhā iti.

ཡང་རབ་འབྱོར་བྱང་ཆུབ་སེམས་དཔའ་གང་ཞིག་འདི་སྐད་དུ།
བདག་གིས་ཞིང་བཀོད་པ་རྣམས་བསྒྲུབ་བོ་ཞེས་ཟེར་ན། དེ་ཡང་དེ་བཞིན་དུ་བརྗོད་པར་བྱའོ།། དེ་ཅིའི་ཕྱིར་ཞེ་ན།
རབ་འབྱོར་ཞིང་བཀོད་པ་རྣམས་ཞིང་བཀོད་པ་རྣམས་ཞེས་བྱ་བ་ནི།
དེ་དག་བཀོད་པ་མེད་པར་དེ་བཞིན་གཤེགས་པས་གསུངས་པའི་ཕྱིར་ཏེ། དེས་ན་ཞིང་བཀོད་པ་རྣམས་ཞེས་བྱའོ།།

'If, O Subhûti, a Bodhisattva were to say: "I shall create numbers of worlds,"
he would say what is untrue.
And why? Because, what was spoken of as numbers of worlds,
numbers of worlds indeed, O Subhûti, these were spoken of as
no-numbers by the Tathâgata, and therefore they are called numbers of worlds.'

須菩提 若菩薩作是言 我當莊嚴佛土 是不名菩薩
何以故 如來說莊嚴佛土者 即非莊嚴 是名莊嚴

보살의 불국토 장엄

만약보살 불국토를 장엄한다 말한다면
사바세계 보기드문 보살원력 같겠지만
불국토를 장엄한다 네가지상 집착하여
한찰나에 보살에서 중생으로 떨어진다

그보살은 불토장엄 무엇인지 알지못해
색성향미 촉법등의 장엄으로 착각하고
분별망상 등에매여 청정마음 모르니라
청정마음 그장엄에 국토장엄 있겠는가

물질떠나 사상없는 청정마음 장엄대해
여래일러 불국토를 장엄한다 라고하나
불국토의 장엄이란 장엄함이 아니니라
그이름을 불국토의 장엄이라 하느니라

(16) 수부띠야! 만약에 보살이
'법에는 내가 없다는 무아의 법'에 통달한다면,
여래는 이 사람을 진정한 보살이라고 부른다."

yaḥ Subhūte bodhisattvo nirātmāno dharmā
nirātmāno dharmā ity adhimucyate,
sa Tathāgatena-arhatā samyaksambuddhena
bodhisattvo mahāsattva ity ākhyātaḥ.

རབ་འབྱོར་བྱང་ཆུབ་སེམས་དཔའ་གང་ཞིག་འདི་སྐད་དུ།
ཆོས་རྣམས་ནི་བདག་མེད་པ་ཆོས་རྣམས་ནི་བདག་མེད་པའོ་ཞེས་མོས་པ་དེ་ནི།
དེ་བཞིན་གཤེགས་པ་དགྲ་བཅོམ་པ་ཡང་དག་པར་རྫོགས་པའི་སངས་རྒྱས་ཀྱིས།
བྱང་ཆུབ་སེམས་དཔའ་སེམས་དཔའ་ཆེན་པོ་ཞེས་བརྗོད་དོ།།

'A Bodhisattva, O Subhûti, who believes that all things are without self,
that all things are without self, he has faith,
he is called a noble-minded Bodhisattva
by the holy and fully enlightened Tathâgata.'

須菩提 若菩薩 通達無我法者 如來說名眞是菩薩

무아법의 참된 이치 깨친 보살

보살에겐 내가있고 내가없음 둘아니니
오늘번뇌 일으키고 내일망상 드러낼까
성이나면 화를내고 즐거우면 기뻐하리
불국토를 장엄하는 참된보살 무아니라

일체보살 무심무아 분명히들 일렀거늘
불국토를 장엄하고 무아법을 통달하면
국토장엄 구경무아 참된보살 아니리까
보살이라 이름하니 불국정토 마저없다

무아법의 참된이치 완전하게 깨친이는
깨쳤다는 법도없고 모든것이 비어있어[207)]

207) 공(शून्यता Śūnyatā: 空・舜若)은 산스끄리뜨어로 '슈-니야따-(Śūnyatā)'로 일체법이 인연을 따라 생겨난 것이므로 고정(固定)되어 불변(不變)하는 아체(我體)・본체(本體)・실체(實體)라 할 것이 없다는 것이다. 그리하여 모든 법은 다 공(諸法皆空)이라고 하며, 불교의 기본이 되는 가르침(基本敎義)이자! 불교의 사상(思想)이다. 초기 대승불교에서는 공(空)을 아공(我空)・법공(法空)의 이공(二空)으로 나누었으나, 후대에는 다시 삼공(三空)・십이공(十二空)・십팔공(十八空) 등으로 다양하게 분류되었다. 그 중 삼공(三空)은 불교의 증득한바 경지나 그 경지를 증득하기 위한 수단을 뜻하는 아공(我空)・법공(法空)・구공(俱空)이다{자세한 내용: 주42) 참조}.
『불설인왕반야바라밀경(佛說仁王般若波羅蜜經)』의 「관공품(觀空品)」 제2(第二)」에는 공(空)에 대하여, "반야바라밀이 공한 까닭으로 인연을 보지 못하고 진리(諦)를 보지 못하며, 나아가 일체법도 공하느니, 안도 공하고 밖도 공하고 안과 밖이 다 공하며, 유위도 공하고 무위도 공하며, 시작 없는 것도 공하고 성품도 공하며, 제일의도 공하고 반야바라밀도 공하며, 원인도 공하고 불과도 공하며, 공도 공한 까닭에 공하다."라고 하였다. 그리하여 공을 십이공(十二空)인 내공・외공・내외공・유위공・무위공・

삼공물론 십이십팔 공도밝게 드러나니[208)]

무시공 · 성공 · 제일의공 · 반야바라밀공 · 인공 · 불과공 · 공공으로 분류하고 있다.

(1) 내공(अध्यात्मशून्यता adhyātma-śūnyatā: 內空)은 안(內)의 법(法) 이른바 육근(六根)인 눈(眼) · 귀(耳) · 코(鼻) · 혀(舌) · 몸(身) · 뜻(意)은 인연에 의하여 생하여 공하므로 내가 없고 내 것이 없으며 육근의 법도 없다는 것이다. 이와 같아 실제의 자성(自性)이 없으므로 내공(內空)이라고 한다.

(2) 외공(बहिर्धाशून्यता bahirdhā-śūnyatā: 外空)은 바깥(外)의 법(法) 이른바 인식대상인 육경(六境)에 해당하는 물질(色) · 소리(聲) · 냄새(香) · 맛(味) · 느낌(觸) · 법(法)은 실체가 없어 공하므로 내가 없고 내 것이 없으며 육경의 법도 없다는 것이다.

(3) 내외공(अध्यात्मबहिर्धाशून्यता adhyātmabahirdhā-śūnyatā: 內外空)은 안팎의 법(內外法) 이른바 안의 육근인 내공(內空)과 밖의 육경인 외공(外空)에 해당하는 십이입(十二入)으로 모든 사람이 이 안팎의 법에 집착하나 이들 십이입 중에는 내(內)인 인아(人我)도 외(外)인 법아(法我)도 없다는 것이다. 이른바 인식의 주관과 그 대상이 마주하는 눈이 물질을 보고 귀가 소리를 들으며 코가 냄새를 맡는 등으로 일체현상 가운데 나도 없고 내 것도 없음으로 이를 내외공이라 한다.

(4) 유위공(संस्कृतशून्यत saṃskṛta-śūnyatā: 有爲空)은 인연 또는 인위적으로 된 모든 현상의 존재는 언젠가는 없어진다는 것이다. 이른바 인연화합으로 생겨난 오온 · 십이처 · 십팔계 등의 유위법이 공하다는 것이다. 왜냐하면 유위법은 무엇이라고 할 실체(我)도 없고 그에 따른 것(我所)도 없으며 변치 않는 그 무엇을 얻을 수 없고, 그 모습이 공하여 생겨남도 없으며 사라짐도 없고 있는 것 또한 없으므로 공이라 하는 것이다.

(5) 무위공(असंस्कृतशून्यता asaṃskṛta-śūnyatā: 無爲空)은 모든 자연의 실체와 인연에 의해 생기지 아니하는 허공, 그리고 열반 등과 같은 무위법이 공하다는 것이다. 무위법은 허공같이 항상 생하지도 않고 멸하지도 않아서, 유위법을 얻을 수 없다면 가히 집착할만한 무위도 없다는 것이다.

(6) 무시공(अनवराग्रशून्यता anavarāgra-śūnyatā: 無始空 · 無際空)은 인과의 이치에서는 세간의 물건이나 중생 또는 법은 모두 시초가 없지만(無始), 혜안(慧眼)으로 관하면 모든 법이 공(諸法皆空)하여 시초가 없다는 상(相)마저도 없다는 것이다. 이른바 무시공은 "중생은 시작이 없다. 무명이 가리고 애욕에 얽매여서 생사를 왕래하나, 일체법 가운데 시작이라 할 것이 없다."라는 것마저 공하다는 것이다. 대품반야경에서는 무제공(無際空)이라고 한다.

(7) 성공(प्रकृतिशून्यता prakṛti-śūnyatā: 性空 · 本性空)은 모든 사물의 본성자체가 공하므로 그 실상도 공하여, 인연에 의하지 아니하고 스스로 존재하는 본래의 실체가 공하다는 것이다. 여기에서 '성(性)'이란 본래성품(本性)으로 인연을 기다리지 않고 '스스로 있는 것'을 뜻하며, 인연을 기다린다면 그것은 만들어진 법(作法)으로 그것은 성이라 할 수 없는 것이다. 이른바 성공은 일체의 법 가운데 모두 그러한 '성'이란 없다는 것이다. 우주의 물(物) · 심(心) 곧 모든 사물은 인연화합으로 인하여 가(假)로 존재하므로 모든 사물의 본성자체가 공하여 그 실상도 공하다는 것이다. 『대품반야경』에서는 본성공(本性空)이라고 한다.

(8) 제일의공(परमार्थशून्यता paramārtha-śūnyatā: 第一義空 · 勝義空 · 眞實空 · 眞境空)은 모든 법 가운데 궁극적 진리의 본체인 진여(眞如)나 열반(涅槃)이 공하다는 것이다. 열반 가운데는 열반이라고 할 모습도 없으며, 대승 제법의 제1원리인 열반은 소승에서 말하는 편진단공(偏眞但空)이 아니고, 공한 것까지도 공한 중도실상(中道實相)의 공이므로 제일의공이라 한다. 제일위인 궁극적 진리의 본체인 진여나 열반도 공이며 있는 그대로 진실한 모습인 실상도 공이라는 것으로 진실공(眞實空) · 진경공(眞境空)이라고도 하며, 대품반야경에서는 승의공(勝義空)이라고도 한다.

(9) 반야바라밀공(प्राजनपरमिताशून्यता Prajñāpāramitā-śūnyatā: 般若波羅蜜空)은 아눗따라삼약삼보디(अनुत्तरसम्यक्सम्बोधि anuttara samyaksaṃbodhi: 阿耨多羅藐三菩提 · 無上正等正覺)를 증득한 분별을 여읜 무루지(無漏智)인 반야 완성도 비어있다는 것이다.

(10) 인공(हेतुशून्यता hetu-śūnyatā: 因空)은 수행(修行) 등을 인(因)으로 하여, 모든 수행이 공(空)하다는 것이다.

(11) 불과공(बुद्धफलशून्यत Buddhaphala-śūnyatā: 佛果空)은 위없는 올바른 깨달음(阿耨多羅三藐三菩提 · 無上正等正覺)이 과(果)로서 시방(時方) 실로 가히 얻을만한 보디(बोधि bodhi: 菩提)는 없다는 것이다.

(12) 공공(शून्यताशून्यता śūnyatā-śūnyatā: 空空)은 공(空)으로써 내공 · 외공 · 내외공을 타파하는 것이다. 『유마경』에서 "이 법을 얻었을 때, 다른 병은 없고 오직 공병(空病)만 있다."라고 설한 것과 같이 '공에 대한 집착을 다시 공으로 깨트리는 것'이다. 인(因)이 공이므로 무작(無作)이며, 일체의 과(果)가 공이므로 무상(無相)이며, 인공(因空)과 과공(果空)도 또한 공이므로 공공(空空)이니, 육근 · 육경의 실체도 자성(自性)도 없는 공이므로, 이 공 또한 집착의 대상이 아닌 공이라는 것이다.

208) 『대품반야경(大品般若經)』에는 십팔공(十八空)에 대해, "세존이시여! 반야바라밀다를 수행하는 모든 보살마하살은 능히 무등등(無等等)한 내공과 외공 · 내외공 · 공공 · 대공 · 승의공 · 유위공 · 무위공 · 필경공 · 무제공 · 산공 · 본성공 · 자상공 · 일체법공 · 불가득공 · 무성공 · 자성공 · 무성자성공에 안주하여 무등등한 내공(無等等之內空) 내지 무성자성공을 원만케 하고 무등등한 내공 내지 무성자성공을 완전히 갖추어 무등등한 제 몸을 얻나니…"라고 기술하고 있다. 대승경전의 모체가 되는 『대품반야경(大品般若經)』을 근거로 초조인 가섭존자 이래 제14조 용수(龍樹: Nagarjuna)존자의 주석서인 『대지도론(大智度論)』에서는 공을 십팔공(十八空, Astādaśa-śūnyatā)인 내공(內空) · 외공(外空) · 내외공(內外空) · 공공(空空) · 대공(大空) · 승의공(勝義空 · 第一義空) · 유위공(有爲空) · 무위공(無爲空) · 필경공(畢竟空) · 무제공(無際空 · 無始空) · 산공(散空) · 본성공(本性空 · 性空) · 자상공(自相空) · 일체법공(一切法空 · 諸法空) · 불가득공(不可得空) · 무성공(無性空 · 無法空) · 자성공(自性空 · 有法空) · 무성자성공(無性自性空 · 無法有法空)으로 분류하고 있다.

십팔공(十八空) 중에서 앞에서{주) 207} 기술한 십이공(十二空)의 중복된 부분을 제외한 구공(九空)의 내용은 다음과 같다.

(5) 대공(महाशून्यत mahā-śūnyatā: 大空)은 만유(萬有)가 지(地) · 수(水) · 화(火) · 풍(風)의 사대원소(四大元素)로 구성되어 있다는 것도 가설(假說)로서 공이라는 것이며, 시방(十方)과 허공(虛空) 등의 공간(空間)이라는 관념을 부정하는 것이다.

(9) 필경공(अत्यन्तशून्यता tyanta-śūnyatā: 畢竟空)은 상대적인 공을 또 공이라고 하는 절대부정의 공으로, 마침내 일체가 공하다는 것이다. 불교 외의 사상에서 말하는 실유관(實有觀)이나 불교의 나와 법에 집착하는 실유관 등을 모두 부정한다. 불교에서 허망

이도리를 통달한이 진정으로 보살이다

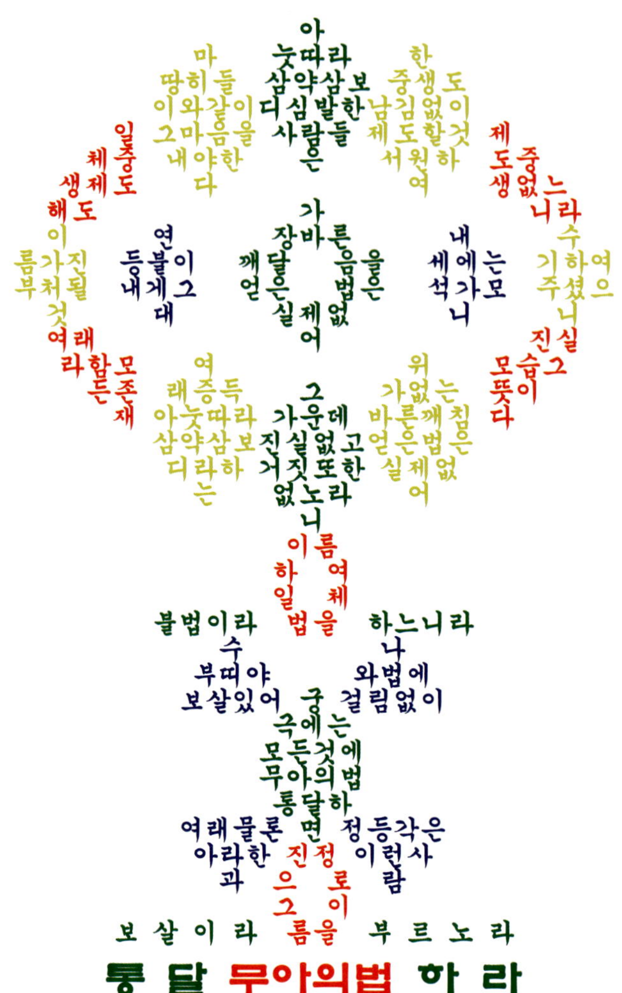

한 견해를 깨뜨리기 위하여 그 이상(理想)을 공이라고 한다.

(11) 산공(अवकरा शून्यता avakāra-śūnyatā: 散空)은 현상계는 인연에 의해 생성되므로 인연의 화합이 없어지면 공하게 된다는 것이다. 이른바 공은 물안개와 같이 흩어져 공하다는 것이다.

(13) 자상공(स्वलक्सना शून्यता svalakṣaṇa-śūnyatā: 自相空)은 모든 상(諸相)에 일반적으로 공통성을 갖는 일반상(一般相)과 특수하게 개별적으로 가지고 있는 특수상(特殊相)의 어느 방향이나 어떠한 견지에서도 그 실상은 공이라는 것이다. 성공(性空)은 불성(佛性)과 진여(眞如)는 본체가 그대로 공(空)하다고 하는 총상(總相)임에 비하여, 자상공은 온갖 만물의 개별적인 존재성인 별상(別相)을 부정하는 것이다.

(14) 일체법공(सर्वधर्म शून्यता sarvadharma-śūnyatā: 一切法空・諸法空)은 물심(物心)의 모든 법(諸法)이 항존성(恒存性)을 갖지 못하고 유한(有限)하므로 실체는 공이라는 것이다. 대승에서 인연으로 생긴 것은 실재성(實在性)을 갖지 못함으로 그 물건 당체(當體)가 그대로 공하므로 모든 법이 공이다(諸法皆空)라고 하며, 『대지도론』에서는 제법공(諸法空)이라고도 한다.

(15) 불가득공(अनुलम्भा शून्यता anulambha-śūnyatā: 不可得空・無所有空)은 만물의 실상이 공이므로 아무리 많이 얻어 보아도 결국 공이라는 것이다. 인식론적으로 무엇을 알고 얻을 것이 있다는 관념조차 있을 수 없다는 의미로서, 무소유공(無所有空)이라고도 한다.

(16) 무성공(अभवा शून्यता bhāva-śūnyatā: 無性空・無法空)은 만법(萬法)이 소멸하는데, 그 소멸자체도 공하여 없다는 것이다. 현재법은 유법(有法)이라 하고 과거와 미래의 법은 무법(無法)이라고 한다. 『대지도론』에서는 무법공(無法空)이라고 한다.

(17) 자성공(स्वलक्सना शून्यता svalakṣaṇa-śūnyatā: 自性空・有法空)은 인연화합으로 생긴 물심(物心)의 모든 현상인 유법(有法) 즉 만상(萬象)의 자성이 공하다는 것이다. 그리하여 현상은 인연에 의해 존재하는 가유(假有)일 뿐 그 본질은 공하다는 것이다. 대지도론에서는 유법공(有法空)이라고 한다.

(18) 무성자성공(अभवस्वभवा शून्यत abhāvasvabhāva-śūnyatā: 無性自性空・無法有法空)은 이미 사라진 과거의 모든 것과 앞으로 일어날 미래의 모든 것인 무법(無法)과 현재에 있는 모든 것인 유법(有法)이 모두 공이라는 것이다. 이른바 시간적 존재뿐만 아니라 공간적 존재까지도 모두 공하다는 것이다. 대지도론에서는 무법유법공(無法有法空)이라고 한다.

॥नमो भगवत्या आर्यप्रज्ञापारमितायै॥

||Namo bhagavatyā āryaprajñāpāramitāyai||

||སངས་རྒྱས་དང་བྱང་ཆུབ་སེམས་དཔའ་ཐམས་ཅད་ལ་ཕྱག་འཚལ་ལོ||

南無世尊聖般若波羅蜜多

一體同觀分 第十八

한결같이 여래 관함

CONTEMPLATING THE ONENESS OF EVERYTHING

वज्रच्छेदिका प्रज्ञापारमिता सूत्र
Vajracchedikā Prajñāpāramitā Sūtra

༄༅། །འཕགས་པ་ཤེས་རབ་ཀྱི་ཕ་རོལ་ཏུ་ཕྱིན་པ་རྡོ་རྗེ་གཅོད་པ་ཞེས་བྱ་བ་བཞུགས་སོ།།

金剛般若波羅密經 Diamond Sūtra
금강반야바라밀경

제18분. 한결같이 여래관함(1)

수부띠야 여래대한 그대생각 어떠한가
여래의눈 오안중에 삼라만상 바라보는
중생들의 육체의눈 여래에게 있겠느냐
세존이여 여래에게 육체의눈 있습니다

수부띠야 여래대한 그대생각 어떠한가
여래의눈 오안중에 천상욕계 볼수있는
시공초월 하늘의눈 여래에게 있겠느냐
세존이여 여래에게 하늘의눈 있습니다

वज्रच्छेदिका प्रज्ञापारमिता सूत्र
Vajracchedikā Prajñāpāramitā Sūtra

༄༅། །འཕགས་པ་ཤེས་རབ་ཀྱི་ཕ་རོལ་ཏུ་ཕྱིན་པ་རྡོ་རྗེ་གཅོད་པ་ཞེས་བྱ་བ་བཞུགས་སོ། །

金剛般若波羅密經 Diamond Sūtra
금강반야바라밀경

제18분. 한결같이 여래관함(2)

수부띠야 여래대한 그대생각 어떠한가
여래의눈 오안중에 무분별지 뚫어보는
무상근본 지혜의눈 여래에게 있겠느냐
세존이여 여래에게 지혜의눈 있습니다

수부띠야 여래대한 그대생각 어떠한가
여래의눈 오안중에 모든진리 비춰보는
대자대비 진리의눈 여래에게 있겠느냐
세존이여 여래에게 진리의눈 있습니다

수부띠야 여래대한 그대생각 어떠한가
여래의눈 오안중에 우주법계 밝혀보는
무상정각 부처의눈 여래에게 있겠느냐
세존이여 여래에게 부처의눈 있습니다

वज्रच्छेदिका प्रज्ञापारमिता सूत्र
Vajracchedikā Prajñāpāramitā Sūtra

༄༅། །འཕགས་པ་ཤེས་རབ་ཀྱི་ཕ་རོལ་ཏུ་ཕྱིན་པ་རྡོ་རྗེ་གཅོད་པ་ཞེས་བྱ་བ་བཞུགས་སོ།།

金剛般若波羅密經 Diamond Sūtra
금강반야바라밀경

제18분. 한결같이 여래관함(3)

수부띠야 강가모래 그대생각 어떠한가
여래강가 강의강변 모래들에 대하여서
법을설한 적있는가 선서시여 있습니다
세존이여 모래대해 법설한적 있습니다

수부띠야 부처세계 그대생각 어떠한가
한강가의 모래같이 그만큼의 강가있고
그강가의 모래만큼 부처세계 있다하면
그와같은 세계들이 많다라고 하겠느냐

수부띠가 답을하되 세존이여 많습니다
선서시여 그와같은 세계들은 많습니다
그와같은 모든세계 중생들의 온갖마음
나는여래 지혜로서 모두알고 있느니라

수부띠야 모든마음 마음들이 아니니라
그이름이 마음이니 과거마음 못얻나니
현재있는 그마음도 얻을수가 없음물론
미래있을 그마음도 얻을수가 없느니라

Vajracchedikā Prajñāpāramitā Sūtra
금강반야바라밀경(金剛般若波羅密經)

18. 한결같이 여래 관함(一體同觀分 第十八)
CHAPTER 18. CONTEMPLATING THE ONENESS OF EVERYTHING

(1) 세존께서 말씀하셨다. "수부띠야! 그대는 어떻게 생각하느냐?
여래에게 육안이 있느냐?"
수부띠는 말씀드렸다. "그렇습니다. 세존이시여! 여래께서는 육안이 있습니다."

BHAGAVĀN āha: tat kiṃ manyase Subhūte,
saṃvidyate Tathāgatasya māṃsa-cakṣuḥ?
SUBHŪTIR āha: evam etad Bhagavan, saṃvidyate Tathāgatasya māṃsacakṣuḥ.

རབ་འབྱོར་འདི་ཇི་སྙམ་དུ་སེམས། དེ་བཞིན་གཤེགས་པ་ལ་ཤའི་སྤྱན་མངའ་སྙམ་མམ།
རབ་འབྱོར་གྱིས་གསོལ་པ།
བཅོམ་ལྡན་འདས་དེ་དེ་ལྟར་ལགས་ཏེ། དེ་བཞིན་གཤེགས་པ་ལ་ཤའི་སྤྱན་མངའོ།།

Bhagavat said: 'What do you think, O Subhûti,
has the Tathâgata the bodily eye?'
Subhûti said: 'So it is, O Bhagavat, the Tathâgata has the bodily eye.'

須菩提 於意云何 如來有肉眼不 如是世尊 如來有肉眼

<u>오안[209] 중 육안</u>

세상속의 삼라만상 바라보는 두눈육안[210]

209) 오안(पञ्चचक्षुस pañca-cakṣus: 五眼)은 수행을 통하여 얻어가는 마음을 표현하는 마음자리에 있는 다섯 가지 눈을 의미한다. 『대품반야경(大品般若經)』 제2(第二)에는 "보살마하살(菩薩摩訶薩)이 오안(五眼)을 얻으려 한다면 항상 반야바라밀(般若波羅蜜) 수행을 해야 한다."라고 하고, 『대지도론(大智度論)』 제33(第三三)에는 오안(五眼)에 대하여 무엇이 다섯 가지 눈인가 하면, "육안(肉眼)·천안(天眼)·혜안(慧眼)·법안(法眼)·불안(佛眼)이다."라고 하였다.

(1) 육안(मांसचक्षुस māṃsa-cakṣus: 肉眼)은 욕계의 중생(衆生)이 갖는 오욕칠정의 시간과 공간의 제약을 받는 사심의 눈(私心之眼)을 뜻한다.

(2) 천안(दिव्यचक्षुस divya-cakṣus: 天眼)은 색계의 천인(天人)이 갖는 전후·내외·주야·상하·중생의 미래 생사까지 자유자재하게 볼 수 있는 긍정의 공심의 눈(公心之眼)을 뜻한다.

(3) 혜안(प्रज्ञाचक्षुस prajñā-cakṣus: 慧眼)은 이승(二乘: 聲聞乘·緣覺乘)이 갖는 시공을 초월하여 분별을 여읜 진리를 꿰뚫어 볼 수 있는 지혜의 정심의 눈(正心之眼)을 뜻한다.

(4) 법안(धर्मचक्षुस dharma-cakṣus: 法眼)은 보살(菩薩)이 갖는 우주의 진리를 밝게 비쳐볼 수 있는 도심의 눈(道心之眼)을 뜻한다.

(5) 불안(बुद्धचक्षुस buddha-cakṣus: 佛眼)은 부처님이 갖는 우주만유의 진리를 깨친 대자대비(大慈大悲)의 각심의 눈(覺心之眼)을 뜻한다.

210) 육안(मांसचक्षुस māṃsa-cakṣus: 肉眼)은 인간의 육신에 갖추어져 있는 사바중생의 감각적 눈을 말한다. 중생심(衆生心)으로 세상을

사바중생 옳고그름 흑과백을 분별하고
일체범부 오늘내일 내것네것 따지면서
나와너의 얼굴속의 눈으로만 살피노라

사물형태 빛깔구별 일정한계 살피지만
가까운것 보지만은 머나먼곳 볼수없고
앞을보면 뒤못보며 밖을보면 안못보고
밝은곳은 보지만은 어두운곳 못살핀다

오안이란 수행통해 얻어가는 마음표현
일체여래 육안천안 혜안법안 불안있다
세상모습 살피는것 육체의눈 육안이나
오욕칠정 못벗어나 사물바로 못보노라

(2) 세존께서 말씀하셨다. "수부띠야! 그대는 어떻게 생각하느냐?
여래에게 천안이 있느냐?"
수부띠는 말씀드렸다. "그렇습니다. 세존이시여! 여래께서는 천안이 있습니다."

BHAGAVĀN āha: tat kiṃ manyase Subhūte,
saṃvidyate Tathāgatasya divyaṃ cakṣuḥ?
SUBHŪTIR āha: evam etad Bhagavān, saṃvidyate Tathāgatasya divyaṃ cakṣuḥ.

བཅོམ་ལྡན་འདས་ཀྱིས་བཀའ་སྩལ་པ། རབ་འབྱོར་འདི་ཇི་སྙམ་དུ་སེམས།
དེ་བཞིན་གཤེགས་པ་ལ་ལྷའི་སྤྱན་ མངའ་སྙམ་མམ།
རབ་འབྱོར་གྱིས་གསོལ་པ། བཅོམ་ལྡན་འདས་དེ་དེ་ལྟར་ལགས་ཏེ། དེ་བཞིན་གཤེགས་པ་ལ་ལྷའི་སྤྱན་མངའོ།།

Bhagavat said: 'What do you think,
O Subhûti, has the Tathâgata the heavenly eye?'
Subhûti said: 'So it is, O Bhagavat, the Tathâgata has the heavenly eye.'

須菩提 於意云何 如來有天眼不 如是世尊 如來有天眼

오안 중 천안[211)]

바라보기 때문에 언제나 형상 있는 것 밖에 바라 볼 수 없고, 시간과 공간의 제약을 받으면서 정확하게 사실대로 잘 보지 못하는 한계를 지닌 눈이다. 몸에 달려 있는 육체적인 눈으로 무상(無常)하기 그지없는 눈이다. 이는 육신의 감각으로 보는 눈으로, 저마다 중생들의 업에 따라 경계가 다르며, 경우에 따라서는 청명하기도 하고 흐리기도 하다. 일반적인 경우에 합리적으로 밝고 분명하게 사물을 구분해 보는 것을 육안이라고 한다. 육안은 공간과 시간의 제약을 받으므로 앞의 것 · 가까운 것 · 밖에 드러난 것 그리고 낮에는 잘 보이나, 뒤의 것 · 먼 것 · 감추어진 것 그리고 밤에는 잘 볼 수 없으며, 과거일 · 미래일 · 너무 큰 것 · 너무 작은 것도 잘 볼 수가 없다. 육안은 천안을 갖추지 않으면, 안목(眼目)이 좁아지고 미혹(迷惑)하여, 이로 인한 고통(苦痛)을 벗어날 수 없다.

211) 천안(दिव्यचक्षुस divya-cakṣus: 天眼)은 천상세계(天趣)에 태어나거나 또는 이 세상에서 선정(禪定)을 닦아 얻게 되는 지혜의 눈(定慧之眼)이자! 색계천인(色界天人)이 시간과 공간을 초월해서 중생의 미래 생사까지 자유자재하게 볼 수 있는 긍정의 공심의 눈(公

천상세계 태어나서 얻은눈은 생득천안[212]
인간세상 선정닦아 얻은눈은 수득천안
육안으로 볼수없는 삼세사를 볼수있고[213]
앞뒤물론 밝고어둠 안과밖을 볼수있다

인연인과 원리로서 이루어진 현상보고
시간공간 초월해서 과거현재 모습보며
미래현상 눈앞의손 보는듯이 같이보니
중생들의 생사물론 환생함도 다알도다

원근상하 모든장애 꿰뚫어서 보는눈은
초인적인 신통의눈 광명넘쳐 흐르나니
남의마음 모든일기 모두알수 있지만은
천안밝은 인과따라 혜안도달 한계있다

(3) 세존께서 말씀하셨다. "수부띠야! 그대는 어떻게 생각하느냐? 여래에게 혜안이 있느냐?"
수부띠는 말씀드렸다. "그렇습니다. 세존이시여! 여래께서는 혜안이 있습니다."

BHAGAVĀN āha: tat kiṃ manyase Subhūte,
saṃvidyate Tathāgatasya prajñā-cakṣuḥ?
SUBHŪTIR āha: evam etad Bhagavān,
saṃvidyate Tathāgatasya prajñā-cakṣuḥ.

心之眼)이다. 과거・현재의 모습, 미래의 현상, 멀거나 가까운 것, 들어나거나 보이지 않는 속의 모습, 미세한 티끌(微塵)・세균(細菌)까지도 현실과 같이 볼 수가 있는 눈이다. 그러나 천안은 그 밝음의 정도에 따라서 저마다 볼 수 있는 한계가 있고, 그 깊이에 따라서 일부만 볼 수 있기도 하고 그렇지 않기도 하는데, 이를테면 천상의 욕계까지는 볼 수가 있는데, 색계나 무색계는 볼 수 없는 것과 같은 것 등이다. 천안은 육안이 없으면 현실・비현실의 구분이 안 되므로 밝고 합리적인 육안을 가지고 있지 않으면 바르게 볼 수 없으므로 천안이라 할 수가 없다. 더 나아가 혜안을 갖추지 못하면 '사물이 존재한다.'라든가 '윤회한다.'라는 것 등에 떨어지므로 혜안을 필요로 하는 것이다. 부처님 제자인 아나율존자는 눈은 멀었지만 밤낮 할 것 없이 불퇴전의 수행으로 천안(दिव्यचक्षुस divya-cakṣus: 天眼)을 얻었으며, 천안이 열리면 육체의 눈(肉眼)을 가진 중생보다 더 자세히 보고, 이를 바탕으로 더 맑고 풍요로운 세계를 살게 된다. 마음세계에 깊이 들어가면 광대무변한 우주에 부처님의 자비광명이 가득히 차 있는 것을 보게 되며, 우리의 눈이 막혀서 못 보고 있으나, 천안이 열리면 불가칭(不可稱)・불가사의(不可思議)한 세계를 보게 됨으로, 우리도 마음을 쉼 없이 갈고 닦아나가면 시공을 초월한 삼세사(三世事)를 볼 수 있는 눈이 열리게 될 것이다. 천안은 광명이 없어도 볼 수 있으며, 눈앞을 가려도 볼 수 있고, 멀고 가까운 것에 관계없이 볼 수 있는 눈이니 삼천대천세계를 두루 볼 수 있는 눈이다. 그래서 수부띠는 "여래께서는 삼천대천세계의 모든 존재를 손바닥 위에 있는 것처럼 볼 수 있습니다."라고 말씀드렸다. 현대 과학에서 빛이 일 년간 가는 거리를 일광년(一光年)이라고 하는데 몇 만 광년을 가도 우주의 끝은 없다고 하니, 2500여 년 전에 부처님은 천안(天眼)으로 보신 우주가 가히 상상을 초월한다고 하지 않을 수 없다. 부처님과 같이 삼천대천세계를 바라볼 수 있는 눈은 아니더라도 천안이 발달한 보살이나 수행자들이 많이 있었을 것이다. 부처님은 천안으로 "지옥・아귀・축생・아수라・인간・천상에 살고 있는 모든 중생의 생활하는 모습을 관찰하고 모든 중생은 고통 속에 살고 있다."라고 하였다.

212) 천안(दिव्यचक्षुस divya-cakṣus: 天眼)은 육안(肉眼)으로 볼 수 없는 미세한 사물이나 먼 곳에 있는 것까지도 널리 살펴볼 수 있고, 중생들의 미래 생사모습까지도 미리 볼 수 있는 신통능력을 갖춘 초인적인 눈으로, 그 얻는 방법에 따라 수득천안(修得天眼)과 생득천안(生得天眼)으로 양분된다. 수득천안(修得天眼)은 인간세계에 태어나서 선정(禪定)을 닦아 얻은 천안을 말하며, 생득천안(生得天眼)은 천상에 태어남으로써 얻는 천안으로 시공(時空)을 초월하여 아주 미세한 물질도 다보고 내세에 관한 것도 알 수 있다.

213) 삼세사(अतितनगता वर्तमना वस्तु atītânāgata-vartamāna vastu: 三世事)는 과거사(अतीत वस्तु atīta vastu: 過去事)와 현재사(प्रत्युत्पन्न वस्तु tyutpanna vastu: 現在事) 그리고 미래사(अनागत वस्तु anāgata vastu: 未來事)를 말한다.

བཅོམ་ལྡན་འདས་ཀྱིས་བཀའ་སྩལ་པ། རབ་འབྱོར་འདི་ཇི་སྙམ་དུ་སེམས།།
དེ་བཞིན་གཤེགས་པ་ལ་ཤེས་རབ་ཀྱི་སྤྱན་མངའ་སྙམ་མམ། རབ་འབྱོར་གྱིས་གསོལ་པ།
བཅོམ་ལྡན་འདས་དེ་དེ་ལྟར་ལགས་ཏེ། དེ་བཞིན་གཤེགས་པ་ལ་ཤེས་རབ་ཀྱི་སྤྱན་མངའ་འོ།།

Bhagavat said: 'What do you think, O Subhûti,
has the Tathâgata the eye of knowledge?'
Subhûti said: 'So it is, O Bhagavat,
the Tathâgata has the eye of knowledge.'

須菩提 於意云何 如來有慧眼不 如是世尊 如來有慧眼

오안 중 혜안

우주법계 사물진리 인식하는 지혜의눈[214)]
일체만유 모든현상 무상무착 진공이라
모든집착 버리고서 무생무멸 깨달으니
차별적인 현상세계 초월하는 혜안이다

내가없고 생멸없는 근본아는 반야의눈
제법실상 일체사물 꿰뚫어봐 혜안이나
생멸하는 일체상과 모든중생 보지않고
성문연각 얻기때문 중생제도 어렵도다[215)]

모든존재 연기모습 비춰보는 지혜의눈
연기법에 어긋나서 중생고통 일어나니
연기법은 일체만유 평등이치 이름이나
온갖집착 다버리고 중생구제 다못한다

---

214) 혜안(प्रज्ञाचक्षुस prajñācakṣus: 慧眼)은 공(空)과 무아(無我)를 바탕으로 해서 무상한 일체사물의 근본을 바르게 보는 지혜의 눈(般若之眼)이자! 승문승・연각승(聲聞乘・緣覺乘)이 갖는 시공을 초월하여 분별을 여읜 진리를 꿰뚫어 볼 수 있는 정심의 눈(正心之眼)이라 할 수 있다. 또한 혜안은 공의 이치를 증득한 수행자의 눈으로, 내가 없으며(無我), 형상이 없고(無相), 생하지도 멸하지 않는(無生滅) 그 바탕을 아는 눈이다. 이른바 혜안은 공의 이치를 증득한 수행자의 눈이나, 육안과 천안을 같이 갖추지 않으면 공이나 무상에 떨어질 우려가 있다. 그리고 일체 중생들의 마음과 그 근기를 잘 알지 못하므로 중생들을 제도하기가 어렵고, 중생제도를 위해서는 안과 밖이 두루 밝지 못하므로 법안을 필요로 한다.

215) 성문(श्रावक śrāvaka: 聲門)은 부처님이 설한 진리의 말씀을 듣고 깨달음을 얻은 소승불교 출가의 성자로서, 부처님의 가르침을 듣고 사제(चत्वारि आर्यसत्यानि catvāri-ārya-satyāni: 四諦・四聖諦, 苦・集・滅・道)의 이치를 관함으로써, 사과성인(四果聖人: 須陀洹・斯陀含・阿那含・阿羅漢)을 목표로 하며, 깨달음에 이르고자 교설에 따라 수행은 하지만 자기 혼자만 해탈하는 것을 목적하는 삼승(聲門乘・緣覺乘・菩薩乘)중 성문승의 이상상은 아라한(阿羅漢)이다. 연각(प्रत्येकबुद्ध pratyeka-buddha: 緣覺・獨聖・僻地佛)은 소승의 하나로 홀로 깨달(獨覺)으며, 부처님의 가르침을 직접 듣거나 접하지는 못했다고 하더라도 스스로의 방법으로 12인연(無明・行・識・名色・六入・觸・受・愛・取・有・生・老死)을 관하여 벽지불과(辟支佛果)를 증득함으로써 깨달음에 이르는 것을 말하는데, 대승불교에서는 자신의 깨달음을 목표로 하는 독각을 남을 위해 설법하지 않고 이기적인 수도에 전념하는 자의 의미로 나타내기도 한다.

(4) 세존께서 말씀하셨다. "수부띠야! 그대는 어떻게 생각하느냐? 여래에게 법안이 있느냐?"
수부띠는 말씀드렸다. "그렇습니다. 세존이시여! 여래께서는 법안이 있습니다."

BHAGAVĀN āha: tat kiṃ manyase Subhūte,
saṃvidyate Tathāgatasya dharma-cakṣuḥ? SUBHŪTIR āha:
evam etad Bhagavan, saṃvidyate Tathāgatasya dharma-cakṣuḥ.

བཅོམ་ལྡན་འདས་ཀྱིས་བཀའ་སྩལ་པ། རབ་འབྱོར་འདི་ཇི་སྙམ་དུ་སེམས།
དེ་བཞིན་གཤེགས་པ་ལ་ཆོས་ཀྱི་སྤྱན་མངའ་སྙམ་མམ། རབ་འབྱོར་གྱིས་གསོལ་པ།
བཅོམ་ལྡན་འདས་དེ་དེ་ལྟར་ལགས་ཏེ། དེ་བཞིན་གཤེགས་པ་ལ་ཆོས་ཀྱི་སྤྱན་མངའོ།།

Bhagavat said: 'What do you think, O Subhûti,
has the Tathâgata the eye of the Law?'
Subhûti said: 'So it is, O Bhagavat, the Tathâgata has the eye of the Law.'

須菩提 於意云何 如來有法眼不 如是世尊 如來有法眼

오안 중 법안

일체법의 모든진리 훤히꿰어 보는법안[216]
삼천대천 우주법계 나와하나 됨을알고
중생부처 너와내가 둘아님을 알게하여
모든중생 갖은방편 사용하여 득도한다

법의실상 공한이치 하나임을 요달한눈
겉모양서 내면세계 볼수있음 물론이고
육안천안 혜안밝아 선악유무 양극초월
우주진리 비춰보는 도심의눈 이라한다

한량없는 우주법계 큰하나로 보는법안
색에서공 볼수있고 공에서색 볼수있네
공은실상 실상에선 많은지혜 볼수있어
체에서상 상에서용 인식하는 눈이로다[217]

216) 법안(धर्मचक्षुस dharma-cakṣus: 法眼)은 모든 법을 밝고 분명하게 비추어 법의 참모습을 정확하게 성찰하여 중생을 제도할 수 있는 눈으로, 보살(菩薩)이 갖는 우주의 진리를 밝게 비쳐볼 수 있는 도심의 눈(道心之眼)이다. 그리고 법안은 육안 천안 혜안이 두루 밝아서, 그 바탕의 근본섭리와 연결과정을 잘 알고, 모든 선(善)·악(惡), 있음(有)·없음(無)의 양극을 초월해서 어떠한 걸림으로부터 벗어남으로서 저마다의 방편을 알아 도의 증과(道之證果)를 갖추는 눈이다.

217) 『대승기신론(大乘起信論)』에 의하면, 체(體)·상(相)·용(用)은 우주 근본이치에 대하여, 우주의 큰 곧 본체를 체(體)라 하고, 그 속성에 해당하는 우주의 작은 현상세계를 상(相)이라 하며, 만물의 조화인 유무의 작용을 용(用)이라고 한다. 이를 우리 마음에 비추어, 체(體)·상(相)·용(用) 중에서 체는 마음의 진여문이니 심체(心體)이며, 상은 마음 본체의 기능과 속성을 표현한 변화의 차별현상이고, 용은 그 변화의 작용이다. 상과 용은 바로 일어나고 없어지는 마음의 기능과 작용으로 체와는 분리할 수 없는 관계이

(5) 세존께서 말씀하셨다. "수부띠야! 그대는 어떻게 생각하느냐?
여래에게 불안이 있느냐?"
수부띠는 말씀드렸다. "그렇습니다. 세존이시여! 여래께서는 불안이 있습니다."

BHAGAVĀN āha: tat kiṃ manyase Subhūte,
saṃvidyate Tathāgatasya buddha-cakṣuḥ?
SUBHŪTIR āha: evam etad Bhagavan,
saṃvidyate Tathāgatasya buddha-cakṣuḥ.

བཅོམ་ལྡན་འདས་ཀྱིས་བཀའ་སྩལ་པ། རབ་འབྱོར་འདི་ཇི་སྙམ་དུ་སེམས།
དེ་བཞིན་གཤེགས་པ་ལ་སངས་རྒྱས་ཀྱི་སྤྱན་མངའ་སྙམ་མམ། རབ་འབྱོར་གྱིས་གསོལ་པ།
བཅོམ་ལྡན་འདས་དེ་དེ་ལྟར་ལགས་ཏེ། དེ་བཞིན་གཤེགས་པ་ལ་སངས་རྒྱས་ཀྱི་སྤྱན་མངའ་འོ།།

Bhagavat said: 'What do you think, O Subhûti,
has the Tathâgata the eye of Buddha?'
Subhûti said: 'So it is, O Bhagavat,
the Tathâgata has the eye of Buddha.'

須菩提 於意云何 如來有佛眼不 如是世尊 如來有佛眼

오안 중 불안

중생에게 깨달음을 회향하는 불성의눈[218)]
오안모두 불성에서 비롯됨을 통달하니

다. 체대(體大)는 중생마음의 체(心體)로써 마음의 본성이며 진여(眞如)・평등(平等)・불성(佛性)으로 부증불감(不增不滅)의 실체이며, 또한 물질이 본질이다. 상대(相大)는 중생마음의 상으로 마음의 현상이며 미망의 번뇌에 휩싸여 있고 그 중에는 여래장을 구족하고 있으며 또한 물질의 현상이다. 용대(用大)는 중생마음의 용(心用)으로 마음 활동의 기능을 말하며, 능히 일체세간과 출세간법의 선인선과(善因善果)를 만들어 낸다. 중생의 마음에는 이런 삼덕(三德)을 갖추고 있으므로 이를 일러 삼대(三大)라 한다. 이른바 모든 법은 모두 체(體)・상(相)・용(用)의 세 측면에서 관찰해야 하는 바 이를 통하여 만법이 모두 공하며(萬法皆空), 만법이 무상하며(萬法無常), 인연으로 생겨나는 것은 자성을 갖지 않음(緣生無性)을 바르게 깨닫게 된다. 바른 깨달음(正覺)에 들어가는 것은 바로 지혜(般若)이며, 지혜는 번뇌를 끊고(斷煩惱) 무명을 깨뜨릴 수 있어서(破無明), 모든 고통 여의고 즐거움을 얻을 수 있다는 것이다(離苦得樂). 이러한 대승기신론(大乘起信論)의 주요내용은 일심(一心)・이문(二門)・삼대(三大)・사신(四信)・오행(五行)으로 요약된다. 가장 핵심이 되는 '일심(一心)'을 진여문(眞如門)과 생멸문(生滅門)의 '이문(二門)'으로 설명하고, 일심의 특성을 체(體)・상(相)・용(用)의 '삼대(三大)'로 전개하여, 궁극적으로 대승적 믿음을 일으키며 나아가 실천적 행을 닦도록 하는 것이다. 주요한 것은 중생의 마음이 곧 대승이요 대승의 근원이 진여라는 것이다. 중생의 본래 마음이 진여이며, 일체 만법이 진여에 의해서 전개된다는 것이다(眞如緣起說).

218) 불안(बुद्धचक्षुस buddha-cakṣus: 佛眼)은 우주만유의 진리를 깨친 대자대비(大慈大悲)한 부처님의 깨달음의 눈(覺心之眼)이자! 그 깨달음을 모든 중생에게 회향하는 불성의 눈(佛性之眼)이라 할 수 있다. 육조대사는 "모든 사람이 다 오안을 가지고 있는데, 마음이 미(謎)하여 가려져 있기 때문에 사물의 실상을 볼 수 없을 따름이다. 부처님께서는 이 미(謎)한 마음을 제거하면 곧 오안이 두루 밝아지므로, 육바라밀을 닦아 실천하라고 설하셨던 것이다. 미(謎)한 마음을 벗기는 것은 육안이요, 모든 일체 중생이 다 불성이 있음을 보고 가련한 마음을 내는 것은 천안이고, 어리석은 마음을 내지 않는 것이 혜안이고, 법에 집착하는 마음을 없애는 것이 법안이며, 아주 미세한 업장, 미혹까지 완전히 다 없어져서 밝게 두루 비추게 되는 것을 불안이다."라고 한다. 그리고 "육신 가운데서 법신이 있음을 볼 수 있는 것이 육안이고, 일체 중생이 반야성품(般若性品)을 가지고 있는 것을 보는 것이 천안이고, 반야바라밀이 능히 삼세(三世)의 일체 법에 뛰어났음을 보는 것이 혜안이며, 일체 불법이 스스로 다 구비했음을 보는 것이 법안이고, 모든 법의 진성(眞性)을 밝게 비추어 보아, 주관・객관이 영원히 제거됨을 보는 것이 불안이다."라고 한다.

실상의체 그깨달음 자성깨침 각성이라
반야로서 모든중생 고통에서 제도한다

불성으로 보고듣고 생각하는 불타의눈
내가받는 모든고통 일체번뇌 근본살펴
나로부터 시작되는 세상실상 깨달아서
모든법의 참된실상 여법하게 바로본다

우주만유 시방세계 두루두루 밝히는눈
자상하게 살펴보아 마음대로 실천하니
미세업장 일체미혹 완전하게 없어지고
나는물론 일체만유 불성있음 밝게본다

(6) 세존께서 말씀하셨다. "수부띠야! 그대는 어떻게 생각하느냐? 여래는 강가 큰 강의 모래에 대하여 설한 적이 있느냐?" 수부띠는 말씀드렸다. "세존이시여! 그렇습니다. 여래께서는 그 모래에 대하여 설한 적이 있습니다."

BHAGAVĀN āha: tat kiṃ manyase Subhūte,
yāvantyo Gaṅgāyāṃ mahā-nadyāṃ vālukā,
api nu tā valukās Tathāgatena bhāṣitāḥ?[219)]
SUBŪTIR āha: evam etad Bhagavann,
evam etat Sugata, bhāṣitās Tathāgatena vālukāḥ.[220)]

Bhagavat said: 'What do you think, O Subhûti,
as many grains of sand as there are in the great river Gangâ
were they preached by the Tathâgataas grains of sand?'
Subhûti said: 'So it is, O Bhagavat, so it is, O Sugata,
they were preached as grains of sand by the Tathâgata.'

須菩提 於意云何 恒河中所有沙 佛說是沙不 如是世尊 如來說是沙

강가강 모래에 대하여 설함

수천년간 인도문명 중심지인 강가강은
종고문화 철학사상 발생지인 어머니강
삶과죽음 순간영원 경계에선 중도의강
생명력과 정화력을 모두지닌 강이로다

219) 티베트어본『금강경』의 내용에서는 생략되어 있다.
220) 티베트어본『금강경』의 내용에서는 생략되어 있다.

반야용선 함께타고 저언덕에 이르자니
윤회고통 번뇌의강 금강뗏목 힘껏저어
인도국토 사분의일 인도문화 역사현장
상여의란 부처님의 진리말씀 되새긴다

강가강의 모래사장 공심으로 내딛노니
여래법문 강가모래 설한적이 있었느냐
수부띠는 답을하되 세존이여 있습니다
여래께서 모래대해 설한적이 있습니다

(7) 세존께서 말씀하셨다. “수부띠야! 그대는 어떻게 생각하느냐?
강가 큰 강에 있는 모래 수만큼의 강가 강이 있고,
그 강 속에 있는 모래 수만큼의 세계가 있다면,
그 세계들을 많다고 하겠느냐?”
수부띠는 말씀드렸다. “세존이시여! 그렇습니다.
선서시여! 그러한 세계들은 많습니다.”

BHAGAVĀN āha: tat kiṃ manyase Subhūte yāvantyo Gaṅgāyāṃ
mahā-nadyāṃ vālukās tāvantya eva Gaṅgā-nadyo bhaveyuḥ,
tāsu yā vālukās tāvantaś ca lokadhātavo bhaveyuḥ,
kaccid bahavas te lokadhātavo bhaveyuḥ?
SUBŪTIR āha: evam etad Bhagavann,
evam etat Sugata, bahavas te loka-dhātavo bhaveyuḥ.

བཅོམ་ལྡན་འདས་ཀྱི་བཀའ་སྩལ་པ། རབ་འབྱོར་འདི་ཇི་སྙམ་དུ་སེམས།
གངྒཱའི་ཀླུང་གི་བྱེ་མ་ཇི་སྙེད་པ་གངྒཱའི་ཀླུང་ཡང་དེ་སྙེད་ཁོ་ནར་གྱུར་ལ།
དེ་དག་གི་བྱེ་མ་དེ་སྙེད་ཀྱི་འཇིག་རྟེན་གྱི་ཁམས་སུ་གྱུར་ན།
འཇིག་རྟེན་གྱི་ཁམས་དེ་དག་མང་བ་ཡིན་སྙམ་མམ། རབ་འབྱོར་གྱིས་གསོལ་པ།
བཅོམ་ལྡན་འདས་དེ་དེ་ལྟར་ལགས་ཏེ། འཇིག་རྟེན་གྱི་ཁམས་དེ་དག་མང་ལགས་སོ།།

Bhagavat said: 'What do you think, O Subhûti,
if there were as many Gangâ Rivers
as there are grains of sand in the great river Gangâ;
and, if there were as many worlds as there are grains of sand in these,
would these worlds be many?'
Subhûti said: 'So it is, O Bhagavat, so it is,
O Sugata, these worlds would be many.'

須菩提 於意云何 如一恒河中所有沙 有如是沙等恒河
是諸恒河所有沙數佛世界 如是寧爲多不 甚多世尊

강가강 모래 수만큼 많은 세계

강가큰강 모래만큼 강가큰강 들이있고
강가강들 모래만큼 세계있다 라고하면
수부띠야 그세계들 많다라고 하겠느냐
세존이여 그와같은 세계들은 많습니다

강가강의 모래들은 자라거북 온갖짐승
밟고지나 가더라도 분별심을 내지않고
성안내며 고통받게 한다라는 생각없다
분별없는 때깨끗이 다씻었기 때문이랴

수부띠야 강가강의 모래알들 참많은가
우주중심 소우주인 바라나시 감싸안은
강가강의 모래알수 한량없이 많노라니
모래만큼 불세계도 불가사량 법계로다

(8) 세존께서 말씀하셨다. "수부띠야! 이러한 세계에 있는 모든 중생들의 온갖 마음을 여래는 지혜로 다 알고 있다.

BHAGAVĀN āha: yāvantaḥ Subhūte teṣu loka-dhātuṣu sattvās teṣām ahaṃ nānābhāvāṃ citta-dhārāṃ prajānāmi.

བཅོམ་ལྡན་འདས་ཀྱིས་བཀའ་སྩལ་པ། རབ་འབྱོར་འཇིག་རྟེན་གྱི་ཁམས་དེ་དག་ན་སེམས་ཅན་ཇི་སྙེད་ཡོད་པ་
དེ་དག་གི་བསམ་པ་ཐ་དད་པའི་སེམས་ཀྱི་རྒྱུན་ངས་རབ་ཏུ་ཤེས་སོ།།

Bhagavat said: 'As many beings as there are in all those worlds, I know the manifold trains of thought of them all.

佛告須菩提 爾所國土中所有衆生 若干種心 如來悉知

온갖 마음 여래 지혜로 다 앎

육안천안 혜안법안 불안오안 구족하고
쁘라즈냐 빠라미따 무상보디 증득하니
수부띠야 사바세계 모든중생 온갖마음
여래반야 지혜로서 모두보고 알고있다

사바세계 무변하여 무량중생 갖은심성
부처님이 다아신다 그참뜻이 무엇인가

진실되게 일체중생 망상심은 실체없어
주관객관 모두항상 적정하여 그러하다

원융하게 회통하면 눈하나가 일체의눈
공가중의 삼제삼관 모자람과 남김없어[221)]
불국토와 중생마음 차별상을 모두알며
실제모습 차별아님 복덕실제 아님안다

(9) 그것은 왜냐하면 수부띠야!

모든 마음은 마음이 아니니라. 그 이름이 마음이니
과거의 마음을 얻을 수가 없고,
현재의 마음도 얻을 수가 없으며,
미래의 마음도 얻을 수가 없기 때문이다."

---

221) 공(空)·가(假)·중(中)의 '삼제(三諦)'와 '삼관(三觀·一心三觀)'은 모든 존재 그대로 제법실상(諸法實相)의 진리임을 밝히고 있다. 이 세 가지 진리에 관하여, 『영락본업경(瓔珞本業經)』「현성학관품(賢聖學觀品)」과 『인왕반야경(仁王般若經)』「이체품(二諦品)」과 천태종 개조(開祖)인 지의(智顗·智者·天台大師: 538~597)의 『법화현의(法華玄義)』 권1상(卷一上), 『마하지관(摩訶止觀)』 권1하(卷一下) 등에는 "'삼제(三諦)'와 '삼관(三觀)'은 원융무애(圓融無碍)하여 걸림이 없는 진리로서, 추상적인 논리만이 아니고 우리가 경험하는 사사물물(事事物物)은 전부 원융의 이치를 구족하므로 만물이 모두 공(空)이고 가(假)이며 중(中)이라는 일체법 전부가 '삼제원융(三諦圓融)의 진리'이기에, 일경삼제(一境三諦)라고 하는 도리(道理)를 도출하였다."라는 내용들이 기술되어 있다.
모든 존재 그대로 제법실상의 진리임을 밝히는 '삼제(三諦)·삼관(三觀)·삼신(三身) 등의 법문(法門)'을 요약하면 다음과 같다.

삼제(三諦)	삼관(三觀)	삼대(三大)	삼신(三身)	삼인(三因)	삼공(三空)	삼반야(三般若)	삼법인(三法印)
공제(空諦)	공관(空觀)	용(用)	보신(補身)	연인(緣因)	아공(我空)	관조반야(觀照般若)	제법무아(諸法無我)
가제(假諦)	가관(假觀)	상(相)	응신(應身)	요인(了因)	법공(法空)	문자반야(文字般若)	제행무상(諸行無常)
중제(中諦)	중관(中觀)	체(體)	법신(法身)	정인(正因)	구공(俱空)	실상반야(實相般若)	열반적정(涅槃寂靜)

⑴ 삼제(三諦)에 있어서, 공(空)은 모든 현상에는 변하지 아니하는 실체(不變實體)가 없다는 것이며, 가(假)는 모든 현상은 여러 인연(因緣)의 일시적인 화합(和合)으로 존재한다는 것이고, 중(中)은 공(空)·가(假)의 어느 한쪽에도 치우치지 않는 것을 나타낸다. 이른바 모든 존재는 그 자체가 모든 법에 있어서, 실상(諸法實相)의 진리임을 밝히는 공제(空諦)·가제(假諦)·중제(中諦)를 뜻한다는 것이다. ① 공제(空諦·眞諦·無諦·破情·理)는 모든 존재는 집착하는 중생의 마음에서 일어나는 것처럼 실체가 없어 공무(空無)하게 존재하는 것으로 진제(眞諦)·무제(無諦)·파정(破情)이라고도 하며, 오안(五眼) 중에는 혜안(慧眼)에 속한다. ② 가제(假諦·俗諦·有諦·立法·事)는 모든 존재는 실체가 없기 때문에 인연에 의해 일정한 기간 임시로 존재하는 것으로 속제(俗諦)·유제(有諦)·입법(立法)이라고도 하며, 오안(五眼) 중에는 법안(法眼)에 속한다. ③ 중제(中諦·第一義諦·中道·絶對·理事融通)는 모든 존재는 공(空)·가(假)를 넘어서 절대(絶對)의 것으로서 그 본체는 언설과 생각의 대상이 아니므로 제일의제(第一義諦)·중도(中道)라고도 하며, 오안(五眼) 중에는 불안(佛眼)에 속한다.
⑵ 삼관(三觀)은 이 삼제의 진리를 관하는 것으로서, 원융삼제를 관하는 것은 삼제원융관(三諦圓融觀)이라 하고, 중생의 한 생각(一心)이 그대로 원융삼제(圓融三諦)라 한다. ① 공관(空觀)은 여러 인연의 일시적인 화합으로 존재하는 현상에서 공(空)으로 들어가 그 현상과 공(空)을 함께 주시하고, 모든 현상에는 변하지 아니하는 실체(不變實體)가 없다고 주시하는 것이다. ② 가관(假觀)은 공(空)에서 여러 인연의 일시적 화합으로 존재하는 현상으로 들어가 일체가 평등(一切平等)하다고 주시하며, 모든 현상은 여러 인연의 일시적인 화합으로 존재한다고 주시하는 것이다. ③ 중관(中觀)은 공(空)과 가(假)는 둘이 아니며, 공(空)·가(假)의 어느 한 쪽에도 치우치지 않는 진리를 주시한다.
이를테면, 이러한 '삼제(三假)·삼관(三觀)'의 진리를 바다의 파도에 비유하여, 우리들이 마음속에서 일어나고 있는 오욕(五慾)과 칠정(七情) 등으로 인한 온갖 번뇌(煩惱)와 망상(妄想) 그리고 현상계의 천차만별(千差萬別)의 상념(想念)과 모습들이 마치 크고 작은 바람과 태풍 등으로 바다표면에 출렁이고 있는 파도와 같다는 것이다. 이렇게 출렁이고 있는 크고 작은 파도의 모습들에 해당하는 도리(道理)가 가제(假諦)라는 것이다. 그리고 태풍과 바람이 멎고 파도가 가라앉아 잔잔한 바다속의 물은 바다의 진면목이라는 도리(道理)가 공제(空諦)라는 것이다. 또한 거친 파도와 잔잔한 물은 둘이 아니다. 물이 움직이는 것이 파도며, 그것이 가라앉으면 바닷물이 된다. 물이 곧 파도요(水卽波) 파도가 곧 물이며(波卽水) 물과 파도가 둘이 아니라(水波不二)는 도리(道理)가 중제(中諦)라는 것이다. 이와 같은 세 가지 진실한 도리(道理)가 삼제(三諦)이며, 이를 관찰(觀察)하여 깨닫는 것이 삼관(三觀)이다.

tat kasya hetoḥ?

citta-dhārā citta-dhāreti Subhūte a-dhāraiṣā Tathāgatena bhāṣitās.
tenocyate citta-dhāreti.
tat kasya hetoḥ? atītaṃ Subhūte cittaṃ nopalabhyate,
anāgataṃ cittaṃ nopalabhyate,
pratyutpannaṃ cittaṃ nopalabhyate.222)

དེ་ཅིའི་ཕྱིར་ཞེ་ན།
རབ་འབྱོར་སེམས་ཀྱི་རྒྱུན་སེམས་ཀྱི་རྒྱུན་ཞེས་བྱ་བ་ནི།
དེ་རྒྱུན་མེད་པར་དེ་བཞིན་གཤེགས་པས་གསུངས་པའི་ཕྱིར་ཏེ། དེས་ན་སེམས་ཀྱི་རྒྱུན་ཞེས་བྱའོ།།
དེ་ཅིའི་ཕྱིར་ཞེ་ན། རབ་འབྱོར་འདས་པའི་སེམས་ཀྱང་དམིགས་སུ་མེད།
མ་འོངས་པའི་སེམས་ཀྱང་དམིགས་སུ་མེད། ད་ལྟར་བྱུང་བའི་སེམས་ཀྱང་དམིགས་སུ་མེད་པའི་ཕྱིར་རོ།།

---

222) 산스끄리뜨어 "'citta-dhārā citta-dhāreti Subhūte a-dhāraiṣā Tathāgatena bhāṣitās(찟따 다-라- 찟따 다-레띠 수부-떼 아다-라이샤- 따타-가떼나 브하-쉬따-스).', 'tenocyate citta-dhāreti(떼노찌야떼 찟따 다-레띠).', 'tat kasya hetoḥ(따뜨 까시야 헤또호)?', 'atītaṃ Subhūte cittaṃ nopalabhyate(아띠-땅 수부-떼 찟땅 노빨라비야떼)', 'anāgataṃ cittaṃ nopalabhyate(아나-가땅 찟땅 노빨라비야떼),', 'pratyutpannaṃ cittaṃ nopalabhyate(쁘라띠우뜨빤냥 찟땅 노빨라비야떼).'"라는 문장은 '금강경의 게송'이다.
이 게송의 내용은 "'마음의 흐름, 마음의 흐름이라는 것[citta-dhārā(찟따 다-라), citta-dhāreti{citta-dhārā iti(찟따 다-레띠)}: སེམས་ཀྱི་རྒྱུན། · the train of thoughts · trends of thought · 諸心 · 諸心注 · 心遂流轉 · 心相續住 · 心陀羅尼者 · 心流注心流注者)은', '수부띠[Subhūte{Subhūti}(수부-떼): རབ་འབྱོར། · 須菩提 · 수부띠}]야', '마음의 흐름이 아니다 라고[a-dhāraiṣā{a-dhārā eṣā}(아다-라이샤-): རྒྱུན་མེད་པ། དེ་དག · as no-train of thoughts · 皆爲非心 · 無持 · 非流注 · 非續住]', '여래[Tathāgatena{Tathāgata(따타-가떼나): དེ་བཞིན་གཤེགས་པ། · 如來}가', '설하였으므로[bhāṣitās{bhāṣita, √bhāṣ-1}(브하-쉬따-스): གསུངས་པ། · taught · 所說)'], '불리어 지는 것이다[tenocyate{tena+ ucyate}(떼노찌야떼): ཞེས་བྱ · called · 說]', '(그 이름이)마음의 흐름이라고{citta-dhāreti(찟따 다-레띠): 是名爲心 · 名心流注心流注}', '왜냐하면{tat kasya hetoḥ?(따뜨 까시야 헤또호): ཅིའི་ཕྱིར། · why becouse · 所以者何}', '과거[atītaṃ{atīta}(아띠-땅): འདས་པ། · past · 過去)의', '수부띠[Subhūte{Subhūti}(수-부떼): རབ་འབྱོར། · 須菩提)야', '마음[cittaṃ{citta}(찟땅): སེམས། · thought]도', '얻을 수 없다[nopalabhyate(노빨라비야떼): 不可得{na; མེད། · 不 · 없다 + upalabhyate; དམིགས། · 可得 · 얻을 수}]', '미래의 마음[anāgataṃ cittaṃ{anāgata citta}(아나-가땅 찟땅): མ་འོངས་པའི་སེམས། · future thought · 未來心]도', '얻을 수 없다{nopalabhyate(노빨라비야떼): 不可得}', '현재의 마음[pratyutpannaṃ cittaṃ{pratyutpanna citta}(쁘라띠우뜨빤낭 찟땅): ད་ལྟར་བྱུང་བའི་སེམས། · present thought · 現在心]도', '얻을 수 없다{nopalabhyate(노빨라비야떼): 不可得}'"라는 뜻이다.
이 게송을 구마라집은 '諸心皆爲非心 是名爲心 所以者何 須菩提 過去心不可得 現在心不可得 未來心不可得(제심개위비심 시명위심 소이자하 수부띠 과거심불가득 현재심불가득 미래심불가득)'으로, 현장은 '心流注心流注者 如來說非流注 是故如來說名心流注心流注 所以者何 善現 過去心不可得 未來心不可得 現在心不可得(심류주심류주자 여래설비류주 시고여래설명심류주심류주 소이자하 선현 과거심불가득 미래심불가득 현재심불가득)'으로, 의정은 '心陀羅尼者 如來說爲無持 由無持故 心遂流轉 何以故 妙生 過去心 不可得 未來心不可得 現在心不可得(심타라니자 여래설위무지 유무지고 심수류전 하이고 묘생 과거심불가득 미래심불가득 현재심 불가득)'으로, 보디류지는 '諸心住 皆爲非心住 是名爲心住 何以故 須菩提 過去心不可得 現在心不可得 未來心不可得(제심주 개위비심주 시명위심주 하이고 수부띠 과거심불가득 현재심불가득 미래심불가득)'으로, 진제는 '心相續住 如來說非續住 故說續住 何以故 須菩提 過去心不可得 未來心不可得 現在心不可得(심상속주 여래설비속주 고설속주 하이고 수부띠 과거심불가득 미래심불가득 현재심불가득)'으로, 달마급다는 '心流注心流注者 善實非流注此如來說 彼故說名心流注者 彼何所因 過去善實 心不可得 未來心不可得 現在心不可得(심류주심류주자 선실비류주 차여래설 피고설명심류주자 피하소인 과거선실 심불가득 미래심부가득 현재심불가득)'으로, 각각 번역하였다.
이러한 내용들을 종합하여, 이 게송을 직역하면 다음과 같다.

"수부띠야! 모든 마음은 모두 마음이 아니다."라고 여래가 설하므로,
그리하여 그 이름이 '마음'이라고 불리는 것이다.
그것은 왜냐하면, 수부띠여! 과거의 마음도 얻지 못하고,
미래의 마음도 얻지 못하며, 현재의 마음도 얻지 못하기 때문이다."

And why?
Because what was preached as the train of thoughts,
the train of thoughts indeed, O Subhûti, that was preached by the
Tathâgata as no-train of thoughts, and therefore it is called the train of thoughts.
And why? Because, O Subhûti, a past thought is not perceived,
a future thought is not perceived,
and the present thought is not perceived.'

何以故 如來說

諸心 皆爲非心 是名爲心
所以者何 須菩提 過去心不可得
現在心不可得
未來心不可得

모든 마음 마음이 아니라
그 이름이 마음

여래께서 모든마음 마음아님 설하시네
일체중생 모든마음 차별마음 아니든가
둘이아닌 그마음은 본래생멸 없느니라
스스로의 청정성품 본래마음 아니리까

가지가지 마음으로 이런저런 병많으니
이런지혜 저런사랑 가지가지 불어나서
셀수없이 많은아픔 어루만질 그릇되니
일체중생 차별마음 본래공한 줄을안다

한마음이 일어나면 많은생각 따르지만
시작없고 끝없음을 모두알아 요달하면
일체중생 마음들이 반야마음 임을아니
중생마음 아니므로 이름하여 마음이다

과거 현재 미래의 마음도
얻을 수 없음

마음이는 한찰나에 일체겁이 들어있고
미진중에 시방세계 모두들어 있느니라
일념중에 과거물론 현재미래 있노라니

모든공간 모든시간 정정진에 모두쓰라223)

시간공간 아도불성 요종불기 정진하되224)
현재과거 미래함께 남김없이 모두쓰며
하늘과땅 생기기전 보디마음 증득위해
이변물론 삼제모두 무심으로 여의어라225)

---

223) 정정진(सम्यग्व्यायाम samyagvyāyāma: 正精進・正毘梨耶)은 한 마음(一心)으로 용맹하게 선법(善法)을 수행하여 악법을 단절시키는 마음작용을 가리킨다. 이른바 정진하여 나지 않는 악은 일어나지 못하게 하고 나지 않는 선은 일어나게 하는 정진으로 팔정도 중의 하나이다.

팔정도(आर्याष्टाङ्गमार्ग Ārya 'ṣṭāṅga mārgaḥ: 八正道・八聖道・八支聖道・八品道・八道船・八筏・八道)라 함은 부처님의 가르침인 불도(佛道)를 실천・수행해야 하는 여덟 가지 중요한 덕목으로 중생들의 고통의 원인인 탐(貪)・진(瞋)・치(痴)의 삼독심을 없애고, 해탈하여 깨달음의 경지인 열반의 세계로 나아가기 위하여 수행・정진해야 하는 정견(正見)・정사유(正思惟)・정어(正語)・정업(正業)・정명(正命)・정정진(正精進)・정념(正念)・정정(正定)의 8가지의 바른 길을 뜻한다.

(1) 정견(सम्यग्दृष्टि samyagdṛṣṭi: 正見)은 바르게 보는 것이다. 바른 견해로 편견 없이 있는 그대로 보는 것이며, 이를 여실지견(如實知見)이라 부른다. 먼저 바로 보는 것이 바른 삶의 시작이다.

(2) 정사유(सम्यक्संकल्प samyaksaṃkalpa: 正思惟)는 바르게 생각하는 것이다. 바른 견해를 가짐으로써 바른 생각을 할 수 있으며, 현실을 있는 그대로 보고 이치에 맞게 생각하는 것이다.

(3) 정어(सम्यग्वाच् samyagvāc: 正語)는 바르게 말하는 것이다. 말은 자신의 생각과 의견을 표현하는 수단이며, 거짓말 또는 이간시키는 말이나 욕과 비방하는 말은 그 사람의 비뚤어진 생각과 시각을 나타내는 것이다. 항상 바른 생각과 바른말을 하여 구업을 짓지 말고 상대방을 존중하는 부드러운 말을 해야 한다.

(4) 정업(सम्यक्कर्मान्त samyakkarmānta: 正業)은 바른 행위를 하는 것이다. 일체의 행위를 바르게 해야 하며, 바른 생각과 말에서 나아가 이치에 맞는 행동을 해야 한다는 것이다.

(5) 정명(सम्यगाजीव samyagājīva: 正命)은 바르게 생활하는 것이다. 바른 일로 신(身)・구(口)・의(意)의 삼업(三業)을 청정히 하면서 다 함께 생활해나가는 것을 말하며, 올바른 직업관을 가지고 생업에 종사한다는 것이다.

(6) 정정진(सम्यग्व्यायाम samyagvyāyāma: 正精進)은 바르게 정진하는 것이다. 깨달음을 향한 불퇴전의 정진을 계속해나가는 것이며, 올바른 일에는 물러서지 말고 바르게 나아가는 열정과 용기가 필요하다는 것이다.

(7) 정념(सम्यग् स्मृति samyagsmṛti: 正念)은 바르게 기억하는 것이다. 모든 법의 바른 본성과 현상(諸法性相)을 기억하여 잊지 않는 것이며, 바른 의식으로 올바른 생각을 잊지 않으며 또한 헛되지 않게 생각하는 것이다.

(8) 정정(सम्यक्समाधि samyaksamādhi: 正定)은 바르게 선정에 들어가는 것이다. 번뇌・망상에서 바른 견해나 행동이 나올 수 없으므로, 몸과 마음을 고요하고 맑고 바르게 하여 올바른 수행을 해야 한다는 것이다.

이른바 팔정도(八正道)는 고(苦)・집(集)・멸(滅)・도(道)의 사성제 가운데, 마지막의 도제(道諦)에서 가르치는, 깨달음인 멸제(滅諦)를 성취하는 원인이 되는 '팔도(八道)중의 하나로 이루어진 성스러운 길'을 의미한다.

224) 싯다르타(सिद्धार्थ गौतम Siddhārtha Gotama: 悉達多・喬達摩・瞿曇 悉達多)태자가 수행자로서 6년 동안의 온갖 고행 후에 나이란자라강(नैरञ्जना नदी Nairañjanā nadī: 尼連禪河)에서 목욕을 하고 쓰러지자, 그때 마침 근처를 지나던 우루벨라(Uruvela) 촌의 수자따(Sujat)라는 처녀로부터 우유죽 공양을 받고 기력을 회복하였다. 그러나 당시에는 고행자가 몸을 씻고 맛있는 음식을 먹는 일은 곧 수행포기를 의미하였기 때문에, 함께 수행하던 교진여(अज्ञात कौण्डिन्य Ajñāta Kauṇḍinya: 阿若憍陳如・阿若多憍陳如・憍陳如) 등 5명의 수행자들은 실달타가 수행을 포기한 것으로 생각하고, 실달타 곁을 떠나 버렸다. 결국 그는 혼자 나이란자라(नैरञ्जना nairañjanā)강을 건너, 서쪽 언덕 가까운 곳에 그늘 무성한 보디수나무 밑에 불퇴전(不退轉)의 정진(精進)을 위해 자리를 잡았다. "이 곳에 앉아서 번뇌의 바다를 건너 도를 이루지 못하면(我道不成), 4대(地水火風)로 형성된 이 몸이 흙과 물과 불과 바람으로 흩어져 버릴지언정, 이 자리에서 일어나지 않으리라(要從不起)!"라고 굳게 결심을 하고 깨달음을 향한 용맹정진 일주일 만(35세 12월 8일)에 동방에서 떠오르는 샛별을 보고 위없는 옳고 바른 깨달음(anuttarā-samyak-saṃbodhi 阿耨多羅三藐三菩提・無上正等正覺)을 증득하여 해탈을 이루게 되었다.

225) '이변(डिभीइअन्त dvianta: 二邊)'은 중도(中道)를 떠나 한쪽으로 기울어진 극단(兩極端)적인 견해로서 '① 단변(उच्छेदन्त ucchedānta: 斷邊)・상변(नित्यन्त nityānta: 常邊), ② 유변(अस्तिअन्त astianta: 有邊.)・무변(अनाता anata: 無邊)' 등으로 분류한다. 두 견해 중에서, 첫째의 '단변'은 모든 것은 죽음으로써 허무가 된다고 생각하는 단멸론(斷滅論)을 뜻하며, '상변'은 일체는 영원히 불변한다고 생각하는 상주론(常住論)을 의미한다. 다음으로 둘째의 유변은 세상의 모든 것이 실재한다고 집착하는 입장이며, 무변은 허무한 것에 불과하다고 집착하는 견해이다.

그리고 '삼제(三諦)'는 '공제(空諦)・가제(假諦)・중제(中諦)'로서, ① 공제는 모든 것은 실체로서의 존재가 아니라 공으로서의 존재를 뜻하며, ② 가제는 모든 것은 연(緣)에 의해 가(假)로 존재하는 가적(假的)인 존재를 의미하고, ③ 중제는 모든 것은 공이나 가의 어느 일면으로서는 파악할 수 없는, 사려분별(思慮分別)을 초월한 절대존재로서의 중(中)이라는 것을 나타낸다{삼제의 자세한 내용은 주 92), 주 221) 참조}.

석가세존 사바세계 나투시어 삼처전심
근기따라 팔만사천 진리말씀 설하신후
열반당시 사라쌍수 곽시쌍부 그참뜻은
이변삼제 모든마음 다여의니 니르바나

수부띠야 모든마음 마음들이 아니니라
그이름이 마음이니 과거마음 못얻나니
현재있는 그마음도 얻을수가 없음물론
미래있을 그마음도 얻을수가 없느니라

수
여 부떠야 세
래육안 여래오안 존이여
천안혜안그대생각여래에게
중 범안불안 어떠한 삼라만상 여
생들 있겠느 가 바라보 래에
의육체 냐 는 게있습
의눈 세 니다
세 시 존이여 여 무
존이여 공초월 여래 에게 래에게 분별지
여래에 하늘의 천상 욕계 있습니 뚫어보
게 눈 볼수있 다 는
무상 는 여래
근본지 세 대 에게있
혜의 존이여 세 자대비 습니
눈 여래에게 존이여 진리의눈 다
모든진리여래에게여래에게
비춰보 우주법계 있습니
는 밝혀보 다
는
무상
정 각
부 처
여래에게 의눈 있습니다
수 마
부떠야 음들이
모든마음 그 아니니라
이름이
마음이니
과거마음
못얻나
현재있는 니 얻을수가
그마음 미래 없음물
도 있 을 론
그 마
얻 을 수 가 음도 없 느 니 라

여 래 한결같이 관 함

॥नमो भगवत्या आर्यप्रज्ञापारमितायै॥

‖Namo bhagavatyā āryaprajñāpāramitāyai‖

།།སངས་རྒྱས་དང་བྱང་ཆུབ་སེམས་དཔའ་ཐམས་ཅད་ལ་ཕྱག་འཚལ་ལོ།།

南無世尊聖般若波羅蜜多

法界通化分 第十九

우주법계 모두 교화

UNDERSTANDING AND TRANSFORMING THE DHARMA REALM

वज्रच्छेदिका प्रज्ञापारमिता सूत्र

Vajracchedikā Prajñāpāramitā Sūtra

༄༅། །འཕགས་པ་ཤེས་རབ་ཀྱི་ཕ་རོལ་ཏུ་ཕྱིན་པ་རྡོ་རྗེ་གཅོད་པ་ཞེས་བྱ་བ་བཞུགས་སོ། །

金剛般若波羅密經 Diamond Sūtra

금강반야바라밀경

제19분. 우주법계 모두 교화

수부띠야 칠보보시 그대생각 어떠한가
삼천대천 세계칠보 가득채워 보시하면
그선남자 그선여인 칠보보시 인연으로
그로인해 매우많은 복과덕을 얻겠는가

세존이여 매우많은 복과덕을 얻습니다
그러하다 수부띠야 진실되게 그러하다
왜냐하면 여래복덕 얻는다고 하는것은
여래자신 복과덕을 얻는것이 아니니라

수부띠야 복과덕이 실로있는 것이라면
여래복과 덕을얻음 설하지를 아니한다
수부띠야 복과덕이 실로없는 것이므로
여래일러 복과덕을 얻는다고 설하니라

Vajracchedikā Prajñāpāramitā Sūtra
금강반야바라밀경(金剛般若波羅密經)

19. 우주법계 모두 교화(法界通化分 第十九)
CHAPTER 19. UNDERSTANDING AND TRANSFORMING THE DHARMA REALM

(1) "수부띠야! 그대는 어떻게 생각하느냐? 선남자와 선여인이
이 삼천대천세계를 칠보로써 가득 채워,
여래 · 아라한 · 정등각들에게 보시한다면,
그 선남자와 선여인은 그 인연으로 많은 복덕을 얻겠느냐?"
수부띠는 말씀드렸다. "세존이시여! 그렇습니다.
선서시여! 그 선남자와 선여인은 그러한 인연으로
많은 복덕을 얻을 것입니다."

tat kiṃ manyase Subhūte yaḥ kaścit kulaputro vā kuladuhitā vemaṃ
trisāhasramahāsāhasraṃ lokadhātuṃ sapta-ratna-paripūrṇaṃ kṛtvā
Tathāgatebhyo 'rhadbhyaḥ samyaksambuddhebhyo dānaṃ dadyāt,
api nu sa kulaputro vā kuladuhitā vā tato nidānaṃ
bahu puṇya-skandhaṃ prasunuyāt?
SUBHŪTIR āha: bahu Bhagavān bahu Sugata.

རབ་འབྱོར་འདི་ཇི་སྙམ་དུ་སེམས། གང་གིས་སྟོང་གསུམ་གྱི་སྟོང་ཆེན་པོའི་འཇིག་རྟེན་གྱི་ཁམས་འདི་
རིན་པོ་ཆེ་སྣ་བདུན་གྱིས་རབ་ཏུ་གང་བར་བྱས་ཏེ་སྦྱིན་པ་བྱིན་ན།
རིགས་ཀྱི་བུའམ་རིགས་ཀྱི་བུ་མོ་དེ་གཞི་དེ་ལས་བསོད་ནམས་མང་དུ་བསྐྱེད་དམ།
རབ་འབྱོར་གྱིས་གསོལ་པ། བཅོམ་ལྡན་འདས། མང་ལགས་སོ།།
བདེ་བར་གཤེགས་པ། མང་ལགས་སོ།།

'What do you think, O Subhûti,
if a son or a daughter of a good family should fill this sphere
of a million millions of worlds with the seven treasures,
and give it as a gift to holy and fully enlightened Buddhas,
would that son or daughter of a good family produce
on the strength of this a large stock of merit?'
Subhûti said: 'Yes, a large one.'

須菩提 於意云何 若有人滿三千大千世界七寶 以用布施 是人以是因緣 得福多不
如是世尊 此人以是因緣 得福甚多

칠보보시 인연 복덕

수부띠야 칠보보시 그대생각 어떠한가
삼천대천 세계모두 칠보로서 가득채워
여래에게 보시하면 많은복덕 얻겠는가
그와같은 인연으로 많은복덕 얻습니다

사바중생 이런저런 마음들을 다아느니
대우주를 가득채운 칠보보시 복덕성취
상취하면 유위의법 처음과끝 있지만은
상여의면 무위의법 무량하여 다함없다

복과덕의 그성품은 본래갖춰 있으므로
없을이유 없음물론 얻을것도 없노라니
다함없이 복덕많다 이름하지 아니한가
불가사의 무궁무진 그복덕성 상이없다

본래무일 이름하여 사생자부 시아본사[226)]
부처중생 둘아니며 마음또한 본래없고
보시물론 복덕이란 실체마저 다없거늘
어찌하여 복덕이란 그상에만 집착하리

(2) 세존께서 말씀하셨다. "그러하다. 수부띠야! 참으로 그러하느니라.
그 선남자와 선여인이 그로 인하여 많은 복덕을 얻을 것이다.
왜냐하면 수부띠야! 여래는 '복덕을 얻는다.'라는 것은
'복덕을 얻는 것이 아니므로, 복덕을 얻는다.'라고 설한 것이다.
수부띠야! 복덕이 진실로 있는 것이라면,
여래는 '복덕을 얻는다.'라고 설하지 않았을 것이다."

BHAGAVĀN āha: evam etat Subhūte evam etat,
bahu sa kulaputro vā kuladuhitā vā tato nidānaṃ
puṇyaskandhaṃ prasunuyād.[227)]

---

226) 본래 부처와 중생이 없고 정토와 사바가 없이 한 물건(本來無一物)임을 안다면, 그 마음 또한 있겠는가! 중생제도를 위하여 이름하여 사생의 어진 어버이시고(四生慈父), 나의 근본이 되는 스승(是我本師)이 아닌가?

227) 산스끄리뜨어 "BHAGAVĀN āha: evam … prasunuyād."라는 문장을 구마라집과 의정은 각각 생략하였으나, 현장은 "佛言 善現, 如是如是 彼善男子或善女人 由此因緣所生福聚, 其量甚多(불언 선현, 여시여시 피선남자혹선녀인 유차인연소생복취, 기량심다)"

tat kasya hetoḥ? puṇya-skandhaḥ puṇya-skandha iti
Subhūte a-skandhaḥ sa Tathāgatena bhāṣitaḥ.
tenocyate puṇya-skandha iti. sacet Subhūte puṇya-skandho 'bhaviṣyan,
na Tathāgato 'bhāṣiṣyat puṇya-skandhaḥ puṇya-skandha iti.

བཅོམ་ལྡན་འདས་ཀྱིས་བཀའ་སྩལ་པ།
རབ་འབྱོར་དེ་དེ་བཞིན་ནོ།།དེ་དེ་བཞིན་ཏེ།
རིགས་ཀྱི་བུའམ་རིགས་ཀྱི་བུ་མོ་དེ་གཞི་དེ་ལས་བསོད་ནམས་ཀྱི་ཕུང་པོ་མང་དུ་བསྐྱེད་དོ།།
ཡང་རབ་འབྱོར་གལ་ཏེ་བསོད་ནམས་ཀྱི་ཕུང་པོ་བསོད་ནམས་ཀྱི་ཕུང་པོར་གྱུར་པ་ན།
བསོད་ནམས་ཀྱི་ཕུང་པོ་བསོད་ནམས་ཀྱི་ཕུང་པོ་ཞེས་དེ་བཞིན་གཤེགས་པས་མི་གསུང་ངོ།།

Bhagavat said: 'So it is, Subhûti, so it is;
that son or daughter of a good family would produce on the strength
of this a large stock of merit, immeasurable and innumerable.
And why? Because what was preached as a stock of merit,
a stock of merit indeed, O Subhûti,
that was preached as no-stock of merit by the Tathâgata,
and therefore it is called a stock of merit.
If, O Subhûti, there existed a stock of merit,
the Tathâgata would not have preached:
"A stock of merit, a stock of merit indeed!"'

佛告須菩提 如是如是 彼善男子善女人 以是因緣 得福甚多228)
須菩提 若福德有實 如來不說得福德多 以福德無故 如來說得福德多

본래 없는 복덕 자비방편으로 설함

세존께서 말하시되 수부띠야 그러하다
우주법계 칠보보시 많은복덕 얻느니라
선남자와 선여인이 그로인해 쌓은복덕
어찌하여 그복덕이 심히크지 않겠는가

사바중생 복과덕을 쌓는실체 있다하니

라고 번역하였다.

티베트어본 금강경은 "བཅོམ་ལྡན་འདས་ཀྱིས་བཀའ་སྩལ་པ། རབ་འབྱོར་དེ་དེ་བཞིན་ནོ།།དེ་དེ་བཞིན་ཏེ།རིགས་ཀྱི་བུའམ་རིགས་ཀྱི་བུ་མོ་དེ་གཞི་དེ་ལས་བསོད་ནམས་ཀྱི་ཕུང་པོ་མང་དུ་བསྐྱེད་དོ།།"라고 번역하였다.

이러한 내용을 근간으로, 저자는 "세존께서 말씀하셨다. 그러하다. 수부띠야! 참으로 그러하느니라, 그 선남자와 선여인이 그로 인하여 많은 복덕을 얻을 것이다{佛告須菩提 如是如是 彼善男子善女人 以是因緣 得福甚多(불고수부띠 여시여시 피선남자선녀인 이시인연 득복심다)}."라고 번역(韓譯・漢譯)하였다.

228) 저자번역{漢譯: 주) 227} 참조.

얻은복덕 생멸하는 유소득의 복덕이고
여래일러 복과덕을 쌓는실체 없다하니
무루인의 복과덕인 무소득의 복덕이다

수부띠야 보시복덕 쌓는다고 말하지만
실제로는 복과덕을 쌓는것이 아니니라
사바중생 제도위한 자비방편 설함이니
복과덕을 쌓는것은 실체없음 이름이다

수
삼 부띠야 그
천대천 칠보보시 선남자
세계칠보그대생각그선여인
그 가득채워 어떠한 칠보보시 복
로인 보시하 가 인연으 과덕
심해매우 면 로 을얻겠
많은 세 는가
왜 그 존이여 진 얻
냐하면 러하다 매우 많은 실되게 는다고
여래복 수부띠 복과 덕을 그러하 하는것
덕 야 얻습니 다 은
여래 다 얻는
자신복 수 여 것이아
과덕 부띠야 사 래복과 니니
을 복과덕이 바중생 덕을얻음 라
실로있는제도위한설하지를
것이라 자비로운 아니한
면 방편으 다
로
복덕
없 는
것 이
복덕얻음 라서 설하니라
우 칠
주법계 보보시
가득채운 상 복덕성취
취하면
유위의법
처음과끝
있지만
상여의면 은 무량하니
무위의 이름 다함없
법 하 여 어
우 주
모 두 교 화 법계 하 느 니 라

모 두 우주법계 교 화

॥नमो भगवत्या आर्यप्रज्ञापारमितायै॥

॥Namo bhagavatyā āryaprajñāpāramitāyai॥

॥སངས་རྒྱས་དང་བྱང་ཆུབ་སེམས་དཔའ་ཐམས་ཅད་ལ་ཕྱག་འཚལ་ལོ॥

南無世尊聖般若波羅蜜多

離色離相分 第二十

색과 상을 여읜 여래

LEAVING BOTH FORM AND APPEARANCES

वज्रच्छेदिका प्रज्ञापारमिता सूत्र

Vajracchedikā Prajñāpāramitā Sūtra

༄༅། །འཕགས་པ་ཤེས་རབ་ཀྱི་ཕ་རོལ་ཏུ་ཕྱིན་པ་རྡོ་རྗེ་གཅོད་པ་ཞེས་བྱ་བ་བཞུགས་སོ། །

金剛般若波羅密經 Diamond Sūtra

금강반야바라밀경

제20분. 색과 상을 여읜 여래

수부띠야 신체특징 그대생각 어떠한가
신체적인 특징들을 원만하게 갖춘다면
여래라고 보겠느냐 세존이여 아닙니다
신체특징 갖추어도 여래라고 못봅니다

왜냐하면 여래께서 원만하게 신체갖춤
원만하게 신체갖춤 아니라고 설하셨고
원만하게 신체특징 갖추었다 라는것은
이름하여 그와같이 갖췄기때 문입니다

세존께서 말씀하되 그대생각 어떠한가
삼십이상 갖춘다면 여래라고 보겠느냐
수부띠는 답을하되 그러하지 않습니다
삼십이상 갖추어도 여래라고 못봅니다

왜냐하면 신체특징 삼십이상 갖추는것
신체특징 갖춘것이 아니라고 설하시며
그이름이 신체특징 원만하게 갖추었다
신체특징 대한말씀 하셨기때 문입니다

Vajracchedikā Prajñāpāramitā Sūtra
금강반야바라밀경(金剛般若波羅密經)

20. 색과 상을 여읜 여래(離色離相分 第二十)
CHAPTER 20. LEAVING BOTH FORM AND APPEARANCES

(1) 세존께서 말씀하셨다. “수부띠야! 그대는 어떻게 생각하느냐?
신체적 특징을 원만하게 갖추었다고 여래라고 볼 수 있느냐?”
수부띠는 말씀드렸다. “세존이시여! 그렇지 않습니다.
신체적 특징을 원만하게 갖추었다고[229] 여래라고 볼 수 없습니다.
왜냐하면 세존이시여! 여래께서는 ‘신체적 특징을 원만하게 갖춘다는 것’은
‘신체적 특징을 원만하게 갖춘 것’이 아니라고 설하셨으며,
그리하여 그 이름이 ‘신체적 특징을 원만하게 갖춘 것’이라고
말씀하셨기 때문입니다.”

tat kiṃ manyase Subhūte rūpa-kāya-parinispattyā Tathāgato draṣṭavyaḥ?
SUBHŪTIR āha: no hīdaṃ Bhagavan,
na rūpa-kāya-parini ṣpattyā Tathāgato draṣṭavyaḥ
tat kasya hetoḥ?
rūpa-kāyā-pariniṣpatti rūpakāya-pariniṣpattir iti Bhagavan
apariniṣpattir eṣā Tathāgatena bhāṣitā
tenocyate rūpakāya-pariniṣpattir iti.

རབ་འབྱོར་འདི་ཇི་སྙམ་དུ་སེམས།
གཟུགས་ཀྱི་སྐུ་ཡོངས་སུ་གྲུབ་པས་དེ་བཞིན་གཤེགས་པར་བལྟ་བར་བྱ་སྙམ་མམ།
རབ་འབྱོར་གྱིས་གསོལ་པ། བཅོམ་ལྡན་འདས་དེ་ནི་མ་ལགས་སོ༎
གཟུགས་ཀྱི་སྐུ་ཡོངས་སུ་གྲུབ་པས་དེ་བཞིན་གཤེགས་པར་བལྟ་བར་མི་བགྱི་ལགས་སོ༎
དེ་ཅིའི་སླད་དུ་ཞེ་ན། བཅོམ་ལྡན་འདས་གཟུགས་ཀྱི་སྐུ་ཡོངས་སུ་གྲུབ་པ་ཞེས་བགྱི་བ་ནི།
དེ་ཡོངས་སུ་གྲུབ་པ་མ་མཆིས་པར་དེ་བཞིན་གཤེགས་པས་གསུངས་པའི་སླད་དུ་སྟེ།
དེས་ན་གཟུགས་ཀྱི་སྐུ་ཡོངས་སུ་གྲུབ་པ་ཞེས་བགྱིའོ༎

'What do you think then, O Subhûti,
is a Tathâgata to be seen (known) by the shape of his visible body?'
Subhûti said: 'Not indeed, O Bhagavat,

229) 저자는 산스끄리뜨어 ‘rūpa-kāya-parini ṣpattyā(루-빠 까-야 빠리니 슈빳띠야-: 具足色身 · 色身圓滿 · 色身成就)’를 의역하여, ‘신체적 특징을 원만하게 갖춘 것’으로 한역(韓譯)하였다.

a Tathâgata is not to be seen (known) by the shape of his visible body.
And why? Because, what was preached, O Bhagavat,
as the shape of the visible body, the shape of the visible body indeed,
that was preached by the Tathâgata as no-shape of the visible body,
and therefore it is called the shape of the visible body.'

須菩提 於意云何 佛可以具足色身見不 不也 世尊
如來不應以具足色身見
何以故 如來說具足色身 卽非具足色身 是名具足色身

이름하여 원만하게 갖춘 신체적 특징

명신이란 정신작용 마음의몸 나타내고[230)]
색신이란 지수화풍 육체의몸 말하느니
육체의몸 색신으로 여래볼수 있겠는가
수부띠는 이르기를 여래볼수 없습니다

이런저런 형상으로 색신모두 갖춘다면
여래의몸 갖추었다 이를수가 있겠느냐
여래특징 갖춤으로 여래볼수 없음물론
성인모습 갖추어도 갖춤본래 없느니라

하나하나 신체특징 원만모습 갖추어도
참된여래 원만색신 갖추는것 아니라네
갖추는것 그마저도 본래부터 없어야만
여래의몸 갖추었다 이름할수 있느니라

(2) 세존께서 말씀하셨다. "수부띠야! 그대는 어떻게 생각하느냐?
삼십이상을 원만하게 갖추었다고 여래라고 볼 수 있느냐?"
수부띠는 말씀드렸다. "세존이시여! 그렇지 않습니다.
삼십이상을 원만하게 갖추었다고 여래라고 볼 수 없습니다.
왜냐하면 세존이시여! 여래께서는 '삼십이상을 원만하게 갖춘다는 것'은
'삼십이상을 원만하게 갖춘 것'이 아니라고 설하셨으며,
그리하여 그 이름이 '삼십이상을 원만하게 갖춘 것'이라 말씀하셨기 때문입니다."

BHAGAVĀN āha: tat kiṃ manyase Subhūte,

230) 명신(नामकाय nāma-kāya: 名身)은 정신작용인 마음의 몸을 의미하며, 그 존재는 경험적인 지식을 통하여 분명히 알 수 있다. 위빠사나에는 두 가지 몸이 있으니, 산스끄리뜨어인 'rūpa-kāya(루-빠 까-야)'에 해당하는 '물질로 된 육체적 몸인 색신(रूपकाय rūpa-kāya: 色身)'과 'nāma-kāya(나-마 까-야)'에 해당하는 '정신작용으로 된 마음의 몸인 명신(名身)'이 그것이다.

lakṣaṇa-sampadā Tathāgato draṣṭavyaḥ?
SUBHŪTIR āha: no hīdaṃ Bhagavan,
na lakṣaṇa-sampadā Tathāgato draṣṭavyaḥ. tat kasya hetoḥ?
yaiṣā Bhagavaṃl lakṣaṇa-sampat Tathāgatena bhāṣitā,
alakṣaṇa-sampad eṣā Tathāgatena bhāṣitā.
tenocyate lakṣaṇa-sampad iti.

བཅོམ་ལྡན་འདས་ཀྱིས་བཀའ་སྩལ་པ། རབ་འབྱོར་འདི་ཇི་སྙམ་དུ་སེམས།
མཚན་ཕུན་སུམ་ཚོགས་པས་དེ་བཞིན་གཤེགས་པར་བལྟ་བར་བྱ་སྙམ་མམ།
རབ་འབྱོར་གྱིས་གསོལ་པ།བཅོམ་ལྡན་འདས་དེ་ནི་མ་ལགས་སོ།།
མཚན་ཕུན་སུམ་ཚོགས་པས་དེ་བཞིན་གཤེགས་པར་བལྟ་བར་མི་བགྱི་ལགས་སོ།།
དེ་ཅིའི་སླད་དུ་ཞེ་ན། དེ་བཞིན་གཤེགས་པས་མཚན་ཕུན་སུམ་ཚོགས་པ་གང་གསུངས་པ་དེ།
མཚན་ཕུན་སུམ་ཚོགས་པ་མ་མཆིས་པར་དེ་བཞིན་གཤེགས་པས་གསུངས་པའི་སླད་དུ་སྟེ།
དེས་ན་མཚན་ཕུན་སུམ་ཚོགས་པ་ཞེས་བགྱིའོ།།

Bhagavat said: 'What do you think, O Subhûti,
should a Tathâgata be seen (known) by the possession of signs?'
Subhûti said: 'Not indeed, O Bhagavat,
a Tathâgata is not to be seen (known) by the possession of signs.
And why? Because, what was preached
by the Tathâgata as the possession of signs,
that was preached as no-possession of signs by the Tathâgata,
and therefore it is called the possession of signs.'

須菩提 於意云何 如來可以具足諸相見不 不也世尊
如來不應以具足諸相見
何以故 如來說諸相具足 卽非具足 是名諸相具足

이름하여 원만하게 삼십이상을 갖춤

성인상중 한상갖기 어렵다는 사바중생
여래께서 삼십이상 남김없이 갖췄으니
부처님의 무상정등 정각마음 증득위해
거룩하온 성인모습 한상한상 갖추리까

고대인도 수행자들 위엄있는 외모같이
겉모양을 장엄하고 모든상을 갖추어도
위가없는 정등정각 마음증득 위해서는

거룩하온 성인의상 그마저도 여의란다

여래특징 삼십이상 성인상을 나투어도
색과상의 성인모습 온갖특징 매여서는
무상정등 정각마음 증득할수 없으므로
색과상을 여의어야 이름하여 여래니라

수
신 부떠야 여
체적인 신체특징 래라고
특징들을그대생각하겠느냐
신 원만하게 어떠한 세존이여 여
체특 갖춘다 가 아닙니 래라
징갖추 면 다 고못합
어도 왜 니다
원 원 냐하면 아 갖
만하게 만하게 여래 께서 니라고 추었다
신체특 신체갖 원만 하게 설하셨 라는것
징 춤 신체갖 고 은
이름 춤 갖췄
하여그 세 삼 기때문
와같 존께서 수 십이상 입니
이 말씀하되 부떠는 갖춘다면 다
그대생각답을하되여래라고
어떠한 그러하지 보겠느
가 않습니 냐
다
삼십
이 상
갖 추
여래라고 어도 못봅니다
왜 삼
냐하면 십이상
신체특징 신 갖추는것
체특징
갖춘것이
아니라고
설하시
이름하여 니 특징들을
신체적 여래 갖추었
인 께 서 다
그 와
설 했 기 때 같이 문 입 니 다

여 읜 색과상을 여 래

॥नमो भगवत्या आर्यप्रज्ञापारमितायै॥

॥Namo bhagavatyā āryaprajñāpāramitāyai॥

།།སངས་རྒྱས་དང་བྱང་ཆུབ་སེམས་དཔའ་ཐམས་ཅད་ལ་ཕྱག་འཚལ་ལོ།།

南無世尊聖般若波羅蜜多

非說所說分 第二十一

법 설하나 설함 없음

WHAT IS SPOKEN IS NOT SPOKEN

वज्रच्छेदिका प्रज्ञापारमिता सूत्र

Vajracchedikā Prajñāpāramitā Sūtra

༄༅། །འཕགས་པ་ཤེས་རབ་ཀྱི་ཕ་རོལ་ཏུ་ཕྱིན་པ་རྡོ་རྗེ་གཅོད་པ་ཞེས་བྱ་བ་བཞུགས་སོ།།

金剛般若波羅密經 Diamond Sūtra

금강반야바라밀경

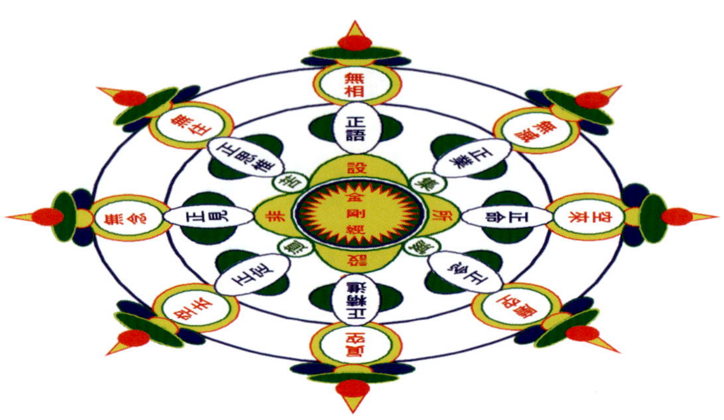

제21분. 법 설하나 설함 없음

수부띠야 설법대한 그대생각 어떠한가
여래나는 설한법이 있다라고 하겠느냐
세존이여 여래께서 나는설한 법이있다
그와같은 생각들을 하시지를 않습니다

여래설한 법이있다 라고하면 거짓말로
사실아님 집착하여 여래비방 함이된다
설법이라 말하지만 설법이라 할것없어
그리하여 그이름을 설법이라 하느니라

그때혜명 수부띠는 부처님께 여쭈었다
미래세의 후오백세 정법쇠퇴 할때되어
중생들이 이와같은 법문들을 듣고나서
바른신심 내고자할 중생들이 있으리까

그들중생 아님물론 중생아님 아니니라
왜냐하면 수부띠야 중생이라 하는것은
여래일러 중생아님 설하였기 때문이다
그리하여 그이름을 중생이라 하느니라

Vajracchedikā Prajñāpāramitā Sūtra
금강반야바라밀경(金剛般若波羅密經)

21. 법 설하나 설함 없음(非說所說分 第二十一)
CHAPTER 21. WHAT IS SPOKEN IS NOT SPOKEN

(1) 세존께서 말씀하셨다. "수부띠야! 그대는 어떻게 생각하느냐? 여래가 '나는 설한 법이 있다.'라는 생각을 하겠느냐?" 수부띠는 말씀드렸다. "그렇지 않습니다. 세존이시여! 여래께서는 '나는 설한 법이 있다.'라는 생각을 하지 않습니다."

BHAGAVĀN āha: tat kiṃ manyase Subhūte, api nu Tathāgatasyaivaṃ bhavati: mayā dharmo deśita iti?231)

SUBHŪTIR āha: no hīdaṃ Bhagavan, na Tathāgatasyaivaṃ bhavati: mayā dharmo deśita iti.232)

---

231) 산스끄리뜨어의 "BHAGAVĀN āha tat kiṃ manyase subhūte(바가완- 아-하 따뜨 낑 만야세 수부-떼), api nu thatāgatasyaivaṃ bhavati mayā dharmo deśita iti(아삐 누 따타-가따시야이왕 바와티 마야- 다르모 데쉬따 이띠)."라는 문장의 의미는 다음과 같다.

이 문장의 내용은 "'세존{bhagavān(bhagavant)・바가완-: བཅོམ་ལྡན་འདས།・The Lord・世尊}', '말하다{āha(√ah)・아-하: བཀའ་སྩལ་པ།・teach・說・言・告}', '그것{tat(tad)・따뜨: འདི།・it・彼}', '어떻게(kiṃ・낑: ཇི་སྙམ་དུ།・what・云何)', '생각하다{manyase(√man-4)・만야세: སེམས།・think・作意・認爲}', '수부띠{subhūte(subhūti)・수부-떼: རབ་འབྱོར།・須菩提・善現}', '또(api・아삐: ཡང་།・also・然・又・亦)', '참으로・실로(nu・누: 泛指・加強語氣)', '이와 같이 여래[Tathāgatasyaivaṃ・따타-가따시야이왕 = 여래{tathāgatasya(tathāgata)・따타-가따시야: དེ་བཞིན་གཤེགས་པ།・如來 + 이와 같이(evaṃ・에왕: འདི་སྙམ་དུ།・so・如是)]', '~이다・일어나다・~라고 말하다{bhavati(√bhū)・바와띠: occur・有}', '나에 의하여・내가{mayā(aham)・마야-: ང་།・by me・我}', '법{dharmo(dharma)・다르모: ཆོས།・dharma・法}', '설하다・~발표하다{deśita(√diś-6)・데쉬따: དགོངས།・demonstrated・說.}', '그것・그곳{sa(saḥ)・사: དེ།・there・彼}'"라는 뜻이다.

이 구절에 대한 번역을 구마라집은 생략하였으나, 현장은 "佛告善現 於汝意云何 如來頗作是念 我當有所說法耶(불고선현 어여의운하 여래파작시념 아당유소설법야)"라고, 의정은 "妙生 於汝意云何 如來作是念 我說法耶(묘생 어여의운하 여래작시념 아설법야)"라며, 보디류지는 "佛言須菩提 於意云何 汝謂如來作是念 我當有所說法耶(불언수부띠 어의운하 여위여래작시념 아당유소설법야)"라고, 진제는 "佛言須菩提 汝意云何 如來有如是意 我今實說法耶(불언수부띠 여의운하 여래유여시의 아금실설법야)"라며, 달마급다는 "世尊言 彼何意念 善實 雖然 如來如是念我法說(세존언 피하의념 선실 수연 여래여시념아법설)"이라고 각각 번역(漢譯)하였다.

티베트본도 "བཅོམ་ལྡན་འདས་ཀྱིས་བཀའ་སྩལ་པ། རབ་འབྱོར་འདི་ཇི་སྙམ་དུ་སེམས། དེ་བཞིན་གཤེགས་པས་འདི་སྙམ་དུ་ངས་ཆོས་བསྟན་ཏོ་ཞེས་དགོངས་སོ་སྙམ་ན།"라고 번역하였다.

이러한 종합・분석 검토하여, 저자는 "세존께서 말씀하셨다. 수부띠야! 그대는 어떻게 생각하느냐? 여래가 '나는 설한 법이 있다.'라는 생각을 하겠느냐{佛告須菩提 於意云何 如來作是念 我當有所說法耶(불고수부띠 어의운하 여래작시념 아당유소설법야)}?"라고 번역(韓譯・漢譯)하였다.

232) 산스끄리뜨어 "SUBHŪTIR āha(수붓-띠르 아-하): no hīdaṃ Bhagavan(노 히-당 바가완), na Tathāgatasyaivaṃ bhavati(나 따타-가따시야이왕 바와띠): mayā dharmo deśita iti(마야- 다르모 데쉬따 이띠)."라는 문장의 의미를 번역하면 다음과 같다.

이 문장의 내용은 "'수부띠{subhūtir(subhūti)・수붓-띠르: རབ་འབྱོར་・須菩提・善現}', '말하다・대답하다{āha(√ah)・아-하: གསོལ་པ།・reply・說・言・告}', '아니다(no・노: མ།・not・不・非)', '참으로 이와 같이[hīdaṃ・히-당 = 참으로(hi・히: 誠然・表强調) + 이와 같이{idaṃ(idam)・이당: འདི།・it・如是}]', '세존{bhagavan(bhagavant)・바가완: བཅོམ་ལྡན་འདས།・O Lord・世尊}', '아니다(na・나: མ།・not・不・非)', '이와 같이 여래[Tathāgatasyaivaṃ・따타-가따시야이왕 = 여래{tathāgatasya(tathāgata)・따타-가따시야: དེ་བཞིན་གཤེགས་པ།・如來 + 이와 같이(evaṃ・이왕: འདི་སྙམ་དུ།・so・如是)]', '~이다・일어나다・~라고 말하다{bhavati(√bhū)・바와띠: occur・有}', '나에 의하여・내가{mayā(aham)・마야-: ང་།・by me・我}', '법{dharmo(dharma)

བཅོམ་ལྡན་འདས་ཀྱིས་བཀའ་སྩལ་པ། རབ་འབྱོར་འདི་ཇི་སྙམ་དུ་སེམས།
དེ་བཞིན་གཤེགས་པས་འདི་སྙམ་དུ་ངས་ཆོས་བསྟན་ཏོ་ཞེས་དགོངས་སོ་སྙམ་ན།

Bhagavat said: 'What do you think, O Subhûti,
does the Tathâgata think in this wise: The Law has been taught by me?'
Subhûti said: 'Not indeed, O Bhagavat,
does the Tathâgata think in this wise: The Law has been taught by me.'

佛告須菩提 於意云何 如來作是念 我當有所說法耶233)
須菩提 白佛言 不也世尊 如來不作是念 有所說法234)

법설함과 설하여 질 것 없음

우주법계 청정하여 일체법이 공하노니
설할말도 없거니와 설할법이 있겠는가
사십구년 정법설한 대장경이 있지만은
못깨달은 이를위한 대기설법 아니런가235)

무시이래 모든사람 반야마음 지녔지만
어느누가 누구에게 반야의법 설하리까
법설하는 여래뜻을 이해하지 못함이니
여래설한 법이있다 생각하지 않느니라

(2) 세존께서 말씀하셨다. "수부띠야!
만약 어떤 사람이 '여래가 설한 법이 있다.'라고 한다면
그는 거짓을 말한 것이며, 사실 아닌 것에 집착하여 나를 비방하는 것이다.

・다르모: ཆོས། ・dharma・法}', '설하다・~발표하다{deśita(√diś-6)・데쉬따: དགོངས། ・demonstrated・說.}', '이라고・있어서라(iti・이띠: ཞེས། ・所謂・名爲)'"라는 뜻이다.
이 문장의 번역을 구마라집과 현장 및 의정 그리고 보디류지와 진제는 모두 생략하였으며, 달마급다는 "善實言 不如此 世尊 不如來如是念 我法說(선실언 불여차 세존 불여래여시념 아법설)"이라고 번역(漢譯)하였다.
티베트어본도 번역을 생략하였다.
이러한 내용을 종합・분석 검토하여, 저자는 이 문장을 "수부띠는 말씀드렸다. 그렇지 않습니다. 세존이시여! 여래께서는 '나는 설한 법이 있다.'라는 생각을 하지 않습니다{須菩提 白佛言 不也世尊 如來不作是念 有所說法(수부띠 백불언 불야세존 여래부작시념 유소설법)"라고 번역(韓譯・漢譯)하였다.

233) 저자번역{漢譯: 주) 231} 참조.

234) 저자번역{漢譯: 주) 232} 참조.

235) 대기설법(對機說法: speaking to the caliber of a listener)은 교화를 받을 상대방(對)의 성질이나 능력 등에 따라 다양한 방법으로 법을 설하는 것으로, 듣는 이와 질문하는 이의 이해도 및 그 수준에 알맞게 적절한 언어와 방편으로 설법하는 것을 말한다. 마치 탐욕이 많은 사람에게는 보시, 성냄이 많은 이에게는 인욕, 자기중심적인 사람에게는 하심, 악업이 많은 이에게는 선업 등을 각각 상대방의 근기에 맞게 설하는 것이다. 수기설법(隨機說法)・방편설법(方便說法)・수기산설(隨機散說)・응기접물(應機接物)이라고도 하고, 이는 병에 따라 약을 주는 것과 같다고 하여 응병여약(應病如藥)이라고도 하고, 계단을 오르듯이 낮은 단계에서 높은 단계로 수준에 맞게 설하므로 차제설법(次第說法)이라고도 한다. 이 설법에는 인연법(因緣法)・비유법(比喩法)・수기법(授記法)・대비법(對比法)・우회법(迂回法)・반어법(反語法)・문답법(問答法)・고조법(高調法)・위의법(威儀法) 등이 있다.

BHAGAVĀN āha: yaḥ Subhūte evaṃ vadet: Tathāgatena dharmo deśita iti,
sa vitathaṃ vadet, abhyācakṣīta māṃ sa Subhūte 'satodgṛhitena.

རབ་འབྱོར་དེ་དེ་ལྟར་མི་ལྟ་སྟེ། དེ་བཞིན་གཤེགས་པས་གང་བསྟན་པའི་ཆོས་དེ་གང་ཡང་མེད་པའི་ཕྱིར་རོ།།
རབ་འབྱོར་སུ་ཞིག་འདི་སྐད་དུ་དེ་བཞིན་གཤེགས་པས་ཆོས་བསྟན་ཏོ་ཞེས་ཟེར་ན།
རབ་འབྱོར་དེ་ནི་མེད་པ་དང་ལོག་པར་ཞེན་པས་ང་ལ་སྐུར་བར་འགྱུར་རོ།།

Bhagavat said:
'If a man should say that the Law has been taught by the Tathâgata,
he would say what is not true;
he would slander me with untruth which he has learned.

須菩提 汝勿謂如來作是念 我當有所說法莫作是念
何以故 若人言如來有所說法 卽爲謗佛 不能解我所說故

여래 법 가르침 없다는 진실

올바르고 부동심의 본체일러 불이라고
깨달음의 맑은마음 설한말씀 법이라며
고요하게 진리말씀 실천하는 승이러니
불법승의 삼보모두 자기성품 안에있다

법의설함 있다해도 법상집착 비방이며
법의설함 없다해도 단견으로 치우치니
있다없다 모두놓고 무심으로 돌아가면
동녘에서 해가절로 돋아나서 비추노라

(3) 왜냐하면 수부띠야! '설법'이라지만,
'설법'으로 인정될 만한 것은 아무것도 없는 것이며,
그리하여 그 이름을 '설법'이라 말하기 때문이다."

tat kasya hetoḥ?
dharma-deśanā dharma-deśaneti Subhūte,
na-asti sa kaścid dharmo yo dharma-deśanā nāmopalabhyate.

དེ་ཅིའི་ཕྱིར་ཞེ་ན། རབ་འབྱོར་ཆོས་བསྟན་པ་ཞེས་བྱ་བ་ནི།
གང་ཆོས་བསྟན་པ་ཆོས་བསྟན་པ་ཞེས་བྱ་བར་དམིགས་པར་འགྱུར་པའི་ཆོས་དེ་གང་ཡང་མེད་པའི་ཕྱིར་རོ།།

And why? Because, O Subhûti,
it is said the teaching of the Law, the teaching of the Law indeed. O Subhûti,
there is nothing that can be perceived by the name of the teaching of the Law.'

須菩提 說法者 無法可說 是名說法

설할 법 없는 그 이름이 설법

유위법은 말을한이 말들은이 다있느니
인과얽혀 설함있고 들음또한 있느니라
보신화신 설하느니 설함있어 설아니고
법신불은 설함없어 참된설함 이라한다

말하는이 공한성품 쫓아말해 공하느니
말들는이 공한성품 쫓아들어 공하노라
공하여서 설함없음 참된설함 아니리까
그리하여 그이름을 설법이라 하느니라

(4) 그때 혜명 수부띠는 세존께 말씀드렸다.
"세존이시여! 내세의 후오백세에 정법이 쇠퇴할 시기가 되었을 때,
이러한 법문을 듣고서 신심을 낼 중생들이 있겠습니까?"
세존께서 말씀하셨다. "수부띠야! 그들은 중생이 아니며,
중생이 아닌 것도 아니다. 왜냐하면 수부띠야!
여래는 '중생'이라 하는 것은 '중생이 아니다.'라고
설하였기 때문이다. 그리하여 그 이름을 '중생'이라고 하느니라."

evam ukta āyuṣmān SUBHŪTIR Bhagavantam etad avocat:
asti Bhagavan kecit sattvā bhaviṣyanty anāgate 'dhvani paścime kāle
paścime samaye paścimāyāṃ pañca-śatyāṃ saddharma-vipralope
vartamāne ya imān evaṃrūpān dharmāñ śrutvā-abhiśraddadhāsyanti?
BHAGAVĀN āha: na te Subhūte sattvā na-a-sattvāḥ.
tat kasya hetoḥ? sattvāḥ sattvā iti Subhūte sarve te Subhūte a-sattvās
Tathāgatena bhāṣitāḥ tenocyante sattvā iti.

དེ་ནས་བཅོམ་ལྡན་འདས་ལ་ཚེ་དང་ལྡན་པ་རབ་འབྱོར་གྱིས་འདི་སྐད་གསོལ་ཏོ།།
བཅོམ་ལྡན་འདས་མ་འོངས་པའི་དུས་ན། སེམས་ཅན་གང་དག་འདི་ལྟ་བུའི་ཆོས་བཤད་པ་འདི་ཐོས་ནས།
མངོན་པར་ཡིད་ཆེས་པར་འགྱུར་བ་འབྱུང་བ་ལྟ་མཆིས་ལགས་སམ། བཅོམ་ལྡན་འདས་ཀྱིས་བཀའ་སྩལ་པ།
རབ་འབྱོར་དེ་དག་ནི་སེམས་ཅན་ཡང་མ་ཡིན། སེམས་ཅན་མེད་པ་ཡང་མ་ཡིན་ནོ།།
དེ་ཅིའི་ཕྱིར་ཞེ་ན། རབ་འབྱོར་སེམས་ཅན་རྣམས་ཞེས་བྱ་བ་ནི།
དེ་བཞིན་གཤེགས་པས་དེ་དག་སེམས་ཅན་མེད་པར་གསུངས་པའི་ཕྱིར་ཏེ།
དེ་བས་ན་སེམས་ཅན་རྣམས་ཞེས་བྱའོ།།

After this, the venerable Subhûti spoke thus to the Bhagavat: 'Forsooth, O Bhagavat, will there be any beings in the future, in the last time, in the last moment, in the last 500 years, during the time of the decay of the good Law, who, when they have heard these very Laws, will believe?' Bhagavat said: 'These, O Subhûti, are neither beings nor no-beings. And why? Because, O Subhûti, those who were preached as beings, beings indeed, they were preached as no-beings by the Tathâgata, and therefore they are called beings.'

爾時慧命須菩提 白佛言 世尊 頗有衆生 於未來世 聞說是法 生信心不
佛言須菩提 彼非衆生 非不衆生
何以故 須菩提 衆生衆生者 如來說非衆生 是名衆生

바른 믿음 내는 중생 본래 없음

부처님도 관세음도 중생또한 이름일뿐
실체로는 부처님도 관세음도 모두없고
작용하여 부처중생 관세음도 되지만은
고정생각 분별집착 못여의어 중생된다

미래세의 후오백세 정법쇠퇴 하려할때
어떤중생 이와같은 금강법문 듣고나서
깊고바른 믿음으로 참된마음 내겠는가
그리하여 바른신심 낼중생들 있으리까

법을듣고 믿는마음 내는사람 있겠는가
있다없다 머묾없이 미래세에 중생일러
저들중생 아니지만 아님또한 아니니라
부처님이 설한중생 그이름이 중생이다

수
여 부떠야 세
래나는 설법대한 존이여
설한법이그대생각여래께서
그 있다라고 어떠한 나는설한 하
와같 하겠느 가 법이있 시지
은생각 냐 다 를않습
들을 여 니다
설 사 래설한 여 설
법이라 실아님 법이 있다 복래비방 법이라
말하지 집착하 라고 하면 함이된 할것없
만 여 거짓말 다 어
그리 로 설법
하여그 그 미 이라하
이름 때혜명 중 래세의 느니
을 수부띠는 생들이 후오백세 라
부처님께이와같은정법쇠퇴
여쭈었 법문들을 할때되
다 듣고나 어
서
바른
신 심
내 고
중생들이 자할 있으리까
그 중
들중생 생아님
아님물론 왜 아니니라
냐하면
수부떠야
중생이라
하는것
여래중생 은 것을설하
아니라 그리 였음으
는 하 여 로
그 이
중 생 이 라 름을 하 느 니 라

설 함 법설하나 없 음

‖नमो भगवत्या आर्यप्रज्ञापारमितायै‖

‖Namo bhagavatyā āryaprajñāpāramitāyai‖

‖སངས་རྒྱས་དང་བྱང་ཆུབ་སེམས་དཔའ་ཐམས་ཅད་ལ་ཕྱག་འཚལ་ལོ‖

南無世尊聖般若波羅蜜多

無法可得分 第二十二

법은 얻을 것이 없다

NO DHARMA CAN BE OBTAINED

वज्रच्छेदिका प्रज्ञापारमिता सूत्र
Vajracchedikā Prajñāpāramitā Sūtra

༄༅། །འཕགས་པ་ཤེས་རབ་ཀྱི་ཕ་རོལ་ཏུ་ཕྱིན་པ་རྡོ་རྗེ་གཅོད་པ་ཞེས་བྱ་བ་བཞུགས་སོ། །

金剛般若波羅密經 Diamond Sūtra

금강반야바라밀경

제22분. 법은 얻을 것이 없다

수부띠야 깨침대한 그대생각 어떠한가
여래아뇩 따라삼약 삼보디를 깨달았다
그와같이 깨친어떤 법이있다 하겠느냐
수부띠는 답을하되 그러한법 없습니다

여래께서 깨달은바 어떤법도 없습니다
세존께서 말씀하되 수부띠야 그러하다
어떤작은 법도없고 얻을것이 없으므로
그이름을 아뇩따라 삼약삼보 디라한다

Vajracchedikā Prajñāpāramitā Sūtra
금강반야바라밀경(金剛般若波羅密經)

22. 법은 얻을 것이 없다(無法可得分 第二十二)
CHAPTER 22. NO DHARMA CAN BE OBTAINED

(1) "수부띠야! 그대는 어떻게 생각하느냐?
여래가 아눗따라삼약삼보디를 깨달았다고 할 그 어떤 법이 있느냐?"
수부띠는 말씀드렸다.
"그렇지 않습니다. 세존이시여!
여래께서 아눗따라삼약삼보디를 깨달았다고 할 그러한 법은 없습니다."

tat kiṃ manyase Subhūte, api nv asti sa kaścid dharmo yas Tathāgatena-anuttarāṃ saṃyaksaṃbodhim abhisambuddhaḥ?[236] āyuṣmān SUBHŪTIR āha: no hīdam Bhagavan na-asti sa Bhagavan kaścid dharmo yas Tathāgatena-anuttarāiṃ samyaksaṃbodhim abhisaṃbuddhaḥ.

---

236) 산스끄리뜨어 "tat kiṃ manyase Subhūte(따뜨 낑 만야세 수부-떼), api nv asti sa kaścid dharmo yas Tathāgatena -anuttarāṃ samyaksaṃbodhim abhisaṃbuddhaḥ{아삔와스띠(아삐 누 아스띠) 사 까슈찌드 다르모 야스 따타-가떼나 아눗따랑 - 삼약상보딤 아비삼붓다하)?"라는 문장의 의미는 다음과 같다.

이 문장의 내용은 "'그대{tat(tad)・따드: འདི། ・it・彼}', '어떻게(kiṃ・낑: ཇི་སྙམ་དུ། ・what・云何)', '생각하다{manyase(√man-4)・만야세: སེམས། ・think・認爲・作意}', '수부띠{subhūte(subhūti)・수부-떼: རབ་འབྱོར། ・須菩提}', '또(api・아삐: ཡང་། ・also・然・又・亦)', '참으로・또한・실로{nv(nu): 加強語氣}', '~가 있다. ~이다{asti(√as)・아스띠: ཡོད། ・is・有・是}', '그{sa(saḥ)・사: དེ། ・there・彼}', '어떠한(kaścid・까슈찌드: གང་ཡང་། ・any・任何)', '법{dharmo(dharma)・다르모: ཆོས། ・法}', '그 어떠한 사람{yas(yaḥ)・야스: གང་། ・which・who・誰・何者}', '여래{tathāgatena(tathāgata)・따타-가떼나: དེ་བཞིན་གཤེགས་པ། ・如來}', '무상・위없는・아눗따라(anuttarāṃ・아눗따랑: བླ་ན་མེད་པ། ・the ultmost・無上・阿耨多羅・最勝)', '정등각・정등보디・삼약삼보디・올바른깨달음{samyaksaṃbodhim(samyaksaṃbodhi)・삼약상보디힘: ཡང་དག་པར་རྫོགས་པའི་བྱང་ཆུབ། ・right and perfect enlightenment・正等覺・三藐三菩提・正等菩提}', '깨달다{abhisaṃbuddhaḥ(abhi-saṃ-buddha)・아비상붓다하: མངོན་པར་རྫོགས་པར་སངས་རྒྱས། ・awoken・現證}'"라는 뜻이다.

이 문장을 구마라집은 번역을 생략하였고, 현장은 "佛告善現 於汝意云何 頗有少法 如來應正等覺現證無上正等菩提耶(불고선현 어여의운하 파유소법 여래응정등각현증무상정등보디야)"로, 의정은 "妙生 於汝意云何 佛得無上正等覺時 頗有少法所證不(묘생 어여의운아 불득무상정등각시 파유소법소증부)"로, 보디류지는 "佛言須菩提 於意云何 如來得阿耨多羅三藐三菩提耶(불언수부띠 어의운하 여래득아눗따라삼약삼보디야)"로, 진제는 "須菩提 於意云何 頗有一法如來所得 名阿耨多羅三藐三菩提不(수부띠 어의운하 파유일법여래소득 명아눗따라삼약삼보디부)"로, 달마급다는 "彼何意念 善實 雖然 有法若如來無上正遍知證覺(피하의념 선실 수연 유법약여래무상정편지증각)"으로 각각 번역하였다.

티베트본도 "རབ་འབྱོར་འདི་ཇི་སྙམ་དུ་སེམས། དེ་བཞིན་གཤེགས་པས་གང་བླ་ན་མེད་པ་ཡང་དག་པར་རྫོགས་པའི་བྱང་ཆུབ་ཏུ་མངོན་པར་རྫོགས་པར་སངས་རྒྱས་པའི་ཆོས་དེ་གང་ཡང་ཡོད་དམ།"라고 번역하였다.

이러한 내용들을 종합・분석 검토하여, 저자는 "수부띠야(subhūte: རབ་འབྱོར། ・須菩提)! 그대는 어떻게 생각하느냐{tat kiṃ manyase(於意云何): tat; འདི། ・it・彼, kiṃ; ཇི་སྙམ་དུ། ・what・云何, manyase; སེམས། ・think・認爲・作意}? 여래{tathāgatena (thatāgata): དེ་བཞིན་གཤེགས་པ། ・如來}가 아눗따라삼약삼보디{anuttarāṃ samyaksambodhim(阿耨多羅三藐三菩提): anuttarāṃ・བླ་ན་མེད་པ། ・the highest・the ultmost・無上, samyaksaṃbodhim: ཡང་དག་པར་རྫོགས་པའི་བྱང་ཆུབ། ・right and perfect enlightenment・perfect knowledge・正等覺・正等菩提}를 깨달았다고 할(abhisaṃbuddha: མངོན་པར་རྫོགས་པར་སངས་རྒྱས། ・awoken・現證), 그 어떠한 법{sa kaścid dharmo(少法): sa: དེ། ・there・彼. kaścid; གང་ཡང་། ・any・任何, dharma; ཆོས། ・법}이 있느냐{api nv asti(頗有): asti; ཡོད། ・is・有・是}?", "佛告須菩提 於意云何 如來得阿耨多羅三藐三菩提不(불고수부띠 어의운하 여래득아눗따라삼약삼보디부)?"라고 번역(韓譯・漢譯)하였다.

རབ་འབྱོར་འདི་ཇི་སྙམ་དུ་སེམས། དེ་བཞིན་གཤེགས་པས་གང་བླ་ན་མེད་པ་ཡང་དག་པར་རྫོགས་པའི་བྱང་
ཆུབ་ཏུ་མངོན་པར་རྫོགས་པར་སངས་རྒྱས་པའི་ཆོས་དེ་གང་ཡང་ཡོད་སྙམ་མམ།
ཚེ་དང་ལྡན་པ་རབ་འབྱོར་གྱིས་གསོལ་པ། བཅོམ་ལྡན་འདས་དེ་བཞིན་གཤེགས་པས་གང་བླ་ན་མེད་པ་ཡང་
དག་པར་རྫོགས་པའི་བྱང་ཆུབ་ཏུ་མངོན་པར་རྫོགས་པར་སངས་རྒྱས་པའི་ཆོས་དེ་གང་ཡང་མ་མཆིས་ལགས་སོ།།

'What do you think then, O Subhûti,
is there anything which has been known by the Tathâgata
in the form of the highest perfect knowledge?'
The venerable Subhûti said: 'Not indeed, O Bhagavat, there is nothing,
O Bhagavat, that has been known by the Tathâgata
in the form of the highest perfect knowledge.'

佛告須菩提 於意云何 如來得阿耨多羅三藐三菩提不[237)]
須菩提 白佛言 世尊 佛得阿耨多羅三藐三菩提 爲無所得耶

아뇩따라삼약삼보디 깨달았다고 할 법 없음

육년동안 고행끝에 우주진리 깨치시고
보디심을 증득하되 망념미망 떨쳤음에
가려있던 진여자성 드러나게 된것이며
무상정각 실체있어 부처된것 아니니라

원한다는 그마음과 얻는다는 마음쉬고
쉰다하는 마음마저 쉬어야만 하느니라
참된깨침 그마저도 이름하여 정각이라
공한자성 청정하고 고요하여 걸림없다

수부띠야 여래아뇩 따라삼약 삼보디를
깨달았다 라고하는 어떠한법 있겠는가
세존이여 무상정각 그러한법 없습니다
무상정각 얻었다는 어떤법도 없습니다

**(2) 세존께서 말씀하셨다. "그러하다. 수부띠야! 그러하느니라.
그 어떤 작은 법도 없으며 얻을 것이 없으니,
그리하여 그 이름을 '아뇩따라삼약삼보디'라고 하는 것이다."**

237) 저자번역{漢譯: 주) 236} 참조.

BHAGAVĀN āha: evam etat Subhūte evam etat,
aṇur api tatra dharmo na saṃvidyate nopalabhyate.
tenocyate 'nuttarā samyaksaṃbodhir iti.

བཅོམ་ལྡན་འདས་ཀྱིས་བཀའ་སྩལ་པ། རབ་འབྱོར་དེ་དེ་བཞིན་ནོ།། དེ་དེ་བཞིན་ཏེ།
དེ་ལ་ཆོས་ཅུང་ཟད་ཀྱང་མི་དམིགས་ཤིང་མེད་དེ།
དེས་ན་བླ་ན་མེད་པ་ཡང་དག་པར་རྫོགས་པའི་བྱང་ཆུབ་ཅེས་བྱའོ།།

Bhagavat said: 'So it is, Subhûti, so it is.
Even the smallest thing is not known or perceived there,
therefore it is called the highest perfect knowledge.'

佛言 如是如是 須菩提 我於阿耨多羅三藐三菩提
乃至無有少法可得 是名阿耨多羅三藐三菩提

얻을 것 없음으로 그 이름이 아뇩따라삼약삼보디

어느누가 금강반야 바라밀의 참된진리
크다작다 넓다좁다 시시비비 논하리까
있음없음 잃음얻음 분별심을 가지리까
본래없는 여래마음 헤아리지 못함이다

대우주가 청정한데 산하대지 생기리요
상을여읜 청정법신 그러하고 그러한데
법설한이 누구이며 무슨법을 설했는가
무상정등 정각해도 얻을것이 없느니라

얻고잃음 한생각의 그림자인 차별안목
열린지혜 진리의눈 관조하는 실상안목
흘러가는 물과같이 불어오는 바람같이
비어있는 진여마음 얻고잃음 없느니라

세존께서 말씀하되 수부띠야 그러하다
그어떠한 작은법도 존재할수 없느니라
존재할수 없음물론 얻을것이 없으므로
그이름을 아뇩따라 삼약삼보 디라한다

수
여 부띠야 그
래아늣 깨침대한 와같이
따라삼약그대생각깨친어떤
수 삼보디를 어떠한 법이있다 그
부띠 깨달았 가 하겠느 러하
는답을 다 냐 지않습
하되 여 니다
어 세 래께서 수 얻
떤작은 존께서 깨달 은바 부띠야 을것이
법도없 말씀하 어떤 법도 그러하 없으므
고 되 없습니 다 로
그이 다 삼약
름을아 대 상 삼보디
늣따 우주가 법 을여읜 라한
라 청정한데 설한이 청정법신 다
산하대지누구이며그러하고
생기리 무슨법을 그러한
요 설했는 데
가
무상
정 등
정 각
얻을것이 해도 없느니라
얻 그
고잃음 림자인
한생각의 열 차별안목
린지혜
진리의눈
관조하는
실상안
흘러가는 목 불어오는
물과같 비어 바람같
이 있 는 이
진 여
얻 고 잃 음 마음 없 느 니 라

것 이 법은얻을 없 다

॥नमो भगवत्या आर्यप्रज्ञापारमितायै॥

॥Namo bhagavatyā āryaprajñāpāramitāyai॥

||སངས་རྒྱས་དང་བྱང་ཆུབ་སེམས་དཔའ་ཐམས་ཅད་ལ་ཕྱག་འཚལ་ལོ||

南無世尊聖般若波羅蜜多

淨心行善分 第二十三

맑은 마음 선법 닦음

A PURE MIND DOES WHOLESOME DEEDS

वज्रच्छेदिका प्रज्ञापारमिता सूत्र

Vajracchedikā Prajñāpāramitā Sūtra

༄༅། །འཕགས་པ་ཤེས་རབ་ཀྱི་ཕ་རོལ་ཏུ་ཕྱིན་པ་རྡོ་རྗེ་གཅོད་པ་ཞེས་བྱ་བ་བཞུགས་སོ། །

金剛般若波羅密經 Diamond Sūtra

금강반야바라밀경

제23분. 맑은 마음 선법 닦음

실로이법 평등하여 높고낮음 없으므로
그이름을 아뇩따라 삼약삼보 디라한다
나와사람 중생수자 없으므로 선법닦아
위가없는 옳고바른 깨달음을 얻느니라

선법닦아 깨달음을 증득한다 라고하니
왜냐하면 수부띠야 선법이라 하는것은
여래선법 아니라고 설하였기 때문이다
그리하여 그이름을 선법이라 하느니라

23. 맑은 마음 선법 닦음(淨心行善分 第二十三)

CHAPTER 23. A PURE MIND DOES WHOLESOME DEEDS

(1) 또한 수부띠야!

"이 법은 평등하여 높고 낮음 없나니
그 이름을 아눗따라삼약삼보디라 하느니라.
아 · 인 · 중생 · 수자 없음으로서
일체 선법을 닦아 곧 아눗따라삼약삼보디를 얻느니라."238)

---

238) 산스끄리뜨어로 "'samaḥ sa dharmo na tatra kiṃcid viṣamam(사마하 사 다르모 나 따뜨라 낑찌드 위샤맘).', 'tenocyate 'nuttarā samyaksambodhir iti(떼노찌야데 눗따라- 삼약삼보디르 이띠).', 'nirātmatvena niḥsattvatvena nirjīvatvena niṣpudgalatvena samā sānuttarā samyaksambodhiḥ sarvaiḥ kuśalair dharmair abhisambudhyate(니라-뜨마뜨웨나 니히삿뜨와뜨웨나 니르지-와뜨웨나 니슈뿌드갈라뜨웨나 사마- 사-눗따라- 삼약삽보디히 사르와이히 꾸살라이르 다르마이르 아비삼부디야떼).'" 라는 문장은 '금강경의 게송'이다.
이 게송의 내용은 "'평등하여{samaḥ(sama) · 사마하: མཉམ་པ། · self-identica · 平等}', '그{sa(saḥ) · 사: དེ། · that · 彼}', '법은{dharmo(dharma) · 다르모: ཆོས། · 法}', '없다 · 아니다(na · 나: མེ། · not · 無 · 非)', '그것에는(tatra · 따뜨라: དེ་ལ། · there · 此中)', '어떠한(kaścid · 낑찌드: གང་ཡང་། · any · 任何)', '차별 · 불평등{viṣamam(viṣama) · 위샤맘: མི་མཉམ་པ། · variance · 差別 · 不平等}', '그리하여 말하기를 · 그러므로 말하자면{tenocyate · 떼노찌야데 = tena(saḥ): དེ། དེས་ན། · therefore · 彼 · 是故 + ucyante(√vac): ཞེས་བྱ། · called · 說}', '아눗따라삼약삼보디라고 한다['nuttarā samyaksambodhir iti · 눗따라- 삼약삼보디르 이띠 = 위없는 · 무상 · 아눗따라{'nuttarā(anuttarā) · 눗따라-: བླ་ན་མེད་པ། · the highest the utmost · 無上} + 정등각 · 삼약삼보디{samyaksambodhir(samyak-sambodhi) · 삼약삼보디르: ཡང་དག་པར་རྫོགས་པའི་བྱང་ཆུབ། · right and perfect enlightenment · perfect knowledge · 正等覺 · 正等菩提} + '라고 하느니라 · 라고 하는 것(iti · 이띠: ཞེས། · 所謂 · 名爲)]', '내가 없고 · 자아가 없고{nirātmatvena(nir-ātma-tva) · 니라-뜨마뜨웨나: བདག་མེད་པ། · selfless · 無我 · 無我性}', '중생이 없고{niḥsattvatvena (niḥsattva-tva) · 니히삿뜨와뜨웨나: ཆོས་ཐམས་ཅད། · all dharmas · 無衆生 · 無有情性}', '수자 없고 · 생명 없고{nirjīvatvena(nir-jīva-tva) · 니르지-와뜨웨나: སྲོག་མེད་པ། · without living soul · 無壽者 · 無命者性}', '사람이 없음으로서 · 개아가 없기 때문에{niṣpudgalatvena(niṣ-pudgala-tva) · 니슈뿌드갈라뜨웨나: གང་ཟག་མེད་པ། · without personality · 無補特伽羅性}', '평등하나니(samā · 사마-: མཉམ་པ། · self-identica · 平等)', '그 무상 · 그 아눗따라[sānuttarā · 사-눗따라- = 그{sā(saḥ) · 사-: དེ། · that · 彼} + 무상 · 위없는 · 아눗따라('nuttarā · 눗따라-: 無上)]', '정등각 · 삼약삼보디(samyaksambodhiḥ · 삼약삼보디히: 正等覺 · 正等菩提)', '일체 · 모든{sarvaiḥ(sarva) · 사르와이히: ཐམས་ཅད། · all · 一切}', '선{kuśalair(kuśala) · 꾸샬라이르: དགེ་བ། · wholesome · 善}', '법을 닦아 · 법에 의하여{dharmair(dharma) · 다르마이르: ཆོས། · dharma. · 法}', '깨달음을 얻게 된다 · 아눗따라삼약삼보디를 얻게 된다{abhisambudhyate(abhi-sam-√budh-1) · 아비삼부디야떼: སངས་པ། · awoken · 現證}'"라는 뜻이다.
이 게송을 구마라집은 "是法平等 無有高下 是名阿耨多羅三藐三菩提 以無我 無人 無衆生 無壽者 修一切善法 則得阿耨多羅三藐三菩提(시법평등 무유고하 시명아눗따라삼약삼보디 이무아 무인 무중생 무수자 수일체선법 즉득아눗따라삼약삼보디)"로, 현장은 "是法平等 於其中間 無不平等 故名無上正等菩提 以無我性 無有情性 無命者性 無士夫性 無補特伽羅等性平等 故名無上正等菩提 一切善法無不現證 一切善法無不妙覺(시법평등 어기중간 무불평등 고명무상정등보디 이무아성 무유정성 무명자성 무사부성 무보특가라등성평등 고명무상정등보디 일체선법 무불현증 일체선법무불묘각)"으로, 의정은 "是法平等 無有高下 故名無上正等菩提 以無我 無衆生 無壽者 無更求趣性 其性平等 故名無上正等菩提 一切善法皆正覺了 故名無上正等正覺(시법평등 무유고하 고명무상정등보디 이무아 무중생 무수자 무경구취성 기성평등 고명무상정등보디 일체선법개정각료 고명무상정등정각)"으로, 보디류지는 "是法平等 無有高下 是名阿耨多羅三藐三菩提 以無衆生 無人 無壽者 得平等阿耨多羅三藐三菩提 一切善法得阿耨多羅三藐三菩提(시법평등 무유고하 시명아눗따라삼약삼보디 이무중생 무인 무수자 득평등아눗따라삼약삼보디 일체선법득아눗따라삼약삼보디)"로, 진제는 "此法平等 無有高下 是名阿耨多羅三藐三菩提 複次 須菩提 由無我 無衆生 無壽者 無受者等 此法平等 故名阿耨多羅三藐三菩提 複次 須菩提 由實善法具足圓滿 得阿耨多羅三藐三菩提(차법평등 무유고하 시명아눗따라삼약삼보디 부차 수부띠 유무아 무중생 무수자 무수자등 차법평등 고명아눗따라삼약삼보디 부차 수부띠 유실선법구족원만 득아눗따라삼약삼보디)"로, 달마급다는 "有平等正法 彼不中不平等 彼故說名無上正遍知者 無我故 無壽故 無衆生故 無人故 平等無上正遍知 一切善法證覺(평등정법 피불중유불평등 피고설명무상정편지

api tu khalu punaḥ Subhūte

samaḥ sa dharmo na tatra kiṃcid viṣamam
tenocyate 'nuttarā samyaksambodhir iti.
nirātmatvena niḥsattvatvena nirjīvatvena niṣpudgalatvena samā sānuttarā
samyaksambodhiḥ sarvaiḥ kuśalair dharmair abhisambudhyate.

ཡང་རབ་འབྱོར་ཆོས་དེ་ནི་མཉམ་པ་སྟེ།

དེ་ལ་མི་མཉམ་པ་དང་མཉམ་པ་གང་ཡང་མེད་པས།
དེས་ན་བླ་ན་མེད་པ་ཡང་དག་པར་རྫོགས་པའི་བྱང་ཆུབ་ཅེས་བྱའོ།།
བླ་ན་མེད་པ་ཡང་དག་པར་རྫོགས་པའི་བྱང་ཆུབ་དེ་ནི་བདག་མེད་པ་དང་།
སེམས་ཅན་མེད་པ་དང་། སྲོག་མེད་པ་དང་། གང་ཟག་མེད་པར་མཉམ་པ་སྟེ།
དགེ་བའི་ཆོས་ཐམས་ཅད་ཀྱིས་མངོན་པར་རྫོགས་པར་སངས་རྒྱས་སོ།།

'Also, Subhûti,

all is the same there, there is no difference there,
and therefore it is called the highest perfect knowledge.
Free from self, free from being, free from life, free from personality,
that highest perfect knowledge is always the same,
and thus known with all good things.

復次須菩提

是法平等 無有高下
是名阿耨多羅三藐三菩提
以無我無人無衆生無壽者
修一切善法 即得阿耨多羅三藐三菩提

차별 없이 평등한 진리

높은산은 낮은계곡 있으므로 평등하고
어린이는 늙은이가 있으므로 차별없네
더럽지도 아니하고 깨끗지도 않는마음
채워있지 아니하니 비울수가 있겠는가

자 무아고 무수고 무중생고 무인고 평등무상정편지 일체선법증각)"으로, 각각 번역하였다.
이러한 내용들을 종합하여, 이 게송을 직역하면 다음과 같다.

"실로 이 법은 평등하여 높고 낮은 어떠한 차별도 없다.
그리하여 그 이름을 '아눗따라삼약삼보디'라고 한다.
나도 없고, 사람도 없고, 중생도 없고, 수자도 없으므로 평등하나니,
모든 선법을 닦아 곧 '아눗따라삼약삼보디'를 얻게 되는 것이다."

다시또한 수부띠야 실로이법 평등하여
높고낮은 이런저런 차별이란 없느니라
그리하여 아뇩따라 삼약삼보 디라하는
가장바른 깨달음을 증득했다 이르노라

우주광명 사바만물 남김없이 비추듯이
사바생물 생로병사 우주만물 성주괴공
위가없는 깨달음도 이와같이 평등하여
그이름을 아뇩따라 삼약삼보 디라한다

무아 선법수행 통해 진리 증득

나의업성 없어지면 내가무아 아니런가
아인중생 수자사상 그마저도 여의므로
사상여읜 본래성품 그대로의 선법닦아
무상정등 정각이란 바른진리 증득한다

평등선법 일체중생 본래구족 하느니라
나도없고 사람없고 중생없고 수자없어
사상모두 여의고서 일체선법 닦아야만
생멸없는 아뇩따라 삼약삼보 디얻노라

실로이법 평등하여 높고낮음 없으므로
그이름을 아뇩따라 삼약삼보 디라한다
선법닦아 나와사람 중생수자 없으므로
위가없는 옳고바른 깨달음을 얻느니라

(2) "왜냐하면 수부띠야! '선법이라는 것은 선법이 아니다.'라고 여래가 설하였으므로, 그리하여 그 이름을 '선법'이라고 하는 것이다."

tat kasya hetoḥ? kuśalā dharmāḥ kuśalā dharmā iti Subhūte
a-dharmaś caiva te Tathāgatena bhāṣitāḥ. tenocyante kuśalā dharmā iti.

རབ་འབྱོར་དགེ་བའི་ཆོས་རྣམས་ཞེས་བྱ་བ་ནི།
དེ་དག་ཆོས་མེད་པ་ཉིད་དུ་དེ་བཞིན་གཤེགས་པས་གསུངས་ཏེ། དེས་ན་དགེ་བའི་ཆོས་རྣམས་ཞེས་བྱའོ།།

And why? Because, what were preached as good things,
good things indeed, O Subhûti, they were preached as no-things
by the Tathâgata, and therefore they are called good things.'

須菩提 所言善法者 如來說卽非善法 是名善法

선법 선법아니라 그 이름이 선법

모든악을 짓지않음 이름하여 선이러니
누가있어 선쫓으면 이미이는 선아니다
선행하고 악멀리함 수행방편 아니런가
마음근본 본래공해 청정하니 선악없다

자기마음 그속에서 보살마음 우러나고
자비로운 보살모습 우러나온 마음이다
아귀나찰 마음또한 그속에서 나오느니[239)]
선악없는 선법일러 그이름이 선법이다

나와사람 중생수자 모든관념 다떠나서
모든선법 닦고닦아 무상정각 얻느니라
여래선법 이라는것 선법아님 이르나니
수부띠야 그이름을 선법이라 하느니라

239) 아귀(प्रेत prēta: 薜黎哆 · 餓鬼)는 항상 굶주리는 귀신으로 전생에 악업을 짓고 탐욕을 부린 자가 아귀로 태어난다고 하며, 몸은 태산만큼 크지만 목구멍은 바늘구멍만큼 작아, 항상 목마름과 배고픔의 고통에서 헤어나지 못한다고 한다.
나찰(राक्षस rākṣasa: 羅刹娑 · 羅乞察婆 · 羅剎)은 사람의 혈육(血肉)을 먹는 악귀(惡鬼)의 통칭으로, 공중을 날아다니는 무섭고 포악한 귀신이며, 악귀였다가 갱신하여 불교의 호법신으로 모셔져 있기도 하며 4천왕 중에서 북방 비사문천의 권속이기도 하다.

실
그 로이법 나
이름을 평등하여 와사람
아늦따라 높고낮음 중생수자
위 삼약삼보 없으므 없으므로 깨
가없 디라한 로 선법닦 달음
는옳고 다 아 을얻느
바른 선 니라
여 왜 법닦아 선 설
래선법 냐하면 깨달 음을 법이라 하였기
아니라 수부띠 증득 한다 하는것 때문이
고 야 라고하 은 다
그리 니 선법
하여그 모 누 이라하
이름 든악을 선 가있어 느니
을 짓지않음 행하고 선쫓으면 라
이름하여 악멀리함 이미이는
선이러 수행방편 선아니
니 아니런 다
가
마음
근 본
본 래
청정하니 공해 선악없다
자 보
기마음 살마음
그속에서 자 우러나고
비로운
보살모습
우러나온
마음이
아귀나찰 다 그속에서
마음또 선악 나오느
한 없 는 니
선 법
그 이 름 이 일러 선 법 이 다

선 법 맑은마음 닦 음

우
주광명
사바만물
남김없이 비추듯이
사바생물생로병사 우주만물성주괴공
위가없는깨달음도 이와같이평등하여
그이름을아눗따라 삼약삼보디라한다
나의업성없어지면 평등선법일체중생
내가무아아니런가아인중생 본래구족하느니라나도없고
수자사상그마저도여의므로 Vajracchedikā Prajñāpāramitā Sūtra Mantra 사람없고중생없고수자없어
사상여윈본래성품그대로의선법닦아 वज्रच्छेदिका प्रज्ञापारमिता सूत्र मन्त्र 사상모두여의고서일체선법닦아야만
무상정등정각이란바른진리증득한다 금강반야바라밀경 진언 생멸없는아눗따라삼약삼보디얻노라
실로이법평등하여높고낮음없으므로 나 namo 모 모든악을짓지않음이름하여선이러니
그이름을아눗따라삼약삼보디라한다 바가 bhagavatī 와띠 누가있어선쫓으면이미이는선아니다
선법닦아나와사람중생수자없으므로 쁘라즈냐 빠 prajñāpāramitāyai 라미따야이 선행하고악멀리함수행방편아니런가
위가없는옳고바른깨달음을얻느니라 옴 이리따 이 oṃ īrita iṣira śruta 쉬라 슈루따 마음근본본래공해청정하니선악없다
높은산은낮은계곡있으므로평등하고 위샤야 viṣaya viṣaya 위샤야 자기마음그속에서보살마음우러나고
어린이는늙은이가있으므로차별없네 스 svāhā 와 자비로운보살모습우러나온마음이다
더럽지도아니하고깨끗지도 하 아귀나찰마음또한그속에서
않는마음채워있지아니하니 오느니선악없는선법일러
비울수가있겠는가 그이름이선법이다
나와사람중생수자 모든관념다떠나서
모든선법닦고닦아 무상정각얻느니라
여래선법이라는것 선법아님이르나니
수부띠야 그이름을
선법이라
하느니
라

॥नमो भगवत्या आर्यप्रज्ञापारमितायै॥

||Namo bhagavatyā āryaprajñāpāramitāyai||

||སངས་རྒྱས་དང་བྱང་ཆུབ་སེམས་དཔའ་ཐམས་ཅད་ལ་ཕྱག་འཚལ་ལོ||

南無世尊聖般若波羅蜜多

福智無比分 第二十四

복과 지혜 비교 못함

BLESSINGS AND WISDOM BEYOND COMPARE

वज्रच्छेदिका प्रज्ञापारमिता सूत्र

Vajracchedikā Prajñāpāramitā Sūtra

༄༅། །འཕགས་པ་ཤེས་རབ་ཀྱི་ཕ་རོལ་ཏུ་ཕྱིན་པ་རྡོ་རྗེ་གཅོད་པ་ཞེས་བྱ་བ་བཞུགས་སོ། །

金剛般若波羅密經 Diamond Sūtra

금강반야바라밀경

제24분. 복덕 지혜 비교 못함

수부띠야 삼천대천 세계있는 모든산들
그산들의 왕이라는 수메루산 그만큼을
선남자와 선여인이 칠보더미 가득쌓아
여래비롯 아라한등 보시한다 가정하자

만약다른 사람위해 금강반야 바라밀경
사구게의 한게송만 받아지녀 읽고외워
다른사람 제도위해 정성다해 자세하게
설하여서 일러주는 사람있다 가정하자

칠보더미 보시하고 사구게송 설해주는
두복덕중 앞의복덕 뒤의복덕 비한다면
백분의일 백천만억 분의일에 못미치며
어떤산수 비유로도 미칠수가 없느니라

Vajracchedikā Prajñāpāramitā Sūtra
금강반야바라밀경(金剛般若波羅密經)

24. 복과 지혜 비교 못함(福智無比分 第二十四)
CHAPTER 24. BLESSINGS AND WISDOM BEYOND COMPARE

(1) "또한 수부띠야! 어떤 사람이 삼천대천세계에 있는 모든 산들의 왕인 수메루산만큼 칠보들을 가지고, 여래 · 아라한 · 정등각들에게 보시한다 하더라도,

yaś ca khalu punaḥ Subhūte strī vā puruṣo vā yāvantas trisāhasramahāsāhasre lokadhātau Sumeravaḥ parvata-rājānas tāvato rāśīn saptānāṃ ratnānām abhisaṃhṛtya Tathāgatebhyo 'rhadbhyaḥ samyaksambuddhebhyo dānaṃ dadyāt,

ཡང་རབ་འབྱོར་རིགས་ཀྱི་བུའམ་རིགས་ཀྱི་བུ་མོ་གང་ལ་ལ་ཞིག་གིས་སྟོང་གསུམ་གྱི་སྟོང་ཆེན་པོའི་འཇིག་རྟེན་གྱི་ཁམས་ན་རིའི་རྒྱལ་པོ་རི་རབ་དག་ཇི་སྙེད་ཡོད་པ་དེ་ཙམ་གྱི་རིན་པོ་ཆེ་སྣ་བདུན་གྱི་ཕུང་པོ་མངོན་པར་བསྡུས་ཏེ། སྦྱིན་པ་བྱིན་པ་བས།

'And if, O Subhûti, a man or woman, putting together as many heaps of the seven treasures as there are Sumerus, kings of mountains, in the sphere of a million millions of worlds, should give them as a gift to holy and fully enlightened Tathâgatas;

須菩提 若三千大千世界中 所有諸須彌山王 如是等七寶聚 有人持用布施

여래 등 칠보 보시 복덕

축생에게 보시해도 백배과보 받느니라
행실나쁜 범부에게 보시해도 천배과보
여래물론 아라한과 정등각에 하는보시
열네종의 개인보시 그중에서 첫번째다240)

240) 보시와 보시자에 관한 '시분별경(**दक्खिणा विभङ्ग सुत्तं** Dakkhiṇā Vibhaṅga Suttaṃ: 施分別經)'에 의하면, "아난타여, 그런데 열네 가지의 '개인을 위한 보시'가 있다. ① 첫째는 여래(如來) · 아라한(阿羅漢) · 정등각(正等覺))에게 보시하는 것이고, ② 둘째는 벽지불(僻支佛 · 緣覺 · 獨覺)에게 보시하는 것이며, ③ 셋째는 여래의 제자인 아라한(阿羅漢 · 不生 · 應供)에게 보시하는 것이고, ④ 넷째는 아라한과(阿羅漢果)의 실현을 위하여 수행하는 자에게 보시하는 것이며, ⑤ 다섯째는 돌아오지 아니하는 아나함(阿那含 · 不還者 · 不來)에게 보시하는 것이고, ⑥ 여섯째는 아나함과(阿那含果)의 실현을 위하여 수행자에게 보시하는 것이며, ⑦ 일곱째는 한번 돌아오는 자인 사다함(斯陀含 · 一來)에게 보시하는 것이고, ⑧ 여덟째는 사다함과(斯陀含果)의 실현을 위하여 수행하는 자에게 보시하는 것이며, ⑨ 아홉째는 성인의 흐름에 든 자인 수다원(須陀洹 · 預流者)에게 보시하는 것이고, ⑩ 열째는 수다원과(須陀洹果)의 실현을 위하여 수행자에게 보시하는 것이며, ⑪ 열한째는 소유적 사유를 여읜 이교도(異敎徒)들에게 보시하는 것이고, ⑫ 열두

행실바른 범부보시 십만배의 과보받고
수다원에 보시하면 헤아릴수 없는과보
사다함과 아나함과 아라한에 보시하고
부처님께 이를수록 그복덕은 많고많다

보시중에 어떤사람 삼천대천 세계중에
모든산들 왕이라는 수메루산 그만큼의[241)]
칠보쌓아 여래물른 아라한과 정등각들
보시하는 그복덕이 어찌많지 않겠느냐

**(2) 만약 선남자와 선여인이 이 법문의 사구게 하나만이라도 받아 지녀
독송하며 다른 사람들을 위해 설하여 준다면,
수부띠야! 앞의 복덕은 뒤의 복덕에 비하면
백분의 일에도 미치지 못하며, 나아가 어떤 셈이나 비유로도 미치지 못한다.”**

yaś ca kulaputro vā kuladuhitā vetaḥ prajñāpāramitāyā dharmaparyāyād
antaśaś catuṣpādikām api gāthām udgṛhya parebhyo desáyed,
asya Subhūte puṇyaskandhasya asau paurvakaḥ puṇyaskandhaḥ śatatamīm
api kalāṃ nopaiti yāvad upaniṣadam api na kṣamate.

གང་གིས་ཤེས་རབ་ཀྱི་ཕ་རོལ་ཏུ་ཕྱིན་པ་འདི་ལས་ཐ་ན་ཚིག་བཞི་པའི་ཚིགས་སུ་བཅད་པ་གཅིག་ཙམ་བཟུང་
ནས་གཞན་དག་ལ་ཡང་རབ་པར་བསྟན་ན།
རབ་འབྱོར་བསོད་ནམས་ཀྱི་ཕུང་པོ་འདི་ལ་བསོད་ནམས་ཀྱི་ཕུང་
པོ་སྔ་མ་དེས་བརྒྱའི་ཆར་ཡང་ཉེ་བར་མི་ཕོད་པ་ནས་རྒྱུའི་བར་དུ་ཡང་མི་བཟོད་དོ༎

and, if a son or a daughter of a good family,
after taking from this treatise of the Law, this Pragñâpâramitâ,
one Gâthâ of four lines only, should teach it to others, then,
O Subhûti, compared with his stock of merit,
the former stock of merit would not come to the one hundredth part,'
till 'it will not bear an approach.'

**若人以此般若波羅密經 乃至四句偈等 受持讀誦 爲他人說
於前福德 百分不及一 百千萬億分 乃至算數譬喩 所不能及**

째는 행실이 바른 범부(凡夫)에게 보시하는 것이며, ⑬ 열셋째는 행실이 나쁜 범부(凡夫)에게 보시하는 것이고, ⑭ 열넷째는 축생(畜生)에게 보시하는 것이다.”라고 설한다.

241) 산스끄리뜨어 ‘수메루후 빠르와따(सुमेरु पर्वता Sumeruḥ Parvata: 須彌山 · 須彌樓山)’는 고대 인도나 불교의 우주관에서 우주 삼천대천세계의 중심에 솟아있다는 거대한 산으로, ‘수메루(Sumeru)산’ · ‘수미산(須彌山)’ · ‘수미루산(須彌樓山)’으로 음역하거나, ‘묘고산(妙高山)’, ‘묘광산(妙光山)’ 등으로 의역하기도 한다{주 142) 참조}.

금강경 사구게 강설 복덕

선행으로 천상계에 태어난다 할지라도
온갖과보 다한후에 육도윤회 벗어나리
부처님법 깨친후에 중생제도 한다는것
상구보디 하화중생 대승참뜻 아니니라

수메루산 그만큼의 칠보보시 그복덕은
언젠가는 셀수있는 강가강의 모래같아
권력명예 사랑수명 재물처럼 사라지나
금강반야 바라밀을 설한복덕 한량없다

육신이란 한평생의 잠깐세월 삶도구나
무위법서 세세생생 온갖고통 벗느라니
어찌하여 칠보보시 그복덕에 비교하며
언설로서 모든복덕 나타낼수 있으리까

물질욕망 부귀공명 세상의복 다갖춰도
반야지혜 깨달은이 열린마음 비하리까
지혜바탕 뿌리라면 복과덕은 꽃과열매
꽃열매는 사라지나 그뿌리는 영원하다

마음본체 자성자리 존귀하고 위대하여
깨달음에 들게하는 사구게등 수지독송
타인위해 설한다면 천상천하 유아독존[242)]
어떤복덕 반야지혜 비교할수 없느니라

---

242) 부처님이 룸비니(लुम्बिनी Lumbini)동산에서 무우수(सीता अशोक Saraca asoca: 無憂樹)가지를 붙들고 서있는 마야부인의 몸속에서 태어나서, 일곱 걸음을 걷고 난 후에, 한 손은 하늘 위로 다른 한 손은 하늘 아래로 가리키면서 말한 탄생게(誕生偈)는 "천상천하 유아독존(天上天下 唯我獨尊) 삼계개고 아당안지(三界皆苦 我當安之)"이다.

(1) 탄생게 중의 '천상천하 유아독존(天上天下 唯我獨尊)'은 "하늘 위 하늘 아래 나 홀로 가장 존귀하다."라는 뜻이다. 이른바 존재 본질은 영원하고 무한하며 완성적인 것이니, 그 무엇과도 바꾸거나 비교할 수도 없는 존엄성을 가진 모든 개개인은 하나밖에 없는 무한함과 완전함이 온전하게 갖추어져 있는 존재라는 것이다. 연기법(緣起法)으로는 온 우주가 그대로 나 자신이요 우주자체이므로, 이 세상 그 무엇도 나 아닌 것이 없다는 의미이다. 우주에 의지하여 내가 존재하듯이 지(地)·수(水)·화(火)·풍(風)·공(空)·식(識)에 의지하여 내가 존재함으로, 이 세상 그 어디에도 나와 나의 것이라고 할 수 있는 분리·독립된 것은 존재하지 않는다는 의미로서, 곧 무아(無我)를 나타낸다.

(2) 탄생게 중의 '삼계개고 아당안지(三界皆苦 我當安之)'는 "삼계의 중생이 다 괴로움에 빠져있구나! 내 마땅히 이를 편안하게 하리라."라는 뜻이다. 이른바 "삼계가 모두 고통바다이니, 사바세계 모든 중생을 내가 남김없이 다 구제하리다(救世敎化)."라는 대자비심(大慈悲心)의 발로이다. 연기법(緣起法)으로는 내가 미혹(迷惑)·집착(執着)을 깨뜨려서 고륜중생(苦輪衆生)을 깨달음의 진리로 모두 안락하게 해주겠다(離苦得樂)는 의미이다. 여기에서 나는 개별적인 내가 아닌 인간의 본래성품인 참된 나(眞我·佛性·本來面目)를 가리키며, 고통에서 헤어나지 못하는 중생을 제도하기 위하여 다생겁에 걸쳐 상없는 보살행(無相菩薩行)을 닦아온 그 삶은 삼계의 그 무엇과 그리고 누구와도 견줄 수 없음으로서, '하늘 위 하늘 아래 부처님 같은 존재는 없다(天上天下無如佛).'라는 뜻을 알 수 있다.

수
그 부떠야 선
산들의 삼천대천 남자와
왕이라는세계있는선여인이
여 수미왕산 모든산 칠보더미 보
래비 그만큼 들 가득쌓 시한
롯깨달 을 아 다가정
은분 만 하자
다 네 약다른 받 자
른사람 글귀의 사람 위해 아지녀 상하게
제도위 한게송 금강 반야 읽고외 정성다
해 만 바라밀 워 해
설하 경 사람
여서일 칠 두 있다가
러주 보더미 백 복덕중 정하
는 보시하고 분의일 앞의복덕 자
사구게송백천만억뒤의복덕
설해주 분의일에 비한다
는 못미치 면
며
어떤
산 수
비 유
미칠수가 로도 없느니라
마 존
음본체 귀하고
자성자리 깨 위대하여
달음에
들게하는
사구게등
수지독
타인위해 송 천상천하
설한다 어떤 유아독
면 복 덕 존
반 야
비 교 할 수 지혜 없 느 니 라

비 교 복덕지혜 못 함

॥नमो भगवत्या आर्यप्रज्ञापारमितायै॥

‖Namo bhagavatyā āryaprajñāpāramitāyai‖

||སངས་རྒྱས་དང་བྱང་ཆུབ་སེམས་དཔའ་ཐམས་ཅད་ལ་ཕྱག་འཚལ་ལོ||

南無世尊聖般若波羅蜜多

化無所化分 第二十五

교화한 바 없는 교화

TRANSFORMING WITHOUT THERE BEING ANYONE TRANSFORMED

वज्रच्छेदिका प्रज्ञापारमिता सूत्र
Vajracchedikā Prajñāpāramitā Sūtra

༄༅། །འཕགས་པ་ཤེས་རབ་ཀྱི་ཕ་རོལ་ཏུ་ཕྱིན་པ་རྡོ་རྗེ་གཅོད་པ་ཞེས་བྱ་བ་བཞུགས་སོ།།

金剛般若波羅密經 Diamond Sūtra
금강반야바라밀경

제25분. 교화한 바 없는 교화

수부띠야 중생제도 그대생각 어떠한가
여래실로 웅당나는 중생들을 제도한다
이와같은 생각들이 여래에게 일어날까
수부띠야 그와같은 생각들을 하지말라

왜냐하면 수부띠야 여래실로 스스로가
제도한바 그어떠한 중생없기 때문이다
여래나는 제도한바 어떤중생 있다하면
여래아인 중생수자 대한집착 있음이다

수부띠야 여래설한 자아집착 이라함은
자아집착 아니지만 범부들이 집착한다
수부띠야 범부라함 범부아님 설했나니
그이름이 범부들이 라불리는 것이니라

Vajracchedikā Prajñāpāramitā Sūtra
금강반야바라밀경(金剛般若波羅密經)

25. 교화한 바 없는 교화(化無所化分 第二十五)
CHAPTER 25. TRANSFORMING WITHOUT THERE BEING ANYONE TRANSFORMED

(1) "수부띠야! 그대는 어떻게 생각하느냐?
여래가 '나는 중생들을 제도하였다.'라는 생각을 하겠는가?
수부띠야! 참으로 그러한 생각을 하지말라.

tat kiṃ manyase Subhūte api nu Tathāgatasyaivaṃ bhavati:
mayā sattvāh parimocitā iti? na khalu punaḥ Subhūte evaṃ draṣṭavyaṃ.

རབ་འབྱོར་འདི་ཇི་སྙམ་དུ་སེམས།
དེ་བཞིན་གཤེགས་པས་འདི་སྙམ་དུ་ངས་སེམས་ཅན་རྣམས་བཀྲོལ་ལོ་ཞེས་དགོངས་སོ་སྙམ་ན།
རབ་འབྱོར་དེ་ལྟར་མི་བལྟའོ།།

'What do you think then, O Subhûti,
does a Tathâgatas think in this wise: Beings have been delivered by me?
You should not think so, O Subhûti.

須菩提 於意云何 汝等勿謂如來作是念 我當度衆生 須菩提 莫作是念

제도하되 제도한 바 없음

석가여래 어디에서 중생제도 하였는가
본래없는 사바중생 어느누가 제도하리
이런저런 상에매여 제도하면 중생되나
상을여윈 그마음곧 부처마음 아니리까

내가중생 제도한다 말한다면 상매이니
모든여래 제도한바 중생이란 없느니라
제도했고 제도받을 중생있다 마음내면
아상인상 중생수자 사상집착 되느니라

(2) 왜냐하면 여래가 제도한 그 어떤 중생도 없기 때문이다.

tat kasya hetoḥ? na-asti Subhūte kaścit sattvo yas Tathāgatena parimocitaḥ.

དེ་ཅིའི་ཕྱིར་ཞེ་ན།
རབ་འབྱོར་དེ་བཞིན་གཤེགས་པས་གང་བསྒྲལ་བའི་སེམས་ཅན་དེ་དག་གང་ཡང་མེད་པའི་ཕྱིར་རོ།།

And why? Because there is no being, O Subhûti,
that has been delivered by the Tathâgata.

何以故 實無有衆生 如來度者

제도중생 없음

나라는상 집착하면 모든부처 중생되고
모든중생 스스로들 사상집착 범부되니
어리석은 범부중생 중생이라 불리지만
제도에는 사바정토 부처중생 차별없다

중생제도 하였으나 제도중생 없노라니
부처중생 차별하여 제도하고 제도받아
사바세계 부처되고 고통바다 중생되나
중생본래 부처이니 어느누가 제도하리

(3) 만약 여래가 제도한 어떤 중생이 있다면,
여래에게는 아 · 인 · 중생 · 수자에 대한 집착이 있는 것이다.

yadi punaḥ Subhūte kaścit sattvo 'bhaviṣyat yas
Tathāgatena parimocitaḥ syāt,
sa eva Tathāgatasya ātmagrāho 'bhaviṣyat,
sattva-grāho jīva-grāhaḥ pudgala-grāho 'bhaviṣyat.

རབ་འབྱོར་གལ་ཏེ་དེ་བཞིན་གཤེགས་པས་སེམས་ཅན་གང་ལ་ལ་ཞིག་བསྒྲལ་བར་གྱུར་ན།
དེ་ཉིད་དེ་བཞིན་གཤེགས་པས་བདག་ཏུ་འཛིན་པར་འགྱུར།
སེམས་ཅན་དུ་འཛིན་པ་དང་། སྲོག་ཏུ་འཛིན་པ་དང་། གང་ཟག་ཏུ་འཛིན་པར་འགྱུར་རོ།།

And, if there were a being, O Subhûti,
that has been delivered by the Tathâgatas,
then the Tathâgata would believe in self,
believe in a being, believe in a living being, and believe in a person.

若有衆生如來度者 如來卽有我人衆生壽者

사상집착 여래 없음

부처님도 한때에는 어리석은 범부였네
오욕칠정 생로병사 온갖고통 겪으시고
육년고행 만행후에 부다가야 보디수하
용맹정진 이레만에 마음의문 열으셨다

마음바다 여래마음 중생마음 본래같아
만약여래 사바중생 제도했다 상매이면
아인중생 수자상에 집착함이 되느니라
밝은지혜 깨달은이 교화해도 교화없다

(4) 수부띠야! '여래는 나에 대한 집착은 나에 대한 집착이 아니다.'라고 설하였다. 다만 범부들이 그것에 집착하는 것이다. 수부띠야! '범부'는 '범부가 아니다.'라고 여래는 설하였나니, 그리하여 그 이름이 '범부들'이라고 불리는 것이다."

ātma-grāhā iti Subhūte agrāha eṣa Tathāgatena bhāṣitaḥ.
sa ca bālapṛthagjanair udgṛhītaḥ.
bālapṛthag-janā[243] iti Subhūte a-janā eva te Tathāgatena bhāṣitāḥ.
tenocyante bālapṛthagjanā iti.

རབ་འབྱོར་བདག་ཏུ་འཛིན་ཅེས་བྱ་བ་ནི། འཛིན་པར་མེད་པར་དེ་བཞིན་གཤེགས་པས་གསུངས་ན།
དེ་ཡང་བྱིས་པ་སོ་སོའི་སྐྱེ་བོ་རྣམས་ཀྱིས་བཟུང་ངོ༎ རབ་འབྱོར་བྱིས་པ་སོ་སོའི་སྐྱེ་བོ་རྣམས་ཞེས་བྱ་བ་ནི།
དེ་དག་སྐྱེ་བོ་མེད་པ་ཉིད་དུ་དེ་བཞིན་གཤེགས་པས་གསུངས་ཏེ། དེས་ན་བྱིས་པ་སོ་སོའི་སྐྱེ་བོ་རྣམས་ཞེས་བྱའོ།

And what is called a belief in self, O Subhûti,
that is preached as no-belief by the Tathâgata.
And this is learned by children and ignorant persons;
and they who were preached as children and ignorant persons,
O Subhûti, were preached as no-persons by the Tathâgata,
and therefore they are called children and ignorant persons.'

須菩提 如來說有我者 卽非有我 而凡夫之人
以爲有我 須菩提 凡夫者 如來說卽非凡夫 是名凡夫

243) 산스끄리뜨어 'bālapṛthag-janā(발-라쁘리타그 자나-)'에서 'bālapṛthag(발-라쁘리타그)'는 'bāla(발-라: 어린애 같은・미성숙한・유치한・어린이)'과 'pṛthag(쁘리타그: 분리된・개개의・흩어져서)'의 합성어이며, 'janā(자나-)'는 사람 또는 인간이라는 의미로서, 구마라집은 '범부(凡夫)'・현장은 '범부이생(凡夫異生)'・의정은 '범부중생(凡夫衆生)'・보디류지는 '모도범부생자(毛道凡夫生者)'・진제는 '영아범부중생(嬰兒凡夫衆生)'・달마급다는 '소아범부(小兒凡夫)'・막스 뮐러는 'children and ignorant persons'・에드워드 콘즈는 'foolish common people'라고 각각 번역하였다.

범부는 그 이름이 범부

지금이곳 한생각이 미혹하면 중생되고
현재이일 한생각이 청정하면 부처니라
찰나찰나 범부생각 순간순간 놓고가고
이곳저곳 이일저일 무상으로 부처되라

한생각에 집착하고 분별하면 범부되고
사상매여 내가있다 생각하면 범부니라
현재찰나 지금이곳 하는이일 무상이면
여래설한 범부없고 그이름이 범부니라

수
여 부떠야 이
래실로 중생제도 와같은
응당나는 그대생각 생각들이
수 중생들을 어떠한 여래에게 생
부떠 제도한 가 일어날 각들
야그와 다 까 을하지
갈은 왜 마라
여 제 냐하면 중 어
래나는 도한바 수부 떠야 생없기 면중생
제도한 그어떠 여래 실로 때문이 있다하
바 한 스스로 다 면
여래 가 대한
아인중 수 자 집착있
생수 부떠야 수 아집착 음이
자 여래설한 부떠야 아니지만 다
자아집착 범부라함 범부들이
이라함 범부아님 집착한
은 설했나 다
니
그이
름 이
범 부
불려지는 라고 것이니라
한 분
생각에 별하면
집착하고 사 범부되고
상매여
내가있다
생각하면
범부니
현재찰나 라 하는이일
지금이 여래 무상이
곳 설 한 면
범 부
그 이 름 이 없고 범 부 니 라
없 는 교화한바 교 화

॥नमो भगवत्या आर्यप्रज्ञापारमितायै॥

‖Namo bhagavatyā āryaprajñāpāramitāyai‖

༄།།སངས་རྒྱས་དང་བྱང་ཆུབ་སེམས་དཔའ་ཐམས་ཅད་ལ་ཕྱག་འཚལ་ལོ།།

南無世尊聖般若波羅蜜多

法身非相分 第二十六

법의 몸은 상이 아님

THE DHARMA BODY IS NOT APPEARANCES

वज्रच्छेदिका प्रज्ञापारमिता सूत्र

Vajracchedikā Prajñāpāramitā Sūtra

༄༅། །འཕགས་པ་ཤེས་རབ་ཀྱི་ཕ་རོལ་ཏུ་ཕྱིན་པ་རྡོ་རྗེ་གཅོད་པ་ཞེས་བྱ་བ་བཞུགས་སོ།།

金剛般若波羅密經 Diamond Sūtra

금강반야바라밀경

제26분. 법의 몸은 상이 아님

수부띠야 삼십이상 그대생각 어떠한가
삼십이상 갖춤으로 여래라고 보겠느냐
수부띠가 여쭙기를 여래라고 못봅니다
세존께서 말씀하되 수부띠야 그러하다

삼십이상 구족하여 여래라고 본다하면
상을갖춘 전륜성왕 곧여래라 할것이다
제가이제 부처님의 말씀이해 하기로는
삼십이상 갖추어도 여래라고 못봅니다

이런저런 형상으로 나를보려 하는이나
여래의법 음성으로 찾으려고 하는이는
상에매여 삿된도를 행하려는 자들이니
그들모두 참된여래 면목볼수 없느니라

법으로써 모든부처 보아야만 하느니라
참된스승 법의몸인 법신으로 보기때문
법의본래 성품이란 식별되지 않음으로
법의본성 분별통해 찾을수가 없느니라

Vajracchedikā Prajñāpāramitā Sūtra
금강반야바라밀경(金剛般若波羅密經)

26. 법의 몸은 상이 아님(法身非相分 第二十六)
CHAPTER 26. THE DHARMA BODY IS NOT APPEARANCES

(1) "수부띠야! 그대는 어떻게 생각하느냐?
삼십이상 신체적 특징을 갖추었으므로 여래라고 볼 수 있느냐?"

tat kiṃ manyase Subhūte, lakṣaṇa-sampadā Tathāgato draṣṭavyaḥ?

རབ་འབྱོར་འདི་ཇི་སྙམ་དུ་སེམས། མཚན་ཕུན་སུམ་ཚོགས་པས་དེ་བཞིན་གཤེགས་པར་བལྟ་བར་བྱ་སྙམ་མམ།

'What do you think then, O Subhûti,
is the Tathâgata to be seen (known) by the possession of signs?'

須菩提 於意云何 可以三十二相觀如來不

삼십이상 갖춘 자 여래라 보겠는가

삼십이상 갖춘자를 여래라고 보겠는가
여래특징 갖추어도 여래라고 못봅니다
수부띠야 여래모습 눈으로만 보지마라
상에매여 삼십이상 집착해선 아니된다

여래신체 그특징은 장엄하고 거룩하다
삼십이상 그모습을 쫓고쫓아 하나하나
사마타와 위빠사나 수행통해 관한다면[244)]

---

244) 산스끄리뜨어인 '사마타(शमथ śamatha · 샤마타: ཞི་གནས · calm · 奢摩他 · 止 · 止息 · 止寂 · 禪定 · 寂靜 · 能滅)'는 마음집중을 통하여 산란함을 멈추고 고요함을 계발하는 '사마타수행(śamatha-bhāvanā: 止 · 定)'이라고도 하며, 위빠사나(विपश्यना vipaśyanā · 위빠샤나-: ལྷག་མཐོང · insight · 毘婆舍那 · 觀 · 勝觀 · 觀察 · 智慧)는 내적통찰(內的洞察)을 통하여 무상(無相) · 무아(無我) · 고(苦)를 아는 지혜를 계발하는 '위빠사나수행(vipaśyanā-bhāvanā: 內觀)'으로, '반야수행(parajñā-bhāvanā: 般若 · 慧)'이라고도 한다. 여기에서 사마타수행 중 사마디에 해당하는 삼매(śamādhi: 三昧)를 고요한 상태(定)인 선한 마음의 일념집중이라 하고, 삼매인 근접삼매와 몰입삼매를 개발하기 위한 40여 가지의 수행주제가 있으며, 이 사마타수행을 통하여 얻을 수 있는 결실은 색계사선 · 무색계사선의 선정과 오신통이 있다. 그리고 위빠사나수행은 몸과 마음의 현상이나 사념처 · 오온을 관찰함으로써 존재의 본질이 무상 · 무아 · 고라는 존재 그대로를 알아가는 통찰수행을 통하여 오종지혜 청정을 점차 완성하여 누진통이 열리고 열반에 이른다.

분류기준/수행종류	사마타(शमथ śamatha: 止 、定)	위빠사나(विपश्यना vipaśyanā: 觀 、慧)
1. 수행 개념	마음의 적정(寂靜) 마음집중(三昧) · 고요 · 평온	진리의 통찰(洞察) 사념처(身 · 受 · 心 · 法) 관찰 · 내관 · 지혜
2. 관찰 대상	단일(대상)	찰나마다 변화하는 다수(대상)

삼십이상 특징갖춰 여래라고 보겠는가

**(2) 수부띠는 부처님께 말씀드렸다. "그렇지 않습니다. 세존이시여!
제가 세존께서 말씀하신 뜻을 이해하기로는,
삼십이상 신체적 특징을 갖춘 것으로서 여래라고 볼 수 없습니다."**

SUBHŪTIR āha: no hīdaṃ Bhagavān, yathā-ahaṃ Bhagavato bhāṣitasya-artham ājānāmi na lakṣaṇa-sampadā Tathāgato draṣṭavyaḥ.245)

རབ་འབྱོར་གྱིས་གསོལ་པ། བཅོམ་ལྡན་འདས་དེ་ནི་མ་ལགས་སོ།།
མཚན་ཕུན་སུམ་ཚོགས་པས་དེ་བཞིན་གཤེགས་པར་བལྟ་བར་མི་བགྱི་ལགས་སོ།

Subhûti said: 'Not indeed, O Bhagavat.
So far as I know the meaning of the preaching of the Bhagavat,
the Tathâgata is not to be seen (known) by the possession of signs.'

須菩提 白佛言 世尊 如我解佛所說義 不應以三十二相觀如來246)

삼십이상 갖춘 자 여래라 볼 수 없음

3. 수행 주제	40여 가지 수행주제(karmasthana)	사념처(catuḥsmṛtyu-pasthāna)・오온
4. 수행 목적	삼매(samādhi)・선정(dhyāna) 개발	무상・무아・고 아는 지혜(prajñā) 개발
5. 수행 방법	한 대상에 마음 집중・고정	수시로 변하는 대상 관찰
6. 수행 도구	스므르띠(smṛti: 念・알아차림) 사마디(samādhi: 三昧・마음집중)	스므르띠(smṛti: 念)・사마디(samādhi: 三昧) 상쁘라자냐(saṃprajanya: 知・분명한 앎)
7. 번뇌 유형	마음에 드러나는 번뇌(paryavasthāna)	심층에 잠재된 번뇌(anuśaya)
8. 중간 결과	오개(pañca nivāraṇa: 五蓋; 貪欲蓋・瞋恚蓋・惛眠蓋・掉悔蓋・疑蓋) 제거 근접삼매(upacāra-samādhi: 近接三昧)	십단계 통찰지혜(名色分別智・緣攝受智・思惟智・生滅隨觀智・壞隨觀智・怖畏現起智・過患隨觀智・厭離隨觀智・欲解脫智・審察隨觀智) 점진적 개발
9. 후반 결과	색계사선(初禪・二禪・三禪・四禪)과 무색계사선(空無邊處定・識無邊處定・無所有處定・非想非非想處定)의 몰입삼매	십족쇄(十纏: 無慚・無愧・嫉・慳・悔・眠・掉擧・惛沈・忿・覆) 소멸, 성인4과(斯陀含果・須陀洹果・阿那含果・阿羅漢果)의 성취, 열반
10. 수행 결실	마음청정(心淸淨)과 오신통(五神通: 天耳通・天眼通・神足通・宿命通・他心通)	오종지혜청정(五種智慧: 法界體性智・大圓鏡智・平等性智・妙觀察智・成所作智 淸淨)과 누진통(āśravaksaya-jñāna: 漏盡通)・아라한
11. 수행 관계	지관겸수(止觀兼修)・정혜쌍수(定慧雙修)	

245) 산스끄리뜨어 "SUBHŪTIR āha: no hīdaṃ Bhagavān, yathā-ahaṃ Bhagavato bhāṣitasya-artham ājānāmi na lakṣaṇa-sampadā Tathāgato draṣṭavyaḥ(수부-띠르 아-하 노 히-당 바가완- 야타-아항 바가와또 바-쉬따시야 아르탐 아-자나-미 나 랄끄샤나 삼빠다-따타-가또 드라슈따위야하)."라는 문장에 대하여, 구마라집은 "須菩提言 如是如是 以三十二相 觀如來(수부띠리언 여시여시 이삼십이상 관여래)"라고 의역하고 있으나, 현장은 "善現答言 如我解佛所說義者 不應以諸相具足 觀於如來(선현답언 여아해불소설의자 불응이제상구족 관어여래)"라고, 의정은 "不爾 世尊 應以具足觀於如(불이 세존 응이구족관어여)"라며 각각 직역하고 있다.

이러한 내용을 근간으로, 저자는 "수부띠가 부처님에게 말씀드렸다. 그렇지 않습니다. 세존이시여! 제가 세존께서 말씀하신 뜻을 이해하기로는, 삼십이상 신체적 특징을 갖춘 것으로서 여래라고 볼 수 없습니다{須菩提 白佛言 世尊 如我解佛所說義 不應以三十二相觀如來(수부띠 백불언 세존 여아해불소설의 불응이삼십이상관여래)}."라고 번역(韓譯・漢譯)하였다.

246) 저자번역{漢譯: 주) 245} 참조.

부처모습 그그림자 참된실상 아니지만
소발자국 쫓아가서 소를타고 소부리듯
법신불은 삼십이상 청정행임 잘알아서
스스로의 마음안을 관해보면 여래본다

법신여래 삼십이상 청정행임 아느니라
그로인해 보신체험 법신마저 깨달았다
삼십이상 국집하여 그상부처 라고보면
상에집착 법신여래 친견할수 없느니라

(3) 세존께서 말씀하셨다. “그러하다. 수부띠야! 그러하느니라.
삼십이상 신체적 특징을 갖춘 것으로 여래라 보아서는 안 된다.
왜냐하면 만약 삼십이상 신체적 특징을 갖추었기 때문에
여래라 보아야 한다면, 전륜성왕[247]도 또한 여래라고 해야 할 것이다.
그러므로 여래는 삼십이상 신체적 특징을 갖춘 자로 보아서는 안 되느니라.”

BHAGAVĀN āha: sādhu sādhu Subhūte, evam etat Subhūte evam etad,
yathā vadasi: na lakṣana-sampadā Tathāgato draṣṭavyaḥ.[248] tat kasya hetoḥ?
sacet punaḥ Subhūte lakṣaṇa-sampadā Tathāgato draṣṭavyo ’bhaviṣyad,
rājā-api cakravartī Tathāgato ’bhaviṣyat.
tasmān na lakṣaṇa-sampadā Tathāgato draṣṭavyaḥ.[249]

བཅོམ་ལྡན་འདས་ཀྱིས་བཀའ་སྩལ་པ། རབ་འབྱོར་དེ་དེ་བཞིན་ནོ།།
དེ་དེ་བཞིན་ཏེ། མཚན་ཕུན་སུམ་ཚོགས་པས་དེ་བཞིན་གཤེགས་པར་བལྟ་བར་མི་བྱ་སྟེ།
རབ་འབྱོར་གལ་ཏེ་མཚན་ཕུན་སུམ་ཚོགས་པས་དེ་བཞིན་ གཤེགས་པར་བལྟ་བར་འགྱུར་ན།
འཁོར་ལོས་སྒྱུར་བའི་རྒྱལ་པོ་ཡང་དེ་བཞིན་གཤེགས་པར་འགྱུར་ཏེ།
དེ་བས་ན་མཚན་ཕུན་སུམ་ཚོགས་པས་དེ་བཞིན་གཤེགས་པར་བལྟ་བར་མི་བྱའོ།།

---

247) 전륜성왕(राजा चक्रवर्ती rājā cakravartī: 轉輪聖王・王轉輪・轉輪王・正法王・飛行皇帝)은 산스끄리뜨어 ‘라자-(राजा rājā: 王)’와 ‘짜끄라와르띠-(चक्रवर्ती cakravartī: 轉輪・正法)’를 구마라집・보디류지・진제・현장・의정은 ‘전륜성왕(轉輪聖王)’이라고 하고, 달마급다는 ‘왕전륜(王轉輪)’이라고 번역하였다. 전륜성왕은 처음 왕으로 즉위(卽位)할 때 보배로운 수레(輪寶)를 굴리면서 동서남북 사방(四方)을 항복받음으로써 붙여진 이름이며, 삼십이상 신체적 특징을 모두 갖추고 있다.

248) 산스끄리뜨어 “BHAGAVĀN āha: sādhu sādhu Subhūte, evam etat Subhūte evam etad, yathā vadasi: na lakṣana-sampadā Tathāgato draṣṭavyaḥ(바가완- 아-하: 사-두 사-두 수부-떼, 에왐 에따드, 수부떼- 에왐 에따드, 야타- 와다시: 나 랄끄샤나 삼빠다- 따타-가또 드라슈따위야하).”라는 문장을 구마라집은 ‘BHAGAVĀN āha(바가완- 아-하: 佛言)’라는 구절만 번역하고 나머지 구절은 번역을 생략하였다. 현장은 “佛言 善現 善哉善哉 如是如是 如如所說 不應以諸相觀於如來(불언 선현 선재선재 여시여시 여여소설 불응이제상관어여래)”라고, 달마급다는 “世尊言 善善善實 如是如是善實 如如語汝 不相具足如來見應(세존언 선선선실 여시여시선실 여여어여 불상구족여래견응)”이라고 각각 직역하였다.

이러한 내용을 근간으로, 저자는 “세존께서 말씀하셨다. 그러하다. 수부띠야! 그러하느니라. 삼십이상 신체적 특징을 갖춘 것으로 여래라 보아서는 안 된다{佛言 如是如是 須菩提 如如所說 不應以三十二相觀如來(불언 여시여시 수부띠 여여소설 불응삼십이상관여래)}.”라고 번역(韓譯・漢譯)하였다.

249) 산스끄리뜨어 “tasmān na lakṣaṇa-sampadā Tathāgato draṣṭavyaḥ(따스만- 나 랄끄샤나 삼빠다- 따타-가또 드라슈따위하).”라는 문장을 구마라집과 현장은 번역을 생략하였다. 저자는 “그러므로 여래는 삼십이상 신체적 특징을 갖춘 자로 보아서는 안 되느니라{是故 不應以三十二相觀如來(시고 불응이삼십이상관여래)}.”라고 번역(韓譯・漢譯)하였다.

Bhagavat said: 'Good, good, Subhûti, so it is, Subhûti;
so it is, as you say; a Tathâgata is not to be seen (known)
by the possession of signs. And why? Because, O Subhûti,
if the Tathâgata were to be seen (known) by the possession of signs,
a wheel-turning king also would be a Tathâgata; therefore
a Tathâgata is not to be seen (known) by the possession of signs.'

佛言 如是如是 須菩提 如如所說 不應以三十二相觀如來250)
佛言須菩提 若以三十二相觀如來者 轉輪聖王卽是如來
是故 不應以三十二相觀如來251)

전륜성왕 여래 볼 수 있느냐

이상군주 전륜성왕 사천하에 자유자재
왕덕두루 갖추어서 보륜능히 굴리나니
다생겁에 복을짓고 덕을닦아 길상갖춰
부처님과 같은모습 삼십이상 구족했다

보배창고 넘침물론 군사위용 칠보장식
도적의법 제거하되 어기는이 없게하며
사섭법을 근간으로 중생두루 거둔다면252)
삼십이상 전륜성왕 여래볼수 있겠느냐

(4) 수부띠는 세존께 말씀드렸다.
“세존이시여!
제가 세존께서 말씀하신 뜻을 이해하기로는
삼십이상 신체적 특징을 갖춘 것으로서 여래라 볼 수 없습니다.”

---

250) 저자번역{漢譯: 주) 248} 참조.
251) 저자번역{漢譯: 주) 249} 참조.
252) 사섭법(चत्वारिसंग्रहवस्तूनि catuḥ-saṃgraha-vastu、catvāri saṃgraha-vastūni: བསྡུ་བའི་དངོས་པོ་བཞི། · the four means of attraction · 四攝法 · 四攝事 · 四種攝事 · 四攝事法)은 보살이 중생이 처한 현실에 맞추어 그 근기에 맞게 방편을 베풀어, 중생을 제도하고 자비로운 마음을 베풀어 모든 중생을 부처님의 가르침으로 들어오게 하는 네 가지 기본적인 실천덕목이자! 중생교화의 덕목으로서, 보시섭(布施攝) · 애어섭(愛語攝) · 이행섭(利行攝) · 동사섭(同事攝)의 보살행을 말한다.
⑴ 보시섭(दानसंग्र dāna-saṃgraha: 布施攝 · 布施攝事 · 布施隨攝方便)은 자비로운 마음으로 남에게 어떠한 조건 없이 재물을 베풀거나(財施) 진리 등을 가르침으로(法施等) 중생을 부처님의 길(佛道)로 인도하는 것을 의미한다.
⑵ 애어섭(प्रियवादितासंग्र priya-vāditā-saṃgraha: 愛語攝 · 愛語攝事 · 愛語攝方便)은 따뜻하고 밝은 표정에 부드럽고 온화하고 진실되며 사랑스런 말로 중생을 불도로 인도하는 것을 의미한다.
⑶ 이행섭(अर्थचर्यासंग्रह artha-caryā-saṃgraha: 利行攝 · 利行攝事 · 利行攝方便)은 선행을 실천하여 중생에게 이익이 되는 선행으로서 성심을 다하여 중생을 포용하여 불도로 인도하는 것을 의미한다.
⑷ 동사섭(समअर्थतासंग्र samānârthatā-saṃgraha: 同事攝 · 同事攝事 · 同事隨順方便)은 보살이 중생의 근기에 따라 기쁨 · 슬픔(喜悲)과 불쌍히 여김 · 즐거움(哀樂) 그리고 재화 · 복록(禍福)을 함께 하는 것(自他一心)을 의미하며, 사섭사(四攝事) 또는 사섭사법(四攝事法)이라고도 한다.

āyuṣmān SUBHŪTIR Bhagavantam etad avocat:
yathā-ahaṃ Bhagavato bhāṣitasya-artham ājānāmi,
na lakṣaṇa-sampadā Tathāgato draṣṭavyaḥ.

དེ་ནས་བཅོམ་ལྡན་འདས་ལ་ཚེ་དང་ལྡན་པ་རབ་འབྱོར་གྱིས་འདི་སྐད་ཅེས་གསོལ་ཏོ།།
བཅོམ་ལྡན་འདས་བདག་གིས་ཇི་ལྟར་བཅོམ་ལྡན་འདས་ཀྱིས་གསུངས་པའི་དོན་འཚལ་བ་ལྟར་ན།
མཚན་ཕུན་སུམ་ཚོགས་པས་དེ་བཞིན་གཤེགས་པར་བལྟ་བར་མི་བགྱི་ལགས་སོ།།

The venerable Subhûti spoke thus to the Bhagavat:
'As I understand the meaning of the preaching of the Bhagavat,
a Tathâgata is not to be seen (known) by the possession of signs.'

須菩提 白佛言 世尊 如我解佛所說義 不應以三十二相觀如來

삼십이상으로 여래 관할 수 없음

삼십이상 갖춘다면 여래볼수 있겠는가
처음에는 삼십이상 여래볼수 있다했다
전륜성왕 여래일까 부처말씀 깨닫고서
부처님뜻 요해하여 여래볼수 없다한다

이산저산 울긋불긋 겉모양에 속지마라
산그대로 산이듯이 물그대로 물이니라
청정법신 일체상을 모두여의 었으므로
삼십이상 특징구족 여래라고 볼수없다

(5) 그때 세존께서는 다음과 같은 게송을 읊으셨다.

“형상으로 나를 보려하거나
음성으로 나를 구하고자 하면,
이 사람은 사도를 행하는 것이 되어
여래를 볼 수 없느니라.”[253)]

253) 산스끄리뜨어 “‘YE MĀṂ RŪPEṆA CA-ADRĀKṢUR(예 망- 루-뻬나 짜 아드라-끄슈르)’, ‘YE MĀṂ GHOṢEṆA CA-ANVAGUḤ(예 망- 고쉐나 짜 안와구후)’, ‘MITHYĀ-PRAHĀṆA-PRASṚTĀ(미티야- 쁘라하-나 쁘라스리따-)’, ‘NA MĀṂ DRAKṢYANTI TE JANĀḤ(나 망- 드라끄슈얀띠 떼 자나-하).’”라는 문장은 ‘금강경의 게송’이다.
이 게송의 내용은 “‘나를[YE MĀṂ{YE(yaḥ)・예: གང་དག・who・何 + MĀṂ{aham}・망-: ང།・me・我}]’, ‘형상(색)으로{RŪPEṆA(rūpa)・루-뻬나: གཟུགས།・form・色}’, ‘그리고{CA(짜): དང་།・and・與・及)’, ‘보려하거나{ADRĀKṢUR(√dṛś-1)・아드라끄슈르: མཐོང་ང།・see・觀・見}’, ‘나를[YE MĀṂ・예망-{YE・예: who・何 + MĀṂ・망-: me・我}]’, ‘음성으로{GHOṢEṆA(ghoṣa)・고쉐나: སྒྲ།・voice・音聲}’, ‘그리고{CA(짜): and・與・及}’, ‘찾으려고・구하려는{ANVAGUḤ(anu-√gam-1)・안와구후: follow・尋・求}’, ‘그릇(삿)되게 정진한 것이니{MITHYĀ-PRAHĀṆA-PRASṚTĀ(√sṛ-1)・미티야- 쁘라하-나 쁘라스리따-: ལོག་པ་ཡི་ལམ་དུ་ཞུགས་པ།・wrong the efforts engaged in・履邪断・起邪觀}’, ‘못할 것이다・없다・아니다(NA・나: མི།・not・不・非)’, ‘나를{MĀṂ(aham)・망

"법으로써 부처님을 보아야 하느니라.
참스승은 법을 몸으로 삼기 때문이네.
법의 본성은 식별되지 아니하므로
그것은 분별을 통하여 알 수 없느니라."254)

Atha khalu BHAGAVĀṂS tasyāṃ velāyām ime gāthe abhāṣata:

YE MĀṂ RŪPEṆA CA-ADRĀKṢUR
YE MĀṂ GHOṢEṆA CA-ANVAGUḤ
MITHYĀ-PRAHĀṆA-PRASṚTĀ
NA MĀṂ DRAKṢYANTI TE JANĀḤ

DHARMATO BUDDHO DRAṢṬAVYO
DHARMAKĀYĀ HI NĀYAKĀḤ
DHARMATĀ CA NA VIJÑEYĀ
NA SĀ ŚAKYĀ VIJĀNĪTUṂ255)

-: me・我}]', '보지・볼수{DRAKṢYANTI(dṛś-1)・드라끄슈얀띠: མཐོང་།・see・見}', '그들은・그 사람들은{TE(saḥ)・떼: དེ་དག・those・彼 等}', '그들은・그 사람들은{JANĀḤ(jana)・자나-하: སྐྱེ་བོ・people・人}.'"라는 뜻이다. 이 게송을 구마라집과 보디류지는 "若以色見我 以音聲求我 是人行邪道 不能見如來(약이색견아 이음성구아 시인행사도 불능견여래)"로, 현장은 "諸以色觀我 以音聲尋我 彼生履邪斷 不能當見我(제이색관아 이음성심아 피생리사단 불능당견아)"로, 의정은 "若以色見我 以音聲求我 是人起邪觀 不能當見我(약이색견아 이음성구아 시인기사관 불능당견아)"로, 진제는 "若以色見我 以音聲求我 是人行邪道 不應得見我(약이색견아 이음성구아 시인행사도 불응득견아)"로, '달마급다는 "若我色見 若我聲求 邪解脫行 不我見彼人(약아색견 약아성구 사해탈행 불아견피인)"으로 각각 번역하였다.

이러한 내용들을 종합하여, 이 게송을 직역하면 다음과 같다.

"형상으로 나를 보려하거나
음성으로 나를 찾으려고 하는 자들은
그릇되게 정진한 것이니
그들은 나를 보지 못할 것이다."

254) 저자번역{韓譯: 주) 255} 참조.

255) 산스끄리뜨어의 "DHARMATO BUDDHO DRAṢṬAVYO DHARMAKĀYĀ HI NĀYAKĀḤ DHARMATĀ CA NA VIJÑEYĀ NA SĀ ŚAKYĀ VIJĀNĪTUṂ(다르마또 붓도 드라슈따위요 다르마까-야- 히 나-야까-하 다르마따- 짜 나 위즈네야- 나 사- 샤끼야- 위자-니-뚱)."라는 문장은 금강경의 게송이다.

이 게송의 내용은 "'법으로써{DHARMATO(dharmata)・다르마또: ཆོས་ཉིད།・dharma・法}', '부처님을{BUDDHO(buddha)・붓도: སངས་རྒྱས།・the Buddhas・佛}', '보아야한다{DRAṢṬAVYO(dṛś-1)・드라슈따위요: ལྟ།・see・見・觀}', '법의 몸{DHARMAKĀYĀ(dharmakāya)・다르마까-야-: ཆོས་སྐུ།・the dharma-bodies・法身}', '참으로・왜냐하면(HI・히: ཕྱིར།・therefore・因爲・誠然)', '스승{NĀYAKĀḤ(nāyaka)・나-야까-하: འདྲེན་པ།・the guides・(大)導師}', '법을{DHARMATĀ(dharmatā)・다르마따-: ཆོས་ཉིད།・dhar dharma's true nature・法性}', '그리고(CA・짜: and・與・及)', '아니하므로・없다(NA・나: 不・非)', '식별되지・분별되다{VIJÑEYĀ(vi-√jñā-9)・위즈네야-: ཤེས་པ།・discerned・所識}', '그것은 알 수 없느니라[{NA SĀ ŚAKYĀ VIJĀNĪTUṂ・나 사- 샤끼야- 위자-니-뚱}: 없느니라・없다(NA・나: མི། ・not・不・非) + 그것은{SĀ(sā)・사-: དེ།・it.・彼} + 할 수{ŚAKYĀ(śakya)・샤끼야-: ནུས།・possible・可能} + 분별력 있는・분별하여 알 수 있는{VIJĀNĪTUṂ(vi-√jñā-9)・위자-니-뚱: རྣམ་པར་ཤེས་པ།・discerned・了別}]."라는 뜻이다.

이 게송을 구마라집은 생략하였고, 현장과 의정은 "應觀佛法性 即導師法身 法性非所識 故彼不能了(응관불법성 즉도사법신 법성비소식 고피불능료)"로, 보디류지는 "彼如來妙體 即法身諸佛 法體不可見 彼識不能知(피여래묘체 즉법신제불 법체불가견 피식불능지)"로, 진제는 "由法應見佛 調御法爲身 此法非識境 法如深難見(유법응견불 조어법위신 차법비식경 법여심난견)"으로, 달마급다는 "法體佛見應 法身彼如來 法體及不識 故彼不能知(법체불견응 법신피여래 법체급불식 고피불능지)"로 각각 번역하였다.

티베트본은 "སངས་རྒྱས་རྣམས་ནི་ཆོས་ཉིད་ལྟ།། … … དེ་ནི་རྣམ་པར་ཤེས་མི་ནུས།།"라고 각각 번역하였다.

이러한 내용들을 종합하여, 이 게송을 직역하면 다음과 같다.

"법으로써 부처님을 보아야 하느니라.
참스승은 법을 몸으로 삼기 때문이네
법의 본성은 식별되지 아니하므로

དེ་ནས་བཅོམ་ལྡན་འདས་ཀྱིས་དེའི་ཚེ་ཚིགས་སུ་བཅད་པ་འདི་དག་བཀའ་སྩལ་ཏོ།།
གང་དག་ང་ལ་གཟུགས་སུ་མཐོང་།།
གང་དག་ང་ལ་སྒྲར་ཤེས་པ།།
ལོག་པའི་ལམ་དུ་ཞུགས་པ་སྟེ།།
སྐྱེ་བོ་དེ་དག་ང་མི་མཐོང་།།

སངས་རྒྱས་རྣམས་ནི་ཆོས་ཉིད་ལྟ།།
འདྲེན་པ་རྣམས་ནི་ཆོས་ཀྱི་སྐུ།།
ཆོས་ཉིད་ཤེས་པར་བྱ་མིན་པས།།
དེ་ནི་རྣམ་པར་ཤེས་མི་ནུས།།

Then the Bhagavat at that moment preached these two Gâthâs:

They who saw me by form,
and they who heard me by sound,
They engaged in false endeavours,
will not see me.

A Buddha is to be seen (known) from the Law;
for the Lords (Buddhas) have the Law-body;
And the nature of the Law cannot be understood,
nor can it be made to be understood.[256)]

爾時世尊 而說偈言

若以色見我
以音聲求我
是人行邪道
不能見如來

應觀佛法性
即導師法身
法性非所識

그것은 분별을 통하여 알 수 없느니라.”

256) Edward Conze 영역(英譯): Thereupon, the World Honoured One recited the following gatha:

Those who by my form did see me,
And those who followed me by voice
Wrong the efforts they engaged in,
Me those people will not see.

From the Dharma should one see the Buddhas,
From the Dharma bodies comes their guidance.
Yet Dharma's true nature cannot be discerned,
And no one can be conscious of it as an object.

故彼不能了[257]

형상이나 음성으로 여래볼 수 없음

진리로서 부처님을 관하여야 하느니라
부처님은 진리일러 그자체를 몸이라니
법의성품 사량으로 분별하여 알수없다
어떤수단 방법통해 인식할수 없느니라

이런저런 형상으로 나를보려 하는이나
여래의법 음성으로 찾으려고 하는이는
상에매여 삿된도를 행하려는 자들이니
그들모두 참된여래 면목볼수 없느니라

삼십이상 특징갖춰 여래라고 하겠느냐
사바최고 음성으로 여래찾을 수있을까
모든부처 법으로만 찾을수가 있느니라
법의본성 모든분별 수단방법 떠나있다

법으로서 부처님을 보아야 함

법으로써 모든부처 보아야만 하느니라
참된스승 법의몸인 법신으로 보기때문
법의본래 성품이란 식별되지 않음으로
법의본성 분별통해 찾을수가 없느니라

깨달은이 법에의해 보여져야 하느니라
모든스승 일체법을 그몸으로 하기때문
참된법의 바른본질 인식할수 없음으로
어느누가 분별통해 판단해도 알수없다

257) 현장과 의정의 번역{漢譯: 주) 255} 참조.

수
삼 부띠야 수
십이상 삼십이상 부띠가
갖춤으로 그대생각 사뢰기를
세 여래라고 어떠한 여래라고 수
존께 보겠느 가 못봅니 부띠
서말씀 냐 다 야그러
하되 삼 하다
제 상 십이상 곧 말
가이제 을갖춘 구족 하여 여래라 씀이해
부처님 전륜성 여래 라고 할것이 하기로
의 왕 본다하 다 는
삼십 면 여래
이상갖 이 여 라고못
추어 런저런 상 래의법 봅니
도 형상으로 에매여 음성으로 다
나를보려 삿된도를 찾으려고
하는이 행하려는 하는이
나 자들이 는
니
그들
모 두
참 된
면목볼수 여래 없느니라
법 보
으로써 아야만
모든부처 참 하느니라
된스승
법의몸인
법신으로
보기때
법의본래 문 식별되지
성품이 법의 않음으
란 본 성 로
분 별
찾 을 수 가 통해 없 느 니 라

상 이 법의몸은 아 님

삼
십이상
갖춘자를
여래라고 보겠는가
신체특징갖추어도 여래라고못봅니다
수부띠야여래모습 눈으로만보지마라
상에매여삼십이상 집착해선아니된다
이상군주전륜성왕 이산저산울긋불긋
사천하에자유자재왕덕두루 걸모양에속지마라산그대로
갖추어서보륜능히굴리나니 Vajracchedikā Prajñāpāramitā Sūtra Mantra 산이듯이물그대로물이니라
다생겁에복을짓고덕을닦아길상갖춰 वज्रच्छेदिका प्रज्ञापारमिता सूत्र मन्त्र 청정법신일체상을모두여의었으므로
부처님과같은모습삼십이상구족했다 금강반야바라밀경 진언 삼십이상특징구족여래라고볼수없다
진리로서부처님을관하여야하느니라 나 namo 모 이런저런형상으로나를보려하는이나
부처님은진리일러그자체를몸이라니 바가 bhagavatī 와띠 여래의법음성으로찾으려고하는이는
법의성품사량으로분별하여알수없다 쁘라즈냐 빠 prajñāpāramitāyai 라미타야이 상에매여삿된도를행하려는자들이니
어떤수단방법통해인식할수없느니라 옴 이리따 이 oṃ īrita iṣira śruta 시라 스루따 그들모두참된여래면목볼수없느니라
삼십이상특징갖춰여래라고보겠느냐 위샤야 viṣaya viṣaya 위샤야 법으로써모든부처보아야만하느니라
사바세계음성으로여래찾을수있을까 스 svāhā 와 참된스승법의몸인법신으로보기때문
모든부처법으로만찾을수가 하 법의본래성품이란식별되지
있느니라법의본성모든분별 않음으로법의본성분별통해
수단방법떠나있다 찾을수가없느니라
깨달은이 법에의해 보여져야 하느니라
모든스승 일체법을 그몸으로 하기때문
참된법의바른본질 인식할수없음으로
어느누가 분별통해
판단해도
알수없
다

‖नमो भगवत्या आर्यप्रज्ञापारमितायै‖

‖Namo bhagavatyā āryaprajñāpāramitāyai‖

||སངས་རྒྱས་དང་བྱང་ཆུབ་སེམས་དཔའ་ཐམས་ཅད་ལ་ཕྱག་འཚལ་ལོ||

南無世尊聖般若波羅蜜多

無斷無滅分 第二十七

단절 없고 소멸 없음

NOT DESTROYED NOR ANNIHILATED

वज्रच्छेदिका प्रज्ञापारमिता सूत्र

Vajracchedikā Prajñāpāramitā Sūtra

༄༅།།འཕགས་པ་ཤེས་རབ་ཀྱི་ཕ་རོལ་ཏུ་ཕྱིན་པ་རྡོ་རྗེ་གཅོད་པ་ཞེས་བྱ་བ་བཞུགས་སོ།།

金剛般若波羅密經 Diamond Sūtra

금강반야바라밀경

제27분. 단절 없고 소멸 없음

수부띠야 신체특징 그대생각 어떠한가
여래삼십 이상신체 특징갖춘 것으로서
위가없는 가장바른 깨달음을 얻었다는
이와같은 생각들을 그대또한 하겠느냐

수부띠야 그와같이 보아서는 아니된다
왜냐하면 수부띠야 삼십이상 신체특징
여래모두 갖추고서 있다는것 만으로는
가장바른 깨침얻은 것아니기 때문이다

수부띠야 가장바른 깨달음의 마음낸자
모든법이 단절되고 소멸됨을 생각마라
위가없는 가장바른 깨달음의 마음낸자
어떤법의 단절소멸 상을인정 아니한다

Vajracchedikā Prajñāpāramitā Sūtra
금강반야바라밀경(金剛般若波羅密經)

27. 단절 없고 소멸 없음(無斷無滅分 第二十七)
CHAPTER 27. NOT DESTROYED NOR ANNIHILATED

(1) "수부띠야! 그대는 어떻게 생각하느냐?
'삼십이상 신체적 특징을 갖추고 있는 것으로서
여래는 아눗따라삼약삼보디를 얻었다.'라고 하겠느냐?
수부띠야! 그렇게 생각해서는 안 된다.
왜냐하면 수부띠야!
삼십이상 신체적 특징을 갖추고 있다는 것으로서
여래는 아눗따라삼약삼보디를 얻은 것이 아니기 때문이다.

tat kiṃ manyase Subhūte lakṣaṇa-saṃpadā
Tathāgatena anuttarā samyaksaṃbodhir abhisaṃbuddhā?[258)]
na khalu punas te Subhūte evaṃ draṣṭavyaṃ.
tat kasya hetoḥ?
na hi Subhūte lakṣaṇa-sampadā Tathāgatena
anuttarā samyaksaṃbodhir abhisaṃbuddhā syāt.

---

258) 산스끄리뜨어 "tat kiṃ manyase Subhūte lakṣaṇa-saṃpadā Tathāgatena anuttarā samyaksaṃbodhir abhisaṃbuddhāt(따뜨 낌 만야세 수부-떼 랄끄샤나상빠다- 따타-가테나 아눗따라-삼약상보디르 아비상붓다)?"라는 문장의 의미는 다음과 같다.
이 문장의 내용은 "'그대{tat(tad)・따드: དེ།・彼}', '어떻게(kiṃ・낑: ཇི་སྙམ་དུ།・what・云何)', '생각하다{manyase(√man-4)・만야세: སེམས།・think・認爲・作意}', '수부띠{subhūte(subhūti)・수부-떼: རབ་འབྱོར།・須菩提・善現}', '삼십이상 신체적 특징을 갖춤・상을 구족・모든 상을 갖춤{lakṣaṇa-saṃpadā(laksaṇa-saṃpad)・랄끄샤나상빠다-: མཚན་ཕུན་སུམ་ཚོགས་པ།・the shape of his visble・諸相具足}', '여래{Tathāgatena(tathāgata)・따타-가테나: དེ་བཞིན་གཤེགས་པ།・如來}', '무상・위없는・아눗따라(anuttarā・아눗따라-: བླ་ན་མེད་པ།・the ultmost・無上・阿耨多羅・勝)', '정등각・올바른 깨달음・삼약삼보디{samyak saṃbodhir(saṃyaksaṃbodhi)・삼약상보디르: ཡང་དག་པར་རྫོགས་པའི་སངས་རྒྱས།・right and perfect enlightenment.・正等覺・正等菩提・三藐三菩提}', '증득하다・~얻다(깨달음){abhisaṃbuddhā(abhi-saṃ-√budh-1)・아비상붓다-: སངས་པ།・awoken・現證}'"라는 뜻이다.
이 구절을 구마라집은 "須菩提 汝若作是念 如來不以具足相故 得阿耨多羅三藐三菩提(수부띠 여약작시념 여래불이구족상고 득아눗따라삼약삼보디)"라고 반어법(反語法: 본래 뜻을 강조하거나 표현효과를 높이기 위하여 실제 나타내고자 하는 의미와는 반대되는 말을 사용하여 문장의 의미를 강화하는 법)으로 번역(漢譯)한 것으로 추론된다.
그런데 현장은 "佛告 善現 於汝意云何 如來應正等覺 以諸相具足 現證無上正等覺耶(불고 선현 어여의운하 여래응정등각 이제상구족 현증무상정등각야)"라고, 진제는 "須菩提 汝意云何 如來可以具足相 得阿耨多羅三藐三菩提不(수부띠 여의운하 여래가이구족상 득아눗따라삼약삼보디부)"라며, 보디류지는 "須菩提 於意云何 如來可以相成就 得阿耨多羅三藐三菩提(수부띠 여의운하 여래가이상성취 득아눗따라삼약삼보디)"라고, 달마급다는 "彼何意念 善實 相具足如來無上正遍知證覺 不復彼(피하의념 선실 상구족여래무상정편지증각 불복피)"라며, 각각 직역(漢譯)하였다.
이러한 내용 등을 종합 검토하여, 저자는 "수부띠야(Subhūte)! 그대는 어떻게 생각하느냐(tat kiṃ manyase)? '삼십이상 신체적 특징을 갖추고 있는 것으로서(lakṣaṇa-sampadā) 여래는(Tathāgatena) 아눗따라삼약삼보디를 얻었다.'라고 하겠느냐(anuttarā samyaksambodhir abhisambuddhā){須菩提 於意云何 可以具足相故 如來得阿耨多羅三藐三菩提不(수부띠 어의운하 가이구족상고 여래득아눗따라삼약삼보디부)}?"라고 번역(韓譯・漢譯)하였다.

རབ་འབྱོར་འདི་ཇི་སྙམ་དུ་སེམས། མཚན་ཕུན་སུམ་ཚོགས་པས་དེ་བཞིན་གཤེགས་པ་དགྲ་བཅོམ་པ་ཡང་དག་
པར་རྫོགས་པའི་བྱང་ཆུབ་ཏུ་མངོན་པར་རྫོགས་པར་སངས་རྒྱས་སོ་སྙམ་དུ་འཛིན་ན།
རབ་འབྱོར་ཁྱོད་ཀྱིས་དེ་ལྟར་བལྟ་བར་མི་བྱ་སྟེ། རབ་འབྱོར་མཚན་ཕུན་སུམ་ཚོགས་པས་དེ་བཞིན་གཤེགས་པ་
དགྲ་བཅོམ་པ་ཡང་དག་པར་རྫོགས་པའི་བྱང་ཆུབ་ཏུ་མངོན་པར་རྫོགས་པར་སངས་རྒྱས་པ་མེད་དོ།།

'What do you think then, O Subhûti,
has the highest perfect knowledge been known
by the Tathâgata through the possession of signs?
You should not think so, O Subhûti. And why?
Because, O Subhûti, the highest perfect knowledge would not be known
by the Tathâgata through the possession of signs.

須菩提 於意云何 可以具足相故 如來得阿耨多羅三藐三菩提不[259]
須菩提 汝若作是念 如來不以具足相故 得阿耨多羅三藐三菩提
須菩提 莫作是念 如來不以具足相故 得阿耨多羅三藐三菩提

여래 상호와 깨달음

잘갖춰진 여래상호 마음두지 아니하여
무상정각 증득했다 그런생각 하지마라
긍정이든 부정이든 치우치지 아니해야
긍정부정 양변초월 이치증득 하느니라

거울비친 나의모습 참된실상 아니지만
다른실상 거울비쳐 그런모습 나타나리
거울비친 모습나와 자성의나 둘아니듯
파도바다 물이라는 같은성품 아니리까

여래상호 신체특징 모습들에 집착마라
신체특징 삼십이상 다갖추고 있더라도
아뇩따라 삼약삼보 디를얻을 수없나니
삼십이상 청정행을 구족해야 하느니라[260]

---

259) 저자번역{韓譯・漢譯: 주) 258} 참조.

260) 삼십이상 청정행(三十二相 淸淨行)의 구족(具足)은 거룩한 부처님을 삼십이상의 모습(色身)이 구족한 것으로서 보아서는 안 된다. 삼십이상 청정행을 실천함으로써 안・이・비・설・신의 오근(五根)으로 보시・지계・인욕・정진・선정・지혜의 육바라밀(六波羅密)을 닦고, 마음(心)으로 정혜쌍수(定慧雙修)를 통하여 삼십이상 청정행을 닦아야만 하는 것이다. 삼십이상 청정행은 오근(五根)으로 육바라밀(六波羅密)을 닦는 것으로, 육바라밀을 오근으로 수행하고(5근×6바라밀=30상 청정행), 무상무주(無相無住)・무상무위(無相無爲)의 청정행(2상 청정행)을 합하면 삼십이상 청정행을 모두 다 갖추는 것이 된다.

(2) 또한 수부띠야! 실로 누군가가 '아눗따라삼약삼보디의 마음을 낸 자는 모든 법이 단절되고 소멸되게 되어 있다.'라고 생각할 지도 모른다. 그러나 수부띠야! 그러한 생각을 해서는 안 된다.

na khalu punas te Subhūte kaścid evaṃ vaded:
bodhisattva-yāna-sampratisthitaiḥ kasyacid dharmasya
vināśaḥ prajñapta ucchedo veti.
na khalu punas te Subhūte evaṃ draṣṭavyam.

རབ་འབྱོར་ཁྱོད་འདི་སྙམ་དུ་བྱང་ཆུབ་སེམས་དཔའི་ཐེག་པ་ལ་ཡང་དག་པར་ཞུགས་པ་རྣམས་ཀྱིས།
ཆོས་གང་ལ་ལ་ཞིག་རྣམ་པར་ཤིག་པའམ། ཆད་པར་བཏགས་པའོ་སྙམ་དུ་འཛིན་ན།
རབ་འབྱོར་དེ་དེ་ལྟར་བལྟ་བར་མི་བྱ་སྟེ།

And Subhûti, if you think it while developing
the highest perfect knowledge Mind,
you will advocate the destruction or annihilation of all things (Dharmas).
But, O Subhûti, Do not have such thoughts.[261)]

須菩提 汝若作是念 發阿耨多羅三藐三菩提心者 說諸法斷滅 莫作是念

일체법 단멸없음

무상정각 일체상은 끊어져서 비었으나
아무것도 존재하지 않는단멸 아니니라
상에매인 중생들은 말한마디 매달리니
착각오해 불식위해 단멸없다 이르신다

일체공이 아니련가 무념이고 무상이라
마음부처 색형무시 인생삶도 부정하여
허무무상 감에젖어 피폐한삶 문제이니
무기공에 빠져서는 아니된다 이르신다

(3) 그것은 왜냐하면 아눗따라삼약삼보디의 마음을 낸 자[262)]는 어떤 법의 단절이나 소멸 상을 말하지 않기 때문이다."

---

261) 막스 뮐러(Friedrich Max Müller)의 영역본{英譯本: *Vagrakkhedikā(Vajracchedikā Prjñāpāramitā: The diamond-cutter)*}의 생략으로 저자 영역(英譯).

262) 'bodhisattva-yāna-samprasthitaiḥ(보디삿뜨와 야-나 삼쁘라티따이히)'라는 구절은 '진제와 같이 行菩薩乘人(행보살승인)이라고 하여 보살의 길로 나아가는 자' 또는 현장과 같이 '發趣菩薩乘者(발취보살승자)라고 하여 보살승의 길에 들어간 자'라고 직역할 수 있으나, 구마라집과 보디류지와 같이 '發阿耨多羅三藐三菩提心者(발아눗따라삼약삼보디심자)라고 하여 아눗따라삼약삼보디의 마음을 낸 자'로 의역하였다.

tat kasya hetoḥ?
na bodhisattva-yāna-samprasthitaiḥ kasyacid dharmasya
vināśaḥ prajñapto nocchedaḥ.

བྱང་ཆུབ་སེམས་དཔའི་ཐེག་པ་ལ་ཡང་དག་པར་ཞུགས་པ་རྣམས་ཀྱིས།
ཆོས་གང་ཡང་རྣམ་པར་བཤིག་པའམ། ཆད་པར་བཏགས་པ་མེད་དོ།།

Nor should anybody, O Subhûti,
say to you that the destruction or annihilation of anything is proclaimed
by those who have entered on the path of the Bodhisattvas.'

何以故 發阿耨多羅三藐三菩提心者 於法不說斷滅相

32가지 청정행으로 깨달음 성취해야

일체의상 끊어진곳 텅비어서 적멸하나
아무것도 없는단멸 또한아닌 것이라네
여래상호 쓰지않아 무상정각 생각말며
모든법이 텅비어서 없다말함 아니니라

중생의병 깊고깊어 말만하면 집착하나
무상무주 되어야만 여래볼수 있다하니
무상무주 집착하여 또한상을 만들어서
깨달음을 얻었다고 집착해선 아니된다

참된실상 거울비친 내모습이 아니지만
거울앞선 그모습이 다른모습 아니라네
삼십이상 여래상호 참된여래 아니지만
무상정등 정각바로 여래깨침 맞느니라

삼신중에 법신보신 형상없지 아니한가
천백억의 화신또한 참되지는 아니하니
그렇다면 거룩하온 여래상호 없는건가
여래단멸 아님밝혀 모든허물 없애노라

여래상호 못갖추어 깨달음을 이루는가
그렇게들 생각하면 곧단멸에 빠지므로
참된나는 형상떠나 무아임을 이르나니
서른둘의 청정수행 깨달음을 성취한다

수
여 부띠야 위
래삼십 신체특징 가없는
이상신체 그대생각 가장바른
이 특징갖춘 어떠한 깨달음을 그
와갈 것으로 가 얻었다 대또
은생각 서 는 한하겠
들을 수 느냐
여 왜 부띠야 삼 있
래모두 냐하면 그와 같이 십이상 다는것
갖추고 수부띠 보아 서는 신체특 만으로
서 야 아니된 징 서
가장 다 얻은
바른깨 수 모 것이아
달음 부띠야 위 든법이 니니
을 가장바른 가없는 단절되고 라
깨달음의 가장바른 소멸됨을
마음낸 깨달음의 생각마
자 마음낸 라
자
어떤
법 의
단 절
상을인정 소멸 아니한다
삼 형
신중에 상없지
법신보신 천 아니한가
백억의
화신또한
참되지는
아니하
그렇다면 니 여래상호
거룩하 여래 없는건
온 단 멸 가
아 님
모 든 허 물 밝혀 없 애 노 라

소 멸 단절없고 없 음

삼
십이상
갖춘자를
여래라고 하겠는가
여래특징갖추어도 여래라고못하니라
수부띠야여래모습 눈으로만보지마라
상에매여삼십이상 집착해선아니된다
이상군주전륜성왕 이산저산울긋불긋
사천하에자유자재왕덕두루 걸모양에속지마라산그대로
갖추어서보륜능히굴리나니 Vajracchedikā Prajñāpāramitā Sūtra Mantra 산이듯이물그대로물이니라
다생겁에복을짓고덕을닦아길상갖춰 वज्रच्छेदिका प्रज्ञापारमिता सूत्र मन्त्र 청정법신일체상을모두여의었으므로
부처님과같은모습삼십이상구족했다 금강반야바라밀경 진언 삼십이상특징구족여래라고볼수없다
진리로서부처님을관하여야하느니라 나 namo 모 이런저런형상으로나를보려하는이나
부처님은진리일러그자체를몸이라니 바가 bhagavatī 와띠 여래의법음성으로찾으려고하는이는
법의성품사량으로분별하여알수없다 쁘라즈냐 빠 prajñāpāramitāyai 라미따야이 상에매여삿된도를행하려는자들이니
어떤수단방법통해인식할수없느니라 옴 이리따 이 oṃ īrita iṣira śruta 쉬라 슈루따 그들모두참된여래면목볼수없느니라
삼십이상특징갖춰여래라고하겠느냐 위샤야 viṣaya viṣaya 위샤야 법으로써모든부처보아야만하느니라
사바세계음성으로여래찾을수있을까 스 svāhā 와 참된스승법의몸인법신으로보기때문
모든부처법으로만찾을수가 하 법의본래성품이란식별되지
있느니라법의본성모든분별 않음으로법의본성분별통해
수단방법떠나있다 찾을수가없느니라
깨달은이 법에의해 보여져야 하느니라
모든스승 일체법을 그몸으로 하기때문
참된법의바른본질 인식할수없음으로
어느누가 분별통해
판단해도
알수없
다

॥नमो भगवत्या आर्यप्रज्ञापारमितायै॥

॥Namo bhagavatyā āryaprajñāpāramitāyai॥

||སངས་རྒྱས་དང་བྱང་ཆུབ་སེམས་དཔའ་ཐམས་ཅད་ལ་ཕྱག་འཚལ་ལོ||

南無世尊聖般若波羅蜜多

不受不貪分 第二十八

탐욕 집착 없는 복덕

NO GREED AND NOTHING ACQUIRED

वज्रच्छेदिका प्रज्ञापारमिता सूत्र

Vajracchedikā Prajñāpāramitā Sūtra

༄༅། །འཕགས་པ་ཤེས་རབ་ཀྱི་ཕ་རོལ་ཏུ་ཕྱིན་པ་རྡོ་རྗེ་གཅོད་པ་ཞེས་བྱ་བ་བཞུགས་སོ།།

金剛般若波羅密經 Diamond Sūtra

금강반야바라밀경

제28분. 탐욕 집착 없는 복덕

수부띠야 선남선녀 강가모래 만큼세계
칠보로써 가득채워 여래에게 보시하고
또한보살 모든법이 무아임을 알아차려
능히욕됨 참아내는 인욕성취 한다하자

두공덕을 비교하면 이보살의 공과덕은
선남선녀 얻은공덕 그보다도 뛰어나다
왜냐하면 수부띠야 모든보살 지은복덕
받지않고 누리지도 아니했기 때문이다

수부띠는 부처님께 사뢰기를 세존이여
보살들은 지은복덕 받아서는 안됩니까
수부띠야 보살복덕 탐착해선 아니된다
그리하여 복덕받지 않는다고 설하니라

Vajracchedikā Prajñāpāramitā Sūtra
금강반야바라밀경(金剛般若波羅密經)

28. 탐욕 집착 없는 복덕(不受不貪分 第二十八)
CHAPTER 28. NO GREED AND NOTHING ACQUIRED

(1) "수부띠야! 만약 선남자와 선여인이
강가강 모래 수만큼의 세계에 칠보를 가득 채워
여래 · 아라한 · 정등각들에게 보시한다고 하더라도,
또한 보살이 '모든 법이 무아'이고
'생겨남도 없는 법'들에서 인욕을 성취한다면,
이로 인하여 이 보살은 앞의 공덕보다
헤아릴 수 없고 셀 수 없는 더 많은 공덕을 얻게 될 것이다.

yaś ca khalu punaḥ Subhūte kulaputro vā kuladuhitā
vā gaṅgānadi-vālukā-samāṃl lokadhātūn sapta-ratna-paripūrṇān
kṛtvā Tathāgatebhyo 'rhadbhyaḥ samyaksambuddhebhyo dānaṃ dadyāt,
yaś ca bodhisattvo nirātmakeṣv anutpatti-keṣu
dharmeṣu kṣāntiṃ pratilabhate,[263)]
ayam eva tato nidānaṃ bahutaraṃ puṇyaskandhaṃ
prasaved aprameyam asamkhyeyam.

ཡང་རབ་འབྱོར་རིགས་ཀྱི་བུའམ་རིགས་ཀྱི་བུ་མོ་གང་གིས་འཇིག་རྟེན་གྱི་ཁམས་གངྒཱའི་ཀླུང་གི་བྱེ་མ་སྙེད་དག་
རིན་པོ་ཆེ་སྣ་བདུན་གྱིས་རབ་ཏུ་གང་བར་བྱས་ཏེ་སྦྱིན་པ་བྱིན་པ་བས།
བྱང་ཆུབ་སེམས་དཔའ་གང་གིས་ཆོས་ཀྱི་རྣམ་གྲངས་འདི་བདག་མེད་ཅིང་སྐྱེ་བ་མེད་པ་ལ་བཟོད་པ་ཐོབ་ན།

---

263) 산스끄리뜨어 "yaś ca bodhisattvo nirātmakeṣv anutpatti-keṣu dharmeṣu kṣāntiṃ pratilabhate(야슈 짜 보디사뜨보 니라-뜨마께슈와 아누뜨빳띠께슈 다르메슈 끄샨-띵 쁘라띨라바떼)"라는 문장의 의미는 다음과 같다.
이 문장의 내용은 "'~라는 것{yaś(yaḥ) · 야슈: གང་། · what · 誰}', '그리고 · 또한 · 다시(ca · 짜: འཅས། · and · 與 · 及)', '보살{bodhi sattvo(bodhisattva) · 보디삿뜨보: བྱང་ཆུབ་སེམས་དཔའ། · bodhisattvas · 菩薩}', '자아도 없다 · 무아{nirātmakeṣv(nir-ātma-ka) · 니라-뜨마께슝: བདག་མེད། · selfness · 無我}', '생겨남도 없다 · 무생{anutpattikeṣu(an-ut-patti-ka) · 아누뜨빳띠께슈: སྐྱེ་བ་མེད་པ། · uncreated things · 無生}', '법{dharmeṣu(dharma) · 다르메슈: ཆོས། · dharma · 法}', '참고 견딤 · 인욕{kṣāntiṃ(kṣānti) · 끄샨-띵: བཟོད་པ། · the patient acquiescence · 堪忍}', '성취하다 · 얻다{pratilabhate(prati-√labh-1) · 쁘라띨라바떼: ཐོབ། · gain · 得到 · 獲得}'"라는 뜻이다.
이 구절을 구마라집은 "若復有人 知一切法無我 得成於忍(약부유인 지일체법무아 득성어인)"이라고, 보디류지는 "若有菩薩 知一切法無我 得無生法忍(약유보살 지일체법무아 득무생법인)"이라며, 진제는 "若有菩薩 於一切法 無我無生 得無生忍(약유보살 어일체법무아무생 득무생인)"이라고, 달마급다는 "若菩薩摩訶薩 無我無生中法中忍(약보살마하살 무아무생중법중인)"이라며, 현장은 "若有菩薩 於諸無我無生法中 獲得堪忍(약유보살 어제무아무생법중 획득감인)"이라고, 의정은 "若復有人 於無我理 不生法中 得忍解者(약부유인 어무아리 불생법중 득인해자)"이라며 각각 번역(漢譯)하였다.
티베트본은 "བྱང་ཆུབ་སེམས་དཔའ་གང་གིས་ཆོས་ཀྱི་རྣམ་གྲངས་འདི་བདག་མེད་ཅིང་སྐྱེ་བ་མེད་པ་ལ་བཟོད་པ་ཐོབ་ན།"라고 번역하였다.
이러한 내용 등을 종합적으로 분석 · 검토하여, 저자는 "또한 보살이 모든 법이 무아이고 생겨남이 없는 법들에서 인욕을 성취한다면{若有菩薩 諸法無我 無生法中 得成於忍(약유보살 제법무아 무생법중 득성어인)}."이라고 번역(韓譯 · 漢譯)하였다.

དེ་ཉིད་གཞི་དེ་ལས་བསོད་ནམས་ཀྱི་ཕུང་པོ་ཆེས་མང་དུ་གྲངས་མེད་དཔག་ཏུ་མེད་པ་བསྐྱེད་དོ॥

'And if, O Subhûti, a son or a daughter of a good family
were to fill worlds equal to the number of grains of sand
of the river Gangâ with the seven treasures,
and give them as a gift to holy and fully enlightened Tathâgatas;
and if a Bodhisattva acquired endurance in selfless
and uncreated things, then the latter will on the strength
of this produce a larger stock of merit, immeasurable and innumerable.

須菩提 若菩薩 以滿恒河沙等世界七寶持用布施
若有菩薩 諸法無我 無生法中 得成於忍[264)]
此菩薩 勝前菩薩 所得功德

무아임 알아 인을 이룬 공덕

강가강의 모래알수 만큼되는 모든세계
칠보채워 부처여래 아라한등 보시해도
일체법이 무아임을 잘알아서 인이루면
생함없는 불생불멸 영원진리 깨닫는다

모든집착 내가있어 무명삼독 친해지니
나란생각 능히참아 무명삼독 멀어지면
일체법에 내가없음 증득하여 이룬공덕
예전본래 내가없는 청정해탈 이로구나

생멸없는 그이치도 드러나지 아니하고
존재실상 꿰뚫어본 진리또한 그러하여
참는다는 인을통해 심장한뜻 나타내니
내가없는 인을이룸 금경경의 핵심이다

(2) 왜냐하면 수부띠야! 모든 보살들은 지은 복덕을 받지 않기 때문이다."

na khalu punaḥ Subhūte bodhisattvena mahāsattvena
puṇyaskandhaḥ parigrahītavyaḥ.

ཡང་རབ་འབྱོར་བྱང་ཆུབ་སེམས་དཔས་བསོད་ནམས་ཀྱི་ཕུང་པོ་ཡོངས་སུ་གཟུང་བར་མི་བྱའོ॥

But, O Subhûti, a stock of merit should not be appropriated

264) 저자번역{韓譯 · 漢譯: 주) 263} 참조.

by a noble-minded Bodhisattva.'

何以故 須菩提 以諸菩薩 不受福德故

복덕 받지 않는 보살

일체법이 무아이며 무생법인 얻은사람
모든중생 구제위해 부지런히 지은복덕
그마저도 탐착하지 않으므로 보살이라
복덕탐착 않음으로 공과덕을 알수없다[265)]

일체법이 무아임을 알아서안 복덕이나
칠보쌓아 남김없이 무상보시 복덕이나
참된보살 복과덕에 탐착하지 않으므로
일체중생 모든생명 둘아니라 하나로다

(3) 수부띠는 말씀드렸다. "부처님이시여! 보살은 지은 바 복덕을 받아서는 안 되는 것입니까?" 부처님께서 말씀하셨다. "수부띠야! 복덕을 짓더라도 탐욕을 내어 집착해서는 안 된다. 그리하여 '복덕을 받지 않는다.'라고 설한 것이다."

ayuṣmān SUBHŪTIR āha: nanu Bhagavan bodhisattvena
puṇyaskandhaḥ parigrahītavyaḥ?
BHAGAVĀN āha: parigrahītavyaḥ Subhūte nodgrahītavyaḥ
tenocyate parigrahītavya iti.[266)]

---

265) '복덕탐착(福德貪着)'은 복(福)과 덕(德)에 탐욕(貪慾)을 내거나 집착(執着)하는 것을 말한다.

266) 산스끄리뜨어 "BHAGAVĀN āha: parigrahītavyaḥ Subhūte nodgrahītavyaḥ tenocyate parigrahītavya iti(바가완- 아-하 빠리그라히-따위야하 수부-떼 노드그라히-따위야하 떼노찌야떼 빠리그라히-따위야 이띠)."라는 문장의 의미는 다음과 같다.
이 문장의 내용은 "'세존・부처(bhagavān・바가완-: བཅོམ་ལྡན་འདས། ・The Lord.・世尊・薄伽梵)', '말하다{āha(√ah)・아-하: བཀའ་སྩལ་པ། ・speak・說・言・告}', '받아들이다・수용하다{parigrahītavyaḥ(pari-√grah-9)・빠리그라히-따위야하: བཟུང་བར་བྱ། ・acquire・應取・應攝受}', '수부띠{subhūte(subhūti)・수부-떼: རབ་འབྱོར། ・Subhūti・須菩提・善現}', '탐착해서는 안 된다[nodgrahītavyaḥ・노드그라히-따위야 하: 아니다(na・나: མི། ・not・非) + 집착하다・탐착하다{udgrahītavyaḥ(ud-√grah-9)・우드그라히-따위야하: གཟུང་། ・acquire・取}]', '그리하여{tena(saḥ)・떼나: དེ་བས། ・therefore・是故}', '말하여 진다{ucyate(√vac)・우찌야떼: ཞེས་བྱ། ・called・說}', '받아들이다(parigrahītavya・빠리그라히-따위야: 應取・應攝受)', '소위・이른바(iti・이띠: ཞེས། ・所謂)'"라는 뜻이다.
이 구절을 구마라집은 "須菩提 菩薩 所作福德 不應貪著 是故說不受福德(수부띠 보살 소작복덕 불응탐착 시고설불수복덕)"이라고 번역하였으나, 현장은 "佛言善現 所應攝受 不應攝受 是故說名所應攝受(불언선현 소응섭수 불응섭수 시고설명소응섭수)"라며, 보디류지는 "佛言須菩提 菩薩受福德 不取福德 是故菩薩取福德(불언수부띠 보살수복덕 불취복덕 시고보살취복덕)"이라고, 진제는"佛言須菩提 此福德聚 可得攝持 不可執取 是故說此福德之聚 應可攝持(불언수부띠 차복덕취 가득섭지 불가집취 시고설차복덕지취 응가섭지)"라며, 달마급다는 "世尊言 取應 善實不取應 彼故說名取應(세존언 취응 선실불취응 피고설명취응)"이라고, 의정은 "佛告妙生 是應正取 不應越取 是故說取(불고묘생 시응정취 불응월취 시고설취)"라며 각각 직역하였다.
　이러한 내용을 종합・분석・검토하여, 저자는 "부처님께서 말씀하셨다(BHAGAVĀN āha: 佛告). 수부띠야(Subhūte: 須菩提)! 복덕을 짓더라도(parigrahītavyaḥ: 所作福德) 탐욕을 내어 집착해서는 안 된다(nodgrahītavyaḥ: 不應貪著). 그리하여 '복덕을 받지 않는다.'라고(parigrahītavya iti: 不受福德) 설하는 것이다(tenocyate: 是故說){佛告須菩提 所作福德 不應貪著 是故說不受福德(불고수부띠 소작복덕 불응탐저 시고설불수복덕)}."이라고 번역(韓譯・漢譯)하였다.

ཚེ་དང་ལྡན་པ་རབ་འབྱོར་གྱིས་གསོལ་པ། བཅོམ་ལྡན་འདས་བྱང་ཆུབ་སེམས་དཔས་བསོད་ནམས་ཀྱི་ཕུང་པོ་
ཡོངས་སུ་གཟུང་བར་མི་བགྱི་ལགས་སམ། བཅོམ་ལྡན་འདས་ཀྱིས་བཀའ་སྩལ་པ།
རབ་འབྱོར་ཡོངས་སུ་གཟུང་མོད་ཀྱིས། ལོག་པར་མི་བཟུང་སྟེ་དེས་ན་ཡོངས་སུ་གཟུང་བ་ཞེས་བྱའོ།།

The venerable Subhûti said: 'Should a stock of merit,
O Bhagavat, not be appropriated by a Bodhisattva?'
Bhagavat said: 'It should be appropriated,
O Subhûti; it should not be appropriated;
and therefore it is said: It should be appropriated.'

須菩提 白佛言 世尊 云何菩薩不受福德
佛告須菩提 所作福德 不應貪著 是故說不受福德[267)]

보살의 탐욕 집착 없는 복덕

강가강의 모래알들 그보다도 더욱많은
삼천대천 모든세계 다쌓고도 남을칠보
일체중생 두루두루 다베푸는 보시인들
무아깨쳐 증득한바 반야지혜 비교하리

보살들은 한량없는 복과덕을 짓지만은
상이없어 탐내거나 집착하지 않으므로
지은복덕 모든보살 받지않는 것이란다
보살지은 무량복덕 그무엇에 비하리까

현장은 이를 의역하여, "부처님이 선현에게 말씀하셨다(BHAGAVĀN āha Subhūte: 佛言善現,). 받아들이더라도(parigrahītavyaḥ: 所應攝受) 집착해서는 안 된다(nodgrahītavyaḥ: 不應攝受). 그리하여(그리하기 때문에) 설하기를(tenocyate: 是故說名) '받아들여야 한다(parigrahītavya iti: 所應攝受).'"라고 하였다.

267) 저자번역{韓譯・漢譯: 주) 266} 참조.

수
칠 부띠야 또
보로써 선남선녀 한보살
가득채워 강가모래 모든법이
욕 여래에게 만큼세 무아임을 인
이됨 보시하 계 알아차 욕성
을능히 고 려 취한다
참는 두 하자
왜 선 공덕을 그 모
나하면 남선녀 비교 하면 보다도 든보살
수부띠 얻은공 이보 살의 뛰어나 지은복
야 덕 공과덕 다 덕
받지 은 아니
않고누 수 보 했기때
리지 부띠는 수 살들은 문이
도 부처님께 부띠야 지은복덕 다
사뢰기를 보살복덕 받아서는
세존이 탐착해선 안됩니
여 아니된 까
다
그리
하 여
복 덕
않는다고 받지 설하니라
보 복
살들은 과덕을
한량없는 상 짓지만은
이없어
탐내거나
집착하지
않으므
지은복덕 로 받지않는
모든보 보살 것이란
살 지 은 다
무 량
그 무 엇 에 복덕 비 하 리 까

없는 탐욕집착 복덕

선

남자와

선여인이

강가모래 만큼세계

칠보로서가득채워 여래에게보시하고

또한보살무아이고 생함없는법들에서

욕이됨을능히참는 인욕성취한다하자

두공덕을비교하면 모든집착내가있어

이보살의공과덕은선남자와 무명삼독친해지니나란생각

선여인의공덕보다수승하니 Vajracchedikā Prajñāpāramitā Sūtra Mantra 능히참아무명삼독멀어지면

일체법이무아임을잘알아서인이루면 वज्रच्छेदिका प्रज्ञापारमिता सूत्र मन्त्र 일체법에내가없음증득하여이룬공덕

생함없는불생불멸영원진리깨닫는다 금강반야바라밀경 진언 예전본래내가없는청정해탈이로구나

생멸없는그이치도드러나지아니하고 나 namo 모 일체법이무아이며무생법인얻은사람

존재실상꿰뚫어본진리또한그러하여 바가 bhagavatī 와띠 모든중생구제위해부지런히지은복덕

참는다는인나타내심장한뜻나타내니 쁘라즈냐 빠 prajñāpāramitāyai 라미타야이 그마저도탐착하지않으므로보살이라

내가없는인을이룸금경경의핵심이다 옴 이리따 이 oṃ īrita iṣira śruta 시라 스루따 공덕탐착않음으로공과덕을알수없다

일체법이무아임을알아서안복덕이나 위샤야 viṣaya viṣaya 위샤야 강가강의모래알들그보다도더욱많은

칠보쌓아남김없이무상보시복덕이나 스 svāhā 와 삼천대천모든세계다쌓고도남을칠보

참된보살복과덕에탐착하지 하 일체중생두루두루다베푸는

않으므로일체중생모든생명 보시인들무아깨쳐증득한바

들아니라하나로다 반야지혜비교하리

보살들은한량없는 복과덕을짓지만은

상이없어탐내거나 집착하지않으므로

지은복덕모든보살 받지않는것이란다

보살지은 무량복덕

그무엇에

비하리

까

॥नमो भगवत्या आर्यप्रज्ञापारमितायै॥

‖Namo bhagavatyā āryaprajñāpāramitāyai‖

༄།།ནམས་རྒྱས་དང་བྱང་ཆུབ་སེམས་དཔའ་ཐམས་ཅད་ལ་ཕྱག་འཚལ་ལོ།།

南無世尊聖般若波羅蜜多

威儀寂靜分 第二十九

오고 감이 없는 여래

THE QUIESCENCE OF HIS AWESOME DEMEANOR

वज्रच्छेदिका प्रज्ञापारमिता सूत्र
Vajracchedikā Prajñāpāramitā Sūtra

༄༅། །འཕགས་པ་ཤེས་རབ་ཀྱི་ཕ་རོལ་ཏུ་ཕྱིན་པ་རྡོ་རྗེ་གཅོད་པ་ཞེས་བྱ་བ་བཞུགས་སོ།།

金剛般若波羅密經 Diamond Sūtra
금강반야바라밀경

제29분. 오고 감이 없는 여래

수부띠야 여래대해 어떤사람 말하기를
여래라함 오는것과 가는것을 말하거나
그사람이 앉아있고 누워있음 말한다면
내가설한 바른뜻을 이해하지 못함이다

여래라함 어디에서 따라서온 것도없고
이곳에서 어디른가 가는것도 없노라니
오는것과 가는것이 모두없는 것이므로
그리하여 그이름을 여래라고 하느니라

Vajracchedikā Prajñāpāramitā Sūtra
금강반야바라밀경(金剛般若波羅密經)

29. 오고 감이 없는 여래(威儀寂靜分 第二十九)
CHAPTER 29. THE QUIESCENCE OF HIS AWESOME DEMEANOR

(1) "수부띠야! 만일 어떤 사람이 '여래가 온다거나, 간다거나,
선다거나, 앉는다거나, 눕는다.'라고 말한다면,
이 사람은 내가 설하는 뜻을 깊이 헤아리지 못하는 것이다."

api tu khalu punaḥ Subhūte yaḥ kaścid evaṃ vadet:
Tathāgato gacchati vā āgacchati vā,
tiṣṭhati vā niṣīdati vā śayyāṃ vā kalpayati,
na me Subhūte sa bhāṣitasya-artham ājānāti.

ཡང་རབ་འབྱོར་གང་ལ་ལ་ཞིག་འདི་སྐད་དུ། དེ་བཞིན་གཤེགས་པ་བཞུད་དམ། བྱོན་ཏམ།
བཞེངས་སམ། བཞུགས་སམ། མནལ་བར་མཛད་དོ་ཞེས་ཟེར་ན། དེས་ངས་བཤད་པའི་དོན་མི་ཤེས་སོ།།

'And again, O Subhûti,
if anybody were to say that the Tathâgata goes, or comes,
or stands, or sits, or lies down,
he, O Subhûti, does not understand the meaning of my preaching.

須菩提 若有人言 如來若來若去若坐若臥 是人不解我所說義

부처 설한 여래 참뜻

중생제도 일념으로 사바세계 오시어서
천상천하 유아독존 육년고행 뒤로하고
보디수하 앉으시어 아도불성 요종불기
불퇴전의 용맹정신 무상정각 증득했다

팔만사천 고통바다 중생제도 일념으로
제행무상 자등명과 법등명을 밝히면서
여여하게 위의갖춰 여법하게 누우신분
삼천대천 청정법계 사바에서 이루니라

오고가며 앉았다가 눕는것이 여래라면
내가설한 참된뜻을 이해하지 못함이다
참된여래 무념무상 무주무멸 적정하여
생사마저 자유로와 오고감이 없느니라

(2) 왜냐하면 수부띠야!

“여래라 함은
어느 곳으로 부터 따라서 온 것도 없고
또한 어느 곳으로 가는 것도 없으므로
그리하여 그 이름을 여래라고 하느니라.”

tat kasya hetoḥ?

Tathāgata iti Subhūte
ucyate na kvacid-gato
na kutaścid āgataḥ.
tenocyate Tathāgato 'rhan samyaksambuddha iti.[268)]

དེ་ཅིའི་ཕྱིར་ཞེ་ན།
རབ་འབྱོར་དེ་བཞིན་གཤེགས་པ་ཞེས་བྱ་བ་ནི།
གར་ཡང་མ་བཞུད།

---

268) 산스끄리뜨어 “‘Tathāgata iti Subhūte ucyate(따타-가따 이띠 수부-떼 우찌야떼)’, ‘na kvacid-gato na kutaścid āgataḥ(나끄와찌드가또 나 꾸따슈찌드 아-가따하).’, ‘tenocyate Tathāgato 'rhan samyaksambuddha iti(떼노찌야떼 따타-가또 르한 삼약삼붓다 이띠).’” 라는 문장은 ‘금강경의 게송’이다.

이 게송의 내용은 “‘여래는{(tathāgata)・따타-가따: དེ་བཞིན་གཤེགས་པ།・如來}’, ‘이른바・라고(iti・이띠: ཞེས།・所謂)’, ‘수부띠여{subhūte(subhūti)・수부-떼: རབ་འབྱོར།・須菩提・善現}’, ‘일컬어지는{ucyate(√vac)・우찌야떼: ཞེས་བྱ།・called・說}’, ‘아니다(na・나: མ།・no・不・非)’, ‘어느 곳으로 가지도[kvacid-gato・끄와찌드 가또 = 어느 곳으로(kvacid・끄와찌드: anywhere・任何地方) + 가지도{gato(gata)・가또: བཞུད།・go・去}’, ‘아니다(na・나: 不・非)’, ‘어디로부터(kutaścid・꾸따슈찌드: from anywhere・任何地方)’, ‘오는 것도{āgataḥ(ā-gata)・아-가따하: བྱོན།・come・不去・來}’, ‘그리하여 말하여진다[tenocyate・떼노찌야떼 = 그리하여{tena(saḥ)・떼나: དེ་བས་ན།・therefore・是故} + 말하여진{ucyate(√vac)・우찌야떼: ཞེས་བྱ།・called・說}]’, ‘여래{tathāgato(tathāgata)・따타-가또: དེ་བཞིན་གཤེགས་པ།・如來}’, ‘아라한{'rhan(arh)・르한: དགྲ་བཅོམ་པ།・應供・阿羅漢}’, ‘정등각이라{samyaksambuddha(samyaksambuddha)・삼약삼붓다: རྫོགས་པའི་སངས་རྒྱས།・Fully Enlightened One・正等覺}’, ‘하느니라・이름하느니라(iti・이띠: 名爲).’”라는 뜻이다.

이 게송을 구마라습은 “如來者 無所從來 亦無所去 故名如來(여래자 무소종래 역무소거 고명여래)”로, 현장은 “善現 言如來者 即是眞實眞如增語 都無所去 無所從來 故名如來 應正等覺(선현 언여래자 즉시진실진여증어 도무소거 무소종래 고명여래 응정등각)”으로, 의정은 “妙生 都無去來 故名如來(묘생 도무거래 고명여래)”로, 보디류지는 “如來者 無所至去 無所從來 故名如來(여래자 무소지거 무소종래 고명여래)”로, 진제는 “須菩提 如來者 無所行去 亦無所從來 是故名如來 應供 正遍覺知(수부띠 여래자 무소행거 역무소종래 시고명여래 응공 정편각지)”로, 달마급다는 “如來者 善實 說名無所去 無所來 彼故說名如來 應正遍知者(여래자 선실 설명무소거 무소래 피고설명여래 응정편지자)”로 각각 번역(漢譯)하였다.

이러한 내용을 종합하여, 이 게송을 직역하면 다음과 같다.

“여래는
어느 곳으로 가는 것도 아니고
어느 곳으로부터 오는 것도 아니기 때문이다.
그리하여 여래・아라한・정등각이라 하느니라.”

གང་ནས་ཀྱང་མ་བྱོན་པའི་ཕྱིར་ཏེ།
དེས་ན་དེ་བཞིན་གཤེགས་པ་དགྲ་བཅོམ་པ་ཡང་དག་པར་རྫོགས་པའི་སངས་རྒྱས་ཞེས་བྱའོ།།

And why?

Because the word Tathâgata means
one who does not go to anywhere,
and does not come from anywhere;
and therefore he is called the Tathâgata (truly come), holy and fully enlightened.'

何以故

如來者
無所從來
亦無所去
故名如來

오고 감이 없는 여래

여래의몸 법계충만 오고감이 있으리까
참된진리 증득하여 반야의삶 살라하니
가고오고 앉고눕고 모든것이 평등하여
분별여읜 그이름을 여래라고 부르노라

마음같고 허공같아 오고감이 없음으로
달빛처럼 은은하고 햇빛처럼 찬란하네
이슬처럼 반짝이고 우레같이 능단하나
별빛처럼 모든중생 마음속에 자유롭다

여래라함 어디에서 따라서온 것도없고
이곳에서 어디론가 가는것도 없노라니
오는것과 가는것이 모두없는 것이므로
그리하여 그이름을 여래라고 하느니라

수
여 부띠야 그
래라함 여래대해 사람이
오는것과어떤사람앉아있고
내 가는것을 말하기 누워있음 이
가설 말하거 를 말한다 해하
한바른 나 면 지못함
뜻을 여 이다
가 참 래의몸 지 모
고오고 된진리 법계 충만 혜의삶 든것이
앉고눕 증득하 오고 감이 살라하 평등하
고 여 있으리 니 여
분별 까 여래
여윈그 마 달 라고부
이름 음같고 이 빛처럼 르노
을 허공같아 슬처럼 은은하고 라
오고감이반짝이고햇빛처럼
없음으 우레같이 찬란하
로 당당하 네
나
별빛
처 럼
모 든
마음속에 중생 자유롭다
여 따
래라함 라서온
어디에서 이 것도없고
곳에서
어디론가
가는것도
없노라
오는것과 니 모두없는
가는것 그리 것이므
이 하 여 로
그 이
여 래 라 고 름을 하 느 니 라

없 는 오고감이 여 래

॥नमो भगवत्या आर्यप्रज्ञापारमितायै॥

॥Namo bhagavatyā āryaprajñāpāramitāyai॥

༄།།སངས་རྒྱས་དང་བྱང་ཆུབ་སེམས་དཔའ་ཐམས་ཅད་ལ་ཕྱག་འཚལ་ལོ།།

南無世尊聖般若波羅蜜多

一合理相分 第三十

일합상의 참된 모습

UTHE PRINCIPLE OF A UNITY OF APPEARANCES

वज्रच्छेदिका प्रज्ञापारमिता सूत्र

Vajracchedikā Prajñāpāramitā Sūtra

༄༅། །འཕགས་པ་ཤེས་རབ་ཀྱི་ཕ་རོལ་ཏུ་ཕྱིན་པ་རྡོ་རྗེ་གཅོད་པ་ཞེས་བྱ་བ་བཞུགས་སོ།།

金剛般若波羅密經 Diamond Sūtra

금강반야바라밀경

제30분. 일합상의 참된 모습(1)

선남자와 선여인이 삼천대천 세계부숴
미세티끌 만든다면 그대생각 어떠한가
수부띠야 이티끌들 진정으로 많겠느냐
세존이여 미세티끌 진정으로 많습니다

왜냐하면 티끌들이 실제있는 것이라면
티끌들을 설하시지 아니했을 것입니다
미세티끌 미세티끌 아니라설 하시므로
그이름이 미세티끌 이라하는 것입니다

वज्रच्छेदिका प्रज्ञापारमिता सूत्र
Vajracchedikā Prajñāpāramitā Sūtra

༄༅། །འཕགས་པ་ཤེས་རབ་ཀྱི་ཕ་རོལ་ཏུ་ཕྱིན་པ་རྡོ་རྗེ་གཅོད་པ་ཞེས་བྱ་བ་བཞུགས་སོ།།

金剛般若波羅密經 Diamond Sūtra
금강반야바라밀경

제30분. 일합상의 참된 모습(2)

수부띠가 세계대해 부처님께 여쭙기를
여래께서 말씀하신 삼천대천 세계라함
삼천대천 세계아니 라고말씀 하시므로
그이름이 삼천대천 세계라고 불립니다

만약세계 있다하면 하나합친 상입니다
여래께서 설하신바 하나합쳐 진상이란
하나합쳐 진상아니 라고말씀 하시므로
그이름이 하나합쳐 진상이라 불립니다

수부띠야 일합상은 곧하나로 합쳐진상
말로서는 그상나타 낼수없는 것이란다
일합상은 법아니요 법아님도 아니니라
어리석은 범부들이 그것탐착 할뿐이다

Vajracchedikā Prajñāpāramitā Sūtra
금강반야바라밀경(金剛般若波羅密經)

30. 일합상의 참된 모습(一合理相分 第三十)
CHAPTER 30. THE PRINCIPLE OF A UNITY OF APPEARANCES

(1) "또한 수부띠야! 선남자와 선여인이 삼천대천세계에 있는 대지의 티끌만큼의 세계를 부수어 가루를 내어 미세한 티끌을 만든다면, 수부띠야! 이 미세한 티끌들이 많다고 하겠느냐?" 수부띠는 말씀드렸다. "세존이시여! 그렇습니다. 선서시여! 그 미세한 티끌은 매우 많습니다.

yaś ca khalu punaḥ Subhūte kulaputro vā kuladuhitā vā yāvantas trisāhasra-mahāsāhasre lokadhātau pṛthivī-rajāṃsi tāvatāṃ lokadhātūnām evaṃrūpaṃ maṣiṃ kuryāt yāvad evam asaṃkhyeyena viryeṇa tad yathāpi nāma paramāṇu-saṃcayaḥ.[269)]

---

269) 산스끄리뜨어 "yaś ca khalu punaḥ Subhūte(야슈 짜 깔루 뿌나하 수부-떼) kulaputro vā kuladuhitā vā(꿀라뿌뜨로 와- 꿀라두히따- 와-) yāvantas trisāhasra-mahāsāhasre lokadhātau pṛthivī-rajāṃsi tāvatāṃ lokadhātūnām(야-완따스 뜨리샤-하스라 마하-사-하스레 롤까다-따우 쁘리티위- 라장-시 따-와땅- 롤까다-뚜-남-) evaṃrūpaṃ maṣiṃ kuryāt(에왕루-빵 마쉼 꾸르야-뜨) yāvad evam asaṃkhyeyena vīryeṇa(야-와드 에왐 아상크예에나 위-리예나) tad yathāpi nāma paramāṇu-saṃcayaḥ(따드 야타-삐 나-마 빠라마-누 샹짜야하)"라는 문장의 의미는 아래와 같다.

이 문장의 내용은 "'무엇 · 그 · 누구{yaś(yaḥ) · 야슈: གང། · what · 誰}', '그리고 · 과 · 및(ca · 짜: འམ། · and · 與 · 及)', '참으로 · 실로(khalu · ཁལུ · 칼루: · truly · indeed · 加强語氣)', '또 · 다시{punaḥ(punar) · 뿌나하: ཡང་། · again · 再 · 也}', '수부띠 · 선현{subhūte(subhūti) · 수부-떼: རབ་འབྱོར། · 須菩提 · 善現}', '선남자{kulaputro(kula-putra) · 꿀라뿌뜨로: རིགས་ཀྱི་བུ། · the son of good family · 善男子}', '~와 · ~나 · 혹은 · 또는(vā · 와-: འམ། · 或者)', '선여인{kuladuhitā(kuladuhitṛ) · 꿀라두히따-: རིགས་ཀྱི་བུ་མོ། · the daughter of good family · 善女人}', '~와 · ~나 · 혹은 · 또는(vā: 或者)', '그만큼 보다{yāvantas(yāvat) · 야-완따스: ཇི་སྙེད། · all · 所有}', '삼천대천{trisāhasra-mahāsāhasre(trisāhasra-mahāsāhasra) · 뜨리샤-하스라 마하-사-하스레: སྟོང་གསུམ་གྱི་སྟོང་ཆེན་པོ། · 3,000 millions · 三千大千}', '세계{lokadhātau(lokadhātu) · 롤까다따-우: འཇིག་རྟེན་གྱི་ཁམས། · world system · 世界}', '대지의 미진들{pṛthivī-rajāṃsi(pṛthivī-rajas) · 쁘리티위- 라장-시: སའི་རྡུལ། · particles of dust · 大地微塵}', '그 만큼의 · 그것들이 가지고 있는 것들의{tāvatāṃ(tāvat) · 따-와땅-: དེ་སྙེད། · 彼等}', '세계{lokadhātūnām(lokadhātu) · 롤까다-뚜-남-: འཇིག་རྟེན་གྱི་ཁམས། · world · 世界}', '이러한 형태의{evaṃrūpaṃ(evaṃrūpa) · 에왕루-빵: 如是色}', '가루 · 분말{maṣiṃ(maṣi) · 마쉼: ཕྱེ་མ། · 墨 · 粉末}', '만들다{kuryāt(√kṛ-8) · 꾸르야-뜨: བྱས། · 作}', '모두 · 어느 곳이든(yāvad · 야-와드: ཇི་སྙེད་ཡོད་པ། · wherever · 凡是)', '이와 같이(evam · 에왐: as · 如是)', '헤아릴 수 없는 · 셀 수 없는{asaṃkhyeyaṃ(a-saṃ-khyeya) · 아상크예양: གྲངས་མེད། · incalculable · 無數}', '정진으로 · 노력으로{vīryeṇa(vīrya) · 위-리예나: vogour · 精進}', '그것은{tat(tad) · 따드: འདི། · it · 彼}', '같다 하더라도 · 마치(yathāpi · 야타-삐: ལྟར། · as · 如)', '~라고 이름하다 · 이름하여 ~라고 한다(nāma · 나-마: 名爲)', '미세한 티끌 · 원자의 덩이{paramāṇu-saṃcayaḥ(paramāṇu-saṃcaya) · 빠라마-누 샹짜야하: རྡུལ་ཕྲ་རབ་ཀྱི་ཚོགས། · collection of atomic quantities · 極微塵 = 극미의 · 미세한 · 원자의(paramāṇu · 빠라마-누: of atomic quantities · of many atoms · 極微 · 隣虛 · 最小) + 집합 · 축적 · 덩이 · 모임 · 티끌(saṃcayaḥ · 상짜야하: mass · collection · 塵 · 聚)}'"라는 뜻이다.

이러한 구절을 현장은 "復次 善現 若善男子或善女人 乃至三千大千世界 大地極微塵量等世界, 即以如是無數世界 色像爲墨如極微聚(부차 선현 약선남자혹선여인 내지삼천대천세계 대지극미진량등세계, 즉이여시무수세계 색상위묵여극미취)"라고 직역하였다. 구마라집은 "須菩提 若善男子善女人 以三千大千世界 碎爲微塵(수부띠 약선남자선여인 이삼천대천세계 쇄위미진)"이라고, 의정은 "妙生若善男子善女人 以三千大千世界土地 碎爲墨塵(묘생 약선남자선여인 이삼천대천세계토지 쇄위묵진)"이라며, 보디류지는 "須菩提若善男子善女人 以三千大千世界微塵 復以爾許微塵世界 碎爲微塵阿僧祇(수부띠 약선남자선녀인 이삼천대천세계미진 부이이허미진세계

tat kiṃ manyase Subhūte api nu bahuḥ sa paramāṇu-saṃcayo bhavet?
SUBHŪTIR āha: evam etat Bhagavann,
evam etat Sugata, bahuḥ sa paramāṇu-saṃcayo bhavet.

ཡང་རབ་འབྱོར་རིགས་ཀྱི་བུའམ་རིགས་ཀྱི་བུ་མོ་གང་ལ་ལ་ཞིག་གིས།
སྟོང་གསུམ་གྱི་སྟོང་ཆེན་པོའི་འཇིག་རྟེན་གྱི་ཁམས་ན་སའི་རྡུལ་ཇི་སྙེད་ཡོད་པ་དེ་དག་འདི་ལྟ་སྟེ།
དཔེར་ན་རྡུལ་ཕྲ་རབ་ཀྱི་ཚོགས་བཞིན་དུ་ཕྱེ་མར་བྱས་ན། རབ་འབྱོར་འདི་ཇི་སྙམ་དུ་སེམས།
རྡུལ་ཕྲ་རབ་ཀྱི་ཚོགས་དེ་མང་བ་ཡིན་སྙམ་མམ། རབ་འབྱོར་གྱིས་གསོལ་པ།
བཅོམ་ལྡན་འདས་དེ་དེ་ལྟར་ལགས་ཏེ། རྡུལ་ཕྲ་རབ་ཀྱི་ཚོགས་དེ་མང་བ་ལགས་སོ།།

'And again, O Subhûti, if a son or a daughter of a good family
were to take as many worlds as there are grains of earth-dust
in this sphere of a million millions of worlds,
and reduce them to such fine dust as can be made
with immeasurable strength,
like what is called a mass of the smallest atoms,
do you think, O Subhûti, would that be a mass of many atoms?'
Subhûti said: 'Yes, Bhagavat, yes, Sugata,
that would be a mass of many atoms.

復次須菩提 若善男子善女人 以三千大千世界微塵 爾微塵等世界 碎爲微塵[270]
於意云何 是微塵衆 寧爲多不 須菩提言 甚多世尊

삼천대천세계 미세한 티끌 많은가

미세티끌 삼천세계 대소실상 이치모습
소천세계 중천세계 대천세계 크다하나
삼천대천 모든세계 작은미진 이뤄진것
우주먼지 비유함은 실상파악 위함이다

삼천대천 세계대지 티끌만큼 세계들을

쇄위미진아승기)"라며, 진제는 "須菩提 若善男子善女人 以三千大千世界地大微塵 燒成灰末 合爲墨丸 如微塵聚(수부띠 약선남자선녀인 이삼천대천세계지대미진 소성회말 합위묵환 여미진취)"라고, 달마급다는 "若復善實 善家子若善家女 若所有三千大千世界地塵 彼如是色類墨作已 乃至如是不可數 譬如最小聚(약부선실 선가자약선가녀 약소유삼천대천세계지진 피여시색류묵작이 내지여시불가수비여최소취)"라고, 각각 번역하였다.

이러한 내용 등을 종합적으로 분석・검토하여, 저자는 "또한 수부띠야! 선남자・선여인이 삼천대천계에 있는 대지의 티끌만큼의 세계를 부수어 가루를 내어 미세티끌을 만든다면{復次須菩提 若善男子善女人 以三千大千世界微塵 爾微塵等世界 碎爲微塵(부차수부띠 약선남자선여인 이삼천대천세계미진 이미진등세계 쇄위미진)}"이라고 번역(韓譯・漢譯)하였다.

270) 저자번역{漢譯: 주) 269} 참조.

정성다해 부수어서 미세티끌 만든다면
그대생각 어떠한가 미세티끌 많겠는가
수부띠는 세존에게 이르시되 많습니다

(2) 왜냐하면 세존이시여! 만약 이 미세한 티끌들이 실제로 있는 것이라면
'미세한 티끌'이라 말씀하지 않았을 것이기 때문입니다.
세존이시여! 여래께서 미세한 티끌을 설하셨지만,
그것은 미세한 티끌이 아니라고 말씀하셨습니다.
그리하여 그 이름이 '미세한 티끌'인 것입니다.

tat kasya hetoḥ? saced Bhagavan bahuḥ paramāṇu-saṃcayo 'bhaviṣyat,
na Bhagavan avakṣyat paramāṇu-saṃcaya iti.
tat kasya hetoḥ? yo 'sau Bhagavan paramāṇu-saṃcayas Tathāgatena bhāṣitaḥ,
a-saṃcayaḥ sa Tathāgatena bhāṣitaḥ.
tenocyate paramāṇu-saṃcaya iti.

དེ་ཅིའི་སླད་དུ་ཞེ་ན། བཅོམ་ལྡན་འདས་གལ་ཏེ་རྡུལ་ཕྲ་རབ་ཀྱི་ཚོགས་ཤིག་མཆིས་པར་གྱུར་ན།
བཅོམ་ལྡན་འདས་ཀྱིས་རྡུལ་ཕྲ་རབ་ཀྱི་ཚོགས་ཞེས་བཀའ་མི་སྩོལ་བའི་སླད་དུའོ།། དེ་ཅིའི་སླད་དུ་ཞེ་ན།
བཅོམ་ལྡན་འདས་ཀྱི་རྡུལ་ཕྲ་རབ་ཀྱི་ཚོགས་ཞེས་གང་གསུངས་པ་དེ་ཚོགས་མ་མཆིས་
པར་དེ་བཞིན་གཤེགས་པས་གསུངས་པའི་སླད་དུ་སྟེ། དེས་ན་རྡུལ་ཕྲ་རབ་ཀྱི་ཚོགས་ཞེས་བགྱིའོ།།

And why? Because, O Bhagavat, if it were a mass of many atoms,
Bhagavat would not call it a mass of many atoms.
And why? Because, what was preached as a mass of many atoms
by the Tathâgata, that was preached as no-mass of atoms
by the Tathâgata; and therefore it is called a mass of many atoms.

何以故 若是微塵衆實有者 佛卽不說 是微塵衆
所以者何 佛說微塵衆 卽非微塵衆 是名微塵衆

그 이름이 미세한 티끌

삼천대천 세계모두 부수어서 만든티끌
티끌이라 티끌인가 티끌아님 이르노니
작고작은 미세티끌 이름하여 미진이라
티끌또한 이름일뿐 미진무상 아니런가

삼천대천 세계모두 부순먼지 미세티끌
무엇이라 칭하거나 사량할수 없는마음

무념무주 무상무멸 깨달아서 나아가면
미세티끌 하나하나 청정미진 보디니라

(3) 또한 여래께서 설하신 '삼천대천세계'는
곧 '삼천대천세계'가 아니라고 말씀하셨습니다.
그리하여 그 이름을 '삼천대천세계'라 하는 것입니다.

yaś ca Tathāgatena bhāṣitas trisāhasramahāsāhasro lokadhātur iti,
a-dhātuḥ sa Tathāgatena bhāṣitaḥ.
tenocyate trisāhasramahāsāhasro lokadhātur iti.

དེ་བཞིན་གཤེགས་པས་སྟོང་གསུམ་གྱི་སྟོང་ཆེན་པོའི་འཇིག་རྟེན་གྱི་ཁམས་ཞེས་གང་
གསུངས་པ་དེ་ཁམས་མ་མཆིས་པར་དེ་བཞིན་གཤེགས་པས་གསུངས་ཏེ།
དེས་ན་སྟོང་གསུམ་གྱི་སྟོང་ཆེན་པོའི་འཇིག་རྟེན་གྱི་ཁམས་ཞེས་བགྱིའོ།

And what was preached by the Tathâgata
as the sphere of a million millions of worlds,
that was preached by the Tathâgata as no-sphere of worlds;
and therefore it is called the sphere of a million millions of worlds.

世尊 如來所說三千大千世界 即非世界 是名世界

그 이름이 삼천대천세계

삼천대천 모든세계 영원존재 없느니라
생주이멸 사바세계 가명으로 잠시존재
사대오온 집착에서 중생고통 여의라고
자비로서 삼천대천 세계설함 아니리까

태초생각 그로부터 삼천대천 세계이랴
모든세계 따로있고 우리마음 따로없다
그까닭에 대천세계 우리마음 들아니니
여래일러 그이름이 삼천대천 세계이다

(4) 왜냐하면 세존이시여! 만약 세계가 있다면
그것은 곧 '하나로 합쳐진 상'이기 때문입니다. 여래께서 설하신
'하나의 합쳐진 상'은 '하나의 합쳐진 상'이 아니라고 말씀하셨습니다.
그리하여 그 이름을 '하나의 합쳐진 상'이라 하는 것입니다."

tat kasya hetoḥ? saced Bhagavan loka-dhātur abhaviṣyat, sa eva piṇḍa-grāho 'bhaviṣyat, yaś caiva piṇḍa-grāhaś Tathāgatena bhāṣitaḥ, agrāhah sa Tathāhatena bhāṣitaḥ. tenocyate piṇḍa-grāha iti.

དེ་ཅིའི་སླད་དུ་ཞེ་ན། བཅོམ་ལྡན་འདས་གལ་ཏེ་འཇིག་རྟེན་གྱི་ཁམས་ཤིག་མཆིས་པར་གྱུར་ན།
དེ་ཉིད་རིལ་པོར་འཛིན་པར་འགྱུར་བའི་སླད་དུའོ།།
དེ་བཞིན་གཤེགས་པས་རིལ་པོར་འཛིན་པར་གསུངས་པ་དེ་འཛིན་པ་
མ་མཆིས་པར་དེ་བཞིན་གཤེགས་པས་གསུངས་པའི་སླད་དུ་སྟེ། དེས་ན་རིལ་པོར་འཛིན་པ་ཞེས་བགྱིའོ།།

And why? Because, O Bhagavat, if there were a sphere of worlds,
there would exist a belief in matter; and what was preached
as a belief in matter by the Tathâgata,
that was preached as no-belief by the Tathâgata;
and therefore it is called a belief in matter.'

何以故 若世界實有者 卽是一合相 如來說一合相 卽非一合相 是名一合相

일합상이란[271)]

일합상은 차별없는 진여세계 여래마음
한우주가 티끌이요 한티끌속 우주있다
사바중생 티끌우주 달리있다 말하지만
실체없는 그자리가 일합상과 진여이다

나비우고 사람중생 수자마저 비움물론
더나아가 삼천대천 모든세계 다비운뒤
미세티끌 그마저도 다비우고 비운다면
진여마음 일합상도 그이름일 뿐이란다

세계있다 하면그것 일합상이 아니리까
여래께서 설하신바 하나합쳐 진상이란
하나합쳐 진상아니 라는것을 설하시어
그이름이 하나합쳐 진상이라 불립니다

---

271) 일합상(पिण्ड ग्राह piṇḍa-grāha: 一合相・聚一執・摶取・一合執・聚執・全一體)은 본질인 이(理)와 현상인 상(相)이 이치에 따라 하나로 합쳐진 것을 의미한다. 산스끄리뜨어 '삔다 그라-하(piṇḍa-grāha)'를 구마라집・보디류지는 일합상(一合相)으로, 진제는 취일집(聚一執)으로, 달마급다는 박취(摶取)으로, 현장은 일합집(一合執)으로, 의정은 취집(聚執)으로 각각 의역하였다. 일합상은 여러 인연으로 인하여 미세한 티끌들이 모여서 물질계를 형성하거나, 색(色)・수(受)・상(想)・행(行)・식(識)인 오온(五蘊)이 가합(假合)하여 사람이 되는 것과 같이, 여러 요인들이 융합(融合)하여 하나의 상을 형성하는 것을 말한다. 이를테면 파도와 물이 둘이 아니듯 본질과 현상, 법신과 화신, 공(空)과 상(相)이 둘이 아닌 것이다. 모든 것을 하나의 전체로 보고, 그것을 실체인 것처럼 총체적으로 집착을 하는 것을 말한다.

(5) 세존께서 말씀하셨다. "수부띠야! 곧 '하나의 합쳐진 상'은 말로써 나타낼 수 없는 것이다. 그것은 법도 아니요. 법 아님도 아니다. 다만 범부들이 그것을 탐내고 집착할 뿐이다."

BHAGAVĀN āha: piṇḍa-grāhaś caiva Subhūte ’vyavahāro ’nabhilapyaḥ.
na sa dharmo na-adharmaḥ, sa ca bālapṛthagjanair udgṛhītaḥ.

བཅོམ་ལྡན་འདས་ཀྱིས་བཀའ་སྩལ་པ། རབ་འབྱོར་རིལ་པོར་འཛིན་པ་ཉིད་ནི་ཐ་སྙད་དེ།
ཆོས་དེ་ནི་བརྗོད་དུ་མེད་པ་ཡིན་ནོ།། དེ་ཡང་བྱིས་པ་སོ་སོའི་སྐྱེ་བོ་རྣམས་ཀྱིས་བཟུང་ངོ་།།

Bhagavat said: 'And a belief in matter itself,
O Subhûti, is unmentionable and inexpressible;
it is neither a thing nor no-thing,
and this is known by children and ignorant persons.'

須菩提 一合相者 即是不可說 但凡夫之人 貪著其事

일합상은 불가설

사상이란 중생들의 기본상에 안매이고
부처육신 삼십이상 팔십종호 안얽매여
설법상과 정토장엄 상마저도 깨뜨리고
미진부터 삼천대천 세계까지 여의노라

수부띠야 하나로서 합쳐져서 있는모습
말로나타 낼수없고 표현할수 없느니라
그것법도 아님물론 법아님도 아니지만
사바중생 일합상에 집착하려 하느니라

미세티끌 삼천대천 모든세계 유무없고
분별차별 또한없어 무아이며 공이로다
그러하고 그러하나 범부중생 탐착하니
그로인해 번뇌망상 시비논쟁 일어난다

삼
미 천대천 여
세티끌 세계부숴 래께서
많겠느냐미세티끌미세티끌
그 미세티끌 만든다 미세티끌 이
이름 많습니 면 아니므 라말
을미세 다 로 씀하십
티끌 수 니다
그 여 부띠가 삼 라
것삼천 래께서 세계 대해 천대천 고할수
대천세 말씀하 부처 님께 세계라 없으므
계 신 사뢰기 함 로
그리 를 대천
하여그 대 여 세계라
이름 천세계 하 래께서 합니
을 있다하면 나합쳐 설하신바 다
하나합친진상아니하나합쳐
상입니 라고말씀 진상이
다 했음으 란
로
그이
름 을
하 나
진상이라 합쳐 고합니다
수 합
부띠야 쳐진바
곧하나로 말 일합상은
로서는
그상나타
낼수없는
것이란
일합상은 다 법아님도
법아니 어리 아니니
요 석 은 라
범 부
그 것 탐 착 들이 할 뿐 이 다

참 된 일합상의 모 습

॥नमो भगवत्या आर्यप्रज्ञापारमितायै॥

॥Namo bhagavatyā āryaprajñāpāramitāyai॥

॥སངས་རྒྱས་དང་བྱང་ཆུབ་སེམས་དཔའ་ཐམས་ཅད་ལ་ཕྱག་འཚལ་ལོ॥

南無世尊聖般若波羅蜜多

知見不生分 第三十一

법상마저 내지 않음

KNOWLEDGE AND VIEWS ARE NOT PRODUCED

वज्रच्छेदिका प्रज्ञापारमिता सूत्र

Vajracchedikā Prajñāpāramitā Sūtra

༄༅། །འཕགས་པ་ཤེས་རབ་ཀྱི་ཕ་རོལ་ཏུ་ཕྱིན་པ་རྡོ་རྗེ་གཅོད་པ་ཞེས་བྱ་བ་བཞུགས་སོ། །

金剛般若波羅密經 Diamond Sūtra

금강반야바라밀경

제31분. 법상마저 내지 않음

수부띠야 어떤사람 여래아견 인견물론
중생견과 수자견을 설했다고 말한다면
수부띠야 여래의뜻 그대생각 어떠한가
이사람은 내가설한 뜻알았다 하겠느냐

세존께서 설한뜻을 알지못한 것입니다
여래설한 아견인견 중생견과 수자견은
아견인견 중생견과 수자견이 아닙니다
그이름이 아견인견 중생수자 견입니다

깨달음을 얻으려면 법을알고 보며믿고
이해하여 법상내지 않아야만 하느니라
수부띠야 여래법상 법상아님 설하느니
그리하여 그이름을 법상이라 하느니라

Vajracchedikā Prajñāpāramitā Sūtra
금강반야바라밀경(金剛般若波羅密經)

31. 법상마저 내지 않음(知見不生分 第三十一)
CHAPTER 31. KNOWLEDGE AND VIEWS ARE NOT PRODUCED

(1) "왜냐하면 수부띠야! 어떤 사람이
'여래가 아견 · 인견 · 중생견 · 수자견'을 설했다고 한다면,
수부띠야! 그는 내가 설한 진리를 바르게 이해한 것이라고 하겠느냐?"
수부띠는 말씀드렸다. "세존이시여! 그렇지 않습니다.
선서시여! 그 사람은 여래께서 설하신 뜻을 바르게 이해하지 못한 것입니다.

tat kasya hetoḥ? yo hi kaścit Subhūta evaṃ vaded:
ātma-dṛṣṭis Tathāgatena bhāṣitā,
sattva-dṛṣṭir jīva-dṛṣṭiḥ pudgala-dṛṣṭis Tathāgatena bhāṣitā,
api nu sa Subhūte samyagvadamāno vadet?
SUBHŪTIR āha: no hīdaṃ Bhagavan no hīdaṃ Sugata,
na samyag-vadamāno vadet.

རབ་འབྱོར་གང་ལ་ལ་ཞིག་འདི་སྐད་དུ། དེ་བཞིན་གཤེགས་པས་བདག་ཏུ་ལྟ་བར་གསུངས།
དེ་བཞིན་གཤེགས་པས་སེམས་ཅན་དུ་ལྟ་བ་དང་། སྲོག་ཏུ་ལྟ་བ་དང་།
གང་ཟག་ཏུ་ལྟ་བར་གསུངས་སོ་ཞེས་ཟེར་ན་དེ་ཡང་དག་པས་སྨྲ་བས་སྨྲ་བ་ཡིན་ནམ།
རབ་འབྱོར་གྱིས་གསོལ་པ། བཅོམ་ལྡན་འདས་དེ་ནི་མ་ལགས་སོ།། བདེ་བར་གཤེགས་པ་དེ་ནི་མ་ལགས་སོ།།

'And why? Because, O Subhûti,
if a man were to say that belief in self, belief in a being,
belief in life, belief in personality had been preached by the Tathâgata,
would he be speaking truly?'
Subhûti said: 'Not indeed, Bhagavat, not indeed,
Sugata; he would not be speaking truly.

須菩提 若人言 佛說我見人見衆生見壽者見
須菩提 於意云何 是人解我所說義不 不也世尊 是人不解如來所說義

지견 냄은 바른 것인가[272)]

272) 지견(ज्ञान दर्श jñāna-darśana: 知見 · 智見 · 正智見)은 사리(事理)를 증지(證知)하는 혜(慧)의 작용으로서, 사물의 이치를 지혜로 깨달아 아는 견해를 말한다. 의식(意識)에 의하여 아는 것을 '지(知)', 안식(眼識)에 의해 보는 것을 '견(見)'이라 한다. 또 이치로

아견인견 중생견과 수자견인 사상지견
어떤사람 여래사상 지견설함 말했다면
여래설한 참된뜻을 이해했다 하겠느냐
그사람은 여래참뜻 이해못한 것입니다

금강경은 끊임없이 일체의상 타파하라
그핵심은 한마디로 아상인상 벗어나고
중생상과 수자상을 여의라는 설법이니
이를통해 사상타파 지견얻게 될것이다

금강경의 사상지견 머릿속에 기억하며
금강경을 요해했다 지견하나 추가하여
금강경다 이해하고 알고있다 말한다면
아상인상 중생상과 수자상에 매임이다

(2) 왜냐하면 세존이시여! 여래께서는 '아견 · 인견 · 중생견 · 수자견'은 곧 '아견 · 인견 · 중생견 · 수자견'이 아니라고 설하셨기 때문입니다. 그리하여 그 이름을 '아견 · 인견 · 중생견 · 수자견'이라 하는 것입니다."

tat kasya hetoḥ? yā sā Bhagavann ātma-dṛṣṭis Tathāgatena bhāṣitā, a-dṛṣṭiḥ sā Tathāgatena bhāṣitā. tenocyata ātma-dṛṣṭir iti.

དེ་ཅིའི་སྐད་དུ་ཞེ་ན། བཅོམ་ལྡན་འདས་དེ་བཞིན་གཤེགས་པས་བདག་ཏུ་ལྟ་བར་གང་གསུངས་པ་དེ་ནི་ལྟ་བ་མ་མཆིས་པར་དེ་བཞིན་གཤེགས་པས་གསུངས་པའི་སྐད་དུ་སྟེ། དེས་ན་བདག་ཏུ་ལྟ་བ་ཞེས་བགྱིའོ།།

And why? Because, O Bhagavat, that was preached by the Tathâgata as no-belief; therefore it is called belief in self.'

何以故 世尊說我見人見衆生見壽者見
即非我見人見衆生見壽者見 是名我見人見衆生見壽者見

미루어 생각하여 밝히는 것(推求)을 '지(知)', 각료(覺了)를 '견(見)'이라고도 한다. 여기에서 지(知)라 하면 깨달음에 이르게 하는 모든 수행을 두루 아는 보살의 지혜로서, ① 중생교화를 위하여 세간 · 출세간 · 유루(有漏) · 무루(無漏)의 도에 해당하는 지혜인 도종지(道種智), ② 모든 법의 총상(總相)을 개괄적으로 아는 성문(聲聞) · 연각(緣覺)의 지혜인 일체지(一切智), ③ 일체만법의 하나하나의 상(別相)을 낱낱이 정밀하게 개괄적으로 아는 지혜인 일체종지(一切種智)의 세 가지 지혜(三智)를 뜻한다. 그리고 견(見)이라 하면, ① 보통 인간의 눈인 육안(肉眼), ② 천계(天界)에 구비된 눈으로써 원근 · 주야 모두 살펴서 알 수 있는 힘(察知力) 또는 직감력을 가진 천안(天眼), ③ 사물에는 고정된 실상이란 것이 없이 항상 변화하고 공(空)이라는 생명의 한 실상(一實相)을 보는 지혜의 눈인 혜안(慧眼), ④ 일체중생을 구제하려고 정법을 널리 펴기 위하여 불법은 물론 삼라만상의 이치에 통달하고 자비가 그 바탕이 되는 지혜의 눈인 법안(法眼), ⑤ 시간적으로 과거 현세 미래의 삼세와 공간적으로 시방법계(十方法界)인 전 우주를 하나도 남김없이 바로 밝게 볼 수 있는 부처의 눈인 불안(佛眼)의 오안(五眼)을 나타낸다.

사상지견 이름일 뿐

금강경의 사상견해 머릿속에 기억하며
금강경을 요해했다 지견하나 추가하여
이런지견 갖는다면 여래참뜻 모름이니
사상지견 이름일뿐 집착해선 아니된다

아견인견 중생견과 수자견을 타파하라
팔만사천 고통바다 진리뗏목 오르고서
고해건너 니르바나 도착하면 뗏목놓듯
사상타파 수행방편 그마저도 여의어라

세존이여 아견인견 중생견과 수자견은
아견인견 중생견과 수자견이 아니므로
그리하여 그이름이 아견이고 인견이며
중생견과 수자견이 라불리는 것입니다

(3) 세존께서 말씀하셨다.
"수부띠야! 이와 같이 아눗따라삼약삼보디의 마음을 낸 자는
일체법에 대하여 마땅히 이와 같이 알아야만 하고 보아야만 하며,
이와 같이 믿고 이해하여, 법상마저 내지 않아야 한다.

BHAGAVĀN āha: evaṃ hi Subhūte bodhisattva-yāna samprasthitena
sarva-dharmā jñātavyā draṣṭavyā adhimoktavyāḥ.
tathā ca jñātavyā draṣṭavyā adhimoktavyāḥ
yathā na dharma-saṃjñā-āpi pratyupatiṣṭhet.273)

བཅོམ་ལྡན་འདས་ཀྱིས་བཀའ་སྩལ་པ།
རབ་འབྱོར་འདི་ལ་བྱང་ཆུབ་སེམས་དཔའི་ཐེག་པ་ལ་ཡང་དག་པར་ཞུགས་པས།
འདི་ལྟར་ཆོས་ཐམས་ཅད་ཤེས་པར་བྱ། ལྟ་བར་བྱ།

---

273) 와이디야(Vaidya P.L.)의 *Vajracchedika Prajnaparamita: The Mithila Institute* 1961(*Buddhist Sanskrit Texts*, 17)의 번역본에서는 'yathā na dharma-saṁjñāyām-api pratyupatiṣṭhennā-dharmasaṁjñāyām(야타- 나 다르마상즈냐-얌- 아-삐 쁘라띠우빠띠슈뗀나- 다르마상즈냐-얌-).'으로, 에드워드 콘즈(Edward Conze)의 *The Diamond Sutra*(*Buddhist Wisdom Books*, 1958)에서는 'yathā na dharma-samjñā pratyupasthāhe(야타- 나 다르마상즈냐- 쁘라띠우빠스타-헤).'로 각각 나타내고 있다.
이 구절의 내용은 '이와 같이{tathā~yathā · 따타-~야타- : 如同~一樣 = ~같이(yathā · 야타-: ཇི། · as · 如)}', '아니다 · 없다(na · 나: མ། · not · 不 · 非)', '법상{dharmasaṃjñā(dharma-saṃjñā) · 다르마상즈냐-: ཆོས་སུ་འདུ་ཤེས། · a perception of a dharma · 法想 · 法相}', '마저 · 조차(api · 아삐: 亦 · also · even · too)', '머무르다 · 내다{pratyupatiṣṭhet(praty-upa-√sthā-1) · 쁘라띠우빠띠슈테뜨: གནས། · set up · 住 · 生}'라는 뜻이다.
이 구절을 구마라습은 '如是 不生法相(여시 불생법상)'이라고, 현장은 '如是 不生法想(여시 불생법상)'이라며, 의정은 '法想 亦無所住(법상 역무소주)'라고 각각 번역(漢譯)하였다.
이러한 내용을 근간으로, 저자는 '(이와) …같이 법상마저 내지 않아야 한다.'라고 번역(韓譯)하였다.

མོས་པར་བྱ་སྟེ། ཅི་ནས་ཆོས་སུ་འདུ་ཤེས་པ་ལ་མི་གནས་པར་ཤེས་པར་བྱའོ།།

Bhagavat said: 'Thus then, O Subhûti,
are all things to be perceived, to be looked upon,
and to be believed by one who has entered on the path of the Bodhisattvas.
And in this wise are they to be perceived, to be looked upon,
and to be believed, that a man should believe neither in the idea
of a thing nor in the idea of a no-thing.

須菩提 發阿耨多羅三藐三菩提心者 於一切法 應如是知如是見如是信解 不生法相

법상마저 내지마라

일체중생 불성있다 무분별지 구족했다
중생본래 번뇌없다 불생불멸 성품이다
이들모두 나와사람 중생수자 매임물론
아견인견 중생견과 수자견이 아니리까

일체법에 무상정등 정각마음 일으킨자
사상물론 진리라는 법상마저 내지마라
이말씀이 진리로다 이런견해 법상이니
그이름이 법상일뿐 법상또한 없느니라

(4) 왜냐하면 수부띠야! 여래는 '법상'은 '법상'이 아니라고 설하였기 때문이다. 그리하여 그 이름을 '법상'이라고 한다."

tat kasya hetoḥ?
dharma-saṃjñā dharma-saṃjñeti Subhūte a-saṃjñaiṣā
Tathāgatena bhāṣitā. tenocyate dharma-saṃjñeti.

དེ་ཅིའི་ཕྱིར་ཞེ་ན། རབ་འབྱོར་ཆོས་སུ་འདུ་ཤེས་ཆོས་སུ་འདུ་ཤེས་ཞེས་བྱ་བ་ནི།
དེ་འདུ་ཤེས་མེད་པར་དེ་བཞིན་གཤེགས་པས་གསུངས་པའི་ཕྱིར་ཏེ།
དེས་ན་ཆོས་སུ་འདུ་ཤེས་ཆོས་སུ་འདུ་ཤེས་ཞེས་བྱའོ།།

And why? Because, by saying:
The idea of a thing, the idea of a thing indeed,
it has been preached by the Tathâgata as no-idea of a thing.'

須菩提 所言法相者 如來說即非法相 是名法相

이름하여 법상

금강경을 독송하고 사구게등 요해함은
불퇴전의 정진으로 진여자성 깨닫는길
이길만이 바르다는 상과아집 벗어나서
부처마음 이르도록 깨달음을 일깨운다

수부띠야 일체법을 이와같이 알고보며
믿으면서 이해하여 법상내지 않느니라
수부띠야 여래법상 법상아님 설했나니
그리하여 그이름을 법상이라 하느니라

보디심을 발한자는 일체중생 불성본다
모든중생 무루종지 스스로가 족함알며
중생자성 본래부터 생멸없음 다아느니
무상설법 무상만행 그이름이 법상이다

수
중 부띠야 수
생견과 어떤사람 부띠야
수자견을 여래아견 여래의뜻
이 설했다고 인견물 그대생각 뜻
사람 말한다 론 어떠한 알았
은내가 면 가 다하겠
설한 세 느냐
아 여 존께서 중 수
견인견 래설한 설한 뜻을 생견과 자견이
중생견 아견인 알지 못한 수자견 아닙니
과 견 것입니 은 다
그이 다 중생
름이아 이 수 수자견
견인 해하여 법 부띠야 입니
견 법상마저 이라는 여래법상 다
안내어야상도없고법상아님
하느니 법이아닌 설함이
라 상도없 니
어
그리
하 여
그 이
법상이라 름을 하느니라
보 일
디심을 체중생
발한자는 모 불성본다
든중생
무루종지
스스로가
족함알
중생자성 며 생멸없음
본래부 무상 다아느
터 설 법 니
무 상
그 이 름 이 만행 법 상 이 다
내 지 법상마저 않 음

॥नमो भगवत्या आर्यप्रज्ञापारमितायै॥

॥Namo bhagavatyā āryaprajñāpāramitāyai॥

༄།།སངས་རྒྱས་དང་བྱང་ཆུབ་སེམས་དཔའ་ཐམས་ཅད་ལ་ཕྱག་འཚལ་ལོ།།

南無世尊聖般若波羅蜜多

應化非眞分 第三十二

모든 상을 여읜 교화

RESPONSES AND TRANSFORMATIONS ARE UNREAL

वज्रच्छेदिका प्रज्ञापारमिता सूत्र

Vajracchedikā Prajñāpāramitā Sūtra

༄༅།།འཕགས་པ་ཤེས་རབ་ཀྱི་ཕ་རོལ་ཏུ་ཕྱིན་པ་རྡོ་རྗེ་གཅོད་པ་ཞེས་བྱ་བ་བཞུགས་སོ།།

金剛般若波羅密經 Diamond Sūtra

금강반야바라밀경

제32분. 모든 상을 여읜 교화

수부띠야 한량없는 아승기의 세계들에
어떤사람 칠보가득 채워보시 한다하자
보살마음 낸선남자 선여인이 이경지녀
사구게만 읽고외워 연설하여 준다하자

그러하면 사구게복 저복보다 뛰어나다
어떻게들 남을위해 설명하여 줄것인가
설명하여 주겠다는 관념집착 하지말고
무상으로 여여하게 설명해야 하느니라

현상계의 모든법은 꿈과같고 환상같고
물거품과 같음물론 그림자와 같느니라
이슬같고 또한번개 구름과도 같을지니
마땅히들 이와같이 관하여야 하느니라

부처님이 금강경다 설하시어 마치나니
수부띠와 비구비구니 우바새 우바이와
모든세상 천신인간 아수라들 말씀듣고
기뻐하며 믿고받아 받들어서 행하였다

Vajracchedikā Prajñāpāramitā Sūtra
금강반야바라밀경(金剛般若波羅密經)

32. 모든 상을 여읜 교화(應化非眞分 第三十二)
CHAPTER 32. RESPONSES AND TRANSFORMATIONS ARE UNREAL

(1) "또한 수부띠야! 만약 어떤 사람이 한량없는 아승기[274] 세계들을 칠보로써 가득 채워 여래 · 아라한 · 정등각들에게 보시하더라도, 만약 선남자와 선여인이 이 경이나 이 경의 사구게 하나라도 받아 지녀 독송하고 다른 사람에게 설하여 준다면, 이 인연으로 인하여 더 많은 복덕을 얻게 될 것이다.

yaś ca khalu punaḥ Subhūte bodhisattva mahāsattvo 'prameyān asaṃkhyeyāṃl lokadhātūn saptaratna-paripūrṇaṃ kṛtvā Tathāgatebhyo 'rhadbhyaḥ samyaksambuddhebhyo dānaṃ dadyāt, yaś ca kulaputro vā kuladuhitā vetaḥ prajñāpāra-mitāya dharmaparyāyād antaśaś catuṣpādikām api gāthām udgṛhya dhārayed deśayed vācayet paryavāpnuyāt parebhyaś ca vistareṇa saṃprakāśayed, ayam eva tato nidānaṃ bahutaraṃ puṇyaskandhaṃ prasunuyād aprameyam asamkhyeyam.

ཡང་རབ་འབྱོར་བྱང་ཆུབ་སེམས་དཔའ་སེམས་དཔའ་ཆེན་པོ་གང་གིས་འཇིག་རྟེན་གྱི་ཁམས་དཔག་ཏུ་མེད་ཅིང་གྲངས་མེད་པ་དག་རིན་པོ་ཆེ་སྣ་བདུན་གྱིས་རབ་ཏུ་གང་བར་བྱས་ཏེ་སྦྱིན་པ་བྱིན་པ་བས། རིགས་ཀྱི་བུའམ་རིགས་ཀྱི་བུ་མོ་གང་གིས་ཤེས་རབ་ཀྱི་ཕ་རོལ་ཏུ་ཕྱིན་པ་འདི་ལས་ཐ་ན་ཚིག་བཞི་པའི་ཚིགས་སུ་བཅད་པ་ཙམ་བྲིས་ནས་འཛིན་ཏམ། འཆང་ངམ། ཀློག་གམ། ཀུན་ཆུབ་པར་བྱེད་དམ། གཞན་དག་ལ་རྒྱ་ཆེར་ཡང་དག་པར་རབ་ཏུ་སྟོན་ན་དེ་ཉིད་ཀ ཞི་དེ་ལས་བསོད་ནམས་ཆེས་མང་དུ་གྲངས་མེད་དཔག་ཏུ་མེད་པ་བསྐྱེད་དོ།།

'And, O Subhûti, if a noble-minded Bodhisattva were to fill immeasurable and innumerable spheres of worlds with the seven treasures, and give them as a gift to holy and fully enlightened Tathâgatas; and if a son or a daughter of a good family, after taking from this treatise of the Law,

274) 아승기(असंख्येय asaṃkhya · asaṃkhyeya: 阿僧祇 · 阿僧祇耶)는 산스끄리뜨어 '아상키야(asaṃkhya)'의 음역으로, 헤아릴 수 없고 표현할 수 없는 가장 많은 수를 말하며(量数或极大数之意), 무수(無數) · 무앙수(無央數)라고 번역하기도 한다. 금강경 응화비진분(應化非眞分)과 화엄경 탐현기(探玄記) 등에 수록되어 있다.

this Pragñâpâramitâ, one Gâthâ of four lines only,
should learn it, repeat it, understand it,

須菩提 若有人 以滿無量阿僧祇世界七寶 持用布施
若有善男子善女人 發菩薩心者 持於此經 乃至四句偈等
受持讀誦 爲人演說 其福勝彼

사구게 독송과 설해주는 복덕

아승기의 세계들을 칠보채워 보시해도
선남선녀 이경이나 사구게중 하나라도
받아지녀 독송하고 다른사람 설해주면
이복덕이 칠보보시 복덕보다 뛰어나다

칠보채워 삼륜모두 청정하온 보시행은
무량세계 참으로도 소중하온 복덕으로
다함있고 흐름있는 물질보시 복덕이나
분별여읜 지혜완성 그복덕은 다함없다

청정보살 마음발한 선남자와 선여인이
금강경을 수지하여 사구게중 하나라도
타인위해 머묾없이 설해주는 그복덕은
수승하온 무루복덕 무엇과도 못견준다

(2) 그러면 어떻게 다른 사람을 위하여 설하여 줄 것인가?
설해 준다는 '상에 매이지 말고' 여여하고 흔들림이 없이 해야 한다."

kathaṃ ca saṃprakāśayet?
yathā na prakāśayet. tenocyate saṃprakāśayed iti.

ཇི་ལྟར་ཡང་དག་པར་རབ་ཏུ་སྟོན་ཅེ་ན།
ཇི་ལྟར་ཡང་དག་པར་རབ་ཏུ་མི་སྟོན་པ་དེ་བཞིན་དུ་ཡང་དག་པར་རབ་ཏུ་སྟོན་པ་སྟེ།
དེས་ན་ཡང་དག་པར་རབ་ཏུ་སྟོན་པ་ཞེས་བྱའོ།།

and fully explain it to others,
then the latter would on the strength
of this produce a larger stock of merit,
immeasurable and innumerable.

云何爲人演說 不取於相 如如不動

진리 설함 상여의고 여여부동

다른사람 제도위해 어떻게들 설해주랴
상매이지 아니하고 여여하게 부동하라
시간공간 주관객관 다초월한 자리이며
진공으로 불변이라 취할상이 있겠는가

소중하온 인연따라 이와같이 법설할뿐
진리설함 물론이고 진리에도 자성없다
바른설법 일체세계 온갖현상 집착않고
부처님의 높고깊은 무상법문 전하란다

가리키는 손가락과 그말에도 속지마라
중생제도 자비방편 그와같이 설함이니
자세하게 법설함을 바로보고 들었는가
진리설함 상이없어 여여부동 그뿐이다

(3) "현상계의 모든 법[275)]은 꿈과 같고 환상과 같으며, 물거품과 같고 그림자와 같으며, 이슬과 같고 또한 번개와 같나니, 마땅히 이와 같이 관할지니라."

TĀRAKĀ TIMIRAṂ DĪPO.
MĀYĀ-AVAŚYĀYA BUDBUDAṂ
SVAPNAṂ[276)] VIDYUD ABHRAṂ CA
EVAṂ DRAṢṬAVYAṂ SAṂSKṚTAM.[277)]

---

275) 유위법(संस्कृत saṃskṛta: conditioned・有爲法・和合所爲・現象界・有爲者)은 산스끄리뜨어로 '상스끄리따(saṃskṛta)'라고 하며 현상계를 의미한다. 이 '상스끄리따(saṃskṛta)'의 단수 대격인 '상스끄리땀(संस्कृतम saṃskṛtam)'은 '인연의 화합으로 이루어진 현상계의 모든 법' 또는 '인연에 의하여 이루어져서 생멸 변화하는 모든 것'을 말한다. 구마라집・보디류지・진제・달마급다・의정은 '유위법(有爲法)'으로, 현장은 '화합소위(和合所爲)'로 각각 번역하였다.

276) '꿈'을 나타내는 산스끄리뜨어는 'SVAPNA(Ṃ)'이나, *Buddhist Wisdom Books*(p.62)와 金剛經梵文註解(p.252) 등에서는 팔리어로 '꿈'을 의미하는 'SUPINAṂ'으로 기술하고 있다.

277) 산스끄리뜨어 "'TĀRAKĀ TIMIRAṂ DĪPO(따-라까- 띠미랑 디-뽀).', 'MĀYĀ-AVAŚYĀYA BUDBUDAṂ(마-야- 아와슈야-야 부드부당)', 'SVAPNAṂ VIDYUD ABHRAṂ CA(수와쁘낭 위디우드 아브랑 짜)', 'EVAṂ DRAṢṬAVYAṂ SAṂSKṚTAM(에왕 드라슈따위양 상스끄리땀).'" 이라는 문장은 '금강경의 게송'이다.

이 게송의 내용은 "'별(tārakā・따-라까-: སྐར་མ།・stars・星)', '허깨비{timiraṃ(timira)・띠미랑: རབ་རིབ།・darkness・翳}', '등불{dīpo(dīpa)・디-뽀: མར་མེ།・lamp・燈}', '환상(māyā)・마-야-: སྒྱུ་མ།・phantom・幻', '이슬(avaśyāya・아와슈야-야: ཟིལ་པ།・dew・露)', '물거품{budbudaṃ(budbuda)・부드부당: ཆུ་བུར།・bubble・泡}', '꿈{svapnaṃ(svapna)・수와쁘낭: རྨི་ལམ།・dream・夢}', '번개(vidyud・위디우드: གློག・flash of lighting・電)', '구름{abhraṃ(abhra)・아브랑: སྤྲིན།・cloud・雲}', '과・및(ca・짜: དང་།・and・及・和・與)' 라고, '이와 같이(evaṃ・에왕: ལྟ་བུ།・so・如是)', '관하다・보다{draṣṭavyaṃ(√dṛś-1)・드라슈따위양: བལྟ།・should view・見・觀}', '유위{saṃskṛtaṃ(saṃskṛta)・상스끄리땀: འདུས་བྱས།・conditioned・和合所爲・有爲}.'"라는 뜻이다.

이 게송을 구마라집은 "一切有爲法 如夢幻泡影 如露亦如電 應作如是觀(일체유위법 여몽환포영 여로역여전 응작여시관)"으로, 현

སྐར་མ་རབ་རིབ་མར་མེ་དང་།།
སྒྱུ་མ་ཟིལ་པ་ཆུ་བུར་དང་།།
རྨི་ལམ་གློག་དང་སྤྲིན་ལྟ་བུར།།
འདུ་བྱས་ཐམས་ཅད་དེ་ལྟར་ལྟ།།

And how should he explain it?
As in the sky: Stars, darkness, a lamp, a phantom, dew, a bubble.
A dream, a flash of lightning, and a cloud--
thus we should look upon the world (all that was made).
Thus he should explain; therefore it is said: He should explain.[278)]

何以故

一切有爲法
如夢幻泡影
如露亦如電
應作如是觀

현상계의 유위법

사바세계 칠흑같은 밤밝히는 진리등불
거울속에 비쳐지는 아름다운 얼굴모습
사바중생 일천강에 비치는달 찾으려함
눈먼중생 소를타고 소찾음과 다름없다

금강행자 그이름과 모든상을 여의어라
그래야만 그속에서 본래면목 나를찾고
맑은강들 그가운데 밝은달을 건지리라
금강여래 무상으로 이와같이 관하란다

현상계의 모든법은 꿈과같고 환상같고

장은 "諸和合所爲 如星翳燈幻 露泡夢電雲 應作如是觀(제화합소위 여성예등환 로포몽전운 응작여시관)"으로, 의정은 "一切有爲法 如星翳燈幻 露泡夢電雲 應作如是觀(일체유위법 여성예등환 로포몽전운 응작여시관)"으로, 보디류지는 "一切有爲法 如星翳燈幻 露泡夢電雲 應作如是觀(일체유위법 여성예등환 로포몽전운 응작여시관)"으로, 진제는 "應觀有爲法 如暗翳燈幻 露泡夢電雲(응관유위법 여로포몽전운)"으로, 달마급다는 "星翳燈幻 露泡夢電 雲見如是 此有爲者(성예등환 로포몽전 운견여시 차유위자)"로 각각 번역하였다.

278) 에드워드 콘즈(Edward Conze, Harper Torchbooks, 1972: *Buddhist Wisdom Books*)의 영역(英譯)은 다음과 같다.

As stars, a fault of vison, as alamp,
A mock show, dew drops, or a bubble,
A dream,a lighting flash, or cloud,
So should one view what is conditioned.

물거품과 같음물론 그림자와 같느니라
이슬같고 또한번개 구름과도 같을지니
마땅히들 이와같이 관하여야 하느니라

(4) 부처님께서 이 경을 설하시고 나니,
장로 수부띠와 비구 · 비구니 · 우바새 · 우바이,
모든 세간의 천신 · 인간 · 아수라 등이 부처님의 말씀을 듣고,
모두 크게 기뻐하며 믿고 받들어 행하였다.

Idam avocad Bhagavān. āttamanāḥ sthavira Subhūtis,
te ca bhikṣu-bhikṣuṇy-upāsakopāsikās te ca bodhisattvāḥ
sa-deva-mānuṣa-asura-gandharvaś ca loko
Bhagavato bhāṣitam abhyanandann iti.

བཅོམ་ལྡན་འདས་ཀྱིས་དེ་སྐད་ཅེས་བཀའ་སྩལ་ནས། གནས་བརྟན་རབ་འབྱོར་དང་།
དགེ་སློང་དེ་དག་དང་། བྱང་ཆུབ་སེམས་དཔའ་དེ་དག་དང་།
འཁོར་བཞི་པོ་དགེ་སློང་དང་། དགེ་སློང་མ་དང་།
དགེ་བསྙེན་དང་། དགེ་ བསྙེན་མ་དང་།ལྷ་དང་། མི་དང་། ལྷ་མ་ཡིན་དང་།
དྲི་ཟར་བཅས་པའི་འཇིག་རྟེན་ཡི་རངས་ཏེ།
བཅོམ་ལྡན་འདས་ཀྱིས་གསུངས་པ་ལ་མངོན་པར་བསྟོད་དོ།།

Thus spoke the Bhagavat enraptured. The elder Subhûti,
and the friars, nuns, the faithful laymen and women,
and the Bodhisattvas also, and the whole world of gods, men,
evil spirits and fairies, praised the preaching of the Bhagavat.

佛說是經已 長老須菩提 及諸比丘比丘尼 優婆塞優婆夷 一切世間天人阿修羅
聞佛所說 皆大歡喜 信受奉行

금강경을 신수봉행하라

보고듣는 이밖에더 무상대도 있겠는가
기원정사 부처회상 금강설법 잘들으니
대우주가 다무너져 마음마저 둘곳없네
어찌하여 일체중생 신수봉행 아니하리[279)]

279) 불교의 모든 경전의 말미에는 신수봉행(信受奉行)이란 말이 있다. 이는 부처님의 가르침과 설법을 “믿고 받아서 받들어 행한다.” 라는 뜻이다. 금강경의 ‘상 여의라는 부처님의 법문’을 잘 새겨듣고, 오늘 이 시간! 현재 이 곳! 지금하고 있는 일상생활에서 이 일에, 그대로 실천하면서 그렇게 살아가자는 것이다.

세간천인 아수라와 간다르바 들을포함
모든세계 세존말씀 금강법문 기뻐하네
반야보시 진리깨침 그공덕은 다함없어
경전말씀 그공덕을 일체중생 베풀어라

보고들은 일체중생 근원으로 돌아가니
가난한이 보물얻고 그어머니 마저찾네
해보다도 더욱밝고 하늘보다 푸르나니
우주법계 일체중생 찬탄하지 아니하리

성스러운 부처님의 금강반야 바라밀경
아상인상 중생상과 수자상의 사상여읜
무분별지 증득하여 지금이곳 한찰나에
사바중생 남김없이 부처되라 이르신다

(5) 성스러운 세존의 금강반야바라밀은 완결되었다.

|| Āryavajracchedikā Bhagavatī Prajñāpāramitā samāptā ||

འཕགས་པ་ཤེས་རབ་ཀྱི་ཕ་རོལ་ཏུ་ཕྱིན་པ་རྡོ་རྗེ་གཅོད་པ་ཞེས་བྱ་བ་ཐེག་པ་ཆེན་པོའི་མདོ་རྫོགས་སོ॥

聖世尊能斷金剛般若波羅蜜究竟

금강반야바라밀의 완성

수부띠가 위의갖춰 오른무릎 땅에대고
합장하여 공경하며 희유한일 여쭙나니
선한이는 무상정등 정각마음 발하고서
어떻게들 머무르며 다스려야 하나이까

해공제일 수부띠의 간절한청 받으시고
성스러운 세존께서 무상법문 설하시니
아상인상 중생상과 수자상을 모두끊고
비법상은 물론이며 법상마저 여의란다

모든상을 다여의면 부처중생 본래없어
육근육경 육바라밀 마음마저 다비우니
사바세계 고통바다 불국정토 니르바나
현재이곳 하는이일 금강경의 완성이다

수
어 부떠야 보
떤사람 한량없는 살마음
칠보가득아승기의낸선남자
사 채워보시 세계들 선여인이 연
구게 한다하 에 이경지 설하
만읽고 자 녀 여준다
외워 그 하자
설 어 러하면 설 관
명하여 떻게들 사구 게복 명하여 념집착
주겠다 남을위 저복 보다 줄것인 하지말
는 해 뛰어나 가 고
무상 다 설명
으로여 현 물 해야하
여하 상계의 이 거품과 느니
게 모든법은 슬같고 같음물론 라
꿈과같고또한번개그림자와
환상같 구름과도 같느니
고 같을지 라
니
마땅
히 들
이 와
관하여야 같이 하느니라
부 설
처님이 하시어
금강경다 수 마치나니
부떠와
비구비구
니우바새
우바이
모든세상 와 아수라들
천신인 기뻐 말씀듣
간 하 며 고
믿 고
받 들 어 서 받아 행 하 였 다

여 읜 모든상을 교 화

현
상계의
모든법은
꿈과같고 환상같고
물거품과같음물론 그림자와같느니라
이슬같고또한번개 구름과도같을지니
마땅히들이와같이 관하여야하느니라
보고듣는이밖에더 세간천인아수라와
무상대도있겠는가기원정사 간다르와들을포함모든세계
부처회상금강설법잘들으니 Vajracchedikā Prajñāpāramitā Sūtra Mantra 세존말씀금강법문기뻐하네
대우주가다비어서마음마저둘곳없네 वज्रच्छेदिका प्रज्ञापारमिता सूत्र मन्त्र 반야보시진리깨침그공덕은다함없어
어찌하여일체중생신수봉행아니하리 금강반야바라밀경 진언 경전말씀그공덕을일체중생베풀어라
보고들은일체중생근원으로돌아가니 나 namo 모 성스러운부처님의금강반야바라밀경
깨달음에들게하는사구게등수지독송 바가 bhagavatī 와띠 아상인상중생상과수자상의사상여읜
해보다도더욱밝고하늘보다푸르나니 쁘라즈냐 빠 prajñāpāramitāyai 라미타야이 무분별지증득하여지금이곳한찰나에
우주법계일체중생찬탄하지아니하리 옴 이리따 이 oṃ īrita iṣira śruta 시라 스루따 사바중생남김없이부처되라이르신다
수부띠가위의갖춰오른무릎땅에대고 위샤야 viṣaya viṣaya 위샤야 해공제일수부띠의간절한청받으시고
합장하여공경하며희유한일여쭙나니 스 svāhā 와 성스러운세존께서무상법문설하시니
선한이는무상정등정각마음 하 아상인상중생상과수자상을
발하고서어떻게들머무르며 모두끊고비법상은물론이며
다스려야하나이까 법상마저여의란다
모든상을다여의면 부처중생본래없어
육근육경육바라밀 마음마저다비우니
사바세계고통바다 불국정토니르바나
현재이곳 하는이일
금강경의
완성이
다

॥नमो भगवत्या आर्यप्रज्ञापारमितायै॥

||Namo bhagavatyā āryaprajñāpāramitāyai||

||སངས་རྒྱས་དང་བྱང་ཆུབ་སེམས་དཔའ་ཐམས་ཅད་ལ་ཕྱག་འཚལ་ལོ||

南無世尊聖般若波羅蜜多

मन्त्र
Mantra
眞言 진언

金剛贊 금강찬　普禮 보례

XIII. मन्त्र Mantra 眞言 진언

1. वज्रच्छेदिका प्रज्ञापारमिता सूत्र मन्त्र
Vajracchedikā Prajñāpāramitā Sūtra Mantra[280)]
金剛般若波羅密經眞言
금강반야바라밀경진언

नमो भागअवतीप्राजनपरमितयै
ॐ इरिता इसिरा स्रुता विसय विसय स्वहा

namo bhagavatī prajñāpāramitāyai
oṃ īrita iṣira śruta viṣaya viṣaya svāhā

나모 바가와띠- 쁘라즈냐- 빠-라미따-야이
옴 이-리따 이쉬라 슈루따 위샤야 위샤야 스-와하- (세번)

那謨 婆伽跋帝 鉢喇壞 波羅弭多曳
唵 伊利底 伊室利 輸盧馱 毗舍耶 毗舍耶 莎婆訶[281)]

---

280) 산스끄리뜨어 금강반야바라밀경의 진언인 ‘namo bhagavatī prajñāpāramitāyai(나모 바가와띠- 쁘라즈냐- 빠-라미따-야이: 那謨 婆伽跋帝 鉢喇壞 波羅弭多曳)’ 다음에 ‘tadyathā oṃ īrita iṣira śruta viṣaya viṣaya svāhā(따디야타- 옴 이-리따 이쉬라 슈루따 위샤야 위샤야- 스와-하-: 卽說呪曰 唵 伊利底 伊室利 輸盧馱 毗舍耶 毗舍耶 莎婆訶)’라고 하여, tadyathā(따디야타-: 卽說呪曰・즉설주왈)라는 단어를 추가한 경전도 있다.

281) 구마라집(鳩摩羅什)의 금강경 번역본에 기술되어 있는 내용으로, 서장어(西藏語) 번역본에도 같은 내용이 있다. 이 금강반야바라밀경 진언의 의미를 언설로 표현하자면, “歸敬 有福德者(世尊) 般若到彼岸 (卽說呪曰) 嗡 所動 具有 變空聽覺 對象 領域 吉祥”이라고 나타낼 수도 있다.”라고 하며, 그리고 진언 뒤에는 “이 정수를 한 번 염송하는 사람은 금강경 일만구천번을 독송하는 같을 것이다. 길상이 있길 바란다.”라고 수록되어 있다.
또한 금강반야바라밀경 진언과 함께 금강반야무진장진언(金剛般若無盡藏 眞言)도 “namo bhagavatye prajñā pāramitāye tadyathā oṃ hrīḥ dhiri śrī sruti smrti viṣāya svāhā(나모 바가와띠에 쁘라즈냐- 빠-라미따-예 따디야타- 옴 흐리히 디리 슈리- 스루띠 스므르띠 위샤-야 스와-하-: 納謨 薄伽伐帝 鉢唎若 波羅蜜多曳 怛姪他 唵 紇唎 地唎 室唎 戍嚕知 三密栗知 佛社曳 娑訶(莎訶)”라고 전하여 진다. 금강반야무진장진언의 공덕으로 4종의 이름을 갖는 이 다라니는 “첫째 이름은 반야무진장이자, 둘째 이름은 반야의 눈이며, 셋째의 이름은 반야의 근본이고, 넷째 이름은 금강반야의 마음이다(此陀羅尼印, 有四種名: 一名般若無盡藏, 二名般若眼, 三名般若根本, 四名金剛般若心).”라고 한다.

2. वज्रा चित्तम् मन्त्र

Vajrā cittam mantra

金剛心眞言

금강심진언

ॐ उर्नी स्वहा

Oṃ Ūrṇi Svāhā

옴 우-르니 스와-하- (세번)

唵 烏倫尼 娑婆訶

3. 補闕圓滿眞言

보궐원만진언

ॐ हुरु-हुरु जय मुखे स्वहा

Oṃ huru-huru jaya mukhe svāhā

옴 후루 후루 자야 무케 스와-하- (세번)

唵 呼魯 呼魯 社耶 穆契 娑婆訶

4. 普回向眞言
보회향진언

ॐ स्मर स्मर विमन सर महा कक्र व हुम

Oṃ smara smara vimāna sara mahā-cakra va huṃ

옴 스마라 스마라 위마-나 사라 마하-짜크라 와 훔 (세번)

唵 娑摩囉 娑摩囉 彌摩曩 薩囉 摩訶 斫迦囉 瓦 吽

普回向 偈頌
보회향 게송

生命平等 法界無相 **생명평등 법계무상**
世界一花 佛衆生同 **세계일화 불중생동**
智心圓成 共證佛境 **지심원성 공증불경**
禪頌流通 功德無量 **선송류통 공덕무량**

모든생명 평등하고 진리세계 상없으니
세계하나 꽃과같고 부처중생 둘아니니
무분별지 원만성취 부처경계 함께이뤄
금강선송 유통하니 그공덕이 무량하다

XIV. 金剛贊
금강찬

斷疑生信 絶相超宗 頓忘人法解眞空
般若味重重 四句融通 福德歎無窮
無疑無信 無絕相 無超宗 無般若味
眞空妙有 無四句偈 福德非窮非無窮

단의생신 절상초종 돈망인법해진공
반야미중중 사구융통 복덕탄무궁
무의무신 무절상 무초종 무반야미
진공묘유 무사구게 복덕비궁비무궁

금강말씀 의심끊고 바른믿음 낼지니라
일체상을 다여의고 모든근본 초월하니
분별여읜 반야지혜 우주법계 가득하고
사구통해 복과덕이 무궁함을 읊조린다

금강말씀 의심없고 믿음조차 없느니라
일체상을 여읨없고 근본초월 없노라니
분별여읜 지혜마저 진공같이 비워있고
사구없어 복과덕이 비고빔을 즐기련다

XV. 普禮
보례

南無 祇園精舍 金剛會上 佛菩薩
나무 기원정사 금강회상 불보살 (세번)

天上天下無如佛
十方世界亦無比
世間所有我盡見
一切無有如佛者

천상천하무여불
시방세계역무비
세간소유아진견
일체무유여불자

하늘위나 하늘아래 붓다같은 분은없네
시방세계 누구와도 견줄이가 또한없고
온누리에 모든것을 남김없이 살펴봐도
그모두가 부처님과 같으신분 다시없다

南無娑婆世界 三界導師 四生慈父 人天敎主 三類化身
나무사바세계 삼계도사 사생자부 인천교주 삼류화신

南無本師 釋迦牟尼佛
나무본사 석가모니불

모
세 든생명 무
계하나 평등하고 분별지
꽃과같고진리세계원만성취
금 부처중생 상없으 부처경계 그
강선 둘아니 니 함께이 공덕
송유통 니 뤄 이무량
하니 금 하다
분 일 강말씀 모 우
별여읜 체상을 의심 끊고 든근본 주법계
반야지 다여의 바른 믿음 초월하 가득하
혜 고 낼지니 니 고
사구 라 무궁
통해복 금 일 함을읊
과덕 강말씀 분 체상을 조린
이 의심끊고 별여읜 여윔없고 다
믿음조차지혜마저근본초월
없느니 진공같이 없노라
라 비워있 니
고
사구
없 어
복 과
비고빔을 덕이 즐기련다
하 붓
늘위나 다같은
하늘아래 시 분은없네
방세계
누구와도
견줄이가
또한없
온누리에 고 남김없이
모든것 그모 살펴봐
을 두 가 도
부 처
같으신분 님과 다시없다

바 라 금강반야 밀 경

XVI. 金剛經禪頌塔

금강경선송탑

金

금

剛

강

般若

반야

波羅密經

바라밀경

凡所有相 皆是虛妄

범소유상 개시허망

若見諸相非相 則見如來

약견제상비상 즉견여래

是諸衆生

시제중생

無復我相人相衆生相壽者相

무부아상인상중생상수자상

無法相 亦無非法相

무법상 역무비법상

金剛眷菩薩 知我說法 如筏喩者 金剛愛菩薩

금강권보살 지아설법 여벌유자 금강애보살

法尙應舍 何況非法

법상응사 하황비법

金剛索菩薩 應如是生淸淨心 不應住色生心 金剛語菩薩

금강삭보살 응여시생청정심 불응주색생심 금강어보살

不應住聲香味觸法生心 應無所住而生其心

불응주성향미촉법생심 응무소주이생기심

如來所得阿耨多羅三藐三菩提

여래소득아뇩다라삼약삼보디

於中無實無虛 是故如來說一切法 皆是佛法

어중무실무허 시고여래설일체법 개시불법

諸心皆爲非心是名爲心

제심개위비심시명위심

過去心不可得 現在心不可得 未來心不可得

과거심불가득 현재심불가득 미래심불가득

是法平等無有高下 是名阿耨多羅三藐三菩提 以無我無人無衆生無壽者

시법평등무유고하 시명아뇩다라삼약삼보디 이무아무인무중생무수자

青除災金剛 修一切善法則得阿耨多羅三藐三菩提 白淨水金剛

청제재금강 수일체선법즉득아뇩다라삼약삼보디 백정수금강

碧毒 金剛 若以色見我 以音聲求我 是人行邪道 不能見如來 定持災金剛

벽독 금강 약이색견아 이음성구아 시인행사도 불능견여래 정지재금강

黃隨求金剛 如來者 無所從來 亦無所去 故名如來 紫賢神金剛

황수구금강 여래자 무소종래 역무소거 고명여래 자현신금강

赤聲火金剛 一切有爲法 如夢幻泡影 如露亦如電 應作如是觀 大神力金剛

적성화금강 일체유위법 여몽환포영 여로역여전 응작여시관 대신력금강

XVII. 金剛經禪頌圖
금강경선송도

佛	거	룩	한	상	신	체	특	징	모	습	들	두	함	께	건	너	자	면	진	리	뗏	목	필	요
라	그	상	닌	아	법	고	없	상	법	라	에	모	느	없	한	또	짓	거	고	없	실	진	데	하
니	마	며	상	아	님	을	다	안	다	니	속	다	니	같	이	청	정	마	음	일	으	켜	운	나
지	저	이	본	생	중	든	모	계	면	느	지	바	라	와	낼	을	음	마	그	이	없	야	가	건
할	도	짓	래	라	佛	모	든	세	허	없	마	통	그	이	지	느	낌	물	른	진	가	하	그	넌
야	또	거	아	니	부	여	상	바	망	도	라	고	리	佛	니	과	음	마	그	리	바	느	은	후
여	한	이	상	래	처	하	에	사	한	상	존	천	하	가	라	맛	을	러	서	에	는	니	함	엔
하	없	상	없	여	중	착	집	나	즐	자	재	사	여	손	佛	기	내	물	머	도	르	라	라	버
관	다	든	느	곧	생	분	별	하	알	수	하	만	분	할	여	향	지	말	며	머	무	마	디	리
이	佛	모	니	몸	내	이	낸	지	고	과	는	팔	별	취	래	리	소	상	형	들	히	땅	보	나
같	비	니	라	사	람	상	과	중	생	상	일	다	여	법	중	득	아	늣	따	라	삼	약	삼	니
와	구	이	것	한	망	허	두	모	상	의	체	같	원	닌	아	법	어	내	음	마	여	하	찌	어
이	들	아	나	의	설	법	비	유	하	면	뗏	목	무	상	정	각	얻	음	이	니	여	래	설	한
들	찾	로	으	성	음	법	의	래	여	나	이	는	하	노	르	이	라	이	법	불	을	법	체	일
히	으	법	은	꿈	과	같	고	환	상	같	고	물	려	라	사	람	중	생	수	자	없	음	으	로
땅	려	든	니	느	없	수	볼	목	면	래	여	거	보	佛	와	재	현	니	나	얻	못	음	마	선
마	고	모	라	고	감	이	없	음	으	로	된	품	를	수	나	있	하	여	높	고	낮	음	거	법
니	하	의	佛	오	서	에	곳	이	고	그	참	과	나	부	니	는	등	마	그	을	있	없	과	닦
지	는	계	여	아	어	도	없	노	없	리	두	갈	로	띠	하	그	평	음	가	없	래	음	니	아
을	이	상	래	같	디	것	는	라	도	하	모	음	으	야	라	마	법	도	수	느	미	으	이	위
같	는	현	라	공	른	가	가	니	것	여	들	물	상	모	디	음	이	얻	을	니	가	로	음	가
도	상	佛	함	허	고	같	음	마	온	그	그	른	형	든	보	을	로	실	佛	라	는	그	마	없
과	에	라	어	디	에	서	따	라	서	이	니	그	런	마	삼	얻	을	수	가	있	겠	이	이	는
를	매	니	느	하	고	라	래	여	을	름	이	림	저	음	약	삼	라	따	늣	아	을	름	름	가
구	여	삿	된	도	를	행	하	려	는	자	들	자	런	마	음	들	이	아	니	니	라	그	이	장
개	번	한	또	고	갈	슬	이	라	니	느	갈	와	이	佛	라	니	느	얻	을	음	달	깨	른	바

वज्रच्छेदिका प्रज्ञापारमिता सूत्र ध्यान गाथा

Vajracchedikā Prajñāpāramitā Sūtra Dhyāna Gāthā

༄༅། །འཕགས་པ་ཤེས་རབ་ཀྱི་ཕ་རོལ་ཏུ་ཕྱིན་པ་རྡོ་རྗེ་གཅོད་པ་ཞེས་བྱ་བ་ཐེག་པ་ཆེན་པོའི་མདོ། བསམ་གཏན་ཚིགས་སུ་བཅད་པ།།

金剛般若波羅密經 禪頌

붓다의 길
금강반야바라밀경 선송

금
강경의
무상법회
열린인연
어떠한
가
아난다는
부처님께 이와같이 들었노라
어느때에 부처님이 사위국의 기원정사
일천이백 일종식의공양들고 오십명의
비구들과 가사 바루 계시었다
공양 거두 시며 때가
되었 발씻 은후 나니
세존 사자 좌에 가사
입으 자리 펴고 시고
빠뜨 앉으 시니 라를
들으 그때 많은 신후
사위 대성
들어 가서
음식 비구들이부처님께 빌되
빈부 오시 다가가서 석가세존 었다 귀천
차별 다시 씻은 돌아 없이
평등 기원 두발 정사 하게
공양 머 리 받아
대 고
위의갖춰앉은두발 절하 머리대고절하고서
우측으로 세번돌고 였다 물러나서 앉았으니
팔만사천 근기따라 법설하기 위함인가
부처일상 그가운데 금강반야 드러났다
하
차별없이 평등하게 루한끼 비구들과 함께하고
자리앉아 무념무상 무심으로 생명공양 선정들어 사유하며
팔만사천 중생근기 탁발하 맑은마음 비추신다
되

वज्रच्छेदिका प्रज्ञापारमिता सूत्र ध्यान गाथा

Vajracchedikā Prajñāpāramitā Sūtra Dhyāna Gātha

༄༅། འཕགས་པ་ཤེས་རབ་ཀྱི་ཕ་རོལ་ཏུ་ཕྱིན་པ་རྡོ་རྗེ་གཅོད་པ་ཞེས་བྱ་བ་ཐེག་པ་ཆེན་པོའི་མདོ། བསམ་གཏན་ ཚིགས་སུ་བཅད་པ།།

Diamond Sutra Dhyana Gatha 金剛般若波羅密經 禪頌

붓다의 길
금강반야바라밀경 선송

제1분. 금강법회 열린 인연

금강경의 무상법회 열린인연 어떠한가
아난다는 부처님께 이와같이 들었노라
어느때에 부처님이 사위국의 기원정사
일천이백 오십명의 비구들과 계시었다

공양때가 되었나니 세존가사 입으시고
빠뜨라를 들으신후 사위대성 들어가서
음식빌되 빈부귀천 차별없이 평등하게
공양받아 기원정사 다시돌아 오시었다

일종식의 공양들고 가사바루 거두시며
발씻은후 사자좌에 자리펴고 앉으시니
그때많은 비구들이 부처님께 다가가서
석가세존 씻은두발 머리대고 절하였다

위의갖춰 앉은두발 머리대고 절하고서
우측으로 세번돌고 물러나서 앉았으니
팔만사천 근기따라 법설하기 위함인가
부처일상 그가운데 금강반야 드러났다

제2분. 수부띠가 법 청하다

하루한끼 무심으로 생명공양 탁발하되
차별없이 평등하게 비구들과 함께하고
자리앉아 무념무상 선정들어 사유하며
팔만사천 중생근기 맑은마음 비추신다

무심만행 탁발정도 실상반야 펼친후에
방편반야 전하고자 수부띠가 일어나서
오른무릎 땅에대고 합장하여 공경하며
위의모두 갖추고서 희유한일 여쭈었다

여래께서 모든보살 중생제도 당부하되
넓고깊은 마음으로 일체보살 부촉하니
선한이는 무상정등 정각마음 발하고서
어떻게들 머무르며 다스려야 하나이까

해공제일 수부띠야 착하고도 착하도다
여래모든 보살들을 보살피고 부촉하여
이와같이 그마음을 다스리게 하느니라
여래시여 즐거웁게 금강법문 여옵소서

제3분. 대승불교 바른 종지

금강의문 들어가니 부처님이 이르시되
수부띠야 큰마음을 일으키는 보살들은
스스로의 마음가짐 다음같이 항복받아
난태습화 이색삼상 구류중생 제도하라

내가모두 교화하여 무여열반 들게하리
가이없고 한량없는 중생제도 서원해도
보살중생 분별없고 보살중생 본래없어
중생제도 한뒤에도 제도중생 없느니라

수부띠야 만약마음 발한어떤 보살에게
중생상이 있다하면 보살이라 할수없다
왜냐하면 수부띠야 보살에게 아상인상
중생수자 상있으면 보살아님 때문이다

나라는나 상에매여 오욕칠정 일으키고

온갖망상 모든번뇌 윤회고통 반복하니
이와같은 사상집착 참된보살 아니므로
사상집착 모두끊어 보살이라 이름한다

제4분. 머묾 없는 묘행실천

수부띠야 법에머묾 없는보시 행할지니
대승불교 육바라밀 그첫번째 덕목바로
삼륜모두 청정하온 무상보시 아니런가
묘행무주 실천하는 보시행을 해야한다

색성향미 촉법에도 집착없이 보시하라
감각기관 육근이고 대상경계 육경이며
여섯근본 바탕으로 여섯경계 인식하니
일체중생 텅빈마음 보시실천 이르신다

응당보살 이와같은 무주상의 보시로써
그복덕이 거듭쌓여 어디서나 원만구족
불국정토 실현요체 온우주를 소유하니
무주상의 보시복덕 무량하기 때문이다

동방시방 허공의양 측량할수 있겠는가
동방물론 시방허공 측량할수 없습니다
무상보시 공덕쌓임 이와같이 무량하니
발자취도 남김없는 무상보시 행하여라

제5분. 상 없어야 여래 본다

수부띠야 신체특징 그대생각 어떠한가
신체특징 구족하면 여래라고 보겠느냐
수부띠가 사뢰기를 그와같이 못봅니다
신체특징 갖추어도 여래라고 못봅니다

세존이여 여래설한 신체특징 갖춤이란
신체적인 특징들을 갖춘것이 아닙니다
수부띠의 이와같은 신체특징 답변대해
세존께서 신체특징 다음같이 설하셨다

거룩한상 신체특징 모습들에 속지마라
존재하는 모든상은 모두허망 한것이니
모든상이 거짓이며 상아님을 다안다면
허망한줄 알고지낸 이내몸곧 여래니라

제6분. 바른 믿음 희유하다(1)

세존이여 중생들이 먼미래의 후오백세
바른법이 쇠퇴할때 이와같은 말씀듣고
진실마음 일으키어 바른믿음 내오리까
모든의심 벗어나게 어서빨리 이르소서

수부띠야 후오백세 무량세월 지나가도
복덕닦아 계지키며 지혜갖춰 말씀듣고
말세라도 경전말씀 바른믿음 내느니라
상을여읜 금강법문 듣자마자 선근되리

이런사람 한량없는 부처님께 귀의하여
무량불의 처소에서 여법하게 선근심어
금강반야 바라밀경 경구듣고 일념으로
한결같이 맑고바른 참된믿음 내느니라

바른 믿음 희유하다(2)

다생겁에 선근심어 참된믿음 내는자는
부처님의 분별여읜 지혜로써 그들알고
부처님의 눈으로써 선근중생 살피시니
한량없는 복덕얻음 모두알고 보느니라

사바세계 모든중생 나라하는 아상없다
인상물론 중생상과 수자상인 사상없고
진리실상 법이라는 법상마저 없음물론
또한법이 아니라는 비법상도 없느니라

큰마음낸 중생들이 마음의상 취한다면
나와사람 중생수자 집착하는 것이므로
법이라는 상가짐과 법아닌상 또한같아
법은물론 비법에도 집착해선 아니된다

비구들아 나의설법 비유하면 뗏목같다
팔만사천 고통바다 모두함께 건너자면
진리뗏목 필요하나 건넌후엔 버리나니
어찌하여 마음내어 법아닌법 취할손가

제7분. 얻음 없고 설함 없다

부처님이 말씀하되 그대생각 어떠한가
수부띠야 여래아뇩 따라삼약 삼보디란
위가없는 옳고바른 깨달음을 얻었느냐
여래설한 깨달음의 어떤법이 있겠는가

수부띠는 부처님의 말씀듣고 답을하되
제가세존 말씀하신 참뜻이해 하기로는
위가없는 옳고바른 깨달음의 법은없고
여래께서 어떤법도 설하신바 없습니다

수부띠야 위가없는 옳고바른 깨달음은
얻을수도 없음물론 설할수도 없느니라
법이라함 법아니고 법아님도 아니므로
모든성현 무위법서 차별있는 까닭이다

제8분. 깨달음 법 나온 경전

대승불교 제일실천 그덕목은 보시이니
선남자와 선여인이 삼천대천 세계가득
여래물론 아라한등 칠보채워 보시하면
선남선녀 이로인해 많은복덕 얻음될까

선한이들 칠보보시 많은복덕 얻음된다
여래설한 한량없이 많은복덕 얻음이란
한량없는 많은복덕 얻지않음 이르므로
여래많은 복과덕을 얻는다고 설하노라

칠보채워 여래물론 아라한등 보시해도
금강경의 법문중에 사구게중 하나라도
타인위해 자세하게 설해주는 그복덕은
불가사량 더큰복덕 얻고쌓음 되느니라

칠보보시 복덕보다 사구설한 복덕큼은
일체제불 금강경서 나왔음이 아니런가
여래의법 불법일러 불고라면 비불고요
그상마저 타파한것 이름하여 불법이다

제9분. 깨친 성인 상이 없음(1)

부처님이 말씀하되 그대생각 어떠한가
수부띠야 성인일과 수다원에 들어간자
다섯견혹 마저끊고 소승사과 예류과인
수다원과 증득했다 그생각을 일으킬까

수부띠는 답을하되 영원평안 흐름든자
수다원과 증득했다 생각하지 않습니다
증득한것 아니므로 수다원과 불리나니
색성향미 촉과법을 얻은것도 아닙니다

깨친 성인 상이 없음(2)

부처님이 말씀하되 그대생각 어떠한가
수부띠야 성인이과 사다함에 들어간자
천상가서 돌아와서 한번탄생 일래과인
사다함과 증득했다 그생각을 일으킬까

수부띠는 답을하되 제이생멸 없다는자
사다함과 증득했다 생각하지 않습니다
증득한것 아니므로 사다함과 불리나니
세상일래 성인이과 얻은것도 아닙니다

부처님이 말씀하되 그대생각 어떠한가
수부띠야 성인삼과 아나함에 들어간자
천상가서 오지않는 인간세상 불래과인
아나함과 증득했다 그생각을 일으킬까

수부띠는 답을하되 세상옴이 없다는자
아나함과 증득했다 생각하지 않습니다
돌아오지 않으므로 아나함과 불리나니

욕계불환 성인삼과 얻은것도 아닙니다

깨친 성인 상이 없음(3)

부처님이 말씀하되 그대생각 어떠한가
수부띠야 성인사과 아라한에 들어간자
존경받을 만한사람 되었다는 응공과인
아라한과 증득했다 그생각을 일으킬까

수부띠는 답을하되 더배울것 없다는자
아라한과 증득했다 생각하지 않습니다
존경받을 자격갖춰 아라한과 불리나니
응진무학 성인사과 얻은것도 아닙니다

아라한이 존경받을 사람이란 생각하면
나와사람 중생수자 집착함이 안되리까
무쟁삼매 욕망떠난 제일인자 저라하나
욕망떠난 일아라한 생각하지 않습니다

제가만약 아라한과 증득했다 생각하면
무쟁삼매 제일인자 아란나행 즐기는자
수부띠라 말씀하지 아니했을 것이지만
얻음없어 아란나행 즐긴다고 했습니다

제10분. 불국정토 장엄하다(1)

부처님이 말씀하되 그대생각 어떠한가
여래옛적 연등불이 계신처소 그곳에서
연등불께 무엇인가 얻은법이 있었느냐
수부띠는 답을하되 얻은법이 없습니다

어떤보살 불국토를 장엄한다 말했다면
수부띠야 그보살은 잘못된말 함이된다
불국토를 장엄함은 장엄함이 아니므로
이름하여 불국토를 장엄한다 하느니라

이와같이 청정마음 일으켜야 하느니라

마땅히들 형상소리 향기맛과 느낌물론
진리에도 머물러서 그마음을 내지말며
머무르는 바가없이 그마음을 낼지니라

불국정토 장엄하다(2)

수부띠야 어떤사람 잘갖춰진 크나큰몸
비하건대 산중의왕 수미산과 같다하면
그대생각 어떠한가 그몸크다 하겠느냐
수부띠는 답을하되 세존이여 커옵니다

여래께서 몸은몸이 아니라고 했습니다
그리하여 몸이라고 불리는것 이랍니다
실로그것 몸아니며 몸아님도 아닙니다
그이름이 몸이라고 불리는것 이랍니다

제11분. 무위의 복 수승하다

강가큰강 모래만큼 강가강이 있다하자
이런모든 강가강들 모래많다 하겠는가
강가강들 수만해도 셀수없이 많습니다
그와같은 강가강들 모래수에 있어서랴

선남자와 선여인이 강가강의 모래만큼
많고많은 세계들을 칠보로써 가득채워
여래물론 아라한과 정등각들 보시하면
수부띠야 그리하여 쌓은복덕 많겠느냐

수부띠가 답을하되 세존이여 많습니다
선서시여 그선남자 선여인은 그로인해
헤아릴수 없음물론 무엇으로 셀수없는
많고많은 복과덕을 쌓게되는 것입니다

부처님이 말씀하되 실로또한 수부띠야
무량세계 칠보채워 여래에게 보시해도
선한이가 이경전의 사구게중 하나라도
타인위해 설해주면 그복덕더 많느니라

제12분. 참 가르침 존중받음

수부띠야 다시또한 이경전의 내용이나
사구게중 하나라도 설명하여 들려주면
그지방은 일체천인 아수라등 존중하며
공양하는 부처님의 탑묘와도 같느니라

어떤사람 이법문을 완전하게 받아지녀
독송하고 이해하여 남을위해 설해주면
수부띠야 그사람은 최상제일 희유한법
성취한자 라는사실 알아야만 하느니라

수부띠야 이와같은 경전있는 곳이라면
무상정등 정각마음 깨달으신 스승이자
우러러서 받들분인 부처님이 상주하고
존중받는 제자들이 머무르는 곳이니라

제13분. 경을 받아 지니는 법(1)

부처님이 바른고법 존중하라 말씀하니
수부띠는 부처님께 이와같이 여쭈었다
이경전을 이름하여 무엇이라 부르오며
어떻게들 마음속에 간직해야 하오리까

부처님은 수부띠의 물음대해 말씀하되
이법문은 금강반야 바라밀로 이름한다
수부띠야 이경전의 제목으로 간직하여
너희들이 받들어서 지녀야할 것이니라

수부띠야 그대들이 금강반야 바라밀경
이와같이 받들어서 지녀야할 참된이유
여래설한 지혜완성 지혜완성 아니므로
그이름을 지혜완성 이라하는 것이란다

경을 받아 지니는 법(2)

수부띠야 법에대한 그대생각 어떠한가
여래설한 그어떠한 법이라도 있겠는가

수부띠는 부처님께 답하기를 세존이여
여래께서 설하신바 어떤법도 없습니다

수부띠야 티끌대한 그대생각 어떠한가
삼천대천 세계있는 대지티끌 많겠느냐
수부띠는 답을하되 세존이여 많습니다
선서시여 대지티끌 그와같이 많습니다

여래설한 대지티끌 대지티끌 아니므로
이름하여 대지티끌 이라하는 것입니다
여래설한 세계들은 세계들이 아니므로
그리하여 그이름이 세계라고 불립니다

삼십이상 신체특징 여래라고 볼수있나
그런신체 특징으론 여래볼수 없습니다
삼십이상 신체특징 특징아님 설하시니
그이름이 삼십이상 신체특징 이랍니다

강가강의 모래만큼 생명보시 한다해도
어떤사람 금강경의 사구게송 만이라도
받아지녀 타인위해 법설하여 준다하면
게송설한 그복덕이 저복보다 더욱많다

제14분. 모든 상을 여읜 적멸(1)

수부띠는 금강경의 설하심을 듣고나서
뜻을깊이 이해하여 감응눈물 흘리나니
그는눈물 닦고나서 부처님께 여쭙기를
세존이여 경이롭고 최상희유 하옵니다

여래께서 최상승에 나아가는 이들위해
이와같은 최상승의 법문설한 말씀으로
예로부터 지금까지 얻은혜안 만으로는
깊고깊은 이런법문 들은적이 없습니다

세존이여 어떤사람 이경전의 말씀듣고
믿는마음 청정하여 진실상이 일어나면
이런생각 일으키는 사람들은 경이롭고

최상제일 경이로운 공덕가진 자입니다

왜냐하면 세존이여 실상이라 하는것은
참으로는 실상이라 하는것이 아닙니다
이름하여 실상이라 설하셨기 때문이니
제가법문 신해수지 어려운일 아닙니다

모든 상을 여읜 적멸(2)

세존이여 어떤중생 미래세의 후오백세
모든정법 쇠퇴할때 이법문을 듣고나서
독송하고 이해하여 정성다해 설해주면
그사람은 훌륭하고 경이로운 자입니다

세존이여 이런사람 나라는상 사람인상
중생상과 수자상도 일어나지 아니하고
아상인상 상아니고 중생수자 상아니며
일체모든 상여의어 부처라고 불립니다

수부띠야 진실됨은 그러하고 그러하다
어떤사람 이경듣고 놀라지도 아니하고
무서움과 두려움도 느끼지를 않는다면
최상제일 경이로움 갖춘사람 될것이다

왜냐하면 수부띠야 여래설한 최상완성
참으로는 최상완성 아니므로 그러하다
수부띠야 불세존들 그와같이 설하시니
이름하여 최상완성 이라하는 것이니라

모든 상을 여읜 적멸(3)

여래설한 인욕완성 인욕완성 아니니라
수부띠야 이를테면 깔링가왕 과거생에
나의온몸 살점들을 도려내던 그때에도
사상과상 상아님도 다없었기 때문이다

나의온몸 마디마디 살점떼낼 그때에도

아상인상 중생상과 수자상이 있었다면
사상으로 성을내고 원망하는 마음들이
나에게도 생기어서 나왔을것 때문이다

왜냐하면 수부띠야 과거세의 오백생애
인욕선인 그때에도 상없었기 때문이니
큰마음을 낸보살은 일체상을 다여의고
가장바른 깨달음의 마음내야 하느니라

모든 상을 여읜 적멸(4)

형상들에 집착하여 마음내지 말것이며
소리냄새 맛과느낌 집착하지 아니하고
진리물론 진리아님 집착마음 내지말며
마땅히들 머묾없이 그마음을 낼지니라

마음에는 머무름이 없어야만 하기때문
여래일러 보살마음 머묾없는 보시하며
형상소리 냄새와맛 느낌물론 진리에도
머묾없이 보시해야 한다라고 설하니라

수부띠야 모든보살 일체중생 이익위해
마땅히들 이와같이 보시해야 하느니라
왜냐하면 여래설한 중생상은 상아니고
일체중생 중생아님 설하였기 때문이다

모든 상을 여읜 적멸(5)

수부띠야 여래라함 참된말을 하는이고
바른말을 하는이며 이치맞는 말을하고
속임없는 말을하며 다른말을 아니하니
수부띠야 여래법은 진실없고 거짓없다

만약보살 마음법에 머물러서 보시하면
어둠속에 들어가면 볼수없는 것과같고
보살마음 법에머묾 없는보시 행한다면
햇빛비춰 형색볼수 있는것과 같느니라

수부띠야 미래세에 선남자와 선여인이
금강경을 받아지녀 바른마음 독송하면
한량없는 공과덕을 성취하게 될것임을
여래불지 불안으로 모두알고 보느니라

제15분. 경을 받아 지닌 공덕(1)

수부띠야 선남자와 선여인이 아침나절
강가강의 모래수들 만큼몸을 보시하고
낮과저녁 계속하여 그만큼몸 보시하며
이와같이 백천만억 겁의보시 한다하자

금강경의 말씀듣어 비방않고 믿는다면
믿는사람 그복덕이 저복보다 뛰어나다
금강경을 사경하며 받아지녀 독송하고
다른이들 이해하게 설명해줌 있어서랴

수부띠야 이경전을 간단하게 말한다면
생각할수 없음물론 뭐라말할 수도없는
가이없고 헤아릴수 없는공덕 있음으로
대승자와 최상승자 위해여래 설하노라

경을 받아 지닌 공덕(2)

어떤사람 금강경을 받아지녀 읽고외워
널리다른 사람위해 설해주는 이사람들
수부띠야 여래부처 지혜로써 그들알고.
여래부처 눈으로써 그들보며 보살핀다

이사람은 한량없고 말할수도 없음물론
가이없고 생각할수 없는공덕 얻느니라
이와같은 사람들은 위가없는 옳고바른
깨달음을 모두함께 성취하게 될것이다

수부띠야 믿음이해 뒤떨어진 소법자는
아상인상 중생상과 수자상에 집착하여
법문듣고 받아지녀 독송이해 할수없어

타인위해 설명하여 줄수없기 때문이다

수부띠야 이경전이 있는곳은 어디든지
모든세상 천상물론 인간들과 아수라들
다포함한 그들에게 공양받게 될것이며
공경하고 예배하는 탑묘와도 같느니라

제16분. 모든 업장 능히 맑힘(1)

수부띠야 선남자와 선여인이 금강경을
받아지녀 읽고외워 설명하며 들려줘도
만약다른 사람에게 천대멸시 받는다면
전생지은 죄업으로 악도떨어 질것이다

선남자와 선여인이 전생지은 죄업인해
금생에는 타인천대 멸시받은 까닭으로
전생지은 모든죄와 업보들이 소멸되고
가장바른 깨달음을 얻게되는 것이니라

수부띠야 나는과거 한량없는 아승기겁
연등불을 만나기전 팔백사천 니유따의
부처님들 모두만나 공양하고 받들어서
섬겼으며 지나친적 없었음을 기억한다

모든 업장 능히 맑힘(2)

수부띠야 어떤사람 만일정법 쇠퇴할때
이경받아 지녀읽고 외워얻은 공덕비해
부처님께 공양공덕 백에하나 못미치고
산수로도 비유로도 미치지를 못하니라

수부띠야 선남선녀 말세정법 쇠퇴할때
금강경을 받아지녀 읽고외워 얻은공덕
만약내가 그공덕을 자세하게 말한다면
이말들은 중생들은 의심불신 할것이다

수부띠야 진실로써 여래자신 이경전은

그참뜻이 불가사의 하다는것 설했느니
마땅히들 그과보도 말할수도 없음이며
불가사의 하다는것 알아야만 하느니라

제17분. 무아의 법 통달하라(1)

수부띠는 부처님께 이와같이 여쭈었다
위가없는 옳고바른 깨달음의 마음발한
선남자와 선여인이 어떻게들 그마음을
머무르고 수행하며 다스려야 하나이까

아뇩따라 삼약삼보 디심발한 사람들은
마땅히들 이와같이 그마음을 내야한다
한중생도 남김없이 제도할것 서원하여
일체중생 제도해도 제도중생 없느니라

왜냐하면 수부띠야 보살에게 나라는상
사람상과 중생상과 수자상이 있다하면
그이름을 보살이라 할수없기 때문이니
깨달음에 나아가는 법이없는 까닭이다

무아의 법 통달하라(2)

수부띠야 깨달은법 그대생각 어떠한가
여래그때 연등불의 처소에서 증득한바
위가없는 옳고바른 깨달은법 있었는가
부처님뜻 제가이해 하기로는 없습니다

세존이여 깨달은법 증득한바 없습니다
부처님이 이르시되 그러하고 그러하다
수부띠야 여래자신 위가없는 옳고바른
깨달음의 법이란것 증득한바 실제없다

수부띠야 여래일러 위가없는 옳고바른
깨달음의 법이란것 증득한바 있었다면
연등불이 내게그대 미래세에 석가모니

부처될것 수기하지 아니했을 것이니라

무아의 법 통달하라(3)

가장바른 깨달음을 얻은법은 실제없어
연등불이 내게그대 내세에는 석가모니
이름가진 부처될것 수기하여 주셨으니
여래라함 모든존재 진실모습 그뜻이다

어떤사람 여래아늑 따라삼약 삼보디를
증득했다 말한다면 그것실로 거짓이다
수부띠야 어떤법이 실로있어 위가없는
옳고바른 깨달음을 얻은것은 없느니라

여래증득 아늑따라 삼약삼보 디라하는
위가없는 바른깨침 얻은법은 실제없어
그가운데 진실없고 거짓또한 없노라니
이름하여 일체법을 불법이라 하느니라

비유하면 사람의몸 매우큰것 같느니라
수부띠는 여쭙기를 세존이여 여래께서
사람몸이 매우크다 라는말씀 하셨는데
큰몸아님 이름하여 큰몸이라 말합니다

무아의 법 통달하라(4)

수부띠야 보살또한 그러하고 그러하다
한량없는 중생내가 제도한다 말한다면
진정으로 그는보살 이라할수 없을지니
보살이라 불릴어떤 법도또한 없느니라

왜냐하면 수부띠야 그와같이 이름함은
보살이라 할만한법 실제없기 때문이니
여래자신 모든법에 나라는것 사람인것
중생인것 수자인것 모두없다 설하였다

수부띠야 만약보살 스스로가 불국토를
장엄한다 말한다면 보살이라 할수없다
여래일러 불국토를 장엄한다 하는것은
장엄함이 아니므로 그이름이 장엄이다

수부띠야 보살있어 나와법에 걸림없이
궁극에는 모든것에 무아의법 통달하면
여래물론 아라한과 정등각은 이런사람
진정으로 그이름을 보살이라 부르노라

제18분. 한결같이 여래관함(1)

수부띠야 여래대한 그대생각 어떠한가
여래의눈 오안중에 삼라만상 바라보는
중생들의 육체의눈 여래에게 있겠느냐
세존이여 여래에게 육체의눈 있습니다

수부띠야 여래대한 그대생각 어떠한가
여래의눈 오안중에 천상욕계 볼수있는
시공초월 하늘의눈 여래에게 있겠느냐
세존이여 여래에게 하늘의눈 있습니다

한결같이 여래관함(2)

수부띠야 여래대한 그대생각 어떠한가
여래의눈 오안중에 무분별지 뚫어보는
무상근본 지혜의눈 여래에게 있겠느냐
세존이여 여래에게 지혜의눈 있습니다

수부띠야 여래대한 그대생각 어떠한가
여래의눈 오안중에 모든진리 비춰보는
대자대비 진리의눈 여래에게 있겠느냐
세존이여 여래에게 진리의눈 있습니다

수부띠야 여래대한 그대생각 어떠한가
여래의눈 오안중에 우주법계 밝혀보는
무상정각 부처의눈 여래에게 있겠느냐

세존이여 여래에게 부처의눈 있습니다

한결같이 여래관함(3)

수부띠야 강가모래 그대생각 어떠한가
여래강가 강의강변 모래들에 대하여서
법을설한 적있는가 선서시여 있습니다
세존이여 모래대해 법설한적 있습니다

수부띠야 부처세계 그대생각 어떠한가
한강가의 모래같이 그만큼의 강가있고
그강가의 모래만큼 부처세계 있다하면
그와같은 세계들이 많다라고 하겠느냐

수부띠가 답을하되 세존이여 많습니다
선서시여 그와같은 세계들은 많습니다
그와같은 모든세계 중생들의 온갖마음
나는여래 지혜로서 모두알고 있느니라

수부띠야 모든마음 마음들이 아니니라
그이름이 마음이니 과거마음 못얻나니
현재있는 그마음도 얻을수가 없음물론
미래있을 그마음도 얻을수가 없느니라

제19분. 우주법계 모두 교화

수부띠야 칠보보시 그대생각 어떠한가
삼천대천 세계칠보 가득채워 보시하면
그선남자 그선여인 칠보보시 인연으로
그로인해 매우많은 복과덕을 얻겠는가

세존이여 매우많은 복과덕을 얻습니다
그러하다 수부띠야 진실되게 그러하다
왜냐하면 여래복덕 얻는다고 하는것은
여래자신 복과덕을 얻는것이 아니니라

수부띠야 복과덕이 실로있는 것이라면

여래복과 덕을얻음 설하지를 아니한다
수부띠야 복과덕이 실로없는 것이므로
여래일러 복과덕을 얻는다고 설하니라

제20분. 색과 상을 여읜 여래

수부띠야 신체특징 그대생각 어떠한가
신체적인 특징들을 원만하게 갖춘다면
여래라고 보겠느냐 세존이여 아닙니다
신체특징 갖추어도 여래라고 못봅니다

왜냐하면 여래께서 원만하게 신체갖춤
원만하게 신체갖춤 아니라고 설하셨고
원만하게 신체특징 갖추었다 라는것은
이름하여 그와같이 갖췄기때 문입니다

세존께서 말씀하되 그대생각 어떠한가
삼십이상 갖춘다면 여래라고 보겠느냐
수부띠는 답을하되 그러하지 않습니다
삼십이상 갖추어도 여래라고 못봅니다

왜냐하면 신체특징 삼십이상 갖추는것
신체특징 갖춘것이 아니라고 설하시며
그이름이 신체특징 원만하게 갖추었다
신체특징 대한말씀 하셨기때 문입니다

제21분. 법 설하나 설함 없음

수부띠야 설법대한 그대생각 어떠한가
여래나는 설한법이 있다라고 하겠느냐
세존이여 여래께서 나는설한 법이있다
그와같은 생각들을 하시지를 않습니다

여래설한 법이있다 라고하면 거짓말로
사실아님 집착하여 여래비방 함이된다
설법이라 말하지만 설법이라 할것없어
그리하여 그이름을 설법이라 하느니라

그때혜명 수부띠는 부처님께 여쭈었다
미래세의 후오백세 정법쇠퇴 할때되어
중생들이 이와같은 법문들을 듣고나서
바른신심 내고자할 중생들이 있으리까

그들중생 아님물론 중생아님 아니니라
왜냐하면 수부띠야 중생이라 하는것은
여래일러 중생아님 설하였기 때문이다
그리하여 그이름을 중생이라 하느니라

제22분. 법은 얻을 것이 없다

수부띠야 깨침대한 그대생각 어떠한가
여래아늣 따라삼약 삼보디를 깨달았다
그와같이 깨친어떤 법이있다 하겠느냐
수부띠는 답을하되 그러한법 없습니다

여래께서 깨달은바 어떤법도 없습니다
세존께서 말씀하되 수부띠야 그러하다
어떤작은 법도없고 얻을것이 없으므로
그이름을 아늣따라 삼약삼보 디라한다

제23분. 맑은 마음 선법 닦음

실로이법 평등하여 높고낮음 없으므로
그이름을 아늣따라 삼약삼보 디라한다
나와사람 중생수자 없으므로 선법닦아
위가없는 옳고바른 깨달음을 얻느니라

선법닦아 깨달음을 증득한다 라고한다
왜냐하면 수부띠야 선법이라 하는것은
여래선법 아니라고 설하였기 때문이다
그리하여 그이름을 선법이라 하느니라

제24분. 복덕 지혜 비교 못함

수부띠야 삼천대천 세계있는 모든산들
그산들의 왕이라는 수메루산 그만큼을
선남자와 선여인이 칠보더미 가득쌓아
여래비롯 아라한등 보시한다 가정하자

만약다른 사람위해 금강반야 바라밀경
사구게의 한게송만 받아지녀 읽고외워
다른사람 제도위해 정성다해 자상하게
설하여서 일러주는 사람있다 가정하자

칠보더미 보시하고 사구게송 설해주는
두복덕중 앞의복덕 뒤의복덕 비한다면
백분의일 백천만억 분의일에 못미치며
어떤산수 비유로도 미칠수가 없느니라

제25분. 교화한 바 없는 교화

수부띠야 중생제도 그대생각 어떠한가
여래실로 나는응당 중생들을 제도한다
이와같은 생각들이 여래에게 일어날까
수부띠야 그와같은 생각들을 하지말라

왜냐하면 수부띠야 여래실로 스스로가
제도한바 그어떠한 중생없기 때문이다
여래나는 제도한바 어떤중생 있다하면
여래아인 중생수자 대한집착 있음이다

수부띠야 여래설한 자아집착 이라함은
자아집착 없지만은 범부들이 집착한다
수부띠야 범부라함 범부아님 말함이니
그이름이 범부들이 라불리는 것이니라

제26분. 법의 몸은 상이 아님

수부띠야 삼십이상 그대생각 어떠한가
삼십이상 갖춤으로 여래라고 보겠느냐
수부띠가 여쭙기를 여래라고 못봅니다

세존께서 말씀하되 수부띠야 그러하다

삼십이상 구족하여 여래라고 본다하면
상을갖춘 전륜성왕 곧여래라 할것이다
제가이제 부처님의 말씀이해 하기로는
삼십이상 갖추어도 여래라고 못봅니다

이런저런 형상으로 나를보려 하는이나
여래의법 음성으로 찾으려고 하는이는
상에매여 삿된도를 행하려는 자들이니
그들모두 참된여래 면목볼수 없느니라

법으로써 모든부처 보아야만 하느니라
참된스승 법의몸인 법신으로 보기때문
법의본래 성품이란 식별되지 않음으로
법의본성 분별통해 찾을수가 없느니라

제27분. 단절 없고 소멸 없음

수부띠야 신체특징 그대생각 어떠한가
여래삼십 이상신체 특징갖춘 것으로서
위가없는 옳고바른 깨달음을 얻었다는
이와같은 생각들을 그대또한 하겠느냐

수부띠야 그와같이 생각하면 아니된다
왜냐하면 수부띠야 삼십이상 신체특징
여래모두 갖추고서 있다는것 만으로는
무상정등 정각얻는 것아니기 때문이다

수부띠야 가장바른 깨달음의 마음낸자
모든법이 단절되고 소멸됨을 생각마라
위가없는 가장바른 깨달음의 마음낸자
어떤법의 단절소멸 상을인정 아니한다

제28분. 탐욕 집착 없는 복덕

수부띠야 선남선녀 강가모래 만큼세계

칠보로써 가득채워 여래에게 보시하고
또한보살 모든법이 무아임을 알아차려
능히욕됨 참아내는 인욕성취 한다하자

두공덕을 비교하면 이보살의 공과덕은
선남선녀 얻은공덕 그보다도 뛰어나다
왜냐하면 수부띠야 모든보살 지은복덕
받지않고 누리지도 아니했기 때문이다

수부띠는 부처님께 사뢰기를 세존이여
보살들은 지은복덕 받아서는 안됩니까
수부띠야 보살복덕 탐착해선 아니된다
그리하여 복덕받지 않는다고 설하니라

제29분. 오고 감이 없는 여래

수부띠야 여래대해 어떤사람 말하기를
여래라함 오는것과 가는것을 말하거나
그사람이 앉아있고 누워있음 말한다면
내가설한 바른뜻을 이해하지 못함이다

여래라함 어디에서 따라서온 것도없고
이곳에서 어디론가 가는것도 없노라니
오는것과 가는것이 모두없는 것이므로
그리하여 그이름을 여래라고 하느니라

제30분. 일합상의 참된 모습(1)

선남자와 선여인이 삼천대천 세계부숴
미세티끌 만든다면 그대생각 어떠한가
수부띠야 이티끌들 진정으로 많겠느냐
세존이여 미세티끌 진정으로 많습니다

왜냐하면 티끌들이 실제있는 것이라면
티끌들을 설하시지 아니했을 것입니다
미세티끌 미세티끌 아니라설 하시므로
그이름이 미세티끌 이라하는 것입니다

일합상의 참된 모습(2)

수부띠가 세계대해 부처님께 여쭙기를
여래께서 말씀하신 삼천대천 세계라함
삼천대천 세계아니 라고말씀 하시므로
그이름이 삼천대천 세계라고 불립니다

만약세계 있다하면 하나합친 상입니다
여래께서 설하신바 하나합쳐 진상이란
하나합쳐 진상아니 라고말씀 하시므로
그이름이 하나합쳐 진상이라 불립니다

수부띠야 일합상은 곧하나로 합쳐진상
말로서는 그상나타 낼수없는 것이란다
일합상은 법아니요 법아님도 아니니라
어리석은 범부들이 그것탐착 할뿐이다

제31분. 법상마저 내지 않음

수부띠야 어떤사람 여래아견 인견물론
중생견과 수자견을 설했다고 말한다면
수부띠야 여래의뜻 그대생각 어떠한가
이사람은 내가설한 뜻알았다 하겠느냐

세존께서 설한뜻을 알지못한 것입니다
여래설한 아견인견 중생견과 수자견은
아견인견 중생견과 수자견이 아닙니다
그이름이 아견인견 중생수자 견입니다

깨달음을 얻으려면 법을알고 보며믿고
이해하여 법상내지 않아야만 하느니라
수부띠야 여래법상 법상아님 설하느니
그리하여 그이름을 법상이라 하느니라

제32분. 모든 상을 여읜 교화

수부띠야 한량없는 아승기의 세계들에
어떤사람 칠보가득 채워보시 한다하자
보살마음 낸선남자 선여인이 이경지녀

사구게만 읽고외워 연설하여 준다하자

그러하면 사구게복 저복보다 뛰어나다
어떻게들 남을위해 설명하여 줄것인가
설명하여 주겠다는 관념집착 하지말고
무상으로 여여하게 설명해야 하느니라

현상계의 모든법은 꿈과같고 환상같고
물거품과 같음물론 그림자와 같느니라
이슬같고 또한번개 구름과도 같을지니
마땅히들 이와같이 관하여야 하느니라

부처님이 금강경다 설하시어 마치나니
수부띠와 비구비구니 우바새 우바이와
모든세상 천신인간 아수라들 말씀듣고
기뻐하며 믿고받아 받들어서 행하였다

वज्रच्छेदिका प्रज्ञापारमिता सूत्र

Vajracchedikā Prajñāpāramitā Sūtra

༄༅།།འཕགས་པ་ཤེས་རབ་ཀྱི་ཕ་རོལ་ཏུ་ཕྱིན་པ་རྡོ་རྗེ་གཅོད་པ་ཞེས་བྱ་བ་བཞུགས་སོ།།

金剛般若波羅密經 Diamond Sūtra

금강반야바라밀경

거
룩한상
신체특징
모습들에
속지마
라
존재하는
모든상은 모두허망 한것이니
모든상이 거짓이며 상아님을 다안다면
허망한줄 수부떠야모든마음 알고지낸
이내몸곧 마음 들이 여래니라
이와 아니 니라 같이
청정 그이 름이 마음
일으 마음 이니 켜야
하느 과거 마음 니라
마땅 못얻 나니 히들
형상 현재 있는 소리
향기 맛과
느낌 물론
진리 그마음도얻을수가 에도
머물 낼지 없음물론 미래있을 니라 러서
그마 그마 그마 음을 음을
내지 바가 음도 없이 말며
머무 얻 을 르는
수 가
이런저런형상으로 없느 나를보려하는이나
여래의법 음성으로 니라 찾으려고 하는이는
상에매여 삿된도를 행하려는 자들이니
그들모두 참된여래 면목볼수 없느니라
현
물거품과 같음물론 상계의 그림자와 같느니라
이슬같고 또한번개 모든법은 꿈과같고 구름과도 같을지니
마땅히들 이와같이 환상같 관하여야 하느니라
고

वज्रच्छेदिका प्रज्ञापारमिता सूत्र
Vajracchedikā Prajñāpāramitā Sūtra
𑖪𑖕𑖿𑖨𑖓𑖿𑖔𑖸𑖟𑖰𑖎𑖯 𑖢𑖿𑖨𑖕𑖿𑖗𑖯𑖢𑖯𑖨𑖦𑖰𑖝𑖯 𑖭𑖳𑖝𑖿𑖨
༄༅།།འཕགས་པ་ཤེས་རབ་ཀྱི་ཕ་རོལ་ཏུ་ཕྱིན་པ་རྡོ་རྗེ་གཅོད་པ་ཞེས་བྱ་བ་བཞུགས་སོ།།
金剛般若波羅密經 Diamond Sūtra

금강반야바라밀경

제1분. 금강법회 열린 인연

(法會因由分: THE REASONS FOR THE DHARMA ASSEMBLY)

이와 같이 나는 들었다. 한 때 부처님께서 기원정사에서 1,250명의 대비구승단과 보살마하살들과 함께 계셨다.

그때 세존께서는 공양 때가 되어 가사를 입고 바루를 들고 걸식을 위하여 슈라와스띠의 큰 성으로 들어가셨다. 그 성안에서 차례대로 밥을 빈 후에 본래 있던 곳으로 돌아 오셨다. 공양을 드신 뒤 가사와 바루를 거두시고 발을 씻은 다음 자리를 펴고 앉으셨다.

그 때 많은 비구들이 부처님께 다가가서, 세존의 두 발에 머리를 대고 절하고서, 세존의 오른쪽으로 세 번 돌고 한편으로 물러나 앉았다.

제2분. 수부띠가 법 청하다

(善現起請分: SUBHŪTI'S REQUEST)

그때 장로 수부띠가 대중 가운데 앉아 있다가 자리에서 일어나서 한쪽 어깨에 상의를 걷어 메고 오른쪽 무릎을 꿇고 합장하여 공경하며 부처님께 말씀드렸다. "참으로 희유합니다. 세존이시여! 여래께서는 보살들을 잘 보살펴 주시며, 중생을 잘 제도하도록 당부하십니다.

세존이시여! 아눗따라삼약삼보디심을 낸 선남자와 선여인은 마땅히 어떻게 머무르며, 어떻게 수행하며, 어떻게 그 마음을 다스려야 합니까?"

부처님께서 말씀하셨다. "훌륭하고 훌륭하도다. 수부띠야! 그대 말과 같이 여래는 모든 보살들을 잘 보살피고 보살들에게 잘 당부하느니라. 자세히 듣고 마음에 잘 새겨라. 그대를 위하여 설하리라. 아뇩따라삼약삼보디심을 낸 선남자와 선여인은 마땅히 이와 같이 머무르며, 이와 같이 그 마음을 다스려야 하느니라."

"예, 세존이시여! 즐거이 듣겠습니다."

제3분. 대승불교 바른 종지

(大乘正宗分: THE ORTHODOX DOCTRINE OF THE GREAT VEHICLE)

부처님께서 수부띠에게 말씀하셨다. "모든 보살마하살은 마땅히 다음과 같이 그 마음을 다스려야 하느니라. 이른바 존재하는 모든 중생으로서, 알에서 태어나는 것, 태에서 태어나는 것, 습기에서 태어나는 것, 화현하여 태어나는 것, 형상이 있는 것, 형상이 없는 것, 생각이 있는 것, 생각이 없는 것, 생각이 있는 것도 아니고 없는 것도 아닌 것들을 내가 모두 교화하여 남김없이 열반에 들도록 제도하리라고 발원하라.

이와 같이 한량없이 많은 중생들을 다 제도했지만, 실은 한 중생도 제도한 바 없느니라. 수부띠야! 만약 보살에게 중생상이 있으면 보살이라고 할 수 없다. 왜냐하면 수부띠야! 만약 보살에게 아상 · 인상 · 중생상 · 수자상이 있으면 이는 곧 보살이 아니기 때문이니라."

제4분. 머묾 없는 묘행실천

(妙行無住分: WONDERFUL PRACTICE
IS NOT TO RELY ON ANYTHING)

"또한 수부띠야! 보살은 법에 머무르는 바 없이 보시를 해야 한다. 그 무엇에 머무르며 보시를 해서는 안 된다. 형상에 머무르는 바 없이 보시를 해야 하며, 소리 · 냄새 · 맛 · 느낌 · 마음의 대상에 머무르지 아니하고 보시를 해야 한다.

수부띠야! 이와 같이 보살은 마땅히 어떠한 상에도 머무르지 아니하고 보시를 해야 한다. 왜냐하면 만약 보살이 상에 머무르지 않고 보시를 하면 그 복덕은 생각으로 헤아릴 수가 없기 때문이다.

수부띠야! 그대는 어떻게 생각하느냐? 동방의 허공을 생각으로 헤아릴 수 있겠느냐?"

수부띠가 말씀드렸다. "세존이시여! 그렇게 할 수 없습니다."

세존께서 말씀하셨다. "그와 같이 남 · 서 · 북방 그 사이의 방위들과 아래 · 위의 방위인 시방의 허공을 생각으로 헤아릴 수 있겠는가?"

수부띠가 말씀드렸다. "세존이시여! 그렇게 할 수 없습니다."

세존께서 말씀하셨다. "수부띠야! 그와 같이 만약 보살이 머무르지 않고 보시하면, 그 복덕은 생각으로 헤아릴 수 없느니라. 수부띠야! 이와 같이 보살의 길을 나아가는 자는 마땅히 상에 머무르는 바 없이 보시를 해야 한다."

제5분. 상 없어야 여래 본다

(如理實見分: GENUINE DISCERNMENT
OF THE PRINCIPLE OF SUCHNESS)

"수부띠야! 그대는 어떻게 생각하느냐? 신체적 특징을 갖추었다고 하여 여래라고 볼 수 있느냐?"

수부띠는 말씀드렸다. "세존이시여! 그렇게 볼 수는 없습니다. 신체적 특징을 갖추었다고 하여 여래라고 보아서는 안 됩니다. 왜냐하면 세존이시여! 여래께서 설하신 신체적 특징을 갖추고 있다는 것은 곧 신체적 특징을 갖추고 있는 것이 아니기 때문입니다."

이와 같이 말씀드리자. 부처님께서 수부띠에게 다음과 같이 말씀하셨다.

"무릇 있는 바 상은
모두 허망한 것이니
상이 상아님을 보면
곧 여래를 볼 수 있느니라."

제6분. 바른 믿음 희유하다

(正信希有分: PROPER FAITH IS RARE)

수부띠는 세존께 말씀드렸다. "세존이시여! 미래 후오백세에 정법이 쇠퇴할 때에도 이와 같은 말씀을 듣고 진실한 마음을 일으키는 중생들이 있겠습니까?"

부처님께서 말씀하셨다. "수부띠야! 그대는 미래 후오백세에 정법이 쇠퇴할 때에도, 이와 같은 경전의 구절을 듣고, 그것을 진실한 말이라고 믿는 사람들이 있겠는가?"라고 말하지 말라. 미래 후오백세에 정법이 쇠퇴할 때에도, 복덕을 닦고 계율을 지키며 지혜를 갖춘 이는 이와 같은 경전의 구절을 듣고, 능히 신심을 내어 진실한 말이라고 생각할 것이다.

또한 수부띠야! 이 사람은 한 분의 부처님을 모시고 한분의 부처님 처소에서 선근을 심었을 뿐만 아니라, 한량없는 부처님 처소에서 선근을 심었으므로 이와 같은 경전의 말씀을 듣고, 한결같은 마음으로 청정한 믿음을 내는 사람임을 알아야 한다. 수부띠야! 여래는 부처님의 지혜로 그들을 다 알고, 부처님의 눈으로 그들을 다 보고 있다. 수부띠야! 여래는 그들을 잘 인식하고 있다.

수부띠야! 이 모든 중생들은 이와 같이 무량한 복덕을 얻게 될 것이다.
왜냐하면 수부띠야!

"이 모든 중생들은
아상 · 인상 · 중생상 · 수자상이 없고,
법이라는 상이 없으며,
또한 법이 아니라는 상도 없느니라."

그들에게는 상도 일어나지 않고, 상 아님도 일어나지 않기 때문이다.

왜냐하면 수부띠야! 실로 중생들이 마음에 상을 취하면 곧 아 · 인 · 중생 · 수자에 집착하는 것이기 때문이다. 법상을 취하더라도 아 · 인 · 중생 · 수자에 집착하는 것이고, 법아닌 상을 취하더라도 아 · 인 · 중생 · 수자에 집착하는 것이기 때문이다. 실로 또한 수부띠야! 보살마하살은 법에 집착해서도 안 되며, 법 아닌 것을 집착해서도 안 되느니라.

그러므로 여래는 이와 같은 뜻에서 다음과 같이 설하였다.

"내가 설하는 바 진리가
뗏목에 비유함과 같음을 알아야 하느니라.
진리도 마땅히 버려야 하거늘
하물며 진리 아닌 것에 있어서랴."

제7분. 얻음 없고 설함 없다

(無得無說分: NOTHING ATTAINED, NOTHING SPOKEN)

그리고 또한 세존께서는 수부띠에게 이와 같이 말씀하셨다. "수부띠야! 그대는 어떻게 생각하느냐? 여래가 아뇩따라삼약삼보디라고 하는 깨달았다 할 어떠한 법이 있느냐? 여래가 설한 어떠한 법이 있느냐?"

이와 같이 말씀하시자 수부띠는 다음과 같이 말씀드렸다. "부처님이시여! 제가 말씀하신 뜻을 이해하기로는 여래께서 아뇩따라삼약삼보디라고 하는 깨달았다고 할 어떠한 법이 없으며, 또한 여래께서는 어떠한 법도 설하지 않았습니다.

왜냐하면 여래께서 설하신 법은 취할 수도 없고 설할 수도 없으며, 그것은 법도 아니고 법 아닌 것도 아니기 때문입니다. 그것은 모든 성현들이 무위법에서 차별이 있기 때문입니다."

제8분. 깨달음 법 나온 경전

(依法出生分: THEY ARISE FROM THE DHARMA)

세존께서 말씀하셨다. "수부띠야! 그대는 어떻게 생각하느냐? 선남자와 선여인이 '삼천대천세계'를 칠보로 가득 채워 보시를 한다면 그 선남자와 선여인이 그로 인하여 얻은 바 복덕이 많겠는가?"

수부띠는 말씀드렸다. "세존이시여! 많습니다. 선서시여! 그 선남자와 선여인이 그로 인하여 많은 복덕을 얻게 될 것입니다. 그것은 왜냐하면 세존이시여! '여래께서 말씀하신 복덕을 얻는다는 것은 복덕을 얻는 것이 아니다.'라고 여래께서 설하셨기 때문입니다. 그러므로 여래께서는 '많은 복덕을 얻는다.'라고 말씀하십니다."

세존께서 말씀하셨다. "또한 수부띠야! 선남자와 선여인이 삼천대천세계를 칠보로써 가득 채워, 여래 · 아라한 · 정등각들에게 보시를 한다고 하더라도, 이 법문 가운데 네 구절로 된 사구게만이라도 받아 지녀 다른 사람들을 위해 가르쳐주거나 자세하게 설명해 준다면, 이로 인하여 저것보다 헤아릴 수 없고 셀 수 없는 더 많은 복덕을 얻는 것이 된다. 그것은 왜냐하면 수부띠야! 모든 부처의 아뇩따라삼약삼보디의 법은 모두 이 경으로부터 나왔고, 부처와 세존들도 이로부터 나왔기 때문이다.

수부띠야! '부처의 가르침', '부처의 가르침'이라고 하는 것은 '부처의 가르침이 아니다.'라고 여래가 설했나니, 그리하여 그 이름을 '부처의 가르침'이라고 한다."

제9분. 깨친 성인 상이 없음

(一相無相分: THE ONE APPEARANCE IS BEYOND APPEARANCES)

"수부띠야! 그대는 어떻게 생각하느냐? '성자의 흐름에 든 자'가 '나는 성자의 흐름에 든 수다원과를 증득했다.'라는 생각을 하겠느냐?"

수부띠는 말씀드렸다. "세존이시여! 그렇지 않습니다. 성자의 흐름에 든 자는, '나는 수다원과를 증득했다.'라는 생각을 하지 않습니다. 왜냐하면 세존이시여! 참으로 그는 어떠한 법에도 들지 않았기 때문입니다. 그리하여 그 이름을 '성자의 흐름에 든 자'라고 합니다. 형상에 든 것도 아니고, 소리 · 냄새 · 맛 · 느낌 · 마음의 대상에 든 것도 아닙니다. 그리하여 '성자의 흐름에 든 자'라고 말합니다."

세존이시여! "만약에 성자의 흐름에 든 자가 '나는 수다원과를 증득했다.' 라는 생각을 한다면, 그는 곧 아 · 인 · 중생 · 수자에 대한 집착을 하는 것입니다."

세존께서 말씀하셨다. "수부띠야! 그대는 어떻게 생각하느냐? '한 번만 다시 태어나서 깨닫는 자'가 '나는 사다함과를 증득했다.'라는 생각을 하겠는가?"

수부띠는 말씀드렸다. "세존이시여! 그렇지 않습니다. 한 번만 다시 태어나 깨닫는 자는 '사다함과를 증득했다.'라는 생각을 하지 않습니다. 그것은 왜냐하면 한 번만 다시 태어나서 깨닫는 자가 되었다고 하더라도, '실로 그와 같이 깨닫는 자가 되는 그 어떠한 법'도 없기 때문입니다. 그리하여 그 이름을 '사다함'이라 하는 것입니다."

세존께서 말씀하셨다. "수부띠야! 그대는 어떻게 생각하느냐? '다시는 돌아오지 않을 자'가 '나는 아나함과를 증득했다.'라는 생각을 하겠는가?"

수부띠는 말씀드렸다. "세존이시여! 그렇지 않습니다. 다시는 돌아오지 않을 자는 '나는 아나함과를 증득했다.'라는 생각을 하지 않습니다. 그것은 왜냐하면 세존이시여! 다시는 돌아오지 않는 자가 되었다고 하더라도, '실로 다시는 돌아오지 않는 자가 되는 그 어떠한 법'도 없기 때문입니다. 그리하여 그 이름을 '다시는 돌아오지 않는 자'라고 하는 것입니다."

세존께서 말씀하셨다. "수부띠야! 그대는 어떻게 생각하느냐? '아라한'이 '나는 아라한과를 증득했다.'라는 생각을 하겠는가?"

수부띠는 말씀드렸다. "세존이시여! 그렇지 않습니다. 아라한은 '나는 아라한이 되었다.'라는 생각을 하지 않습니다. 그것은 왜냐하면 세존이시여! '아라한이 되었다.'라고 할 그 어떠한 법도 없기 때문입니다. 그리하여 그 이름을 '아라한'이라 하는 것입니다.

세존이시여! 만약 아라한이 '나는 아라한이다.'라는 생각을 한다면, 그는 곧 아 · 인 · 중생 · 수자에 대한 집착을 하는 것입니다. 그것은 왜냐하면 세존이시여! 여래께서는 저를 '다툼이 없는 삼매를 즐기는 사람 가운데 제일'이라고 하셨습니다.

세존이시여! 저는 욕망을 여읜 아라한입니다. 그러나 세존이시여! 저는 '나는 욕망을 여읜 아라한이다.'라는 생각을 하지 않습니다.

세존이시여! 만약 제가 '나는 아라한과를 증득하였다.'라는 생각을 한다면, 여래께서는 저를 '수부띠는 다툼 없는 삼매를 즐기는 자들 가운데 제일이라서, 어떠한 것에도 머무르지 않는다.'라고 설하시지 않았을 것입니다. 실로 수부띠는 증득한 것이 없으므로 이름하여 '다툼이 없는 삼매를 즐긴다.'라고 하셨습니다."

제10분. 불국정토 장엄하다

(莊嚴淨土分: ADORNING PURE LANDS)

부처님께서 말씀하셨다. "수부띠야! 그대는 어떻게 생각하느냐? 여래가 연등불 · 여래 · 아라한 · 정등각 처소에서 얻은 그 어떠한 법이 있는가?"

수부띠는 말씀드렸다. "세존이시여! 그렇지 않습니다. 여래께서는 연등불 · 여래 · 아라한 · 정등각 처소에서 얻은 그 어떠한 법도 없습니다."

세존께서 말씀하셨다. "수부띠야! 만약 어떤 보살이 '나는 불국토 장엄을 이루리라.'라고 말했다고 하면, 그는 잘못된 말을 하고 있는 것이 된다. 왜냐하면 수부띠야! 여래는 '불국토 장엄이라는 것은 장엄이 아니다.'라고 설하였기 때문이다. 그리하여 그 이름이 곧 '불국토 장엄'이라고 불리는 것이다."

그러므로 수부띠야! 모든 보살 마하살은

**"마땅히 이와 같이 청정한 마음을 내어야 한다.
형상에 머물러서 그 마음을 내지 말고,
소리 · 냄새 · 맛 · 느낌 · 마음의 대상에도 머물러서 마음 내지 말며,
마땅히 머무르는 바가 없이 그 마음을 내어야 하느니라."**

"수부띠야! 마치 어떠한 사람의 잘 갖추어진 큰 몸이 산중의 왕 수미산과 같다고 하면, 수부띠야! 그대는 어떻게 생각하느냐? 그 몸이 크다고 하겠느냐?"

수부띠는 말씀드렸다. "세존이시여! 그렇습니다. 선서시여! 그 몸은 크다고 하겠습니다. 왜냐하면 세존이시여! 여래께서는 '몸은 몸이 아니다.'라고 설하셨기 때문입니다. 그리하여 '몸'이라고 불리는 것입니다.

세존이시여! 실로 그것은 '몸이 아니며, 몸이 아님도 아닙니다.' 그리하여 그 이름이 '몸' 이라고 불리는 것입니다."

제11분. 무위의 복 수승하다

(無爲福勝分: THE SUPREMACY OF UNCONDITIONED BLESSINGS)

세존께서 말씀하셨다. "수부띠야! 그대는 어떻게 생각하느냐? 강가 큰 강의 모래 수만큼 강가강이 있다고 하자. 이 모든 강가강들에 있는 모래가 많다고 하겠는가?"

수부띠는 말씀드렸다. "세존이시여! 강가강들의 수만 하더라도 헤아릴 수 없이 많습니다. 하물며 그 많은 강가강의 모든 모래 수에 있어서는 더욱 그러합니다."

세존께서 말씀하셨다. "수부띠야! 그대에게 이르노니, 선남자와 선여인이 강가강의 모래 수만큼이나 많은 세계들을 칠보로써 가득 채워 여래 · 아라한 · 정등각들에게 보시한다면, 수부띠야! 그대는 어떻게 생각하느냐? 그렇게 하여 쌓은 복덕이 많겠느냐?"

수부띠는 말씀드렸다. "세존이시여! 많습니다. 선서시여! 그 선남자와 선여인은 그로 인하여 헤아릴 수 없고 셀 수 없는 더 많은 복덕을 쌓는 것이 되는 것입니다."

세존께서 말씀하셨다. "실로 또한 수부띠야! 선남자와 선여인이 그렇게 많은 세계들을 칠보로 가득 채워서, 여래 · 아라한 · 정등각들에게 보시한다고 하더라도, 만약 선남자와 선여인이 이 법문 가운데서 사구게 하나만이라도 받아 지녀 다른 사람을 위하여 가르쳐 주거나 자세히 설명해 준다면, 이러한 인연으로 인하여 헤아릴 수 없고 셀 수 없는 더 많은 복덕을 쌓는 것이 된다."

제12분. 참 가르침 존중받음

(尊重正敎分: REVERING THE PROPER TEACHING)

"다시 또한 수부띠야! 어떠한 지방이든 이 경 가운데서 사구게만이라도 지니고서 가르치거나 자세히 설명해 준다면, 그 지방은 천신 · 인간 · 아수라 등이 마땅히 부처님의 탑묘와 같이 존중할 것이니라.

하물며 이 경을 완전히 받아 지녀 독송하고 이해하며, 다른 사람들을 위해 자세히 설명해 준다면, 수부띠야! 그들은 '최상의 경이로운 법'을 성취하게 될 것임을 알아야 하느니라. 수부띠야! 이와 같은 경전이 있는 지방은 부처님과 존경받는 제자들이 머무는 곳이다."

제13분. 경을 받아 지니는 법

(如法受持分: ACCEPTING AND UPHOLDING THE DHARMA OF "THUSNESS")

이와 같이 말씀하시자, 수부띠는 "세존이시여! 이 경을 무엇이라고 이름하며, 그리고 어떻게 받들어 지녀야 하겠습니까?"라고 말씀드렸다.

세존께서 수부띠에게 말씀하셨다. "이 경의 이름은 '금강반야바라밀'이니라. 이와 같이 받들어 지녀야 한다. 왜냐하면 수부띠야! 여래 설한 '반야바라밀은 반야바라밀이 아니기 때문이다.' 그리하여 그 이름이 '반야바라밀'이라 불리는 것이다. 수부띠야! 그대는 어떻게 생각하느냐? 여래가 설한 그 어떤 법이 있느냐?"

수부띠는 말씀드렸다. "세존이시여! 없습니다. 여래께서 설하신 어떠한 법도 없습니다."

세존께서 말씀하셨다. "수부띠야! 그대는 어떻게 생각하느냐? 삼천대천세계에 있는 대지의 티끌이 많다고 하겠는가?"

수부띠는 말씀드렸다. "세존이시여! 많습니다. 선서시여! 대지의 티끌은 심히 많습니다. 왜냐하면 세존이시여! 여래께서 설하신 '대지의 티끌은 대지의 티끌이 아니다.'라고 여래께서 말씀하셨기 때문입니다. 세존이시여! 그리하여 그 이름이 '대지의 티끌'이라고 불리는 것입니다.

또한 '여래께서 설하신 세계는 세계가 아니다.'라고 여래께서 말씀하셨습니다. 그리하여 그 이름이 '세계'라고 불리는 것입니다."

세존께서 말씀하셨다. "수부띠야! 그대는 어떻게 생각하느냐? 삼십이상인 신체적 특징으로 여래라고 볼 수 있느냐?"

수부띠는 말씀드렸다. "세존이시여! 그렇지 않습니다. 삼십이상인 신체적 특징을 가지고 여래라고 볼 수 없습니다. 왜냐하면, 세존이시여! 여래께서는 '설하신 바 삼십이상인 신체적 특징은 신체적인 특징이 아니다.'라고 말씀하셨기 때문입니다. 세존이시여! 그리하여 그 이름이 '삼십이상인 신체적 특징'이라고 불리는 것입니다."

세존께서 말씀하셨다. "또한 수부띠야! 선남자와 선여인이 매일 강가강의 모래 수만큼 많은 몸과 목숨을 보시하고, 강가강의 모래 수만큼의 겁들 동안 그 몸과 목숨을 보시한다 하더라도, 어떤 사람이 이 경 가운데 사구게만이라도 받아 지녀 다른 사람을 위하여 가르쳐 주고 자세히 설명해 준다면, 이로 인하여 앞의 복덕보다 헤아릴 수 없고 셀 수도 없이 더 많은 복덕을 쌓는 것이 된다."

제14분. 모든 상을 여읜 적멸

(離相寂滅分: LEAVING APPEARANCES AND STILL CESSATION)

그때 수부띠는 이 경 설하시는 것을 듣고서, 법문의 바른 뜻을 깊이 이해하고 감응하여 눈물을 흘렸다. 그는 눈물을 닦고 나서 부처님께 말씀드렸다. "세존이시여! 경이롭습니다. 여래께서는 최상승으로 나아가는 사람들을 위하여 이러한 법문을 설하여 주셨습니다.

세존이시여! 제가 지금까지 얻은 혜안으로는 이와 같이 깊고 깊은 법문 설하심을 들은 적이 없습니다. 세존이시여! 만약 어떤 사람이 이 경 설함을 듣고서, 믿는 마음이 청정해지면 곧 실상이 일어난 것이니, 마땅히 이 사람은 경이로운 공덕을 성취한 것임을 알아야 합니다. 왜냐하면 세존이시여! 이 '실상이라는 것은 곧 실상이 아니므로', 여래께서는 이름하여, '실상'이라고 말씀하셨기 때문입니다.

세존이시여! 제가 지금 이 경전을 듣고 믿으며 이해하고 받아 지니는 것은 어렵지 않습니다. 그러나 만약 미래세의 후오백세에 정법이 쇠퇴할 때에도, 만약 어떤 사람이 이 경전을 듣고서 믿으며 이해하고 받아 지닌다면, 이 사람은 가장 경이로운 사람이 될 것입니다. 그러나 또한 세존이시여! 이들에게는 아상이 일어나지 않고, 인상 · 중생상 · 수자상도 일어나지 않을 것입니다. 또한 그들에게는 상도 상 아님도 일어나지 않을 것입니다. 왜냐하면 세존이시여! 아상은 상이 아니요, 인상 · 중생상 · 수자상도 상이 아니기 때문입니다. 그것은 왜냐하면 모든 부처님 세존께서는 일체의 상을 멀리 여읜 분들이기 때문입니다."

이와 같이 말씀드리자, 세존께서는 수부띠에게 이와 같이 말씀하셨다. "그러하다. 수부띠야! 참으로 그러하다. 만약 어떤 사람이 있어서 이 경이 설해질 때에 놀라지 않고, 무서워하지 않으며, 두려워하지도 않는다면, 이 사람은 최고의 경이로움을 갖춘 사람이 될 것이다. 그것은 왜냐하면 수부띠야! 여래가 설한 제일바라밀은, 참으로 제일바라밀이 아니기 때문이다. 또한 수부띠야! 여래가 제일바라밀이라고 설한 것은, 헤아릴 수 없이 많은 부처님 세존께서도 설하고 계시기 때문이다. 그리하여 이름이 '제일바라밀'이라고 불리는 것이다.

그런데 참으로 수부띠야! 여래가 설한 인욕바라밀은 참으로 인욕바라밀이 아니다. 왜냐하면 수부띠야! 일찍이 깔링가왕이 나의 온몸의 살점들을 도려낸 그 때에도 나에게는 아상 · 인상 · 중생상과 수자상이 없었으며, 그리고 어떠한 상과 상 아님도 없었기 때문이다.

왜냐하면 수부띠야! 만약 그때 나에게 아상 · 인상 · 중생상 · 수자상이 있었다고 한다면 성내고 원망하는 마음이 생겼을 것이기 때문이다.

수부띠야! 여래는 과거세 오백생 동안 인욕을 설하는 선인이었다는 것을 알고 있다. 그 때에도 나에게는 아상이 없었고, 인상 · 중생상 · 수자상도 없었다. 그러므로 수부띠야! 보살 마하살은 일체의 상을 버리고, 아늣따라삼약삼보디의 마음을 내어야 한다."

"형상에 머물러서 마음을 내지 말고
소리 · 냄새 · 맛 · 느낌 · 마음의 대상에도 머물러서 마음을 내지 말며
법에 머무름이 없이 마음을 내어야 하고,
법 아닌 것에도 머무름이 없이 마음을 내어야 하며,
마땅히 머무르는 바 없이 그 마음을 내어야 하느니라."

"왜냐하면 '만약 마음에 머무르는 것이 있다고 하더라도,' 곧 머무르지 않아야 하기 때문이다. 그리하여 여래는 '보살은 머무름이 없는 보시를 해야 하고, 형상 · 소리 · 냄새 · 맛 · 느낌 · 마음의 대상에 머무르지 아니하며 보시를 해야 한다.'라고 설하였다.

또한 수부띠야! 보살은 모든 중생들의 이익을 위하여 마땅히 이와 같이 보시해야 한다. 왜냐하면 수부띠야! 여래는 '중생상은 곧 상이 아니며, 일체중생도 곧 중생이 아니다.'라고 하였기 때문이다.

수부띠야! 여래는 진실을 말하며, 여래는 사실과 같이 말하고, 여래는 있는 그대로 말하며, 속이지 아니하는 말을 하며, 다른 말을 하지 아니 하는 이다. 또한 수부띠야! 여래가 깨닫고, 설하고, 깊이 사유한 법에는 진실도 없고 거짓도 없다."

그것은 수부띠야! 비유를 들어 말한다면,

"만약 보살이 마음을 법에 머물러서 보시하면
마치 사람이 어둠속에 들어가면 아무것도 볼 수 없는 것과 같고,
만약 법에 머무르지 아니하는 마음으로 보시하면,
마치 밝은 눈을 가진 사람이 햇빛이 밝게 비칠 때에
온갖 종류의 모양을 볼 수 있는 것과 같느니라."

"그리하여 수부띠야! 선남자와 선여인이 이 경전을 받아 지녀, 독송하고 이해하며, 다른 사람들을 위하여 자세히 설명해 준다면, 여래는 깨달은 사람의 지혜로 이들을 알고, 깨달은 사람의 눈으로 이들을 보느니라. 수부띠야! 이 사람들은 한량없고 가없는 복덕을 성취하게 될 것이다."

제15분. 경을 받아 지닌 공덕

(持經功德分: THE MERIT AND VIRTUE GAINED FROM UPHOLDING THIS SŪTRA)

“참으로 수부띠야! 선남자와 선여인이 아침에 강가강의 모래 수만큼 몸을 보시하고, 낮에도 강가강의 모래 수만큼 몸을 보시하며, 저녁에도 강가강의 모래 수만큼 몸을 보시하여, 이와 같이 백천만억겁 동안 몸을 보시한다고 하더라도, 이 경전의 말씀을 듣고 비방하지 않는다면, 이로 인하여 한량없는 더 많은 복덕을 쌓음이 된다. 하물며 경전을 쓰고, 받아 지니며, 읽고, 마음에 간직하며, 이해하고, 다른 사람들을 위하여 자세히 설명해 줌에 있어서랴.

또한 수부띠야! 이 경에는 불가사의하며, 헤아릴 수 없고 가이없는 공덕이 있다. 수부띠야! 여래는 이 법문을 대승에 나아가는 이를 위하여 설한 것이며, 최상승에 나아가는 이를 위하여 설하였다. 어떤 사람들이 이 법문을 받아 지니고, 독송하며, 이해하고, 다른 사람들을 위하여 자세히 설명해 준다면, 수부띠야! 여래는 깨달은 사람의 지혜와 눈으로써 이러한 사람들을 다 알고 다 본다. 그러한 모든 사람들은 헤아릴 수 없고, 말할 수 없는 가이 없고 불가사의한 공덕을 성취할 것이다.

수부띠야! 이와 같은 사람들은 스스로 여래의 아눗따라삼약삼보디를 실현하게 될 것이다. 왜냐하면 이 법문은 믿음과 이해가 뒤떨어진 사람들은 들을 수가 없으며, 아견 · 인견 · 중생견과 수자견에 집착하는 사람들도 들을 수가 없기 때문이다. 그리고 보살의 서원을 세우지 않은 사람들도 이 법문을 듣거나, 받아 지니거나, 독송하거나, 혹은 이해할 수가 없어 다른 사람들에게 설명해 줄 수가 없기 때문이다.

그러나 또한 수부띠야! 이 경전이 설해지는 지방이 있다면 그 곳은 마땅히 모든 세상의 천 · 인 · 아수라에게 공양을 받을 것이다. 그 곳은 탑묘 같이 될 것이니, 오른쪽으로부터 돌면서 그 곳을 공경하고 꽃과 향을 뿌릴 것임을 알아야 하느니라.”

제16분. 모든 업장 능히 맑힘

(能淨業障分: KARMIC OBSTRUCTIONS CAN BE PURIFIED)

“그런데 또한 수부띠야! 선남자와 선여인이 이와 같은 경전을 받아 지니고, 독송하며, 이해하고, 마음에 새겨 사유하며, 다른 사람들에게 자세하게 설명해 주더라도, 천대와 멸시를 받게 된다면, 수부띠야! 이 사람들은 전생에 지은 죄의 과보로 악도에 떨어져야 하겠지만, 현세에서 천대와 멸시를 받음으로써, 전생에 지은 악업들이 소멸되고, 부처님의 아뇩따라삼약삼보디를 증득하게 될 것이다.

수부띠야! 나는 연등불 · 아라한 · 정등각들을 친견하기 전에, 과거 한량없는 아승기겁 동안 팔백 사천만억 니유따의 여러 부처님들을 만나 뵙고, 모두 공양하며 받들어 모시고, 그냥 지나친 적이 없었음을 기억한다. 나는 부처님과 세존들을 편하게 모셨고, 편하게 모셨기에 그 분들도 불편함이 없으셨다.

수부띠야! 미래세의 후오백세 정법이 쇠퇴할 때에, 이 경전을 받아서 지니고, 독송하며, 이해하고, 마음에 새겨 사유하며, 다른 사람들을 위해 자세히 설명해 주는 것의 공덕에 비하면, 앞의 공덕은 참으로 이 공덕의 그 백분의 일에도 미치지 못하고, 천 분의 일, 만 분의 일, 천만 억 분의 일에도 미치지 못하며, 나아가서 어떠한 셈이나 비유로도 미치지 못한다.

또한 수부띠야! 그 선남자와 선여인이 그 때에, 이 경을 받아서 지니고 독송하여 얻은 공덕을 자세히 말한다면, 이 말을 들은 중생들은 마음이 어지럽고 혼란스러워, 의심하고 믿지 않을 것이다.

참으로 수부띠야! 이 경의 뜻이 불가사의하다고 여래는 설하였으나, 그 과보도 또한 불가사의함을 알아야 하느니라."

제17분. 무아의 법 통달하라

(究竟無我分: ULTIMATELY THERE IS NO SELF)

그 때 수부띠는 부처님께 이와 같이 말씀드렸다. "세존이시여! 아뇩따라삼약삼보디심을 발한 선남자와 선여인은 어떻게 마음을 머물러야 하고, 어떻게 수행하며, 어떻게 그 마음을 다스려야 합니까?"

부처님께서 수부띠에게 말씀하셨다.

"아뇩따라삼약삼보디심을 발한 사람은
마땅히 이와 같이 마음을 내어야 하느니라.
나는 마땅히 일체중생을 제도하리라.
일체중생을 제도하였지만,
실로 한 중생도 제도한 바가 없노라."

"왜냐하면 수부띠야! 만약 보살에게 아상 · 인상 · 중생상과 수자상도 있다면, 곧 보살이 아니기 때문이다. 그것은 수부띠야! 실로 '아뇩따라삼약삼보디심을 발한 사람'이라 할 그 어떠한 법도 없기 때문이다.

수부띠야! 그대는 어떻게 생각하느냐? 여래가 연등불의 처소에서, 아뇩따라삼약삼보디를 깨달았다고 할 그 어떤 법이 있느냐?"

수부띠는 부처님께 이와 같이 말씀드렸다. "그렇지 않습니다. 세존이시여! 제가 부처님께서 말씀하신 뜻을 이해하기로는 여래께서 연등불의 처소에서 아뇩따라삼약삼보디를 깨달았다고 할 그 어떠한 법이 없습니다."

부처님께서 말씀하셨다. "그렇다. 수부띠야! 그러하느니라. 여래가 연등불의 처소에서 아뇩따라삼약삼보디를 깨달았다고 할 그 어떤 법이 실로 없다. 수부띠야! 만약 여래가 아뇩따라삼약삼보디를 깨달았다고 할 그 어떠한 법이 있었다면 연등불께서는 나에게 '젊은이여! 그대는 내세에 샤캬무니란 이름의 부처가 되리라.'라는 수기를 하시지 않았을 것이다. 수부띠야! 여래가 연등불의 처소에서 아뇩따라삼약삼보디를 깨달았다고 할 그 어떠한 법이 실로 없었으므로, 연등불께서는 나에게 '젊은이여! 그대는 내세에 반드시 샤카무니라는 이름의 부처가 될 것이다.'라고 수기하셨던 것이다. 왜냐하면 수부띠야! '여래'는 진여의 다른 이름이며, '생함이 없음'을 이르는 말이기 때문이다. 수부띠야! 여래라 함은 '법이라는 것마저 완전히 끊어짐'을 이르는 말이고, '마침내 생함이 없음'을 이르는 말이며, '생함이 없음'이 최상의 진리이기 때문이다.

수부띠야! 어떤 사람이 말하기를 '여래가 아뇩따라삼약삼보디를 깨달았다.'라고 한다면 그것은 거짓을 말하며, 사실 아닌 것에 집착하여 나를 비방하는 것이다. 왜냐하면 수부띠야! '여래가 아뇩따라삼약삼보디를 깨달았다'라고 할 그 어떤 법이 없기 때문이다.

수부띠야! 여래가 설하기를

"여래가 얻은 바 아뇩따라삼약삼보디는
그 가운데 진실도 없고 거짓도 없노라니.
그러므로 여래가 설한 일체법을
모두 불법이라 하느니라."

그것은 왜냐하면 수부띠야! '일체법은 곧 일체법이 아니다.'라고 여래가 설하였으므로, 그리하여 그 이름이 '일체법은 불법'이라고 불리는 것이다.

수부띠야! 예를 들면 '사람의 몸이 큰 사람에 비유하는 것'과 같다.

수부띠는 말씀드렸다. "세존이시여! 여래께서 '사람의 몸이 크다.'는 것은 곧 '큰 몸이 아니다.'라고 설하셨으므로 그리하여 그 이름이 '큰 몸이다.'라고 불리는 것입니다."

부처님께서 말씀하셨다. "보살도 그러하다. 수부띠야! 보살이 말하기를 '나는 한량없는 중생들을 제도하리라'라고 한다면 '그는 보살이라 할 수 없다.' 왜냐하면 수부띠야! 보살이라고 불리는 그 어떤 법이 있느냐?"

수부띠는 말씀드렸다. "세존이시여! 그렇지 않습니다. 보살이라고 불리는 그 어떤 법은 없습니다."

부처님께서 말씀하셨다. "수부띠야! '중생들'이라는 것은 '중생들이 아니다.'라고 여래는 설하였다. 그리하여 그 이름이 '중생들'이라고 불리는 것이다. 그러므로 여래는 '모든 법에는 나 없고, 사람 없으며, 중생 없고, 수자도 없다.'라고 설한 것이다.

수부띠야! 만약에 보살이 '나는 반드시 불국토를 장엄하리라.'라고 말한다면, 이는 '보살이다.'라고 말할 수 없다. 왜냐하면 수부띠야! 여래가 '불국토를 장엄한다.'라는 것은 곧 '불국토를 장엄하는 것이 아니다.'라고 설하였기 때문이다. 그리하여 그 이름을 '불국토를 장엄하는 것'이라고 한다.

수부띠야! 만약에 보살이 '법에는 내가 없다는 무아의 법'에 통달한다면, 여래는 이 사람을 진정한 보살이라고 부른다."

제18분. 한결같이 여래 관함

(一體同觀分: CONTEMPLATING THE ONENESS OF EVERYTHING)

세존께서 말씀하셨다. "수부띠야! 그대는 어떻게 생각하느냐? 여래에게 육안이 있느냐?"

수부띠는 말씀드렸다. "그렇습니다. 세존이시여! 여래께서는 육안이 있습니다."

세존께서 말씀하셨다. "수부띠야! 그대는 어떻게 생각하느냐? 여래에게 천안이 있느냐?"

수부띠는 말씀드렸다. "그렇습니다. 세존이시여! 여래께서는 천안이 있습니다."

세존께서 말씀하셨다. "수부띠야! 그대는 어떻게 생각하느냐? 여래에게 혜안이 있느냐?"

수부띠는 말씀드렸다. 그렇습니다. 세존이시여! 여래께서는 혜안이 있습니다."

세존께서 말씀하셨다. "수부띠야! 그대는 어떻게 생각하느냐? 여래에게 법안이 있느냐?"

수부띠는 말씀드렸다. "그렇습니다. 세존이시여! 여래께서는 법안이 있습니다."

세존께서 말씀하셨다. "수부띠야! 그대는 어떻게 생각하느냐? 여래에게 불안이 있느냐?"

수부띠는 말씀드렸다. "그렇습니다. 세존이시여! 여래께서는 불안이 있습니다."

세존께서 말씀하셨다. "수부띠야! 그대는 어떻게 생각하느냐? 여래는 강가 큰 강의 모래에 대하여 설한 적이 있느냐?"

수부띠는 말씀드렸다. "세존이시여! 그렇습니다. 여래께서는 그 모래에 대하여 설한 적이 있습니다."

세존께서 말씀하셨다. "수부띠야! 그대는 어떻게 생각하느냐? 강가 큰 강에 있는 모래 수만큼의 강가 강이 있고, 그 강 속에 있는 모래 수만큼의 세계가 있다면, 그 세계들을 많다고 하겠느냐?"

수부띠는 말씀드렸다. "세존이시여! 그렇습니다. 선서시여! 그러한 세계들은 많습니다."

세존께서 말씀하셨다. "수부띠야! 이러한 세계에 있는 모든 중생들의 온갖 마음을 여래는 지혜로 다 알고 있다. 그것은 왜냐하면 수부띠야!

모든 마음은 마음이 아니니라. 그 이름이 마음이니
과거의 마음을 얻을 수가 없고,
현재의 마음도 얻을 수가 없으며,
미래의 마음도 얻을 수가 없기 때문이다."

제19분. 우주법계 모두 교화

(法界通化分: UNDERSTANDING AND TRANSFORMING THE DHARMA REALM)

"수부띠야! 그대는 어떻게 생각하느냐? 선남자와 선여인이 이 삼천대천세계를 칠보로써 가득 채워, 여래 · 아라한 · 정등각들에게 보시한다면, 그 선남자와 선여인은 그 인연으로 많은 복덕을 얻겠느냐?"

수부띠는 말씀드렸다. "세존이시여! 그렇습니다. 선서시여! 그 선남자와 선여인은 그러한 인연으로 많은 복덕을 얻을 것입니다."

세존께서 말씀하셨다. "그러하다. 수부띠야! 참으로 그러하느니라. 그 선남자와 선여인이 그로 인하여 많은 복덕을 얻을 것이다. 왜냐하면 수부띠야! 여래는 '복덕을 얻는다.'라는 것은 '복덕을 얻는 것이 아니므로, 복덕을 얻는다.'라고 설한 것이다. 수부띠야! 복덕이 진실로 있는 것이라면, 여래는 '복덕을 얻는다.'라고 설하지 않았을 것이다."

제20분. 색과 상을 여읜 여래

(離色離相分: LEAVING BOTH FORM AND APPEARANCES)

세존께서 말씀하셨다. "수부띠야! 그대는 어떻게 생각하느냐? 신체적 특징을 원만하게 갖추었다고 여래라고 볼 수 있느냐?"

수부띠는 말씀드렸다. "세존이시여! 그렇지 않습니다. 신체적 특징을 원만하게 갖추었다고 여래라고 볼 수 없습니다. 왜냐하면 세존이시여! 여래께서는 '신체적 특징을 원만하게 갖춘다는 것'은 '신체적 특징을 원만하게 갖춘 것'이 아니라고 설하셨으며, 그리하여 그 이름이 '신체적 특징을 원만하게 갖춘 것'이라고 말씀하셨기 때문입니다."

세존께서 말씀하셨다. "수부띠야! 그대는 어떻게 생각하느냐? 삼십이상을 원만하게 갖추었다고 여래라고 볼 수 있느냐?"

수부띠는 말씀드렸다. "세존이시여! 그렇지 않습니다. 삼십이상을 원만하게 갖추었다고 여래라고 볼 수 없습니다. 왜냐하면 세존이시여! 여래께서는 '삼십이상을 원만하게 갖춘 것'은 '삼십이상을 원만하게 갖춘 것'이 아니라고 설하셨으며, 그리하여 그 이름이 '삼십이상을 원만한 상을 갖춘 것'이라 말씀하셨기 때문입니다."

제21분. 법 설하나 설함 없음

(非說所說分: WHAT IS SPOKEN IS NOT SPOKEN)

세존께서 말씀하셨다. "수부띠야! 그대는 어떻게 생각하느냐? 여래가 '나는 설한 법이 있다.'라는 생각을 하겠느냐?"

수부띠는 말씀드렸다. "그렇지 않습니다. 세존이시여! 여래께서는 '나는 설한 법이 있다.'라는 생각을 하지 않습니다."

세존께서 말씀하셨다. "수부띠야! '만약 어떤 사람이 여래는 설한 법이 있다.'라고 한다면 그는 거짓을 말하는 것이며, 사실 아닌 것에 집착하여 나를 비방하는 것이다. 왜냐하면 수부띠야! '설법'이라 하지만, '설법'으로 인정될 만한 것은 아무것도 없는 것이며, 그리하여 그 이름을 '설법'이라 말하기 때문이다."

그때 혜명 수부띠는 세존께 말씀드렸다. "세존이시여! 내세의 후오백세에 정법이 쇠퇴할 시기가 되었을 때 이러한 법문을 듣고서 신심을 낼 중생들이 있겠습니까?"

세존께서 말씀하셨다. "수부띠야! 그들은 중생이 아니며, 중생이 아닌 것도 아니다. 왜냐하면 수부띠야! 여래는 '중생'이라 하는 것은 '중생이 아니다.'라고 설하였기 때문이다. 그리하여 그 이름을 '중생'이라고 하느니라."

제22분. 법은 얻을 것이 없다

(無法可得分: NO DHARMA CAN BE OBTAINED)

"수부띠야! 그대는 어떻게 생각하느냐? 여래가 아눗따라삼약삼보디를 깨달았다고 할 그 어떠한 법이 있느냐?"

수부띠는 말씀드렸다. "그렇지 않습니다. 세존이시여! 여래께서 아눗따라삼약삼보디를 깨달았다고 할 그러한 법은 없습니다."

세존께서 말씀하셨다. "그러하다. 수부띠야! 그러하느니라. 그 어떤 작은 법도 없으며 얻을 것이 없으니, 그리하여 그 이름을 '아눗따라삼약삼보디'라고 하는 것이다."

제23분. 맑은 마음 선법 닦음

(淨心行善分: A PURE MIND DOES WHOLESOME DEEDS)

또한 수부띠야!

"이 법은 평등하여 높고 낮음 없나니
그 이름을 아눗따라삼약삼보디라 하느니라.
아·인·중생·수자 없음으로써
일체 선법을 닦아 곧 아눗따라삼약삼보디를 얻느니라."

"왜냐하면 수부띠야! '선법이라는 것은 선법이 아니다.'라고 여래가 설하였으므로 그리하여 그 이름을 '선법'이라고 하는 것이다."

제24분. 복덕 지혜 비교 못함

(福智無比分: BLESSINGS AND WISDOM BEYOND COMPARE)

"또한 수부띠야! 어떤 사람이 삼천대천세계에 있는 모든 산들의 왕인 수메루산만큼 칠보들을 가지고, 여래·아라한·정등각들에게 보시한다 하더라도, 만약 선남자와 선여인이 이 법문의 사구게 하나만이라도 받아 지녀 독송하며 다른 사람들을 위해 설하여 준다면, 수부띠야! 앞의 복덕은 뒤의 복덕에 비하면 백분의 일에도 미치지 못하며, 나아가 어떤 셈이나 비유로도 미치지 못한다."

제25분. 교화한 바 없는 교화

(化無所化分: TRANSFORMING WITHOUT THERE BEING ANYONE TRANSFORMED)

"수부띠야! 그대는 어떻게 생각하느냐? 여래가 '나는 중생들을 제도하였다.'라는 생각을 하겠는가? 수부띠야! 참으로 그러한 생각을 하지말라. 왜냐하면 여래가 제도한 그 어떤 중생도 없기 때문이다. 만약 여래가 제도한 어떤 중생이 있다면, 여래에게는 아 · 인 · 중생 · 수자에 대한 집착이 있는 것이다.

수부띠야! 여래는 '나에 대한 집착은 나에 대한 집착이 아니다.'라고 설하였다. 다만 범부들이 그것에 집착하는 것이다.

수부띠야! '범부'는 '범부가 아니다.' 라고 여래는 설하였나니, 그리하여 그 이름이 '범부들' 이라고 불리는 것이다."

제26분. 법의 몸은 상이 아님

(法身非相分: THE DHARMA BODY IS NOT APPEARANCES)

"수부띠야! 그대는 어떻게 생각하느냐? 삼십이상 신체적 특징을 갖추었으므로 여래라고 볼 수 있느냐?"

수부띠는 부처님께 말씀드렸다. "그렇지 않습니다. 세존이시여! 제가 세존께서 말씀하신 뜻을 이해하기로는, 삼십이상 신체적 특징을 갖춘 것으로 여래라고 볼 수 없습니다."

세존께서 말씀하셨다. "그러하다. 수부띠야! 그러하느니라. 삼십이상 신체적 특징을 갖춘 것으로 여래라 보아서는 안 된다. 왜냐하면 만약 삼십이상 신체적 특징을 갖추었기 때문에 여래라 보아야 한다면, 전륜성왕도 또한 여래라고 해야 할 것이다. 그러므로 여래는 삼십이상 신체적 특징을 갖춘 자로 보아서는 안 되느니라."

수부띠는 세존께 말씀드렸다. "세존이시여! 제가 세존께서 말씀하신 뜻을 이해하기로는 삼십이상 신체적 특징을 갖춘 것으로서 여래라 볼 수 없습니다."

그때 세존께서는 다음과 같은 게송을 읊으셨다.

"형상으로 나를 보려하거나
음성으로 나를 구하고자 하면,
이 사람은 사도를 행하는 것이 되어

여래를 볼 수 없느니라."

"법으로써 부처님을 보아야 하느니라.
참스승들은 법을 몸으로 삼기 때문이네.
법의 본성은 식별되지 아니하므로
그것은 분별을 통하여 알 수 없느니라."

제27분. 단절 없고 소멸 없음
(無斷無滅分: NOT DESTROYED NOR ANNIHILATED)

"수부띠야! 그대는 어떻게 생각하느냐? '삼십이상 신체적 특징을 갖추고 있는 것으로서 여래는 아눗따라삼약삼보디를 얻었다.'라고 하겠느냐? 수부띠야! 그렇게 생각해서는 안 된다.

왜냐하면 수부띠야! 삼십이상 신체적 특징을 갖추고 있다는 것으로서 여래는 아눗따라삼약삼보디를 얻은 것이 아니기 때문이다.

또한 수부띠야! 실로 누군가가 '아눗따라삼약삼보디의 마음을 낸 자는 모든 법이 단절되고 소멸되게 되어 있다.'라고 생각할 지도 모른다. 그러나 수부띠야! 그러한 생각을 해서는 안 된다. 그것은 왜냐하면 아눗따라삼약삼보디의 마음을 낸 자는 어떤 법의 단절이나 소멸 상을 말하지 않기 때문이다."

제28분. 탐욕 집착 없는 복덕
(不受不貪分: NO GREED AND NOTHING ACQUIRED)

"수부띠야! 만약 선남자와 선여인이 강가강의 모래 수만큼의 세계를 칠보로 가득 채워 여래 · 아라한 · 정등각들에게 보시한다고 하더라도, 또한 보살이 '모든 법이 무아'이고 '생겨남도 없는 법'들에서 인욕을 성취한다면, 이로 인하여 이 보살은 앞의 공덕보다 헤아릴 수 없고 셀 수 없는 더 많은 공덕을 얻게 될 것이다. 왜냐하면 수부띠야! 모든 보살들은 지은 복덕을 받지 않기 때문이다."

수부띠는 말씀드렸다. "부처님이시여! 보살은 지은 바 복덕을 받아서는 안 되는 것입니까?"

부처님께서 말씀하셨다. "수부띠야! 복덕을 짓더라도 탐욕을 내어 집착해서는 안 된다. 그리하여 '복덕을 받지 않는다.'라고 설한 것이다."

제29분. 오고 감이 없는 여래

(威儀寂靜分: THE QUIESCENCE OF HIS AWESOME DEMEANOR)

"수부띠야! 만일 어떤 사람이 '여래가 온다거나, 간다거나, 선다거나, 앉는다거나, 눕는다.'라고 말한다면, 이 사람은 내가 설하는 뜻을 깊이 헤아리지 못하는 것이다."

왜냐하면 수부띠야!

"여래라 함은
어느 곳으로부터 따라서 온 것도 없고
또한 어느 곳으로 가는 것도 없으므로
그리하여 그 이름을 여래하고 하느니라."

제30분. 일합상의 참된 모습

(一合理相分: THE PRINCIPLE OF A UNITY OF APPEARANCES)

"또한 수부띠야! 선남자와 선여인이 삼천대천세계에 있는 대지의 티끌만큼의 세계를 부수어 가루를 내어 미세한 티끌을 만든다면, 수부띠야! 이 미세한 티끌들이 많다고 하겠느냐?"

수부띠는 말씀드렸다. "세존이시여! 그렇습니다. 선서시여! 그 미세한 티끌은 매우 많습니다. 왜냐하면 세존이시여! 만약 이 미세한 티끌들이 실제로 있는 것이라면 '미세한 티끌'이라 말씀하지 않았을 것이기 때문입니다. 세존이시여! 여래께서 미세한 티끌을 설하셨지만, 그것은 미세한 티끌이 아니라고 말씀하셨습니다. 그리하여 그 이름이 '미세한 티끌'인 것입니다.

또한 여래께서 설하신 '삼천대천세계'는 곧 '삼천대천세계'가 아니라고 말씀하셨습니다. 그리하여 그 이름을 '삼천대천세계'라 하는 것입니다. 왜냐하면 세존이시여! 만약 세계가 있다면 그것은 곧 '하나로 합쳐진 상'이기 때문입니다. 여래께서 설하신 '하나의 합쳐진 상'은 '하나의 합쳐진 상'이 아니라고 말씀하셨습니다. 그리하여 그 이름을 '하나의 합쳐진 상'이라 하는 것입니다."

세존께서 말씀하셨다. "수부띠야! 곧 '하나의 합쳐진 상'은 말로써 나타낼 수 없는 것이다. 그것은 법도 아니요. 법 아님도 아니다. 다만 범부들이 그것을 탐내고 집착할 뿐이다."

제31분. 법상마저 내지 않음

(知見不生分: NOWLEDGE AND VIEWS ARE NOT PRODUCED)

"왜냐하면 수부띠야! 어떤 사람이 '여래가 아견 · 인견 · 중생견 · 수자견'을 설했다고 한다면, 수부띠야! 그는 내가 설한 진리를 바르게 이해한 것이라고 하겠느냐?"

수부띠는 말씀드렸다. "세존이시여! 그렇지 않습니다. 선서시여! 그 사람은 여래께서 설하신 뜻을 바르게 이해하지 못한 것입니다. 왜냐하면 세존이시여! 여래께서는 '아견 · 인견 · 중생견 · 수자견'은 곧 '아견 · 인견 · 중생견 · 수자견'이 아니라고 설하셨기 때문입니다. 그리하여 그 이름을 '아견 · 인견 · 중생견 · 수자견'이라 하는 것입니다."

세존께서 말씀하셨다. "수부띠야! 이와 같이 아뇩따라삼약삼보디의 마음을 낸 자는 일체법에 대하여 마땅히 이와 같이 알아야만 하고 보아야만 하며, 이와 같이 믿고 이해하여, 법상마저 내지 않아야 한다. 왜냐하면 수부띠야! 여래는 '법상'은 '법상'이 아니라고 설하였기 때문이다. 그리하여 그 이름을 '법상'이라고 한다."

제32분. 모든 상을 여읜 교화

(應化非眞分: RESPONSES AND TRANSFORMATIONS ARE UNREAL)

"또한 수부띠야! 만약 어떤 사람이 한량없는 아승기 세계들을 칠보로써 가득 채워 여래 · 아라한 · 정등각들에게 보시하더라도, 만약 선남자와 선여인이 이 경이나 이 경의 사구게 하나라도 받아 지녀 독송하고 다른 사람에게 설하여 준다면, 이 인연으로 인하여 더 많은 복덕을 얻게 될 것이다.

그러면 어떻게 다른 사람을 위하여 설하여 줄 것인가? 설해 준다는 '상에 매이지 말고' 여여하고 흔들림이 없이 해야 한다."

"현상계의 모든 법은
꿈과 같고 환상과 같으며, 물거품과 같고 그림자와 같으며,
이슬과 같고 또한 번개와 같나니,
마땅히 이와 같이 관할지니라."

부처님께서 이 경을 설하시고 나니, 장로 수부띠와 비구 · 비구니 · 우바새 · 우바이, 모든 세간의 천신 · 인간 · 아수라 등이 부처님의 말씀을 듣고, 모두 크게 기뻐하며 믿고 받들어 행하였다.

성스러운 세존의 금강반야바라밀은 완결되었다.

금강반야바라밀경 진언

"나모 바가와띠 쁘라즈냐 빠라미따야이
옴 이리따 이쉬라 슈루따 위샤야 위샤야 스와하"

거
룩한상
신체특징
모습들에 속지마라
존재하는모든상은 모두허망한것이니
모든상이거짓이며 상아님을다안다면
허망한줄알고지낸 이내몸곧여래니라
사바세계모든중생 비구들아나의설법
나라하는아상없다인상물론 비유하면뗏목같다팔만사천
중생상과수자상인사상없고 Vajracchedikā Prajñāpāramitā Sūtra Mantra 고통바다모두함께건너자면
진리실상법이라는법상마저없음물론 वज्रच्छेदिका प्रज्ञापारमिता सूत्र मन्त्र 진리뗏목필요하나건넌후엔버리나니
또한법이아니라는비법상도없느니라 금강반야바라밀경 진언 어찌하여마음내어법아닌법취할손가
이와같이청정마음일으켜야하느니라 나 namo 모 수부띠야모든마음마음들이아니니라
마땅히들형상소리향기맛과느낌물론 바가 bhagavatī 와띠 그이름이마음이니과거마음못얻나니
진리에도머물러서그마음을내지말며 쁘라즈냐 빠 prajñāpāramitāyai 라미따야이 현재있는그마음도얻을수가없음물론
머무르는바가없이그마음을낼지니라 옴 이리따 이 oṃ īrita iṣira śruta 쉬라 슈루따 미래있을그마음도얻을수가없느니라
이런저런형상으로나를보려하는이나 위샤야 viṣaya viṣaya 위샤야 여래라함어디에서따라서온것도없고
여래의법음성으로찾으려고하는이는 스 svāhā 와 이곳에서어디론가가는것도없노라니
상에매여삿된도를행하려는 하 마음같고허공같아오고감이
자들이니그들모두참된여래 없음으로그리하여그이름을
면목볼수없느니라 여래라고하느니라
현상계의모든법은 꿈과같고환상같고
물거품과같음물론 그림자와같느니라
또한번개구름과도 이슬같고관하여야
마땅히들 같을지니
이와같이
하느니
라

金剛般若波羅密經

自性眞如金剛心
宇宙光明無盡意
不生不滅虛空身
娑婆萬行無上事

스스로의 성품진리 금강반야 마음이요
무한우주 광명같이 그참뜻은 다함없어
생함없고 멸함없는 허공의몸 아니런가
사바세계 만행보다 더좋은일 다시없다

वज्रच्छेदिका प्रज्ञापारमितासूत्र ध्यान गाथा

Vajracchedikā Prajñāpāramitā Sūtra Dhyāna Gāthā

༄༅། །འཕགས་པ་ཤེས་རབ་ཀྱི་ཕ་རོལ་ཏུ་ཕྱིན་པ་རྡོ་རྗེ་གཅོད་པ་ཞེས་བྱ་བ་ཐེག་པ་ཆེན་པོའི་མདོ། བསམ་གཏན་ ཚིགས་སུ་བཅད་པ།།

金剛般若波羅密經 禪頌

元堂無一

김철수(한국대학생불교연합회 산해원지부 지도교수 역임)

1953년 지리산기슭 산청군 단성면 남사에서 출생하였다. 고등학교 3학년 겨울방학을 맞아 대학진학 전 지리산 대원사에서 공부를 하던 중에, 해 질 무렵 그곳 대원사를 방문하여, 원통전에서 철야정진을 한 비구스님을 새벽예불 후에 친견하였다. 지리산에서 대원사와 같이 수행하고 공부하기 좋은 곳을 스님으로부터 추천받아, 대학진학 후 1학년 여름방학 때 사법고시 공부를 위하여 쌍계사 국사암에 찾아갔다. 그 때 국사암에서 친견한 마공선사(磨空禪師)로부터 "어떻게 왔느냐?"라는 물음에 '그 뜻'을 말씀드리자, 선사께서는 "내가 하고자 하는 바를 말하지 말고 그 마음을 움직이지 말라(我欲無言不動心)!"라고 말씀하셨다. 이러한 스승의 가르침을 받들어, 1972년부터 정진을 계속해왔다. 지리산 대원사·쌍계사(국사암) 그리고 운문사(내원암)·은해사(서운암 백련암) 및 대방산 운대암 등을 거쳐, 제2금강산에서 토굴을 지어 선수행을 해오다가, 대학원 시절 낙동강가 한 초암의 수행과정에서 생사를 넘나드는 정진을 통하여, 26세 되던 해 거제 송죽암에서 은사이신 마공선사로부터 생사를 초탈한 과정을 읊은 '생사의 저 언덕'이라는 선송을 통하여 인가를 받았다.

- 생사의 저 언덕 -

마음의 절규는 깊고도 영원한 것
부르는 이 없을진대, 듣는 이 있을 손가!

마음의 절규는 멀고도 가까운 것
들은 이 나타나니, 부르는 이 깨어나고,

절규는 그 절규는?
아-

깨어있을 진저!
깨어있을 진저!

연세대학교에서 '미국에 있어서 행정행위에 대한 사법심사제도에 관한 연구'로 행정학석사 학위를 취득하고, 프랑스 소르본느대학교 박사과정 유학을 위하여, 신라 선문9산 중의 한 곳인 봉림산하에서 수행과 연구를 계속하였다. 그러한 과정에서, 창원 마산에 있는 대학에서 행정법·사회학 등을 강의하던 중 1982년부터 한국대학생불교연합회 산해원지부 5개 대학 지도교수를 맡게 되어, 15주 금강경 강설을 한 바 있다. 금강경 15주 첫 법문 후 4명의 학생들이 출가를 결심하여, "사회에서도 뜻을 세워 오늘 이 시간, 현재 이 곳, 지금하고 있는 이 일에, 정과 성을 다하여 정진하면 이곳이 곧 니르바나이니, 지금 이곳에 있는 사람들과 함께 그렇게 하는 것이 어떻겠느냐?"라고 권하기도 하였다. 그렇지만 출가 후 불퇴전의 수행·정진하는 모습을 지켜보면서, 30여 년 동안 대학불교동아리 지도교수로 활동해왔으며, 한국다도교육회 금강선차회·아라바즈라아란야(Ārya Vajra Aranya: 阿羅金剛阿蘭若) 등에서 금강경법문을 지속해오고 있다.

대
학진학
전의겨울
대원사서
공부중
에
해질 무렵 운수납자
한비구승 대원사를 방문했다
원통전에 불밝히고 철야용맹 정진하던
비구스님 국사암서선풍도골 새벽예불
후에친견 친견 하게 하게되어
지리 되었 는데 산하
이곳 너는 이곳 같이
수행 어떻 게왔 하고
공부 느냐 라고 하기
좋은 물으 셨다 곳을
스님 마공 선사 에게
추천 받게
되었 노라
대학 물음대해지리산하 진학
후일 찾아 남사마을 태어나서 가서 학년
여름 쌍계 세운 사를 방학
맞이 공부 청정 위해 하여
사법 한 원 고시
말 씀
고요하고맑고바른 드리 마음으로설하시되
내가하고 我欲無言 느니 不動心 자하는바를
말을하지 아니하고 마음움직 이지말라
이
일천구백 칠십이년 와같은 불퇴전의 정진으로
청정한원 실천위해 스승님의 가르침을 지리산의 대원사와
쌍계사의 국사암서 받들어 무상의법 수행했다
서

운
문사내
원암입산
은해사의 서운암과
백련암및대방산의 운대암등수행후에
전국명산선찰등을 무념으로담사하고
제2금강산서손수 토굴지어정진했다
연세대학대학원때 마음절규는깊고도
낙동강가초암에서생과사를 영원한것부르는이없을진대
넘나드는불퇴전의정진통해 Vajracchedikā Prajñāpāramitā Sūtra Mantra 듣는이있는가마음절규멀고
이십육세되는해에은사이신마공선사 वज्रच्छेदिका प्रज्ञापारमिता सूत्र मन्त्र 가까운것들은이가나타나니부르는이
생사초탈과정읊은선송통해인가했다 금강반야바라밀경 진언 깨어나고절규그절규는깨어있을진저
연세대학대학원서석사학위취득하고 나 namo 모 그과정에창원마산소재하는대학에서
프랑스의소르본느대학교의박사과정 바가 bhagavatī 와띠 행정법과사회학등연구하고강의하다
유학위해신라선문구산중의한곳인곳 쁘라즈냐 빠 prajñāpāramitāyai 라미타야이 팔십이년부터한국대학생불교연합회
봉림산하학문연구정과성을다하였다 옴 이리따 이 oṃ īrita iṣira śruta 시라 스루따 산해원의오개대학지도교수맡게됐다
십오주의금강경의첫번문후4명학생 위샤야 viṣaya viṣaya 위샤야 그러하면이곳이곧니르바나아니런가
출가할것결심하여사회에서뜻을세워 스 svāhā 와 지금이곳사람들과모두함께그렇게들
오늘지금이시간에이곳에서 하 하는것이어떨할까원하기도
하는이일정과성을다하여서 하였지만출가후에불퇴전의
정진하면어떠할까 수행정진하느니라
이와같은수행자의 모습들을지켜보며
삼십여년이지역의 대불련의지도교수
대학불교동아리와 금강선차회원들과
아라바즈 라아란야
금강법문
설하니
라

붓다의 길

금강경 선송

2020년 12월 1일 초판 1쇄 인쇄
2020년 12월 5일 초판 1쇄 발행

저 자 | 김 철 수 著

발 행 처 | 도서출판 에듀컨텐츠휴피아
발 행 인 | 李 相 烈
등록번호 | 제2017-000042호 (2002년 1월 9일 신고등록)
주 소 | 서울 광진구 자양로 28길 98 (동양빌딩)
전 화 | (02) 443-6366
팩 스 | (02) 443-6376
e-mail | iknowledge@naver.com
web | http://cafe.naver.com/eduhuepia
만든사람들 | 기획 · 김수아 / 책임편집 · 이진훈 황혜영 이지원 이지연 박나영 이한별
디자인 · 유충현 / 영업 · 이순우
I S B N | 978-89-6356-247-6 (03220)

정 가 | 50,000원

* 이 도서의 국립중앙도서관 출판예정도서목록(CIP)은 서지정보유통지원시스템 홈페이지(http://seoji.nl.go.kr)와 국가자료종합목록 구축시스템(http://kolis-net.nl.go.kr)에서 이용하실 수 있습니다.